Judentum und Arbeiterbewegung

Europäisch-jüdische Studien
Beiträge

Herausgegeben vom Moses Mendelssohn Zentrum
für europäisch-jüdische Studien, Potsdam

Redaktion: Werner Treß

Band 30

Judentum und Arbeiterbewegung

Das Ringen um Emanzipation in der ersten Hälfte des 20. Jahrhunderts

Herausgegeben von
Markus Börner, Anja Jungfer und Jakob Stürmann

DE GRUYTER
OLDENBOURG

Gefördert mit großzügiger Unterstützung der

**Hans Böckler
Stiftung** ■
Mitbestimmung · Forschung · Stipendien

ISBN 978-3-11-068290-8
e-ISBN (PDF) 978-3-11-052393-5
e-ISBN (EPUB) 978-3-11-052156-6

Library of Congress Cataloging-in-Publication Data
A CIP catalog record for this book has been applied for at the Library of Congress.

Bibliografische Information der Deutschen Nationalbibliothek
Die Deutsche Nationalbibliothek verzeichnet diese Publikation in der Deutschen National-
bibliografie; detaillierte bibliografische Daten sind im Internet über http://dnb.dnb.de abrufbar.

© 2019 Walter de Gruyter GmbH, Berlin/Boston
Dieser Band ist text- und seitenidentisch mit der 2018 erschienenen gebundenen Ausgabe.
Einbandabbildung: Stempel mit der jiddischen Aufschrift: „Proletarier aller Länder vereinigt
euch. Berliner ‚Bund' Gruppe" sowie: „Der allgemeine jüdische Arbeiterbund", Quelle: YIVO,
Bund Archives, RG 1400, Nr. 98.

www.degruyter.com

Inhalt

Vorwort des Moses Mendelssohn Zentrums für europäisch-jüdische Studien
e.V. Potsdam —— IX

Geleitwort der Hans-Böckler-Stiftung —— XIII

Markus Börner, Anja Jungfer und Jakob Stürmann
Einleitung —— 1

Jack Jacobs
Auf ein Neues: Juden und die Linke —— 7

I Jüdische Arbeiterbewegungen

Ania Szyba
Die neue jüdische Schule. Ein Blick auf die Debatte der jüdischen
SozialistInnen in Polen 1916–1939 —— 35

Gabriele Kohlbauer-Fritz
Die jiddische Subkultur in Wien und die jüdische Arbeiterbewegung —— 51

Jakob Stürmann
Die Auslandsvertretung des sozialdemokratischen jüdischen Arbeiterbunds
der Sowjetunion im Berlin der Weimarer Republik —— 63

Shmuel Vardi
Die arbeitende Frau als eine neue Lebensform der emanzipierten
Gesellschaft —— 81

II Juden in der Arbeiterbewegung

Jens Becker
Ein unabhängiger Kommunist: August Thalheimers Wirken
in der Arbeiterbewegung —— 97

Gennady Estraikh
Die jiddischsprachige New Yorker Tageszeitung *Forverts* und ihr Berliner Korrespondent Raphael Abramovitch —— 115

Christoph Gollasch
Identitätszuschreibung, Gewalterfahrung, Verarbeitung. Der Kommunist Rudolf Bernstein als Jude im KZ Sonnenburg —— 143

Gideon Botsch
Ernst Fraenkel und die Kritik des Vulgärdemokratismus —— 163

Jan Gerber
„Rote Assimilation". Judentum und Kommunismus im mittleren und östlichen Europa (1917–1968) —— 183

III Intellektuelles Engagement

Stephan Braese
„Trotz aller Judaismen". Georg Lukács und Walter Benjamin: Zum Ort zweier jüdischer Intellektueller in der europäischen Arbeiterbewegung —— 205

Frank Voigt
„... links vom Möglichen überhaupt". Walter Benjamin und die Debatte um Karl Mannheims *Ideologie und Utopie* —— 217

Marcus G. Patka
Egon Erwin Kisch und sein Wandel vom gläubigen Kommunisten zum bekennenden Juden im Spiegel seiner Literatur —— 239

Doris Maja Krüger
„... die Praxis hat uns verlassen." Leo Löwenthal im Dienste der amerikanischen Regierung zu Beginn des Kalten Krieges —— 255

Markus Börner
Der „Abfall der Gesellschaft" – Überflüssige Menschen im zweiten Abschnitt der *Elemente und Ursprünge totaler Herrschaft* von Hannah Arendt —— 273

IV Antisemitismusdebatten

Ralf Hoffrogge
Ein Tag im Leben der Weimarer Republik – die „Ostjudendebatte" des Preußischen Landtages von 1922 —— 297

Konstantin Baehrens
Antisemitismus als „Fetischisierung". Monographien von Otto Heller, Ernst Ottwalt und Hans Günther um 1933 —— 319

Anja Jungfer
Kurskorrekturen: Volksfront und „Judenfrage" in der Exilzeitung *Der Gegen-Angriff* **1933–1936 —— 337**

Anhang

Literaturverzeichnis —— 363

Autorinnen und Autoren —— 387

Personenregister —— 391

Vorwort des Moses Mendelssohn Zentrums für europäisch-jüdische Studien e.V. Potsdam

In einer Abendveranstaltung am 31. Januar 2016 eröffneten wir unsere Tagung *Streben nach Emanzipation? Judentum und Arbeiterbewegung im 20. Jahrhundert*, die das Ludwig Rosenberg Kolleg des Moses Mendelssohn Zentrums und der Hans-Böckler-Stiftung organisiert und ausgerichtet hatte. Der einführende Vortrag von Jack Jacobs (New York) zum Thema *Jews and the Left Reconsidered* fand an einem Ort statt, der auf besondere Weise zur Reflektion über die Verbindung zwischen Arbeiterbewegung und Judentum im 20. Jahrhundert einlädt: das Haus des Deutschen Metallarbeiterverbands, der größten deutschen Einzelgewerkschaft in der Weimarer Republik. Nicht zufällig befindet sich dieses Bauwerk in Kreuzberg in der Alten Jakobstraße, in direkter Nachbarschaft zum früheren *Vorwärts*-Gebäude, das heißt zur Parteizentrale der SPD. Dort ging übrigens in den 1920er Jahren ein Kreis von Angehörigen der osteuropäischen jüdischen Arbeiterbewegung – zumeist Bundisten und Menschewiki –, die aus der Sowjetunion hatten flüchten müssen, ein und aus.

Für ihr Gebäude konnte die Metaller-Gewerkschaft einen damals gefeierten Star-Architekten gewinnen: Erich Mendelsohn. Erich Mendelsohn war bekannt geworden durch den expressionistischen Einstein-Turm auf dem Telegraphenberg in Potsdam, durch eindrucksvolle Villen und Wohnhäuser, durch Kaufhausgebäude – unter anderem für den Schocken Konzern – und nicht zuletzt auch durch Industriebauten wie die Hutfabrik Steinberg, Hermann & Co. in Luckenwalde. Wie die Namen vermuten lassen – Einstein, Schocken, Steinberg – handelte es sich oft um jüdische Auftraggeber. Auch Mendelsohn war Jude, gehörte allerdings – wie an der Schreibweise seines Namens mit nur einem „s" erkennbar ist – nicht zur weit verzweigten Familie von Moses Mendelssohn, dem Philosophen der jüdischen Aufklärung und Namenspatron unseres Zentrums. In der Alten Jakobstraße baute Mendelsohn für die Arbeiterbewegung. Sein 1930 auf dem Höhepunkt der Weltwirtschaftskrise unter großen Kraftanstrengungen fertig gestelltes Werk ist nicht nur eines der bedeutendsten Einzeldenkmäler der klassischen Moderne in Berlin, es zeugt auch für deren Willen zu gesellschaftlicher Emanzipation und selbstbewusster Teilhabe der Arbeiterbewegung. 1933 wurde das Metallarbeiterhaus besetzt, seine Einrichtung zertrümmert. Dies traf etwa auch die Rechtsanwalts-Societät von Ernst Fraenkel und Franz Leopold Neumann, die sich hier im Haus befand. Neumann emigrierte kurz darauf zunächst nach Großbritannien, später in die USA, wo er zeitweilig dem Institut für Sozialforschung unter Max Horkheimer angehörte. Fraenkel folgte 1938. Ins Exil musste auch Erich Mendelsohn. Er baute dann unter anderem in Palästina beziehungsweise Israel. Das Metallarbeiterhaus war bis zum Ende des Zweiten Weltkriegs Sitz der Deutschen Arbeitsfront. Heute gehört es wieder der IG Metall, die es vor einigen Jahren liebevoll restauriert hat. Mir würde kaum ein Ort einfallen, der besser geeignet wäre, um die Verbindung von Judentum und Arbeiterbewegung im 20. Jahrhundert zu unterstreichen, als dieses Gebäude.

Streben nach Emanzipation – dieses Motiv findet sich bei den europäischen Arbeiterbewegungen ebenso wie beim modernen Judentum. Historisch fanden beide Gruppen oftmals zusammen, verbanden sich diese beiden Motive, aber manchmal wirkten sie auch trennend. Und dies sind eben die Fragestellungen, denen unser Ludwig Rosenberg Kolleg nachgeht und die im Mittelpunkt der Konferenz am 1. und 2. Februar 2016 standen.

Das Ludwig Rosenberg Kolleg ist ein Promotionskolleg, das die Hans-Böckler-Stiftung gemeinsam mit dem Moses Mendelssohn Zentrum eingerichtet hat. Unser gemeinsames inhaltliches Anliegen war es, Zusammenhänge wieder stärker in den Vordergrund zu rücken, die in den letzten beiden Jahrzehnten aus dem Fokus der Forschung geraten sind. Arbeiterbewegungsforschung war lange Jahre ein wichtiges Feld der Sozialgeschichte, seit Beginn der 1990er ebbte das Interesse zunehmend ab, was zweifellos auch dem damaligen Zeitgeist geschuldet war. Forschungsschwerpunkte liefen aus, wurden abgewickelt oder umgewidmet, der wissenschaftliche Nachwuchs bis hin zu den Studierenden war mit diesen Themen kaum noch hinter dem Ofen hervorzulocken. Immerhin: Im Umfeld der Gewerkschaften und mancher Stiftungen, vor allem unseres Kooperationspartners, der Hans-Böckler-Stiftung, waren noch einige Forschungen möglich. Demgegenüber haben sich die jüdischen Studien sehr lebendig entwickelt. Allerdings war das Interesse an den Verbindungslinien zwischen Arbeiterbewegung und Judentum zumindest in Deutschland eher gering. Wir glauben, dass dies kein guter Zustand ist.

Zur akademischen „Beförderung" – denn nichts weiter bedeutet ja das Wort „Promotion" – zählt neben der eigenständigen wissenschaftlichen Arbeit auch der Erwerb von weiteren Qualifikationen, wie etwa die Fähigkeit, eine internationale Tagung zu organisieren. Eben um diese Qualifizierung zu befördern, schaffen wir Graduiertenschulen und Promotionskollegs. Vom Programm über die Organisation bis zur inhaltlichen Ausgestaltung haben die Promovierenden, unterstützt durch Gideon Botsch als Koordinator des Kollegs, die Tagung in weiten Teilen selbstverantwortlich gestaltet. Neben einer Grundfinanzierung durch die Hans-Böckler-Stiftung ermöglichte die Ernst-Reuter-Gesellschaft der Freunde, Förderer und Ehemaligen der Freien Universität Berlin die Teilnahme von Jack Jacobs. Die Moses Mendelssohn Stiftung unterstützte die Durchführung der Eröffnungsveranstaltung am 31. Januar 2016. Allen Förderern sind wir zu Dank verpflichtet. Unweit des Metallarbeiter-Hauses befindet sich das Jüdische Museum Berlin mit seiner Akademie, die in früheren Hallen des ehemaligen Blumen-Großmarkts untergebracht ist.

Wir danken unseren Kooperationspartnern, der Akademie und dem Jüdischen Museum, dass wir die Tagung in ihren Räumlichkeiten durchführen konnten. Unser Dank gilt allen Referentinnen und Referenten, deren Beiträge wir in diesem Sammelband der Öffentlichkeit zur Verfügung stellen. Karsten Troyke hat dem Eröffnungsabend durch die musikalische Darbietung von Liedern aus der jüdischen Arbeiterbewegung einen ganz besonderen Rahmen verliehen. Wir danken ferner der Hans-Böckler-Stiftung, namentlich Jens Becker als zuständigem Referenten für die Promotionsförderung; Doris Maja Krüger für ihr besonderes Engagement, das zum Zustandekommen der Tagung erheblich beigetragen hat; Gideon Botsch für die Koordination des Ludwig Rosenberg Kollegs und der Tagung; Werner Treß, der die Aufgabe der Koordination des Kollegs in der Zwischenzeit übernommen hat und bereits zuvor die Edition dieses Sammelbandes betreute; sowie Nadja Pietraszek für ihr wie immer umsichtiges und gründliches Lektorat.

Wir hoffen, mit diesem Band dazu beitragen zu können, dass die Erforschung der vielfältigen, reichhaltigen, aber auch ambivalenten Beziehung zwischen Judentum und Arbeiterbewegung neu belebt wird.

Prof. Dr. Julius Schoeps

Geleitwort der Hans-Böckler-Stiftung

> Ursprung und wirkliches Ziel der Arbeiterbewegung war und ist die Befreiung des Menschen, nicht einer bestimmten Klasse. Dieses Ziel, diese ihre eigentliche Aufgabe, gab ihr durch alle Verfolgungen und alle Niederlagen wieder Mut und dynamische Kraft, hat sie erhalten und macht sie unaustilgbar.[1]

Diese Feststellung des ehemaligen Vorsitzenden des Deutschen Gewerkschaftsbundes (DGB), Ludwig Rosenberg, weist klare Bezüge zum vorliegenden Sammelband *Judentum und Arbeiterbewegung – Das Ringen um Emanzipation in der ersten Hälfte des 20. Jahrhunderts* auf, der aus einer Tagung des Ludwig Rosenberg Promotionskollegs im Januar 2016 hervorgegangen ist.

Die Abteilung Studienförderung der Hans-Böckler-Stiftung unterstützt das damit verbundene intellektuelle Ansinnen, Gemeinsamkeiten und Unterschiede zwischen Judentum und Arbeiterbewegung ins Gedächtnis zu rufen. Im Sinne einer wissenschaftlich fundierten Aufarbeitung der Geschichte und einer entsprechend aktiven Erinnerungsarbeit begrüßt sie, dass insbesondere Nachwuchswissenschaftlerinnen und Nachwuchswissenschaftler durch publizistische Interventionen und wissenschaftliche Qualifikationsarbeiten das gemeinsame Erbe wach halten.

Damit sollen auch jene vergessenen Personen und Organisationen, die, so Rosenbergs Eingangszitat fortgesetzt, im „Einklang mit der ewigen Sehnsucht der Menschen nach Freiheit, Gerechtigkeit, Menschenwürde und Selbstbestimmung, jenen Sehnsüchten und Hoffnungen aller Menschen zu allen Zeiten"[2] gehandelt haben, einer breiteren Öffentlichkeit im Gedächtnis bleiben.

Tatsächlich kann die von Ludwig Rosenberg hervorgehobene „Befreiung des Menschen" und der damit verbundene Emanzipationskampf als gemeinsames Anliegen der demokratischen Arbeiterbewegung und des heterogenen europäischen Judentums verstanden werden. Aus einer international vergleichenden Perspektive gilt es daher, gemeinsame Schnittmengen zwischen den emanzipatorischen Anerkennungskämpfen jüdischer Intellektueller und politischer Aktivistinnen und Aktivisten auf der einen und den politischen und sozialen Veränderungsbestrebungen der Arbeiter- bzw. Gewerkschaftsbewegung auf der anderen Seite herauszuarbeiten.

---

1 Rosenberg, Ludwig: Sinn und Aufgabe der Gewerkschaften, Tradition und Zukunft. Düsseldorf/Wien 1973. S. 68f.
2 Rosenberg: Sinn und Aufgabe (wie Anm. 1), S. 69.

Der kurze Rekurs auf Stationen von Rosenbergs Biografie[3] mag das verdeutlichen: Als verfolgter deutscher Gewerkschafter, Sozialist jüdischer, großbürgerlicher Herkunft und späterer Remigrant verkörpert Ludwig Rosenberg einen Teil jener komplexen Geschehenszusammenhänge, die der Sammelband aufgreift.

Über gewerkschaftliche Netzwerke im britischen Exil (1933–1945) wurde der Gründungsvorsitzende des DGB, Hans Böckler, auf ihn aufmerksam und bat ihn 1946, nach Deutschland zurückzukehren. 20 Jahre lang, davon sieben Jahre als Bundesvorsitzender (1962–1969), gehörte Rosenberg dem geschäftsführenden Bundesvorstand des 1949 gegründeten DGB an, wo er sich vorwiegend mit wirtschaftspolitischen und internationalen Fragen befasste. Die deutsche Verantwortung für die Vernichtung der europäischen Juden ist ein wichtiger Referenzpunkt in Rosenbergs Bemühungen, die deutsch-israelischen Beziehungen zu intensivieren. Vierzehn Familienmitglieder, darunter Rosenbergs Mutter, wurden Opfer des NS-Terrors. Insbesondere mit dem damals mächtigen israelischen Gewerkschaftsverband *Histadrut* baute der damalige DGB-Chef Brücken für eine Versöhnung beider Staaten, ohne die deutsche Schuld dabei außer Acht zu lassen. Rosenbergs Lebensweg wurde von den Brüchen des Jahrhunderts gekennzeichnet, von unerträglichen persönlichen Verlusten, aber auch Lehrstücken der Solidarität im Guten wie im Schlechten.

In diesem Sinne fördert die Hans-Böckler-Stiftung sowohl das nach Ludwig Rosenberg benannte Promotionskolleg als auch die vorliegende Publikation.

Ralf Richter (Leiter der Abteilung Studienförderung),
Dr. Jens Becker (Referat Promotionsförderung)

---

3 Vgl. Ahland, Frank: Bürger und Gewerkschafter. Ludwig Rosenberg 1903 bis 1977. Eine Biografie. Essen 2016.

Markus Börner, Anja Jungfer und Jakob Stürmann
Einleitung

Der Titel des vorliegenden Bandes – *Judentum und Arbeiterbewegung. Das Ringen um Emanzipation in der ersten Hälfte des 20. Jahrhunderts* – verweist auf den Anspruch, Verbindendes und Trennendes in der historisch komplexen Verflechtung von Judentum und Arbeiterbewegung zu analysieren. Diese Komplexität beruht auf der Mehrschichtigkeit beider Begriffe: Die Antwort darauf, wer oder was jüdisch ist, variiert in Abhängigkeit von Zeit und Ort sowie von Selbstwahrnehmung und Fremdbestimmungen.[1] Judentum kann ethnisch, kulturell, national oder religiös verstanden werden. Ganz ähnlich rekurriert Arbeiterbewegung als Oberbegriff auf so unterschiedliche Strömungen wie die kommunistische, anarchistische, sozialistische oder sozialdemokratische, die ebenfalls historischen Wandlungen unterlagen. Die Verflechtung beider Gegenstände hat unter anderem deswegen eine längere, interdisziplinäre Forschungstradition.[2]

Die Existenz von explizit jüdischen Arbeiterbewegungsstrukturen wie auch die überproportional hohe Beteiligung von Jüdinnen und Juden an der Arbeiterbewegung seit ihrem Beginn weisen auf ein gemeinsames Interesse an gesellschaftlicher Emanzipation hin. Arbeiterbewegte Jüdinnen und Juden kritisierten, ebenso wie ihre nicht-jüdischen Genossinnen und Genossen, traditionelle religiöse Gesellschaftsvorstellungen und setzten ihnen emanzipatorische Theorien und Bestrebungen entgegen. Innerhalb der Judenheit waren sie stets eine Min-

---

[1] Vgl. Mendes, Philip: Jews and the Left. The Rise and Fall of a Political Alliance. New York 2014. S. 3 f.
[2] Vgl. z. B. folgende Überblickswerke: Grab, Walter (Hrsg.): Juden und Jüdische Aspekte in der deutschen Arbeiterbewegung. 1848–1918. Internationales Symposium des Instituts für deutsche Geschichte. Tel-Aviv 1976; Wistrich, Robert S.: Revolutionary Jews from Marx to Trotsky. London 1976; Levin, Nora: Jewish Socialist Movements, 1871–1917. London, Henley 1977; Liebman, Arthur: Jews and the Left. New York [u. a.] 1979; Brossat, Alain/Klingberg, Sylvia: Le Yiddishland Révoluzionnaire. Balland 1983; Heid, Ludger/Paucker, Arnold (Hrsg.): Juden und deutsche Arbeiterbewegung bis 1933: Soziale Utopien und religiös-kulturelle Tradition. Tübingen 1992; Keßler, Mario: Antisemitismus, Zionismus und Sozialismus: Arbeiterbewegung und jüdische Frage im 20. Jahrhundert. 2. Aufl. Mainz 1994; Grebing, Helga: Jüdische Intellektuelle in der deutschen Arbeiterbewegung zwischen den beiden Weltkriegen. In: Archiv für Sozialgeschichte, Nr. 37 (1997). S. 19–38; Mendelsohn, Ezra (Hrsg.): Essential Papers on Jews and the Left. New York [u. a.] 1997; Ellermeyer, Jürgen (Hrsg.): Arbeiter und Revolutionäre. Die jüdische Arbeiterbewegung. Hamburg 1998; Shtakser, Inna: The Making of Jewish Revolutionaries in the Pale of Settlement. Community and Identity during the Russian Revolution and its Immediate Aftermath, 1905–07. Basingstoke 2014; Mendes: Jews and the Left (wie Anm. 1); Jacobs, Jack (Hrsg.): Jews and Leftist Politics. Judaism, Israel, Antisemitism, and Gender. Cambridge 2017.

derheit und verblieben gleichzeitig – gewollt oder ungewollt – in einer doppelten Zugehörigkeit zwischen Judenheit und Arbeiterbewegung. Von außen wurden sie entweder als Jüdinnen und Juden, als Teil der Arbeiterbewegung oder als in der Arbeiterbewegung engagierte Jüdinnen und Juden adressiert oder angegriffen. Und trotz der vielfältigen Beteiligung von Jüdinnen und Juden in der Arbeiterbewegung bestand auch hierin mindestens auf einer lebensweltlichen Ebene Antisemitismus fort.[3]

Die Vielzahl von Schauplätzen mit ganz unterschiedlichen politischen und sozialen Voraussetzungen – man denke an jüdische Arbeiterinnen und Arbeiter mit ihren Organisationen in Osteuropa, an jüdische Intellektuellenkreise in Westeuropa oder an jüdische Gewerkschafterinnen und Gewerkschafter in Israel und den USA – wird ergänzt durch die zeitliche Dimension, die zusätzliche Herausforderungen bereithält. Die rapide Entwicklung der Arbeiterbewegung auf der einen und ihre sich ständig ändernde Politik gegenüber der Judenheit auf der anderen Seite bedingen nicht nur konkrete Probleme der Vergleichbarkeit entlang der Zeitachse, sondern erfordern auch eine genaue Definition des jeweiligen Forschungsgegenstandes.

Das seit 2014 an das Moses Mendelssohn Zentrum in Potsdam angebundene und von der Hans-Böckler-Stiftung finanzierte Ludwig Rosenberg Kolleg widmet sich eben diesem Forschungskomplex mit seinen spezifischen Herausforderungen. In mehr als zehn Promotionsprojekten gehen Kollegiatinnen und Kollegiaten verschiedenen Facetten der Beziehung zwischen Judentum und Arbeiterbewegung nach. Das Themenspektrum des von vornherein interdisziplinär angelegten Promotionskollegs ist dementsprechend breit und reicht von der Betrachtung jüdischer Arbeiterorganisationen über biographische Studien jüdischer Aktivistinnen und Aktivisten bis hin zu Analysen von Debatten über und Haltungen zum Antisemitismus innerhalb der Arbeiterbewegung.[4] Die thematische Heterogenität geht mit einer methodischen Vielfalt einher. So werden beispielsweise literaturwissenschaftlich angelegte Arbeiten mit politikwissenschaftlichen und historischen Ansätzen konfrontiert oder Herangehensweisen der Publizistik mit solchen der Philosophie und Religionswissenschaft kombiniert. Diese mitunter auch kontroverse Atmosphäre fördert nicht nur die Diskussion unter den Kollegiatin-

---

3 Vgl. Grebing: Jüdische Intellektuelle (wie Anm. 2), S. 20.
4 Vgl. Treß, Werner: Judentum und Arbeiterbewegung. Seit 2014 am MMZ: Das Ludwig Rosenberg Kolleg. In: Dialog 73 (2016). S. 9; Eine Kurzvorstellung sämtlicher Kollegiatinnen und Kollegiaten nebst ihrer Promotionsprojekte ist auf der Internetpräsenz des Moses Mendelssohn Zentrums Potsdam zu finden. Siehe: http://www.mmz-potsdam.de/ludwig-rosenberg-kolleg.html (21.2.2017).

nen und Kollegiaten, sondern auch das gegenseitige Verständnis für die verschiedenen Sujets und Arbeitsweisen.

Der vorliegende Band geht auf die internationale Tagung *Streben nach Emanzipation? Judentum und Arbeiterbewegung im 20. Jahrhundert* zurück, die 2016 im Alwin-Brandes-Saal des IG-Metall-Hauses und der Akademie des Jüdischen Museums zu Berlin stattfand.[5] Wir hoffen, dass der Band auf ein ähnliches Interesse wie die Tagung stößt. Indem er Forschungsdesiderata aufgreift, führt er begonnene Diskussionen fort und bietet Ausblicke auf solche, die noch zu führen wären.

Die thematische Anlage des Sammelbandes ähnelt dem Charakter des Kollegs: Das Begriffsverständnis variiert von Autorin zu Autor aufgrund verschiedener Forschungsperspektiven und unterschiedlicher methodischer, thematischer und disziplinärer Herangehensweisen. Nicht zuletzt deshalb entstehen zum Teil spannungsreiche Ergebnisse, bis hin zu möglichen Widersprüchen zwischen verschiedenen Beiträgen. Hinzu kommt ein zeitlicher Fokus auf die erste Hälfte des 20. Jahrhunderts. Dieser wird in manchen Beiträgen durchbrochen, da die Verflechtung zwischen Judentum und Arbeiterbewegung auch nach der Shoah weiter besteht, seine Form sich aber fundamental veränderte. Diese qualitative Änderung fällt nicht in eins mit dem Begriff des Bruchs[6], weist aber Bezüge zu ihm auf, die es weiter zu untersuchen gilt.

Der Band gliedert sich in vier Abschnitte, denen die deutsche Übersetzung des einleitenden Beitrages der vor kurzem erschienenen Publikation *Jews and Leftist Politics* von Jack Jacobs vorangestellt ist.[7] Unter dem Titel *Jews and the Left Reconsidered* hielt Jacobs im Alwin-Brandes-Saal den Eröffnungsvortrag der Tagung. Er betrachtete hierin die Beziehung zwischen Juden und Linken epochen- und länderübergreifend und beschreibt diese als ein wichtiges Phänomen des 19. und 20. Jahrhunderts. Viele der in seinem Beitrag aufgeworfenen Fragen werden in den folgenden Aufsätzen aufgegriffen.

---

5 Vgl. Dippel, Carsten: Ideale und Spannungen. Berliner Tagung leuchtete das Verhältnis zwischen der deutschen Arbeiterbewegung und Juden aus. In: Zukunft 2 (Organ des Zentralrat der Juden in Deutschland) 2016. S. 7; Krüger, Doris Maja/Spranger, Albrecht: Streben nach Emanzipation? Interdisziplinäre Tagung des Ludwig Rosenberg Kollegs zu Bezügen zwischen Arbeiterbewegung und Judentum. In: Dialog 70 (2016). S. 2f.; Spranger, Albrecht: Streben nach Emanzipation? Judentum und Arbeiterbewegung im 20. Jahrhundert (Tagungsbericht). In: H-Soz-Kult. Kommunikation und Fachinformationen für die Geschichtswissenschaften. 28.06.2016. www.hsozkult.de/conferencereport/id/tagungsberichte-6583 (21.2.2017).
6 Vgl. Diner, Dan: Vorwort. In: Zivilisationsbruch. Denken nach Auschwitz. Hrsg. von Dan Diner. Frankfurt a.M. 1988. S. 7–14.
7 Jacobs: Jews and Leftist Politics (wie Anm. 2).

Die Beiträge des ersten Abschnittes beschreiben Entstehung und Herausforderungen explizit jüdischer Arbeiterbewegungsphänomene. Ania Szyba (Berlin) beschäftigt sich mit jiddisch-weltlichen Volksschulen im Polen der Zwischenkriegszeit. Bildungspolitik spielte eine große Rolle innerhalb der sozialistischen Bewegung, wobei die jüdisch-sozialistischen Theoretiker der Zeit grundsätzliche Antworten in Bezug auf Religion, Sprache und Nationalität finden mussten. Gabriele Kohlbauer-Fritz (Wien) betrachtet die bisher in der historischen Forschung wenig beachtete jiddische Subkultur innerhalb der Arbeiterklasse Wiens. Jakob Stürmann (Berlin) lenkt den Blick auf die Auslandsvertretung des sozialdemokratischen *Bund* der Sowjetunion im Berlin der Weimarer Republik, die in enger Verbindung zur Auslandsvertretung der *Menševiki* agierte. Shmuel Vardi (Berlin) thematisiert das Leben und Wirken der Politikerin und Feministin Ada Fischmann Maimon im Mandatsgebiet Palästina und Israel. Ihre feministische Grundeinstellung argumentierte sie aus ihrem jüdischen Glauben heraus und stellte damit die jüdisch-orthodoxe Interpretation der gesellschaftlichen Stellung der Frau in Frage.

Anhand von Fallbeispielen werden im zweiten Abschnitt Juden in der Arbeiterbewegung in den Mittelpunkt gerückt. Jens Becker (Düsseldorf) beschreibt August Thalheimers Wirken in der Arbeiterbewegung als das eines unabhängigen Kommunisten, der sich mit politischen Theorien und in Form von praktischer politischer Arbeit zeitlebens für die Emanzipation der Arbeiterklasse einsetzte. Gennady Estraikh (New York) untersucht die Rolle Raphael Abramovitchs als Berliner Auslandskorrespondent der jiddischsprachigen Tageszeitung *Forverts* und beleuchtet damit exemplarisch internationale sozialistische Verflechtungen zwischen dem europäischen und amerikanischen Kontinent in den 1920er Jahren. Am Beispiel des im KZ Sonnenburg internierten jüdischen Kommunisten Rudolf Bernstein setzt Christoph Gollasch (Berlin) die Erfahrung des Jüdisch-Seins in der Arbeiterbewegung in Verbindung mit antisemitischer Gewalterfahrung in der nationalsozialistischen Frühphase. Mit Ernst Fraenkels „Vulgärdemokratismus" stellt Gideon Botsch (Potsdam) einen Ansatz vor, um inadäquate demokratietheoretische Vorstellungen in der Neuzeit und im Anschluss an Rousseau und Carl Schmitt zu charakterisieren. Schließlich zeigt Jan Gerber (Leipzig) anhand der Biographie Louis Fürnbergs die Grenzen „roter Assimilation" im mittleren und östlichen Europa zwischen 1917 und 1968 auf.

Der dritte Abschnitt umfasst unter dem Titel *Intellektuelles Engagement* Beiträge, die Intellektuelle jüdischer Herkunft und ihre Beziehung zur Arbeiterbewegung zum Thema haben. Anhand einer literaturwissenschaftlichen Analyse verortet Stephan Braese (Aachen) Georg Lukács und Walter Benjamin als jüdische Intellektuelle innerhalb der europäischen Arbeiterbewegung. Frank Voigt (Osnabrück) widmet sich Walter Benjamin und der Debatte um Karl Mannheims

Ideologie und Utopie. Marcus Patka (Wien) resümiert das literarische Werk des jüdischen Kommunisten Egon Erwin Kischs mit Betonung auf die Akzentverschiebung innerhalb dessen doppelter Zugehörigkeit. Doris Maja Krüger (Berlin) fragt, warum ein linker Jude deutscher Herkunft wie Leo Löwenthal in den Anfangsjahren des Kalten Krieges für die amerikanische Regierung tätig ist. Markus Börner (Berlin) weist in der Denkfigur der „Überflüssigen" aus einem Hauptwerk Hannah Arendts Spuren marxistischer Theorien nach.

Im letzten Abschnitt werden zeitgenössische Debatten über Antisemitismus in verschiedenen Kontexten der Arbeiterbewegung nachvollzogen. So zeichnet Ralf Hoffrogge (Bochum) die sogenannte „Ostjudendebatte" im Preußischen Landtag im Jahr 1922 mit einem besonderen Fokus auf die Redebeiträge der linken Abgeordneten nach. Er sieht die zeitgenössischen deutschen Parteien der Arbeiterbewegung in ihrer Gesamtheit als widerständig gegenüber Antisemitismus, was einzelne antisemitische Vorfälle aus den Reihen der Arbeiterbewegung jedoch keineswegs ausschloss. Konstantin Baehrens (Potsdam) unterzieht ausgewählte Publikationen kommunistischer Autoren vom Beginn der 1930er Jahre einer Relektüre und beschreibt deren Analysen des Antisemitismus. Bei der Betrachtung der Exilzeitung *Der Gegen-Angriff* setzt Anja Jungfer (Potsdam) dessen Hinwendung zur Volksfrontpolitik in Beziehung zu den sich verändernden Verhandlungsmodalitäten der sogenannten „Judenfrage".

Wir bedanken uns bei allen Autorinnen und Autoren der Beiträge sowie den Referentinnen und Referenten, die mit ihren Beiträgen maßgeblich zum Gelingen der Tagung des Ludwig Rosenberg Kollegs und zum Erscheinen dieses Sammelbandes beigetragen haben. Unser besonderer Dank gilt hierbei Miriam Rürup, der es aus Zeitgründen leider nicht möglich war, ihren Tagungsvortrag in einen Beitrag für den Sammelband umzuschreiben. Helga Grebing, die ebenfalls an der Tagung teilnahm, erlebt das Erscheinen dieses Bandes zu unserem Bedauern nicht mehr. Ebenfalls danken wir Claudia Boujeddayn für die Übersetzung des Aufsatzmanuskripts von Gennady Estraikh aus dem Englischen ins Deutsche. Zudem möchten wir uns bei den zahlreichen Unterstützerinnen und Unterstützer und Förderern bedanken, die uns bei der Durchführung der Tagung bis hin zur Publikation dieses Sammelbandes zur Seite standen. Neben den beiden Trägerorganisationen des Kollegs, der Hans-Böckler-Stiftung und dem Moses Mendelssohn Zentrum Potsdam, gilt unser Dank dem Jüdischen Museum Berlin sowie dessen Akademie, der Ernst-Reuter-Gesellschaft der Freunde, Förderer und ehemaligen der Freien Universität Berlin e.V. sowie der Moses Mendelssohn Stiftung. Unser größter Dank gilt Gideon Botsch, Julia Brauch und Werner Treß. Ohne ihre Unterstützung wären weder die Tagung noch der vorliegende Sammelband möglich gewesen.

Jack Jacobs
Auf ein Neues: Juden und die Linke

Lange Zeit spielten Juden eine führende Rolle in linken – sozialistischen, kommunistischen und anarchistischen – Bewegungen. Auch an der Basis bestimmter linker Parteien engagierten sich in der ersten Hälfte des 20. Jahrhunderts zahlreiche Juden. Über die Teilnahme an allgemeinen linken Bewegungen hinaus gründeten und unterstützten Juden in Osteuropa zudem mehrere jüdische sozialistische Parteien, die je ihr eigenes Gepräge und zusammen zehntausende Mitglieder hatten. Warum sympathisierten so viele Juden mit den Anliegen der Linken? Zur Beantwortung dieser Frage haben namhafte Wissenschaftler auf vermeintliche jüdische Eigenschaften, den Einfluss bestimmter Vorstellungen des religiösen Judentums und die Marginalität der jüdischen Bevölkerung verwiesen. Es gibt jedoch gute Gründe, die ersten beiden Erklärungsansätze infrage zu stellen. Inzwischen üben linke Vorstellungen nicht mehr die gleiche Anziehungskraft auf Juden aus wie vor einem Jahrhundert. Das frühere enge Verhältnis vieler Juden zur Linken erweist sich als historisch kontingent. Es entsprang bestimmten politischen, historischen und wirtschaftlichen Bedingungen, die im Europa des späten 19. und der ersten Hälfte des 20. Jahrhunderts vorherrschten und die auch die politischen Ansichten vieler Juden in den Vereinigten Staaten und anderen Ländern, die eine große Anzahl jüdischer Einwanderer aus Europa aufnahmen, prägten.

In seinem 1911 erschienenen Buch *Zur Soziologie des Parteiwesens in der modernen Demokratie* konstatierte der deutsche Soziologe Robert Michels „die besonders stark hervortretende Anwesenheit von Juden in der Führerschaft der sozialdemokratischen und revolutionären Parteien". Er verwies auf „[s]pezifische Eigenschaften des Judentums", die seines Erachtens „[...] den Juden zum geborenen Massenführer, Organisator und Agitator" machten. Michels zufolge zählten zu diesen Eigenschaften ein „die Massen mitreißender Fanatismus, der felsenfeste, suggestiv wirkende Glaube an sich selbst – das Prophetentum in ihm –, [...] und ein noch stärkerer Ehrgeiz und Drang zur Schaustellung eigener Leistungen sowie, in allererster Linie, seine schier unbegrenzte Adaptabilität".[1] Als Belege für „die quantitative und qualitative Stärke der Juden" in linken Parteien führte er unter anderem Beispiele aus dem Deutschen Kaiserreich, Österreich, den Verei-

---

1 Michels, Robert: Zur Soziologie des Parteiwesens in der modernen Demokratie. Untersuchungen über die oligarchischen Tendenzen des Gruppenlebens. Leipzig 1911. S. 246.

https://doi.org/10.1515/9783110523935-004

nigten Staaten, den Niederlanden, Italien, Ungarn und Polen an.[2] Hinzu käme „[überall] im Judentum [...] ein altes und berechtigtes Gefühl sittlicher Empörung über das seinem Volksstamme zugefügte Unrecht".[3] Das politische Engagement der Juden in der Linken sei also auch eine Reaktion auf den fortdauernden Antisemitismus.

Einige der Wissenschaftler, die sich der Erforschung des Verhältnisses zwischen Juden und der Linken widmen, betonen statt vermeintlicher jüdischer Eigenschaften die Ähnlichkeiten zwischen dem Judentum bzw. Vorstellungen, die für das religiöse Judentum charakteristisch sind, einerseits und bestimmten von linken Autoren vertretenen politischen Ideen andererseits. So argumentierte Dennis Fischman beispielsweise, Marx' „Betonung der Unentbehrlichkeit des menschlichen Handelns" spiegele „die jüdischen Motive der Beteiligung an der Schöpfung und des Dialogs wider" und darin stehe er „dem Standpunkt der jüdischen Tradition nahe".[4] Wesentlich überzeugender ist Michael Löwys kreative Aneignung des Wahlverwandtschaftskonzepts von Max Weber,[5] mit dessen Hilfe er das Verhältnis zwischen jüdischem Messianismus einerseits und revolutionären oder libertären Weltanschauungen andererseits untersucht. Die Positionen von Denkern wie Ernst Bloch, Walter Benjamin, Erich Fromm, Gustav Landauer, Leo Löwenthal oder Georg Lukács ließen sich demnach in je unterschiedlichem Maße durch die Berücksichtigung dieser Affinität besser verstehen.[6]

Ein weiterer Erklärungsansatz begründet die Tatsache, dass einige (sehr prominente) Juden sich zu linken Vorstellungen hingezogen fühlten, mit der Erfahrung jüdischer Marginalität. So behauptete etwa Isaac Deutscher, selbst ein Linker jüdischer Herkunft, Figuren wie Marx, Luxemburg und Trotzki hätten „an der Grenze zwischen unterschiedlichen Zivilisationen, Religionen und nationalen Kulturen gelebt" und seien „an der Grenze zwischen unterschiedlichen Epochen geboren [worden] und aufgewachsen."[7] Dies, so Deutscher, „hat sie befähigt, sich

---

2 Michels: Soziologie (wie Anm. 1), S. 247.
3 Michels: Soziologie (wie Anm. 1), S. 249.
4 Übersetzt aus: Fischman, Dennis: Political Discourse in Exile: Karl Marx and the Jewish Question. Amherst 1991. S. 110 f.
5 Der Begriff „Wahlverwandtschaften" wird in dieser Form auch im englischen Original als feststehender Begriff verwendet.
6 Vgl. Löwy, Michael: Erlösung und Utopie. Jüdischer Messianismus und libertäres Denken. Eine Wahlverwandtschaft. Aus dem Französischen übersetzt von Dieter Kunz und Heidrun Töpfer. Berlin 1997.
7 Deutscher, Isaac: Der nichtjüdische Jude. In: Deutscher: Der nichtjüdische Jude. Essays. Vollständige Neuausgabe mit einem Beitrag von Tamara Deutscher und einer Einführung von Detlev Claussen. Aus dem Englischen übersetzt von Eike Geisel, Mario Offenberg u. Anna Leszczynska. Berlin 1977. S. 59–74. Hier S. 60.

in ihrem Denken über ihre Zeit und Generation zu erheben, neue Horizonte geistig zu erschließen und weit in die Zukunft vorzustoßen."[8]

Die von Michels und vielen seiner Zeitgenossen gehegte Vorstellung, es handle sich bei den Juden um eine Rasse, ist bei seriösen Wissenschaftlern schon vor langer Zeit in Verruf geraten – wenn auch nicht unbedingt bei allen Genetikern. Es gab und gibt jüdische Linke, die ihre politische Orientierung mit bestimmten Elementen der jüdischen Religion vereinbaren konnten und können. Die Vorstellung jedoch, das Judentum sei *per se* progressiv, ist abwegig. Die jüdische Religionszugehörigkeit kann äußerst konservative politische Positionen speisen und hat dies auch vielfach getan (und tut es noch). Ungeachtet dessen, dass sie auch seine eigenen politischen Sympathien widerspiegelt, ist Deutschers Erklärung mit Blick auf die Verbindung zwischen Juden und der Linken in der Vergangenheit aber durchaus ernst zu nehmen. In der Zeit, in der die Linke entstand und sich zu einer wichtigen politischen Kraft entwickelte, hatten Juden in den Gesellschaften, in denen sie lebten, in der Regel eine randständige Position inne. Der Antisemitismus verwehrte ihnen in weiten Teilen Europas den Zugang zu fast allen etablierten Institutionen. Angesichts der marginalisierenden Wirkung zahlreicher politischer, ökonomischer und gesellschaftlicher Faktoren im 19. und 20. Jahrhundert erklärt die eigene Erfahrung jüdischer Marginalität zumindest teilweise die politische Orientierung unzähliger prominenter jüdischer Linker früherer Generationen. Die Zurückweisung durch die Mehrheitsgesellschaft trug zur Überzeugung dieser Juden bei, dass ein grundlegender Umbruch erstrebenswert und nötig sei.

Die Linke und die Juden

Die Linke ging aus der Französischen Revolution hervor und war zunächst deren Idealen verpflichtet: Freiheit, Gleichheit und Brüderlichkeit. So bezeichnete der Begriff „Linke" ursprünglich diejenigen französischen Parteiführer, die die Französische Revolution unterstützten. Bestimmte französische Linke in der Nationalversammlung, allesamt Nichtjuden, befürworteten die Emanzipation der französischen Juden. Aufgrund der Positionen, die diese Begründer der französischen Linken vertraten, verbündeten sich einige Juden in Frankreich mit der

---
8 Deutscher: Jude (wie Anm. 7), S. 61.

Linken. So gab es beispielsweise in dem in der Nähe von Bayonne gelegenen Saint-Esprit jüdische Jakobiner.[9]

Allmählich entstanden linke Bewegungen nicht nur in Frankreich, sondern auch in vielen anderen Ländern. In der Regel befürworteten sie die Gleichbehandlung aller Staatsbürger und lehnten daher die juristischen Benachteiligungen ab, die Juden in bestimmten Ländern auferlegt worden waren.

Zugegeben, einzelne durchaus prominente Anführer der Linken waren gegen antijüdische Vorurteile nicht immun. Einer der führenden Köpfe der Internationalen Arbeiterassoziation (Erste Internationale), der russische Anarchist nichtjüdischer, aristokratischer Herkunft, Michail Bakunin, verfasste 1869 beispielsweise einen Essay, in dem er erklärte, dass

> moderne [...] Juden [...] als Nation betrachtet vorzugsweise Ausbeuter der Arbeit Anderer sind und natürliches Grauen und Furcht vor den Volksmassen haben, die sie übrigens, dies teils offen zur Schau tragend, teils im geheimen verachten. Die gewohnheitsmäßige Ausbeutung [...] gibt ihr [Anm.: der Intelligenz der Ausbeuter] aber eine exklusive, unheilvolle Richtung, die den Interessen und Instinkten des Proletariats ganz entgegengesetzt ist.[10]

Ungeachtet derartiger Ansichten von Figuren wie Bakunin stand die Linke der Beteiligung einzelner Juden in ihren Reihen in der Regel aufgeschlossen gegenüber, was bei der europäischen Rechten eher nicht der Fall war. Viele (wenn auch nicht alle) Linke des ausgehenden 19. Jahrhunderts stellten sich letztlich gegen die damals entstehenden antisemitischen Bewegungen. Allerdings schlossen die entschiedene Gegnerschaft zum politischen Antisemitismus und eine in Vorurteilen oder Stereotypen verhaftete persönliche Haltung einander keineswegs aus.[11] Dennoch ist festzuhalten, dass die deutsche Sozialdemokratie – in den letzten Jahrzehnten des 19. Jahrhunderts weltweit die stärkste vom Marxismus beeinflusste Bewegung – weniger antisemitisch war als andere große Parteien im Kaiserreich. Vertreter der *Zentrumspartei* forderten beispielsweise, der Anteil jüdischer Richter in Bayern solle an den Anteil der Juden an der Bayerischen Gesamtbevölkerung geknüpft werden. Die *Nationalliberalen* waren keine konsequenten Verteidiger der Rechtsgleichheit für Juden und selbst die *Deutsche Fort-*

---

[9] Vgl.: Szajkowski, Zosa: Jews and the French Revolutions of 1789, 1830 and 1848. New York 1970. S. 822.
[10] Bakunin, Michael: Brief an die Pariser Zeitung *Le Révail* (1869). In: Michael Bakunin. Gesammelte Werke. Bd. 3. Berlin 1924. S. 126–154. Hier S. 127. Antijüdisch gefärbte Aussagen finden sich in den Werken einer Vielzahl von Sozialisten, Anarchisten und Kommunisten.
[11] Zur neueren Forschung siehe: Fischer, Lars: The Socialist Response to Antisemitism in Imperial Germany. Cambridge 2007.

schrittspartei (die von deutschen Juden unterstützt wurde) tat sich anfangs sehr schwer damit, jüdische Kandidaten aufzustellen.[12]

Viele der am Ende des 19. Jahrhunderts und in den ersten beiden Jahrzehnten des 20. Jahrhunderts tätigen marxistisch ausgerichteten Parteien vertraten mit Blick auf die sogenannte „Judenfrage" Positionen, die denen der deutschen Sozialdemokratie ähnlich waren. Die beiden Anführer der marxistischen Bewegung in Frankreich, Jules Guesde und Paul Lafargue, waren Gegner des politischen Antisemitismus. Gleiches galt für die Parteiführer der Sozialdemokratischen Arbeiterpartei Russlands. Edmund Silberner, einer der ersten Wissenschaftler, der sich systematisch mit der Haltung der Linken den Juden gegenüber beschäftigte, hat einst vom „Bestehen einer langanhaltenden antisemitischen Tradition im modernen Sozialismus" gesprochen[13], die die Ansichten einer ganzen Reihe sozialistischer Autoren und Parteien erkläre.[14] Doch insgesamt waren die Einstellungen von Linken Juden gegenüber sehr viel differenzierter, als Silberners Schlussfolgerungen nahelegen. Für Antisemitismus in der Linken gibt es in der Tat wichtige und beklagenswerte Beispiele. Doch Silberners gegenteiliger Behauptung zum Trotz gab es in der Linken keine unangefochtene antisemitische „Tradition" als solche.

Juden in der Linken

Die relative Offenheit der Linken ermöglichte es einzelnen Personen jüdischer Herkunft nicht nur, sich in linken Bewegungen zu engagieren. In einigen Fällen konnten sie auch Führungsrollen übernehmen. Karl Marx und Ferdinand Lassalle, die Mitte des 19. Jahrhunderts eindeutig zu den wichtigsten Linken gehörten, waren beide jüdischer Herkunft. Sie exemplifizieren die äußerst sichtbare Rolle, die Individuen jüdischer Herkunft in einer bestimmten historischen Phase in linken Bewegungen spielten.

Marx wusste wenig über Juden und Judentum. Sein Vater Heinrich Marx war bereits 1817, ein Jahr vor der Geburt seines Sohns Karl, zum Protestantismus übergetreten. Karl Marx selbst wurde im Alter von sechs Jahren lutherisch getauft.

---

12 Vgl.: Lamberti, Marjorie: Jewish Activism in Imperial Germany: The Struggle for Civil Equality. New Haven 1978. S. 25, 33f., 42.
13 Silberner, Edmund: Sozialisten zur Judenfrage. Ein Beitrag zur Geschichte des Sozialismus vom Anfang des 19. Jahrhunderts bis 1914. Aus dem Englischen übersetzt von Arthur Mandel. Berlin 1962. S. 290.
14 Vgl. Silberner, Edmund: Anti-Semitism and Philo-Semitism in the Socialist International. In: *Judaism* II (1953). S. 122.

Die Schule, die er als Jugendlicher zwischen 1830 und 1835 besuchte, war von Jesuiten gegründet worden und wurde vorwiegend von katholischen Schülern besucht.

Als Student freundete sich Marx mit dem evangelischen Theologen und Junghegelianer Bruno Bauer an und belegte dessen Lehrveranstaltung über Jesaja. Insofern ist es nicht verwunderlich, dass Marx Bauers Äußerungen zur „Judenfrage" genau verfolgte und mit eigenen Publikationen kritisch auf Bauers Position reagierte.

Bauer beharrte darauf, die Juden, denen Preußen die vollen Bürgerrechte vorenthielt, sollten nicht emanzipiert werden, solange sie sich nicht vom Judentum lossagten. Dagegen argumentierte Marx, insbesondere in seinem berühmt-berüchtigten Text *Zur Judenfrage*, dass es einen Unterschied zwischen politischer und menschlicher Emanzipation gebe. Auf Erstere hätten die Juden auch dann Anspruch, wenn sie sich nicht von der jüdischen Religion abwandten. Marx sah in dem Grad der den Juden gewährten rechtlichen Gleichberechtigung ein Kriterium für die Modernität des jeweiligen Staats.

Nach seinen Repliken auf Bauer setzte Marx sich nie mehr systematisch mit der „Judenfrage" auseinander und kam auf Juden nur noch beiläufig zu sprechen. Insbesondere in seinen privaten Briefen an Friedrich Engels und andere enge Vertraute verunglimpfte und beschimpfte er mitunter Juden. Aufgrund dieser Äußerungen und anhand einer Durchsicht seiner Werke gelangte Edmund Silberner zu der Schlussfolgerung, die er erstmals in seinem 1949 erschienenen Aufsatz *Was Marx an Anti-Semite?* vortrug: „Vorausgesetzt, daß man mit Antisemitismus Feindseligkeit gegen die Juden meint und keine willkürliche Auswahl der Marxschen Aussprüche über die Juden trifft, sondern sie in ihrer Gesamtheit nimmt, kann man nicht nur, sondern *muß* man Marx geradezu als ausgesprochenen Antisemiten bezeichnen."[15]

Ähnlich wie Silberners zuvor zitierte verallgemeinernde Schlussfolgerung ist auch diese Beurteilung keineswegs unumstritten. So beharrte Henry Pachter 1979 darauf, dass „der Begriff ‚Antisemitismus' in dem Sinne, in dem wir ihn heute verstehen, weder auf den Autoren von *Zur Judenfrage* noch auf seine damalige Leserschaft zutrifft. Letztere fasste seine Aussagen im Kontext der hegelianischen Philosophie und ihrer Sprache auf. [...] Er hat den Antisemitismus nicht gepredigt, sondern ihn zu entschärfen versucht."[16] Allerdings bleibt, selbst wenn man das Etikett „antisemitisch" in Bezug auf Marx nicht gelten lässt, und dafür gibt es gute

---

[15] Silberner, Edmund: Kommunisten zur Judenfrage. Zur Geschichte von Theorie und Praxis des Kommunismus. Opladen 1983. S. 41. Vgl. Silberner, Edmund: Was Marx an Anti-Semite? In: *Historia Judaica*, 1 (April 1949). S. 3–52. Hier S. 50.

[16] Übersetzt aus: Pachter, Henry: Marx and the Jews. In: *Dissent* (Herbst 1979). S. 452, S. 466.

Gründe, der Umstand bestehen, dass Marx persönliche Antipathien gegen einzelne Juden (als Juden) zum Ausdruck brachte.[17]

Der Begründer und erste Präsident des Allgemeinen Deutschen Arbeitervereins, Ferdinand Lassalle, war auf dem Höhepunkt seiner Karriere weltweit einer der bekanntesten Sozialisten und erfreute sich großer Beliebtheit unter den deutschen Arbeitern. Er entstammte nicht nur einer jüdischen Familie, sondern war auch jüdisch erzogen worden. Seine orthodoxe Mutter sorgte dafür, dass die jüdischen Riten in Lassalles Jugend in seinem Elternhaus eingehalten wurden. Trotz seiner späteren Entfremdung vom Judentum, insbesondere infolge seiner Annäherung an hegelianisches und junghegelianisches Gedankengut, trat Lassalle niemals offiziell aus der jüdischen Religionsgemeinschaft aus.

Marx mag sich selten öffentlich zu jüdischen Angelegenheiten geäußert haben. Lassalle tat es noch seltener. Tatsächlich gibt es keinen einzigen für die Öffentlichkeit bestimmten Text Lassalles, in dem er sich direkt mit der Situation der Juden oder dem Judentum auseinandersetzt. Aufschlussreicher ist da schon Lassalles private Korrespondenz. In einem Brief schrieb er: „Ich liebe die Juden durchaus nicht, ja, im allgemeinen verabscheue ich sie. Ich sehe in ihnen nur die sehr entarteten Söhne einer großen, aber längst entschwundenen Vergangenheit. Diese Leute haben während der in der Sklaverei verbrachten Jahrhunderte auch die Eigenschaften der Sklaven angenommen; und deshalb bin ich ihnen äußerst ungünstig gesinnt."[18] Im Gespräch mit seinem Nachfolger Bernhard Becker soll er erklärt haben: „Es gibt [...] vorzüglich zwei Klassen von Menschen, die ich nicht leiden kann: die Literaten und die Juden – und leider gehöre ich zu beiden."[19] Auch Lassalles Haltung Juden gegenüber war, wie die von Marx, von allgemeinem Desinteresse an jüdischen Angelegenheiten und persönlicher Antipathie geprägt. Mit einer Parteinahme für den politischen Antisemitismus hat dies jedoch nichts zu tun.

Wie kann man diese persönliche Antipathie erklären? Robert Wistrich hat zur Erklärung der Marxschen und Lassalleschen Einstellung Juden gegenüber die

---

17 Die detaillierteste Untersuchung zu Marx' Haltung Juden gegenüber ist Carlebach, Julius: Karl Marx and the Radical Critique of Judaism. London 1978. Carlebach bietet eine kommentierende Einführung in wichtige Werke zum Thema.
18 Ferdinand Lassalle an Sophie Sontzeff aus dem Jahr 1860. In: Lassalle, Ferdinand: Eine Liebes-Episode aus dem Leben Ferdinand Lassalle's. Tagebuch – Briefwechsel – Bekenntnisse. Leipzig 1878. S. 30–65. Hier S. 37 f.
19 Becker, Bernhard: Geschichte der Arbeiter-Agitation Ferdinand Lassalle's. Nach authentischen Aktenstücken. Braunschweig 1875. S. 25.

psychologische Diagnose des „Selbsthasses" herangezogen.[20] Wistrich nutzt den Begriff „jüdischer Selbsthass" zur Bezeichnung negativer Einstellungen, die Personen jüdischer Herkunft anderen Juden gegenüber hegen, und die sich herleiten lassen aus eigenen „Gefühlen der Zurückweisung", die „im Individuum entstehen, wenn ihm aufgrund seiner Herkunft die umfassende Akzeptanz verweigert wird".[21] Bei Lassalle mag an dieser Diagnose etwas dran sein. Bei Marx scheint sie jedoch arg weit hergeholt, nicht zuletzt, weil er sich gar nicht als Jude verstand.

Wistrich suggeriert, jüdischer Selbsthass sei nicht nur bei Marx und Lassalle zu erkennen, sondern auch bei einer Reihe anderer Personen jüdischer Herkunft, die in der Linken aktiv waren. Dieser Selbsthass habe zur „Aktivierung latenter Vorurteile in sozialistischen Bewegungen beigetragen".[22] Doch liefert Wistrich weder triftige Beweise für diese Behauptung noch stellte er eine Liste der seines Erachtens vom jüdischen Selbsthass befallenen Sozialisten zusammen. So ist sein Argument allzu grob gesponnen. Sicher, unzählige Personen jüdischer Herkunft haben den antisemitischen Hass in unterschiedlichem Maße internalisiert. Andererseits wusste Wistrich durchaus, dass es keinerlei Grund gibt anzunehmen, dass dieser Selbsthass unter Linken weiter verbreitet (gewesen) sein sollte als unter Konservativen (oder anderen).

Zu den besonders bekannten Linken jüdischer Herkunft in den Generationen, die auf Lassalle und Marx folgten, gehören Eduard Bernstein, Rosa Luxemburg, Victor Adler, Otto Bauer, Max Adler, Emma Goldman, Alexander Berkman, Pawel Axelrod, Julius Martow, Trotzki und Leon Blum.[23] Bei manchen von ihnen spielte Selbsthass vielleicht eine Rolle, bei anderen gewiss nicht. Ihre Einstellungen Juden und jüdischen Angelegenheiten gegenüber unterschieden sich zum Teil er-

---

20 Vgl. Wistrich, Robert S.: Revolutionary Jews From Marx to Trotsky. London 1976. S. 36 f.; Gilman, Sander L.: Jewish Self-Hatred: Anti-Semitism and the Hidden Language of the Jews. Baltimore u. London 1986. S. 188–208.
21 Übersetzt aus: Wistrich: Jews (wie Anm. 20), S. 7.
22 Übersetzt aus: Wistrich: Jews (wie Anm. 20), S. 6.
23 Siehe auch: Slezkine, Yuri: Das jüdische Jahrhundert. Göttingen 2006. Aus dem Englischen übersetzt von Michael Adrian, Bettina Engels u. Nikolaus Gramm. S. 100 f. Allerdings irrt Slezkine in manchen Punkten, insbesondere im Zusammenhang mit der Frankfurter Schule. So mag seine Behauptung, dass „[d]ie Angehörigen der Frankfurter Schule [...] sich zu ihren jüdischen Wurzeln nicht äußern" wollten und „keine Beziehung zwischen ihrem auffällig ähnlichen Hintergrund und der Geschichte ihrer Lehren" sahen, auf Felix Weil zutreffen, ist aber ansonsten – nicht nur aufgrund eindeutiger später Aussagen Max Horkheimers über die Beziehung zwischen Kritischer Theorie und dem jüdischen Bilderverbot – unhaltbar (Slezkine: Jahrhundert (wie Anm. 23), S. 102).

heblich.[24] Eduard Bernstein und Max Adler standen dem Zionismus beispielsweise wohlwollend gegenüber, während Rosa Luxemburg und Otto Bauer ihn ablehnten.

Diese Aufzählung international bekannter Persönlichkeiten sollte jedoch nicht dahingehend interpretiert werden, die meisten Führungspersönlichkeiten der Linken seien Juden gewesen. August Bebel, Auguste Blanqui, Eugene V. Debs, Friedrich Engels, Charles Fourier, Antonio Gramsci, Jean Jaurès, Karl Kautsky, Peter Kropotkin, Wilhelm Liebknecht, Robert Owen, Georgi Plechanow, Pierre Joseph Proudhon, Karl Renner und Henri de Saint-Simon waren nicht jüdisch, und das Gleiche gilt für eine Vielzahl anderer Schlüsselfiguren in sozialistischen, kommunistischen und anarchistischen Bewegungen in Europa, Amerika und anderen Ländern. Gleichwohl spielten Juden und Individuen jüdischer Herkunft einst eine wichtige Rolle in linken Bewegungen und sie hatten weit mehr Führungsfunktionen inne, als es dem jüdischen Anteil an der Gesamtbevölkerung in ihren jeweiligen Ländern entsprochen hätte.

Insbesondere in den ersten Jahrzehnten des 20. Jahrhunderts hatte nicht nur eine beachtliche Anzahl Juden herausragende Führungspositionen in linken Parteien inne. Auch im Mittelbau mancher dieser Parteien und in parteinahen Institutionen gab es zahlreiche jüdische Funktionäre. Die verfügbaren Informationen über die Herkunft der Delegierten beim 1907 abgehaltenen Parteitag der *Sozialdemokratischen Arbeiterpartei Russlands* zeigen, dass 23 Prozent der anwesenden *Menschewiki* und elf Prozent der *Bolschewiki* Juden waren.[25] „Unter den

---

24 Zu den Einstellungen Bernsteins, Luxemburgs, Victor Adlers und Otto Bauers zu jüdischen Angelegenheiten siehe: Jacobs, Jack: Sozialisten und die „jüdische Frage" nach Marx. Mainz 1994. Aus dem Englischen übersetzt von Cornelia Dieckmann; vgl. auch Traverso, Enzo: Die Marxisten und die jüdische Frage. Geschichte einer Debatte (1843–1943). Mainz 1995. Aus dem Französischen übersetzt von Astrid St. Germain. S. 72–101; zu Emma Goldman siehe: Drinnon, Richard: Rebel in Paradise: A Biography of Emma Goldman. Chicago/London 1961. S. 23–26; zu Trotzki: Nedava, Joseph: Trotsky and the Jews. Philadelphia 1972. All diese Sozialisten behandelt Robert Wistrich (mit Ausnahme Goldmans) auch in: Wistrich: Jews (wie Anm. 20), wo er sich außerdem mit dem Leben und Werk Blums auseinandersetzt. Vgl. auch: Wistrich, Robert: Socialism and the Jews: The Dilemmas of Assimilation in Germany and Austria-Hungary. London/Toronto 1982 sowie Wistrich, Robert: From Ambivalence to Betrayal: The Left, the Jews, and Israel. Lincoln/London 2012.
25 Vgl.: Brym, Robert J.: The Jewish Intelligentsia and Russian Marxism: A Sociological Study of Intellectual Radicalism and Ideological Divergence. New York 1978. In der Zeit vor der Revolution von 1917 gab es weniger Juden unter den Bolschewiki als den Menschewiki. Die Gesamtzahl jüdischer Bolschewiki war in der vorrevolutionären Zeit insgesamt ziemlich gering. So stellte eine 1922 durchgeführte kommunistische Parteizählung fest, dass es nur 958 jüdische Parteimitglieder gab, die bereits vor 1917 beigetreten waren. Im Januar 1917 gab es insgesamt 23.600 Bolschewiki

81 in der vorletzten Reichstagswahl gewählten sozialdemokratischen Abgeordneten befanden sich – eine im Verhältnis zu den jüdischen Bestandteilen des Bevölkerungsganzen, der Arbeiterschaft und der Parteimitgliedschaft gleich hohe Zahl – 9 Juden", stellte Robert Michels 1911 fest.[26] 18 der 29 Volkskommissare in der Ungarischen Räterepublik von 1919 waren jüdisch.[27] Eduard Bernstein schätzte 1921, dass sozialdemokratische Zeitungen in Deutschland insgesamt ca. 500 Journalisten beschäftigten. Ohne zu übertreiben, könne man davon ausgehen, dass 50 von ihnen jüdischer Herkunft seien.[28] Ende 1923 waren ungefähr 20 Prozent der Mitglieder der *Kommunistischen Partei Polens* (KPP) Juden.[29] Offiziellen kommunistischen Quellen zufolge, die schwerlich dazu neigten, bei diesem Thema zu übertreiben, waren 1930 schätzungsweise 35 Prozent der KPP-Mitglieder jüdisch.[30] Es ist behauptet worden, dass 1949 ungefähr 50 Prozent der Mitglieder der *Kommunistischen Partei der Vereinigten Staaten* Juden waren.[31]

Allerdings ging das Engagement von Juden in der Linken im 20. Jahrhundert weit über die Mitgliedschaft in politischen Parteien oder die Anbindung an parteinahe Institutionen hinaus. Auch in wichtigen linksgerichteten aber parteiunabhängigen Periodika und intellektuellen Zirkeln spielten Juden eine prominente Rolle. Das 1923 in Frankfurt am Main gegründete *Institut für Sozialforschung*, ein intellektuelles Treibhaus, aus dem die Frankfurter Schule hervorging, übte beispielsweise eine besondere Anziehungskraft auf Intellektuelle jüdischer Herkunft aus. Max Horkheimer, Leo Löwenthal, Erich Fromm und Friedrich Pollock waren

---

(Vgl.: Gitelman, Zvi Y.: Jewish Nationality and Soviet Politics: The Jewish Sections of the CPSU, 1917–1930. Princeton, New Jersey 1972. S. 105f.).
26 Michels: Soziologie (wie Anm. 1), Fußnotentext auf S. 248.
27 Vgl.: Traverso: Marxisten (wie Anm. 24), S. 51 [Anmerkung der Übersetzer: In der deutschen Übersetzung heißt es – anders als im französischen Original und der englischen Übersetzung – fälschlicherweise, dass „achtzehn von neunzehn Kommissare Juden" waren. Vgl.: Traverso, Enzo: Les Marxistes et la Question juive. Histoire d'un débat (1843–1943). Montreuil 1990. S. 55.].
28 Vgl.: Bernstein, Eduard: Di yidn un di daytshe sotsial-demokratie. In: Di tsukunft, Nr. 3, Vol. 26 (1921). S. 145–154. Hier S. 151.
29 Vgl.: Mishkinsky, Moshe: The Communist Party of Poland and the Jews. In: The Jews of Poland between Two World Wars. Hrsg. von Yisrael Gutman [u. a.]. Hannover, New Hampshire/London 1989. S. 56–74. Hier S. 62.
30 Vgl.: Heller, Celia S.: On the Edge of Destruction: Jews of Poland between the Two World Wars. New York 1977. S. 254. Es gibt keine verlässlichen Statistiken über den Anteil von Juden an der trotzkistischen Bewegung. Allerdings scheinen Juden in vielen dieser Bewegungen eine außerordentlich bedeutsame Rolle gespielt zu haben. Zum Thema Juden in der trotzkistischen Bewegung Polens siehe: Jacobs, Jack: Communist Questions, Jewish Answers: Polish Jewish Dissident Communists of the Inter-War Era. In: Polin. Studies in Polish Jewry, Vol. 18 (2005). S. 369–379.
31 Vgl.: Estraikh, Gennady: Metamorphoses of *Morgn-frayhayt*. In: Yiddish and the Left. Hrsg. von Gennady Estraikh u. Mikhail Krutikov. Oxford 2001. S. 144–166. Hier S. 145.

allesamt Juden. Gleiches gilt für Herbert Marcuse, der sich dem Institut erst in den 1930er Jahren anschloss.[32]

In etlichen Ländern spielten Juden also in linken Bewegungen eine prominente Rolle. Daraus folgt jedoch keineswegs der Umkehrschluss, dass das Gros der Juden in diesen Ländern linken Parteien angehört hätte. Die KPP beispielsweise hatte 1930 insgesamt schätzungsweise 6600 Mitglieder.[33] Wenn also schätzungsweise 35 Prozent der KPP-Mitglieder jüdisch waren, ergäbe das eine jüdische Mitgliedschaft von 2310. Einer von der polnischen Regierung im Dezember 1931 durchgeführten Volkszählung zufolge lebten in Polen 3.113.933 Personen „mosaischen Glaubens".[34] Somit gehörten Anfang der 1930er Jahre weniger als 0,1 Prozent der jüdischen Bevölkerung Polens der KPP an.

Allerdings gab es auch Fälle, in denen mit an Sicherheit grenzender Wahrscheinlichkeit die einfache oder sogar die absolute Mehrheit der jüdischen Wähler eines Landes bei einer bestimmten Wahl für eine sozialistische oder sozialdemokratische Partei stimmte. So stimmten in den ersten Jahren der Weimarer Republik die meisten jüdischen Wähler wahrscheinlich für die *Deutsche Demokratische Partei* (DDP) – eine Partei, die zwar nicht sozialistisch, aber offensiv bürgerlich-liberal war. Im Laufe der 1920er Jahre unterstützten dann mit großer Wahrscheinlichkeit immer mehr deutsche Juden die *Sozialdemokratische Partei Deutschlands* (SPD), die sich unterdessen von einer marxistischen in eine reformistische Partei verwandelte. Eine zeitgenössische Quelle legt nahe, dass 42 Prozent der jüdischen Wähler 1924 für die SPD stimmten, 40 Prozent für die DDP und acht Prozent für die *Kommunistische Partei Deutschlands* (KPD).[35] Angesichts des Erstarkens der Nationalsozialisten und des Zusammenbruchs liberaler Parteien wie der DDP erhöhte sich der Anteil deutscher Juden, die für die SPD stimmten, dann mit großer Wahrscheinlichkeit nochmals. Den von Arnold Pa-

---

32 Vgl.: Jacobs, Jack: The Frankfurt School, Jewish Lives, and Antisemitism. New York 2015.
33 Vgl.: Simoncini, Gabriele: Ethnic and Social Diversity in the Membership of the Communist Party of Poland: 1918–1938. In: Nationalities Papers, Vol. XXII, Sonderausgabe Nr. 1 (1994). S. 55–91. Hier S. 59.
34 Vgl.: Shmeruk, Chrone: Hebrew-Yiddish-Polish: A Trilingual Jewish Culture. In: Gutman [u. a.]: Jews (wie Anm. 29), S. 285–311. Hier S. 287.
35 Vgl.: Hamburger, Ernst u. Peter Pulzer: Jews as Voters in the Weimar Republic. In: Leo Baeck Institute Year Book, Vol. XXX (1985). S. 3–66. Hier S. 48. Die Autoren beziehen sich auf eine 1928 herausgegebene Untersuchung. Eine weitere Quelle geht davon aus, dass die DDP vor 1930 64 Prozent der jüdischen Stimmen erhielt, die SPD 28 Prozent und die KPD 4 Prozent. Eine vierte Partei, die *Deutsche Volkspartei* (DVP), die im Parteienspektrum rechts von der DDP angesiedelt war, bekam in dieser Zeit genauso viele jüdische Stimmen wie die KPD (Vgl.: Paucker, Arnold: Jewish Defence against Nazism in the Weimar Republic. In: Wiener Library Bulletin, Nr. 1–2, Vol. 26 (1972). S. 21–31. Hier S. 26).

ucker vorgelegten Zahlen zufolge stimmten 1930 vermutlich 62 Prozent der jüdischen Wähler für die SPD und acht Prozent für die KPD. Paucker räumt selbst ein, dass die von ihm angeführten Belege die Unterstützung der deutschen Juden für linke Parteien womöglich überbewerten. Dennoch kann mit ziemlicher Sicherheit davon ausgegangen werden, dass die Mehrheit der jüdischen Wähler in den letzten Jahren der Weimarer Republik diese Parteien unterstützte.[36] Allerdings dürften viele deutsche Juden Anfang der 1930er Jahre für die SPD gestimmt haben, nicht weil sie deren politische Plattform unterstützten, sondern weil es keine realistische Alternative gab. Auch in diesem Fall war die Unterstützung der Linken durch Juden an konkrete historische und politische Umstände gebunden.

Die jüdische Linke

A Die jüdische Linke in Europa

Während manche Juden im Laufe des 19. und 20. Jahrhunderts nichtjüdische linke Bewegungen schufen und sich in diesen engagierten, kam es auch zur Gründung explizit jüdischer linker Organisationen. Urbanisierung und Modernisierung, Verelendung und Proletarisierung und der Verfall der rabbinischen Autorität trugen zur zunehmenden Sympathie osteuropäischer Juden für die Linke bei.[37] In Zentral- und Westeuropa, wo viele Juden akkulturiert und sprachlich assimiliert waren, engagierten sie sich eher in den allgemeinen linken Bewegungen. Nicht zuletzt, da die Muttersprache vieler osteuropäischer Juden Jiddisch war und sie die Sprachen der Nichtjuden, unter denen sie lebten, oft nicht fließend beherrschten, gelangten jüdische Linke in Osteuropa dagegen in der Regel zu der Überzeugung, dass den Bedürfnissen der örtlichen jüdischen Bevölkerung nur eigenständige jüdische Parteien und Organisationen gerecht würden. Dem schlossen sich auch manche der radikaleren jüdischen Aktivisten an, die Osteuropa verließen und sich in anderen Gegenden der Welt niederließen. Zudem unterschieden sich die sozioökonomischen Strukturen der jüdischen Gemeinschaften Osteuropas deutlich von denen der jüdischen Gemeinschaften in Zentral- und

---

[36] Während sich der Anteil von KPD-Wählern unter den deutschen Juden in den frühen 1930er Jahren nicht verändert zu haben scheint, ging die Anzahl der Juden in der Führung der Partei erheblich zurück. Am Ende der Weimarer Republik gab es keine Juden im Zentralkomitee der KPD und nach den Reichstagswahlen vom November 1932 war kein Jude unter den 89 KPD-Abgeordneten (Hamburger/Pulzer: Jews (wie Anm. 35), S. 46).
[37] Sorin, Gerald: The Prophetic Minority: American Jewish Immigrant Radicals, 1880–1920. The Modern Jewish Experience. Bloomington 1985. S. 18–27.

Westeuropa. So war der Anteil osteuropäischer Juden, die der Mittelschicht angehörten oder wohlhabend waren, erheblich geringer als beispielsweise jener der deutschen Juden. Dadurch boten die Juden Osteuropas der Linken ein ergiebigeres Rekrutierungsfeld als die deutschsprachigen.[38]

Die erste dezidiert jüdische sozialistische Vereinigung, die *Hebrew Socialist Union*, wurde 1876 in London gegründet; dies jedoch nicht durch britische Juden, sondern durch kontinentaleuropäische jüdische Einwanderer. Die Mitglieder der Vereinigung verwarfen zwar die Religion, bezeichneten sich aber als Juden (vermutlich im ethnischen oder nationalen Sinne des Wortes) und litten bestimmt nicht an Selbsthass. Die *Hebrew Socialist Union* verurteilte Privatbesitz, hielt eine revolutionäre Umwälzung für notwendig und trat für die Arbeiterselbstverwaltung ein. Sie organisierte öffentliche Veranstaltungen, beteiligte sich am Aufbau einer Schneidergewerkschaft und sorgte unter Englands Juden für Aufsehen. Allerdings hatte die *Hebrew Socialist Union* nie mehr als 40 aktive Mitglieder und existierte kein Jahr lang.[39] Obgleich die *Hebrew Socialist Union* zahlenmäßig unbedeutend blieb, diente sie jüdischen Sozialisten in Osteuropa später als Inspiration.

Jüdische *Narodniki* (Volksfreunde) und Marxisten versuchten in den letzten drei Jahrzehnten des 19. Jahrhunderts vereinzelt, im Russischen Zarenreich revolutionäre Zirkel unter den jüdischen Handwerkern zu etablieren.[40] Um die Jahrhundertwende begannen die Teilnehmer dieser Zirkel, ihre Aktivitäten auf

---

[38] Vgl.: Scherer, Emanuel: The Bund. In: Struggle for Tomorrow: Modern Political Ideologies of the Jewish People. Hrsg. von Basil J. Vlavianos u. Feliks Gross. New York 1954. S. 135–196. Hier S. 137.

[39] Vgl.: Fishman, William J.: Jewish Radicals. From Czarist Stetl to London Ghetto. London 1976. S. 103–124. Die radikalen jüdischen Aktivisten, die sich in den 1880er Jahren in Russland politisch engagierten, orientierten sich nicht an der *Hebrew Socialist Union*. Relativ viele Revolutionäre jüdischer Herkunft wurden in den 1880er Jahren aktiv. Noch in den Jahren 1873–1877 befanden sich unter denen, die wegen politischer Straftaten festgenommen wurden, insgesamt nur 67 Juden, was einem Anteil von 6,5 Prozent entsprach. In den Jahren 1884–1890 waren von den 4307 aus politischen Gründen Festgenommenen 579 (also 14 Prozent) Juden. (Vgl.: Tcherikower (Tsherikover), E(lihu): Revolutsionere un natsionale ideologies fun der rusish-yidisher inteligents. In: Geshikhte fun der yidisher arbeter-bavegung in di fareynikte shtatn. Bd. II. Hrsg. von E(lihu) Tcherikower (Tsherikover). New York 1945. S. 138–202. Hier S. 195). Vgl. Haberer, Erich E.: Jews and Revolution in Nineteenth-Century Russia. Cambridge 1995. Allerdings hatten diese jüdischen Aktivisten sich den *Narodniki* angeschlossen, die sich primär auf die russische Bauernschaft bezogen. Daher bemühten sie sich nicht um die Gründung eigenständiger jüdischer Gruppen. In dieser Phase propagierten die meisten radikalen Aktivisten jüdischer Herkunft die Assimilation und hatten sich selbst vom jüdischen Leben abgewandt.

[40] Vgl.: Mendelsohn, Ezra: Class Struggle in the Pale. The Formative Years of the Jewish Workers' Movement in Tsarist Russia. Cambridge 1970. S. 30 f.

vielfältige Weise auszuweiten: Sie gründeten Gewerkschaften für jüdische Arbeiter und Handwerker, organisierten unter Leitung dieser Gewerkschaften Streiks und produzierten jiddischsprachige Agitationsmaterialien. Diese Tätigkeiten mündeten 1897 in die Gründung des *Allgemeinen Jüdischen Arbeiterbunds* (kurz: Bund) in Wilna.

Mit der Zeit wurde der Bund eine relativ große Partei, deren Aktivitäten sich über ein ausgedehntes Gebiet erstreckten, und dies, obwohl er im Zarenreich fast durchgehend im Untergrund agierte.[41] Der Bund setzte sich anfangs nicht für das nationale Selbstbestimmungsrecht der Juden im Russischen Zarenreich ein. Allmählich gesellte sich seinem beständigen Einsatz für den Marxismus und seinem Antizionismus jedoch auch das Eintreten für die national-kulturelle Autonomie der Juden im Zarenreich hinzu.[42] Der Bund spielte eine bedeutende Rolle beim Aufbau der *Sozialdemokratischen Arbeiterpartei Russlands*, schuf bewaffnete Selbstverteidigungsgruppen, um von Pogromen bedrohte Juden zu schützen, und trat insbesondere während der Revolution von 1905 hervor, als er eigenen Angaben zufolge 33.000 Mitglieder hatte.

Weitere dezidiert jüdische sozialistische Parteien entstanden einige Jahre nach dem Bund und konkurrierten mit ihm. Zu diesen zählten: die *Zionistische*

---

[41] Vgl.: Tobias, Henry J.: The Jewish Bund in Russia: From its Origins to 1905. Stanford 1972.
[42] Wissenschaftler haben dafür, wie und warum der Bund ein nationales Programm annahm, unterschiedliche Erklärungen geboten. Jonathan Frankel argumentierte, der Bund habe zwischen zionistischen Kritikern einerseits und der Kritik (nichtjüdischer) russischer und polnischer Sozialisten andererseits manövrieren müssen und sich für einen Mittelweg entschieden. Die ideologische Entwicklung des Bunds sei also am besten durch die Notwendigkeit zu erklären, auf die Gegner der Partei zu reagieren – und nicht mit dem Druck der Basis (wie die bundistische Geschichtsschreibung mitunter suggeriert) oder soziologischen Faktoren: „Bundist ideology turns out to have developed not inexorably as a superstructure reflecting the realities of the mass base but rather as a result of specific political contingencies" (Frankel, Jonathan: Prophecy and Politics: Socialism, Nationalism, and the Russian Jews, 1862–1917. Cambridge 1981. S. 182). Frankels Erklärung hat Yoav Peled überzeugend entgegengesetzt, politische Faktoren allein könnten die ideologische Entwicklung der Partei nicht erklären, und Frankel habe den zugrunde liegenden sozialgeschichtlichen Prozessen unzureichende Beachtung geschenkt. Aufgrund ihrer Erfahrung auf dem Arbeitsmarkt hätten die jüdischen Arbeiter in Russland ein „ethnisch spezifisches Klassenbewusstsein" entwickelt. Die vom Bund angenommene Plattform sei der politische Ausdruck dieses Bewusstseins gewesen: „The evolution of Bundist ideology was neither a smooth process of adjustment to primordial reality [wie bundistische Historiker suggeriert haben] nor a search by a group of intellectuals for an ideological niche of their own [wie Frankel behauptet]. It was, rather, the continuous effort of a political party to strike the correct ideological balance between the various conflicting concerns of the constituency it was seeking to mobilize" (Peled, Yoav: Class and Ethnicity in the Pale. The Political Economy of Jewish Workers' Nationalism in late Imperial Russia. New York 1989. S. 131).

Sozialistische Arbeiterpartei (meist abgekürzt mit SS, ihren russischen Initialen), die nach eigenen Angaben 27.000 Mitglieder hatte und für die Ansiedlung der Juden in einem gemeinsamen Territorium eintrat, ohne darauf zu bestehen, dass es sich dabei um Palästina handeln müsse; die *Jüdische Sozialdemokratische Arbeiterpartei Poale Zion*, die nach eigenen Angaben 16.000 Anhänger hatte und darauf beharrte, die Juden sollten in Palästina angesiedelt werden; und die *Jüdische Sozialistische Arbeiterpartei* (abgekürzt durch ihre russischen Initialen als SERP), deren Mitgliederzahl sich nach eigenen Angaben auf 13.000 belief, von denen viele eher mit dem sozialrevolutionären als dem marxistischen Verständnis des Sozialismus sympathisierten. Diese Parteien unterschieden sich voneinander und vom Bund in ihren Vorstellungen vom Sozialismus, ihren Haltungen zu Territorialismus und Zionismus und ganz allgemein in ihren Lösungsvorschlägen für die Probleme, mit denen sich die Juden im Zarenreich konfrontiert sahen.[43] Sie alle verstanden sich jedoch als linke Parteien.

Die dezidiert jüdischen sozialistischen Parteien des Zarenreichs überlebten die Machtkonsolidierung der Bolschewiki nicht, da Letztere nicht bereit waren, derartige Organisationen zu dulden und daher auf deren Auflösung beharrten.[44] Während der Bund gezwungen wurde, seine Arbeit in der UdSSR einzustellen, war er in der Zweiten Polnischen Republik relativ erfolgreich. Dort lebte in den 1930er Jahren die größte jüdische Bevölkerung Europas, und das Land stellte das kulturelle Zentrum der jüdischen Diaspora dar. Ein vermutlich durch Urbanisierung und ökonomische Modernisierung ausgelöster Anstieg der Zahl der Lohnarbeiter innerhalb der polnisch-jüdischen Bevölkerung führte zu einem Mitgliederzuwachs bei den Bund-nahen Gewerkschaften, der in den 1930er Jahre auch den Bund selbst stärkte.[45] Der Partei kam zudem in gewissem Maße die Gründung einer Reihe am Bund orientierter Gruppierungen zugute, die sich der Arbeit mit

---

43 Nicht nur im Russischen Zarenreich, sondern auch in der Österreichisch-Ungarischen Doppelmonarchie gründeten Juden bedeutende jüdische sozialistische Parteien. Die 1905 gegründete *Jüdische Sozialdemokratische Partei Galiziens* vertrat eine bundistische Ideologie und hatte vor dem Ersten Weltkrieg 4500 Mitglieder (vgl.: Kuhn, Rick: Organizing Yiddish-Speaking Workers in Pre-World War I Galicia: The Jewish Social Democratic Party. In: Yiddish Language and Culture: Then and Now. Hrsg. von Leonard Jay Greenspoon. Omaha, Nebraska 1998. S. 37–65). Auch in Österreich-Ungarn ging aus der zionistischen Arbeiterbewegung eine *Jüdische Sozialistische Arbeiterpartei Poale Zion* hervor.
44 Vgl.: Gitelman: Nationality (wie Anm. 25), S. 151–230. Eine relativ große Anzahl von Juden strömte in der Zeit des Russischen Bürgerkrieges und nach dessen Ende in die *Kommunistische Partei Russlands*, die zu dieser Zeit als Bollwerk gegen den Antisemitismus galt und Aussichten auf Beschäftigung zu bieten schien.
45 Vgl.: Pickhan, Gertrud: „Gegen den Strom". Der Allgemeine Jüdische Arbeiterbund „Bund" in Polen. 1918–1939. Stuttgart/München 2001. S. 206.

Kindern, Jugendlichen und Frauen und dem Arbeitersport widmeten.[46] Viele dieser Bund-nahen Gruppierungen vermittelten die Positionen der Partei an ihre Teilnehmer, und dies trug dazu bei, dass der Bund unmittelbar vor dem Zweiten Weltkrieg in den meisten polnischen Großstädten mit großem jüdischen Bevölkerungsanteil zur stärksten jüdischen Partei wurde.

Der politische Erfolg der linkszionistischen Parteien in Polen konnte sich mit dem des Bunds niemals messen. Die marxistisch-zionistische Partei *Linke Poale Zion* genoss in einigen Provinzstädten wie Brest und Chelm durchaus einigen Rückhalt und es gehörten ihr eindrucksvolle Intellektuelle wie Emanuel Ringelblum und Raphael Mahler an. So trug sie maßgeblich zur Förderung der säkularen jiddischen Kultur im Polen der Zwischenkriegszeit bei.[47] Doch blieb der Partei wenig Raum zwischen der allgemeinen zionistischen Bewegung auf der einen und dem Bund und der kommunistischen Bewegung auf der anderen Seite, so dass sie in den polnischen Großstädten jüdische Arbeiter und Handwerker nur in geringem Maße an sich binden konnte. Die anderen linkszionistischen Parteien in Polen, wie die *Rechte Poale Zion*, die *Hitahdut* und die zionistisch-sozialistische Partei *Zeire Zion*, waren im Vergleich zur *Linken Poale Zion* mehr zionistisch denn links. Ezra Mendelsohn hat gezeigt, dass sie „keine parlamentarische Rolle spielten und keine ernstzunehmende politische Verantwortung trugen".[48]

Die meisten Juden, die im Bund, bei den linken Zionisten oder in den nichtjüdischen Parteien der zentraleuropäischen Linken aktiv waren oder mit ihnen sympathisierten, erlitten während des Zweiten Weltkriegs das gleiche Schicksal wie die übrige jüdische Bevölkerung. Fast alle jüdischen Linken, die während des Kriegs im von Deutschland besetzten Europa verblieben, starben oder wurden in dessen Verlauf ermordet.[49] Die Anhängerschaft der jüdischen Linken in Europa wurde beinahe vollständig vernichtet.

---

46 Vgl.: Jacobs, Jack: Bundist Counterculture in Interwar Poland. Syracuse, New York 2009.
47 Vgl.: Kassow, Samuel: The Left Poalei Zion in Inter-War Poland. In: Estraikh/Krutikov: Yiddish (wie Anm. 31), S. 109–128. Vgl. auch: Garntsarska-Kadari, Bine: Di linke poyle-tsien in poyln biz der tsveyter velt-milkhome. Übersetzt von Khonen Pozniak. Tel Aviv 1995.
48 Übersetzt nach: Mendelsohn, Ezra: Zionism in Poland: The Formative Years, 1915–1926. New Haven, Connecticut 1981. S. 172.
49 Ebenso wie einige wenige Führungspersönlichkeiten der deutschen und der österreichischen Sozialdemokratie entkam auch ein Handvoll Anführer des polnischen Bunds mit Hilfe des in New York ansässigen *Jewish Labor Committee* in die Vereinigten Staaten oder in andere Länder. Zum Schicksal der Bundisten während des Zweiten Weltkriegs siehe: Blatman, Daniel: For Our Freedom and Yours: The Jewish Labour Bund in Poland 1939–1949. London 2003. Zur durch das *Jewish Labor Committee* geleisteten Hilfe und Unterstützung für deutsche und österreichische Sozialdemokraten, von denen einige jüdischer Herkunft waren, siehe: Jacobs, Jack: Ein Freund in Not.

Nach dem Zweiten Weltkrieg wurde durchaus versucht, den Bund in Polen wieder aufzubauen.⁵⁰ Doch konnte er im kommunistisch dominierten Polen ebenso wenig weiterhin existieren wie zuvor schon in der UdSSR. In den Jahren 1948 und 1949 wurde der Bund in Polen abgewickelt.⁵¹

Die explizit jüdische Linke entstand unter osteuropäischen Juden in einer bestimmten Phase des 19. Jahrhunderts, die durch Urbanisierung, die Veränderung der Klassenstruktur der jüdischen Bevölkerung und die rückläufige Wirkung der traditionellen religiös-jüdischen Autoritäten geprägt war. Die bedeutendste dezidiert jüdische linke Partei, der Bund, erzielte im Russischen Zarenreich und im Polen der Zwischenkriegszeit politische Erfolge. Gemeinsam mit den anderen jüdischen Parteien der europäischen Linken wurde der Bund jedoch schließlich durch weltgeschichtliche Kräfte zerstört, die er in keiner Weise beeinflussen konnte. Die jiddischsprachige jüdische Arbeiterklasse Osteuropas, die die Kernanhängerschaft des Bunds gebildet hatte, wurde von den Nationalsozialisten und denen, die mit den Nationalsozialisten kollaborierten, nahezu vollständig ausgemerzt. Die kommunistischen Siege, zuerst, nach dem Ersten Weltkrieg, in Russland und später, nach dem Zweiten Weltkrieg, in Polen und andernorts, beseitigten die politischen Rahmenbedingungen, innerhalb derer der Bund (und die gesamte osteuropäische jüdische Linke) gewirkt hatten. Nach dem Zweiten Weltkrieg gab es für die osteuropäische jüdische Linke keine Überlebenschance mehr.

B Die jüdische Linke in den Vereinigten Staaten

Im Großen und Ganzen ähnelten die Begründer der jüdischen Linken in den Vereinigten Staaten denen in Osteuropa. Das Gleiche gilt in gewissem Maße auch für ihre Anhängerschaft. Die politischen Bedingungen, unter denen amerikanische Juden lebten, unterschieden sich allerdings erheblich von denen in Osteuropa und ermöglichten letztendlich das eindrucksvolle Anwachsen der ameri-

---

Das jüdische Arbeiterkomitee in New York und die Flüchtlinge aus den deutschsprachigen Ländern, 1933–1945. Bonn 1993.
50 Vgl.: Engel, David: The Bund after the Holocaust: Between Renewal and Self-Liquidation. In: Jewish Politics in Eastern Europe. The Bund at 100. Hrsg. von Jack Jacobs. New York 2001. S. 213–226; Aleksiun, Natalia: Where Was There a Future for Polish Jewry? Bundist and Zionist Polemics in Post-World War II Poland. In: Jacobs: Politics (wie Anm. 50), S. 227–242.
51 Vgl.: Blatman: Freedom (wie Anm. 49), S. 210–218; Slucki, David: The International Jewish Labor Bund after 1945: Toward a Global History. New Brunswick, New Jersey/London 2012. S. 56–74.

kanisch-jüdischen Linken. Doch auch die jüdische Linke in den Vereinigten Staaten brach schließlich ein, wenn auch aus anderen Gründen als die osteuropäische jüdische Linke. So sank der Anteil der Juden an der Arbeiterklasse in den Vereinigten Staaten aufgrund der wirtschaftlichen und gesellschaftlichen Mobilität im 20. Jahrhundert. Auch führte die durch die relative Offenheit der amerikanischen Gesellschaft ermöglichte Assimilierung zu einem Rückgang der jiddischsprachigen Bevölkerung. Die im 19. Jahrhundert entstandene amerikanisch-jüdische Linke erreichte im 20. Jahrhundert ihren Höhepunkt, seit einigen Jahrzehnten jedoch schwindet sie dahin.

Die Pogrome von 1881 und die wirtschaftlichen Verwerfungen und gesellschaftlichen Veränderungen unter den osteuropäischen Juden lösten massive jüdische Migrationswellen vom Russischen Zarenreich in die Vereinigten Staaten aus. Zwischen 1881 und 1905 ließen sich ungefähr 750.000 in Russland geborene Juden in den Vereinigten Staaten nieder.[52] Verglichen mit denen, die zurückblieben, waren die Juden, die Europa verließen, meist jünger, noch formbarer und der traditionellen jüdischen Religionspraxis weniger zugewandt.

In Stadtteilen wie der New Yorker *Lower East Side,* wo das Gros der jüdischen Einwanderer aus Osteuropa sich bei ihrer Ankunft in den Vereinigten Staaten ansiedelte, waren sie mit äußerst ärmlichen Lebens- und Arbeitsbedingungen konfrontiert. Auf wenige Wirtschaftszweige konzentriert, begannen diese osteuropäischen jüdischen Einwanderer ein Klassenbewusstsein zu entwickeln. Sie wurden von revolutionären Intellektuellen beeinflusst, beteiligten sich an verschiedenen Formen des kollektiven Aktivismus und bekundeten ihre Sympathien für sozialistische Ideen und andere Formen des politischen Radikalismus.[53] Zudem gründeten sie Institutionen, die sich als tragende Stützen der amerikanisch-jüdischen Linken erweisen sollten, wie den *Arbeter Ring* und die jiddischsprachige Tageszeitung *Forverts.*

Der 1892 auf lokaler Ebene in New York gegründete *Arbeter Ring* dehnte sich nach der Jahrhundertwende rasant aus. In einer Zeit, in der es in den Vereinigten Staaten kaum staatliche Sozialleistungen gab, fungierte der *Arbeter Ring* als Gesellschaft auf Gegenseitigkeit und bot seinen Mitgliedern in Notlagen Beihilfen. Zudem konzentrierte er sich auf Bildungsarbeit und organisierte Freizeitangebote. Im Laufe der Zeit förderte er Vorträge, Chöre und Orchester, wurde publizistisch tätig und gründete schließlich auch Ergänzungsschulen. Er engagierte sich in der Gewerkschaftsarbeit und unterstützte insbesondere gewerkschaftliche Organisa-

---

[52] Vgl.: Kosak, Hadassa: Cultures of Opposition: Jewish Immigrant Workers, New York City, 1881–1905. Albany, New York 2000.
[53] Vgl.: Michels, Tony: A Fire in Their Hearts: Yiddish Socialists in New York. Cambridge, Massachusetts/London 2005. S. 3–16.

tionsbestrebungen in der Bekleidungsindustrie. Der *Arbeter Ring* unterstützte die *Sozialistische Partei Amerikas* und förderte jüdische Sozialisten im Ausland – darunter beispielsweise Einrichtungen des Bunds – finanziell. Allerdings war der *Arbeter Ring* weltanschaulich breiter aufgestellt als der Bund, und es engagierten sich in ihm auch selbsternannte Anarchisten und Sympathisanten der zionistischen Arbeiterbewegung und anderer linker Strömungen. Nach der 1905 einsetzenden Einwanderungswelle beherrschten ehemalige Bundisten dennoch jahrzehntelang die landesweite Führung des *Arbeter Ring*. Die prominentesten Anführer des *Arbeter Ring* sympathisierten ebenso wie jene des Bunds mit dem Sozialismus und verstanden sich als Juden, hielten sich aber nicht an die jüdischen Religionsvorschriften. Mit der Zeit begannen sie auch, mit Nachdruck eine säkulare jiddischsprachige Kultur zu propagieren. Der *Arbeter Ring* setzte sich nicht nur für die Interessen der jüdischen Einwanderer in Amerika ein, sondern auch für jene der in Osteuropa verbliebenen Juden. Obwohl die Mitgliedschaft auch Nichtjuden offenstand, traten fast nur Juden dem *Arbeter Ring* bei. Seine Mitgliedschaft erreichte 1925 mit 87.000 ihren Höchststand. Zu diesem Zeitpunkt besaß er beträchtliche Vermögenswerte.

Auch die 1897 in New York gegründete jiddischsprachige Zeitung *Forverts* war einst eine wichtige Bastion der jüdischen Linken in den Vereinigten Staaten. Obwohl der *Forverts* nicht von einer Partei herausgegeben wurde, war er anfänglich eng mit der *Sozialistischen Partei Amerikas* affiliiert. Der *Forverts*, der seine größte Wirkung während der Herausgeberschaft Abraham Cahans entfaltete, wurde nicht nur zur einflussreichsten sozialdemokratischen Tageszeitung in den Vereinigten Staaten, sondern auch zur größten jiddischsprachigen Tageszeitung weltweit. Die Auflage des *Forverts* wuchs zwischen 1912 und 1917 rasant an und lag auf ihrem Höhepunkt offenbar bei mehr als 200.000 Exemplaren.[54]

Der *Arbeter Ring* und der *Forverts*, die beide legal agierten, unterschieden sich in mehrfacher Hinsicht von den jüdischen sozialistischen Parteien in Europa (wie dem Bund) bzw. den ersten, oftmals klandestin produzierten und vertriebenen

---

54 Vgl.: Epstein, Melech: Jewish Labor in U.S.A., Bd. I. New York 1969. S. 323. Zur Geschichte und politischen Ausrichtung des *Forverts* siehe S. 318–344. Vgl. ebenfalls: Howe, Irving: World of Our Fathers. New York 1976; Liebman, Arthur: Jews and the Left. New York [u. a.] 1979. S. 326–346; Michels: Fire (wie Anm. 53), S. 104 ff. Jüdische Einwanderer aus Osteuropa engagierten sich nicht nur in den Vereinigten Staaten, sondern auch in Argentinien, Kanada, Südamerika und anderen Ländern in der Linken (vgl.: Mendes, Philip: The Rise and Fall of the Jewish/Left Alliance. An Historical and Political Analysis. In: Australian Journal of Politics & History, Nr. 4, Vol. 45 (Dezember 1999). S. 483–505. Hier S. 492f.; Green, Nancy L. (Hrsg.): Jewish Workers in the Modern Diaspora. Berkeley 1998. S. 119–185). Trotz regionaler Unterschiede scheint sich die jüdische Beteiligung an der linken Bewegung in nahezu allen Ländern, die eine signifikante Anzahl osteuropäischer Juden anzogen, recht ähnlich entwickelt zu haben.

revolutionären jiddischsprachigen Zeitschriften in Osteuropa. Der *Arbeter Ring* war auf seinem Höhepunkt wesentlich größer als die verschiedenen jüdischen sozialistischen Organisationen in Europa. Auch der *Forverts* hatte eine größere Reichweite als vergleichbare Publikationen in anderen Ländern.

Nicht nur im *Arbeter Ring* und im *Forverts* spielten jüdische Einwanderer aus Osteuropa im 20. Jahrhundert eine entscheidende Rolle. Sie engagierten sich auch in der amerikanischen Gewerkschaftsbewegung. Die beiden wichtigsten Gewerkschaften, in denen Juden eine führende Rolle spielten, waren die 1900 gegründete *International Ladies' Garment Workers' Union* (ILGWU) für Arbeiter, die Frauenbekleidung herstellten, und die 1914 gegründete *Amalgamated Clothing Workers of America* (die Amalgamated) für Arbeiter, die Männerbekleidung herstellten. Auch in der Gewerkschaft der Mützenmacher und der Pelz- und Lederarbeitergewerkschaft spielten Juden eine wichtige Rolle. Keine dieser Gewerkschaften vertrat explizit oder ausschließlich Juden. Dennoch wurden sie anfangs alle von Juden geführt. Am bekanntesten unter diesen Gewerkschaftsführern sind David Dubinsky (ILGWU) und Sidney Hillman (Amalgamated). Auch die Mitgliedschaft bestand zu einem erheblichen Anteil aus Juden. 1918 hatte Die ILGWU 129.311, 1920 die Amalgamated 177.000 Mitglieder.

Wie in der Linken weltweit, führte die bolschewistische Revolution auch innerhalb der amerikanisch-jüdischen Linken zu tiefen Spaltungen. Sympathisanten der Bolschewiki schufen bzw. übernahmen in den Vereinigten Staaten eine Reihe von Organisationen und Periodika, die fortan ihre politischen Ansichten widerspiegelten. Die *Freiheit* (*Frayhayt*), eine 1922 gegründete und später in *Morgn-frayhayt* umbenannte in New York herausgegebene jiddischsprachige Tageszeitung, fand bei Lesern Anklang, die weiter links standen als jene des *Forverts*.[55] Ursprünglich gehörten zu den führenden Köpfen der *Frayhayt* auch Revolutionäre, die nicht unbedingt Kommunisten waren, doch mit der Zeit übernahmen Letztere die Kontrolle über die Zeitung. Einen Großteil ihrer anfänglichen Leserschaft machte die *Frayhayt* dem *Forverts* abspenstig. In den 1920er Jahren erreichte sie eine verkaufte Auflage von 14.000 Stück.[56]

Der 1930 gegründete *International Workers Order* zog ebenfalls Juden (und Nichtjuden) an, die weiter links standen als die Mitglieder des *Arbeter Ring*. 1947 hatte der *International Workers Order*, der die *Morgn-frayhayt* in beträchtlichem

---

[55] Zur Gründung und den Anfangsjahren der *Frayhayt* siehe: Epstein, Melech: The Jews and Communism 1919–1941: The Story of Early Communist Victories and Ultimate Defeats in the Jewish Community, U.S.A. New York 1959. S. 102–104; Michels: Fire (wie Anm. 53), S. 238–250.
[56] Vgl.: Epstein: Jews (wie Anm. 55), S. 138. Gennady Estraikh zufolge hatte die *Morgn-frayhayt* 1947 eine Auflage von 21.000 Stück (vgl.: Estraikh: Metamorphoses (wie Anm. 31), S. 145).

Umfang finanziell unterstützte, 60.000 jüdische Mitglieder. Das entsprach ungefähr einem Drittel der Gesamtmitgliedschaft.[57]

Der Niedergang der jüdischen Linken

All diese Institutionen der amerikanisch-jüdischen Linken haben im Verlauf der letzten Generationen gewaltig an Größe und Stärke verloren. So trug die sprachliche Akkulturation zu einem merklichen Rückgang der *Forverts*-Auflage bei. Die mittlerweile monatlich erscheinende Printausgabe der jiddischsprachigen Zeitung hat keine 3000 zahlende Abonnenten mehr (allerdings verfügt sie auch über eine Onlinepräsenz).[58] Zudem begreift das Blatt sich heute nicht mehr als Teil der Linken, geschweige denn der revolutionären Linken.

Der *Arbeter Ring* blieb erfolgreich, solange die jüdischen Einwanderer noch geschlossen in bestimmten Stadtvierteln wohnten. Die geographische Zerstreuung ihrer Nachfahren, deren Assimilation sowie verschiedene andere gesellschaftliche Veränderungen haben ihm schwer zu schaffen gemacht.[59] Offiziell hat er inzwischen weniger als 12.000 Mitglieder und diese Zahl nimmt stetig ab.

In den Gewerkschaften in der Bekleidungsindustrie fiel der Anteil der jüdischen Mitglieder im Laufe des 20. Jahrhunderts infolge des sozialen Aufstiegs vieler Juden dramatisch ab. Von den männlichen jüdischen Arbeitnehmern waren bereits in den 1930er Jahren elf Prozent als Angestellte tätig, gehörten also nicht mehr der Arbeiterklasse an. In der Nachkriegszeit waren es bereits 15 Prozent, 1957 20 Prozent und in den 1970er Jahren 30 Prozent.[60] Die ILGWU-Zweigstelle *Local 22*, zeitweilig „wohl für sich genommen die größte jüdische Organisation in der Arbeiterbewegung" der Vereinigten Staaten, hatte auf ihrem Höhepunkt (1938) „beinahe 28 000 Mitglieder, von denen 75 Prozent jüdisch waren". Von diesen war wiederum ein hoher Anteil weiblich.[61] Schon 1950 verfügte sie nur noch über 12.500 Mitglieder, von denen lediglich 30 Prozent Juden waren. Ähnlich erging es Mitte des 20. Jahrhunderts auch anderen Gewerkschaften, in denen Juden zuvor einen erheblichen Anteil der Mitglieder ausmachten, und dieser Trend hält bis heute an. Nur eine verschwindend geringe Anzahl der in der

---

57 Vgl.: Liebman: Jews (wie Anm. 54), S. 311–315.
58 Die *Forward Association*, der der *Forverts* gehört, veröffentlicht seit einigen Jahren auch den *Forward*, eine englischsprachige Ausgabe. Auch diese wird von den Herausgebern nicht als linke Publikation begriffen.
59 Vgl.: Liebman: Jews (wie Anm. 54), S. 379.
60 Vgl.: Liebman: Jews (wie Anm. 54), S. 359.
61 Übersetzt nach: Epstein: Labor (wie Anm. 54), S. xii.

amerikanischen Bekleidungsindustrie beschäftigten jüdischen Arbeiter arbeitet noch in Betrieben, in denen Gewerkschaften zugelassen sind, und die Zahl der jüdischen Arbeiter in den Vereinigten Staaten ist ganz allgemein im Laufe des vergangenen Jahrhunderts dramatisch zurückgegangen.

Von den von amerikanischen Juden, die mit der bolschewistischen Revolution sympathisierten, gegründeten und/oder betriebenen Organisationen und Zeitschriften existieren viele heute nicht mehr. Sie waren nicht nur mit den bereits genannten Faktoren konfrontiert, sondern auch dem Vorgehen der amerikanischen Behörden gegen mutmaßliche Kommunisten während des Kalten Kriegs ausgesetzt. Zudem wendeten sich viele amerikanische Juden nach dem Bekanntwerden der Verbrechen des Stalin-Regimes vom Kommunismus ab.[62] Der *International Workers Order* war in eine Reihe von Gerichtsprozessen verwickelt und seine Lizenz wurde schließlich auf Drängen der New Yorker Behörden widerrufen. Er wurde 1954 offiziell aufgelöst. Die *Morgn-frayhayt* wurde 1988 eingestellt.[63]

Arthur Liebman schrieb in einem 1979 veröffentlichten Buch:

> Die einkommensmäßige, berufliche und geographische Mobilität, die die amerikanischen Juden innerhalb von ein bis zwei Generationen erlebt haben, haben dem Fortbestand einer großen, geballten und wirtschaftlich homogenen jüdischen Arbeiterklasse einen schweren Schlag versetzt. Obwohl Juden weiterhin daran gehindert wurden (und werden), in bestimmten Bereichen zu arbeiten und zu leben, gab es doch so viele Aufstiegsmöglichkeiten, dass die Juden als Volk recht schnell von der Arbeiterklasse in die amerikanische Mittelschicht gewechselt sind. Diese sozio-ökonomische Verwandlung konnte dem jüdischen Bekenntnis zum Sozialismus nur abträglich sein.[64]

Die von Liebman beschriebenen Entwicklungen haben sich seit der Veröffentlichung seines Buches fortgesetzt. Sie erklären, zumindest zum Teil, warum die

---

62 Zu den Ausnahmen von dieser allgemeinen Entwicklung zählen das *Camp Kinderland*, ein Kinderferienlager, das seinen Sitz gegenwärtig in Massachusetts hat und einst dem *International Workers Order* nahe stand, sowie *Jewish Currents*, eine ursprünglich als *Jewish Life* bekannte in New York erscheinende Zeitschrift. Zu *Camp Kinderland* siehe Mishler, Paul C.: Raising Reds. The Young Pioneers, Radical Summer Camps, and Communist Political Culture in the United States. New York 1999. S. 89–94. Beide, *Camp Kinderland* und *Jewish Currents*, haben sich zu Institutionen entwickelt, die sich zwar progressiven politischen Positionen verpflichtet wissen, jedoch keiner Parteilinie folgen und sich von ihren Anfängen merklich entfernt haben.
63 Vgl.: Estraikh: Metamorphoses (wie Anm. 31), S. 145.
64 Übersetzt nach: Liebman: Jews (wie Anm. 54), S. 592. Liebman beschreibt auch, wie die unbeabsichtigte Stärkung der innerjüdischen Solidarität durch jüdische Linke in Amerika schließlich deren Klassenbewusstsein und Zugehörigkeit zur Linken untergruben. Vgl.: Liebman: Jews (wie Anm. 54), S. 597.

Verbindungen zwischen den amerikanischen Juden und der Linken weiterhin rückläufig sind. Im 21. Jahrhundert haben einige weitere Faktoren, darunter auch der linke Antizionismus, dazu geführt, dass die Sympathien amerikanischer Juden für die Anliegen der Linken weiter abnehmen. Heute bekennen sich nur noch sehr wenige amerikanische Juden zu Bewegungen, die sich explizit als sozialistisch, kommunistisch oder anarchistisch verstehen.

Offensichtlich unterscheiden sich die Vereinigten Staaten massiv vom Deutschen Kaiserreich. Mit Blick auf ihren sozioökonomischen Status und ihre politischen Sympathien ähneln die amerikanischen Juden heute aber eher den deutschen Juden Anfang des 20. Jahrhunderts als jenen im zaristischen Russland. Der sozioökonomische Status eines nicht unbeträchtlichen Teils der jüdischen Bevölkerung in den Vereinigten Staaten ist, ähnlich dem vieler deutscher Juden im Kaiserreich, gehoben. Viele amerikanische Juden sympathisieren, ebenso wie viele deutsche Juden im Kaiserreich, mit liberalen (im Gegensatz zu radikalen) Ideen. Mit Blick auf eine Vielzahl von Fragestellungen ist die jüdische Bevölkerung deutlich liberaler eingestellt als viele andere ethnische Gruppen in den Vereinigten Staaten. Dennoch identifiziert sie sich gegenwärtig nicht mit der Linken, sondern mit mächtigen politischen Institutionen des amerikanischen Mainstream. Während ich diese Zeilen schreibe, bemühen sich Bernie Sanders, der einer jüdischen Familie entstammt und sich zum demokratischen Sozialismus bekennt, und Hillary Clinton, die weder Jüdin noch Sozialistin ist, um die demokratische Kandidatur bei der Präsidentschaftswahl. Ich vermute, dass die meisten amerikanischen Juden Clinton unterstützen.

Auch in anderen Ländern ist die jüdische Bevölkerung von ihren Sympathien mit der Linken weitgehend abgerückt. Die israelische Regierung wurde in den ersten Jahrzehnten nach der Staatsgründung von der Arbeiterbewegung dominiert. Doch in der jüngeren Zeit sind in Israel wiederholt rechtsgerichtete Regierungen mit einer nationalistischen Agenda gewählt worden. Der Niedergang linker Ideen in Israel scheint mit drei verschiedenen Phänomenen zusammenzuhängen: (1) mit Einwanderungsmustern; (2) mit dem Konflikt mit den Palästinensern und anderen Teilen der arabischen Welt und (3) mit Veränderungen in der Klassenzusammensetzung der israelischen Gesellschaft. Anfangs wanderten in erheblichem Umfang osteuropäische Juden nach Palästina und dann nach Israel ein, von denen viele unter dem Bann einer Reihe linker Vorstellungen standen. Selbsternannte sozialistische Intellektuelle wie Nachman Syrkin und Berl Katznelson wurden damals von vielen Israelis bewundert. Viele Kibbutzim, die *Histadrut* (der Gewerkschaftsbund) und verschiedene andere Institutionen in Palästina bzw. Israel wurden von der zionistischen Arbeiterbewegung dominiert. Die sozialdemokratischen Parteien, die von diesen Institutionen maßgeblich mit bestimmt wurden, erzielten regelmäßig eindrucksvolle Wahlsiege. In den 1950er

Jahren wanderten dann zahlreiche Juden aus Nordafrika (Mizrachim) nach Israel ein. Eine Generation später folgte die umfangreiche Einwanderung von Juden aus der Sowjetunion bzw. ihren Nachfolgestaaten. Keine dieser Gruppen stand dem Sozialismus oder der israelischen Arbeiterbewegung besonders wohlwollend gegenüber. Hinzu kommt, dass die Nachfahren osteuropäischer Juden, die in den vergangenen Jahren aus englischsprachigen Ländern nach Israel eingewandert sind, häufig einen religiös-orthodoxen Hintergrund haben. Sie haben sich in der Regel für konservative gesellschaftliche Werte und politische Vorstellungen eingesetzt. Wieder andere Teile der jüdischen Bevölkerung Israels, darunter auch etliche Nachfahren der einst als idealistische Linke nach Palästina eingewanderten osteuropäischen Juden, sympathisieren infolge ihres veränderten Klassenstatus weniger mit der Linken. Die Nachfahren der osteuropäischen Einwanderer genießen heute in der Regel einen sehr hohen sozioökonomischen Status und sympathisieren eher mit den Belangen der Wirtschaft als jenen der Arbeiterklasse. In ihrer gegenwärtigen Zusammensetzung zeigt die jüdische Bevölkerung Israels jedenfalls keine besondere Sympathie für die Linke.

In Frankreich, dem Land mit der drittgrößten jüdischen Bevölkerung, sympathisierten Juden selbst in der jüngeren Vergangenheit mit den Kandidaten der Sozialistischen Partei. Sowohl 1981 als auch 1988 erhielt offenbar kein Kandidat mehr jüdische Stimmen als François Mitterrand, der erste zum Präsidenten der Fünften Französischen Republik gewählte Sozialist. Die sozialistische Präsidentschaftskandidatin Ségolène Royal scheinen die jüdischen Wähler 2007 allerdings nicht in gleichem Maße unterstützt zu haben. Die Furcht vor dem zunehmenden Antisemitismus scheint die *Law-and-Order*-Politik Nicolas Sarkozys, der selbst jüdische Vorfahren hat, etlichen jüdischen Wählern schmackhaft gemacht zu haben. Frankreichs Juden haben 2007 allem Anschein nach in ganz erheblichem Umfang nicht für Royal, sondern für Sarkozy und damit für den Kandidaten der rechtsstehenden *Union pour un mouvement populaire* (Union für eine Volksbewegung) gestimmt. Offenbar erhielt in der Präsidentschaftswahl von 2012 kein Kandidat mehr jüdische Stimmen als Sarkozy.

Die drei größten jüdischen Bevölkerungen der Welt – jene in den Vereinigten Staaten, Israel und Frankreich – bilden zusammen die überwältigende Mehrheit der Juden weltweit. Die gegenwärtige Stimmung in diesen drei Bevölkerungen bestätigt die Annahme, dass die einstige enge Verbindung zwischen Juden und der Linken am besten durch die politischen, ökonomischen und gesellschaftlichen Bedingungen erklärt werden kann, die im 19. Jahrhundert entstanden und im 20. Jahrhundert wieder verschwanden, und nicht durch Verweis auf religiöse Vorstellungen oder andere Faktoren. Die Marginalität der Juden in Zentral- und Osteuropa, der Mangel an Aufstiegsmöglichkeiten für Juden im zaristischen Russland und schlechte Lebens- und Arbeitsbedingungen, nicht nur in Osteuropa, sondern auch in den Vereinigten Staaten, sowie der offene Antisemitismus der Rechten und die relative Offenheit der Linken trugen alle dazu bei, dass sich etliche Juden in Regionen wie dem Russischen Zarenreich und den Vereinigten Staaten zu einem bestimmten historischen Zeitpunkt linken Bewegungen anschlossen. Die dramatisch veränderten Lebensbedingungen der meisten Juden im 21. Jahrhundert haben eine grundverschiedene politische Orientierung gezeigt. Die enge Beziehung, die Juden mit der Linken unterhielten, war ein historisch wichtiges Phänomen. Doch war diese Beziehung von begrenzter Dauer.

Ausblick

Jedoch könnte sich das Verhältnis zwischen Juden und der Linken in Zukunft erneut verändern. Eine katastrophale Verschlechterung des politischen und wirtschaftlichen Status der amerikanischen Juden und damit einhergehende erneute Marginalisierung könnte Amerikas Juden beispielsweise dazu veranlassen, ihre politischen Ansichten zu überdenken. Vermutlich würden sich wenige von uns wünschen, dass es aus derlei Gründen zu einer politischen Neuausrichtung kommt. Ich bin selbst ein Mann der Linken. Allerdings gehöre ich nicht zu jenen Linken, die wir früher mit der Behauptung verspotteten, sie würden Kellnern kein Trinkgeld geben – Sozialisten also, die argumentierten, der Sieg des Sozialismus sei gewiss, wenn die Verhältnisse nur schlimm genug würden, und daher meinten, man solle, metaphorisch gesprochen, Kellnern kein Trinkgeld geben.

Immerhin gibt es gegenläufige Strömungen. Es gab einst einen Linken jüdischer Herkunft, der bemerkte, die Menschen machten ihre eigene Geschichte, doch nicht unter selbstgewählten Umständen. Das scheint mir zu stimmen. Das linke Projekt – bei dem es unter anderem um das Streben nach einer emanzipierten Gesellschaft, egalitäre Ideale und die Ausdehnung der Demokratie von den politischen auf die wirtschaftlichen Institutionen geht – wird weitergehen. Und Juden werden sich an diesen Bestrebungen beteiligen. Möge ihnen die Beschäftigung mit denen, die ihnen vorangingen, nutzen!

Übersetzt aus dem Englischen von Doris Maja Krüger und Jakob Stürmann[65]

---

65 Bei diesem Aufsatz handelt es sich um eine leicht überarbeitete Übersetzung von: Jacobs, Jack: Introduction. In: Jews and Leftist Politics. Judaism, Israel, Antisemitism, and Gender. Hrsg. von Jack Jacobs. New York 2017. S. 1–25. Wir danken *Cambridge University Press* für die Abdruckgenehmigung sowie Lars Fischer für wichtige Hinweise bei der Übersetzung.

I Jüdische Arbeiterbewegungen

Ania Szyba
Die neue jüdische Schule

Ein Blick auf die Debatte der jüdischen SozialistInnen in Polen 1916–1939

Ein bescheidenes Flugblatt, veröffentlicht am 31. August 1931 in Warschau, stellte mittels fünf Parolen die Relevanz der neuen, jiddisch-weltlichen Volksschule dar.[1] Die Autoren wandten sich mit folgenden Worten an die jüdischen Massen:

> Wenn ihr wollt, dass jüdische Kinder eine normale, gesunde Erziehung bekommen – schreibt sie in die jiddisch-weltlichen Schulen ein! Wenn ihr wollt, dass eure Kinder in ihrer Muttersprache erzogen werden, dass man sie nicht mit Sprachen, die ihnen fremd und unverständlich sind, verstümmelt und quält – schreibt sie in die jiddisch-weltlichen Schulen ein! Wenn ihr wollt, dass eure Kinder mit der sie umgebenden jüdischen Lebensweise verbunden bleiben, dass sie die Leiden und Freuden der arbeitenden Menschen fühlen und verstehen – schreibt sie in die jiddisch-weltlichen Schulen ein! Wenn ihr wollt, dass aus euren Kindern stolze, mutige und edle Menschen erwachsen – schreibt sie in die jiddisch-weltlichen Schulen ein! Wenn ihr wollt, dass eure Kinder eine freie, moderne Erziehung bekommen, dass sie bewusste Menschen werden – schreibt sie in die jiddisch-weltlichen Schulen ein![2]

Dieser Aufruf fasste die Vorstellungen und Träume jüdischer Sozialist_innen zusammen, die sich der Errichtung einer neuen jüdischen Schule verschrieben. Seit dem Ende des 19. Jahrhunderts, als sich moderne jüdische Parteien etablierten, führten ihre Aktivist_innen nachhaltige und kontroverse Debatten und Diskussionen um die Frage, wie eine ideale Schule für jüdische Kinder aussehen sollte. Sie maßen der Kinder- und Jugenderziehung eine große Bedeutung bei und in ihren Aushandlungsprozessen spiegelte sich die Vielfalt innerhalb der jüdischen Bevölkerung in den polnischen Gebieten wider. Während der Teilungszeit, als noch kein unabhängiger polnischer Staat existierte, war es jedoch fast unmöglich,

---

[1] Der Begriff „jiddisch" kommt aus dem Jiddischen und kann sowohl als „jiddisch" als auch als „jüdisch" übersetzt werden. Beispielsweise taucht auf den zweisprachigen, jiddisch-polnischen Flugblättern der Zeit der Name der CISZO, der Zentralen Jiddischen Schulorganisation, auf Polnisch als Zentrale Jüdische Schulorganisation auf (pol. *Centralna Żydowska Organizacja Szkolna*). Um jedoch den Absichten der Schöpfer der Bewegung gerecht zu werden, die Jiddisch als Amts- und Unterrichtssprache betonten, wird der Begriff heutzutage – und auch in diesem Artikel – als „jiddisch" übersetzt.

[2] Łętocha, Barbara/Messer, Aleksander/Cała, Alina (Hrsg.): *Żydowskie druki ulotne w II Rzeczypospolitej w zbiorach Biblioteki Narodowej*. Bd. 1. Warszawa 2004. Anhang Nr. 301. Alle Übersetzungen aus dem Jiddischen in diesem Beitrag sind von der Verfasserin.

eine Schule mit einer anderen als von den Machthabern bestimmten Unterrichtssprache zu eröffnen. So blieben die Vorstellungen der jüdischen Sozialist_innen zunächst nur theoretisch. Erst die politischen Umbrüche in Europa während des Ersten Weltkriegs von 1914 bis 1918 und die Neuordnung Ostmitteleuropas nach 1918 ermöglichten den jüdisch-sozialistischen Bildungsaktivist_innen, ihre Theorien umzusetzen.

In der Zweiten Polnischen Republik entstand ein ganzes Netz privater jüdischer Schulen mit unterschiedlicher politischer und kultureller Ausrichtung. Während der 1920er und 1930er Jahre existierten sie nebeneinander – jene, die von den Sozialist_innen gegründet wurden, ebenso wie die der Zionisten oder der Orthodoxen. Alle hatten ihre jeweilige Vision von der Zukunft der jüdischen Kinder sowie des ganzen jüdischen Volkes.

Die Entstehung dieser diversen Schuleinrichtungen für jüdische Kinder hatte verschiedene Gründe. Zum einen war dies sicherlich eine Folge der Minderheitenpolitik der polnischen Regierung. Trotz der festgelegten Regelungen im Minderheitenschutzvertrag, der in Versailles 1919 unterzeichnet wurde und die polnische Regierung dazu verpflichtete, jeder Minderheit Schulen mit ihrer eigenen Unterrichtsprache zu sichern, wurden keine öffentlichen Schulen mit einer jüdischen Unterrichtsprache eröffnet. Zum anderen gab es innerhalb der Judenheiten in Polen Kontroversen um die Unterrichtssprache. Der ab dem 19. Jahrhundert breit diskutierten Frage, welche die Sprache der Juden und Jüdinnen in den polnischen Gebieten sein sollte, kam jetzt, während der polnischen Unabhängigkeit, eine neue Bedeutung zu. Schon auf der Friedenskonferenz in den Pariser Vororten gab es Zweifel hinsichtlich der entsprechenden Unterrichtsprache für jüdische Schulen. Jüdische Politiker_innen und Intellektuelle teilten sich in drei Lager: Die Befürworter des Jiddischen als Unterrichtsprache, des Hebräischen sowie das kleinere Lager der Anhänger_innen der Assimilation, die Polnisch als die Sprache der Juden und Jüdinnen in Polen anerkannten. Diese Uneinigkeit innerhalb der Judenheiten Polens begünstigte die ohnehin assimilatorischen Tendenzen des Staates.

Der politisch begründete Konflikt um Schulen für jüdische Kinder führte dazu, dass die polnische Regierung entschied, für die jüdische Minderheit sogenannte *szabasówki* zu eröffnen. Dies waren öffentliche Schulen nur für jüdische Kinder. So wie in anderen öffentlichen Schulen fand dort der Unterricht auf Polnisch statt und zwei Mal in der Woche gab es einen Religionsunterricht – in diesem Fall handelte es sich natürlich um jüdischen Religionsunterricht.[3] Im

---

3 Auch in den öffentlichen Volksschulen gab es einen jüdischen Religionsunterricht, soweit es

Unterschied zu den „normalen" Volksschulen, hatten die Schüler_innen in der *szabasówki* am Samstag und an jüdischen Feiertagen frei.⁴ Da aber das Unterrichtsniveau in diesen Schulen häufig niedriger als in den polnischen Volksschulen war, schickten jüdische Eltern ihre Kinder lieber in letztere. Viele von ihnen machten es aus der Überzeugung heraus, so ihren Kindern eine bessere Zukunft zu sichern. Ein großer Teil der jüdischen Schüler_innen, die eine polnische Volksschule besuchten, ging am Nachmittag zusätzlich noch traditionell jüdischer Bildung nach, vor allem in *Chederim* oder beim Privatlehrer. Des Weiteren waren die staatlichen Schulen (darunter auch die *szabasówki*) unentgeltlich. Für die in ihrer Mehrheit sehr arme jüdische Bevölkerung war dies von großer Bedeutung. All diese Faktoren führten dazu, dass ca. 60 bis 70 Prozent der schulpflichtigen jüdischen Kinder öffentliche Schulen besuchten.⁵

Dagegen schickten diejenigen Eltern, für die eine Erziehung im Einklang mit den eigenen Ansichten wichtig war, ihre Kinder in die „echten jüdischen" Schulen, welche unter den Auspizien von einzelnen Parteien entstanden. Im Polen der 1920er und 1930er Jahre existierten mehrere Schulorganisationen, die bedeutendsten von ihnen waren zwei mit *Agudas Yisroel* verbundene Organisationen: *Beys Yankev* und *Horev*. Die erste wurde in den Jahren 1917–1921 als Dachorganisation für Schulen für religiöse Mädchen ins Leben gerufen, die zweite, gegründet 1929, betreute religiöse Schulen für Jungen (*Cheder, Jeschiwe*). Die in diesen Schulen angebotene religiöse Erziehung wurde den Anforderungen der polnischen Regierung angepasst, indem der Lehrplan um notwendige weltliche Fächer erweitert wurde. Der Unterricht fand auf Jiddisch und Hebräisch statt. Die Schulen der *Aguda* erfreuten sich eines großen Zuspruchs bei vielen jüdischen Eltern, da sie sowohl die Erfüllung der Schulpflicht als auch die Kontinuität der traditionellen jüdischen Erziehung garantierten.

Die Zentrale Jüdische Schulorganisation (Abkürzung CISZO) war eine Dachorganisation für weltliche Schulen mit Jiddisch als Unterrichtssprache. Sie ent-

---

genug Kinder gab, die diesen besuchten. Vgl. Frost, Shimon: Schooling as a Socio-Political Expression. Jerusalem 1998. S. 30.

4 „Szabasówki" galten für viele jüdischen Eltern als Ort der Assimilation der Kinder. Esther Rosenthal-Shneiderman schrieb in ihren Erinnerungen: „fast in allen 'szabasówki', welche ich kannte, waren die Schulleiter wie auch die Mehrheit der Lehrer ausgesprochene Anhänger der Assimilation, die bemüht waren, die jüdischen Schüler zu polonisieren. Der Regierung reichte dies aber nicht aus: wenn eine Stelle in einer 'szabasówka' frei wurde, schickten sie keinen jüdischen, sondern einen christlichen Lehrer. Mit der Zeit wurde die Zahl der christlichen Lehrer in den 'szabasówki' höher als die der jüdischen". Rosenthal-Shneiderman, Esther: Oyf vegn un umvegn. Bd. 1. Tel Aviv 1974. S. 299.

5 Haftka, Aleksander: Powszechne nauczanie wśród ludności żydowskiej w Polsce w świetle cyfr. In: Sprawy Narodowościowe 2 (1929). S. 296–300. Hier S. 298.

stand 1921 auf Initiative jüdischer Sozialist_innen. Den größten Einfluss in der Organisation hatten drei Parteien: der Allgemeine Jüdische Arbeiterbund (Abkürzung Bund), die linke Fraktion der Poale Zion und die Folkisten.

Die 1917 in Moskau gegründete und ab 1921 in Polen tätige Schulorganisation *Tarbut* war mit den Zionisten verbunden. Sie wollte ihre Schüler_innen auf das künftige Leben in Palästina vorbereiten und bot eine weltliche Erziehung auf Hebräisch an. Die *Tarbut*-Schulen konkurrierten während der gesamten Zwischenkriegszeit mit den Schulen der CISZO und beschuldigten sich gegenseitig des Verrates am jüdischen Volk sowie der Politisierung der Schule.[6]

Anfang der 1920er Jahre besuchten zwischen 30 und 40 Prozent der jüdischen Jugend private jüdische Schulen, die von einzelnen Parteien unterstützt wurden. Wie beschrieben, unterschieden sie sich voneinander hinsichtlich der Unterrichtsprache, der Beziehung zur Religion, der Vorstellung von jüdischer Identität sowie des Ortes, an dem das jüdische Volk seine Zukunft aufbauen sollte.

Die neue Schule der jüdischen Arbeitermassen

Der Allgemeine Jüdische Arbeiterbund von Litauen, Polen und Russland wurde 1897 in Vilnius gegründet. Von Anfang an schrieb diese Partei der Bildung eine herausgehobene Stellung zu. Auch die Arbeitermassen sollten einen breiten Zugang zur Bildung bekommen. Kurz nach ihrer Entstehung gründete die Partei eine Reihe von Arbeiterbibliotheken, Kindergärten und anderen Kultur- und Bildungseinrichtungen sowie Presseorgane der Bewegung.[7] Das neu erwachte Selbstbewusstsein der jüdischen Arbeiterschaft im östlichen Europa sollte so an die sprachliche und kulturelle Komponente der *yidishkeyt* gebunden und somit gefestigt werden.[8] Hinsichtlich der Bildung hatte die Partei anfänglich begrenzte Möglichkeiten. Im geteilten Polen war es kaum möglich, eigene national-jüdische Initiativen zu entwickeln. Unter den Aktivist_innen der Partei begann jedoch bereits eine Debatte zur Konzeption einer neuartigen jüdischen Schule.

---

6 Zu der größten Auseinandersetzung zwischen Vertretern der beiden Organisationen kam es in den Jahren 1928–1929, als gegenseitige Vorwürfe öffentlich in der Zeitungen *Haynt* (Anhänger der Tarbut-Schulen) und *Naye Folkstsaytung* (Bund) formuliert wurden. Grinboym, Ch.: Di kampanie fun „haynt" kegn di yidish-veltlekhe shuln in Poyln. In: Shul-vegn 1 (1938). S. 60–64; 2 (1938). S. 65–80; 3–4 (1939). S. 96.
7 Mehr zur Rolle der „bundischen Gegenkultur" für die Emanzipationsbestrebungen der Arbeiterbewegung siehe in Pickhan, Gertrud: „Gegen den Strom". Der Allgemeine Jüdische Arbeiterbund „Bund" in Polen 1918–1939. Stuttgart/München 2001. S. 222–230.
8 Pickhan: „Gegen den Strom" (wie Anm. 7), S. 48.

Im vorliegenden Artikel möchte ich die Diskussion der jüdischen Sozialist_innen über die sogenannte neue jüdische Schule darstellen, die schon vor der Entstehung von ersten Anstalten begann und sich durch die 1920er Jahre zog. In diesen Debatten, die von Parteiaktivist_innen sowie Pädagog_innen, die in der Schulbildung engagiert waren, geführt wurden, ging es vor allem um Folgendes: um Jiddisch als Unterrichtssprache und um das Prinzip der Weltlichkeit. Die Basis für diese Studie bilden eine Reihe von Artikeln von Maurycy Orzech[9], die vom 6. Oktober bis 17. November 1916 in der Zeitung *Lebens-fragen*, dem Presseorgan der Partei Bund, unter dem Titel *Über die Volksschule* [Jid. *Vegen der folksshul*] veröffentlicht wurden, die 1924 auf Polnisch publizierte Broschüre *Die neue jüdische Schule, was ist sie und wonach strebt sie?*[10] von Shlomo Mendelson[11] sowie einzelne Artikel aus den pädagogischen Zeitschriften *Shul un lebn*[12] und *Di naye shul*[13], die in den 1920er Jahren erschienen sind. Die geführten Diskussionen über die hier aufgeworfenen Probleme erwiesen sich als richtungsweisend für die Auseinandersetzungen über die Emanzipation der jüdischen Arbeitermassen. Bei der Analyse der Artikel und Debatten in den Zeitschriften waren zwei Bücher besonders hilfreich, die erst nach dem Zweiten Weltkrieg erschienen sind – die schon oben erwähnten Erinnerungen der CISZO-Lehrerin Esther Rosenthal-Shneiderman sowie die Geschichte des jiddisch-weltlichen Schulwesens, die vom CISZO Aktivisten Chaim Shlomo Kazdan verfasst wurde.[14]

Bei den Aushandlungsprozessen über die neuen jüdischen Schulen nahmen im Besonderen zwei Abgrenzungsaspekte einen bedeutenden Platz ein. Zum einen kam der Kritik an dem alten, bisherigen Schulwesen eine entscheidende Rolle zu. Zum anderen herrschte Kritik an dem modernisierten religiösen und zionistischen Schulwesen, das sich parallel zum sozialistischen entwickelte. „Wenn man eine neue jüdische Welt schaffen will" – betonte Orzech – „muss man eine neue jüdische Schule schaffen, die mit dem alten, dunklen Cheder nichts zu tun hat".[15] Dank einer solchen Schule sollte sich die jüdische Welt und dadurch die Zukunft der Juden und Jüdinnen ändern. Die Befürworter der neuen jüdischen

---

9 Maurycy Orzech (1890–1942), Mitglied des Bund, Abgeordneter im Stadtrat von Warschau.
10 Mendelson, Shlomo: Nowa szkoła żydowska, czem jest i do czego dąży. Warszawa 1924.
11 Shlomo Mendelson (1896–1948), Pädagoge und sozialistischer Aktivist, zuerst Folkist, ab 1924 Mitglied des Bund. Ab 1928 Generalsekretär der CISZO.
12 Deutsch: Schule und Leben. Erschien 1921–1927 in Warschau, pädagogische Zeitschrift, die als Hauptorgan der CISZO galt.
13 Deutsch: Die neue Schule. Erschien 1920–1930 zuerst in Vilnius, später in Warschau, pädagogische Zeitschrift, die mit CISZO verbunden war.
14 Kazdan, Chaim Shlomo: Di geshikhte fun yidishn shulvezn in umophengikn Poyln. Mexiko 1947.
15 Liowe: Der kheder un di folksshul. In: Lebens-fragen (LF) 15 (12.05.1916). S. 6f.

Schule skizzierten ein Bild von der alten Schule als ein Ort, an dem Kinder den ganzen Tag die Thora auswendig pauken mussten, ohne sie zu verstehen. Ihre Räume seien dunkel, klein, stickig und stinkend. Der Lehrer – *melamed* – sei nicht kompetent, nicht einmal mit pädagogischem Grundwissen vertraut, schwach oder aggressiv. Die alte Schule wurde als Quelle der Rückständigkeit der einfachen jüdischen Bevölkerung beschrieben. Die Pädagog_innen der neuen Schule setzten sich dagegen zum Ziel, mit dem durch das alte Schulsystem verbreiteten Unwissen und Aberglauben zu kämpfen. Die neue Schule sollte eine absolute Antithese zu alldem sein, was die alte Schule repräsentierte. Ihre Hauptaufgabe war es, aus dem Kind einen Menschen zu bilden, der (oder die) die Gesetze des Staates, in dem es lebt, kennt, der oder die sich in jeder schwierigen Situation selbst zurechtfinden kann. In der neuen Schule sollten die Kinder, dank gut vorbereiteter und modern ausgebildeter Lehrer_innen, ihre eigenen Fähigkeiten entdecken und entfalten. „Die Volksschule muss der Jugend helfen, freie, bewusste, kämpfende Menschen zu werden", betonte Orzech.[16]

Dank des Bildungsanspruchs in der neuen Schule sollten jüdische Arbeiter_innen dazu befähigt werden, ihre Bedürfnisse in der Öffentlichkeit zu äußern, was letztendlich der Ausbeutung der Arbeiter_innen von der besitzenden Klasse ein Ende setzen sollte.[17] Die Jugend sollte also begreifen, was für eine große Rolle sie bei der Umwandlung der Arbeiterklasse spielen konnte. Die Gründung einer „obligatorischen weltlichen Schule mit jiddischer Sprache" wurde zur wichtigsten Aufgabe der jüdischen Arbeiterbewegung erklärt.[18] *Yidishkeyt* und Weltlichkeit sollten die Säule der neuen jüdischen Schule bilden. Die Kritik des alten, religiösen Schulwesens nahm wesentlich mehr Platz in der Debatte ein als die Kritik an den Schulverbänden mit anderen politischen Schattierungen, sie tauchte aber immer wieder, bei verschiedenen Angelegenheiten auf. Zionistische Schulen erzögen Kinder „in einer toten Sprache" und zum Leben im fremden Land, das wahrscheinlich nie den Juden und Jüdinnen gehören wird. Die Anhänger_innen der Assimilation wurden als Verräter der jüdischen Kultur und Tradition dargestellt. Die Elemente der Kritik werden im weiteren Teil der Abhandlung beschrieben.

---

16 Orzech, Maurycy: Vegen der folksshul. Tsile un oyfgabn. In: Lebens-Fragen 36 (06.10.1916). S. 5–6.
17 Eisenstein, Miriam: Jewish Schools in Poland, 1918–1939. New York 1950. S. 20.
18 LF 36 (1916) (wie Anm. 16), S. 5–6.

Jiddisch zu Hause, Jiddisch auf der Straße, Jiddisch in der Kunst, Jiddisch – die Sprache unserer Schule

Die Bemühungen der Arbeiterbewegung um eine neue jüdische Schule waren eng mit dem Kampf um die volle Anerkennung des Jiddischen als Sprache des jüdischen Volkes verbunden, der sowohl vom Bund als auch von Jiddischist_innen geführt wurde.[19] Viele dieser Aktivist_innen stammten aus assimilierten Familien, in denen man Russisch sprach. Ihnen war aber bewusst, dass die jüdischen Massen nur in ihrer Muttersprache (jid. *mameloshn*), Jiddisch, wirklich erreicht werden können. Selbst also noch die Sprache lernend, predigten sie zugleich, dass Jiddisch die Sprache der jüdischen Arbeitermassen sei und deswegen als offizielle Amtssprache anerkannt werden soll.[20] Die Forderung einer Schule mit Jiddisch als Unterrichtssprache verwies zugleich auf die politisch-gesellschaftliche Rolle, die diese Schulform spielen sollte – nämlich die Zugänglichkeit für die breiten jüdischen Massen zu Bildung wie auch das pädagogische Prinzip, dass Kinder in ihrer Muttersprache unterrichtet werden sollten.[21] Die Befürworter des Jiddischen als Unterrichtssprache betonten ihre Sorge um die Kinder, die in einer Fremdsprache unterrichtet werden: Jüdische Kinder hätten dann ungleiche Chancen, weil sie zu Beginn der Schullaufbahn einer Situation ausgesetzt seien,

---

19 Shimon Frost sah Jiddisch als Triebkraft der politischen und kulturellen Entwicklung der jüdischen sozialistischen Bewegung (Bund, Poale Zion, Folkistn), Frost: Schooling (wie Anm. 3), S. 37. David Fishman betont jedoch, dass die Entwicklung des Jiddischen in dieser Zeit nicht nur mit der Arbeiterbewegung verbunden war: „While Yiddish played a crucial role in the history of the Bund, the Bund did not play as central a role in the history of Yiddish culture as its partisan commentators believed." Fishman, David E.: The Rise of Modern Yiddish Culture. Pittsburgh 2005. S. 49.
20 1908 fand die Czernowitzer Konferenz statt, in der Jiddisch zu „einer Nationalsprache der Juden", nicht jedoch zu „der Nationalsprache" erkoren wurde. Die Formulierung war ein Kompromiss mit den Zionisten. Trotzdem ist die Bedeutung der Konferenz nicht zu unterschätzen. Sie symbolisiert die neue Wahrnehmung der jiddischen Sprache. Mehr zur Situationen des Jiddischen in der Zweiten Polnischen Republik bei Pickhan: „Gegen den Strom" (wie Anm. 7), S. 223 ff. Sie weist darauf hin, dass Jiddisch die Sprache der Mehrheit der jüdischen Bevölkerung war, sie bei den Verhandlungen über den Minderheitenschutz als eine ‚Hilfssprache' benannt wurde und in den 1924 verabschiedenden Sprachgesetzen nicht als Gerichts- und Verwaltungssprache zugelassen war. Zum Thema der Verbreitung vom Jiddisch unter Bundisten siehe: Fishman: Rise (wie Anm. 19), S. 50.
21 Pludermacher, Gershon: Di alte un di naye shul. In: Di naye shul 1–2 (1920). S. 3–11. Hier S. 1.

in der sie alles von Neuem erlernen müssten, diese Situation sei mit der eines mental zurückgebliebenen Kindes vergleichbar:

> Die Kinder, welche die Schule zu besuchen beginnen, verfügen bereits über eine gewisse Welt der Begriffe und Vorstellungen, besitzen schon eine eigene, mehr oder weniger gestaltete Psyche und eigene Erlebnisse – und all dies in der Muttersprache, für jüdische Kinder ist dies Jiddisch. Darf und soll die Schule plötzlich, manchmal brutal, mit der Vergangenheit des Kindes brechen und aus seiner Seele Tausende von schönsten, wertvollsten Erlebnissen wegstreichen und eine neue Welt in der neuen, für das Kind fremden, Sprache aufbauen?[22]

Sie wiesen auch auf die spezifische Situation eines Arbeiterkindes hin, das dem Lernen nicht viel Zeit widmen konnte, weil es nach dem Schultag den Eltern bei der Arbeit oder zuhause helfen musste und gleich nach dem Abschluss der Schule arbeiten ging. Es war also für sie eindeutig, dass diese Kinder unter solchen Bedingungen keine neue Sprache gründlich erlernen könnten und im Endeffekt die Schule dann als Analphabeten oder „halbe Analphabeten" beenden würden, die keine Lust hatten, ihr Wissen zu erweitern.[23] Darum war der Unterricht auf Jiddisch die Grundforderung der sozialistischen Pädagog_innen.

Die Verwirklichung des – scheinbar einfachen – Zieles traf auf verschiedene Hindernisse im Polen der Zwischenkriegszeit. Bei der Debatte um Jiddisch handelte es sich nicht bloß um eine Sprache, sondern um eine ganze Ideologie, die mit ihr verbunden war. Die Politiker_innen und Pädagog_innen beklagten sich über ständige Eingriffe seitens der polnischen Schulbehörden. Die sozialistischen Zeitschriften sowie Nachkriegserinnerungen der in der Schulbewegung tätigen Akteure, sind voll von romantisierenden Narrativen, die vom Kampf der ganzen jüdischen Arbeiterschaft um die neue jüdische Schule zeugen. So hatte die Darstellung dieses Kampfes um die neue jüdische Schule eine gemeinschaftsstiftende Funktion – alle Gleichgesinnten waren an diesem Kampf beteiligt: sowohl Politiker_innen, Pädagog_innen und Mitglieder der Gewerkschaften als auch Eltern und die Schüler_innen der einzelnen Schulen.

In ihren sehr emotional geschriebenen Erinnerungen beschrieb Esther Rosenthal-Shneiderman die Diskriminierung der jiddisch-weltlichen Schulen seitens der polnischen Behörden in den Jahren 1921 bis 1924. Es war die Zeit unmittelbar nach Gründung der Zentralen Jiddischen Schulorganisation, die erst 1924 durch den Staat als private Schulgesellschaft anerkannt wurde. Bis zu dieser Zeit galt der Besuch einer CISZO-Schule nicht immer als Erfüllung der Schul-

---

[22] Mendelson: Nowa szkoła (wie Anm. 11), S. 17f.
[23] Orzech, Maurycy: Vegen der folksshul. Di sprakh. In: Lebens-Fragen 40 (03.11.1916). S. 3f. Hier S. 4.

pflicht.[24] Vielfach bekamen die Eltern Briefe vom Bildungsministerium, in denen ihnen Geldstrafen angedroht wurden, wenn sie ihre Kinder nicht in eine staatlich anerkannte Schule schickten. Die Schulinspektoren suchten bei den Routinebesuchen der CISZO-Schulen nach einem Grund, um die Schule offiziell schließen zu können. Esther Rosenthal-Shneiderman berichtete von einem Ereignis, das sich während ihres Unterrichts abspielte. Der Schulinspektor besuchte ihren Naturkundeunterricht und hörte eine Weile zu. Plötzlich forderte er eine Schülerin auf, auf Polnisch zu erklären, was die Lehrerin gesagt hatte. Das Kind schwieg, die anderen Kinder waren erschrocken. Die Lehrerin bemühte sich, etwas zu erklären, doch der Inspektor ließ sie nicht sprechen. Auf einmal brach ein Junge das Schweigen, der in schönem Polnisch sagte: „Unsere Schule ist jüdisch und wir können unseren Unterricht nur auf Jiddisch erzählen."[25]

Der ideologische Kampf um die Unterrichtssprache dauerte während der gesamten Zwischenkriegszeit an und war sowohl gegen die Nationalisierungstendenzen der polnischen Regierung gerichtet als auch ein Zankapfel innerhalb der verschiedenen politischen Richtungen der Juden und Jüdinnen selbst. In den parteinahen Zeitungen, in den pädagogischen Schriften und während der öffentlichen Debatten wurden Stimmen der Anhänger_innen und der Gegner_innen des Jiddischen hörbar. Josef Leszczyński bemerkte in seinem Artikel *Die Schule der aufgewachten Massen*, dass sowohl die orthodoxen Juden und Jüdinnen als auch die Zionisten und die Anhänger_innen der Assimilation zu den Feinden der jiddisch-weltlichen Schule gehörten. Alle drei Richtungen hielten nach Leszczyński die jüdische Masse in der „Dunkelheit" und ihre Schulen konnten den Kindern nicht so viele Spaß und Nutzen wie eine jiddisch-weltliche Schule bringen.

> Dem einem [Orthodoxen A.S.] gefällt eine Schule besser, die der Sprache der Vorfahren und den alten „guten" und „frommen" Gewohnheiten verbunden ist, und dem anderen [Zionisten A.S.] scheint es lohnenswerter eine Schule zu haben, die sein Kind an eine fremde Sprache und Kultur anpasst, die ein Zeichen der Macht, der Herrschaft und der Dominanz ist.[26]

Die jüdischen Kinder, die auf Hebräisch unterrichtet wurden, waren – nach Meinung der Sozialist_innen – gezwungen, eine fremde Sprache in der Schule zu benutzen, die sie nie zu Hause als eigene Sprache betrachtet hatten. „Eine alte historische Sprache kann man nicht künstlich wiederbeleben, aus dem Tod er-

---

24 Die Schulpflicht wurde 1919 für alle Kinder in Polen zwischen 7 und 14 Jahren verordnet.
25 Rosenthal-Shneiderman: Oyf vegn (wie Anm. 4), S. 323. Die Aussage des Kindes wurde in den auf jiddisch verfassten Erinnerungen auf Polnisch aufgeschrieben: „Nasza szkoła jest żydowska i my umiemy opowiedzieć lekcje tylko w języku żydowskim!"
26 Leszczyński, Josef: Di shul fun di oyfgevakhte masn. In: Shul un lebn 6 (1921). S. 16 f.

wecken[27]", meinte Shlomo Mendelson. Polnisch dagegen war laut ihm die Sprache der Assimilation, die im Widerspruch zu den Zielen des Bund stand.

Die Aktivist_innen der jiddisch-weltlichen Schulbewegung betrachteten sich selbst und vor allem die Lehrer_innen der jiddisch-weltlichen Schulen in einem größeren Kontext. Ihre Situation verglichen sie mit der Lage von Dante Alighieri, als er seine *Göttliche Komödie* auf Italienisch und nicht auf Latein schrieb.[28] Und, um ihre Gründe besser vor der polnischen Macht zu beleuchten, setzten sie ihre Bemühungen um jiddischsprachige Schulen mit dem Kampf der Polen um polnisch als Unterrichtssprache während der Teilungszeit Polens durch Russland, Österreich und Preußen gleich.[29] Nach Orzech war der Kampf um die Muttersprache völlig ungerecht, weil sich Juden und Jüdinnen erst das erkämpfen mussten, was die Arbeiter anderer Nationalitäten bereits erreicht hatten. Alle vorhin angeführten Aufgaben, die sich die jiddisch-weltlichen Schulen stellten, konnten nicht in einer fremden Unterrichtssprache wahrgenommen werden.[30] Die lange Zeit vernachlässigte, als Jargon bezeichnete Sprache wurde von Jakob Pat mit einem Arbeiter verglichen, der arm aussieht und typisch angekleidet ist. Pat sah das Jiddische als ein Kind der Arbeiterklasse, das in einer dunklen Nacht umzingelt von den Wänden des Ghettos, geboren wurde.[31] Die Geschichte der Sprache verglich er mit der Geschichte der jüdischen Arbeitermassen. Früher gedemütigt, bekam Jiddisch nun seine Chance zur Auferstehung. „Jiddisch zu Hause, Jiddisch auf der Straße, Jiddisch in der Kunst, Jiddisch – die Sprache unserer Schule" – postulierte Pat am Ende seines Artikels.[32] Auf diese Weise erschien Jiddisch in diesen Debatten wie ein Gewehr, das Volk sollte mit einem neuen nationalen Bewusstsein bewaffnet werden, es sollte erzogen werden. Des Weiteren wurde Jiddisch zum Symbol einer modernen jüdischen Kultur und Identität.[33] Opponenten – sowohl Zionisten als auch Orthodoxe – bezeichneten diese Sprache oft als „nicht kosher und unehelich". Die Begriffe der Kritiker verweisen auf die neue, säkulare Richtung der jiddischen Schulen. In ihr sollte jede Spur der als rückständig wahrgenommen Religion beseitigt werden.

---

27 Mendelson: Nowa szkoła (wie Anm. 11), S. 31.
28 Pat, Jakob: Di sprakh fun unzer shul. In: Shul un lebn 6 (1921). S. 13–16. Hier S. 16.
29 Mendelson: Nowa szkoła (wie Anm. 11), S. 17 f.
30 LF 40 (1916) (wie Anm. 23), S. 3 f.
31 Pat: Di sprakh (wie Anm. 28), S. 14.
32 Pat: Di sprakh (wie Anm. 28), S. 16.
33 Kazdan: Di geshikhte (wie Anm. 14), S. 343.

Im Kampf gegen Vorurteile und Aberglauben – die Weltlichkeit der neuen Schule

Die zweite Säule des jiddisch-weltlichen Schulwesens war ihre Weltlichkeit. Die jüdischen Sozialist_innen sahen in der Religion die Ursache aller Rückständigkeit und des Obskurantismus im jüdischen Volk und setzten sie der Orthodoxie gleich, mit der sie nichts zu tun haben wollten. Maurycy Orzech betonte, dass die Religion lange dazu benutzt wurde, um die Macht über die einfachen nicht aufgeklärten Massen auszuüben. Die neue Generation sollte sich vielmehr mit ihrer Kultur und Nationalität befassen, stolz auf sie sein und sie kultivieren. Die religiöse Tradition sollte dabei als Kulturerbe betrachtet werden und nicht als Wegweiser für das tagtägliche Leben. Die von den jüdischen Sozialist_innen gegründete neue, jüdische Schule sollte sich dementsprechend von der Religion abgrenzen, deswegen wurde ihre Weltlichkeit permanent betont. Vor allem aber unterstrichen die Sozialist_innen, dass die Religion im Widerstreit zu allem stand, was den Kindern in den jiddisch-weltlichen Schulen beigebracht wurde. Die Überzeugung, dass ein Menschenleben von Gott abhängen würde, sei eine irrtümliche Vorstellung über die Welt, die den Kindern nicht vermittelt werden sollte. „Die gesamte Unterrichtsweise", schrieb Shlomo Kazdan,

> in der CISZO-Schule, die Methoden des Forschens und Denkens, der Naturunterricht, das konsequente Wecken des Bewusstseins bei den Kindern, die Erziehung der Kinder zu kritischen, bewussten Menschen, frei von allen Fesseln des Autoritarismus – der Geist der freien Erziehung, der in der Schule herrschte – das alles stimmt einfach mit der Religion und der religiösen Erziehung nicht überein, überlappt sich nicht mit ihr.[34]

In der Auseinandersetzung der sozialistischen Bildungsaktivist_innen mit der Religion gab es verschiedene Fraktionen. Die eine ging davon aus, dass die Religion eine Privatangelegenheit der einzelnen Arbeiter_innen sei. Der Feind der Arbeiterbewegung waren die orthodox-religiösen Parteien und nicht die Religion selbst. Shlomo Mendelson betonte: „Wir überlassen den Kindern völlige Sittenfreiheit, aber sie müssen ehrlich und offen sein. Dann gewinnen sie den Respekt der Kameraden und der Lehrer."[35] Eine andere Meinung vertrat Maurycy Orzech, der betonte, dass die Rolle der Volksschule darin bestand, die Menschen in Bezug auf das irdische Leben und nicht auf den Himmel hin zu erziehen. Seiner Meinung nach war der Religionsunterricht mit seiner „utopischen" Geschichte der Welt-

---

34 Kazdan: Di geshikhte (wie Anm. 14), S. 354 f.
35 Mendelson: Nowa szkoła (wie Anm. 11), S. 20.

schöpfung und anderen Wundern mit den Lerninhalten anderer Fächer kaum zu vereinbaren:

> Das Gefühl, dass eine unsichtbare Kraft existiert, welche sich ständig in die Naturerscheinungen, in unsere Geschichte, in die Weltgeschehnisse einmischt, die über alle Menschen herrscht, welche fähig ist, jederzeit die Ordnung zu ändern – all das steht in schreiendem Kontrast zu den Grundlagen der modernen, wissenschaftlichen Weltanschauungen.[36]

In seinen Überlegungen zum Thema Religion ging er noch weiter und bezeichnete sie als Auslöser des Hasses, weil es einfach zu viele Religionen gäbe und jede von ihnen den Anspruch erhebe, die einzig wahre zu sein. Da die Rolle der Schule darin bestand, jeglichen Formen des Hasses entgegenzuwirken und die Kinder für dessen Folgen zu sensibilisieren, sei der Religionsunterricht nicht nur unnötig, sondern auch schädlich.

Wieder eine andere Fraktion behauptete, dass die religiös geprägte Lebenswelt der Juden und Jüdinnen sie von Geburt an bis zum Tod begleite, es könne also keine Rede von irgendeiner Wahlfreiheit sein. Zu der Fraktion gehörte Beinish Michalewicz, der betonte, dass die Arbeiterbewegung mit den großen Massen umgehen muss, die mehr oder weniger religiös sind. Er fand also die Forderung der Parteimitglieder, auf die Religion komplett zu verzichten, „oberflächlich und vulgär".[37]

Einigkeit bestand darin, dass jeder Bezug zur Religion aus der Schule beseitigt werden sollte.[38] Religion und religiöse Praktiken sollten weder im theoretischen Unterricht noch in praktischen Übungen den Kindern beigebracht werden. Rückblickend konstatierte Kazdan:

> Die Schule ist areligiös gewesen. Sie hat nicht die Vorurteile und den Aberglauben bekämpft, die in gewissen Teilen der jüdischen Bevölkerung noch stark waren. Man musste sie nicht bekämpfen, weil sie sich bei den Kindern durch die aufklärerische Arbeit sowieso aufgelöst haben, durch die Arbeit, die die Schule im Unterricht und auf allen weiteren Gebieten geführt

---

[36] Orzech, Maurycy: Vegen der folksshul. Di mitlen. In: Lebens-Fragen 39 (27.10.1916). S. 1f.
[37] Nowogródzki, Emanuel: Bund. Żydowska Partia Robotnicza w Polsce 1915–1939. Warszawa 2005. S. 308.
[38] In dem Text konzentriere ich mich auf die Diskussion und Kommentare der Sozialist_innen. Wie die Theorie in die Praxis umgesetzt wurde, ist nicht das Thema dieser Abhandlung. Zu unterstreichen ist jedoch, dass Elemente der Religionswissenschaft im Schulprogramm auftauchten. Die jüdische Geschichte wurde mit Beginn der Schöpfungsgeschichte unterrichtet, die jüdische Literatur war voller Bibelmotive, die als Kulturerbe galten. Mehr über religiöse Elemente in Schulprogrammen und Schulbücher von CISZO: Fishman, David E.: Judaizm świeckich jidyszystów. In: Duchowość Żydowska w Polsce. Hrsg. von Michał Galas. Kraków 2000. S. 369–382.

hat. Und dies lag an der Weltlichkeit der Schule. Und dies war die Weltlichkeit von der CISZO-Schule gewesen.[39]

Den Verzicht auf Religionsunterricht beäugte die polnische Macht misstrauisch. Wiederholt mussten die CISZO Vertreter_innen die Entscheidung begründen. Religionsunterricht bildete einen wichtigen und obligatorischen Teil in allen staatlichen Schulen Polens. Hierzu möchte ich wieder eine kurze Episode aus den Erinnerungen von Esther Rosenthal-Shneiderman zitieren:

> Einmal hat der Inspektor gefordert: Nehmen sie mich bitte mit zum Religionsunterricht. Erstaunt über seine Ignoranz, welchen Schultyp er besucht, [...] erklärte ich ihm, dass unsere Schule *areligiös* ist, darum findet bei uns kein Religionsunterricht statt. Seine Aufregung war groß, er hätte von einer solchen Schule ‚zum ersten Mal im Leben' gehört. [...] Ich versuchte ihm zu erzählen, wie schön wir die nationale Feste Chanukka und Purim feiern, wie gut sich dabei die Kinder amüsieren. Er aber winkte ab und sagte zu mir mit tiefer Überzeugung: ‚Unsere Jugend m u s s daran glauben, dass ein Gott im Himmel existiert! Sie muss! Verstehen sie bitte!... M u s s!'[40]

Statt religiöser Erziehung wollte die neue jüdische Schule eine ethische und humanistische Erziehung im Geist der Freiheitsliebe anbieten.[41] Darüber hinaus sollten die Kinder vielfältige Bildungsmöglichkeiten wahrnehmen: Sie sollten selbst Lust auf das Aufdecken von Geheimnissen bekommen, selbst nach Ursachen suchen, Mut zur Forschung entwickeln, empirische Belege finden. In diesem Sinne war die Ablehnung der Religion ein Verzicht auf allumfassende, leichte Lösungen, die bisher in einer kompakten Form von den geistigen Führern serviert

---

39 Kazdan: Di geshikhte (wie Anm. 14), S. 355.
40 Rosenthal-Shneiderman: Oyf vegn (wie Anm. 4), S. 322f. Der letzte Satz wurde auf Polnisch aufgeschrieben: „Nasza młodzież m u s i wierzyć, że istnieje Pan Bóg w niebie! Musi! Niechżesz Pani to zrozumie!... Musi!" – alle Hervorhebungen im Original.
41 Im Bulletin der CISZO wurde berichtet, dass das Warschauer Kuratorium eine Erklärung dieser Schulorganisation forderte, in der erläutert werden sollte, was eine „weltliche" Schule bedeute. Die Antwort der Schulorganisation folgte bei einer Begegnung von CISZO-Vertretern mit dem Inspektor der Volksschul-Abteilung. Während dieser wurde erklärt, dass die neue Schule andere Methoden der ethischen Erziehung anwende. Der Inspektor schloss nicht aus, dass Schulen ohne Religionsunterricht bald ihre Lizenz entzogen werden können. Trotzdem beschloss die CISZO-Leitung keine Änderungen im Schulprogramm vorzunehmen. Vgl: Unzer biuletin. Varshe Oktober 1935. S. 11. In einem anderen Bericht vom März 1938 wurde erwähnt, dass – um die staatliche Anerkennung zu erhalten – manche Schulen Religionsunterricht formal im Stundenplan einführen mussten. Die Warschauer Schulen dagegen hatte das Kuratorium aufgefordert, den Bibelunterricht im gleichen Ausmaß wie den Religionsunterricht in staatlichen Schulen einzuführen. Der Verfasser der Notiz schätzte die Lage der CISZO-Schulen als „ernst" ein. „Bericht von der Plenarsitzung im März 1938" überliefert in: YIVO, 1471 F. 17.

wurden. In der Schule gab es keinen Ethikunterricht, obwohl Ziel des Unterrichts die Entwicklung einer Ethik bei den Kindern war, worunter ein Sinn für persönliche und soziale Verantwortung verstanden wurde. Äußere Attribute und religiöse Praktiken, wie etwa koscheres Essen, Synagogenbesuch etc., waren dem sozialistischen Geist der Schule fremd und wurden in der Schule nicht kultiviert.

Schlussfolgerungen

Die Diskussionen der Sozialist_innen über die Verfasstheit einer neuen, modernen jüdischen Schule war Teil eines größeren Aushandlungsprozesses, in dem jüdische Politiker_innen sowie kulturelle und gesellschaftliche Aktivist_innen bis zum Ausbruch des Zweiten Weltkriegs über die Bildung und Erziehung der nächsten jüdischen Generation debattierten. Die hierbei verhandelten Hauptfragen betrafen die Beziehung zur jüdischen Religion und Tradition, Debatten um einen jüdischen Staat, über Polen sowie die Diskussion um die Nationalsprache des jüdischen Volkes. Die Antworten auf genau diese Themen prägten die Gestalt der neuen sozialistischen Schule. Zugleich hatte die jüdische Schule jedoch nur einen begrenzten Einfluss auf die jüdischen Kinder und Jugendlichen. Ein großer Teil von ihnen besuchte – aus oben erwähnten Gründen – die polnischen Volksschulen und war dadurch dem Prozess einer langsamen Assimilation ausgesetzt.

Das am Anfang zitierte Flugblatt aus dem Jahre 1931 erschien in einer Zeit, als die Blütezeit des jiddisch-weltlichen Schulwesens in den 1920er Jahren zu Ende ging. Die Diskriminierung der jiddisch-weltlichen Schulen durch die polnischen Machthaber, welche die Schulen des Kommunismus bezichtigten, sowie die schwere finanzielle Lage der CISZO-Institutionen führten dazu, dass viele Anstalten schließen mussten. Aus finanziellen Gründen stellten auch zwei in dieser Abhandlung mehrmals erwähnte pädagogische Zeitschriften – *Shul un lebn* und *Di naye shul* – ihren Betrieb ein. Die 1930er brachten mit sich neue Krisen. Der wachsende Antisemitismus führte dazu, dass die Anhänger_innen der weltlichen Erziehung ihre Kinder eher in die *Tarbut*-Schulen schickten. Die Zukunft der jüdischen Bevölkerung schien unsicher zu sein und immer mehr Menschen zogen die Möglichkeit in Betracht nach Palästina auszuwandern. In dieser Situation schien die Schule auf Hebräisch eine vernünftigere Lösung. Trotzdem verloren die CISZO-Aktivist_innen nicht die Hoffnung und setzten ihre Arbeit fort. An der Stelle der eingestellten pädagogischen Zeitschriften entstanden zwei neue: *Shul-vegn*, 1934–1939, und *Shul fraynd*, 1936–1939, die sich mit der politischen und gesellschaftlichen Situation der Schulen und des Schulsystems beschäftigt haben. Die hier aufgezeigte Debatte um Sprache und Ausrichtung der neuen jüdischen Schule markierte nämlich nur den Anfang einer sich in den Folgejahren fortführenden Debatte um die Weiterentwicklung einer modernen jüdischen Schule.

Gabriele Kohlbauer-Fritz
Die jiddische Subkultur in Wien und die jüdische Arbeiterbewegung

Die Bedeutung Berlins als kulturelles Zentrum der russischen Emigration in den frühen zwanziger Jahren ist weithin bekannt. Neben russischsprachigen Künstlern und Schriftstellern zog Berlin auch viele jiddische Kulturschaffende an.[1] Auch Wien wurde nach dem Ersten Weltkrieg für kurze Zeit zu einem Zentrum jiddischer Kultur, allerdings in wesentlich kleinerem und provinziellerem Rahmen als Berlin. Während die Berliner Szene von Emigranten aus Russland geprägt war, die intensive Kontakte zu den Zentren des Jiddischismus in Warschau, Wilna, Kiew und Moskau pflegten, stellte für die Wiener jiddische Kulturszene Galizien mit Krakau und Lemberg das jiddischsprachige Hinterland dar. Spezifisch für die Wiener Verhältnisse war auch die tiefe, einseitige und unerwiderte Bewunderung der jiddischen Schriftsteller für die Wiener Literatur und Kultur:

> Mein Traum war von der großen und weltberühmten Wiener Literatur durchwebt: Schnitzler, Altenberg, Richard Beer Hofmann, Stefan Zweig, Hugo von Hofmansthal – von der Wiener Kunst und von der Wiener Schönheit und der strauß-blauen-donau-walzerhaften-Gesang- und Tanzlust, mit einem Wort: schäumende hoffnungsvolle Jugend, die selbst nicht so genau weiß, was sie will. Wie ich diese meine Wiener Traum-Hoffnungen alle mit dem unerschütterlichen Willen, ein Schriftsteller in Jiddisch und nur in Jiddisch zu sein und zu bleiben, verbunden habe, weiß ich heute nicht mehr. Aber muß denn ein Traum logisch sein?[2]

So reflektiert Melech Rawitsch in seinen Erinnerungen die paradoxe Situation der jiddischen Kulturszene in Wien.

In der Tat ignorierte die deutschsprachige Kulturelite Wiens die Existenz der jiddischen Kultur fast völlig. Man kann zu Recht von einer jiddischen Subkultur in Wien sprechen. Eine Ausnahme bildeten der expressionistische Dichter Albert Ehrenstein und die deutsche Dichterin Else Lasker-Schüler sowie die beiden Wiener Arbeiterdichter Ernst Waldinger und Ernst Petzold, die auch einige Gedichte ihrer jiddischen Kollegen ins Deutsche übersetzten.[3]

---

[1] Stiftung Jüdisches Museum Berlin (Hrsg.): Berlin Transit. Jüdische Migranten aus Osteuropa in den 1920er Jahren. Göttingen 2012.
[2] Rawitsch, Melech: Das Geschichtenbuch meines Lebens. Hrsg. u. übers. von Armin Eidherr. Wien und Salzburg 1996. S. 35.
[3] Melech Rawitsch und Albert Ehrenstein hatten ursprünglich geplant, eine Anthologie jiddischer Dichtung in deutscher Übersetzung und deutscher expressionistischer Gedichte in jiddi-

Ein Unterschied zwischen Berlin und Wien liegt sicherlich auch darin, dass Wien vor dem Ersten Weltkrieg die Hauptstadt eines riesigen Imperiums und nach dem Zerfall der Monarchie Hauptstadt eines Kleinstaates war. Um die Situation im Nachkriegsösterreich besser zu verstehen, muss man einen Blick auf das Wien der Vorkriegsgeschichte werfen.

Wien, das Tor zur großen Welt

Aus der Perspektive Galiziens und der Bukowina, den nordöstlichen Provinzen des Habsburgerreiches, war Wien mit dem Nimbus von Weltoffenheit und Toleranz versehen. Der österreichische Kaiser Franz Joseph erschien den von Pogromen heimgesuchten osteuropäischen Juden im verklärten Licht als Garant für Gerechtigkeit und Menschlichkeit. Für die sogenannten „Ostjuden" aus Galizien, Polen, Russland und Rumänien bedeutete Wien oft die erste Station im Westen, das Tor zur großen Welt, durch das sie dem Leben im Schtetl entfliehen konnten: Träume, die sich in der Wirklichkeit sehr oft als Illusionen erwiesen.[4]

Ab der zweiten Hälfte des 19. Jahrhunderts wuchs die jüdische Gemeinde Wiens durch Zuwanderer aus allen Teilen der Monarchie sehr stark an. Im Unterschied zu den alteingesessenen Wiener Juden und den jüdischen Zuwanderern aus Böhmen, Mähren und Ungarn, die sich durch Sprache und Kleidung nicht von ihrer nichtjüdischen Umwelt unterschieden, waren viele galizische Zuwanderer sehr religiös und einer Tradition verhaftet, die vom Leben im Schtetl geprägt war. Ihre äußerlichen Attribute wie Kaftan, Schläfenlocken und die jiddische Sprache bildeten oft den Anlass für antisemitische Beschimpfungen und Verleumdungen.

Die Führungselite der jüdischen Gemeinde war deutschsprachig, assimiliert, politisch liberal und patriotisch gesinnt. In breiten Teilen des Wiener jüdischen Bürgertums galt das Jiddische als „Jargon" von dem man sich tunlichst distanzierte, und schon gar nicht als eine eigenständige Sprache.

Zwar wurden in nationaljüdischen Studentenkreisen unter der Initiative von Natan Birnbaum jiddische Literatur und Liederabende veranstaltet und in den Gaststätten und Weinlokalen der Leopoldstadt traten galizische Liedersänger wie der berühmte Berl Broder oder Welwel Ehrenkranz auf, doch der Druck zur As-

---

scher Übersetzung zu veröffentlichen. Die Anthologie kam nicht zustande, aber eine kleine Auswahl von Gedichten von Else Lasker-Schüler und Albert Ehrenstein wurden in der Wiener jiddischen Zeitschrift *Kritik* veröffentlicht. Vgl.: Kritik 4 (1920). S. 19 – 22.

4 Kohlbauer-Fritz, Gabriele: Das Wien-Bild in der jiddischen Literatur. In: Wien als Magnet? Schriftsteller aus Ost-, Ostmittel- und Südosteuropa über die Stadt. Hrsg. von Gertraud Marinelli-König u. Nina Pavlova. Wien 1996. S. 367 – 389.

similation unter den galizischen Einwanderern war groß und das Ablegen der jiddischen Sprache war eine der Voraussetzungen für die Integration in die bürgerliche Gesellschaft. Wesentlich zur Aufwertung des Jiddischen in Österreich trug die Erste Jiddische Sprachkonferenz bei, die 1908 in Czernowitz abgehalten wurde und bei der Jiddisch erstmals als eine der Nationalsprachen der Juden proklamiert wurde.[5] Trotz zahlreicher politischer Kampagnen bei Reichsratswahlen und Volkszählungen, die von nationaljüdischen Gruppierungen propagiert wurden, wurde die jiddische Sprache in Österreich-Ungarn jedoch nie offiziell anerkannt.[6] Auch die österreichische Sozialdemokratie sprach sich gegen eine jüdische Autonomie aus. Die Entstehung einer eigenen jüdischen Arbeiterbewegung, die die Arbeiter unter anderem durch die Forcierung des Jiddischen erreichen wollten, wurde von den austromarxistischen Arbeiterführern abgelehnt.[7] Nichtsdestotrotz entstand 1905 in Österreich nach dem Vorbild des russischen Bund die „jüdische, sozialdemokratische Partei" (Zydowska Partia Socjalno-Demokratyczna, ZPS). Die Entwicklung einer jiddischen Arbeiterkultur war ihr ein zentrales Anliegen. Auch die zionistische Arbeiterbewegung Poale Zion fasste bald nach ihrer Entstehung in Russland in Österreich Fuß. Wie der jiddische Schriftsteller Abraham Reisen, der im Sommer 1904 nach Wien kam, beschrieb, trafen sich die Anhänger der linken Zionisten in der Buchhandlung von Samuel Inslicht in der Unteren Augartenstraße 9.[8] Inslicht betrieb einen kleinen Verlag und Anfang 1905 reichten er und Nathan Gross die offiziellen Statuten des Arbeitervereins Poale Zion ein.[9] Beziehungen nach Wien hatte auch Ber Borochow, der als der eigentliche Begründer der Poale Zion in Russland gilt. Er musste Russland aus politischen Gründen verlassen und lebte mit Unterbrechungen von 1910 bis 1914 im politischen Exil in Wien, wo er das Parteiblatt *Dos fraye vort* herausgab und sich im Arkaden Café in der Reichsratsstraße regelmäßig mit einer kleinen Gruppe von

---

5 Zu der politischen Bedeutung der Sprachkonferenz in Czernowitz für den Jiddischismus vgl. Fishman, Joshua A.: Attracting a Following, to High- Culture Functions for a Language of Everyday Life: The role of the Tshernovits Conference in the „Rise of Yiddish". In: Ders.: Yiddish. Turning to Life. Amsterdam/Philadelphia 1991. S. 255–283.
6 Brix, Emil: Die Umgangssprachen in Altösterreich zwischen Agitation und Assimilation. Wien 1982. S. 355–357.
7 Bauer, Otto: Galizische Parteitage. In: Ders.: Werkausgabe. Bd. 8. Wien 1980. S. 590.
8 Reyzen, Avrom: Epizodn fun mayn leben. Bd. II. Wilna 1929. S. 233.
9 Inslicht dürfte später, wie viele andere Poale-Zionisten in die Kommunistische Partei eingetreten sein. Es ist ziemlich wahrscheinlich, dass er identisch ist mit Samuel Inschlicht aus Wien Leopoldstadt, der Mitte Dezember 1935 in Belgrad unter dem Verdacht, ein sowjetischer Spion zu sein, verhaftet und zu drei Jahren Gefängnis verurteilt wurde. Vgl. McLoughlin, Barry: Sowjetische Spionage in Österreich. 1927–1938. In: McLoughlin, Barry [u. a.]: Kommunismus in Österreich 1918–1938. Innsbruck/Wien 2009. S. 409.

russisch-jüdischen Emigranten traf.[10] In Wien betrieb Ber Borochow auch seine philologischen Studien zur jiddischen Sprachgeschichte.[11] Als er nach Kriegsausbruch 1914 als russischer Staatsbürger Österreich-Ungarn verlassen musste, um einer Internierung zu entgehen, hinterließ er sein gesamtes Archiv und seine Bibliothek in Wien. Melech Rawitsch schreibt in seinen Erinnerungen, dass er diese 1919 in einem sozialistischen Vereinslokal gesehen hat, möglicherweise in der Blumauergasse 1, wo ein jüdisches Arbeiterheim und Versammlungsräume der Poale Zion untergebracht waren.[12] Auch einigen russischen Bundisten diente Wien vor dem Ersten Weltkrieg als politisches Exil. Im Jahr 1912 hielt der Bund in Wien eine Konferenz ab, an der so prominente Vertreter der Bewegung wie Vladimir Medem, Mark Liber und Ester Frumkin teilnahmen.[13]

Jiddische Kulturrenaissance in Wien nach dem Ersten Weltkrieg

Eine breite Basis bekam die Entstehung einer jiddischen Kulturszene in Wien erst nach dem Ersten Weltkrieg. Fast die gesamte galizisch-jüdische Intelligenz war in den Kriegsjahren nach Wien übergesiedelt, und die sozialistischen und zionistischen Parteiführer bauten in Wien ein jiddisches Pressewesen auf, um ihre politische Arbeit fortzusetzen und den galizischen Kriegsflüchtlingen beizustehen, die oft nur des Jiddischen mächtig waren. Die auflagenstärkste Zeitschrift der galizischen Diaspora in Wien war die von Naphtaly Mayer Racker herausgegebene nationaljüdisch orientierte *Viner morgentsaytung*[14]. An zweiter Stelle kamen verschiedene sozialistische jiddische Zeitschriften wie das offizielle Organ der Poale Zion *Der yudisher arbeyter*, dessen Redaktion 1914 von Krakau nach Wien verlegt wurde. Nach Kriegsende mussten sich die in Wien verbliebenen galizischen Juden den sogenannten „Optionsverfahren" unterziehen. Wer sein „Heimatrecht" in Wien durch die „Zugehörigkeit zur deutschen Sprache und Kultur" nicht nachweisen konnte, sollte nach Polen abgeschoben werden, ungeachtet der in-

---

10 Soxberger, Thomas: Revolution am Donaukanal. Jiddische Kultur und Politik in Wien 1904–1938. Wien 2013. S. 40–41.
11 Borokhov, Ber: Di oyfgabn fun der yidisher filologye. In: Shprakhforshung un literaturgeshikhte. Gezamlt un tsunoyfgeshtelt fun Nakhmen Mayzil. Tel Aviv 1966. S. 53–75.
12 Ravitsh, Melekh: Mayn leksikon. Bd. IV. Buch I. Tel Aviv 1980. S. 64.
13 Jacobs, Jack: Written Out of History. Bundists in Vienna and the Varieties of Jewish Experience in the Austrian First Republik. In: In Search of Jewish Community. Hrsg. von Michael Brenner u. Derek J. Penslar. Bloomington and Indianapolis 1998. S. 117.
14 Nach 1919 wurde der Titel auf *Yudishe morgenpost* umgeändert.

stabilen Situation im jungen Nationalstaat. De facto wurde dieses Ansinnen jedoch nie umgesetzt und viele Kriegsflüchtlinge blieben in Wien.[15] Trotz der schwierigen politischen und rechtlichen Situation der „Ostjuden" in Wien entwickelte sich in den frühen zwanziger Jahren in den Kaffeehäusern und Kellertheatern des 2. und 20. Bezirks eine blühende jiddische Kulturszene. Jiddische Zeitschriften wurden herausgegeben, Verlage gegründet, das jiddische Theater, das sich schon seit einigen Jahrzehnten in Wien etabliert hatte, erlebte einen Aufschwung und selbst jiddische Filme wurden in Wien gedreht.

Ideologische Auseinandersetzungen innerhalb der jüdischen Arbeiterbewegung in Wien

Die Zeit nach dem Ersten Weltkrieg war auch geprägt von ideologischen Auseinandersetzungen innerhalb der jüdischen Arbeiterbewegung. Josef Kissman, ein Aktivist des Bund, gab zwischen 1919 und 1921 die Zeitschrift des Bund *Der veker* heraus. Politisch stand Kissman dem linken prokommunistischen Flügel des Bund nahe. Flügelkämpfe zwischen einem rechten, sozialdemokratisch orientierten und einem linken revolutionär marxistischen Lager fanden auch innerhalb der Poale Zion statt. 1920 war Wien Sitz des Weltkongresses der Poale Zion, bei dem sich die Partei in einen rechten und in einen linken Flügel spaltete. Das Organ des rechten Flügels *Undser vort* wurde von Berl Locker und Mendel Singer herausgegeben. Der linke Parteiflügel unter der Führung von Michael Kohn publizierte den *Avangard*. Dem Bestreben der linken Poale Zion, in die Komintern aufgenommen zu werden, wurde von dieser zunächst nicht stattgegeben, da auch die linken Poale Zionisten an Palästina als jüdischer Heimstätte festhielten und für einen gemeinsamen Kampf des jüdischen und arabischen Proletariats gegen den britischen Imperialismus eintraten.[16] Bei den Maiaufmärschen im Wien der Nachkriegsjahre marschierten jüdische Arbeiter und Arbeiterinnen in eigenen Blöcken und zum Teil mit jiddisch beschrifteten roten Fahnen mit. Während beim VI. Weltkongress der linken Poale Zion im Jahr 1922 in Danzig die Mehrheit der Delegierten dafür stimmten die Palästinafrage nicht aufzugeben und als eigenständige jüdische kommunistische Partei weiter zu existieren, verschärften sich die Fraktionskämpfe in Wien. Schließlich schieden einige Mitglieder des ultralinken Flügels, unter ihnen Hersch Nagler, Michel Kohn Ebner und Malke Schorr aus der Wiener Poale Zion aus und schlossen sich unter Preisgabe jeglicher jü-

---

15 Holter, Beatrix: Die ostjüdischen Kriegsflüchtlinge in Wien. Salzburg 1978. S. 16–18.
16 Soxberger: Revolution (wie Anm. 10), S. 113–133.

discher Selbstständigkeit der österreichischen kommunistischen Partei an. In seiner am 3. Februar 1927 im Jüdischen Künstlerkabarett auf der Wiener Praterstraße aufgeführten Revue *Von Sechistow bis Amerika* machte sich der jiddische Theaterautor Abisch Meisels über einen Auftritt der radikalen Arbeiterführerin Malke Schorr lustig. Im zwölften Bild, das eine Sitzung in der Kultusgemeinde darstellt, fordert diese die Errichtung der Kommune und die Abschaffung der Religion und der Kultusgemeinde:

> Genossen und Genossinnen! Nieder mit dem Kapital! Es lebe die Arbeit. Lang genug haben wir zugesehen, wie die Reaktion mit Siebenmeilenstiefeln vorwärtsschreitet. Die Schwarzen verbreiten Gift unter den Arbeitermassen. „Glaube ist Opium für das Volk", das sagt, ich weiß momentan nicht, wer, deshalb verlange ich keine Subvention, keine Unterstützung, sondern die Kultusgemeinde ist ein überflüssiges Institut, sie bringt Finsternis unter die Massen, deshalb muß sie demissionieren und wir werden die Verwaltung übernehmen, es lebe die Kommune, nieder mit der Bourgeoisie.[17]

Die jiddischen Schriftsteller in Wien. Vom Neoromantizismus zur expressionistischen Arbeiterlyrik

Die jiddische Literaturszene, die in den frühen zwanziger Jahren abseits der Wiener Hochkultur entstand, sah sich als Teil der Arbeiterkultur. Zu diesem Kreis gehörten Melech Chmelnizki, Melech Rawitsch, Ber Horowitz, Max (Mendel) Neugröschel, Ber Schnapper, der Prosaschriftsteller Abraham Moses Fuchs und die Literaturhistoriker Moses (Mosche) Silburg und Moses (Mosche) Gross Zimmermann. Während sich die ältere Generation der galizisch-jiddischen Schriftsteller um Samuel Jakob Imber, David Königsberg und David J. Silberbusch an der europäischen Literatur des Fin de siècle, den Symbolisten und Dekadenten, orientierten und in der Literatur oft als galizische Neoromantiker bezeichnet werden, fühlte sich die jüngere Generation dem Expressionismus und einer proletarischen jiddischen Kultur verbunden[18] In ihrem Werk spiegelt sich das kulturelle Vakuum und die Entwurzelung, die die galizischen Juden nach dem Ersten Weltkrieg erfuhren, die Desintegration der „Ostjuden" im Westen und die moralische Inflation in der Großstadt wider, der scheinbar nur der Sozialismus etwas entgegenzusetzen hatte. Einige der

---

[17] Meisels, Abisch: Von Sechistow bis Amerika. Eine Revue in 15 Bildern. Hrsg. u. übers. von Brigitte Dallinger u. Thomas Soxberger. Wien 2000. S. 132–135.
[18] Kohlbauer-Fritz, Gabriele: Jiddische Subkultur in Wien. In: Ist das jetzt die wahre Heimat? Hrsg von Peter Bettelheim u. Michael Ley. Wien 1993. S. 89–116.

jiddischen Autoren hatten Jiddisch nicht als Muttersprache, sondern stammten aus polnischsprachigen Haushalten. Sie entschieden sich aus politischen Gründen bewusst dafür, auf Jiddisch zu schreiben. Auch in formaler Hinsicht ließen sich einige der Autoren wie Melech Rawitsch und später Ber Schnapper auf Experimente ein. Ungewöhnliche Metaphern, ein freies Versmaß und die Verschmelzung von Inhalt und Form bildeten wesentliche Prämissen ihrer Poetologie. Das Exil und die Großstadt waren häufige Motive im Schaffen der jiddischen Schriftsteller in Wien. *Ruinengroz* nannte Melech Rawitsch seinen 1917 in Wien erschienen Lyrikband. Dieser Titel war ihm beim Anblick der Ruinen seines Heimatdorfes, aus denen schon das frische Gras wuchs, in den Sinn gekommen, wie in seinen Memoiren nachzulesen ist. 1921 erschien sein zweites Buch *Nakete lider*, das seinem Bruder gewidmet war, der in Wien Selbstmord begangen hatte. Die Gedichte drücken Einsamkeit, Weltschmerz und das Bewusstsein der Allgegenwärtigkeit des Todes aus. Die Stadt mit ihren riesigen, grauen Zinskasernen und den anonymen Menschenmassen, die sie bevölkern, bilden ihren Rahmen. In Melech Chmelnizkis Gedichtesammlung *Oyf a shtiler steshke* (Auf stillem Pfad) wird der Gegensatz von Exil und Heimat im Bild von Stadt und Natur symbolisch verdichtet. Die Heimat ist eine idyllische Traumwelt, in der der Mensch im Einklang mit der Natur lebt, die Stadt hingegen ein steinernes Ungeheuer, das ihn sich selbst und seinen Nächsten entfremdet. Das Motiv von der sozialistischen Revolution, die den Stadt-Moloch zu Fall bringen könnte, findet sich in seinem Gedicht *Der ershter may*. Die Arbeitermassen, die durch die Straßen strömen, reduzieren sich zu einer Zusammenballung elementarer Kräfte. Das rauschende, lärmende Volk wird mit dem Bild des aufgewühlten Meeres verglichen, die Fahnen mit glühenden Flammen und das Lied der Arbeiter mit dem Donner.

Der ershter may
Se roysht un rasht dos folk, vi shturm tsuhilkhte yamen,
wos reysen shtiker breg, farfleytsen vild dem hafen –
Tsum himel veyt di fohn mit gliyend-royte flamen.
mit shtoltse shteren geyt a shvartse makhne shklafen

Un s'huzshet, hilkht a lid – a duner in gevitern,
A lid fun tsar un tsorn, fun royges un fun treren!
Farglivert shwaygt di shtodt un hoykhe turems tsitern.

O zay gebensht mir, kraft, vos vest di shtodt tseshteren![19]

Erster Mai
Es rauscht und lärmt das Volk, wie aufgewühltes Meer,
reißt Land vom Ufer, überflutet wild den Hafen.
Zum Himmel weht die Fahn mit glühend-roten Flammen,
erhobnen Hauptes gehen Scharen schwarzer Sklaven

Ein Lied erkling, schwillt an, ein Donner im Gewitter,
Ein Lied von Schmerz und Leid, von Wut und Tränen!
Die Stadt erstarrt, die hohen Türme zittern

O sei gesegnet Kraft, du wirst die Stadt zerstören

Auch in den Gedichten Max Neugröschels findet man das Motiv der Stadt als Ort des Todes und der Vergänglichkeit: Im Freudenhaus, wo die jungen Frauen mit den Soldaten ausgelassene, wilde Tänze tanzen, sitzt der Tod in einer Ecke und spielt ein Lied auf einer uralten Fiedel. Die Stadt ist das „schwarze Königreich" des Hungers, der Angst und der Not, der sozialen Ungerechtigkeit und der Ausbeutung. Einen Ausweg aus der Misere deutet Neugröschel in einigen seiner sozialistischen Lieder an, wobei er sich oft einer religiösen Metaphorik bedient. So im Gedicht *Tseshmetern*, in dem er die unterdrückten Massen aufruft, die abgelebten Götter zu kreuzigen und die schimmelfeuchten Wände der Stadt zu zerschmettern.

Tseshmetern!
Tseshmetern di shiml-faykhte vent
Un kraytsikn di opgelebte geter
Inaynem mitn kaynmoldikn „shpeter"!
Fun zun dem nepl rayst arop dem groyen!!
Mir hobn yunge, bliyendike hent,
un wisen, az tseshmetern heyst: boyen![20]

Zerschmettern!
Zerschmettern die schimmel-feuchten Wände

---

[19] Khmyelnitsky, Meylekh: Oyf a shtiler steshke. Vin 1921. S. 24. Zit. nach: In einer Stadt, die stirbt. Jiddische Lyrik aus Wien. Hrsg. u. übers. von Gabriele Kohlbauer-Fritz. Wien 1995. S. 54f.
[20] Naygreshl, Mendel: In shvartsn malkhes. Vin 1924. Zit. nach Kohlbauer-Fritz: Stadt (wie Anm. 19), S. 86f.

Und kreuzigen die abgelebten Götter
Gemeinsam und nicht etwa „später"!
Von der Sonne reißt den Nebel herunter, den grauen!!
Wir haben junge, sprossende Hände,
und wir wissen, zerschmettern heißt: bauen!

Mosche Silburg, der Theoretiker der jiddischen Linken in Wien

Eine wichtige Rolle im politischen und literarischen Leben der Jiddischisten in Wien spielte Mosche Silburg und seine Zeitschrift *Kritik*, die im Verlag Der Kwall herausgegeben wurde. Sie war zwar keine ausgesprochene Parteizeitung, aber stand eindeutig auf Seiten einer proletarischen jiddischen Kultur und polemisierte gegen die bürgerlichen Zionisten und Anhänger der Assimilation. Die Zeitung erschien zwischen 1920 und 1921, also in der heißen Phase der Auseinandersetzung des rechten und linken Flügels der Poale Zion und der Diskussionen über die Haltung zur Komintern. Veröffentlicht wurden auch Beiträge der Kiewer Gruppe um Peretz Markisch, David Hofstein und Leib Kwitko, David Bergelson und Der Nister sowie Beiträge von New Yorker Autoren aus der Gruppe *Die Junge*. In seinem Essay *Vos ikh hob aykh tsu zogen*, der in Fortsetzungen in der *Kritik* erschien[21], zog Mosche Silburg hart mit den jüdischen Intellektuellen ins Gericht, die die Probleme der jüdischen Massen in Osteuropa ignorierten und allenfalls wie beispielsweise der Kreis um Martin Buber die Welt des Schtetls und des osteuropäischen Judentums nostalgisch verklärten.[22] Scharfe Kritik übte er an den rechten Zionisten um Wladimir Jabotinsky, die in seinen Augen die jüdischen Ideale von Gewaltlosigkeit verrieten und einem Militarismus frönten, der zu Klassenkämpfen und Kriegen führen würde.[23] Eine Lösung sah Silburg in der konsequenten Durchsetzung der kulturellen Autonomie und der Förderung des jiddischen Schulwesens. Der Träger der modernen jiddischen Kultur war in seinen Augen die jüdische Arbeiterbewegung. Vorsichtig war Silburg allerdings bei seiner Einschätzung gegenüber den Entwicklungen im revolutionären Russland. Zwar wurde von den *Jewsekcijes* der Gebrauch des Jiddischen forciert, ein jüdisches Verlagswesen etabliert und jiddische Schulen errichtet, doch seien diese Maßnahmen, wie Silburg vermutete, nur als Vorstufe zur eigentlich gewollten voll-

---

21 Zilburg, Moyshe: Vos ikh hob aykh tsu sogen. In: Kritik. (1920–21).
22 Zilburg: Vos ikh (wie Anm. 21), Nr. 1, S. 6.
23 Zilburg: Vos ikh (wie Anm. 21), Nr. 3, S. 4f.

ständigen Assimilation an die Mehrheitskultur zu sehen.[24] Diese prophetisch anmutenden Bedenken Silburgs gegenüber der Nationalitätenpolitik des „Arbeiterparadieses" wurden in den späten dreißiger und vierziger Jahren bald zur bitteren Realität. Zahlreiche jiddische Autoren, Journalisten und Kulturschaffende fielen den stalinistischen Säuberungen zum Opfer, jiddische Zeitschriften, Verlage und Kulturinstitutionen wurden geschlossen und ihre Vertreter wurden als bourgeoise Nationalisten oder als wurzellose Kosmopoliten diffamiert.

Doch viel schneller noch als in der Sowjetunion und viel schneller als in Berlin ging die kurze Blütezeit jiddischer Kultur in Wien zu Ende. Die Gründe dafür waren vielfältig. Zum einen fehlte der jiddischen Kultur in Wien eine breite Basis, der Druck zur Assimilation an die deutschsprachige Umgebungskultur war groß und nicht zuletzt waren die materiellen Bedingungen im Nachkriegswien prekär. Silburg selbst, der in Wien als Hebräischlehrer finanziell kaum über die Runden kam, übersiedelte 1923 mit seiner Familie nach Polen. Er arbeitete als Übersetzer und Redakteur in verschiedenen polnisch-jiddischen Zeitschriften. Im Zweiten Weltkrieg wurden er, seine Frau und die gemeinsame Tochter von den Nationalsozialisten im Wilnaer Ghetto ermordet.

Niedergang der jiddischen Kulturszene in Wien

Mitte der zwanziger Jahre lebten nur noch wenige jiddische Autoren ständig in Wien. Melech Rawitsch übersiedelte nach Warschau, wo er gemeinsam mit Uri Zwi Grinberg und Peretz Markisch die Gruppe *Chaliastre* gründete. Andere zogen nach Berlin, Paris oder in die USA und manche politische Aktivisten auch in die Sowjetunion. Zwar erschienen auch noch Ende der zwanziger und in den dreißiger Jahren jiddische Publikationen in Wien, so die von Max Neugröschel herausgegebene *Kleyne antologye fun der yidischer lirik in galitsie 1897–1935*[25], doch der jiddische Literatenkreis in Wien war auf eine kleine Gruppe zusammengeschrumpft.

Das letzte jiddische Buch, das im Jahr 1938 in Wien im Verlag von Abraham Ber Cerata erschien, war ein von Ber Horowitz herausgegebener Sammelband mit Übersetzungen aus der polnischen Literatur: *Fun Itsig Vatnmakher biz Itsig Gutkind. Yidishe motivn in der poylisher poezie.*[26] Auf dem Frontispiz ist eine persönliche Widmung des Autors an die Wiener Kultusgemeinde, datiert mit Februar

---

24 Zilburg: Vos ikh (wie Anm. 21), Nr. 6, S. 10.
25 Naygreshl, Mendel: Kleyne antologye fun der yidisher lirik in Galitsie 1897–1935. Wien 1936.
26 Horovits, Ber: Fun Itsig Vatnmakher biz Itsig Gutkind. Yidishe motivn in der poylisher lirik. Wien 1938.

1938. Einen Monat später musste der Autor aus Wien flüchten. Er kehrte in sein galizisch-polnisches Schtetl Majdan zurück, wo er Anfang der vierziger Jahre von den Nationalsozialisten ermordet wurde.

Eines der letzten jiddischen Werke, in dem Wien eine zentrale Rolle einnimmt, ist zwar nicht in Wien erschienen, sondern 1940 in New York. Es ist auch nicht von einem Wiener jiddischen Schriftsteller verfasst, sondern vom amerikanischen Autor Jacob Glatstein, der jedoch die Wiener Situation sehr gut gekannt haben muss. Der Jugendroman *Emil und Karl* erzählt von der menschenverbindenden Kraft der Sozialistischen Internationale, der es gelingen wird, den Faschismus zu besiegen.

Die Geschichte spielt in Wien in den Jahren nach der Machtübernahme der Nationalsozialisten und handelt vom Schicksal und der Freundschaft eines jüdischen und eines nichtjüdischen Buben. Beide haben ihre Eltern verloren. Karl stammt aus einer sozialistischen Familie. Sein Vater wurde beim Arbeiteraufstand 1934 erschossen, und seine Mutter wurde gleich nach dem „Anschluss" verhaftet. Karls bester Freund Emil ist Jude. Karl beschließt, ihm beizustehen. Gemeinsam irren die beiden Kinder durch Wien, das sich in ein böses Narrenhaus verwandelt hat. Auf den Wiener Straßen hat nun der Pöbel das Sagen: Betrunkene grölende Nazis, biedere Hausfrauen, die die Gelegenheit nutzen sich in jüdischen Geschäften gratis zu bedienen, und zahlreiche Schaulustige, die mit Schadenfreude zusehen, wie Juden gedemütigt werden. Emil und Karl werden gezwungen, gemeinsam mit anderen Juden die Wiener Straßen zu waschen. Aus Solidarität mit Emil gibt sich Karl nicht als „Arier" zu erkennen. Vor Erschöpfung drohen Karl und Emil zusammenzubrechen, doch plötzlich kniet neben ihnen ein alter Jude, der den Kindern Trost zuspricht und ihnen eine chassidische Melodie vorsingt, die ihnen plötzlich neue Kraft gibt. Die würdige Erscheinung des alten Juden löst selbst bei dem SS-Mann Verunsicherung aus, worauf er die Kinder und den frommen Mann laufen lässt. Wenn immer Karl und Emil von Angst gepackt werden, summen sie nun die chassidische Weise und fühlen sich somit wieder sicher. Schließlich gelingt es den Kindern, bei der Widerstandskämpferin Mathilde und ihrem Freund Hans unterzukommen, einem ehemaligen Varietékünstler, der einen Geistesgestörten mimt, um jeglichen Verdacht von sich abzulenken. Jedoch bereits nach wenigen Wochen wird ihr Versteck verraten. Hans wird verhaftet, Mathilde gelingt es, die beiden Freunde mit einem der Kindertransporte nach England zu schicken. Sie selbst beschließt in Wien zu bleiben und weiterzukämpfen, doch sie verspricht den Kindern, dass Wien befreit werde:

Mir lebn itst wi di meyz, bahaltn in die lekher, ober fun waytns vet ir hern, wen es kumt der tog fun undser frayd, wen Vin vet tsurik vern Vin, Berlin vet zurik vern Berlin, wen mentsh vet tsurik vern mentsh.[27]

Jetzt leben wir wie die Mäuse in Löchern versteckt, aber in der Ferne werdet ihr von unserem Freudentag hören. Wien wird wieder Wien sein, Berlin wird wieder Berlin sein, und die Menschen werden wieder Menschen sein.

---

27 Glatshtejn, Jakov: Emil un Karl. New York 1940. S. 157.

Jakob Stürmann
Die Auslandsvertretung des sozialdemokratischen jüdischen Arbeiterbunds der Sowjetunion im Berlin der Weimarer Republik

Am 16. Mai 1922 wurde im *Socialističestkij vestnik*[1], der Exil-Parteizeitung der Sozialdemokratischen Arbeiterpartei Russlands (SDAPR), die Gründung einer Auslandsvertretung des Allgemeinen Jüdischen Arbeiterbund (Bund) Russlands in Berlin verkündet.[2] Selbstgesetzte Ziele waren die Aufklärung jüdischer Arbeiter in Westeuropa und Amerika über die politischen Aktivitäten des Bund in der Sowjetunion, das Publizieren von Informationsmaterialien sowie die Akquise von Geldern für die Parteiarbeit. Bundisten im Exil, die sich als Teil der sozialdemokratisch-jüdischen Arbeiterbewegung verstanden, wurden um Kontaktaufnahme gebeten. Die sozialdemokratische Auslandsvertretung des Bund in Berlin existierte bis 1933 und blieb in dieser Zeit eine quantitativ kleine Gruppe, die sich zu einzelnen politischen Debatten äußerte. Dieser Artikel stellt diese besondere Exilparteistruktur in ihrer spezifischen Zusammensetzung dar und verortet sie im regionalen und internationalen zeitgenössischen Umfeld.

Die Mitglieder der Auslandsvertretung waren Teil der russisch- und jiddischsprachigen osteuropäischen Migrationsbewegung des Berlins der 1920er Jahre.[3] Strukturell war die Bund-Auslandsvertretung als autonome Parteistruktur der SDAPR eng mit dessen Auslandsvertretung verflochten. Innerhalb der sozialistischen Bewegung verstanden sie sich als Vertreter der sowjetischen Judenheit und knüpften Kontakte zur deutschen Sozialdemokratie und anderen Parteien der Sozialistischen Arbeiter-Internationale. Diese Position zwischen osteuropäischer Migrationsbewegung und internationaler sozialistischer Bewegung bestimmte

---
[1] Dt.: Sozialistischer Bote.
[2] Vgl. N.N.: Izveščnie. In: Socialističeskij vestnik (SV), Nr. 10, 2 (16.05.1922). S. 15. Zunächst nannte sich die Gruppe „Auslandsvertretung des Bund in Russland", später nannte sie sich „Auslandsvertretung des Bund der Sowjetunion". Im Folgenden wird die zweite Formulierung verwendet.
[3] Vgl. für Berlin als osteuropäisches Migrationszentrum der 1920er Jahre u.a.: Saß, Anne-Christin: Berliner Luftmenschen. Osteuropäisch-jüdische Migranten in der Weimarer Republik. Göttingen 2012; Schlögel, Karl: Das Russische Berlin. Ostbahnhof Europas. 2. Aufl. Pößneck 2007; Schlögel, Karl (Hrsg.): Russische Emigration in Deutschland 1918 bis 1941. Leben im europäischen Bürgerkrieg. Berlin 1995.

auch ihre politischen Handlungen und Haltungen: Innerhalb internationaler sozialistischer Strukturen und russischen Migrationsgruppen setzten sich die Mitglieder der Bund-Auslandsvertretung für das Konzept einer national-kulturellen Autonomie für die osteuropäische Judenheit in einem demokratischen Vielvölkerstaat ein und kämpften gegen Antisemitismus. In der jiddischsprachigen Arbeiterbewegung fokussierten sie sich besonders auf die Darstellung der politischen und ökonomischen Verhältnisse in der Sowjetunion. Wichtigstes Ziel in den 1920er Jahren, das der Bund mit anderen sozialdemokratischen Exilparteien teilte, war die Überwindung der bolschewistischen Alleinherrschaft.

Die sozialdemokratische Berliner Bund-Auslandsvertretung der Zwischenkriegszeit verstand sich als osteuropäische Exilparteistruktur und war in keine regionalpolitischen Aktivitäten in Berlin eingebunden.[4] Aufgrund ihrer Struktur und ihrem politischen Handlungsraum lässt sie sich mit Bund-Auslandsvertretungen aus der Zeit vor dem Ersten Weltkrieg und anderen zeitgenössischen osteuropäischen Exilparteistrukturen vergleichen. Für die Umsetzung politischer Ziele bildete Europa und die internationale Arbeiterbewegung auch für die osteuropäischen Sozialisten jüdischer Herkunft „ganz selbstverständlich de[n] Bezugsrahmen".[5] Dies hing mit dem Anspruch auf eine gemeinsame politische Arbeitersolidarität zusammen, lässt sich aber auch strukturell aufgrund der komplexen politischen und sozialen Situation der osteuropäischen Judenheit als ausgegrenzte Minderheit in der europäischen Moderne erklären.[6] Hinzu kamen individuelle Gründe wie eigene politische Exilerfahrungen, ein Studium im Ausland und damit einhergehende Fremdsprachenfähigkeiten sowie das selbstverständliche Bewegen in transnationalen Räumen, die internationale Netzwerke entstehen ließen.

---

[4] Dies unterschied die sozialdemokratische Bund-Auslandsvertretung der Sowjetunion vom zeitgenössischen polnischen Bund. Siehe für den Bund im Polen der Zwischenkriegszeit: Pickhan, Gertrud: „Gegen den Strom". Der allgemeine jüdische Arbeiterbund „BUND" in Polen 1918 – 1939. Stuttgart/München 2001. Als Exilparteistruktur kann die Bund-Auslandsvertretung ebenfalls nicht mit dem von Frank Wolff entwickelten Ansatz einer transnationalen Geschichte des Bund gefasst werden. Siehe für das transnationale Konzept: Wolff, Frank: Neue Welten in der Neuen Welt. Die transnationale Geschichte des Allgemeinen Jüdischen Arbeiterbundes 1897–1947. Köln/Weimar/Wien 2014; Wolff, Frank: Revolutionary Identity and Migration: The Commemorative Transnationalism of Bundist Culture. In: East European Jewish Affairs 43 (2013). S. 314 – 331.
[5] Buschak, Willy: Die Vereinigten Staaten von Europa sind unser Ziel. Arbeiterbewegung und Europa im frühen 20. Jahrhundert. Essen 2014. S. 16.
[6] Vgl. hierfür: Haumann, Heiko: Geschichte der Ostjuden. München 1990. S. 193 f.

Entstehung der Unterstützungsnetzwerke des Allgemeinen Jüdischen Arbeiterbunds in Westeuropa

Bis zur gescheiterten Revolution von 1905 entwickelte sich der erst 1897 gegründete Allgemeine Jüdische Arbeiterbund zur größten revolutionären Massenbewegung des russländischen Vielvölkerstaats.[7] Seine wichtigsten politischen Forderungen waren die politische Gleichberechtigung der Judenheit in einem demokratischen, sozialistischen und multiethnischen Vielvölkerstaat in Osteuropa und das Konzept einer national-kulturellen Autonomie für nationale Minderheiten.[8] Die Partei war darüber hinaus Bestandteil des Ende des 19. Jahrhunderts beginnenden Aufstiegs einer modernen jiddischen Kulturbewegung und verkörperte nach der gescheiterten Revolution von 1905 das neue „Bild des kämpfenden Juden (und der kämpfenden Jüdin)".[9]

Sozialistische Bewegungen waren im Zarenreich politischer Verfolgung ausgesetzt und wurden ins Exil gedrängt, wodurch alle revolutionären Parteien den Aufbau von Unterstützungsnetzwerken im Ausland verfolgen mussten. Die Auslandsvertretungen begleiteten und unterstützten die illegale politische Parteiarbeit im Zarenreich.[10] Eine erste Bund-Auslandsgruppe entstand kurz nach der Parteigründung im schweizerischen Bern. Hauptsächlich waren hieran Studierende beteiligt, die aufgrund der im Zarenreich festgesetzten Studienquoten für Studierende jüdischer Herkunft ihr Studium in der Schweiz absolvieren mussten. Um die Jahrhundertwende bestanden bereits in allen Schweizer und weiteren westeuropäischen Universitätsstädten Bund-Unterstützungsgruppen. Zur besse-

---

[7] Für einen detaillierten Überblick über die Entwicklung des Bund bis 1905 vgl.: Tobias, Henry J.: The Jewish Bund in Russia. From its Origins to 1905. Stanford 1972.
[8] Vgl. Gechtman, Roni: National-Cultural Autonomy and „Neutralism": Vladimir Medem's Marxist Analysis of the National Question, 1903–1920. In: Socialist Studies 3 (2007). S. 69–92.
[9] Pickhan, Gertrud: Vom Ereignis zum Mythos. Die Revolution von 1905 und die jüdische Linke in Osteuropa. In: Revolution in Nordosteuropa. Hrsg. von Detlef Henning. Wiesbaden 2011. S. 126–139. Hier S. 131f.; vgl. ebenfalls: Fishman, David E.: The Rise of Modern Yiddish Culture. Pittsburgh 2005. S. 48–61.
[10] Eine erste Welle von Festnahmen namhafter Bundisten musste die Partei schon im Juli 1898, kurz nach dem Gründungsparteitag der SDAPR, verkraften. Vgl. hierfür: Tobias: The Jewish Bund (wie Anm. 7), S. 83; Martow, Julius: Geschichte der russischen Sozialdemokratie bis 1908. In: Geschichte der Russischen Sozialdemokratie. Autorisierte Übersetzung von Alexander Stein. Berlin 1926. S. 9–224. Hier S. 34.

ren Koordinierung der Unterstützungsarbeit gründete der Bund daher 1901 eine zentrale Auslandsvertretung in Bern.[11]

Im deutschen Kaiserreich entstanden um die Jahrhundertwende in Städten wie Berlin, Leipzig, München und Karlsruhe Bund-Unterstützungsgruppen, wobei sich einige dieser Gruppen in ihrer sozialen Zusammensetzung von denen in der Schweiz unterschieden. Neben aus Osteuropa stammenden Studierenden organisierten sich in deutschen Industriestädten auch ostmitteleuropäische Arbeiter in Vereinen, die entweder autark oder in Zusammenarbeit mit Studierendengruppen Bund-Aktivitäten im Zarenreich unterstützten.[12] Eine erste Berliner Gruppe entstand um die Jahrhundertwende. Sie stellte von Beginn an einen wichtigen Verbindungspunkt zwischen dem Bund und sozialistischen Parteien aus Westeuropa dar. Als europäisches Zentrum der Arbeiterbewegung fungierte Berlin als Knotenpunkt für den Transport illegaler revolutionärer Literatur ins Zarenreich.[13] Aufgrund dieser strategischen Bedeutung kam Berlin schon in dieser Zeit neben Bern als möglicher Standort der allgemeinen Bund-Auslandsvertretung in Frage. Angesichts der schwierigeren politischen Situation für sozialdemokratische Parteien im deutschen Kaiserreich wurde jedoch Bern als Standort gewählt.[14] Diese politischen Rahmenbedingungen änderten sich in der Weimarer Republik, mit deren Gründung die deutsche Sozialdemokratie zu einer staatstragenden Partei der Republik avancierte.

Das Berlin der Weimarer Republik – Schnittstelle osteuropäischer Migration

Mit Beginn des Ersten Weltkriegs wurde die Kommunikation zwischen ausländischen Bund-Gruppen und der Parteivertretung im Zarenreich kurzzeitig unterbrochen. Ab dem Jahre 1915 entstanden jedoch in großen Industrieregionen des

---

[11] Vgl. Kursky, Franz: Di oyslendishe organizatsye fun „Bund". In: Franz Kursky. Gezamlte Shriftn. Hrsg. von „Der Wecker". New York 1952. S. 202–249. Hier S. 206–218.
[12] Vgl. Weill, Claudie: Russian Bundists Abroad and in Exile, 1898–1925. In: Jewish Politics in Eastern Europe: The Bund at 100. Hrsg. von Jack Jacobs. Chippenham/Wiltshire 2001. S. 46–55. Hier S. 46–49.
[13] Vgl. Menes, Abraham: Der lebns-veg fun Frants Kursky. In: Kursky: Gezamlte Shriftn (wie Anm. 11), S. 1–32. Hier S. 8 f.; ebenfalls: Pickhan, Gertrud: The Bund in Poland and German Social Democracy in the 1930s. In: History of the Jewish People. Hrsg. von Mordekhai Altshuler. Jerusalem 2000. S. 257–263.
[14] Vgl. Kursky: Di oyslendishe organizatsie (wie Anm. 11), S. 206–210. 1906 wurde die Auslandsvertretung von Bern nach Genf verlegt.

deutschen Kaiserreichs erneut jüdische Arbeiterzirkel. Die Entstehung dieser Gruppen war eng verknüpft mit der damaligen Arbeitsmarktpolitik, der Einsetzung von Kriegsgefangenen in der Privatwirtschaft sowie der Anwerbung von Arbeitern aus den besetzten Gebieten in Ostmitteleuropa für das deutsche Kaiserreich. Kriegsgefangene und ost-mitteleuropäische Arbeiter ersetzten die sich an der Front befindenden jungen Männer als Arbeitskräfte. 1918 lebten und arbeiteten ungefähr 80.000 jüdische Arbeiter aus Mittel- und Osteuropa im Kaiserreich, einige von ihnen waren bekennende Bundisten. In Zusammenarbeit mit Gewerkschaften verteilten sie in Berlin und anderen Regionen jiddischsprachige Zeitungen, errichteten verdeckte Arbeiter-Bildungsinstitutionen zur Schulung der Arbeiterbewegung und unterstützten jüdische Arbeiterorganisationen in Osteuropa.[15]

Viele dieser osteuropäischen Arbeiter versuchten nach ersten Meldungen über eine gelungene Revolution im Zarenreich ab Frühjahr 1917 zurück in ihre Heimat zu gelangen, wobei ihr Weg oftmals über Berlin führte. Die Stadt, die schon zu Beginn des 20. Jahrhunderts eine Hochburg der europäischen Arbeiterbewegung war, wurde in den ersten Jahren der Weimarer Republik zu einer Schnittstelle[16] osteuropäischer Migrationsbewegungen und damit verbunden zu einem Zentrum der jiddischsprachigen Kultur.[17] Das Entstehen von osteuropäisch-jüdischen Arbeiterbewegungsstrukturen in Berlin erscheint hierbei als logische Folge: 1917 zählte der für einige Jahre bestehende jüdische Arbeiter-Kulturverein Peretz in Berlin 1800 Mitglieder, der damalige Bund besaß 400 Mitglieder.[18]

Die Nachkriegszeit war in ganz Europa auf der einen Seite geprägt durch revolutionäre Aufbruchsstimmung, die auch in Berlin spürbar war: 1920 veranstaltete eine Bund-Gruppe in Berlin wöchentliche Kulturveranstaltungen, die mit durchschnittlich mehr als 100 Teilnehmern sehr gut besucht waren. Das kulturelle Angebot für die jiddischsprachige Arbeiterbewegung umfasste ferner eine für die

---

15 Vgl. Herbert, Ulrich: Geschichte der Ausländerpolitik in Deutschland. Saisonarbeiter, Zwangsarbeiter, Gastarbeiter, Flüchtlinge. München 2001. S. 85–128; Zakharyash, Khaim: Di bundishe grupn in daytshland bes der velt-milkhome. In: Naye folkstseytung (NF) vom 19.11.1937. S. 23.
16 Für den Begriff Schnittstelle siehe: Brinkmann, Tobias: Ort des Übergangs – Berlin als Schnittstelle der jüdischen Migration aus Osteuropa nach 1918. In: Transit und Transformation. Osteuropäisch-jüdische Migranten in Berlin 1918–1939. Hrsg. von Verena Dohrn u. Gertrud Pickhan. Göttingen 2010. S. 25–44.
17 Für Berlin als ein Zentrum der Arbeiterbewegung vgl.: Eley, Geoff: Forging Democracy: The History of the Left in Europe, 1850–2000. Oxford 2002. Hier S. 39–44; Für Berlin als Stadt jiddischer Kulturbewegung siehe: Estraikh, Gennady: Vilna on the Spree: Yiddish in Weimar Berlin. In: Aschkenas 16 (2006). S. 103–128.
18 Vgl. Zakharyash: Di bundishe grupn (wie Anm. 15).

Öffentlichkeit zugängliche Bibliothek mit fast 400 Büchern; verschiedene revolutionäre, jiddischsprachige Zeitungen wurden im Vereinslokal des Arbeiter und Kulturverein Peretz angeboten.[19] Auf der anderen Seite sah sich der Bund als Partei der osteuropäischen Judenheit mit einer doppelten Teilung konfrontiert. Erstens hatte die politische Neuordnung Ost- und Ostmitteleuropas und die daraus resultierende Entstehung neuer Nationalstaaten eine zwangsläufige Aufteilung der osteuropäischen Judenheit auf unterschiedliche Nationalstaaten zur Folge. Das Konzept einer national-kulturellen Autonomie für ethnische Minderheiten innerhalb eines Vielvölkerstaates wurde durch diese neuen Staatsgrenzen geschwächt. Zweitens fand eine endgültige Spaltung der Arbeiterbewegung in eine sozialistisch-sozialdemokratische und eine kommunistische Bewegung statt. Innerhalb der entstehenden Sowjetunion entzweite sich der Bund im April 1920 auf seinem 12. Parteitag, wobei die kommunistisch orientierten Delegierten dort die Mehrheit bildeten. Sie beantragten anschließend ohne Erfolg die Aufnahme als autonome Parteistruktur in die kommunistische Partei. Der kommunistische Bund akzeptierte diese Entscheidung, die Mehrheit seiner Mitglieder trat daraufhin individuell der Kommunistischen Partei Russlands bei.[20] Wie alle anderen sozialistischen Parteien Russlands wurde auch der sozialdemokratische Bund zu Beginn der 1920er Jahre verboten, sodass der polnische Bund in der Zwischenkriegszeit das Zentrum der autonomen jüdischen Arbeiterbewegung darstellte.[21]

Aufgrund der politischen Verfolgungen von Sozialisten durch die Bolschewiki, des Bürgerkrieges und den seit der Jahrhundertwende bestehenden, engen Kontakten zur deutschen Sozialdemokratie entwickelte sich Berlin nach dem Ersten Weltkrieg zum temporären Migrationsziel eines Teils der osteuropäisch-sozialistischen *Intelligencija*. Bis 1922 migrierten mehrere Dutzend politische Vertreter der SDAPR und des sozialdemokratischen Bund nach Berlin und versuchten von dort die politische Situation in ihrer Heimat zu beeinflussen. Durch das Verbot sozialdemokratischer Parteien in der Sowjetunion waren die Berliner Exilparteistrukturen zwischen 1922 und 1933 faktische Parteizentralen.[22]

---

[19] Vgl. N.N.: Berliner yidish lebn. In: Der morgnshtern. Tsaytshrift far politik un sotsyale fragn Nr. 4/5 (23.03.1921). S. 6.
[20] Vgl. Jacobs, Jack: The Bund in Vilna, 1918–1933. In: Polin 25 (2013). S. 263–292. Hier S. 268f.; Kossovskii, Vladimir: Likvidacija Kommunističeskogo Bunda. In: SV Nr. 3, 1 (01.03.1921). S. 3f.
[21] Vgl. Pickhan: „Gegen den Strom" (wie Anm. 4).
[22] Für die SDAPR im Berliner Exil vgl. Liebich, André: From the Other Shore. Russian Social Democracy after 1921. Cambridge/London 1999. S. 99–214.

Struktur und regionales Umfeld der Bund-Auslandsvertretung in Berlin

Personelle Zusammensetzung

Die 1922 gegründete Auslandsvertretung des sozialdemokratischen Bund der Sowjetunion verstand sich als autonome Parteistruktur innerhalb der Auslandsvertretung der SDAPR.[23] Diese Verflechtung beider russländisch-sozialdemokratischen Parteien im Berliner Exil stellte eine Fortführung der politischen Zusammenarbeit vor dem Ersten Weltkrieg dar.[24] Hinzu kam eine noch stärkere Überschneidung der vorrangigen politischen Ziele im Exil: die Überwindung des Bolschewismus und der Aufbau eines demokratischen russischen Vielvölkerstaates. Diese vorrangigen Ziele ließen bestehende Differenzen in den Hintergrund treten.[25]

Die enge Kooperation der beiden Parteistrukturen erschwert bei der Analyse die genaue Feststellung von aktiven und passiven Bund-Mitgliedern im Exil, da sie im Berliner Exil primär als SDAPR-Politiker wahrgenommen wurden. Die sozialdemokratischen Migranten bildeten eine kleine Gruppe osteuropäisch-sozialistischer Intellektueller, die, aufgeteilt in mehrere politische Fraktionen, ihre politischen Ideale verteidigten. Die Auslandsvertretung des sozialdemokratischen Bund sah sich hierin als Exil-Vertretung der sowjetischen Judenheit und gab dieser durch ihre politische Arbeit eine Stimme innerhalb der zeitgenössischen sozialistischen Bewegung. Folgende in Berlin lebende Migranten fühlten sich neben der SDAPR auch dem sozialdemokratischen Bund zugehörig: Rafail Abramovitsh und Isay Yudin-Ayzenshtat.[26] Sie fungierten als Sprecher der Aus-

---

23 Vgl. Parteifragebogen der SDAPR an die Sozialistische Arbeiter-Internationale aus dem Jahre 1933. In: International Institute of Social History, Amsterdam (IISH), SAI-Archiv, Nummer 3157. Claudie Weill weist darauf hin, dass sich die Gruppe der in Berlin lebenden Bundisten nicht vollständig mit der Gruppe der russländischen Sozialdemokratie überschnitt. Vgl.: Weill: Russian Bundists Abroad (wie Anm. 12), S. 53. Als Beispiel nennt sie Vladimir Kosovski. Dieser schrieb jedoch anfänglich für den SV und nahm an den Sitzungen der Gruppe rechter russländischer Sozialdemokraten innerhalb der SDAPR in Berlin teil. Vgl. Aronson, Grigori: Isay Ayzenshtat. In: Doyres bundistn. Band 1. New York 1956. S. 137–154. Hier S. 153.
24 Für die ersten Jahre des Bund siehe: Tobias: The Jewish Bund (wie Anm. 7).
25 Vgl. Abramovič, Rafail: K nacional'nomy voprosu. In: SV Nr. 17/18, 10 (27.09.1930). S. 10–13. Hier S. 12f.
26 Die Namensschreibweisen von Abramovitsh und Yudin-Ayzenshtat werden im Fließtext in der Transliteration aus dem Jiddischen und nicht aus dem Russischen wiedergegeben, um ihre Zugehörigkeit zum Bund zu betonen.

landsvertretung und waren gleichzeitig Mitglieder im Zentralkomitee der Auslandsvertretung der SDAPR[27]; ebenfalls lebten die Bundisten Grigori Aronson, Sergey Braun, Lev Etkin, Vladimir Kosovski, Paul Olberg[28], Abraham Mutnik[29], Abraham Menes[30] und Genrikh Rabinovič[31] mehrere Jahre in Berlin. Franz Kursky[32], Leiter des Bund-Archivs, und Alexander Stein[33], Mitarbeiter der SPD, pflegten enge Kontakte zu den oben genannten sozialdemokratischen Bundisten. Da beide jedoch in unterschiedlichen politischen Zusammenhängen aktiv waren, konnte nicht abschließend geklärt werden, inwieweit sie sich explizit durch die Auslandsvertretung des sozialdemokratischen Bund der Sowjetunion repräsentiert fühlten.

Die Aufzählung der zwölf in Berlin lebenden Bundisten, die der Auslandsvertretung des sozialdemokratischen Bund der Sowjetunion nahe standen, ist sicherlich nicht vollständig. Auffällig erscheint besonders die Nichtnennung von Frauen, obwohl diese in den zeitgenössischen revolutionären Bewegungen aktiv waren und relevante Parteiarbeit übernahmen.[34] Insgesamt lassen sich mehrere Dutzend Personen feststellen, die nach 1918 einige Jahre in Berlin lebten, jüdischer Herkunft waren und sich der russländischen Sozialdemokratie zugehörig fühlten. Nicht alle von ihnen waren Unterstützer der Bund-Auslandsvertretung.

---

27 Vgl. Parteifragebogen der SDAPR an die Sozialistische Arbeiter-Internationale aus dem Jahre 1933. In: IISH, SAI-Archiv, Nummer 3157; ebenso: N.N.: Izveščnie (wie Anm. 2).
28 Für Kosovski, Olberg, Braun, Etkin und Aronson vgl. Aronson: Isay Ayzenshtat (wie Anm. 23), S. 153; für Vladimir Kosovski vgl. ebenfalls: Pickhan, Gertrud: Kossovsky, Portnoy and Others: The Role of Memberrs of the Bund's Founding Generation in the Interwar Polish Bund. In: Jewish Politics in Eastern Europe (wie Anm. 12), S. 69–80; für Lev Etkin vgl. ebenfalls: N.N.: L. Ja. Etkin. In: SV Nr. 20, 7 (20.10.1927). S. 16.
29 Vgl. Hertz, Jacob S.: Abraham Mutnik. In: Doyres bundistn (wie Anm. 23), S. 122–130. Hier S. 129.
30 Vgl. Kühn-Ludewig, Maria: Jiddische Bücher aus Berlin (1918–1936). Titel, Personen, Verlage. Nümbrecht 2006. S. 132.
31 Vgl. N.N.: G. V. Rabinovič. In: SV Nr. 3, 11 (09.02.1931). S. 16.
32 Vgl. Menes: Der lebns-weg fun Frants Kursky (wie Anm. 13), S. 23–25.
33 Vgl. Papanek, Hanna: Alexander Stein (Pseudonym: Viator) 1881–1948, Socialist Activist and Writer in Russia, Germany, and Exile: Biography and Bibliography. In: Internationale Wissenschaftliche Korrespondenz zur Geschichte der deutschen Arbeiterbewegung 3 (1994). S. 343–379; ebenfalls: Zakharyash: Di bundishe grupn (wie Anm. 15).
34 Bzgl. Frauen in der osteuropäischen Arbeiterbewegung siehe: Pickhan, Gertrud: „Wo sind die Frauen?" Zur Diskussion um Weiblichkeit, Männlichkeit und Jüdischkeit im Allgemeinen Jüdischen Arbeiterbund („Bund') in Polen. In: Zwischen Kriegen. Nationen, Nationalismen und Geschlechterverhältnisse in Mittel- und Osteuropa 1918–1939. Hrsg. von Johanna Gehmacher [u. a.]. Osnabrück 2004. S. 187–199; Jacobs, Jack: Bundist Counterculture in Interwar Poland. Syracuse/New York 2009. S. 82–97.

Einige Sozialisten jüdischer Herkunft lehnten den Autonomieanspruch des Bund ab und fühlten sich ausschließlich der SDAPR zugehörig.[35]

Die jiddische und russische Migrationsbewegung als Umfeld der sozialdemokratischen Bund-Auslandsvertretung

Die enge personelle und institutionelle Verknüpfung zwischen Bund- und SDAPR-Auslandsvertretung lässt sich auch anhand ihrer Berliner Bürostrukturen nachweisen. Beide Auslandsvertretungen sowie die Redaktion des *Socialističeskij vestnik* nutzten im Berlin der Weimarer Republik identische Kontaktadressen.[36] Exemplarisch zeigt sich hieran auch der enge Zusammenhang zwischen den jiddisch- und russischsprachigen Berliner Migrationsräumen. Besonders ist dies an den Büroräumen in der „Zimmerstraße 7/8" in Berlin-Mitte erkennbar, in der sich die Redaktions- und Parteiräume seit Mai 1925 befanden. Neben den Bürostrukturen der Auslandsvertretungen waren an dieser Adresse folgende weitere Unternehmen tätig: die Setzerei Goldberg und Dr. Bender, die Druckerei Hempel & Co, der Jüdisch Literarische Verlag, die *Yidishe ilustrirte tsaytung* und der *Mysl* Verlag. Alle genannten Verlage, Zeitungsredaktionen und Druckereien waren Teil des osteuropäischen Migrationsraumes in Berlin. Sie produzierten unterschiedliche Druckerzeugnisse in russischer und jiddischer Sprache.[37]

Als Exilparteistruktur engagierte sich die sozialdemokratische Bund-Auslandsvertretung nicht in der Berliner Regionalpolitik. Weder das bundische Konzept der *doikayt*[38] noch die Forderung nach einer national-kulturellen Autonomie wurde konzeptionell ins Berlin der 1920er Jahre übertragen. Die Mitglieder der Auslandsvertretung fokussierten sich weiterhin auf die Umsetzung ihrer

---

35 Die Debatte um die Zugehörigkeit von Sozialisten jüdischer Herkunft zum Bund oder ausschließlich zur SDAPR wurde von Bund-Vertretern als eine Fortführung der inner-jüdischen Debatte zwischen Assimilation und Beibehaltung von jüdischer Selbstständigkeit betrachtet. Vgl. hierfür: Hertz, Jacob S.: The Bund's Nationality Program and Its Critics in the Russian, Polish and Austrian Socialist Movements. In: YIVO Annual of Jewish Social Science 14 (1969). S. 53–67. Hier S. 66f.
36 Vgl. N.N.: Izveščnie (wie Anm. 2). Hier werden die Redaktionsräume des *Socialističeskij vestnik* und die Büros der Auslandsvertretungen in der Seydelstr. 5, Berlin SW 19 angegeben; vgl. ebenfalls: Undzer gedank. Sotsialistisher zshurnal unter der redaktsie fun R. Abramovitsh. Organ fun der oyslendisher delegatsie fun „Bund" in ratn-farband. Berlin 1931. Hier wird für den sozialistischen Bund die Zimmerstraße 7/8, Berlin SW 68 als Adresse angegeben. Zu dieser Zeit ebenfalls Redaktions- und Büroadresse der Auslandsdelegation der SDAPR.
37 Kühn-Ludewig: Jiddische Bücher (wie Anm. 30), S. 168–171.
38 Vgl. Wolff: Neue Welten (wie Anm. 4), S. 37–40.

politischen Ziele innerhalb eines multiethnischen osteuropäischen Staates. Dennoch waren sie Teil der in Berlin ansässigen osteuropäisch-sozialistischen Exilbewegung und pflegten enge Kontakte zu dortigen sozialdemokratischen Parteistrukturen. Innerhalb der osteuropäischen Exilstrukturen gab es mehrere Einrichtungen, die inhaltlich und zum Teil auch personell in direkter Beziehung zur sozialdemokratischen Bund-Auslandsvertretung standen: das zwischen 1926–1933 in Berlin ansässige Bund-Archiv, die dem polnischen Bund nahestehende Berliner Bund-Gruppe, das „Berliner Komitee des Fonds zur Errichtung des Volkshaus Wladimir Medem in Warschau" und der Jüdische Arbeiter-Kulturverein Peretz. Besonders die Entscheidung des polnischen Bund, das seit 1898 existierende Parteiarchiv im Jahre 1926 in Berlin neu zu eröffnen, verdeutlicht die Relevanz Berlins als Exilort der osteuropäisch-jüdischen Arbeiterbewegung der Zwischenkriegszeit. Der Archivleiter Franz Kursky betreute, sortierte und erweiterte bis 1933 die Archivmaterialien im Vorwärts-Haus, der damaligen SPD-Parteizentrale in der Lindenstraße 2/3.[39] Durch seinen Mitarbeiter Isay Yudin-Ayzenshtat stand Kursky in direktem Kontakt zur sozialdemokratischen Bund-Auslandsvertretung der Sowjetunion.[40] Im selben Gebäude war – neben dem Archiv der SPD – auch das von Boris Nikolaevskij betreute Archiv der russländischen Sozialdemokratie untergebracht. Von einer engen Zusammenarbeit zwischen den beiden Parteiarchiven kann aufgrund der gemeinsamen Parteigeschichte und des Vorgangs der Rettung der Bund-Archivalien im Mai 1933 ausgegangen werden. Nikolaevskij gelang es mit Hilfe der französischen Regierung, Archivunterlagen der russländischen Sozialdemokratie im Mai 1933 in zwei Eisenbahnwaggons nach Paris zu befördern. Hierbei nahm er ebenfalls Archivbestände der deutschen Sozialdemokratie und des Bund mit.[41]

Die Existenz einer weiteren Bund-Gruppe, die dem polnischen Bund nahestand und sich Berliner Bund-Gruppe nannte, verdeutlicht einen Teil der politischen Diversität innerhalb der in Berlin agierenden jüdischen Arbeiterbewegung.[42] Sie organisierte Diskussions- und Informationsveranstaltungen mit

---

39 Vgl. Web, Marek: Between New York and Moscow: The Fate of the Bund Archives. In: Jewish Politics in Eastern Europe (wie Anm. 12), S. 243–254; Pat, Yankev: Franz Kursky un der arkhiv fun „bund". In: Der veker 29 (01.02.1950). S. 5f.; Menes: Der lebns-weg fun Frants Kursky (wie Anm. 13), S. 23f.; Saß: Luftmenschen (wie Anm. 3), S. 166.
40 Vgl. Aronson: Isay Ayzenshtat (wie Anm. 23), S. 152.
41 Vgl. Web: Between New York and Moscow (wie Anm. 39), S. 249; Mayer, Paul: Die Geschichte des sozialdemokratischen Parteiarchivs und das Schicksal des Marx-Engels-Nachlasses. In: Archiv für Sozialgeschichte 6/7 (1966/67). S. 5–198. Hier S. 84–95.
42 Dieser Beitrag berücksichtigt nicht die damals ebenfalls bestehenden linken zionistischen Gruppierungen im Berlin der Weimarer Republik.

inhaltlichen Bezügen zum polnischen Bund.[43] Zu Beginn der 1920er Jahre existierte darüber hinaus das „Berliner Komitee des Fonds zur Errichtung des Volkshaus Wladimir Medem in Warschau".[44] Geleitet wurde es von Aron Singalowsky, damaliger Generalsekretär und zeitweiliger Geschäftsführer der deutschen Sektion des Vereins ORT – Gesellschaft zur Förderung des Handwerks und der Landwirtschaft unter den Juden.[45] 1927 gründete sich darüber hinaus erneut der Jüdische Arbeiter-Kulturverein Peretz. Wie in den Nachkriegsjahren betrieb dieser eine Bibliothek mit jiddischsprachigen Büchern und jiddisch- sowie russischsprachigen Tageszeitungen. Zusätzlich bot der Verein Kulturangebote und Vortragsreihen an.[46]

Thematische Schwerpunktsetzungen der Auslandsvertretung des Bund

Die politische Arbeit der Auslandsvertretung des sozialdemokratischen Bund der Sowjetunion war durch die bereits erwähnten Ziele der Überwindung des in der Sowjetunion etablierten Einparteiensystems und der Vermittlung der besonderen Situation der sowjetischen Judenheit geprägt. Hinzu kam eine beginnende Historisierung der Rolle des Bund innerhalb der osteuropäischen Arbeiterbewegung vor 1914.[47] Politische Vernetzungsarbeit fokussierte sich primär auf internationale sozialistische Strukturen sowie auf russisch- beziehungsweise jiddisch-

---

43 Vgl. Vortragseinladung zum Thema Leben und Kampf in Polen am 4. August (ohne Jahreszahl) mit dem aus Polen angereisten Referenten Yankev Pat. In: IISH, Bund Archiv, Nummer 307; Einladung zur Trauerveranstaltung für B. Mikhalevitsh in Berlin am 03.11. (ohne Jahreszahl). In: IISH Bund Archiv, Nummer 310; ebenfalls: Einladungsschreiben vom 08.11.1927. In: IISH, Akselrod Archiv, Nummer 47; Logo der Berliner Bund-Gruppe als Stempel Abdruck. In: YIVO-Archiv. Institute for Jewish Research, New York (YIVO), Bund Archiv, RG 1400, Nummer 98. Anne-Christin Saß benennt als Mitglieder des „Berliner Komitee des Bund" Franz Kursky, Vladimir Kosovski, Elias und Lise Laub, Grigori Aronson, Henokh Hokhgelerter sowie Isay Yudin-Ayzenshtat und Gregor Bienstock. Siehe Saß: Luftmenschen (wie Anm. 3), S. 166 f.
44 Vgl. Sammelliste des Komitees (ohne Datum). In: YIVO, Bund-Archiv, RG 1401, Nummer 717. Beim Volkshaus „Wladimir Medem" in Warschau handelt es sich wahrscheinlich um das damalige Medem-Sanatorium. Vgl. für eine Beschreibung des Sanatoriums: Jacobs: Bundist Counterculture (wie Anm. 34), S. 62–81.
45 Vgl. Ivanov, Alexander: Nähmaschinen und Brillantringe – Die Tätigkeit der Berliner ORT 1920–1943. In: Transit und Transformation (wie Anm. 16), S. 195–209. Hier S. 200 f.
46 Vgl. Flyer des Berliner Peretz-Vereins vom November 1927. In: YIVO, Bund-Archiv, RG 1400, Nummer 14.
47 Vgl. N.N.: K 25-letiju Bunda. In: SV, Nr. 21, 2 (02.11.1922). S. 3–5.

sprachige Zusammenhänge. Trotz enger personeller und struktureller Verknüpfungen mit der SDAPR-Auslandsvertretung lassen sich explizite Themenbereiche herausarbeiten, die für die Exilstruktur der sozialdemokratischen Bund-Auslandsvertretung von Wichtigkeit waren. Grob kann hierbei eine Unterteilung in drei unterschiedliche Zeitabschnitte vorgenommen werden: Zu Beginn der 1920er Jahre versuchten Bundisten die Aufmerksamkeit der internationalen sozialistischen Bewegung auf das besondere Schicksal der osteuropäischen Judenheit zu richten. Mit der politischen Stabilisierung Mitte der 1920er Jahre fokussierten sich die Mitglieder der Auslandsvertretung auf eine Hervorhebung bundischer Errungenschaften vor dem Weltkrieg. Die Aufnahme des polnischen Bund in die Sozialistische Arbeiter-Internationale (SAI) Anfang der 1930er Jahre führte dazu, dass die Berliner Bund-Auslandsvertretung verstärkt ihre Analysen über die politische und ökonomische Situation in der Sowjetunion innerhalb der jiddischsprachigen Arbeiterbewegung verbreitete.

Verteidigung des Konzepts einer national-kulturellen Autonomie für die osteuropäische Judenheit

Durch die Herausgabe der Parteizeitschrift *Socialističeskij vestnik* verfügte die russländische Sozialdemokratie ab 1921 über ein russischsprachiges Publikationsorgan im Exil. Die Zeitschrift, die zwei Mal im Monat veröffentlicht wurde und zu Beginn der 1930er Jahre eine Auflage von 3000 Exemplaren hatte, besaß zwei Leserkreise: außerhalb der Sowjetunion lebende Exilanten und in die Sowjetunion illegal agierende Sozialisten.[48] In den ersten Jahrgängen der Zeitung wurden öffentliche Aufrufe und Berichte aus dem Zentralkomitee des sozialdemokratischen Bund abgedruckt. Im Frühling 1921 bekräftigte das Zentralkomitee noch einmal sein Konzept einer national-kulturellen Autonomie für nationale Minderheiten im russländischen Vielvölkerstaat.[49] Kurze Zeit später wies der Bund in einem Memorandum auf die schutzlose Situation jüdischer Arbeiter in Osteuropa, auf dortigen Antisemitismus und stattfindende Pogrome hin.[50] Ein Aufruf zur internationalen Solidarität für russländische Sozialisten, die in Osteuropa bolschewistischen Verfolgungen ausgesetzt waren, wurde gleichberech-

---

48 Die Auflagenhöhe der Parteizeitung wird im Fragebogen der SAI vom Januar 1930 angegeben. In: IISH, SAI-Archiv, Nummer 1144.
49 N.N.: Iz žizni Bunda (s.-d.). Rezoljucija Bunda (s.-d.) o demokratizacii organov dlja nacional'nyx men'šinstv. In: SV, Nr. 3, 1 (01.03.1921). S. 8.
50 Vgl. Evrejskie pogromy. Memorandum C.K. soc.-dem. Bunda i C. B. ob'ed. evr. soc. rab. partii, predctavlenyj v V.C.I.K. i v Revvoemsovet. In: SV, Nr. 13, 1 (05.08.1921). S. 13–15.

tigt von Vertretern der Auslandsdelegationen der SDAPR, der Sozialrevolutionären Partei und des Bund unterzeichnet.[51]

Berichte und Proklamationen in den ersten Jahrgängen der Exilzeitschrift weisen auf eine verstärkte politische Präsenz des sozialdemokratischen Bund innerhalb der SDAPR hin. Hierfür ausschlaggebend war die existenzbedrohende Situation der osteuropäischen Judenheit, resultierend aus antisemitischen Pogromen, Bürgerkrieg und Hungersnot kurz nach dem Ersten Weltkrieg. Als weiterer Grund erscheint die zu dieser Zeit gerade erfolgte Teilung des russländischen Bund in eine kommunistische und eine sozialdemokratische Partei. Zu Beginn der 1920er Jahre schienen politische Konzepte und Ideen innerhalb der sozialdemokratischen Berliner Exilgruppe noch ergebnisoffener als in den darauffolgenden Jahren debattiert worden zu sein. In diese Zeit eines gewaltigen politischen Umbruchs in Osteuropa fällt auch die Gründung der eigenen sozialdemokratischen Bund-Auslandsvertretung der Sowjetunion. Sie kann als Zeichen einer Gefährdung der osteuropäischen Judenheit einerseits und als Hoffnung auf mögliche politische Veränderungen innerhalb der Sowjetunion durch internationalen politischen Druck andererseits verstanden werden.

Der Bund als wichtige politische Bewegung Osteuropas vor dem Ersten Weltkrieg

Die zu Beginn der 1920er Jahre kontrovers geführten Debatten über Konzepte für einen demokratischen russländischen Vielvölkerstaat rückten Mitte der 1920er Jahre aufgrund einer Stabilisierung der politischen Situation in der Sowjetunion und der Festigung dortiger Staatsgrenzen in den Hintergrund. Die Debatten innerhalb der sozialdemokratischen Exilanten betonten nun im Generellen die Notwendigkeit einer Bezwingung des bolschewistischen Regierungssystems. Anhand der Entscheidung der Überführung des Bund-Archivs nach Berlin lässt sich ebenfalls erkennen, dass die russländischen Sozialisten Mitte der 1920er Jahre von einer mittelfristigen Exilzeit in Berlin ausgingen. Die Entscheidung stand nicht in direktem Zusammenhang mit der Bund-Auslandsvertretung, dennoch bildeten die Mitglieder der Auslandsvertretung einen Teil des hierfür benötigten osteuropäisch-sozialistischen Exilumfeldes. Yudin-Ayzenshtat war sogar direkter Mitarbeiter des Archivs.[52]

---

51 Abramovič, Rafail [u. a.].: K socialističeskim partijam i rabočim organizacijam. In: SV, Nr. 12, 2 (18.06.1922). S. 3.
52 Vgl. Aronson: Isay Ayzenshtat (wie Anm. 23), S. 152.

Die Mitglieder der Auslandsvertretung des sozialdemokratischen Bund richteten ihre Aufmerksamkeit in dieser Phase auf eine erste Historisierung der Parteiarbeit in Bezug auf Osteuropa und die Bedeutung des Bund für die osteuropäische Arbeiterbewegung vor dem Ersten Weltkrieg. Anlass boten hierfür anstehende Geburts- und Todestage sowie Partei- und Revolutionsjubiläen.[53]

Besonders das Jahr 1927 steht hierfür exemplarisch, da es ein doppeltes Jubiläumsjahr darstellte. Einerseits wurde an das 30-jährige Bestehen des Bund erinnert, gleichzeitig stellte das Jahr auch das 10-jährige Jubiläum der Februar- und Oktoberrevolution dar.[54] Die Redaktion des *Socialističeskij vestnik* wünschte dem Bund anlässlich des Jahrestages der Parteigründung eine positive Zukunft und drückte die Hoffnung aus, dass sich „unter dem sozialdemokratischen Banner erneut und ohne Ausnahme alle jüdischen Arbeiter, Arbeiter aus Russland, Polen, Litauen und Lettland, sowie die Arbeiter der gesamten Welt versammeln werden."[55]

Die personellen Veränderungen im Zentralkomitee der Kommunistischen Partei der Sowjetunion nach dem Tod Lenins, der wenige Jahre später beginnende verstärkte Terror gegen die Bevölkerung und die rücksichtslose Umsetzung des Fünfjahresplanes innerhalb der Sowjetunion, beendeten diese kurze Phase einer politischen Stabilisierung. Die Auslandsvertretung des sozialdemokratischen Bund sah sich zu Beginn der 1930er Jahre dazu veranlasst, sich verstärkt mit der Situation innerhalb der Sowjetunion und expliziten Problemen der sowjetischen Judenheit auseinanderzusetzen.[56] Die Veränderung der politischen Lage innerhalb der Sowjetunion ging zeitlich mit der Verschlechterung der politischen Lage innerhalb der Weimarer Republik einher. Der sozialdemokratische Bundist Rafail Abramovitsh berichtete darüber als Korrespondent des jiddischsprachigen New Yorker *Forverts*.[57] Gleichzeitig war er Mitglied im Exekutivkomitee der Sozialistischen Arbeiter-Internationale (SAI).

---

53 Vgl. für Nachrufe bspw.: N.N.: L. Ja. Etkin (wie Anm. 28); N.N.: Vlad. Dav. Medem. In: SV, Nr. 2, 3 (17.01.1923). S. 1f.; Iudin, Isaia: L. Martov i evrejskij proletariat. In: SV, Nr. 8/9, 3 (24.04.1923). S. 11f.; Vgl. für Geburtstags- und Jubiläumsberichte bspw.: N.N.: 70-letie A. Kagana und N.N.: 50-letie R. A. Abramoviča. Beide in: SV, Nr. 14, 10 (26.07.1930). S. 16; Julski, H.: Di berliner bundistn feiern dos iubel fun bund. In: NF vom 11.12.1932. S. 4.
54 Vgl. für das Bund-Jubiläum: N.N.: Iz Partii. Jubilej Bunda. In: SV, Nr. 20, 7 (20.10.1927). S. 16 und Š., F.: Iz Partii. Prasdnovanie 30-letija Bunda. In: SV, Nr. 21/22, 7 (10.11.1927). S. 22f.; Für das Jubiläum der Oktoberrevolution bspw.: Dan, Fëdor: Jubilej Diktatury. In: SV, Nr. 21/22, 7 (10.11.1927). S. 3–11.
55 N.N.: Iz Partii. Jubilej Bunda. In: SV, Nr. 20, 7 (20.10.1927). S. 16.
56 Vgl. hierzu das jiddischsprachige Journal: Undzer gedank (wie Anm. 36), Nummer 1–3.
57 Siehe bspw. für das Jahr 1931 u.a.: Abramovitsh, Rafail: Der blihender tsushtand fun der sotsialistisher partay in daytshland. In: Forverts vom 13.06.1931. S. 5; Abramovitsh, Rafail: Di

Rafail Abramovitsh als russländischer Sozialist innerhalb des Exekutivkomitees der SAI

Rafail Abramovitsh fungierte als offizieller Vertreter der SDAPR innerhalb des Exekutivkomitees der SAI. Der osteuropäische Sozialist jüdischer Herkunft begriff sich selbst als Repräsentant beider sozialdemokratischer Parteirichtungen: der SDAPR und des Bund.[58] Dieser Vertretungsanspruch resultierte aus seinem eigenen politischen Werdegang, der institutionellen Verflechtung zwischen Bund und SDAPR und daher, dass der polnische Bund in den 1920er Jahren keine Mitgliedspartei innerhalb der SAI war und Abramovitsh in einigen politischen Debatten eine osteuropäisch-jüdische Gegenstimme zu Vertretern zionistischer Parteien wichtig erschien.[59] Diesem Selbstverständnis lag keine offizielle Entscheidung innerhalb der SAI zu Grunde, dennoch besaß die Auslandsvertretung des sozialdemokratischen Bund der Sowjetunion hierdurch eine inoffizielle Stimme innerhalb der SAI, die sich für Belange der sowjetischen Judenheit einsetzte.

Mit dem offiziellen Beitritt des polnischen Bund in die SAI entstand ein unvorhergesehenes Konfliktpotential, da beide Strukturen den Anspruch hatten, die osteuropäisch-sozialistische Judenheit zu vertreten. Zwar begrüßte Abramovitsh 1929 die Entscheidung des polnischen Bund, der SAI beizutreten. Die unterschiedlichen politischen Sichtweisen traten jedoch schon auf dem Wiener Kongress im Jahre 1931 zu Tage. Inhaltlich kreiste die Auseinandersetzung um die Frage der Bewertung der politischen Situation in der Sowjetunion sowie um Differenzen bezüglich der politischen Handlungsoptionen der SPD zu Beginn der 1930er Jahre in der kriselnden Weimarer Republik.[60] Hintergründig ging es in der Debatte jedoch auch um den politischen Vertretungsanspruch beider Delegatio-

---

groyse mapole fun di fashisten un komunisten in daytshland. In: Forverts vom 28.08.1931. S. 5; Abramovitsh, Rafail: Hot der „finf-iohriger plan" farbesert des leben in sovet-rusland? In: Forverts vom 10.12.1931. S. 3; Abramovitsh, Rafail: Di frage vegen sovet rusland baym internatsyonalen sotsialistishen kongres. In: Forverts vom 05.07.1931. S. 5; vgl. ebenso den Beitrag von Gennady Estraikh in diesem Sammelband: Estraikh, Gennady: Die New-Yorker Jiddische Tageszeitung *Forverts* und ihr Berliner Korrespondent Raphael Abramovitch.
58 Vgl. Abramovič, Rafail: RSI i sionizm. In: SV, Nr. 10, 10 (31.05.1930). S. 8–10. Hier S. 9; Das Abramovitsh sich als Vertreter des „unserer Partei angeschlossenen[n] jüdischen ‚Bund'" sah, betonte dieser auch in einem Brief an Friedrich Adler vom 02.08.1926. In: IISH, SAI-Archiv, Nummer 808.
59 Vgl. Abramovič: RSI i sionizm (wie Anm. 58), S. 9.
60 Vgl. für die Position des polnischen Bund innerhalb der SAI: Pickhan, Gertrud: „Gegen den Strom" (wie Anm. 4), S. 388–409.

nen für die osteuropäische Judenheit. Abraham Cahan, Herausgeber des *Forverts*, verteidigte Abramovitsh als legitimen Vertreter der sowjetischen Judenheit:

> Auf dem Wiener Kongress gab es zwei Bund Vertretungen – den polnischen und den russischen, den neuen und den alten. Gen[osse] Abramovitsh [...] ist dort nicht nur als ein Delegierter der russischen Sozialdemokratie, sondern ebenfalls als ein Vertreter des russischen ‚Bund' erschienen, während die Genossen Ehrlich und Alter den heutigen ‚Bund' aus Polen repräsentierten. [...]
>
> [D]ie Bundisten, die in Sowjetrussland leben, wie groß auch immer ihre Anhängerschaft und wie groß unsere Sympathie und Liebe zu ihren Märtyrern ist, bleiben eine schweigende Kraft, die sich nicht zählen lässt. Ihr Mandat ist ein Ungeschriebenes. Es ist aber ein moralisches und hat mentale Bedeutung, die Aufmerksamkeit verdient [...].
>
> Und das allein ist nicht alles. Die Delegation des russischen ‚Bund' hat einen moralischen Auftrag, der nicht allein auf die Bundisten aus Sowjetrussland beschränkt ist. Ihre Ansichten sind die Ansichten einer großen Anzahl von Bundisten, die in anderen Ländern wohnen, Polen mit eingeschlossen.[61]

Innerhalb der sozialdemokratischen Bund-Auslandsvertretung in Berlin existierten zu Beginn der 1930er Jahre große Vorbehalte gegenüber des linken „zveyer" Flügels des polnischen Bund, dem eine Nähe zum Bolschewismus vorgeworfen wurde.[62] Die sozialdemokratischen Bundisten aus Berlin formulierten hierzu resigniert: „Diskutieren kann man nur mit Menschen, mit denen man eine gemeinsame Sprache hat, mit denen man auf dem Boden einer gemeinsamen Weltanschauung steht."[63] Hauptforderung gegenüber dem polnischen Bund war – trotz inhaltlicher Differenzen – eine politische Gleichbehandlung und die Anerkennung als Bund-Vertretung der Sowjetunion.

Fazit

Die zwischen 1922 und 1933 existierende Auslandsvertretung des sozialdemokratischen Bund der Sowjetunion in Berlin agierte als politische Vertretung der sowjetischen Judenheit. Strukturell ähnelte sie Auslandsvertretungen des Bund vor dem Ersten Weltkrieg und sozialistischen Exilparteien aus der Sowjetunion in der Zwischenkriegszeit. Mit wenigen aktiven Personen setzte sie sich punktuell

---

61 Cahan, Abraham: A zshurnal far der oyslendisher delegatsie fun bund in sovet-rusland. In: Ab. Kahan un der „Bund" in Poyln. Hrsg. von bundishn klub in Nyu York. New York 1932. S. 7–15. S. Hier S. 14 f.
62 „Zveyer" bezeichnete den linken Parteiflügel des polnischen Bund, dessen Mitglieder gegen den Eintritt in die Sozialistische Arbeiter-Internationale gestimmt haben.
63 Undzer gedank (wie Anm. 36), Nummer 2/3. S. 85.

vor allen Dingen in jiddisch- und russischsprachigen Kontexten in Westeuropa und Amerika für die Wahrnehmung der besonderen Probleme der osteuropäischen Judenheit ein. Innerhalb der SAI versuchte Rafail Abramovitsh als inoffizieller Vertreter des Bund der Sowjetunion eine Leerstelle zu schließen, die aufgrund des anfänglichen Nicht-Beitritts des polnischen Bund entstanden war. Dennoch unterschieden sich die Berliner Bundisten stark von ihren zeitgenössischen polnischen Kollegen, was Abraham Cahan zu einer Unterscheidung zwischen „alten" und „neuen" Bundisten veranlasste. Anders als die Vertreter des polnischen Bund organisierten die Berliner Exilanten die sozialdemokratische Bund-Auslandsvertretung als reine Exilparteistruktur. Ein Engagement in lokalen Politikstrukturen kam für sie nicht in Frage. Primäres politisches Ziel war die Überwindung des bolschewistischen Einparteiensystems und die Etablierung eines demokratisch-sozialistischen Vielvölkerstaates in Osteuropa samt nationalkultureller Autonomie für die Judenheit. Strukturell und auch personell war die Bund-Auslandsvertretung eng mit der SDAPR-Auslandsvertretung verflochten. Diese enge Kooperation, die sich besonders anhand individueller Mehrfachzugehörigkeiten von Personen wie Rafail Abramovitsh, Grigori Aronson und Isay Yudin-Ayzenshtat feststellen lässt, verdeckt die Bund-Auslandsvertretung als „kleine Schwester" hinter der quantitativ größeren SDAPR-Auslandsvertretung im Berliner Exil. Doch gerade diese Zusatzstruktur innerhalb einer quantitativ kleinen russländischen Exilgruppe ist bedeutend, verdeutlicht sie zum einen personelle und politische Verschiedenheit innerhalb der zeitgenössischen russländischen Sozialdemokratie, zum anderen gleichermaßen die komplexen Mehrfachzugehörigkeiten einzelner osteuropäischer Sozialisten jüdischer Herkunft.

Die sozialdemokratischen Bundisten erfüllten während ihrer Exilzeit im Berlin der Weimarer Republik eine Vermittlerrolle zwischen den osteuropäisch-jüdischen und (westeuropäisch-)sozialistischen Arbeiterbewegungsstrukturen. Besonders Abramovitsh forcierte Debatten um nationale Autonomiekonzepte für Osteuropa und Auseinandersetzungen über Antisemitismus in den Strukturen der SAI und SDAPR. Im Kontext der jiddischsprachigen Arbeiterbewegung betonten die sozialdemokratischen Bundisten die schwierige politische und ökonomische Situation in der Sowjetunion.

Die Bund-Auslandsvertretung war bis 1933 Teil des temporären russländischen Migrationsraumes des Berlins der Weimarer Republik. Die politische Situation der 1930/40er Jahre mit der Machtübernahme der Nationalsozialisten, dem Zweiten Weltkrieg und der damit einhergehenden Vernichtung eines Großteils der europäischen Judenheit in der Shoah veränderte die politischen Rahmenbedingungen komplett. Im Frühjahr 1933 erahnte Rafail Abramovitsh bereits tiefgreifende bevorstehende Veränderungen: „Ich fürchte: was wir in Deutschland und in der Internationale noch Alles erleben werden, wird weit schlimmer sein, als das, was wir 1914 erlebt hatten."[64] Die Entwicklungen der nächsten Jahre werden seine Vorstellungskraft bei weitem überschritten haben. Mit der Vernichtung des Großteils der osteuropäisch-jüdischen Bevölkerung in der Shoah wurde auch das Konzept des Bund als osteuropäisch-jüdische Massenpartei zerstört.

---

[64] Zitiert nach einem Brief vom 30.03.1933, wahrscheinlich an Morris Hillquit in New York. In: IISH, Abramovich-Archiv, Nummer 2.

Shmuel Vardi
Die arbeitende Frau als eine neue Lebensform der emanzipierten Gesellschaft

Awodah, also Arbeit, ist ein zentraler Begriff im Judentum. Der Mensch wird in Hinblick auf seine Handlungen betrachtet. Man unterscheidet zwischen Handlungen oder Arbeitsvorgängen von *Awodath Kodesch*, das heißt „heilige Arbeit", und der *Awodah Sara*, also der „fremden Arbeit", einer Arbeit, die nicht dem Schöpfer dient. In der jüdischen Religion bedeutet die *Awodah Sara* Götzendienst und gilt zusammen mit Mord und Inzest als die allerschlimmste Sünde.

Die Arbeit war auch ein zentraler Begriff des zionistischen Gedankens.[1] Theodor Herzl war der Meinung, dass das einheimische jüdische Proletariat nicht in die europäischen Gesellschaften integriert werden könne. Daher schlug er vor, „die Juden zu verbauern", das heißt produktive Arbeiter aus ihnen zu machen.[2] Die Arbeit wurde in der zionistischen Bewegung als wesentlicher Bestandteil sowohl zur individuellen als auch zur nationalen Befreiung angesehen, nicht nur im sozialistischen bzw. „Arbeiterzionismus"[3], sondern in allen Strömungen des Zionismus. Laut der offiziellen Linie der zionistischen Organisation „Awodah Iwrith", hebräische Arbeit, war sie ein Leitwort der zionistischen Bewegung in Palästina seit ihrer Entstehung und insbesondere in der Zeit der zweiten Aliya[4], bis in die ersten Jahre nach der Gründung des Staates Israel hinein. In der Vollversammlung von Chibbat Zion im Jahr 1912 in Odessa[5] verkündete der Vorsitzende Menachem Usishkin: „Unser Programm in Erez-Israel lautet – hebräisches

---

1 Vgl. z. B. das Baseler Programm vom ersten zionistischen Kongress: „Der Zionismus erstrebt für das jüdische Volk die Schaffung einer rechtlich gesicherten Heimstätte in Palästina. Zur Erreichung dieses Zieles nimmt der Congress folgende Mittel in Aussicht: Die zweckdienliche Förderung der Besiedlung Palästinas mit jüdischen Ackerbauern, Handwerkern und Gewerbetreibenden [...]". Stenographische Protokolle der Verhandlungen des ersten Zionisten-Kongress in Basel 1897. Wien 1898. S. 114.
2 Avineri, Shlomo: Theodor Herzl und die Gründung des jüdischen Staates. Berlin 2016. S. 174.
3 Peretz, Merchav: Die Israelische Linke. Frankfurt am Main 1972. S. 30–32.
4 *Zweite Aliya* – die zweite jüdische Einwanderungswelle nach Eretz-Israel, die von 1904 bis 1914 stattfand.
5 *Chibbat Zion* (Zionsliebe) war eine jüdische Bewegung, die in Osteuropa 1881 gegründet wurde. Ihre Gründung war von der Schrift *Autoemanzipation* von Leon Pinsker inspiriert und gilt oft als die erste zionistische Organisation. 1890 erhielt *Chibbat Zion* eine offizielle Erlaubnis der russischen Regierung, eine „Gesellschaft zur Unterstuetzung juedischer Bauern und Handwerker in Syrien und Palaestina" zu gründen, die als „Odessa-Komitee" bekannt wurde. Das Odessa-Komitee bestand bis 1913, bis es von den Bolschewiki geschlossen wurde.

Land, hebräische Arbeit und hebräische Sprache."[6] In seinem Leitartikel in der Parteizeitung *Hapoel Hazair*[7] unter dem Titel *Die Idee der Arbeit* vom 18. September 1912 schreibt Josef Aharonovich, Redakteur der Zeitung und einer der Prominenten in der Partei: „Eine notwendige Voraussetzung zur Erfüllung des Zionismus ist die Zunahme und die Befestigung der hebräischen Arbeiter in Erez-Israel, zusammen mit einer Vertiefung der Idee der hebräischen Arbeit".[8] Tatsächlich leitete die Idee der hebräischen Arbeit die ideologische Linie der *Hapoel Hazair* schon seit der Gründung der Partei im Jahre 1905 und sie erscheint oft in den Äußerungen ihrer Mitglieder.[9] Das gebrachte Zitat von Josef Aharonovich basiert auf dem programmatischen Motto der Partei. Dieses Motto erscheint als Untertitel der Zeitung *Hapoel Hazair* seit 1907, dem Jahr ihrer Gründung und war tatsächlich vom „Gegner unserer Prinzipien", so Aharonovich, der Partei *Poale Zion*[10], übernommen worden.[11] Der Ausdruck stellte einen gemeinsamen Hauptgrundsatz des praktischen Zionismus in Palästina dar. Er vereinigte in sich mehrere Bedeutungen dieser Ansicht: Erstens betonte er die Wichtigkeit der Arbeit für die nationalen Bestrebungen, zweitens verlieh er der Bedeutung der Klassen- sowie nationalen Solidarität Ausdruck und drittens bezeichnete die Verwendung des Prädikates „hebräisch" im Gegensatz zu „heilig" oder „jüdisch" eine neue Art des Selbstbewusstseins. Die Anhänger des praktischen Zionismus in Palästina vermieden den Gebrauch von Prädikaten mit religiösem Bedeutungsumfang wie z. B. „Jüdische Arbeit", um sich von religiösen Deutungen des Judentums zu distanzieren.[12] In der Berufung oder Botschaft der zionistischen Bewegung in Palästina auf Grundlage einer Mischung aus ethischem Sozialismus und aufgeklärtem Nationalismus geht es, wie es auch von dem „Kommunisten-

---

6 Sofreinu Hamezuchadim (Übers.: Von den besonderen Schriftstellern der Zeitung), Telegramot Acharonot (Übers.: Letzte Telegramme). In: Hatzfira Zeitung, Nr. 29 vom 15.02.1912. S. 4.
7 *Hapoel Hazair* (der junge Arbeiter) war eine sozialistische und zionistische Partei in Palästina. Sie wurde 1905 gegründet und 1930 mit *Achduth Hawodah* (Vereinigung der Arbeit) vereint und *Mapai* (Partei der Arbeiter von Eretz-Israel) genannt.
8 Aharonovich, Josef: Raayon Haavodah (Übers.: Die Idee der Arbeit). In: Hapoel Hazair Zeitung (HaH), Nr. 1 vom 18.09.1912. S. 1.
9 Vgl. z. B. Aharonovich, Josef: Lifnei Hakongress (Übers.: Vor dem Kongress). In: HaH, Nr. 2 vom 24.08.1907. S. 2 und Turkanich, Aharon: Haavodah Harealit be Erez Israel (Übers.: Die Reale Arbeit in Erez-Israel). In: HaH, Nr. 1 vom 23.10.1907. S. 2.
10 *Poale Zion* (Arbeiter Zions) war eine sozialistische und zionistische Partei, die 1906 unter der Leitung von Dov Ber Borochov in Poltava-Rußland gegründet wurde.
11 Aharonovich, Josef: Haprogramma ve Hachaim (Übers.: Das Programm und das Leben). In: HaH, Nr. 2 vom 24.08.1907. S. 7.
12 Es ist zwar möglich, den Ausdruck „jüdische Arbeit" in Äußerungen von Angehörigen der sozialistisch-zionistischen Parteien in Palästina zu finden, die Verwendung ist aber selten, unbedeutend und inoffiziell.

rabbi" Moses Hess ausgedrückt wurde[13], um einen neuen Typus des Juden und seiner Nationalität; und zwar um eine säkular-nationale Wiederauferstehung.

Als die Einwanderer der zweiten Aliya, Anfang des 20. Jahrhunderts, für Arbeit bzw. für Arbeitsstellen kämpften, lobten sie die *Awodah Iwrith* und tadelten demgegenüber die *Awodah Sara*.[14] Die Gegenüberstellung der säkularen *Awodah Iwrith* und der religiösen *Awodah Sara* entfaltete in sich eine neue Stufe des Bewusstseins, nämlich eines Arbeiter- bzw. eines Klassenbewusstseins zwischen nationaler Tradition und transnationaler Moderne, entsprungen aus dem Zugehörigkeitsgefühl durch Solidarität in der Emanzipation. So legte die zionistische Bewegung den jüdischen nationalen Aufruf auf einen emanzipatorischen Aspekt der Arbeit fest, der eine Spannung zwischen Frömmigkeit auf der einen und Sozialismus auf der anderen Seite bringt. In orthodoxen Kreisen in Palästina wurden solche zionistischen Vorstellungen als bedeutende Gefährdung betrachtet und wurden dementsprechend auch als *Awodah Sara* beschrieben.[15] Während die Vorstellung der Arbeit als zentrales Leitbild verschiedener jüdischer Auffassungen in Palästina geteilt wurde, wurde die konkrete Beschaffenheit der Arbeit kontrovers diskutiert und erhielt einen festen Platz in den Auseinandersetzungen um das Wesen des Judentums und die Natur der künftigen jüdischen Gesellschaft. In seinem Artikel *Über die hebräische Arbeit* vom Januar 1914 schrieb Jakob Rabinovich, eine der Schlüsselfiguren der *Hapoel Hazair*, dass

> zusammen mit der Entwicklung der Selbstkritik des hebräischen Arbeiters auch die Zeit seiner Selbstbefreiung beginnt. [...] Erst als es ausgesprochen wurde, dass wir, um als ein Volk bezeichnet werden zu können, produktive Arbeiter werden müssen, erleuchtete bei uns der erste Funke unserer Wiederauferstehung.[16]

---

13 Schoeps, Julius H.: Theodor Herzl. Wegbereiter des politischen Zionismus. Göttingen 1975. S. 51.
14 Vgl. z. B. Livneh, Eliezer: Aaron Aaronson his Life and Times. Jerusalem 1969. S.166; Rabinovich, Jakob: Lescheelat Haavodah Haivrit (Übers.: Über die Hebräische Arbeit). In: HaH, Nr. 13 vom 09.01.1914. S. 5–8; Ben-Yehuda, Hemdah: Inianei Hayeschuw (Übers.: Nachrichten aus dem Jeschuw). In: Haschkafah Zeitung, Nr. 80 vom 30.06.1905. S. 1; Ben-Atar, Haim: Lebonei Hayeschuw (Übers.: An die Erbauer des Jeschuws). In: Hacheruth Zeitung, Nr. 255 vom 27.07.1913. S. 1.
15 Hagemann, Steffen: Zionismus und Messianismus. Zum Staatsverständnis von Rabbiner Abraham Isaak Hacohen Kook. In: Zionismus. Hrsg. von Samuel Salzborn. Baden Baden 2015. S. 119.
16 Rabinovich, Jakob: Lescheelat Haavodah Haivrit (Übers.: Über die Hebräische Arbeit). In: HaH, Nr. 13 vom 09.01.1914. S. 5–8.

In der Gegenüberstellung von *Awodah Iwrith* und *Awodah Sara* bedeutet der Begriff *Awodah Iwrith* die Heiligkeit der Arbeit[17] – und dementsprechend der sozialzionistischen Berufung. Eine Erscheinung, die am besten mit dem damaligen Begriff *Dat HaAwodah*, also als „Religion der Arbeit" bezeichnet werden kann.[18] Ada Fischmann Maimon tauchte diese Ansicht in kräftigere Farbtöne:

> Es wurde bestimmt, dass die Arbeiterbewegung des Landes, die Härten und Schwierigkeit kannte, die messianische Bewegung der Generation sein werde. Eine messianische Bewegung für Generationen, deren Mitglieder immer in der Lage sein werden, ihre Seele auf dem Altar der Verwirklichung der Idee der Arbeit zu opfern. Eine neue Gesellschaft aufzubauen, als eine Heimat, die auf Grundlage der vollständigen Gleichheit beruht.[19]

Ada Fischmann Maimon, geboren 1893 in eine orthodox-jüdische Familie in Mărculești – Bessarabien[20], wanderte 1912 nach „Erez-Israel" aus, um sich aus politischer und kultureller Unterdrückung zu befreien. Erez-Israel, oder das „Land Israel", war für sie das historische Heimatland der Juden und zugleich die Verkörperung der Sehnsucht nach einem solchen Heimatland.[21] Der neue Bewusstseinsraum der zionistischen Bewegung diente, in ihren Worten, als die Wiege ihrer eigenen Wiederauferstehung und als Beginn eines persönlichen und gesellschaftlichen Befreiungsauftrages.[22] „Unsere Vorfahren", schrieb sie 1918,

> vererbten ihren Jungen und insbesondere ihren Mädchen Liebe und einen profunden Glauben, nicht bloß zum ,Ort' sondern auch zum ,Freund' [...] seitdem begann im Laufe der Generationen ein Kapitel von Unzufriedenheit, von Bitterkeit und Mangel an Glauben [...] und das ganze Herz der hebräischen Frau wird zerrissen [...] und die Töchter Israels wandern ohne nationale Erziehung und ohne Taten[23] in fremden Gegenden herum, in der Russo-jüdischen Gegend, in der Anglo-Jüdischen oder Deutschen und die Leere ist groß. Tohuwabohu überall – das Leben von Galuth innerhalb von Galuth.[24]

---

17 Brenner, Michael: Geschichte des Zionismus. München 2008. S. 61.
18 Vgl. Fischmann, Ada: Leorech Haderech (Übers.: Entlang des Weges). Hrsg. von Jehudah Erez. Tel Aviv 1972. S. 15.
19 Fischmann, Ada: Lesheelat Hashivion (Übers.: Zur Frage der Gleichheit). In: HaH vom 11.05.1925. S. 10.
20 Damals unter Russischer Herrschaft.
21 Fischmann, Ada: Die Arbeitende Frau in Palästina 1904–1930. Tel Aviv 1930. S.3f.
22 Fischmann: Die Arbeitende Frau (wie Anm. 21), S. xii und S. 4.
23 Heb. מעשים. Paraphrase von der jüdischen Ausdrucksweise „Thora und gute Taten" [Heb. תורה ומעשים טובים] im Sinne von: Theorie und Praxis des moralischen Lebens.
24 Fischmann, Ada: El Haischa Haivria (Übers.: An die Hebräische Frau). In: Leorech Haderech (wie Anm. 18), S. 15. Deutsche Übersetzung des gesamten Textes in: Outside the Box. Zeitschrift für feministische Gesellschaftskritik 6 (2017). S. 91–94. Übersetzt von Shmuel Vardi.

Galuth, also Exil oder Diaspora, wird demnach gefasst als Entfremdung bzw. als Zustand oder Gefühl der Unterdrückung. Die Entfremdung des Galuth bedeutet für Maimon zunächst eine „Entfremdung des Selbstbewusstseins", das zusätzlich auch eine räumliche Bedeutung trägt. Die Emigration aus dem Land ihrer Geburt in das Land ihres Strebens stellte für sie das Ende des Galuth dar und fasste in sich sowohl ihre Ansicht der jüdischen Gesellschaft als auch die Anstrengung sie wesentlich zu ändern. Das Galuth fungiert so als ein Bestandteil zur Bildung des werdenden jüdischen Selbst[25] bzw. als sein Weg durch die Wüste von der Sklaverei ins gelobte Land. Auf diese Weise beginnt für Maimon mit der Emigration die Aufgabe der Änderung und des Aufbaues einer neuen Gesellschaft, die mit der Abschaffung des Galuth eingeleitet wird. Sie unterscheidet nicht zwischen einem politischen und einem Geschlechtergaluth. Jede Form von Galuth bzw. Entfremdung bedeutet für sie Unfreiheit oder „fremde Arbeit", während Befreiungsvorgänge als Akte von heiliger Arbeit oder im zionistischen Zusammenhang als „hebräischer Arbeit" gelten. Gegen den Galuth als Bewusstseinszustand kämpfte sie weiter, auch in Palästina.

Im Galuthleben des jüdischen Volkes war es unmöglich, von einer Frauenfrage im modernen Sinne und von einer orthodoxen Praxis zu sprechen. Diese Frage beginnt, so Maimon, erst mit der Rückkehr der Juden in ihr eigenes Land, mit der Schaffung eines eigenen wirtschaftlichen und politischen Lebens. Die Tragik der jüdischen Frau in der Diaspora während vieler Generationen lag für sie hauptsächlich in der religiös-juristischen und moralischen Ungleichheit. Mit der Einwanderung der ersten Pionierin nach Erez-Israel begann, Maimons Meinung nach, ein neuer historischer Abschnitt im Leben der jüdischen Frau, die sich den Weg zu ihrer Befreiung, durch das Arbeitsleben, zu bahnen anfing.[26]

In Palästina arbeitete Maimon als Landwirtin und Erzieherin. Die Realität in der neuen Gesellschaft brachte ihr jedoch bei, dass es Unterdrückungsformen gibt, denen man nicht durch Emigration entkommen kann, sondern die bekämpft werden müssen. Als Angehörige der zweiten Aliya fand sie Annehmlichkeit und Obdach in der Solidarität und dem Arbeitsleben der hebräischen Pionierarbeit der zionistischen Bewegung und der sozialistischen Partei in Palästina, sodass sie 1913 der *Hapoel Hazair* beitrat. Die Arbeit und das Arbeitsleben waren für sie die Negation des Galuth. Sie vertraten den Gegensatz zur Entfremdung der Arbeit wie bei Karl Marx, der in den *Ökonomisch-philosophischen Manuskripten von 1844* festgehalten hatte: „Indem die entfremdete Arbeit dem Menschen 1. die Natur entfremdet, 2. sich selbst, seine eigne tätige Funktion, seine Lebenstätigkeit, so

---

25 Vgl. Hegel, Georg W. Friedrich: Phänomenologie des Geistes. Paderborn 2005. S. 397.
26 Fischmann: Die Arbeitende Frau (wie Anm. 21), S. xi.

entfremdet sie dem Menschen die Gattung; sie macht ihm das Gattungsleben zum Mittel des individuellen Lebens".[27] Die entfremdete Arbeit führt die Arbeitenden zum Verlust des Selbst und zur Entfremdung des Menschen von den Menschen. Eine nicht entfremdete Arbeit bedeutete das In-Kraft-Treten eines emanzipierten Selbst. Die Entfremdung der Arbeit, stellte schon der junge Marx fest, sei das subjektive Wesen des Privateigentums, „das Privateigentum als für sich seiende Thätigkeit, als Subjekt, als Person". Diesbezüglich galt die hebräische Arbeit für Maimon als die Verwirklichung des „neuen Juden", das heißt, von Jüdinnen oder Juden, die nicht mehr beherrscht und unfrei sind. Die neue Jüdin sowie der neue Jude sollten die historische Verneinung des „diasporischen Juden" bilden[28] und „erneut" eine emanzipierte jüdische Gesellschaft schaffen. Maimon nannte die nationale Zeit eine neue Ära der Wiederauferstehung.[29] Die Journalistin Helena Hanna Cohn schrieb in ihrem Buch *Frauenfrage in Palästina*, dass „die neue hebräische Frau äußerlich untergeordnet, innerlich jedoch frei" sei.[30] Für Maimon war die hebräische Arbeit die vollständige Wiederauferstehung der Frau und auch der Gesellschaft gegenüber beiden Sorten von Galuth, da die Arbeit die Frau innerlich sowie äußerlich, nämlich in der Gesellschaft, emanzipiere. Emanzipation der Gesellschaft bedeutet die Emanzipation aller Mitglieder der Gesellschaft. Maimon forderte gleiche Rechte und Pflichten für die Frauen in der Gesellschaft durch gleiche Möglichkeiten und Chancen in der Arbeitswelt. Sie engagierte sich in diesem Thema und führte ein sozial-politisch ausgerichtetes Leben, in dem sie an mehreren Fronten für eine emanzipierte Gesellschaft kämpfte. Anhand zweier Beispiele aus der Vielfalt ihrer Tätigkeiten in diesem Feld, und zwar des Kampfs um das Frauenwahlrecht und ihrer Arbeit an der israelischen Gesetzgebung, möchte ich die Verbindung aufzeigen, wie Maimon sie sah, zwischen dem Streben nach einer Emanzipation der Gesellschaft und des Judentums bzw. der jüdischen Religionsgesetze, die *Halacha*.

Mit der Ankunft der Briten in Palästina, 1917, begann das jüdische *Jeschuw*[31], das bis zu diesem Zeitpunkt zergliedert und in mehrere Gemeinden gespalten war,

---

27 Marx, Karl: Ökonomisch-philosophische Manuskripte. Frankfurt am Main 2009. S. 90.
28 Zuckermann, Moshe: Israels Schicksal – Wie der Zionismus seinen Untergang betreibt. Wien 2015. S. 29.
29 Fischmann: Die Arbeitende Frau (wie Anm. 21), S. xi.
30 Cohn, Helena Hanna: Frauenfrage in Palästina. Berlin 1921. S. 41; Prestel, Claudia: Feministische und Zionistische Konstruktionen von Geschlechterdifferenz im Deutschen Zionismus. In: Janusfiguren. „Jüdische Heimstätte", Exil und Nation im deutschen Zionismus. Hrsg. von Andrea Schatz u. Christian Wiese. Berlin 2006. S. 127.
31 Das *Jeschuw* war die jüdische Gemeinschaft in Palästina vor der Gründung des Staates Israel. Man unterscheidet zwischen altem und neuem *Jeschuw*. Das alte *Jeschuw* bezeichnet die jüdische Bevölkerung in Palästina, die vor der ersten jüdischen Einwanderungswelle 1881 dort lebte oder

sich als eine Einheit zu organisieren, um gegenüber dem britischen Mandat einen besseren Stand zu haben.[32] Die Frauen, insbesondere die Frauen des neuen *Jeschuws*, die bisher Ansätze von Gemeinsamkeit und Gleichberechtigung der Geschlechter in der werdenden Gesellschaft gespürt hatten, bemerkten, dass sie zum Wohle der Einheit mit den verschiedenen jüdischen Kreisen, vor allem den religiösen Kreisen, zur Seite abgedrängt wurden. Es begann damit ein großer Streit im jüdischen *Jeschuw*. Ein Streit um das Recht von Frauen, öffentliche Ämter zu bekleiden. Als Protest gegen patriarchalische Werte in der Gesellschaft und gegen den Mangel an Frauen in der Gemeinde- und in der Stadtverwaltung, führten Frauen aus verschiedenen Kreisen und Organisationen einen grundlegenden Kampf für das Frauenwahlrecht. Maimon leitete den Kampf im Namen der Frauen des Arbeiterinnenrats (*Moezet Hapoaloth*). Im Rahmen dieses Streites veröffentlichte sie im Dezember 1918 eine Streitschrift unter dem Titel *An die hebräische Frau*. Hierin schrieb sie:

> Die ‚fröhliche' Zeit, in der die Frau ‚heilig heilig' nach jedem Wort sagte, das von ihrem Patron ausging, ist vorbei. Diese „*Schechina*"[33], die in den Häusern Israels wohnte [...], zog aus. Demgegenüber besteht nun [bei uns] der Wunsch nach Freiheit, der Wille zur Befreiung aus menschlichen Ketten, die behaupten, dass ein Unterschied zwischen uns Menschen bestehe[.][34]

Die Befreiung der Frau war für Maimon eine Befreiung von Traditionen und eine Bewusstwerdung von Unterdrückung.[35]

Im Laufe des Streites sollte eine Versammlung abgehalten werden, in der eine Entscheidung zum Frauenwahlrecht getroffen werden sollte. Maimon forderte, im Widerspruch zu mehreren religiösen Anführern, die Anwesenheit von Frauen in der Versammlung. Sie schrieb darüber, dass in dieser Versammlung das Schicksal der hebräischen Frau beschlossen würde, ob sie als Mensch und als Anteil der Gesellschaft anzuerkennen sei oder ihr dieses Recht genommen werden solle.[36] Maimon kämpfte den Kampf der hebräischen Frau gegen die Anführer der orthodoxen Kreise, die unter Berufung auf die Thora[37] und anhand der *Halacha* ihre

---

bis dahin angekommen war. Mit dem neuen *Jeschuw* bezeichnet man die Jüdische Bevölkerung, die ab der ersten Einwanderungswelle bis zur Gründung des Landes nach Palästina kam. Oft gilt die Bevölkerung des alten *Jeschuwes* als konservativer und religiöser.

32 Fischmann: Die Arbeitende Frau (wie Anm. 21), S. 150.
33 Schechina heißt die „Wohnstatt" Gottes, oder „Gottes Geist".
34 Fischmann: El Haischa Haivria (wie Anm. 24), S. 18.
35 Vgl. Haug, Frigga: Der im Gehen erkundete Weg – Marxismus-Feminismus. Berlin 2015. S. 85.
36 Fischmann: El Haischa Haivria (wie Anm. 34), S. 19.
37 Thora – die fünf Bücher Moses.

Argumentation führten³⁸, ebenfalls mittels jüdischer Quellen. Zugleich weigerte sie sich eine ungleichberechtigte bzw. patriarchalische Deutung der *Halacha* anzuerkennen, und vertrat die Ansicht, dass die Thora die Thora der menschlichen und sozialen Freiheit sei und als solche keine Abgrenzungen und Unterschiede zwischen Mensch und Mensch mache.³⁹ Die Orthodoxen verfälschten laut Maimon die Thora. Sie dürfen, klagte sie weiter, keine neuen Thoras und neuen Regeln auferlegen. Im Laufe der Generationen passte sich das Religionsgesetz den Forderungen der Zeit an. Das ist als der halachische Prozess bekannt.⁴⁰ Im Galuth befreiten die Rabbiner die Frauen von der Pflicht mehr und mehr Religionsgebote auszuüben, damit verschwand die Frau allmählich aus dem öffentlichen Bereich und verlor mehr und mehr Rechte.⁴¹ Die Frau, erklärte Maimon im Gegensatz dazu, sei laut der Thora nicht von allen 613 Geboten der Thora ausgenommen, sondern sie ist von der Pflicht der Gebote befreit.⁴² Das heißt, sie darf alle Gebote durchführen, sie muss dafür aber selbstbewusst sein, ebenso darf und soll sie an allen Bereichen der Gesellschaft teilhaben. Der halachische Prozess, forderte Maimon, müsse fortgesetzt werden und die Gleichberechtigung der Frau wiedergeben.

Nach vier Tagen eines „stürmischen Krieges", so Maimon, entschlossen sich die Linksparteien, die die Mehrheit in der Versammlung stellten, aus politischen Gründen und zum Wohle der Einigkeit des *Jeschuws*, aufzugeben und einen Kompromiss zu schließen, in welchem den Frauen nur ein aktives und kein passives Wahlrecht zugestanden wurde. Das aktive Wahlrecht erlaubte den Frauen, männliche Kandidaten zu wählen, aber das passive hätte die eigentliche Teilhabe der Frauen am gesellschaftlichen Leben und den Durchbruch einer politischen Emanzipation der Frauen bedeutet.⁴³ Die Bewilligung eines Rechts konnte aber für die Vorenthaltung anderer Rechte nicht entschädigen. Maimon lehnte den Kompromiss ab und meinte, das wäre ein Einschnitt in die Demokratie selbst, wo man keine Kompromisse eingehen dürfe.⁴⁴ Einen solchen Kompromiss hielt sie für anti-demokratisch und demzufolge für illegal. Das Wahlrecht der

---

38 Shilo, Margalit: Zionist Women's Struggle for Suffrage in Mandatory Palestine. Jerusalem 2013. S. 95.
39 Fischmann: El Haisha Haivria (wie Anm. 34), S. 21.
40 Z.B. Nave-Levinson, Pnina: Eva und ihre Schwestern. Perspektiven einer jüdisch-feministischen Theologie. Gütersloh 1992. S. 26.
41 Wallace-Faller, Marianne: Die Frau im Talit. Judentum Feministisch gelesen. Zürich 2000. S. 55.
42 Fischmann: El Haischa Haivria (wie Anm. 34), S. 21.
43 Or, Tamara: Vorkämpferinnen und Mütter des Zionismus. Frankfurt am Main 2009. S. 29.
44 Fischmann: El Haischa Haivria (wie Anm. 34), S. 21.

Frau, betonte Maimon, sei ein Grundrecht des Menschen, und das Grundrecht des Menschen, hob sie weiter an, sei unantastbar und stünde über jeglichen Zweifel und politischer Rücksichtnahme. Die hebräische Frau, argumentierte Maimon weiter, wird nicht bloß „eine Statue der Befreiung in den Händen von Künstlern sein, sondern ein Symbol ihrer eigenen Befreiung".[45] Die Grundrechte bzw. Naturrechte betrachtete Maimon als Gebote, die alle Menschen betreffen. Demzufolge ist die Frau von Natur aus vollständig frei. Der Umgang mit der Frauenfrage, erklärt sie, ist keine reine Frauenfrage, sondern eine sozial-politische Frage, die festlegt, ob eine Gesellschaft frei ist oder Unterdrückung bevorzugt, ob sie Grund- bzw. Naturrechten entspricht oder sich gegen diese stellt.

Nach Maimons Ansicht fordern die Thora und die moderne Moral genau das und erkennen es an. Nicht die Thora diskriminiert die Frau, sondern die Rabbiner durch ihren Ausschluss der Frau aus der Gesellschaft mittels Negation ihrer Rechte in der Religion und durch die Religion. Diese Negation sei die Negation der Frau selbst. Dagegen müsse man im Namen der Demokratie, des Sozialismus und des Judentums kämpfen. Die Gesellschaft, wie sie damals aber bestand, war Maimons Meinung nach notwendig ungerecht, solange sie auf falschen traditionellen Vorstellungen beruhte. In diesem Sinne sah sie den Zionismus nicht nur als eine Bewegung zur Gründung eines jüdischen Nationalstaates, sondern zuerst und darüber hinaus als Imperativ, eine neuartige Gesellschaft zu schaffen – frei von jeglicher Form der Unterdrückung. Frigga Haug nennt solche Unterdrückungsformen *Herrschaftsknoten*.[46] Solche Knoten der Herrschaft werden, so Haug, unter anderem im wirtschaftlichen sowie politischen System bzw. in der Gesellschaftsordnung geknüpft und finden sich in „Gewohnheiten, Taten, in unserer Moral, im Hoffen und Begehren, im *common sense*" wieder.[47] Die Herrschaftsknoten nicht zu lösen führt zu Reproduktion der Herrschaft, zu Ausbeutung, Herabsetzung und Erniedrigung der Frau. Um eine Gesellschaft frei von Ausbeutung und Unterdrückung entstehen zu lassen, so Maimon, müsse eine „Werteumstellung" zur „Reparatur des Klassenbewusstseins" und demgemäß die Änderung der gesellschaftlichen Verhältnisse umgesetzt werden.[48]

Der Kampf der Frau um ihre Selbstbestimmung und ihr Eintritt in das produktive Leben haben sich um die Jahrhundertwende weltweit vollzogen. Die Ansicht war allerdings weit verbreitet, dass die vollkommene Befreiung der Frau

---

45 Fischmann: El Haischa Haivria (wie Anm. 34), S. 22.
46 Haug, Frigga: Zum Verhältnis von Feminismus und Kapitalismuskritik – ein Lernprozess. In: In Arbeit: Emanzipation. Hrsg. von Tina Jung [u. a.]. Münster 2014. S. 79.
47 Haug: Zum Verhältnis (wie Anm. 46), S. 79.
48 Fischmann: Die Arbeitende Frau (wie Anm. 21), S. 4–6; Fischmann, Ada: Lescheelat Haschiwion (Übers.: Zur Frage der Gleichheit). In: HaH vom 11.05.1925. S. 11.

erst nach der Verwirklichung des Sozialismus in der Welt möglich sei. Marx schilderte beispielsweise die Frauenemanzipation als Teil der Emanzipation des Menschen insgesamt. Aber die verschiedenen Versuche auf den Kampfplätzen des sozialen Lebens haben nicht den Beweis erbracht, dass diese Interpretation des Wegs zur Lösung der Frauenfrage richtig sei.[49] Im Gegensatz zu diversen Auffassungen im feministischen Zionismus, auch von Frauen, die die Priorität des Zionismus vor dem Feminismus verkündeten[50], erschien es Maimon zweifelhaft, ob die Änderung der gesellschaftlichen Verhältnisse das Schicksal der Frau in der Gesellschaft radikal zu ändern vermag. Um Sozialismus zu realisieren, muss die sozialistische Gesellschaft außer wirtschaftlichen Prinzipien auch ethischen Grundlagen folgen.[51] Solange das Arbeitsfeld der Frau durch den Rahmen der Tradition beschränkt bleibt, argumentierte sie, könne das Problem der Stellung der Frau in der Arbeit und im Leben seiner Lösung nicht zugeführt werden. Dagegen vertrat sie die Ansicht, dass eher die Befreiung der Frau „aus den Fesseln der Tradition" die Verwirklichung des Sozialismus fördern wird, als umgekehrt die Verwirklichung des Sozialismus die Befreiung der Frau.[52]

Dementsprechend sei der Kampf für die Gleichberechtigung zunächst einmal kein Klassenkampf gegen den Kapitalismus, sondern vielmehr ein Kampf zur Gleichberechtigung der Frau. Maimon war der Auffassung, dass die Emanzipation der Frau der allgemein menschlichen Emanzipation vorangehen sollte. Ihrer Meinung nach begann jegliche Ausbeutung in den Arbeitsweisen nicht mit der Industriellen Revolution oder dem Kapitalismus, sondern mit der Tradition des Ausschlusses der Frau aus dem öffentlichen Leben und der Arbeitswelt. Die Durchsetzung der Selbstbestimmung der Frau sei dann für sie der allererste Schritt des Klassenkampfes, denn erst ihre Befreiung von den traditionellen Einschränkungen macht sie zu einem vollen Mitglied der Gesellschaft. Der Eintritt der Frau ins produktive Leben und somit in sämtliche Arbeitsfelder, so Maimon, sei dabei unabdingbar.

Aus dieser Überzeugung heraus forderte Maimon 1920 die Gründung der *Moezet Hapoaloth* (Arbeiterinnenrat) von Palästina ein und leitete sie für gut zwölf

---

49 Vgl. Zetkin, Clara: Zur Geschichte der proletarischen Frauenbewegung Deutschlands. Frankfurt am Main 1979. S. 44.
50 Prestel: Feministische und Zionistische Konstruktionen (wie Anm. 30), S. 127 und S. 147.
51 Kessler, Mario: Moses Hess and Ferdinand Lassalle. Pioneers of Social Emancipation. Berlin 2013. S. 49.
52 Fischmann: Die Arbeitende Frau (wie Anm. 21), S. 5–6; Fischmann, Ada: Haischa Haowedet Baaliya Ubevinian Haaretz (Übers.: Die Arbeitende Frau in der Aliya und beim Aufbau des Landes). In: HaH, Nr. 44 vom 21.08.1925. S. 6.

Jahre.⁵³ Währenddessen und danach bekleidete sie mehrere öffentliche Ämter im sozial-politischen Leben des *Jeschuws*. Letztendlich wurde 1926 in der *Assefat Haniwcharim* (Repräsentantenversammlung) für das aktive und passive Frauenwahlrecht gestimmt, das bis heute in Israel im Gesetz verankert ist. Maimon wurde 1925 als Abgeordnete der zweiten Repräsentantenversammlung gewählt. Sie wurde danach in jeder Repräsentantenversammlung bis zur Gründung des Staates Israel wiedergewählt. Im Jahre 1949 wurde sie dann als Abgeordnete in das erste israelische Parlament, die *Knesset*, für Mapai gewählt. In ihrer Amtsdauer, bis 1955, initiierte sie mehrere Gesetze, die von der *Knesset* verabschiedet wurden. Die meisten bezogen sich thematisch auf Gleichberechtigung und Chancengleichheit der Frau in Arbeit und Gesellschaft. Mit Inkrafttreten der Gesetze stellten sie eine allgemeine Grundlage der sozial-demokratischen Gesellschaft dar. Die Argumentationen ihrer Gesetzesinitiativen beruhten auf dem Glauben an die Sozialdemokratie und dem Vertrauen in die *Halacha*. Beides ging für sie Hand in Hand und diente zusammen als Sinngebung der neuen Gesellschaft.

In einer parlamentarischen Diskussion über die Gesetzesinitiative zur „Gleichberechtigung der Frau" am 26. Juni 1951 sagte Maimon vor dem Plenum des Parlaments:

> Sollte mir die Ehre gegeben werden, die heutige Diskussion über die ‚Gleichberechtigung der Frau' zu eröffnen, würde ich sagen, ‚wir schreiben das Jahr 5711 seit der Schöpfung der Welt, und drei Jahre nach Wiederauferstehung Israels als Staat in seinem einzigen Heimatland sind erste Grundgesetze verabschiedet worden, um der scharfen Diskriminierung zwischen Bürger und Bürgerin im Staat ein Ende zu machen'.⁵⁴

So stellte sie eine direkte Verbindung zwischen der israelischen Gesetzgebung und dem jüdischen Glauben her, und in diesem Sinne sah sie auch die Rolle und Verantwortung der Gesetzgebung in Israel als jüdische Sozialdemokratie. Während der Sitzung forderte Maimon die Abschaffung der Traditionen von *Chalitza* und *Aginut*, zwei Sorten von Scheidungsverfahren, für die Gewährleistung der Rechte und Ehre der Frauen. Zur Begründung der Abschaffung verwies sie auf einige halachische Präzedenzfälle und zeigte dadurch, dass eine Änderung oder Anpassung der jüdischen Tradition möglich sei. Ob Prinzipien der kulturellen Überlieferung aus jüdischen Quellen hergeleitet werden oder zu ihnen gehören, fragt auch Judith Butler in ihrer Arbeit *Judentum und die Kritik am Zionismus*. Ob

---

53 Der Arbeiterinnenrat von Palästina wurde 1920 als ein Teil des allgemeinen Verbandes der Arbeiter Israels in Palästina (*Histadrut*) gegründet.
54 Fischmann: Leorech Haderech (wie Anm. 18), S. 39.

solche Prinzipien jüdisch bleiben, wenn sie in andere historische Gegebenheiten geraten, beantwortet Butler mit einer Frage: „Trägt gerade dieses Nichtgehören, dieses Exil zur Verallgemeinerbarkeit und Übertragbarkeit der Prinzipien der Gerechtigkeit und Gleichheit bei?"[55] Für Maimon stellen diese Traditionen weder Gerechtigkeit noch Gleichheit dar, demzufolge gehören sie nicht zu den Grundsätzen der jüdischen Überlieferung. Im Gegensatz zu Butlers jüdischer Kritik dessen was sie Zionismus nennt, bemühte sich Maimon um eine sozialdemokratisch-zionistische Kritik des Judentums. Nun sei die Zeit, sagte sie, mit Männern und Frauen innerhalb und außerhalb Israels zusammen für die Abschaffung der unterjochenden und erniedrigenden Fesseln der Frau zu kämpfen.[56]

Während einer Diskussion im Jahr 1950 über die Eheschließung Minderjähriger bzw. über deren Ehemündigkeit vertrat Maimon den Standpunkt, dass die Orthodoxen sich nicht gemäß der Thora und ihrer Botschaft von menschlicher Freiheit verhalten, sondern gegen diese Ideale auftreten, im Namen von Traditionen, die nur unter den Lebensbedingungen der Galuth ihre Rechtmäßigkeit und ihren Sinn finden könnten. Sie erklärte weiter zur Beziehung zwischen der *Halacha* und dem Gesetz:

> Die Religion befahl nicht die Eheschließung schon in der Kindheit. Sie akzeptierte sie als Gegebenheit, auf die gleiche Weise, wie sie die Sklaverei als Faktum akzeptierte. Die Religion befahl nicht den Ankauf und Verkauf von Sklaven, aber als die Sklaverei Realität war, trug sie dem Rechnung. Als es keine Sklaverei mehr gab, wurden auch diese Gesetze abgeschafft.[57]

Mit der Gründung des Staates Israel sei die Zeit gekommen, solche Traditionen, nämlich Traditionen von Galuth, von Entfremdung und *Awodah Sara* im Sinne von Ausbeutung und Versklavung jeglicher Person, abzuschaffen. Darin bestand für Maimon der Imperativ der werdenden Gesellschaft im Auftrag der jüdischen Religion und der Sozialdemokratie.

Als Maimon 1953 eine Thorarolle in die Synagoge in Ayanot, der Wirtschaftsschule für Mädchen, die sie 1930 gegründet hatte und seitdem leitete, mit einem traditionellen Thoratanz eingeführt hatte, was für Frauen traditionell nicht erlaubt war, wurde sie in der Zeitung *HaTzofe* scharf kritisiert.[58] Es wurde ver-

---

[55] Butler, Judith: Am Scheideweg – Judentum und die Kritik am Zionismus. Frankfurt am Main 2013. S. 13.
[56] Fischmann: Leorech Haderech (wie Anm. 18), S. 42.
[57] Fischmann: Leorech Haderech (wie Anm. 18), S. 37.
[58] Die Zeitung *HaTzofe* war das Organ von *HaPo'el HaMisrachi* (Übers:. Arbeiter des Misrachi), der zionistisch-orthodoxen Arbeiterpartei Israels, die unter der Leitung von Rabbiner Maimon, des Bruders von Ada Maimon, stand. S.Y.N: Ad Schekama Ada Maimon (Übers.: Bis Ada Maimon kam). HaTzofe Zeitung vom 31.05.1953. S. 2.

sucht, sie als Erzieherin von religiösen Mädchen zu diffamieren und als nicht adäquat darzustellen. Daraufhin schrieb sie als Antwort:

> Schließlich ist in unserem Land bekannt gemacht worden, dass die Partei ‚HaPo'el HaMisrachi' und ihre Sekte kein Monopol an der jüdischen Tradition haben. ... [Es muss gesagt werden, dass] die Leute von der ‚HaPo'el HaMisrachi', was die Rechte der Frau gemäß der Thora angeht, ein falsches Bild haben. Allerdings steht im *Schulchan Aruch – Orach Chaiim*[59] geschrieben: ‚Alle sind zum Quorum für das Trauergebet zulässig[60], auch Frau und Kind' (Schabbat Gesetze, 382, 3) [Dazu sage ich:] wenn die Frau nach dem Schulchan Aruch zum Quorum für das Trauergebet kommen darf, kann sie dann nicht auch die Ehre haben, die Thora zu tragen? Und sollte sie dann nicht auch als Richterin des Rabbinergerichts gewählt werden können, um jederzeit den vollen Schutz der Frau vor dem Mann sicherzustellen? Und ist es nicht unsere Pflicht, unsere Kinder im Geiste dieser Anerkennung von Gleichheit zu erziehen, da wir alle in Gottesebenbildlichkeit[61] geschaffen worden sind?[62]

Ihre Forderung nach weiblicher Vertretung in den Rabbinergerichten vertrat Maimon mehrmals in parlamentarischen Diskussionen öffentlich. Auf eine Anfrage zu diesem Thema an den Religionsminister, ihren Bruder, Rabbiner Maimon aus HaMisrachi, antwortete ihr der Vizereligionsminister:

> Abgeordnete Maimon schlug vieles vor, Vorschläge, die sie vielleicht am besten in einer Rabbiner-Versammlung vorbringen sollte. Wieso kommt sie zum Parlament und schlägt hier Korrekturen in der Religion vor? Sie soll sich an das Büro des Rabbinats wenden. Hat das Parlament für so etwas eine Vollmacht? Die Knesset kann die Torah von Moses weder verabschieden noch regeln.[63]

Diese Auseinandersetzung zeigt den ideologischen Unterschied in der Vorstellung des Judentums zwischen Ada Maimon als Mapai-Vertreterin und ihrem Bruder, dem Rabbiner Yehuda Leib Maimon aus HaMizrachi. Ada Maimon war ebenfalls der Ansicht, dass das Parlament die Thora nicht ändern solle und könne, es könne und solle aber, ihrer Ansicht nach, die Tradition ändern. Idealerweise sah Maimon keinen Unterschied zwischen Politik und Religion in Bezug auf die gesellschaftliche Verantwortung bzw. sittliche Rolle. Sie betrachtete das Parlament als verantwortlich bzw. bevollmächtigt für die Sitten und Handlungsweisen in

---

59 Schulchan Aruch – Orach Chaiim ist eine maßgebliche halachaische Schrift aus dem 14. Jahrhundert von R. Jakob Ben Asher.
60 Übers.: Minjan – Schiv'a.
61 Übers.: BeTzäläm.
62 Maimon, Ada: Hitmarmerut Muwenet (Übers.: Verstandene Verbitterung). Dawar Zeitung vom 08.06.1953. S.2.
63 Protokoll der zweiten Knesset, Sitzung 184 vom 09.02.1953. Abgedruckt in: Divrei Haknesset (Übers.: Aufzeichnungen des Knesset), Nr. 13, Sitzungen 184–188. S. 671.

der Gesellschaft. In diesem Sinne sah sie das Parlament Israels und seine Gesetzgebung als einen Teil des halachischen Prozesses, das heißt der Schaffung der *Halacha*. Die Gesetzgebung einer sozial-demokratischen Gesellschaft solle dem Befreiungsstreben dienlich sein. Die Befreiungsarbeit des Parlaments, diese „hebräische Arbeit" sei die „heilige Arbeit" oder halachaische Arbeit der jüdischen säkular-nationalen Wiederauferstehung.

In diesem Sinne sah Maimon die Gründung eines jüdischen Staates als den Auszug aus Sklaverei in die Unabhängigkeit und Freiheit. Darüber hinaus gehörte für sie dazu eine gesellschaftspolitische Verantwortung zur Gerechtigkeit bzw. Emanzipation der Gesellschaft, die anhand der Sozial-demokratie und auf Grundlage der Religion vollzogen werden soll. Für Maimon ist die jüdische Religion eine Grundlage der Moral. Also muss die Gleichberechtigung der Frau in die Religion überführt werden, sodass Gleichberechtigung zur Botschaft des Judentums in der Zeit der jüdisch-nationalen Wiederauferstehung avanciere. Das zionistische Vorhaben sei in diesem Sinne die Befreiung bzw. die Wiederauferstehung der jüdischen Religion selbst. Mit der Entstehung des jüdischen Nationalstaates sollte sich das Judentum aus Galuths- bzw. jeglichen Unterdrückungsformen und Einschränkungen befreien und dementsprechend wieder ein moralisches System im Geiste der Thora schaffen und ausüben.

Maimons Aufruf zum Wertewandel hat jedoch eine weiterreichende Bedeutung, denn sie zielt direkt auf die Rabbiner und auf deren Interpretation der *Halacha* ab. Ihre Forderungen implizieren die direkte Änderung der bestehenden Vorstellungen von der Rolle der Frau in der jüdischen Religion, sodass Frauen nicht länger anhand von fehlerhaften Interpretationen der Gebote und aus traditionellen Gründen in ihrem Alltags- und Arbeitsleben eingeschränkt wären. Maimon stellte des Weiteren nicht weniger als die ganze Interpretation des orthodoxen Judentums vom Wesen der Frau und ihrer Stellung in der Gesellschaft infrage. Der von ihr geforderte Wertewandel bedeutete nicht nur das Entfernen konzeptioneller Hürden bzw. Glaubens- und Denkbestimmungen, sondern die Änderung der Lebensformen der Menschen, da der Änderung der Vorstellung über die Frau die Änderung des Wesens der Frau und demzufolge aller Menschen und der Gesellschaft entspräche.

II Juden in der Arbeiterbewegung

Jens Becker
Ein unabhängiger Kommunist: August Thalheimers Wirken in der Arbeiterbewegung

Einleitung

Das Streben nach Emanzipation der Arbeiterklasse kann als der „rote Faden" in der politischen Theorie August Thalheimers (1884–1948) bezeichnet werden.[1] Sowohl sein politischer Werdegang als auch seine politische Theorie manifestieren jenen radikalen Impetus einer hellsichtigen Gesellschafts- und damit Herrschaftskritik, der insbesondere für den linksradikalen Flügel der deutschen und mittelosteuropäischen Arbeiterbewegung des späten 19. und frühen 20. Jahrhunderts prägend war. Wichtige intellektuelle Vertreter dieser Strömung wiesen, unter anderem, (bildungs-)bürgerliche und/oder jüdische Herkunftsbezüge auf. Zu nennen wären beispielsweise Ruth Fischer, Paul Fröhlich, Leo Jogiches, Paul Levi, Rosa Luxemburg, Werner Scholem und eben August Thalheimer. Trotz einiger Nuancen vereinte sie das Festhalten an der marxistischen Ausrichtung des Erfurter Programms der SPD und der Beschlüsse der Zweiten Internationale, worin, je nach Auslegung, auch die revolutionäre Transformation der bürgerlich-monarchischen Gesellschaftsordnungen festgehalten war. Diese Position geriet Ende des 19. Jahrhunderts in die Minderheit und führte im Laufe des Ersten Weltkriegs, als die wichtigsten Arbeiterparteien der Zweiten Internationale den zuvor als imperialistisch gebrandmarkten Kriegskrediten zustimmten, zur sich bereits abzeichnenden Spaltung der internationalen Arbeiterbewegung. Gemeinhin wird daher der Erste Weltkrieg als Zäsur in der Geschichte der europäischen Arbeiterbewegung bezeichnet, die sich durch die Russische Oktoberrevolution, den von den USA und anderen Großmächten mit zu verantwortenden Russischen Bürgerkrieg und den heftigen, teils bewaffneten gesellschaftspolitischen Kämpfen in den europäischen Nachkriegsgesellschaften 1918–1923 vertiefte. Die in der Endkonsequenz kampflose Hinnahme der faschistischen Machtübertragung an die NSDAP seitens der SPD, der KPD und in Sonderheit der deutschen Gewerkschaften, die sich vielerorts bis zum 1. Mai 1933 gleichschalten

---

[1] Vgl. Becker, Jens: August Thalheimer – Früher Kritiker der Stalinisierung. In: Ketzer im Kommunismus. Hrsg. von Theodor Bergmann u. Mario Kessler. Hamburg 2000. S. 75–100; Kaestner, Jürgen: Die politische Theorie August Thalheimers. Frankfurt/New York 1982.

ließen, sowie ein 15 Jahres währendes Exil waren weitere unappetitliche Begleiterscheinungen, die den Werdegang August Thalheimers prägten. Vor diesem Hintergrund werden in mehreren Schritten wichtige Aspekte der politischen Biografie und Theorie August Thalheimers dargestellt, die ihn im Sinne Hermann Webers als „unabhängigen Kommunisten" charakterisieren sollen.[2]

Politische Prädestination? Der Weg in die SPD und der Kampf gegen den Krieg

In gewisser Weise war Thalheimers Weg in die Arbeiterbewegung prädeterminiert. Geprägt durch ein wohlhabendes, weltoffenes familiäres Umfeld wuchs er im württembergischen Affaltrach heran. Sein Vater Moritz hegte Sympathien für die deutsche Arbeiterbewegung. Linke Sozialdemokraten wie Clara Zetkin[3] und Friedrich Westmeyer[4] verkehrten im Hause der Familie Thalheimer. Überdies ermöglichte Moritz Thalheimer als wohlhabender Kaufmann und Immobilienhändler seinen Kindern eine exzellente Schulbildung. Nach Absolvierung des Stuttgarter Realgymnasiums immatrikulierten sich August und seine Schwester Bertha für allgemeine Sprachwissenschaft bzw. Nationalökonomie. Später avancierten die Geschwister zu wichtigen Stützen der linken Opposition in der SPD und der internationalen Antikriegsopposition.[5]

Im Anschluss an die Promotion 1907 zog es August Thalheimer nach Berlin, ins politische Gravitationszentrum des Kaiserreiches, wo er bald an den Kontroversen des Freundeskreises um Karl Liebknecht, Rosa Luxemburg, Franz Mehring und anderen Parteiintellektuellen mit dem Parteizentrum um August Bebel, Karl Kautsky usw. Anteil nahm.[6] Nunmehr entschied sich Thalheimer für eine Redakteurslaufbahn in der prosperierenden Arbeiterpresse. Die erste bezahlte Arbeitsstelle, die er zum 1. Juli 1911 bei der *Göppinger Freien Volkszeitung* antrat, brachte ihn rasch in Konflikt mit dem gemäßigten württembergischen SPD-Landesvorstand, dem die linksradikalen Artikel ihres einzigen verantwortlichen Redakteurs nicht ins politische Konzept einer sukzessiven „Integration" der SPD ins

---

[2] Weber, Hermann (Hrsg.): Unabhängige Kommunisten. Der Briefwechsel zwischen Heinrich Brandler und Isaac Deutscher 1949–1967. Berlin 1981.
[3] Puschnerat, Tânia: Clara Zetkin. Bürgerlichkeit und Marxismus. Eine Biographie. Essen 2003.
[4] Vgl. Bergmann, Theodor [u.a.]: Friedrich Westmeyer. Von der Sozialdemokratie zum Spartakusbund. Eine politische Biographie. Hamburg 1998.
[5] Bergmann, Theodor: Die Thalheimers – Geschichte einer Familie undogmatischer Marxisten. Hamburg 2004.
[6] Kaestner: Die politische Theorie (wie Anm. 1), S. 242.

Kaiserreich passten.[7] Von 1912 bis 1915/16 lebte Thalheimer entweder bei seinen Eltern in Stuttgart-Bad Cannstatt oder in Berlin, wo er seine spätere Frau Clara kennenlernte. Bis zu seiner Berufung zum Redakteur des Braunschweiger *Volksfreundes* verfasste er hauptsächlich Artikel für Clara Zetkins sozialistische Frauenzeitung *Die Gleichheit*.

Der doch für viele Zeitgenossen überraschende Ausbruch des Ersten Weltkriegs und der faktische Zusammenbruch der Antikriegsproteste der Parteien der Zweiten Internationalen schockierten den linken Parteiflügel. Ihre Antikriegsrhetorik erwies sich als grandiose Fehleinschätzung; die Arbeiterparteien entschieden sich jeweils für die eigene „Nation", indem sie den herrschenden Klassen die erforderlichen Kriegskredite bewilligten.[8] Thalheimers Distanz zur eigenen Partei vergrößerte sich, das Klima innerhalb der SPD verschärfte sich. Die „Verrats"-These entstand; die miteinander kooperierenden Antikriegsorganisationen USPD und der Spartakusbund, zu deren Mitgliedern im Laufe des Krieges auch August und Bertha Thalheimer wurden, setzten der Mehrheitssozialdemokratie zu.

Am 9. Juni 1915 erschien ein von Karl Liebknecht, Franz Mehring, Käthe und Hermann Duncker und Thalheimer verfasster Protestbrief an die Vorstände von Partei und Reichstagsfraktion, der von tausend Parteimitgliedern und -funktionären unterzeichnet worden war.[9] Gerade weil der *Braunschweiger Volksfreund* sich zu einem der führenden Organe der Parteiopposition entwickelte, der die von Lenin inspirierten revolutionären Parolen der Zimmerwalder Linken unterstützte, war der Konflikt mit dem Parteiestablishment vorprogrammiert. Außerdem erweckten Thalheimers organisatorische und propagandistische Aktivitäten für den sich formierenden Spartakusbund und seine Mitarbeit an dessen theoretischem Organ, der *Internationale*, zusätzliches Misstrauen. Durch die Berichte (und internationalen Kontakte) Bertha Thalheimers, die als Vertreterin der Spartakusgruppe im September 1915 und April 1916 an den Konferenzen der Kriegsgegner in Zimmerwald und Kienthal teilnahm,[10] war er auch in die Bemühungen einer internationalen Neuformierung einer antiimperialistischen revolutionären Arbei-

---

[7] Groh, Dieter/Brandt, Peter: Vaterlandslose Gesellen. Sozialdemokratie und Nation 1860–1990. München 1992.
[8] Kruse, Wolfgang: Krieg und nationale Integration. Eine Neuinterpretation des sozialdemokratischen Burgfriedensbeschlusses 1914/1915. Essen 1994.
[9] Liebknecht, Karl: Ausgewählte Reden, Briefe und Aufsätze. Berlin 1952. S. 302; Bartel, Walter: Die Linken in der deutschen Sozialdemokratie im Kampf gegen Militarismus und Krieg. Berlin 1958. S. 239.
[10] Bergmann, Theodor: Weggefährten. Gesprächspartner – Lehrer – Freunde – Helfer eines kritischen Kommunisten. Hamburg 2010. S. 149.

terbewegung involviert. Als am 1. Januar 1916 im Anwaltsbüro von Karl Liebknecht unter anderem Rosa Luxemburg, Franz Mehring, Heinrich Brandler, Bertha und August Thalheimer zur 1. Reichskonferenz des Spartakusbundes zusammenkamen, war ein weiterer wichtiger Schritt zur Spaltung der deutschen Arbeiterbewegung vollzogen.[11] Durch eine gezielte Denunziation bei den Militärbehörden, die fast zeitgleich zu seiner Hochzeit mit Clara Thalheimer stattfand, wurde Thalheimer im Mai 1916 zum Armeedienst einberufen. Zu seinem Glück wurde er wegen seiner Nachtblindheit und aufgrund besonderer Sprachkenntnisse als Übersetzer im Hauptquartier des Kronprinzen eingesetzt.[12]

Die Kampfzeit in der KPD (1918–1923)

Die deutsche Novemberrevolution 1918 erlebte Thalheimer in Stuttgart. Dort wurde er als Finanzminister einer provisorischen Regierung aus SPD, USPD und Gewerkschaften ins Gespräch gebracht; überdies wurde er in die Zentrale des Spartakusbundes und in die Redaktion der *Roten Fahne* gewählt.[13] Damit führte sein Weg zurück nach Berlin. Dort tobten Ende 1918/Anfang 1919 vorentscheidende Kämpfe über den Umbau des untergegangenen Staatswesens. Parlamentarische Demokratie versus Räterepublik nach dem Vorbild der Russischen Revolution? Dieses Entweder-Oder trennte nicht nur SPD und USPD (und Spartakusbund) einerseits, sondern belastete auch das Verhältnis zwischen der USPD und der Spartakusgruppe. Die durch die beschleunigten politischen Ereignisse erfolgte Radikalisierung des Spartakusbundes – und damit Thalheimers – manifestierte sich zur Jahreswende 1918/19 in der Gründung der Kommunistischen Partei Deutschlands (KPD), die den linken Mehrheitsflügel der USPD miteinschloss.[14]

Nach der Ermordung von Karl Liebknecht und Rosa Luxemburg 1919 avancierte Thalheimer zu einem der wichtigsten Theoretiker der KPD und der 1919 gegründeten Kommunistischen Internationale (Komintern). Erneut in die Zentrale gewählt, der Thalheimer durchgehend bis 1923 angehörte, verfügte er als Redakteur der *Internationale* und zeitweiliger Chefredakteur der *Roten Fahne* über einen immensen publizistischen Einfluss. Damit erscheint seine Bedeutung innerhalb

---

[11] Weber, Hermann: Die Wandlung des deutschen Kommunismus. Die Stalinisierung der KPD in der Weimarer Republik. Bd. 1. Frankfurt a. M. 1969. S. 17.
[12] Kaestner: Die politische Theorie (wie Anm. 1), S. 159.
[13] Kaestner: Die politische Theorie (wie Anm. 1), S. 160.
[14] Die Gründung der KPD. Protokoll und Materialien der K. P. D. 1918/19. Hrsg. und eingel. von Hermann Weber. Frankfurt a. M. 1969 (Neuaufl., Berlin 1993).

der kommunistischen Bewegung Anfang der zwanziger Jahre evident. Allerdings war „der belesene Marxist und kühne Revolutionär nie ein Mann der Tagespolitik".[15] Das spricht ihn von politischen Fehlern nicht frei. So befürwortete er 1921 zusammen mit dem KPD-Vorsitzenden Heinrich Brandler[16] und anderen einen aussichtslosen Aufstandsversuch der KPD in Mitteldeutschland, um die durch Bürgerkrieg, Hungersnöte und innenpolitische Krisen geschwächte Sowjetunion zu entlasten. Eine vorschnell initiierte – von KPD und Komintern, nicht mehr von der Mehrheit der Arbeiterklasse getragene – „Offensive" zur Wiederankurbelung der Revolution scheiterte. Die „März-Aktion" war das „wohl umstrittenste Ereignis aus der Frühgeschichte der KPD".[17] Thalheimers „Leitsätze über die Märzaktion" rechtfertigten die bisherige Politik der Zentrale und drohten Mitgliedern, die wie der ehemalige Parteivorsitzende Levi weiter Kritik daran übten, mit Ausschluss, was dann auch im Falle Levis geschah. Demgegenüber veranlasste die scharfe Kritik des 3. Weltkongresses der Komintern 1921, die mit der Ausarbeitung der Einheitsfrontpolitik verbunden war, Thalheimer zu einer Kehrtwende. Ausgangspunkt dieser Neuorientierung ist die Einheitsfront aller Arbeiter und Arbeiterorganisationen, bis hin zu einer gemeinsamen Arbeiterregierung. Dieser an den Alltagsinteressen des Proletariats orientierte Ansatz diente der KPD von Mitte 1921 bis 1923 als strategisch angelegte Fortsetzung des Klassenkampfes mit anderen Mitteln.[18]

Trotz des erfolglosen Putschversuches in Mitteldeutschland konsolidierte sich die KPD erneut. Dazu trug auch die permanente Instabilität des politischen und ökonomischen Weimarer Systems bei. Thalheimers Stellung blieb bis 1923 gefestigt. Als Verfasser des KPD-Programms und Mitglied der Programmkommission der Komintern sowie als strategischer Kopf dominierte er zusammen mit seinem Freund Heinrich Brandler die KPD-Zentrale, in der, wie in der Gesamtpartei, kontroverse Diskussionen noch zur Tagesordnung gehörten. Zu ihren wichtigsten Rivalen avancierten die Wortführer der Berliner Parteiorganisation Ruth Fischer, Arkadij Maslow und Werner Scholem.[19] Die sogenannte Parteilinke konnte sich erst nach der Chemnitzer Betriebsrätekonferenz und der damit verbundenen Oktoberniederlage der KPD, dem Versuch, Arbeiterregierungen in

---

15 Meyer-Leviné, Rosa: Im inneren Kreis. Erinnerungen einer Kommunistin in Deutschland 1920–1933. Frankfurt a. M. 1982. S. 30.
16 Becker, Jens: Heinrich Brandler – eine politische Biografie. Hamburg 2001.
17 Koch-Baumgarten, Sigrid: Aufstand der Avantgarde. Die März-Aktion der KPD 1921. Frankfurt a. M./New York 1986.
18 Jentsch, Harald: Die politische Theorie August Thalheimers 1919–1923. Mainz 1993. S. 88 f.
19 Keßler, Mario: Ruth Fischer. Ein Leben mit und gegen Kommunisten (1895–1961). Köln 2013; Hoffrogge, Ralf: Werner Scholem. Eine politische Biografie (1895–1940). Konstanz 2014.

Sachsen und Thüringen als Basis für eine deutsche Oktoberrevolution zu bilden, durchsetzen. Dort war der Generalstreik von SPD- und Gewerkschaftsdelegierten abgelehnt und von Brandler abgesagt worden, der der Auftakt für eine Revolution unter Führung der KPD hätte werden sollen.[20]

Letztlich wurden Brandler und Thalheimer Opfer des innerrussischen Machtkampfes zwischen Trotzki auf der einen und Kamenew, Sinowjew und Stalin auf der anderen Seite. Einmischungen seitens der Komintern in die Angelegenheiten der KPD, die Brandler 1923 erneut führte, häuften sich. Moskau spielte die Berliner Karte und drohte unverhohlen, die Zentrale durch Führer der Berliner Parteiopposition und anderen „Linken" zu ersetzen. Orientierungsdatum war der symbolträchtige 9. November. Fragen, ob der vielbeschworene objektive Reifegrad der Revolution noch bestehe, ob die „Mehrheit der deutschen Arbeiterklasse", also die Basis der Einheitsfrontkonzeption, im Dauerkrisenjahr 1923 – Hyperinflation, Verelendung, Ruhrkampf und französische Besetzung des Ruhrgebiets, Cunostreik, Große Koalition unter Stresemann etc. – überhaupt noch bereit war, die Revolution zu machen, lösten Abwehrreflexe und neue Drohungen gegen die KPD-Führung aus.[21]

Rückblickend stellte Thalheimer fest, dass die Vorbereitungen für den Oktober 1923 weniger auf Tatsachen als „auf der Spekulation" beruht hätten, „daß die Ereignisse in Deutschland vom August ab denselben Gang gehen würden wie vom August bis Oktober in Rußland", d. h., dass inzwischen die Partei die Mehrheit der Bevölkerung hinter sich bekommen würde, dass sie die Arbeiter inzwischen genügend bewaffnen könnte und dass der Gegner inzwischen machtlos und zersetzt sein würde.[22] Die Übertragung russischer Schemata auf die deutsche oder andere Kommunistische Parteien wurde nunmehr von Thalheimer stets zurückgewiesen. Nach dem Motto „richtige Linie der Komintern – falsche Durchführung durch Brandler und Thalheimer" wurde die Parteiführung im Januar 1924 durch eine „inoffizielle Übereinkunft" des erweiterten Präsidiums des EKKI ausgeschaltet. Der darauf unter Bedingungen der Illegalität abgehaltene „Frankfurter Parteitag" – die KPD war wegen der Oktoberereignisse zeitweise verboten, Brandler und Thalheimer waren auf der Flucht – wurde für Thalheimer zum politischen Scherbengericht.

---

20 Becker: Brandler (wie Anm. 16), S. 228–240.
21 Vgl. Jentsch, Harald: Die KPD und der „Deutsche Oktober" 1923. Rostock 2004.
22 Thalheimer, August: 1923: Eine verpasste Revolution? Die deutsche Oktoberlegende und die wirkliche Geschichte von 1923 (1931). Hrsg. von der Gruppe Arbeiterpolitik. Bremen o. D. S. 21.

Der Niedergang: Prägende Jahre in Moskau 1924–1928

Aufgrund der politischen Ereignisse von 1923 in Deutschland steckbrieflich gesucht, emigrierte Thalheimer Anfang 1924 nach Moskau. Dort trat er in die KPdSU ein, arbeitete anfangs für die Komintern, dann am Marx-Engels-Institut und zuletzt als Dozent an der Sun-Yat-Sen Universität. Er hatte, so Clara Thalheimer später, „keine andere Möglichkeit"[23], als sich in die Abhängigkeit der Kommunistischen Weltbewegung zu begeben. Noch glaubte Thalheimer an die Reformierbarkeit der Partei. Angesichts der nach 1923 steigenden Hegemonieansprüche der KPdSU warnte er in einem 1924 verfassten, aber den Zensurmaßnahmen der KPD-Bürokratie zum Opfer gefallenen Artikel über die Ergebnisse des 5. Weltkongresses:

> Aber die noch so reiche revolutionäre Erfahrung auf russischem Boden kann die unter westlichen Verhältnissen gewonnene und noch zu gewinnende Erfahrung nicht ersetzen. Die russische alte Garde ist in erster Linie angehäufte russische Erfahrung. Das macht ihre Stärke aus, aber auch ihre Schwäche.[24]

Im Hinblick auf die heranreifende Omnipotenz der russischen Partei und ihre verhängnisvollen Folgen muten folgende Passagen geradezu prophetisch an: Die russische Dominanz in der Komintern und ihren Sektionen

> muß ganz bewusst das Ziel ins Auge fassen, sich selber in ihrer Ausschließlichkeit überflüssig zu machen, indem sie anderen Parteien des Westens hilft, die erforderliche Reife und Erfahrung sich zu erwerben. Wird praktisch versucht, die Rolle der russischen Partei dauernd festzuhalten, die nur eine vorübergehende sein kann, wird dem unvermeidlichen geschichtlichen Gang entgegengearbeitet, statt mit ihm zu arbeiten, so kann daraus nur entstehen: praktische Fehlgriffe und Niederlagen, organisatorische Scherbenhaufen.[25]

Für die industriellen Länder Westeuropas verweist Thalheimer auf die starke Stellung der gewachsenen (reformistischen) Arbeiterorganisationen und -kultu-

---

23 Zitiert nach Kaestner: Die politische Theorie (wie Anm. 1), S. 162.
24 Vgl. Thalheimers Redebeitrag im Protokoll des Fünften Kongress der Kommunistischen Internationale (17. Juni bis 8. Juli 1924). 2 Bde. Hamburg o. J. (1925). S. 240; Thalheimer, August: Der 5. Weltkongress der Komintern und seine Ergebnisse (1924). In: Das erste Tribunal. Das Moskauer Parteiverfahren gegen Brandler, Thalheimer und Radek. Hrsg. von Jens Becker [u. a.] Mainz 1993. S. 41–62.
25 Protokoll des fünften Kongresses (wie Anm. 24), S. 240.

ren, die einen großen Teil der „qualifizierten politischen und gewerkschaftlichen Kräfte, der Organisatoren, Agitatoren, Propagandisten..." an sich binden, während die meisten kommunistischen Parteien personell „bettelarm beginnen".[26] Bis 1928 wurde in der Komintern um die Autonomie der einzelnen kommunistischen Parteien, für die Thalheimer plädierte, heftig gerungen. In seiner Kritik am Programmentwurf der Komintern für den 6. Weltkongress, den Bucharin auf Drängen Stalins mehrmals überarbeiten ließ, bis das gewünschte Ergebnis (Stigmatisierung der „rechten Gefahr", Sozialfaschismusthese, Beginn einer „dritten Periode" des revolutionären Aufschwungs etc.) fabriziert wurde, kritisierte Thalheimer erneut die Monopolansprüche der KPdSU. Anknüpfend an Lenin hob er wieder die nationalen Besonderheiten der einzelnen Länder hervor:

> [Insbesondere die] Parteien in den hochkapitalistischen Ländern West- und Mitteleuropas und Nordamerikas sollen die russischen Erfahrungen mit der Freiheit und Selbständigkeit benutzen, wie dies der preußische Militärhistoriker Clausewitz von Feldherren fordert bei der Ausnützung kriegsgeschichtlicher Erfahrungen. Sie sollen alle diese Erfahrungen [...] sich kritisch aneignen, allgemeine Gesichtspunkte daraus ziehen und bei alledem sich den Geist frei und elastisch halten.[27]

Parallel zu diesen vergeblichen Interventionen, die Ende 1928 auf dem 6. Weltkongress mit der Durchsetzung der Stalinschen Linie ihr Ende fanden, beruhten die Alltagserfahrungen in der „Hauptstadt der Weltrevolution" auf vielen Erschwernissen und Schikanen. Einen weiteren Dämpfer erhielt Thalheimer, als das Exekutivkomitee der Komintern begann, unter anderem auf Denunziationen des Brandler-Anhängers Josef Eisenbergers, ein Parteitribunal zu initiieren.[28] Ausgangspunkt war der Kampf gegen die vermeintliche „rechte Gefahr" und Fraktionsarbeit, der vom 5. Weltkongress der Komintern im Juni/Juli 1924 sanktioniert wurde und dessen Hauptadressaten Brandler, Thalheimer und Radek waren. Seitdem, bilanzierte Heinrich Brandler treffend, würden alle „opportunistischen Schweinereien" als Brandlerismus bezeichnet.[29] Angesichts des politischen und psychischen Drucks, dem offene und verdeckte Repressalien (Zensur, Überwachung der Post, sowie systematische Bespitzelung) vorausgegangen waren, wird deutlich, dass der stalinistische Parteiapparat bereits Mitte der 1920er Jahre un-

---

26 Protokoll des fünften Kongresses (wie Anm. 24), S. 242.
27 Thalheimer, August: Programmatische Fragen (1928). Kritik des Programmentwurfs der Komintern (VI. Weltkongreß). Hrsg. von Jens Becker u. Theodor Bergmann. Mainz 1993. S. 73.
28 Becker [u. a.] (Hrsg.): Das erste Tribunal (wie Anm. 24), S. 25.
29 So Brandler in einem Brief vom 13.08.1928 an das Politbüro der KPdSU, der KPD und das EKKI-Präsidium, der in seinem unveröffentlichten Nachlass im Kopenhagener Arbeiterarchiv zu finden ist.

liebsame Kritiker rigoros, aber noch gedämpft durch Verfahrensregeln, verfolgte. In dem Verfahren vor der Zentralen Kontrollkommission konnten die Vorwürfe („Wühlarbeit" als Fraktionsbildung zur Aufweichung der Generallinie) zwar im Frühjahr 1925 entschärft werden: aber an der politischen Isolierung und den bürokratischen Schikanen ließ sich bis zur unausgesprochenen Teilrehabilitierung von Brandler und Thalheimer durch das EKKI 1927 nicht rütteln. Nur die schwere Krankheit seiner Frau und das beherzte Eingreifen Nikolai Bucharins ermöglichten Thalheimer schließlich 1928 unter der Bedingung, keine – unterstellte – oppositionelle Fraktionsarbeit in der KPD zu leisten, die Ausreise nach Deutschland.[30]

Die Gründung der Kommunistischen Partei-Opposition (KPD-O) und die Faschismusanalyse von August Thalheimer

Mit einer gewissen Hartnäckigkeit bot Thalheimer dem ZK der KPD weiterhin seine Dienste an. In einem Brief an Clara Zetkin schildert er die Methoden, die gegen ihn angewandt wurden:

> Ich habe inzwischen [Mitte 1928; J.B.] die Mitarbeit an der ›Roten Fahne‹ aufgenommen mit einer Reihe von Artikeln [...]. Es wurde einmal nur ein Teil abgedruckt, mit anderen ein Verfahren eingeschlagen, das in meiner langen Praxis noch nicht vorgekommen ist. Sie wurden nämlich unterschlagen, dann der Inhalt von der Redaktion geplündert, verballhornt [...]. Es sind Gaunermethoden, die sich hier offenbaren. Würde ich nur meinem Gefühl folgen, so würde ich jeden Verkehr mit dieser Redaktion abbrechen. Sie verstehen die Gründe, warum ich trotzdem versuche, im Zentralorgan zu Worte zu kommen, und mit allen Mitteln, die mir zur Verfügung stehen, dafür kämpfen werde.[31]

Im Zentralorgan zu Wort kommen, die Parteibasis aufzuklären, eine Mehrheit der Parteimitglieder zu gewinnen, um die Sozialfaschismusthese zu revidieren bzw. die Einheitsfront- und eine realistische Gewerkschaftspolitik zu revitalisieren – das waren die Ziele, die Thalheimer, Brandler und viele andere kritische Genossen bewogen, den Kampf mit der KPD-Führung und dem professionalisierten Parteiapparat auf zu nehmen. Bekanntlich hat diese Beharrlichkeit keinen großen Erfolg gehabt. Trotz der Erschütterungen durch die sogenannte Wittorf-Affäre, die

---

30 Dessen Freundschaft und Verbundenheit mit Thalheimer wird von Clara Thalheimer ausdrücklich bestätigt. Vgl. Kaestner: Die politische Theorie (wie Anm. 1), S. 162.
31 IML ZPA, NL 5/98, Bl. 1.

auf Korruptionsvorwürfen gegen den Parteivorsitzenden Ernst Thälmann beruht, und dem mutigen Eintreten kritischer Kommunisten für innerparteiliche Demokratie, ob auf dem 6. Weltkongress der Komintern oder in den einzelnen Gliederungen der KPD, gelang es dem neuen Parteiestablishment, die Oberhand zu behalten.[32] Die Partei erwies sich als nicht reformierbar, Kritikern blieb die Wahl zwischen Unterwerfung oder Parteiausschlussverfahren. Für viele Anhänger von Brandler und Thalheimer war somit 1928/1929 die Gründung der Kommunistischen Partei-Opposition (KPD-O) ein Mittelweg. Man verstand die KPD-O als „organisierte kommunistische Richtung", welche „die KPD retten und stärken" wolle.[33] Den Ausgangspunkt bildete Thalheimers offene Antwortrede (1929) auf den *Offenen Brief* des EKKI *an die KPD über die rechte Gefahr in der Kommunistischen Partei Deutschlands*, in der er dessen Anschuldigungen zurückwies. Wichtige Bausteine dieser Arbeit (Einheitsfront, Übergangslosungen, Sozialfaschismusthese, Faschismus, innerparteiliche Demokratie, das Verhältnis zwischen Länderparteien und Komintern) blieben die Hauptstreitpunkte der folgenden Jahre.

Kontextualisert in dieses Schisma der kommunistischen Parteifamilie gehören Thalheimers Faschismusanalysen. Sie finden sich im Theorieorgan *Gegen den Strom*, der Tageszeitung *Arbeiterpolitik* und der Kritik am Programmentwurf zum 6. Weltkongress.[34] Letzteren verfasste Thalheimer in seiner Eigenschaft als Mitglied der Programmkommission.[35] Zeitversetzt erschienen auch Faschismusanalysen von Otto Bauer, Fritz Sternberg und Leo Trotzki, um nur einige zeitgenössische Autoren zu nennen. Thalheimer unterscheidet zwischen drei Argumentationsebenen. Erstens geht es Thalheimer um eine strikte Abgrenzung gegenüber der Sozialfaschismusthese der KPD bzw. der Komintern. Zweitens liefert die Bonapartismusanalyse von Marx die Folie, um die Zersetzungstendenzen des bürgerlichen Staates zu verstehen. Hinzu kommen die Erfahrungen mit dem italienischen Faschismus seit 1922. Drittens hält es Thalheimer für möglich, Abwehrstrategien des Proletariats gegenüber der schrittweisen Transformation des bürgerlich-demokratischen Regimes zu generieren.[36]

Für unseren Zusammenhang relevant sind einige Argumentationslinien, die in Thalheimers 1930 publizierter Schrift *Über den Faschismus* dargelegt sind. Die

---

32 Weber, Hermann: Die Wandlung des deutschen Kommunismus. Die Stalinisierung der KPD in der Weimarer Republik. 2 Bde. Frankfurt a. M. S. 199 f.
33 Plattform der Kommunistischen Partei Deutschland (Opposition). Berlin 1930. S. 6.
34 Becker: Thalheimer (wie Anm. 1), S. 89.
35 Thalheimer: Programmatische Fragen (wie Anm. 27).
36 Vgl. Jaschke, Hans-Gerd: Soziale Basis und soziale Funktion des Nationalsozialismus. Frankfurt a. M./New York 1982. S. 20.

Verknüpfung der Bonapartismus- und Faschismusanalyse mit der Lage in der Endphase der Weimarer Republik macht diese besonders interessant. Thalheimer sah in den Präsidialregierungen, die, nach dem Sturz der letzten parlamentarischen Regierung unter Reichskanzler Hermann Müller 1930, auf der Basis von Notverordnungen des Reichspräsidenten regierten, das Vorspiel zur Krise der bürgerlichen Herrschaft. Diese politische Entwicklung sei vergleichbar mit der Entwicklung im prä-faschistischen Polen sowie in Italien und vor allem dem prä-bonapartistischen Frankreich. „Zug um Zug wiederholen sich hier Erscheinungen aus der Vorbereitungszeit des Bonapartismus in Frankreich 1849/50 und aus der Vorbereitungszeit des Faschismus in Italien und Polen."[37]

In Thalheimers Augen gerät 1918 bis 1928 allmählich das diffuse Klassengleichgewicht zwischen Arbeiterbewegung und Bourgeoisie innerhalb der bürgerlichen Demokratie mit der verschärften Weltwirtschafts- und politischen Krise aus den Fugen. Während der Begriffszusammenhang des Klassengleichgewichts eine klassentheoretische Bestimmung der strukturellen Gesamtheit kapitalistischer Gesellschaften intendiert, scheint der Begriffsinhalt durch seine Anwendung auf die begrenzten empirischen Bezugsfelder gesellschaftlicher Entwicklung, etwa hinsichtlich der häufigen Regierungs- und Koalitionskrisen, zunächst unscharf. Mit der These, die Präsidialkabinette der späten Weimarer Republik stellten eine „Verselbstständigung" der Exekutive dar, erhält der Begriff dann aber als Grundlage einer bonapartismusorientierten Faschismusanalyse seine besondere analytische Bedeutung.[38]

Zugleich ist der gesellschaftliche Schwebezustand Auslöser der sukzessiven Aushöhlung der bürgerlichen Demokratie, da aus der Perspektive der Bourgeoisie die Aufgabe ihrer eigenen politischen Repräsentanz und damit einhergehend eine pro-kapitalistischen Diktatur notwendig wurde.[39] Als bedeutsam für die Verknüpfung der krisenhaften bürgerlichen Weimarer Demokratie mit dem bonapartistischen Frankreich erweist sich bei Thalheimer die Annahme, dass die Bourgeoisie bei der Abtretung ihrer politischen Macht, den „Hauptagenten" abgebe. „Ihre Sache [der Bourgeoisie, J.B.] ist es, die Bedingungen zu schaffen, damit sie sozial ‚gerettet' und politisch vergewaltigt werden kann."[40]

---

37 Thalheimer, August: Die Krise des Parlamentarismus – Das Vorspiel zur Krise der bürgerlichen Herrschaft (1929). In: Der Faschismus in Deutschland. Bd. 1. Analysen und Berichte der KPD-Opposition 1928–1933. Hrsg. von der Gruppe Arbeiterpolitik. o. O. 1981 (2. erw. Auflage). S. 48–54. Hier S. 51.
38 Vgl. Jaschke: Soziale Basis (wie Anm 36), S. 57–59.
39 Becker: Thalheimer (wie Anm. 1), S. 90.
40 Thalheimer, Über den Faschismus (1930). In: Der Faschismus in Deutschland (wie Anm. 37), S. 28–46. Hier S. 45.

Ausgehend von der Marx'schen These des Bonapartismus als schließlichen Form jener Staatsmacht, die von der bürgerlichen Gesellschaft als Werkzeug ins Leben gerufen sei, wird der Faschismus als eine wesensverwandte Form bonapartistisch-bürgerlicher Staatsmacht verstanden. Es handelt sich um „eine Form der offenen kapitalistischen Diktatur", die eine immanente Form bürgerlicher Abwehrstrategien darstellt, „wenn die bürgerliche Gesellschaft, [...] tödlich bedroht war von der proletarischen Revolution"[41]. Damit verweist Thalheimer auf zwei Punkte, die für eine marxistische Faschismusanalyse wichtig sind: Die offene faschistische oder bonapartistische Diktatur des Kapitals als zeitlich ungebundene Strategie bürgerlicher Krisenlösung schließt einen Determinismus aus, denn auf den Sturz des Bonapartismus müsse nicht die proletarische Revolution folgen. Darüber hinaus erscheint der Faschismus, beruhend auf den geschichtlichen Erfahrungen Frankreichs, nicht als historischer Zufall, sondern im Gegenteil: in einer spezifischen Klassenkonstellation der bürgerlichen Gesellschaft kann er periodisch immer wieder auftreten.[42]

Klar weist Thalheimer die Sozialfaschismusthese zurück. Die Behauptung einer bereits existierenden Faschisierung der Weimarer Republik oder die These eines offen herrschenden Faschismus in Form der Präsidialkabinette ab 1930 entlarvt er als Propaganda. Die eher prozedural zu verstehende Bonapartismustheorie nimmt verschiedene Elemente der gesellschaftlichen Entwicklung auf, sodass die Verselbstständigung der Exekutivgewalt als Merkmal faschistischer Herrschaft nicht mit den Zuständen einer bürgerlich-republikanischen Staatsform gleichzusetzen ist. Vielmehr liegt der Moment der diktatorischen Machtergreifung in einem Staatstreich oder Putsch begründet.

> Die Herstellung der offenen Diktatur selbst kann aber nur durch einen Sprung, einen Putsch oder einen Staatsstreich erfolgen, bei dem die Bourgeoisie selber das passive Element ist. [...] Das Individuum oder die Organisation findet sich dazu immer, wenn ein Bedürfnis dazu da ist.[43]

---

41 Thalheimer, Über den Faschismus (1930). In: Der Faschismus in Deutschland (wie Anm. 37), S. 36.
42 Vgl. Tjaden, Karl Heinz: Struktur und Funktion der „KPD-Opposition" (KPO). Eine organisationssoziologische Untersuchung im deutschen Kommunismus zur Zeit der Weimarer Republik. Meisenheim am Glan 1964. S. 280.
43 Thalheimer, Über den Faschismus (1930). In: Der Faschismus in Deutschland (wie Anm. 37), S. 45 f.

An anderer Stelle schreibt Thalheimer sogar, dass die „ordinärste Blechfigur"[44] dafür reiche, wenn die politischen und ökonomischen Bedingungen für den Faschismus bereit seien.

> Unverkennbar sind wesentliche Züge [des Faschismus; J.B.] gemeinsam mit der bonapartistischen Form der Diktatur: wieder die Verselbständigung der Exekutivgewalt, die politische Unterwerfung aller Massen, einschließlich der Bourgeoisie selbst, unter die faschistische Staatsmacht bei sozialer Herrschaft der Großbourgeoisie und der Großgrundbesitzer. Gleichzeitig will der Faschismus, wie der Bonapartismus, der allgemeine Wohltäter sein.[45]

Der wirksamste Widerstand gegen die faschistische Bedrohung könne nur durch die Einheitsfront der Arbeiterklasse entstehen, die ihre Konflikte, Gegensätze und Spaltungen in Reformismus oder Kommunismus überwinden müsse, weil sie die einzige Klasse darstelle, deren Stärke und Mobilisierungsfähigkeit als geeintes Bündnis den Faschismus verhindern könne.[46]

Fassen wir zusammen: Nach dem Bruch der Großen Koalition 1930 und dem Beginn der mit Notverordnungen regierenden Präsidialkabinette war das Ende der ohnehin nur mit Einschränkung funktionierenden Weimarer Demokratie besiegelt. Mit den „semi-demokratischen" Präsidialregimen setzte die letzte Phase der Transformation bürgerlicher Herrschaftsformen hin zur offenen Diktatur ein, die durch den sogenannten Preußenschlag des Präsidialkabinetts von Papen diktatorische Züge aufwies und mit der Machtübertragung an Hitler im Januar 1933 zum Abschluss gebracht wurde.[47] Die politische Verselbstständigung der Exekutivgewalt begann ab diesem Zeitpunkt, verbunden mit der Aufgabe, legislative, aber auch gewerkschaftliche Einflussnahme zurückzudrängen, wobei erst die Nationalsozialisten die bourgeoise Klassenpolitik ohne Rücksicht auf eine etwaige Legitimationsbasis durchsetzen. Die Möglichkeit einer politischen Verselbstständigung der Exekutivmacht ergibt sich aus der realen Ablösung der direkten politischen Macht der Bourgeoisie infolge der Verschmelzung der faschistischen Partei mit dem Staatsapparat. Je näher die faschistische Partei ihrem Ziel der Machtergreifung kommt, je offener vertritt sie die Klasseninteressen der Bourgeoise: bessere Verwertungsbedingungen des Kapitals zum Zweck der kapitalistischen Rekonsolidierung in Zeiten der Krise. Einmal an die Macht gekommen, kann der Faschismus nun mit terroristischen Methoden, die ihm die

---

44 Thalheimer: Die Krise des Parlamentarismus (1929) (wie Anm. 37), S. 52.
45 Siehe Thalheimer, Über den Faschismus (1930). In: Der Faschismus in Deutschland (wie Anm. 37), S. 39.
46 Thalheimer: Programmatische Fragen (wie Anm. 27), S. 235–251.
47 Vgl. grundlegend: Jasper, Gotthard: Die gescheiterte Zähmung: Wege zur Machtergreifung Hitlers, 1930–1934. Frankfurt am Main 1986.

Staatsgewalt zur Verfügung stellt, mit dem gesamten Katalog an Maßnahmen zur Krisenlösung beginnen und dabei sukzessive die totale Verfügbarkeit der Ware Arbeitskraft für die kapitalistische Mehrwertproduktion durchführen.

Jahre des Exils und das schwierige Verhältnis zur Sowjetunion (1933–1948)

Bezeichnend für die Selbstblockade der Arbeiterbewegung gegen Ende der Weimarer Republik und für die eigene Ohnmacht erscheint ein Vorstoß der KPDO-Reichsleitung, der auch Thalheimer angehörte. Nach dem Sturz der semidemokratischen Regierung Brüning am 30. Mai 1932 wurde den Vorständen von ADGB, SPD und KPD vorgeschlagen, eine gemeinsame Widerstandsfront aufzubauen. Diese und andere sinnvolle Initiativen blieben ohne Resonanz.[48] Die Arbeiterbewegung hatte dem Faschismus nichts mehr entgegenzusetzen. Folgerichtig floh Thalheimer nach der Machtübergabe an die NSDAP am 30. Januar 1933 über Straßburg nach Paris, wo er in der Leitung des Widerstands der KPD-O mitwirkte. Cläre Thalheimer folgte etwas später. Die wichtigsten Analysen, die teilweise in den KPDO-Zeitungen *IVKO-Nachrichten*, *Internationaler Klassenkampf* und *Gegen den Strom* (GdS) oftmals anonym erschienen, dürften aus seiner Feder stammen. Überdies leiteten Leo Borochowicz, Brandler und er das Auslandskomitee (AK) der KPD-O, das zusammen mit dem Berliner Komitee (BK) den Führungsstab der Gruppe bildete. Trotz einiger Kompetenzstreitigkeiten zwischen beiden Führungsgremien gelang es der KPD-O, einen effektiven, den Möglichkeiten einer politischen Kleinorganisation entsprechend rationellen Widerstand gegen das nationalsozialistische Terrorregime bis 1935 bzw. 1937 zu organisieren. Durch Massenverhaftungen bzw. durch die Verhaftung des dritten BK und wichtiger Berliner Gruppenmitglieder geschwächt, brach der Inlandswiderstand dann fast gänzlich zusammen.[49]

Thalheimers Alltag im Exil war meist von politisch-publizistischen Tätigkeiten geprägt. Wie bei vielen Emigranten waren seine materiellen Verhältnisse

---

[48] Skrzypczak, Henryk: Kanzlerwechsel und Einheitsfront. Abwehrreaktionen der Arbeiterbewegung auf die Machtübergabe an Franz von Papen. In: Internationale wissenschaftliche Korrespondenz zur Geschichte der deutschen Arbeiterbewegung (IWK). Nr. 4 (1982). S. 482–499.
[49] Vgl. Becker, Jens: Die „rechte" Opposition und der 6. Weltkongress. Alternativen zur Stalinschen Wendung der Komintern-Politik 1928. In: Aufstieg und Zerfall der Komintern. Studien zur Geschichte ihrer Transformation (1919–1943). Hrsg. von Theodor Bergmann u. Mario Keßler. Mainz 1992. S. 106–114.; Foitzik, Jan: Zwischen den Fronten. Zur Politik, Organisation und Funktion linker politischer Kleinorganisationen im Widerstand 1933–39/40. Bonn 1986.

problematisch; seine Situation verschlechterte sich weiter mit dem Ausbruch des Krieges. Thalheimer wurde interniert und durchlief – ehe er 1941 zusammen mit Brandler ein Visum nach Kuba bekam – zehn Lager.[50] Dort setzten beide, soweit es die allgemeinen Umstände noch zuließen, ihre politische Arbeit (Korrespondenzen, Analysen) fort. Auch Diskussionen mit ihrem alten Kontrahenten Arkadij Maslow, der wenig später auf mysteriöse Weise in Kuba ums Leben kam, sind überliefert.[51] Die Familie Thalheimer lebte von Übersetzungen Thalheimers, „aber hauptsächlich von der Unterstützung jüdischer Gemeinden in Amerika und Verwandten Cläre Thalheimers und von solidarischer Hilfe dänischer und deutscher Genossen."[52]

Die KPDO trennte

> deutlich zwischen deutscher kommunistischer Politik, die man verstand und selbständig bestimmen wollte, und sowjetischer Innenpolitik, von der man wenig wusste. So erklärte sich auch die Grundposition der Plattform (1928/1929), die die Rolle der KPdSU in der Komintern auf das normale Maß des Ersten unter Gleichen zurückführen wollte, sich aber alle Aussagen zu innerrussischen Problemen enthielt.[53]

Diese Sichtweise wurde auch von Thalheimer bis Mai 1937 geteilt. Sicherlich haben seine Katalonien-Reise im November/Dezember 1936, die kritischen Berichte einiger KPDO-Genossen, etwa von Waldemar Bolze, die Verfolgung und Inhaftierung vieler Genossen, die mit der Partido Obrero de Unificacion Marxista (POUM) im Spanischen Bürgerkrieg gegen die faschistischen Truppen kämpften, dazu beigetragen, sein dialektisches Sowjetunionbild („Dialektik von Katastrophe und Katharsis" im Formationsprozess der Arbeiterbewegung) noch weiter zu überdenken.[54]

Die Ereignisse in Katalonien und die weitere systematische Ermordung von POUM-Mitgliedern durch Agenten der sowjetischen Geheimpolizei GPU, darunter des POUM-Führers Andres Nín, brachten eine deutliche Kehrtwendung in Thalheimers Sowjetunionbild. Im Juni 1937 hebt er hervor, dass

> es die Pflicht der wirklichen Kommunisten [ist], die Sache des Kommunismus und der Sowjetunion zu verteidigen auf dem einzigen Wege, der heute gegenüber den blutigen

---

50 Bergmann, Theodor: „Gegen den Strom", Die Geschichte der KPD-Opposition. Hamburg 2001. S. 431.
51 Vgl. Fischer, Ruth/Maslow, Arkadij: Abtrünnig wider Willen. Aus Briefen und Manuskripten des Exils. Hrsg. von Peter Lübbe. München 1990.
52 Siehe Kaestner: Die politische Theorie (wie Anm. 1), S. 167.
53 Siehe Bergmann: „Gegen den Strom" (wie Anm. 50), S. 163.
54 Thalheimer, August: Aufzeichnungen über einen Aufenthalt in Katalonien 1936. In: Der Spanische Bürgerkrieg. Hrsg. von der Gruppe Arbeiterstimme. München 2002. S. 83–104.

> Krämpfen des Stalinregimes möglich ist – dem der entschiedenen Absage an dieses Regime und der vollen Solidarisierung mit all den gesunden Kräften in der Sowjetunion und außerhalb, die auf der Grundlage des Kommunismus [...] mit dem Stalinregime aufräumen wollen.[55]

Vor dem Hintergrund der seit 1936 laufenden Moskauer Prozesse und Massenliquidationen, die nach anfänglichem Zögern von Thalheimer und der KPD-O zunehmend schärfer kritisiert wurden, erläuterte das Büro der IVKO, wonach die gegen die POUM erhobene Anklage der Spionage

> von denselben Leuten fabriziert worden [sei], die auch die Anklage in der Sowjetunion konstruieren. Man kann daraus aus gutem Grund schließen, daß die Methode hier wie dort dieselbe ist und dass die Anklagen hier wie dort erlogen sind.[56]

Dieser Bruch ist aus Thalheimers Perspektive irreversibel. Zwischen 1945 und 1948 verfasste Thalheimer, dessen Rückkehrbemühungen verzögert wurden, wichtige Analysen zur weltpolitischen Situation, zur Lage Deutschlands nach den Potsdamer Beschlüssen und zur Entwicklung der Sowjetunion. Sehr gut lässt sich das in dem post festum editierten Buch *Westblock-Ostblock. Welt und Deutschlandpolitik nach dem Zweiten Weltkrieg* nachlesen. Die Sowjetunion charakterisiert er darin als neue Weltmacht neben den USA. Basis dieser Analysen sind regelmäßige Übersichten zwischen 1935 bis 1939 und nach 1945.[57] Dabei werden drei Argumentationslinien erkennbar: a) die weltpolitische Dimension nach 1945, b) der aus ihr deduzierte Handlungsspielraum für das deutsche Proletariat, c) die weitere revolutionäre Umwälzung als objektive, aber zeitlich nicht festlegbare Tatsache. In der Untersuchung über *Die Potsdamer Beschlüsse* (1945) setzt er sich mit den Motiven der alliierten Besatzungspolitik auseinander, die er als Geheimdiplomatie und Diktat charakterisierte: Der alliierte Krieg

> war ein Krieg gegen den Imperialismus in Deutschland und ein Krieg gegen die sozialistische Revolution in Deutschland. Der ‚Friede' mit Deutschland, der jetzt stückweise zusammengeflickt wird, ist eine Fortsetzung dieses Krieges mit anderen Mitteln. Nach der zerschmetternden Niederlage des deutschen Imperialismus tritt jetzt der Krieg gegen die sozialistische Revolution in Deutschland in den Vordergrund.[58]

---

55 Zitiert nach Kaestner: Die politische Theorie (wie Anm. 1), S. 137.
56 Kaestner: Die politische Theorie (wie Anm. 1), S. 232.
57 Thalheimer, August: Westblock – Ostblock. Welt- und Deutschlandpolitik nach dem Zweiten Weltkrieg. Internationale monatliche Übersichten 1945–1948. Nürnberg 1992.
58 Thalheimer, August: Die Potsdamer Beschlüsse (1945). Eine marxistische Untersuchung der Deutschlandpolitik der Großmächte nach dem 2. Weltkrieg. Hrsg. von der Gruppe Arbeiterpolitik. Bremen o.D. S. 12.

Die Alliierten betrieben eine Besatzungs- und Ausplünderungspolitik, die Deutschland völlig zerstöre. Es sei nichts anderes als die „Entindustrialisierung mit fremder Waffengewalt" in einem Land, das für die Revolution reif sei[59] – Sätze, aus denen unverkennbar die Enttäuschung über die einsetzende Restauration des (west-)deutschen Kapitalismus hervorgeht.

Zwei weitere Schriften – die 1946 verfasste Broschüre *Grundlinien und Grundbegriffe der Weltpolitik* und die unvollendet gebliebene Analyse *Die Grundlagen der Einschätzung der Sowjetunion* – befassen sich mit der ambivalenten Rolle der Sowjetunion. Die selbstgestellte Frage „Gibt es einen Sowjetimperialismus" beantwortet Thalheimer mit dem Hinweis, dass es ein unbestreitbares, historisch bedingtes „Ausdehnungsbestreben der Sowjetunion" gebe, das aber nicht mit der Anwendung bürgerlicher Denkformen verwechselt werden dürfe.[60] Vielmehr seien geographische, pseudopatriotische und strategische Determinanten der russischen (auf der zaristischen beruhenden) Außenpolitik von Bedeutung.[61] Gefährlicher sei die Tatsache, dass mit dem sowjetischen Interventionismus und der Inthronisierung kommunistischer Herrschaftseliten von außen in Ost- und Mitteleuropa der „sozialistische Internationalismus als das kollektive Zusammenwirken freier und selbständiger Nationen unter die Räder" komme.[62] Darüber hinaus würden Sozialisierungsmaßnahmen in den Ländern der sowjetischen Einflusssphäre nicht nach deren Bedürfnissen, sondern nach den Bedürfnissen der Sowjetwirtschaft vorgenommen. Deshalb sind nach Thalheimers Einschätzung die dortigen Maßnahmen nur insofern revolutionär, als sie die alten Wirtschafts- und Herrschaftsstrukturen auflösen. Ansonsten sind die Methoden der Durchführung „nicht die Methoden der Revolution, sondern die der Eroberung."[63] An dieser Stelle wird erneut der Bruchpunkt zwischen Thalheimers Sozialismusverständnis und der Praxis des Stalinismus deutlich, der sich an vielen Beispielen, etwa an der stalinistischen Jugoslawienpolitik, belegen ließe.

Anhand eines längeren Zitats wird Thalheimers prognostischer Weitblick belegt:

> Die Stalinsche Methode der sozialistischen Ausdehnung schädigt und gefährdet nicht nur die sozialistische Ausdehnung, sondern auch den Bestand des Sowjetstaates selbst. Sie ruft in den werktätigen Klassen der Länder, die diesen Methoden unterworfen sind, das mit Füßen getretene nationale Selbstgefühl wie die Gewohnheiten der proletarischen Demo-

---

59 Thalheimer: Potsdamer Beschlüsse (wie Anm. 58), S. 31.
60 Thalheimer, August: Grundlinien und Grundbegriffe der Weltpolitik nach dem 2. Weltkrieg (1946). Hrsg. von der Gruppe Arbeiterpolitik. Bremen o. D. S. 13.
61 Thalheimer: Grundlinien (wie Anm. 60), S. 14.
62 Thalheimer: Grundlinien (wie Anm. 60), S. 20.
63 Thalheimer: Grundlinien (wie Anm. 60), S. 20.

kratie gegen sich auf. Sie arbeitet so den inneren und äußeren konterrevolutionären Kräften in die Hände. Sie sät den Wind der konterrevolutionären Intervention, des konterrevolutionären Krieges gegen sich selbst, und, wenn nicht rechtzeitig eine Änderung dieser Methoden erfolgt, so wird sie den Sturm des dritten Weltkrieges auf ihr eigenes Haupt herabbeschwören.[64]

August Thalheimer erlag im feucht-heißen Kima des tropischen Kuba am 20. September 1948 einem Herzinfarkt. Sein Grab befindet sich noch immer auf dem jüdischen Friedhof in Guanabacoa, einem Stadtbezirk Havannas.[65]

---

64 Thalheimer: Grundlinien (wie Anm. 60), S. 21.
65 Bergmann, Theodor u. Wolfgang Haible. Die Geschwister Thalheimer. Skizzen und Leben ihrer Politik. Mainz 1993. S. 38.

Gennady Estraikh
Die jiddischsprachige New Yorker Tageszeitung *Forverts* und ihr Berliner Korrespondent Raphael Abramovitch

Im Juli und August 1921 verbrachte Abraham Cahan (1860 – 1951), Herausgeber der jiddischsprachigen sozialistischen Tageszeitung *Forverts*, mehrere Wochen in Berlin. Unter den weltweiten jiddischsprachigen Zeitungen und sämtlichen amerikanischen sozialistischen Zeitschriften jedweder Sprache konnte sich der *Forverts* mit rund 250.000 Exemplaren der größten Auflage rühmen. Cahans Einfluss reichte tief in die amerikanisch-jüdisch-sozialistischen Zirkel hinein, v. a. weil seine Zeitung regelmäßig Artikel führender Figuren anderer sozialistischer Parteien übersetzte und veröffentlichte, insbesondere solcher Prominenzen des deutschen Sozialismus wie Karl Kautsky, Eduard Bernstein und Philipp Scheidemann. Am 1. August wurde Cahan enthusiastisch bei einem Kongress der in Berlin ansässigen World ORT Union empfangen, deren Programm für gesellschaftlichen Wandel die „Produktivierung" von Juden ins Zentrum stellte, indem ihnen Fähigkeiten und Bildung vermittelt werden sollten.[1] Friedrich Ebert, der deutsche Reichspräsident, führte am 5. August ein langes Gespräch mit dem bedeutenden Gast aus Amerika.[2]

Cahan behauptete, dass Berlin für Juden „in gewisser Weise die bedeutendste Stadt der Welt" sei. Auch wenn die Hauptstadt der Weimarer Republik nie eine Brutstätte jüdischer Ideen war, so spielte sie doch die Rolle „des wichtigsten Marktplatzes für Ideen in der jüdischen Welt" und die eines der wichtigsten Kommunikationszentren im kriegserschütterten und neu kartographierten Europa.[3] Deutschland hatte darüber hinaus symbolische Bedeutung als Herz des Sozialismus. Bezeichnenderweise zieren geschnitzte Flachreliefe der Konterfeis von Karl Marx, Friedrich Engels und Ferdinand Lassalle noch heute die Fassade des

---

[1] Ab. Kahan shturmish bagrist oyf „ORT" kongres in Berlin. In: Forverts (2. August 1921). S. 1. Siehe auch Ivanov, Alexander: From a Russian-Jewish Philanthropic Organization to the „Glorious Institute of World Jewry". Activities of the World ORT Union in the 1920s–1940s. In: The Russian Jewish Diaspora and European Culture 1917–1937. Hrsg. von Jörg Schulte [u. a.]. Leiden und Boston 2012. S. 387–416.
[2] Ab. Kahan hot langn geshprekh mit president Ebert, fun Daytshland. In: Forverts (6. August 1921). S. 1.
[3] Cahan, Abraham: Ir farshport tsu forn fun Varshe, Vilne, Kovne, Rige oder Keshenev. In: Forverts (27. August 1921). S. 6.

zehnstöckigen, im Jahre 1912 fertiggestellten Gebäudes des *Forverts*. Ein viertes Portrait, dessen Identität nach wie vor fraglich ist, wurde als Wilhelm Liebknecht, Karl Liebknecht oder August Bebel bestimmt. Selbst der Titel der 1897 gegründeten Zeitung nahm sich das in Berlin ansässige Organ der Sozialdemokratischen Partei Deutschlands, des 1891 gerufenen *Vorwärts*, zum Vorbild. Die Bezeichnung *Forverts*, mit einer Nuance der Fremdartigkeit im Jiddischen, wurde in der Sprache als Teil der deutschstämmigen sozialistischen Terminologie gebräuchlich, zusammen mit der Anrede *Genose*, die auf dem deutschen Terminus Genosse oder „Kamerad" beruhte. Die Solidarität mit den deutschen Genossen war einer der Hauptgründe für die deutschlandfreundliche Haltung des *Forverts* während des Ersten Weltkriegs (diese Politik hielt bis zum Kriegseintritt der USA im April 1917 an).[4]

In Berlin konnte Cahan verschiedenste Relikte der zaristischen russischen Gesellschaft beobachten. Den Großteil der Flüchtlinge, auch der jüdischen, fasste er unter der Kategorie *emigrants* zusammen, wohingegen er das französische Wort *émigré* als am passendsten für diejenigen Repräsentanten der vornehmen Gesellschaft erachtete, die sich nach der guten alten Zeit sehnten. Im Romanischen Café – Cahan nannte es nicht beim Namen, lieferte aber eine wiedererkennbare Beschreibung des berühmten Mittelpunktes der Boheme – traf er viele jüdische Intellektuelle. Unter ihnen waren zwei Berliner Korrespondenten des *Forverts*: David Eynhorn, ein namhafter jiddischer Poet und Essayist, und Max Weinreich, der spätere Gründungsdirektor des jiddisch-akademischen Instituts YIVO. Zu dieser Zeit arbeitete Weinreich an seiner Dissertation und verdiente seinen Lebensunterhalt durch das Schreiben von Artikeln unter dem weiblichen Pseudonym Sara Brener.[5]

Jacob Lestschinsky, der laut Cahan „kürzlich nach Berlin gezogen war und sich einen Namen als Erforscher der Pogrome in der Ukraine gemacht hatte", gehörte ebenfalls zu den Cafébesuchern.[6] Die Berliner *Jüdische Rundschau* be-

---

[4] Estraikh, Gennady: Za nemtsev ili za russkikh? Niu-iorkskii „Forverts" v Pervuiu mirovuiu voinu. In: Arkhiv evreiskoi istorii (6/2011). S123–137; ders.: Viewing World War I from across the Ocean. The New York Yiddish Daily „Forverts" on the Plight of East European Jews. In: Jews and Slavs (23/2013). S. 371–384. Siehe auch Epshteyn, Shakhno: Khaver un genose. In: Der yidisher sotsyalist (30. Januar 1914). S. 3.
[5] Estraikh, Gennady: The Berlin Bureau of the New York Forverts. In: Yiddish in Weimar Berlin. At the Crossroads of Diaspora Politics and Culture. Hrsg. von Gennady Estraikh [u. a.]. Oxford 2010. S. 145.
[6] Cahan, Abraham: A bazukh in Pariz un Berlin mit tsvey yor shpeter. In: Forverts (27. Juli 1921). S. 4; ders.: A kafe vu men benkt nokh Nikolayen. In: Forverts (20. August 1921). S. 6; ders.: „Emigre" un „emigrantn" fun Rusland. In: Forverts (24. August 1921). S. 4; ders.: Raykhe yidn vos zaynen antlofn fun Rusland. In: Forverts (28. August 1921). S. 8.

zeichnete Lestschinsky (dessen Familienname verschiedene Schreibweisen hat) als „den bekannten ökonomischen Forscher und Schriftsteller."[7] Cahan suchte zu diesem Zeitpunkt nach einem Leiter für das Berliner Büro des *Forverts*. Lestschinsky erfüllte die Voraussetzungen und durchlief erfolgreich das Vorstellungsgespräch, das vom Herausgeber in einem Hotel unweit des Bahnhofs Friedrichstraße durchgeführt wurde. Die aus der Berliner Redaktion gesendeten Artikel bearbeiteten ein weites thematisches Feld, aber viele, manchmal sogar die meisten, konzentrierten sich auf die Vorgänge in Sowjetrussland.[8]

In den ersten Jahren nach der Revolution von 1917 war der *Forverts* die einzige amerikanisch-jiddische Tageszeitung, die offen mit den Bolschewiki sympathisierte.[9] Eduard Bernsteins Missbilligung der Dritten (Kommunistischen) Internationale, kurz Komintern, 1919 in Moskau gegründet, wurde in der Zeitung mit einem redaktionellen Widerspruch, oder *Podkove* („Hufeisen") im jiddisch-journalistischen Jargon, veröffentlicht. Bernstein, der den Bolschewismus eher als eine sonderbare Variante sozialistischen Denkens denn als eine Form des Sozialismus sah, behauptete, dass die Führer der Komintern beabsichtigten, „eine zentralisierte diktatorische Organisation zu gründen, die die Kontrolle über die sozialistischen Parteien aller Länder übernehmen würde und sie zur Auslösung eines Bürgerkrieges drängen würde."[10] Die Zeitung reagierte kritisch auf Bertrand Russells Veröffentlichungen, die den Eindruck des britischen Philosophen von seiner Reise nach Sowjetrussland widerspiegelten (sie wurden in den *Forverts*-Ausgaben vom 4. und 8. August 1920 erneut abgedruckt).

Cahan und Tsivion (Ben-Tsien Hoffman), einer der führenden Kolumnisten des *Forverts*, argumentierten, dass der Sozialismus nicht über Nacht entstehen könne und dass es deshalb vorschnell sei, die Bolschewiki für ihr Scheitern beim Aufbau desselben anzugreifen. Obwohl Cahan viele Gründe für Kritik an Sowjetrussland sah, erschien ihm das bolschewistische Experiment doch als „das wertvollste Juwel, das die Menschheit" zu dieser Zeit besaß. Viele Vergehen des Regimes seien laut Cahan zurückzuführen auf die Gefahr, die den sozialistischen Staat im Aufbau umgab, und es wäre naiv, von kämpfenden Soldaten viel Nettigkeit zu erwarten. Was die zahlreichen Widersprüche zwischen marxistischer Theorie und bolschewistischer Praxis anging, gestand Cahan ein, dass die Realität durchaus Fehler theoretischer Schriften ans Licht bringen könne. Der selbe Mann, der sich während des Krieges in seinen deutschlandfreundlichen Erklä-

---

[7] Eine Weltkonferenz der „ORT" in Berlin. In: Jüdische Rundschau (2. August 1921). S. 1.
[8] Estraikh: The Berlin Bureau (wie Anm. 5), S. 145.
[9] Siehe Moyshe Kats bukh. Hrsg. von Paul Novick. New York 1963. S. 326.
[10] Edvard Bernshteyn iber di shtraytn un shpaltungen in der daytsher sotsyal-demokratye. In: Forverts (14. November 1920). S. 3.

rungen selbst übertroffen hatte, legte nun allen Sozialisten nahe, ihren Hut vor den Menschen Russland zu ziehen und ihnen dafür Respekt zu zollen, dass sie den ersten Versuch der Menschheitsgeschichte wagten, eine sozialistische Gesellschaft aufzubauen.[11]

Der Mangel an Demokratie in Sowjetrussland beunruhigte viele Sozialisten. Allerdings war Cahan auch noch drei Jahre nach der Revolution überzeugt davon, dass das Regime seinen Kurs ändern würde, sobald das Fundament für den Sozialismus gelegt worden wäre, da autoritäre Regierungsformen nur in nichtsozialistischen Gesellschaften gebraucht würden, um den Gehorsam der Massen und damit die Bereicherung der herrschenden Schichten sicherzustellen. Er widersprach jenen, die anmerkten, dass die menschliche Natur selbst möglicherweise die Versuche der Kommunisten durchkreuzen könnte, demokratische Regierungsformen einzuführen. Er bezog sich auf den bekannten britischen Sozialisten Henry N. Brailsford, der behauptete, dass das sowjetische Bildungssystem eine Generation hervorbringen würde, die in der Lage wäre, individuelle, selbstsüchtige Charakterzüge zu überwinden.[12] Erziehung würde auch die v. a. unter Bauern verbreitete Vorliebe für Privateigentum beseitigen, besonders in einer auf der Basis kollektiver und genossenschaftlicher Formen des Besitzes aufgebauten Gesellschaft.[13]

* * *

Im Romanischen Café traf Cahan auch Raphael Abramovitch (1880–1963), der als Raphael Rein in Dvinsk, zu der Zeit Teil Russlands und später Daugavpils in Lettland, in eine moderat-traditionelle Kaufmannsfamilie hineingeboren wurde (sein Vater Abram handelte mit Holz), die viel Wert darauf legte, ihren Kindern eine Allgemeinbildung zu ermöglichen. Bis zum Alter von 13 Jahren besuchte Raphael einen Cheder, eine jüdisch-religiöse Grundschule, und bereitete sich gleichzeitig mit Privatlehrern auf die russischen Schulprüfungen vor, die ihm die Tür zu Real- bzw. Handelsschulen in Ponevezh, später Panevėžys in Litauen, und Libava, später Liepāja in Lettland, öffneten. Absolventen von Realschulen bewarben sich eher an polytechnischen Instituten als an Universitäten und 1898

---

11 Cahan, Abraham: Zikhroynes fun Sovet-Rusland. Kritikn fun sonim un kritikn fun fraynd. In: Forverts (31. Juli 1920). S. 4; Tsivion: Bertrand Russell un der bolshevizm. In: Forverts (25. August 1920). S. 3. Mitte der 1920er Jahre schrieb Russell Artikel für den englischen Teil des Forverts – siehe Russel, Bertrand [u. a.]: A Fresh Look at Empiricism. London 1996. S. 43–45.
12 Cahan, Abraham: Veln di bolshevikes umkern Rusland tsum folk? In: Forverts (9. Dezember 1920). S. 6.
13 Cahan, Abraham: Iz di libe tsu privat-eygntum geferlekher vi Vrangel oder Denikin? In: Forverts (24. Dezember 1920). S. 6–7.

begann Abramovitch am Rigaer Polytechnischen Institut zu studieren, der ältesten Ausbildungseinrichtung dieser Art im Russischen Reich und darüber hinaus einer Brutstätte revolutionärer Aktivitäten. Im Jahre 1901 schloss sich Abramovitch dem Bund an. Nachdem er verschiedene Pseudonyme verwendet hatte (Dimant, Abram, Molkiel und Baron), sollte er sich später für Abramovitch entscheiden (auch Abramovich, Abramowitsh, Abramovič, Abramowitz, and Abramowicz) – der Vatersname, üblicherweise ausgesprochen mit einer Verschiebung der Betonung von der zweiten auf die dritte Silbe. Offenbar klang dieser Name angemessen jüdisch für seine Arbeit beim Bund.[14]

1902, nachdem er vom Institut aufgrund seiner revolutionären Aktivitäten ausgeschlossen worden war, zog er nach St. Petersburg, wo sich seine Eltern inzwischen niedergelassen hatten. Er spielte mit dem Gedanken, ein jüdisches enzyklopädisches Wörterbuch zusammenzustellen, aber dieses Projekt verlief im Sande, da der Historiker und Journalist Saul Ginsburg einen Kapitelentwurf ablehnte (viele Jahre später gab Abramovitch Di algemeyne entsiklopedye heraus).[15] Schlussendlich verließ Abramovitch Russland und lebte in Belgien und der Schweiz, war aktiv in Bundisten-Zirkeln und schrieb für das Organ des Bundes *Arbeter Shtime* (Arbeiterstimme). Im Jahr 1904 zitierte ihn die Partei nach Russland zurück. Er war illegal in Minsk und später in Warschau tätig, wo er verhaftet wurde und für einige Monate eingesperrt blieb. Das Zentralkomitee der Sozialdemokratischen Arbeiterpartei Russlands (SDAPR) wählte ihn, noch jung, Mitte des Jahres 1906 als einen Vertreter des Bundes.[16]

Gegen Ende 1907 traf Cahan das erste Mal auf Abramovitch, während dieser Amerika bereiste, und schätzte ihn „als einen hochentwickelten und sympathischen Sozialisten, eine taktvolle, clevere und kultivierte Person" ein.[17] Abramovitch, berühmt für seine politische Rhetorik, war gekommen, um Geld für den zehn Jahre alten Bund zu sammeln. Auch wenn Cahan nie zur bundistischen Bewegung gehörte und sie auf nationaler Ebene für wenig erfolgversprechend

---

14 Vgl. Hirschman, Albert O.: Grenzübertritte. Orte und Ideen eines Lebenslaufes. In: Leviathan 23/2 (1995). S. 268.
15 Siehe Trachtenberg, Barry: From Edification to Commemoration. Di Algemeyne Entsiklopedye, the Holocaust and the Changing Mission of Yiddish Scholarship. In: Journal of Modern Jewish Studies 5/3 (2006). S. 285–300. Ginsburg gab die jiddischsprachige Tageszeitung *Fraynd* (Freund) heraus, die 1903 in St. Petersburg ins Leben gerufen wurde. In den 1930er Jahren, nach Ginsburgs Emigration in die USA, erschienen seine Artikel zu historischen Themen im *Forverts*.
16 Vladeck, Baruch: R. Abramovitsh vert haynt fuftsik yor. In: Forverts (21. Juli 1930). S. 3; Aronson, Grigori: Demokratishe sotsyalistn ern R. Abramovitsh tsu zayn 60-yerikhn yubileum. In: Forverts (24. November 1940). S. 3, 8. Daten und andere Details variieren in biographischen Angaben.
17 Shulman, Elias/Weber, Simon: Leksikon fun „Forverts" shrayber. New York o.J. S. 1.

hielt, fungierte der *Forverts* als Organisator solcher Reisen. Vieles verband den Herausgeber mit dem Bund, der ebenso alt war, wie seine Zeitung. Bezeichnenderweise waren sowohl die Führungsriege des Bundes, die sich in Wilna (von dessen Institut für jüdische Lehrkräfte Cahan 1881 graduierte) zusammenfand, als auch die Mitarbeiter des *Forverts* überwiegend Litvaks, litauische Juden, und hatten daher viele kulturelle Gemeinsamkeiten. Cahan fand überaus großen Gefallen an seiner Rolle als Mittelsmann zwischen den Revolutionshelden aus Russland und den Sozialisten aus Amerika.[18] Aus finanzieller Sicht wurde die amerikanische Tour jedoch zu einem Fiasko, was eine direkte Folge der gleichzeitigen Finanzkrise war, die als Banker's Panic von 1907 bekannt wurde. Im April 1907 war der *Forverts* infolge der ökonomischen Probleme sogar gezwungen, vorübergehend Insolvenz anzumelden.[19]

Abramovitch lebte infolge seiner Verhaftung in Wilna im Jahre 1910, seinem Exil in Vologda und seiner Flucht im Jahre 1911 in der Emigration in Westeuropa. Nach Russland kehrte er in einer der „Sternstunden der Menschheit" zurück – um mit Stefan Zweigs Worten zu sprechen (der Titel seines Buches von 1927, in dem er entscheidende Momente der Geschichte beschreibt) – gemeinsam mit einer Vielzahl von emigrierten Sozialisten, darunter auch Lenin, die Deutschland auf dem Rückweg nach Russland in sogenannten „plombierten Zügen" durchquerten.[20] In Petrograd und später in Moskau spielte Abramovitch eine herausragende Rolle in sozialistischen Kreisen, denn er war Mitglied zweier Zentralkomitees – sowohl des Bundes als auch der Sozialdemokratischen Arbeiterpartei Russlands. Letztere hatte inzwischen die Menschewiki vereint, die eine offenere und demokratischere Politik befürworteten als die Kommunistische Partei, wie sich die Bolschewiki, zuvor eine Fraktion der Sozialdemokratischen Arbeiterpartei Russlands, bald nach der Revolution zu nennen begannen. Als die zwölfte Konferenz des Bundes, deren Delegierte im April 1920 in Moskau zusammentrafen, beschloss, die Verbindungen zur menschewistischen Partei zu trennen und den Kommunismus-nahen Kombund bildete, wurde Abramovitch zu einem führenden Mitglied des sozialdemokratischen Bundes, der als Menschewiki-nahe Alternative

---

18 Siehe Sanders, Ronald: The Downtown Jews: Portraits of an Immigrant Generation. New York 1987. S. 333–34.
19 Abramovitch, Raphael: In tsvey revolutsyes: di geshikhte fun a dor. Vol. 2. New York 1944. S. 313–314; Sanders: The Downtown Jews (wie Anm. 18), S. 384.
20 Abramovitch: In tsvey revolutsyes. Vol. 1. S. 10–24; Smolin, Anatolii V.: Torneo-doroga v Rossiiu. In: Noveishaia istoriia Rossii 2 (2015). S. 19–53.

etabliert wurde. Er argumentierte, dass sie – ideologisch gesehen – als Minderheit den „alten Bund" eher aufrecht erhalten würden als eine Rumpfpartei zu sein.[21]

Auch wenn die Menschewiki die Revolution als Träger sozialer Veränderung nicht verwarfen, widersprachen sie Lenins revolutionärer Strategie. Menschen wie Abramovitch gehörten zu den westlichsten Vertretern russischer Marxisten und konnten Lenins totalitärem, „asiatischem" Pfad zum Sozialismus nicht zustimmen. Abramovitch wandte sich 1920 ausdrücklich gegen Leon Trotzkis Argumente für eine Militarisierung der Arbeiter: „Man kann eine Planwirtschaft nicht errichten wie einst die ägyptischen Pharaonen die Pyramiden."[22] Immer wieder betonte er, dass die Bolschewiki anstelle der proletarischen Revolution ausschließlich ihrer eigenen utopischen Vision folgen und damit einen Aufstand der Bauern heraufbeschwören würden, die während des Krieges in die zaristische Armee eingezogen worden waren.[23] Gleichzeitig hatte er ursprünglich gehofft, dass eine schrittweise Demokratisierung des kommunistischen Regimes möglich sei. Wie er später zugab, waren er und viele andere Menschewiki schlicht und ergreifend ratlos, wie sie sich in einer Situation verhalten sollten, für die es keine historischen Vorbilder gab: eine sozialistische Partei, die sich in Opposition zu einer sozialistischen Regierung befand.[24] Obwohl Abramovitch ein Mitglied des Moskauer Sowjet und in sowjetischen staatlichen Institutionen tätig war, behandelte ihn das Sowjetregime als verdächtigen, gar gefährlichen Widersacher. Er wurde mehrfach verhaftet und verbrachte einmal, in der zweiten Hälfte des Jahres 1918, sogar fast vier Monate bei drohender Hinrichtung im Gefängnis – zu Zeiten des Roten Terrors, den die Bolschewiki nach dem versuchten Attentat auf Lenin entfesselt hatten.[25]

Seit November 1920 lebte Abramovitch in Berlin. Möglich wurde das aufgrund einer Entscheidung des Politbüros der Kommunistischen Partei, die ihm und Julius (Iulii) Martov gestattet hatte, als Gastdelegierte eines Kongresses der Unabhängigen Sozialdemokratischen Partei Deutschlands (USPD) nach Halle/Deutschland zu gehen. Martov, eine herausragende Figur unter den Menschewiki,

---

21 Brener, Sara: Bundist Abramovitsh in Berlin. In: Forverts (19. Dezember 1920). S. 3; Aronson, Grigori: Vi Refoel Abramovitsh iz avek fun bolshevistishn Rusland un zayn groyse tetikayt in oysland. In: Forverts (1. Dezember 1940). 2. Abteilung. S. 3.
22 Kristof, Ladis K. D.: The Geopolitical Image of the Fatherland. The Case of Russia. In: The Western Political Quarterly 20/4 (1967). S. 944, 949.
23 Siehe insbesondere Abramovitch, Raphael: Mensheviks un bolsheviks. In: Forverts (30. April 1922). S. 8–9; Abramowitsch, Raphael: Wandlungen der bolschewistischen Diktatur. Berlin 1931; Aronson: Vi Refoel Abramovitsh iz avek fun bolshevistishn (wie Anm. 21); Abramovitch, Raphael: The Soviet Revolution 1917–1939. London 1962. S. 89.
24 Abramovitch: Mensheviks un Bolsheviks (wie Anm. 23).
25 Abramovitch: In tsvey revolutsyes (wie Anm. 20), S. 236–262.

spielte die Hauptrolle hierbei, da Abramovitchs Position in der sozialistischen Hierarchie weniger bemerkenswert war. Dass das Politbüro zu dem Entschluss kam, sie aus Russland emigrieren zu lassen, kann auf zwei verschiedene Arten interpretiert werden. Manche schreiben es Lenins Humanismus zu, der einem alten Freund helfen wollte, der zu einem politischer Gegner geworden war. Indem er Martov (der schwer krank war und im April 1923 starb) gestattete, das Land zu verlassen, schützte er ihn vor der drohenden Verhaftung. Vier Jahrzehnte später, während des post-stalinistischen Trends der „Rückkehr zu Lenin", inspirierte die „humanistische" Lesart den vielversprechenden sowjetisch-jiddischen Schriftsteller Emmanuil Kazakevich, der sich als erfolgreicher russischsprachiger Romancier neu erfand, die Geschichte *Gegner* zu schreiben, in der die Ereignisse, die zu Martovs Abreise führten, fiktionalisiert werden.[26]

Die zweite Deutung der Einwilligung des Politbüros ist weniger romantischer Natur: Lenin wollte Martov nicht in Russland haben und außerdem war es ihm wichtig, die USPD zufrieden zu stellen. Vertreter der USPD und andere ausländische Gäste, die zufällig gerade zu dieser Zeit als Delegierte des Zweiten Kongresses der Kommunistischen Internationale (19. Juli – 7. August 1920) in Moskau waren, wurden durch Martov über sein und Abramovitchs Gesuch um eine Reisegenehmigung informiert. Abramovitch, der Lenin kannte und es eher untypisch fand, dass dieser sich sentimental gegenüber einem alten Freund verhielt, tendierte zu der Interpretation, dass der bolschewistische Führer einfach einen Skandal vermeiden wollte, der das Ansehen seiner Regierung hätte gefährden können.[27] Letztendlich passierten Martov und Abramovitch die Grenze mit eher ungewöhnlichen Reisedokumenten: sowjetischen Reisepässen mit dem Vermerk „reisen im Auftrag des Zentralkomitees der SDAPR."[28]

Die Einladung nach Halle war in Wirklichkeit ein Vorwand gewesen, um Russland bis auf Weiteres zu verlassen und als Auslandsdelegation der SDAPR zu fungieren. (Vor und nach der Revolution besaßen viele politische Gruppierungen Auslandsdelegationen, die außerhalb Russlands im Interesse der illegal oder semi-illegal tätigen Genossen agierten.) Laut Abramovitch selbst begann er während des Winters 1919–1920 über seine und Martovs Reise die Idee zu verbreiten, dass sie den Zweck haben sollte, europäischen Sozialisten bei der

---

26 Shrayer, Maxim D. (Hrsg.): An Anthology of Jewish-Russian Literature: Two Centuries of Dual Identity in Prose and Poetry. Abingdon und New York 2007. S. 651–664.
27 Abramovitch: In tsvey revolutsyes (wie Anm. 20), S. 340, 341, 345.
28 Liebich, André: From the Other Shore. Russian Social Democracy after 1921. Cambridge 1997. S. 153. Die Abramovitchs blieben bis 1932 sowjetische Staatsbürger, als ihnen die Staatsbürgerschaft entzogen wurde. Siehe Felshtinsky, Yuri: K istorii nashei zakrytosti. Zakonodatel'nye osnovy sovetskoi immigratsionnoi i emigratsionnoi politiki. London 1988. S. 164.

Gründung einer neuen Internationalen zu helfen. Diese Internationale sollte die Gruppierungen vereinen, die gleichermaßen mit der Komintern wie mit der alten Zweiten Sozialistischen Internationale unzufrieden waren, die während des Ersten Weltkriegs zusammengebrochen war und 1919 teilweise wieder zusammen gefunden hatte. Eine Reihe gemäßigter sozialistischer Parteien, darunter die menschewistische SDAPR, verblieben zwischen den beiden Polen.

Abramovitch war sich der Tatsache bewusst, dass die Menschewiki, im Vergleich zu anderen europäischen sozialistischen Parteien, zahlenmäßig schwach waren, aber das hielt ihn nicht von der Überzeugung ab, dass er und seine Parteikollegen, reich an Erfahrungen aus zwei Revolutionen in Russland, bei der Etablierung einer neuen Form der internationalen sozialistischen Kooperation nützlich sein könnten. Seine Genossen im Zentralkomitee des Bundes (vor dessen Teilung in Kommunisten/Nicht-Kommunisten im April 1920) unterstützten diese Idee, oder wie Abramovitch später dachte, sie – die sich bald als linientreue Kommunisten entpuppen sollten – wollten ihn schlicht vor Verfolgung in Sowjetrussland schützen und unterstützten sein Vorhaben sogar finanziell. (Als er schließlich in Berlin angekommen war, hatte der Geldbetrag in zaristisch-russischen Rubeln bereits nahezu komplett seinen Wert eingebüßt.) Abramovitchs Einschätzung der Lage in Russland ließ ihn zu der Überzeugung kommen, dass er nur für kurze Zeit außer Landes gehen würde, vermutlich nur für ein paar Monate. Er nahm an, dass sich die Kommunisten angesichts der Situation im Land nicht lange an der Macht halten würden. Dennoch wollte er, dass seine Frau und seine Kinder ihn begleiteten, um sich frei über seine Haltung zum sowjetischen Regime äußern zu können, ohne Angst vor Vergeltung an seiner Familie haben zu müssen.[29] Aufgrund des bürokratischen Aufwandes bei der Ausgabe von Pässen und Visa an die gesamte Familie Abramovitch, kamen sie im November, und damit erst nach dem Hallenser Kongress, nach Deutschland. Dessen ungeachtet hatte Abramovitch bald einen prominenten Platz in der europäischen Landschaft der sozialistischen Bewegung eingenommen, die nach dem Ersten Weltkrieg und der bolschewistischen Revolution eine radikale Neustrukturierung durchlief.

Er nahm überdies am jüdischen Leben Berlins teil. Max Weinreich berichtete über Abramovitchs Vortrag vor jüdischen (offensichtlich osteuropäischen) Arbeitern in Berlin. Er sprach über die Unfähigkeit der jüdischen Arbeiterklasse, eine unabhängige „jüdische Politik" zu betreiben, auch wenn die Arbeiter-Zionisten und andere nationalistische Gruppierungen dies zumindest versuchten. Der Grund dafür war, dass das jüdische Proletariat trotz seiner bedeutenden Präsenz in solchen Städten wie Warschau, Lodz, Bialystok und Wilna zu schwach

---

29 Abramovitch: In tsvey revolutsyes (wie Anm. 20), S. 341, 346f.

war, um eine gewichtige Rolle im russischen Alltag zu spielen. Infolge der Revolution wurde es sogar noch schwächer, denn die wichtigsten Zentren der jüdischen Arbeiter lagen weiterhin außerhalb der russischen Grenzen. Den Juden ging es, als vornehmlichen Stadtbewohnern, in dem wirtschaftlich maroden Land besonders schlecht. Während gut ausgebildete im Staatsapparat und in der verstaatlichten Wirtschaft Anstellung finden konnten, hatten andere Juden oftmals keine andere Wahl, als sich an verschiedenen illegalen Formen des Handels zu beteiligen.[30]

Gewissermaßen hatte Abramovitch recht mit seiner Vorhersage radikaler Veränderungen in Russland. Vier Monate nach seinem Aufbruch ins Ausland verkündete Lenin die Einführung der Neuen Ökonomischen Politik (NÖP). Dieses Programm, das Russland aus einer verheerenden wirtschaftlichen Krise rettete, führte jedoch keineswegs zu einer Demokratisierung des politischen Systems. Darüber hinaus verstärkte der anti-bolschewistische Kronstadt-Aufstand vom März 1921, der die Einführung der NÖP ausgelöst hatte, die Entschlossenheit der Bolschewiki, die Oppositionsparteien zu unterdrücken. Lenin nahm kein Blatt vor den Mund, als er erklärte: „Der Platz für Menschewiki und Sozialrevolutionäre, Bekennende oder Parteilose, ist nicht auf einer überparteilichen Konferenz, sondern im Gefängnis (oder in ausländischen Journalen, Seite an Seite mit der Weißen Garde; wir hatten Glück, dass wir Martov ins Ausland gehen lassen konnten)."[31] Eines der „ausländischen Journale", der *Sozialistitscheskij westnik* (Sozialistischer Bote), wurde im Februar 1921 als ein Organ der Ausländischen Delegation gegründet.

Unterdessen waren die Auswirkungen der Ereignisse in Russland auch in den Vereinigten Staaten zu spüren. Im September 1921, Cahan war noch nicht aus Europa zurück, führte eine Spaltung in den Reihen der Jüdisch-Sozialistischen Föderation zu deren Ausgliederung aus der American Socialist Party (ASP). Der *Forverts* hatte sich seit 1912 mit der Föderation identifiziert, dem Jahr, in dem diese instabile Koalition Jiddisch-sprechender Sozialisten verschiedenster Couleur, emigrierte Bundisten im Zentrum, in der ASP etabliert worden war. Infolge der Spaltung wurden viele andersdenkende Journalisten beim *Forverts* entlassen, der sich nun mit dem Jüdisch- Sozialistischen Verband zusammentat, der als ein ASP-naher Ersatz der Jüdisch-Sozialistischen Föderation gegründet worden war. Die Jüdisch-Sozialistische Föderation schwor der bolschewistischen Revolution und

---

30 Brener: Bundist Abramovitsh in Berlin (wie Anm. 21).
31 Lenin, Vladimir Il'ich: Selected Works: July 1918 to March 1923. New York 1967. S. 611. Siehe auch Abramovitch: In tsvey revolutsyes (wie Anm. 20), S. 351.

der Komintern die Treue, wohingegen der *Forverts* und der Jüdisch-Sozialistische Verband der neuen Internationalen kritisch gegenüber standen.[32]

* * *

Zu der Zeit, als sich Cahan und Abramovitch im Romanischen Café trafen, war Letzterer eine der führenden Figuren in der Internationalen Arbeitsgemeinschaft Sozialistischer Parteien, auch Wiener Internationale, die im Februar 1921 als gemäßigte Koalition jener sozialistischen Parteien gegründet worden war, die sich weder der Komintern noch der rechtsgerichteten Zweiten Internationale anschlossen. Drei Jahrzehnte später beschreibt Abramovitch seine Begegnung mit Cahan:

> Wir trafen uns im berühmten Romanischen Café – dem Café Royal [dem gesellschaftlichlichen Zentrum der jiddischen New Yorker Bohemiens] Berlins zu dieser Zeit. Wir umarmten und küssten einander wie immer, wenn wir uns trafen. Jedoch wies er mich in dem Augenblick, als er mich aus seiner Umarmung entließ und bevor ich überhaupt ein Wort hatte sagen können, darauf hin: ‚Aber du kannst nicht für den Forverts schreiben.'
> Ich war zu diesem Zeitpunkt weit davon entfernt, überhaupt zu schreiben, geschweige denn für den Forverts. [...] Dennoch war durch Cahans ‚Warnung', dass mir nicht erlaubt sein würde, für den Forverts zu schreiben, mein Interesse geweckt und ich fragte ihn: ‚Warum?' Er antwortete: ‚Weil sich unsere [politische] Linie komplett von Ihrer unterscheidet.' Wir begannen zu diskutieren. Ich konnte mit Fakten dienen über den Terror, der zunehmend von Russland Besitz ergriff, von dem schrecklichen Hunger, der durch das Land wütete [...]. Plötzlich erhob Cahan seine Hände, hielt sich die Ohren zu und schrie: ‚Hören Sie auf meine Illusionen zu zerstören! Ich will das nicht hören!'[33]

Ungeachtet dessen erschienen seine Beiträge ab 1922 im *Forverts*. In Abramovitchs Erinnerung gab er sein Debüt im März 1922 und sein Eröffnungsartikel erschien mit einer Podkove, die eine Reaktion auf seine Veröffentlichung versprach. Aber es sollte nie eine Antwort geben, obwohl sich die Herausgeber deutlich von der missbilligenden Haltung des Autors dem sowjetischen Regime gegenüber distanzierten. In Wirklichkeit erschien sein erster Artikel *Die Klassen in Sowjetrussland* tatsächlich mit einer Podkove, jedoch nicht im März, sondern am 18. Februar 1922, gefolgt von zwei weiteren, analytischeren Einblicken zur Lage Russlands: *Die neue Klassen von Bürokraten und die sowjetische Regierung* (23. Februar) und *Die Rote Armee* (27. Februar). Abramovitch nötigte die Leser zu der Erkenntnis,

---

32 Draper, Theodore: The Roots of American Communism. New York 1957. S. 332f.; Michels, Tony: A Fire in Their Hearts. Yiddish Socialists in New York. Cambridge 1997.
33 Abramovitch, Raphael: Oyfn keyver fun fraynd un lerer. In: Forverts (5. September 1951). S. 4. Siehe auch Epstein, Melech: Profiles of Eleven. Detroit 1965. S. 103.

dass die von den Bolschewiki aufgebaute Gesellschaft wenig mit den Idealen des Sozialismus gemeinsam hatte und dass Lenins physischer Verfall die Neigung des Kreml zu einer „despotisch-militärischen, nicht-sozialistischen, anti-demokratischen, fremd-kapitalistischen Tyrannei (Bonapartismus!)" verstärkte. Er prophezeite, dass Stalin „kein Problem damit haben würde, Blut zu vergießen."[34] Im Prinzip bezog sich Abramovitch auf die beiden Ursachen, die laut Marx und Engels die Bonapartismus genannte Konterrevolution würden auslösen können: die Unzufriedenheit der Bauernschaft und die wachsende Macht des Militärs.[35]

Am 17. Februar, einen Tag vor der Veröffentlichung des ersten Artikels der Serie, hatte ein Leitartikel erklärt, dass sich Abramovitchs Meinung zu Sowjetrussland erheblich von der des *Forverts* unterschied: „Die Bolschewiki verdienen Vergebung für Vieles. Sie hatten das Ruder in einer schwierigen Zeit in der Hand. Die ganze Welt hatte sich gegen sie verschworen und nur die eiserne Faust der Disziplin konnte dem Steuermann dabei helfen, sein Schiff vor der Katastrophe zu bewahren." Abramovitch hingegen war entschlossen, die Leser über die Haltung seiner Partei aufzuklären. Er appellierte an Cahan: „Ich gehe davon aus, dass Ihre Zeitung davon profitieren wird, wenn sie wenigstens einmal eine authentische Darstellung der Politik der Menschewiki veröffentlicht."[36] Zuvor, am 16. Januar 1922, hatte Cahan an Lestschinsky mit der Bitte geschrieben, Abramovitch dazu zu bringen, doch lieber ein Memoir über seine bundistische Vergangenheit zu schreiben, als das Sowjetregime zu beurteilen.[37] Trotzdem brachte die Zeitung weiterhin Abramovitchs eigensinnige Artikel. Am 2. März 1922 beispielsweise stellte ein Artikel den Lesern seine Einschätzung zur Bereitschaft der kapitalistischen Länder vor, vornehmlich freundlich gesonnene Beziehungen mit Sowjetrussland zu führen. Aus seinem Blickwinkel wollte die kapitalistische Welt Russland durch Abhängigkeit vom internationalen Handel zu ihrer Kolonie machen. Er befürchtete, dass die Bolschewiki schlussendlich internationale ökonomische Verbindungen nutzen würden, um ihr national-militaristisches Regime zu verfestigen und somit eine ernste Gefahr für die gesamte Welt werden würden.[38]

---

[34] Abramovitch, Raphael: Ver farnemt dervayle Lenins plats?. In: Forverts (13. August 1922). S. 2.
[35] Vgl. Lockwood, David: Rival Napoleons? Stalinism and Bonapartism. In: War&Society 20/2 (2002). S. 53–69.
[36] Notitsn fun „Forverts"-redaktsye. Artiklen fun R. Abramovitsh. In: Forverts (17. Februar 1922). S. 4.
[37] Estraikh: The Berlin Bureau of the New York Forverts (wie Anm. 5), S. 153.
[38] Abramovitch, Raphael: Far vos di gantse velt vert frayndlekh tsu sovet-Rusland. In: Forverts (2. März 1922). S. 4f.

Die Entscheidung des zehnten Kongresses der ASP, abgehalten in Cleveland am 29./30. April und 1. Mai 1922, sich der Wiener Internationale anzuschließen, erhöhte Abramovitchs Status in der Zeitung. Der *Forverts* betonte, bezugnehmend auf Abramovitchs Analyse der Ergebnisse der Berliner Konferenz, welche die Repräsentanten der drei Internationalen zusammenbrachte, dass die Gründer der Wiener Internationale diese nicht als eine Ersatzorganisation sahen. Vielmehr versuchten sie, Differenzen zwischen den gegnerischen Internationalen zu überbrücken, um damit, erstens, die Einheit der sozialistischen Bewegung wiederherzustellen und, zweitens, die Stellung der Sozialisten in der sowjetischen Gesellschaft zu sichern.[39] Obwohl es nicht möglich war, auf der Konferenz eine gemeinsame, einigende Grundlage zu schaffen, klammerten sich Cahan, Abramovitch und viele andere Sozialisten weiterhin an die Hoffnung, die sozialistischen Parteien könnten sich wieder vereinigen.[40] Das hielt Abramovitch allerdings nicht davon ab, Lenins Regierung zu verurteilen. Während einer Konferenz der International Federation of Trade Unions im Dezember 1922 in Den Haag, „beglich er" – von der niederländischen sozialistischen Tageszeitung *Het Volk* als eine „schlanke Gestalt mit einem ausgemergelten Gesicht und glühenden Augen" beschrieben – „eine Rechnung mit den Herrschenden der Sowjetrepublik in einer Weise, die sie nicht so schnell vergessen werden."[41]

Unterdessen blieb Cahan dabei, Russland weiterhin durch seine Zeitung zu unterstützen. David Shub, der einen tiefsitzenden Hass auf den Bolschewismus pflegte (er schrieb eine der ersten Biographien Lenins, die in viele Sprachen übersetzt wurde) und 1924 zur Belegschaft des *Forverts* stieß, als die Zeitung in ihre anti-bolschewistische Phase eingetreten war, kommentiert diese ideologisch erkennbaren Widerspruch:

> Ein Teil der amerikanischen Sozialisten, zeitweise sogar der Großteil der amerikanischen Sozialisten, versuchte eine Trennlinie zwischen der Komintern und der sowjetischen Regierung zu ziehen. Sie verurteilten die Komintern, betrachteten die sowjetische Regierung aber als eine Arbeiterregierung und wollten sie nicht offen kritisieren. ... Noch bis 1923 veröffentlichen sowohl Forverts wie [dessen Schwester-Journal] Tsukunft pro-sowjetische Artikel und Reportagen aus Russland.[42]

---

39 Siehe z. B. Abramovitch, Raphael: Di Berliner konferents fun di sotsyalistishe internatsionaln. In: Forverts (2. Mai 1922). S. 5.
40 Editorial: Di sotsyalistishe partey, der Viner internatsyonal in sovet-Rusland. In: Forverts (2. Mai 1922). S. 4; Abramovitch, Raphael: Di Berliner konferents fun di sotsyalistishe internatsyonaln. In: Forverts (2. Mai 1922). S. 5.
41 Naarden, Bruno: Socialist Europe and Revolutionary Russia. Perception and Prejudice 1848– 1923. Cambridge und New York 1992. S. 504.
42 David Shub: Fun di amolike yorn. New York 1970. S. 612.

Meinungsverschiedenheiten hatten keinen Einfluss auf die persönlichen Beziehungen zwischen Cahan und Abramovitch. Als Cahan im Sommer 1923 wieder einmal Berlin besuchte, war er zum Essen in der Wohnung der Abramovitchs. Unter den Gästen befanden sich Karl Kautsky und dessen Frau Luise. Laut Cahan war die gesamte Atmosphäre des Essens typisch deutsch, abgesehen davon, dass jenen Gästen, die keinen Kaffee mochten, Tee serviert wurde. Während Abramovitch aufgrund seiner Studienzeit in Riga und seinen in der Emigration verbrachten Jahren sehr gut Deutsch sprach, sprach Cahan nur, wie er selbst berichtet, ein tsoresdiker daytsh, gequältes Deutsch, oder (augenscheinlich) ein „fast deutsches" Jiddisch.[43]

Zu Zeiten von Cahans Aufenthalt in Berlin waren sämtliche Illusionen über eine allumfassende sozialistische Einheit verschwunden. Im Mai 1923 vereinigten sich die beiden nicht-kommunistischen Internationalen zur Sozialistischen Arbeiterinternationale (SAI), von der noch immer häufig als Zweite Internationale gesprochen wird. Diese Vereinigung bedeutete für die Menschewiki und andere gemäßigte sozialistische Gruppierungen eine Niederlage, die jedoch schlussendlich zur Versöhnung mit den Anhängern jener Interpreten Marx' (insbesondere Eduard Bernstein) führte, die eine gewaltsame Revolution als Weg zum Sozialismus ablehnten.[44] Unterdessen hatte sich das Politbüro der Kommunistischen Partei zur Liquidierung der Menschewiki als einer organisierten Opposition entschlossen. In seinem Artikel *Heute werden die Sozialisten in Russland genauso unterdrückt wie unter dem Zaren* beschrieb Abramovitch detailliert den Mechanismus der Liquidation, der verschiedene Methoden vereinte, u. a. Erpressung und Gewalt.[45]

Laut dem gut unterrichteten amerikanisch-jüdischen Journalisten und Historiker Melech Epstein waren Abramovitchs „Artikel die Vorläufer eines drastischen Wechsels der pro-sowjetischen Haltung" des *Forverts*.[46] Meinungsverschiedenheiten zwischen Cahan und Abramovitch blieben auch in den 1920er und 1930er Jahren weiter bestehen. Ursprünglich konnten Cahan und andere Journalisten des *Forverts* nicht glauben, dass Veteranen der Revolution – teilweise

---

[43] Cahan, Abraham: An interesanter oylem tsugast in a privat-hoyz. In: Forverts (29. Juli 1923). S. 2.
[44] Naarden: Socialist Europe and Revolutionary Russia (wie Anm. 41), S. 502 f.
[45] Abramovitch, Raphael: Sotsyalistn vern ist unterdrikt in Rusland punkt vi farn tsar. In: Forverts Sektion 2 (9. Dezember 1923). S. 1. Siehe auch z. B. Nikulin, Viktor V.: Bol'sheviki i nebol'sheviki. Iuridicheskie aspekty podavleniia inakomysliia v Sovetskoi Rossii (1920-e gody). In: Vestnik Tambovskogo gosudarstvennogo universiteta 84 (2010). S. 306 f.; Savchenko, Viktor: Odesskie men'sheviki v 'krasnom podpol'e'. In: Iugo-Zapad. Odessika 14 (2012). S. 163.
[46] Epstein: Profiles of Eleven (wie Anm. 33), S. 103.

Menschen, die sie kannten – ihren sozialistischen Gegnern gegenüber übel gesinnt sein könnten. Leon Trotsky, Nikolai Bukharin und andere hoch- und mittelrangige Funktionäre in der sowjetischen Verwaltung hatten in New York gelebt und Freunde unter den *Forverts*-Journalisten.

Im Laufe der Zeit änderten sich die Ursachen für die Meinungsverschiedenheiten zwischen Cahan und Abramovitch: ersterer vertrat nun eine unversöhnliche, anti-sowjetische Linie, während Abramovitch weiterhin die Hoffnung nährte, die sowjetischen Führer würden zu demokratischeren Regierungsformen übergehen.[47] Anders gesagt, Cahan hatte sich weiter nach rechts bewegt, als Abramovitch behagte. Abramovitch konnte sich weiterhin nur widerwillig mit den rechten Sozialisten, repräsentiert durch den *Forverts*, identifizieren, v. a. weil die linken Sozialisten vorzugsweise mit den Kommunisten sympathisierten. Cahans Haltung zur Sowjetunion, wie auch die der Zeitung, änderte sich besonders drastisch nach den palästinensisch-arabischen anti-jüdischen Ausschreitungen im August 1929. Nachrichten über und um diese Ereignisse führten zum Weggang vieler Leser und Autoren von der kommunistisch-jiddischen Presse, die sich an die Vorgaben der Komintern hielt und die arabische Seite unterstützte. In diesem Klima steigerte sich die Haltung des *Forverts* gegenüber der sowjetischen Regierung zu einer offenen Feindschaft.[48]

Im Mai 1930 stieß Cahan eine Diskussion über die Frage an, welche Art von Sozialismus zur gegenwärtigen Zeit passen würde. In seinem Artikel *Der Sozialismus damals und heute* verurteilte er den militanten „revolutionären" Sozialismus der Bolschewisten. Offenkundig fand er Gefallen an einer Revision des Marxismus, insbesondere an Bernsteins Behauptung, dass der Sozialismus durch graduelle Veränderungen aus dem kapitalistischen System heraus erreicht werden könne.[49] Abramovitch bezeichnete Cahans Betrachtung des Marxismus jedoch als eine Karikatur der Theorie, deren Grundprinzipien, so behauptete er, durchaus auf die Realität des 20. Jahrhunderts anwendbar blieben. Er verteidigte auch den „revolutionären Sozialismus" und argumentierte, dass dieser nicht notwendigerweise ein Programm zur direkten Vorbereitung eines Aufstandes beinhalten müsse.[50] Ihre Auseinandersetzung wurde in den Folgejahren fortge-

---

[47] Rogoff, Hillel: Der gayst fun „Forverts". New York: 1954. S. 204 f. Siehe auch Estraikh, Gennady: The Stalin Constitution on Trial in the Yiddish Daily „Forverts" 1936–1937. In: Aschkenas 24/1 (2014). S. 81–100.
[48] Siehe Estraikh, Gennady: Zalman Wendroff. The „Forverts" Man in Moscow. In: Jiddistik heute = Yiddish Studies Today = Leket. Hrsg. von Marion Aptroot [u. a.]. Düsseldorf 2012. S. 520.
[49] Cahan, Abraham: Der sotsyalizm amol un haynt. In: Forverts (25. Mai 1930). S. 4 f.
[50] Cahan, Raphael: Der lebn iz a nayer, ober di alte sotsyalistishe printsipn blaybn. In: Forverts (3. August 1930). Sektion 1. S. 3; Sektion 2. S. 11.

führt, jedoch stets in höflichem Ton und mit Beteuerungen von Respekt und Hochachtung. Cahan erklärte seine Bewunderung Marx gegenüber, aber es entsprach nicht seinem Naturell, „seinen Verstand zu verpfänden", wie er 1915 einmal darlegte, auch nicht an den großen Mann. In den 1920er Jahren kollidierte Cahans gesunder Menschenverstand häufiger mit marxistischen Postulaten, worauf Abramovitch einwand, er hätte dieses Problem nicht.[51]

Ein unterschiedliches Verständnis von Bolschewismus und Marxismus war nicht das einzige Problem, das zu begrifflichen Verwerfungen zwischen den beiden Ideologen führte. Abramovitch hegte eine Aversion gegen den nationalistischen Bestandteil der Politik des *Forverts* und widersprach beispielsweise Cahans Annäherung an den Fall Sholom Schwartzbard, dessen Mordanschlag auf Symon Petliura im Mai 1926, den ukrainischen Anführer während der großen Pogromwelle, sehr prominent im jüdischen und nicht-jüdischen öffentlichen Diskurs wurde. Die Menschewiki beschlossen, sich von diesem Racheakt zu distanzieren und ihn als einen Ausdruck von jüdischem Nationalismus zu sehen. Cahan erklärte andererseits (in einem Brief vom 19. November 1926), dass er tief in seinem Herzen Abramovitch zustimme, dessen Anti-Schwartzbard-Artikel aber nicht veröffentlichen könne, weil das die Leser verärgern würde.[52]

* * *

Es scheint, als ob Abramovitch, von allen im Ausland lebenden Menschewiki, den Kommunisten am verhasstesten war und sie ihn zu einem dauerhaften Ziel ihrer giftgetränkten Hetze machten.[53] Ironischerweise trugen die verbalen Attacken dazu bei, dass Abramovitchs Status wuchs und sein Name allgemein bekannt wurde, sowohl mit positiver als auch (unter pro-sowjetischen Aktivisten) negativer Konnotation. In jedem Fall war der *Forverts* stolz, eine solche Persönlichkeit unter seinen fest angestellten Feuilletonisten zu haben. Abramovitchs Wochengehalt im Jahr 1929 betrug 65 Dollar, was das Durchschnittsgehalt einer vollen

---

51 Siehe z. B. Abramovitch, Raphael: Nokh a mol vegn grintlekhe un nit-grintlekhe revolutsyes. An entfer tsu genose Ab. Kahan und Cahan, Abraham: Nokh etlekhe verter fun Ab. Kahan. In: *Forverts* (29. Januar 1933). Sektion 2. S. 1. Siehe auch Cahan, Abraham: „Der internatsyonal". In: *Forverts* (27. Dezember 1915). S. 5; ders.: „Far vos ken nokh nit zayn keyn emeser internatsyonal?". In: *Forverts* (29. Dezember 1915). S. 5.
52 YIVO Archive: The Papers of Abraham Cahan. RG1139. Box 2. Ordner 36; Szajkowski, Zosa: A Reappraisal of Symon Petliura and Ukrainian-Jewish Relations 1917–1921. A Rebuttal. In: Jewish Socialist Studies 31/3 (1969). S. 204; Men'sheviki v emigratsii. Protokoly Zagranichnoi Delegatsii RSDRP 1922–1951 gg. Moscow 2010. Teil 1. S. 243.
53 Romerstein, Herbert/Breindel, Eric: The Venona Secrets. Exposing Soviet Espionage and America's Traitors. Washington D.C. 2000. S. 313; Vaiskopf, Mikhail: Pisatel' Stalin. Moskau 2001. S. 264–266.

deutschen Universitätsprofessur überschritt.⁵⁴ Bezeichnenderweise war Cahan froh, Abramovitch in die USA einzuladen, zog es aber vor, Lestschinsky in Europa zu belassen und legte sogar mehrfach sein Veto gegen die Versuche anderer amerikanischer Organisationen ein, ihn als Redner einzuladen.⁵⁵

Im Jahre 1925, als Abramovitch die USA als Gast des Jüdisch-Sozialistischen Farband und des *Forverts* bereiste, bildeten die Kommunisten spezielle „Kampfeinheiten", um während seiner Vorträge Skandale zu provozieren.⁵⁶ So wurden am 15. März im Garrick-Theater in Chicago 20 Personen verletzt, mindestens ebenso viele wurden durch die Polizei festgenommen (sie wurden später entlassen), und einhundert Polizeikräfte mussten eingesetzt werden, um den Aufstand unter Kontrolle zu bringen. Erst nachdem sie zwei Stunden mit der Menge gekämpft hatten, war es der Polizei letzten Endes gelungen, die Aufständischen zu bändigen und Abramovitch eine Chance zu geben, zu sprechen.⁵⁷ Anhand eines *Pravda*-Artikels mit dem Namen *Abramovitch tourt durch Amerika* konnte man zu dem Urteil gelangen, Moskau billige oder unterstütze solche Gewaltakte sogar.⁵⁸ Die Moskauer jiddische Tageszeitung *Der emes* (Wahrheit) bezeichnete Abramovitch als den „bekannten Nestbeschmutzer" („bavuster shmuts-varfer") und bezog sich in seinem Artikel *Abramovitchs Niederlage in Amerika* auf Material der kommunistisch-jiddischen New Yorker Tageszeitung *Frayhayt* (Freiheit), die die Schuld für gewalttätige Angriffe den anti-sowjetischen Sozialisten gab.⁵⁹ Die kommunistische Kampagne nahm solch extreme Formen an, dass die American Civil Liberties Union Ende März die Aufforderung an das Exekutivkomitee der (kommunistischen) Arbeiterpartei sendete, sich zu den „Störungen gegenerischer Veranstaltungen mit Blick auf die eigenen Forderungen der Partei nach freier Rede" zu positionieren.⁶⁰

---

54 In seinem Brief vom 7. Dezember 1929 versprach Cahan sogar, Abramovitchs Gehalt auf $ 75 zu erhöhen. YIVO Archive. Papers of Abraham Cahan. RG1139. Box 2. Ordner 37. Vgl. Maus, Christian: Der ordentliche Professor und sein Gehalt. Die Rechtsstellung der juristischen Ordinarien an den Universitäten Berlin und Bonn zwischen 1810 und 1945 unter besonderer Berücksichtigung der Einkommensverhältnisse. Bonn 2012. S. 227.
55 YIVO Archive. Papers of Jacob Lestschinsky. RG 339. Ordner 77, insbesondere Brief Nr. 15 vom 15. September 1931 von der Erziehungsabteilung des Educational Department des Workmen Circle.
56 Shub: Fun di amolike yorn (wie Anm. 42), S. 649.
57 Police Rout Rioting Reds in Loop Theater. Foe of Soviets Here to Rap Moscow Acts. In: Chicago Daily Tribune (16. März 1925). S. 1.
58 Abramovich gastroliruet v Amerike. In: Pravda (14. Februar 1925). S. 2.
59 Abramovitshes mapole in Amerike. In: Der emes (10. Februar 1925). S. 3f.
60 Say Workers' Party Denies Free Speech. In: The Washington Post (27. März 1925). S. 3.

Trotz alledem war es eine erfolgreiche Tour, die etwa 25.000 Hörer in über 60 Veranstaltungen anzog. Als Abramovitch am 19. April 1925 seine Abschiedsrede hielt, befanden sich 3000 Menschen in der Carnegie Hall und jubelten ihm zu. „Es ist äußerst befriedigend", sagte er, „zu sehen, dass fortschrittliche gesonnene Denker in Amerika zu sehen beginnen, dass die sowjetische Regierung nicht mehr ist als Despotismus, getarnt unter der Maske eines Helden der Volksmassen." Abraham Cahan und Baruch Charney Vladeck, Geschäftsführer des *Forverts* und eine als „zweiter Lassalle" gefeierte, bekannte Figur in bundistischen Kreisen, sprachen ebenfalls. Nathan (Nokhem) Chanin, Sekretär des Jüdisch-Sozialistischen Farband und in seiner Jugend ein Bundist, hatte den Vorsitz bei dieser Kundgebung inne. Er verkündete, dass die Gesamtsumme der Spenden aus den landesweiten Versammlungen während Abramovitchs Tour rund $ 14.000 betrug, die zur Unterstützung der SDAPR verwendet werden würden.[61] Einiges Geld kam aus dem Verkauf von Abramovitchs jiddischem, im März 1922 unter dem Logo des Jüdisch-Sozialistischen Farband veröffentlichtem Pamphlet *Der Terror gegen die sozialistischen Parteien in Russland und Georgien* (Der teror gegn sotsyalistn in Rusland un Gruzye). Die Broschüre enthielt einen Vermerk, dass alle Erlöse aus dieser Publikation eingesetzt werden würden, um inhaftierten und exilierten Sozialisten in Russland zu helfen.

Auch in Berlin sahen die Kommunisten Abramovitch als die Verkörperung der Sowjetfeindlichkeit an. Als der jiddische Prosa-Schriftsteller David Bergelson, damals wohnhaft in Berlin, 1926 eine Kehrtwende machte und sich anstelle des *Forverts* mit der pro-sowjetischen *Frayhayt* verbündete, polierte er seinen neuen Status sogleich mit einer Verurteilung Abramovitchs in einem Artikel mit dem Titel *Seine koscheren Lippen* auf.[62] Im März 1927 unterbrachen Kommunisten wiederholt Abramovitchs Vortrag im Sholem Aleichem Club Berliner jiddischer Literaten, die ihn eingeladen hatten, an Diskussionen über die Revolution vom Februar 1917 und deren Einfluss auf Russlands Juden teilzunehmen. Von Bergelsons Freund Alexander Khashin (Zvi Averbukh), der die kommunistische Fraktion der Arbeiter-zionistischen Bewegung in der post-revolutionären Ukraine leitete und später in Berlin lebte, kam eine besonders scharfe Erwiderung. (Vom Ende der 1920er Jahre bis zu seiner Verhaftung im Zuge der stalinistischen Säuberungen arbeitete Khashin als jiddischer Journalist in Moskau. Er wurde im September 1938 hingerichtet.) Die erste Diskussionsrunde vom 13. März musste am 26. März

---

[61] Soviet Denounced by Big Crowd Here. Farewell Demonstration for Rafael Abramowitch of Russian Social Democrats. In: The New York Times (20. April 1925). S. 31.
[62] Bergelson, David: Zayne koshere leftsn. In: Frayhayt (22. Mai 1926). S. 4.

fortgesetzt werden, als ausschließlich eingeladenen Personen der Zutritt zum Club gestattet wurde.[63]

Abramovitch musste noch einmal die volle Wucht verbaler und schriftlicher Angriffe der Kommunisten aushalten, als er im Januar 1930 als „bedeutender Gast der jüdisch-sozialistischen Bewegung in Amerika – als berühmter Publizist, Redner und Exekutiv-Mitglied der sozialistischen Internationalen"[64] in die USA kam. Er brachte die Nachricht, dass sich die Sowjetunion auf ein „Finale" hin bewegen würde und dass „die Härte des sowjetischen Terrors ... selbst den Terror der Thermidorianischen Periode der Französischen Revolution in den Schatten stelle."[65] Die Leser des *Forverts* erfuhren, dass Abramovitch am 7. März einen Brief aus Moskau erhalten hatte, der am 12. Februar durch das illegale Zentralkomitee der SDAPR versandt worden war. Die Menschewiki, die in Russland im Untergrund arbeiteten, beschrieben die Terrorwelle, die die Sowjet-Obrigkeiten entfesselt hatte.[66]

Die Moskauer *Pravda* berichtete von Protesten amerikanischer Kommunisten gegen Abramovitchs Vorlesungen, jedoch hatte es scheinbar dieses Mal keine Gewaltakte gegeben.[67] Abramovitch schrieb in einem Brief an die *New York Times*, dass das pro-sowjetische Lager eine Parallele ziehe „zwischen meiner Kritik des sowjetischen Regimes und den Attacken auf die sowjetische Regierung durch ‚Weiße Garden, Priester und Rabbis'. Das ist dieselbe Anschuldigung, die gegen mich aufgebracht wurde, als ich Amerika vor fünf Jahren besuchte und die von bolschewistischen Apologeten während der letzten zwölf Jahre stets wiederholt worden ist."[68] In seinem vorherigen Brief an die *New York Times* hatte er die sowjetische Kampagne der landwirtschaftlichen Kollektivierung als eine „historische Tragödie" bezeichnet, „von der Millionen von Menschen betroffen waren." Er betonte, dass der „dumme und sture Stalin sich von nichts aufhalten lassen wird. Keine Grausamkeit wird ihn davon abhalten, weiterzumachen." In der Folge wurde das Land „in eine Hölle auf Erden verwandelt, nicht nur für Ex-Bourgeois,

---

63 Doklad Abramovicha. In: Rul' (16. März 1927). S. 5; Khronika. In: Rul' (25. März 1927). S. 4.
64 Dieser Text erschien am Tag nach seiner Ankunft, unter Abramovitchs Foto, im Forverts am 12. Januar 1930. Sektion 3. S. 19.
65 Sees Soviet Russia Facing „Showdown". Socialist Leader Says Stalin Must Swing to the Right or Meet Disaster. In: The New York Times (12. Januar 1930). S. 33.
66 Geheymer dokument fun Moskve dekt oyf Stalins blut bod in shtet un derfer iber gants Rusland. In: Forverts (7. März 1930). S. 1, 10.
67 Vil'son, B.: Burnye dni. In: Pravda (2. März 1930). S. 2.
68 Abramovitch, Raphael: Unemployment in Russia. Mr. Abramovitch Reiterates Statements Denied by Friends of Soviet. In: The New York Times (16. März 1930). S. E5; Hold Unemployment Absent in Russia. In: The New York Times (7. März 1930). S. 3.

sondern für die Bauern ebenfalls."⁶⁹ In den folgenden Jahren schrieb Abramovitch über Stalins „Generallinie", die im Winter 1928/1929 durchgesetzt wurde und die zu einer Industrialisierung führte, welche Millionen Bauern zu Hunger und Leid verdammte.⁷⁰

Abramovitch beobachtete das Verhältnis von Sowjetregime und Bauernschaft sehr genau. Er war der Meinung, dass sich Russland infolge der NÖP in ein Bauernland mit einer neuen, sich entwickelnden Form des Kapitalismus verwandelte; ein Land, dessen soziale und politische Probleme, inter alia, Antisemitisms zur Folge haben würden.⁷¹ Aus Anlass des zehnten Jubiläums der Revolution betonte er die Notwenigkeit, demokratische Methoden anzuwenden, um einen Kompromiss mit der Bauernklasse zu finden.⁷² Dieses Thema blieb auch während seines Besuchs von 1930 aktuell, v. a. infolge der Publikation von Stalins Artikel *Schwindelig vom Erfolg* vom 2. März, mit dem die Bauern besänftigt werden sollten, indem das durch die Exzesse der Kollektivierung hervorgerufene Leid zugegeben und eine vorübergehende Unterbrechung des Prozesses angekündigt wurde. Die Zusammenfassung des *Forverts* zu diesem Artikel erschien am 3. März unter dem Titel *Stalin hat Angst vor den Bauern* und befiehlt den Kommunisten Zurückhaltung.⁷³

1930 erstellte Abramovitch seine Analyse auf Grundlage eines Berichts, der für die SAI durch ein spezielles Ermittlungskomitee erstellt wurde, dessen Vorsitzender er war. Seine spezielle Einschätzung der Situation führte zu der etwas abgehobenen Behauptung, dass „99 Prozent der Russen das auf Unterdrückung und Gewalt begründete" sowjetische Regime, das unfähig war, „ohne Terror zu existieren", ablehnten. Es ist wenig überraschend, dass zur Zeit der Depression die Arbeitslosigkeit, laut seiner Behauptung, von Millionen sowjetischer Arbeiter und Bauern, zu dem zentralen Thema seiner Vorlesungen wurde. Er wies darauf hin, dass, obwohl die Sowjetunion inzwischen ein Arbeitslosenversicherungssystem besaß (das noch im selben Jahr abgeschafft werden sollte, als die sowjetische Regierung erklärte, das Problem der Arbeitslosigkeit gelöst zu haben),

---

69 Abramovitch, Raphael: „Drive to the Left" in Russia Seen as Menace to Country. Stalin, It Is Declared, Has for His Objective the Extermination of the Peasant. In: The New York Times (9. Februar 1930) S. E5.
70 Siehe z. B. Abramovitch, Raphael: Stalin. In: Forverts (6. März 1949). Sektion 2. S. 3; ders.: Di koleltivizatsye. In: Forverts (20. März 1949). Sektion 2. S. 3.
71 Abramovitch, Raphael: Farvos vakst der antisemitizm in sovet-Rusland? In: Forverts (17. April 1927). S. 6 f.
72 Abramovitch, Raphael: Der sakh-hakl fun di tsen yor bolshevistishe revolutsye. In: Forverts (8. November 1927). S. 3.
73 Stalin hot moyre far di poyerim; heyst komunistn geyn pamelekh. In: Forverts (3. März 1930). S. 1.

lediglich ein Teil der Arbeiter davon Gebrauch machen konnte. „Dem Rest sei gestattet zu verhungern, und sollten sie sich wehren, würden sie die Brutalität der Regierung zu spüren bekommen."[74]

Abramovitch machte nie ein Geheimnis aus seiner Ablehnung von Cahans Wendung hin zur „komplett geschmacklosen" Unterstützung des zionistischen Projekts während der zweiten Hälfte der 1920er Jahre.[75] Während eines Besuchs von Abramovitch im Jahr 1930 bekundete Cahan erneut seine Sympathien mit dem palästinensischen Projekt.[76] Gegen Ende seines Aufenthalts begegnete Abramovitch dem angesehenen zionistischen Ideologen Shmaryahu Levin – ihre öffentliche Debatte über den Zionismus fand an der Stuyvesant High School in New York statt. Laut des Berichts des Forverts-Journalisten Harry Lang (der sich drei Jahre später durch die Veröffentlichung eines Berichtes über den Holodomor in der Ukraine aus erster Hand einen kleinen Platz in den Geschichtsbüchern sicherte), tat Abramovitch das zionistische Projekt als Utopie ab, die schwerer zu verwirklichen sei als die sowjetische Utopie des Fünf-Jahres-Plans, denn die Sowjetunion hätte ja zumindest natürliche Ressourcen. Er beschrieb die osteuropäische Emigration nach Palästina als einen Sprung vom 19. Jahrhundert zurück ins 16. Jahrhundert, wohingegen die Emigration nach Amerika die Juden in das 20. Jahrhundert versetze. Abgesehen davon, argumentierte er, könne ein Staat in Palästina nicht die Probleme für alle Juden lösen, wohingegen der Sozialismus sehr wohl das Potential hätte, das zu tun.[77]

Die Ergebnisse der Reise von 1930 zusammenfassend, betonte Cahan, dass Abramovitchs „charakterliche Anziehungskraft" deren „spektakulären Erfolg" möglich gemacht hatte, was gleichbedeutend damit war, dass Gelder für den *Sozialistitscheskij westnik* gesammelt worden waren. Laut Cahan war „Abramovitchs Name einer der leuchtendsten unserer Bewegung in Amerika und in Europa".[78] Im Gegensatz dazu blieb sein Name einer der finstersten im politischen Diskurs der Sowjets. Im Juni 1930, während des 16. Kongresses der sowjetischen Kommunisten, wertete Stalin die bittere Kritik durch die Gegner, darunter Abra-

---

74 Jobless in Russia Meet Red Bayonets. In: The New York Times (6. März 1930). S. 10.
75 Liebich, André: From the Other Shore: Russian Social Democracy after 1921. Cambridge 1997. S. 221. Siehe auch Jewish Socialists in the United States. The Cahan Debate 1925–1926. Hrsg. von Yaakov N. Goldstein. Brighton 1998.
76 Cahan, Abraham: Mayn batsiung tsum tsienizm. In: Forverts (30. März 1930). S. 7.
77 Lang, Harry: Di tsienizm-debate tsvishn R. Abramovitsh un dr. Shmaryahu Levin. In: Forverts (29. April 1930). S. 2, 5.
78 Cahan, Abraham: Tsu dem toast-mayster un gest fun dem gezegnungs-banket lekoved genose R. Abramovitsh 26. April 1930. YIVO Archive: Papers of Abraham Cahan. RG1139. Box 2. Ordner 36.

movitch, als Zeichen, dass die Partei die richtige Strategie gewählt hätte.[79] Abramovitch wiederum schrieb, dass der 16. Kongress Stalins Aufstieg zum Diktatoren bewiesen habe und kommentierte den Zeitpunkt der Versammlung sarkastisch: vor der Ernte, welche die Kehrseite der Kollektivierung enthüllen würde.[80] (Letzten Endes wurde die Ernte von 1930 die beste seit 17 Jahren. Ernste Probleme wie der Holodomor traten später auf.)

Im Jahre 1931 veröffentlichte der Propagandaapparat der Kommunistischen Partei Amerikas eine Broschüre mit dem Titel *The Workmen's Circle Helps Organize a War against the Soviet Union: The Role of Abramovitch and the Workmen's Circle in the Intervention Conspiracies against the Proletarian Fatherland*, in der Abramovitch, „der Führer der russischen Sozialisten in der Emigration", u. a. des illegalen Besuchs der Sowjetunion im Jahre 1928 beschuldigt wurde, um den sozialistischen Untergrund mit Instruktionen und Geld zu auszustatten.[81] Trotz reichlicher und überzeugender Beweise, dass Abramovitch nicht in die Sowjetunion reiste, wurde diese Geschichte zur „Grundlage" für die Verfolgung von Personen, insbesondere während des „Menschewiki-Prozesses" von 1931, einem der Moskauer Schauprozesse in den 1930er Jahren.[82]

* * *

Der *Forverts* ignorierte die wachsende Bedrohung durch den Nazismus nicht, aber es herrschte ein hoher Grad an Wunschdenken unter vielen Journalisten, die daran glaubten, dass die Sozialdemokraten in der Lage sein würden, Hitlers Partei davon abzuhalten, an die Macht zu kommen. Erst am 23. Februar 1933 veröffentlichte die Zeitung Lestschinskys Artikel *Hitler wird sich seinen Kopf an der eisernen Wand der vereinigten deutschen Arbeiter zerbrechen* und berichtete eine Woche später erfreut, dass – wieder laut Lestschinsky – die Nazis keine Unterstützung unter den Fabrikarbeitern hätten, deren kommunistischer Teil die Be-

---

[79] Stalin, Josef: Politicheskii otchet Tsentral'nogo Komiteta XVI s'ezdu VKP(b). In: Pravda (29. Juni 1930). S. 4.
[80] Abramovitch, Raphael: Der kongres fun der komunistisher partey hot gutgeheysn Stalins politik, vayl Stalin hot azoy geheysn. In: Forverts (24. Juli 1930). S. 5.
[81] Der arbeter-ring helft organizirn milkhome kegn sovetn-Rusland. Di rol fun Abramovitshn un dem arbiter-ring in di interventsye-farshverungen kegn proletarishn foterland. New York 1931. S. 3.
[82] Mensheviki Call Their Chief a Liar. Outbursts in Moscow Trial are Aroused by Abramovitch Denial of Stories from Exile. In: The New York Times (5. März 1931). S. 11; Adler, Friedrich [u. a.].: The Moscow Trial and the Labour and Socialist International. London 1931; Uimanov, Valerii N.: Protsess „Soiuznogo biuro men'shevikov" i sud'ba men'shevika M. A. Valerianova-Brounshteina. In: Vestnik Tomskogo gosudarstvennogo universiteta 355 (2012). S. 78. Siehe auch z. B. Zametaiut sledy. In: Izvestiia (4. März 1931). S. 4; Vstrechi i besedy s Abramovichem. In: Izvestiia (6. März 1931). S. 4.

reitschaft signalisiert habe, eine Einheitsfront mit den sozialistischen Kontrahenten zu bilden.[83] Die Ereignisse entwickelten sich jedoch in eine andere Richtung: Lestschinsky wurde am 11. März verhaftet. Unter dem Druck des amerikanischen Außenministeriums wurde er nach vier Tagen im Gefängnis mit der Anordnung entlassen, Deutschland innerhalb von zwei Wochen zu verlassen.[84]

Es scheint, dass Abramovitch zu einer zurückhaltenderen Einschätzung als Lestschinsky neigte. Während einer Zusammenkunft der SAI 1928 sagte er:

> So sehr sich Faschismus und Bolschewismus auch bezüglich ihrer sozialen Ideen und Klassenanalysen unterscheiden, ähneln sie sich doch wie Blutsbrüder in ihren Methoden und Verfahren. Faschismus und Bolschewismus sind die beiden großen Gefahren, die die Arbeiterklasse aus entgegengesetzten Richtungen, aber gleich stark bedrohen. Es ist zwingend erforderlich, dass die Sozialistische Internationale sie beide bekämpft, auf unterschiedliche Art und Weise, aber mit aller Energie und Kraft, die sie aufbringen kann.[85]

Bereits am 20. Juni 1932 schrieb er an Cahan, dass sein Optimismus verflogen sei und dass Deutschland „eine Periode der heftigen Reaktion, die zu Faschismus wie in Italien oder Ungarn führen könne" bevorstünde.[86] Ende 1932 glaubte er nicht mehr, dass Kurt von Schleichers Regierung, „die letzte Karte der deutschen, nichtfaschistischen Reaktion", eine Lösung für diese Krise finden könnte. Die Zukunft sah finster aus. Anfang 1933 bereitete die Auslandsdelegation, damals teils eine Verbindung gleichgesinnter Ideologen, teils einflussreicher Think-Tanks, den Wegzug aus Deutschland vor. Fedor Dan, der damalige Vorsitzende der Delegation (sieben Jahre später würde Abramovitch als deren Vorsitzender gewählt werden), ging nach Paris, wo die Menschewiki zahlreiche Freunde unter den Sozialisten hatten. Das Berliner Büro des American Jewish Joint Distribution Committee und

---

83 Lestschinsky, Jacob: Hitler vet brekhn dem kop on der ayzerner vant fun di fareynikte daytshe arbeter. In: Forverts (23. Februar 1933). S. 4; ders.: Vos di daytshe yidn hobn durkhgelebt in di ershte vokhn fun Hitlers hershaft. In: Forverts (1. März 1933). S. 5.
84 Lestschinsky, Jacob: Forverst-korespondent Leshtsinski dertseylt vi azoy di hitleristn hobn im arestirt. In: Forverts (13. April 1933). S. 4; Klinov, Y.: Di „zibete melukhe" firt milkhome mint „dritn raykh". Vi azoy arbetn un lebn itst yidish-oyslendishe zhurnalistn in Berlin. In: Haynt (23. Juli 1933). S. 9 f.; The American Jewish Year Book. Hrsg. von Harry Schneiderman. Philadelphia 1934. S. 160.
85 Laqueur, Walter: Fin de Siècle and Other Essays on America and Europe. New Brunswick 1997. S. 183. Zuvor hatte Fedor Dan geschrieben, dass die Kommunisten Hand in Hand mit den Faschisten gearbeitet hatten – siehe sein Artikel „Der hoypt-untersheyd tsvishn sotsyalizm un bolshevizm". In: Forverts (25. September 1927). S. 2. Ironischerweise entdeckten ungefähr zur selben Zeit Komintern-Ideologen eine „sozial-faschistische Tendenz" in der Sozialdemokratie – siehe z. B. Draper, Theodore: The Ghost of Social-Fascism. In: Commentary 47/2 (1969). S. 29–43.
86 YIVO Archive. Papers of Abraham Cahan. RG1139. Box 2. Ordner 37.

der Hilfsverein der deutschen Juden halfen bei der Organisation ihres Umzugs finanziell. In der Folge war der *Sozialistitscheskij westnik* im Mai 1933 wieder in der Lage, als ein in Paris ansässiges Magazin zu erscheinen. [87]
Abramovitch schrieb später:

> Als die Nazis in Deutschland ihren Aufstieg begannen, waren die russischen Menschewiki, die Flüchtlinge in Deutschland waren – komischerweise – die Einzigen in den sozialistischen Zirkeln, die die Natur und den zukünftigen Kurs der Nazis in vollem Umfang verstanden. [...]
>
> Dieser Autor [gemeint ist Abramovitch] ging von Berlin nach Zürich, um im März 1933, ein paar Tage nach dem Reichstagsbrand, am Treffen des Exekutivkomitees der Sozialistischen Internationale teilzunehmen. Nachdem er detailliert von der Lage in Deutschland berichtet hatte, beendete er seine Rede mit den Worten des Braven Soldaten Schweik, dem Helden des berühmten tschechischen Romans: ‚Und so, meine Freunde, wollen wir uns wiedertreffen um 6 Uhr, nach dem Zweiten Weltkrieg.' Die deutschen Genossen aber weigerten sich beharrlich die Bedeutung dessen zu verstehen, was da vor ihren Augen geschah. Sie betrachteten die Nazis als ein vorübergehendes Geschwür, eine Art Massenpsychose, die als Resultat von Inflation und ökonomischer Krise von den Deutschen Besitz ergriffen hatte, und sie dachten, dass ihnen eine kluge und bedachte Politik ermöglichen würde, die Nazi-Infektion zu überstehen. Deshalb waren sie auch nicht bereit, entschlossen zu handeln, revolutionäre Schritte einzuleiten und die radikalen Maßnahmen zu ergreifen, die ihnen die russischen Menschewiki empfahlen.[88]

Am 20. März 1933 schrieb Abramovitch aus Paris an Cahan:

> Unter großer Mühe habe ich es geschafft, aus Deutschland wegzukommen, bevor es zu spät war. Ich habe versucht, so lange wie möglich da zu bleiben, aber irgendwann bekam ich einen Hinweis, der mich sofort zwang, ‚etwas zu unternehmen'. Andernfalls hätte ich unbegrenzt in Deutschland bleiben können, um irgendwann in einem Konzentrationslager zu enden. Zusätzlich bestand eine sehr unerfreuliche Aussicht: Ich fand heraus, dass die Hitleristen den Plan hatten, die ‚verräterischen' Verbindungen zwischen den deutschen Sozialdemokraten und der ‚jüdischen' Zweiten Internationale vor ‚Gericht' zu stellen. In solch einem ‚Prozess' wäre ich eine sehr ‚dienliche' Person für die Nazis gewesen: ein Jude, ein Russe, ein Korrespondent einer jiddischen Zeitung und ein Mitglied des Büros der Sozia-

---

[87] Abramovitch, Raphael: Ikh antloyf fun Hitlern. In: Forverts (24. Juli 1949). Sektion 2. S. 3; ders.: Baym geyn fun eyn goles in a tsveytn. In: Forverts (31. Juli 1949). Sektion 2. S. 3, 8; ders.: Iber nakht iz Pariz gevorn der tsenter fun yidishe kultur-mentsn un eyropeishe sotsyalistn. In: Forverts (7. August 1949). Sektion 2. S. 3.
[88] Abramovitch: The Soviet Revolution 1917–1939 (wie Anm. 23), S. 375 f.

listischen Internationalen, das stets freundschaftliche Beziehungen mit führenden deutschen Sozialdemokraten gepflegt hatte.[89]

Nun verspürte er das Bedürfnis, über die tragischen Fehler der deutschen Sozialdemokraten zu schreiben, bekam für einen solchen Text aber keinen Platz auf den Seiten des *Forverts*. In einem ausführlichen Brief an Abramovitch vom 18. April 1933 erklärte Cahan, dass seine Entscheidung von seinem Widerwillen herrührte, eine Partei zu kritisieren, die unter Verfolgung litt, aber vor allem habe es mit der Situation in der ASP zu tun. Cahan, der ebenso wie die Mehrheit der Sozialisten im Umfeld des *Forverts* dem streng anti-kommunistischen Flügel, bekannt unter dem Namen „Alte Garde", angehörte, befürchtete, dass Abramovitchs Analyse den eher radikalen Flügel der „Militanten" dazu ermutigen würde, mit der Komintern zu kooperieren.[90] Daher bevorzugte es Cahan, die Sozialdemokraten zu glorifizieren und den Kommunisten die Schuld zu geben, wie er es in seinem Artikel *Der Kampf der deutschen Sozialdemokraten um den Erhalt der Republik* tat.[91]

Im August 1933, auf der in Paris veranstalteten Konferenz der SAI, empfand Cahan Abramovitchs Argumente als wenig überzeugend. Wie viele andere Teilnehmer auch widersprach er der Behauptung Abramovitchs, dass die Sozialdemokraten gegen die Nazis zu den Waffen greifen müssten. Abramovitch kritisierte die Sozialdemokraten außerdem für die Verzögerung bei der Organisation eines effektiven Netzwerkes im Untergrund.[92] Gleichzeitig gestattete es ihm seine, in den Jahren während des Ersten Weltkriegs entwickelte, „internationalistische" Haltung nicht, sich jenen Sozialisten anzuschließen, die nach einer internationalen militärischen Intervention riefen, denn darin hallte das Echo jener Krise wider, die sich innerhalb der sozialistischen Bewegung ausgebreitet hatte, als sich sozialdemokratische Parlamentarier in Deutschland und Frankreich mit ihren kriegslüsternenerischen Regierungen verbündeten.[93]

---

89 Abramovitch, Raphael an Abraham Cahan. 20. März 1933. YIVO Archive: Papers of Abraham Cahan, RG1139, Box 2, Ordner 37; Estraikh: The Berlin Bureau of the New York Forverts (wie Anm. 5), S. 157 f.
90 Cahan, Abraham an Raphael Abramovitch. 18. April 1933. International Institute of Social History: R. Abramovič Papers, Korrespondenz, Ordner 3.
91 Cahan, Abraham: Der kamf fun di daytshe sotsyal-demokratn tsu rateven di republik. In: Forverts (23. April 1933). Sektion 2. S. 1.
92 Abramovitch, Raphael: Ven es iz gekumen di sreyfe oyfn daytshn raykhstag. In: Forverts (17. Juli 1949). Sektion 2. S. 3; ders.: Historishe teg in internatsyonaln sotsyalizm. In: Forverts (4. September 1949). S. 6. Sektion 2. S. 3.
93 Abramovitch: Baym geyn fun eyn goles in a tsveytn (wie Anm. 87). Siehe auch Estraikh, Gennady: American Yiddish Socialists at the Wartime Crossroads. Patriotism and Nationalism

Abramovitch schrieb bis zum Besuch Cahans in Paris im August 1933 nicht mehr für den *Forverts*. Während dieser Zeit war ihr Verhältnis an einem Tiefpunkt angelangt. Schlussendlich wurde ein Kompromiss gefunden: Abramovitch bestand nicht länger darauf, jenen Artikel, welcher die deutschen Sozialdemokraten sehr scharf kritisierte, zu veröffentlichen, während Cahan ihm gestattete, in einem weniger beißenden Tonfall über dieses Thema zu schreiben. Schließlich lobte Abramovitch den „ehrenhaften Stil", in welchem Cahan mit dem Konflikt umging.[94]

Infolge der Niederlage Frankreichs durch die Deutschen half das Jewish Labor Committee (JLC), in dem der *Forverts* eine zentrale Rolle spielte, den Sozialisten der Raphael Abramovitch-Gruppe, in die USA zu fliehen. Abramovitch erhielt im August 1940 die Summe von 5000 Dollar vom JLC, um die Überfahrt seiner Genossen nach Amerika zu finanzieren. Sie waren vorübergehend in der Nähe von Toulouse, Montauban, Agen oder Castres untergebracht worden und sollten als erste evakuiert werden. Am 6. September 1940 erreichte Abramovitch, an Bord der SS Excalibur der American Export Lines gemeinsam mit seiner Frau, seinen zwei Töchtern (sein Sohn Mark Rein war mutmaßlich im April 1937 durch sowjetische Agenten gekidnappt und ermordet worden)[95] und sechs seiner politischen Freunde, von Lissabon kommend, New York.[96] Abramovitch beschrieb die Geschichte ihrer Flucht aus dem von den Nazis okkupierten Frankreich in einer Serie von Artikeln.[97] Er schrieb weiter für den *Forverts* und drückte „in der klarsten und tiefsten Weise die Haltung der Zeitung gegenüber den Problemen und Ereignissen in der internationalen Politik" aus. Am Ende löste er sich ein wenig von der Ideologie des „revolutionären Sozialismus" und akzeptierte in gewisser Weise

---

versus Proletarian Internationalism. In: World War I and the Jews. Hrsg. von Marsha L. Rozenblit u. Jonathan Karp. New York 2017. S. 279–302.
94 Abramovitch, Raphael: Der kamf in sotsyalistishn internatsyonal gegen di daytshe sotsyaldemokratn. In: Forverts (11. September 1949). Sektion 2. S. 3.
95 Siehe z.B. die Memoiren von Willy Brandt, Mark Reins Freund während des Spanischen Bürgerkriegs: Erinnerungen. Mit den „Notizen zum Fall G.". Berlin 1994. S. 118 f.
96 Collomp, Catherine: The Jewish Labor Committee, American Labor, and the Rescue of European Socialists 1934–1941. In: International Labor and Working Class History 68 (2005). S. 124; Blum, Matthias und Claudia Rei: Escaping the Holocaust. Human and Health Capital of Refugees to the United States 1940–42. Working Paper 2015–08. Belfast 2015. S. 44.
97 Abramovitch, Raphael: Genose Abramovitsh dertseylt vi er hot zikh aroysgeratevet fun Frankraykh. In: Forverts (11. September 1940). S. 2, 4; 12. September 1940, S. 3, 8; 13. September 1940, S. 3, 6; ders.: Di tragishe nakht ven Frankraykh hot zikh untergegbn. In: Forverts (16. September 1940). S. 3, 6; ders.: Abramovitsh shildert dem gelof nokh vizes aroystsuforn fun Frankraykh. In: Forverts (20. September 1940). S. 2 f.; Abramovitsh shildert zayne letste teg in dem natsistishn Frankraykh. In: Forverts (23. September 1940). S. 2 f.

Cahans Formel des „"demokratischen Sozialismus' mit der Betonung auf dem Wort ‚Demokratie'."[98]

Aus dem Englischen von Claudia Boujeddayn[99]

---

98 Rogoff: Der gayst fun „Forverts" (wie Anm. 47), S. 202, 208.
99 Übersetzt wurden auch die Zitate, vornehmlich von Zeitungstexten, die Gennady Estraikh bereits aus dem Jiddischen ins Englische übersetzt hatte. Herzlich danken möchte ich Anja Jungfer und Jakob Stürmann für ihre wertvollen Hinweise bei der Übersetzungsarbeit.

Christoph Gollasch
Identitätszuschreibung, Gewalterfahrung, Verarbeitung

Der Kommunist Rudolf Bernstein als Jude im KZ Sonnenburg

Als ich 2014 in der Mahn- und Gedenkstätte Ravensbrück als studentischer Mitarbeiter der pädagogischen Dienste zu lohnarbeiten begann, befand sich die Gedenkstättenpädagogik längst im Wandel. Immer mehr Zeitzeug_innen starben, sodass nur noch ihre vermittelten Überlieferungen Teil der Erinnerungsarbeit sein konnten. Zu den wenigen Gelegenheiten, mit ehemaligen Insassinnen des Konzentrationslagers (KZ) Ravensbrück direkt in Kontakt zu kommen, zählt bis heute das jährlich in der Gedenkstätte stattfindende Generationenforum. In dessen Rahmen gehörte ich 2015 zu den Teilnehmer_innen, denen Selma van de Perre Folgendes berichtete: 1944 in Utrecht verhaftet, verschleppten sie die Nazis nach Ravensbrück, wo sie für Siemens Zwangsarbeit leistete. Nach und nach litten die Insassinnen der Baracke, in der van de Perre untergebracht war, unter Flohattacken. Nur sie selbst sei wundersamer Weise verschont geblieben. Entsprechend habe sie zu zweifeln angefangen: Sollten die Deutschen am Ende doch recht damit behalten, dass sie jüdisches Blut habe? In den nächsten Tagen sei sie folglich vom Wunsch beseelt gewesen, auch von Flöhen befallen zu werden. Und so sei ihr, als sie endlich einen Biss entdeckt habe, ein Stein vom Herzen gefallen, während die anderen Mitgefangenen, malträtiert vom unliebsamen Ungeziefer, van de Perre für verrückt erklärten.

Jüdisch-Sein in der Arbeiterbewegung und antisemitische Gewalt

Für Akteur_innen der kommunistischen Arbeiterbewegung der Zwischenkriegszeit spielte Jüdisch-Sein häufig nur eine marginale Rolle. Schließlich wurde es tendenziell einerseits unterkomplex auf religiöse Aspekte reduziert, andererseits der Antisemitismus schlicht als falsches Bewusstsein aufgefasst.[1] Bereits 1844 hatte Karl Marx als wichtigster Vordenker in seiner Rezension *Zur Judenfrage*

---

[1] Vgl. Silberner, Edmund: Sozialisten zur Judenfrage. Ein Beitrag zur Geschichte des Sozialismus vom Anfang des 19. Jahrhunderts bis 1914. Berlin 1962; ders.: Kommunisten zur Judenfrage. Zur Geschichte von Theorie und Praxis des Kommunismus. Opladen 1983.

https://doi.org/10.1515/9783110523935-011

dafür den Grundstein gelegt.² Selbst Rosa Luxemburg, die sich dezidiert gegen den Antisemitismus in Europa und in der Sozialdemokratie wandte,³ war sich der Bedeutung des jüdischen Proletariats in den osteuropäischen Städten nicht bewusst.⁴ So ist die regelmäßig auftretende Verwunderung darüber, warum Marxist_innen in ihren Memoiren die Bedeutung des Antisemitismus nur als Randnotiz verhandelten,⁵ einer Pespektive geschuldet, die vom Wissen um die Shoah geprägt ist.

Aufgrund des soziohistorischen Kontextes entstammten in Westeuropa nur wenige Menschen jüdischer Herkunft dem Proletariat.⁶ Doch war die Arbeiterbewegung ein politischer Raum, in dem sich verhältnismäßig viele Jüdinnen und Juden in leitenden Positionen engagierten. Ein maßgeblicher Grund für ihr Engagement mag der dortige Schutz gegenüber antisemitischen Anfeindungen gewesen sein.⁷ Die relative Absenz von Antisemitismus in einer ansonsten von „antisemitischen Codes"⁸ durchzogenen Gesellschaft wirkte anziehend auf jüdische Menschen, die politisch denken und handeln wollten.⁹ Entsprechend viel-

---

2 Ich teile dabei nicht Hannah Arendts Einschätzung, den Aufsatz als „klassischen Text" eines linken Antisemitismus zu betrachten, wie sie es in *Elemente und Ursprünge totaler Herrschaft* formulierte. Tatsächlich artikulierte sich Marx aber in *Zur Judenfrage* antisemitisch und, was für die Entwicklung der politischen Linken wohl bedeutsamer war, schlug mit seiner ökonomistischen Argumentation einen Pfad ein, der innerhalb der marxistischen Linken auf eine strukturelle Unterschätzung des Antisemitismus hinauslaufen sollte. Vgl. Vetter, Matthias: Marx, Karl. In: Handbuch des Antisemitismus. Judenfeindschaft in Geschichte und Gegenwart. Bd. 2: Personen. Hrsg. von Wolfgang Benz. Berlin 2009. S. 525.
3 Vgl. Luxemburg, Rosa: Nach dem Pogrom. Texte über Antisemitismus 1910/11. Hrsg. von Holger Politt. Potsdam 2014.
4 Vgl. Luxemburg, Rosa: Zur russischen Revolution. In: Gesammelte Werke. Bd. 4. August 1914 bis Januar 1919. Berlin 1974[1922]. S. 332–365.
5 Vgl. u. a. Carlebach, Emil: Am Anfang stand ein Doppelmord. Kommunist in Deutschland. Köln 1988; Grünberg, Karl: Das Schattenquartett. Rudolstadt 1948.
6 Andererseits wird in neuen Studien der Zuzug prekärer osteuropäischer Jüdinnen und Juden in die deutschen Großstädte um die Jahrhundertwende betont. Vgl. Mendes, Philip: Jews and the Left. The Rise and Fall of a Political Alliance. Basingstoke 2014. S. 7.
7 Der jüdisch-österreichische Sozialist Julius Braunthal schrieb diesbezüglich: „I believe that in fact Socialism is the only solution of the Jewish problem, in the sense of the emancipation of the Jewish people (as every oppressed people) from any moral or social discrimination or disability." Braunthal, Julius: In Search of the Millenium. London 1945. S. 303.
8 Vgl. Volkov, Shulamit: Antisemitismus als kultureller Code. München 2000.
9 Die empirische Frage, in welchem Ausmaß Antisemitismus auch innerhalb der Arbeiterparteien existierte, haben seit der Jahrtausendwende verschiedene Forscher_innen zu beantworten versucht. Vgl. u. a. Fischer, Lars. The Socialist Response to Antisemitism in Imperial Germany. New York 2007. Kessler, Mario: Die KPD und der Antisemitismus in der Weimarer Republik. In: UTOPIE

fältig und zum Teil divergierend verhandelten diese – vor dem Hintergrund individuell verschiedener Familienbiographien, nationaler Rahmungen und politischer Visionen – ihre marxistischen Einstellungen zur „jüdischen Frage".[10] Stefanie Schüler-Springorum hat daher betont, dass mitnichten von einer „Roten Assimilation" gesprochen werden kann und dafür plädiert, „die Geschichten deutsch-jüdischer Kommunisten wieder in die jüdische Geschichte hereinzuholen".[11]

Mit der Ausschaltung der deutschen Arbeiterbewegung durch die konservativen Eliten der Weimarer Republik und die neuen faschistischen Gewaltakteure hörte ein wichtiger Schutzraum für eine bestimmte jüdische Minderheit auf zu existieren. Jüdische wie nicht-jüdische Aktivist_innen der Arbeiterbewegung erlebten im Antlitz des frühen nationalsozialistischen Terrors das besondere Potential der antisemitisch motivierten Gewalt. Zwar richtete sich der Terror zuvorderst gegen Kommunisten, Sozialdemokraten und Gewerkschafter. Doch von Anbeginn verfolgten die Nazis auch einige Juden nur aufgrund dessen, dass diese jüdisch waren.[12] Als Movens für die Verfolgung von nicht-aktivistischen Juden sowie jüdischen wie nicht-jüdischen Aktivist_innen fungierte das weit verbreitete, sowohl antikommunistisch als auch antisemitisch konnotierte, Ideologem vom „jüdischen Bolschewismus".[13] Insbesondere die Anwesenheit jüdischer Aktivist_innen wirkte dabei konstitutiv für das Gewaltlevel in den frühen Lagern.[14]

In der Frühphase des Nationalsozialismus (NS) eruptierte eine Gewalt, die aus heutiger Sicht als intersektional bezeichnet werden kann.[15] Vielfältige Ressentiments, verschiedene Gewaltfantasien und unterschiedliche Vorstellungen von Ungleichwertigkeit auf Seiten der Täter addierten sich nicht nur zur einer

---

kreativ 173 (2005). S. 223–232. Kistenmacher, Olaf: Arbeit und „jüdisches Kapital". Antisemitische Aussagen in der KPD-Tageszeitung *Die Rote Fahne* während der Weimarer Republik. Bremen 2016.
10 Vgl. Jacobs, Jack: Sozialisten und die „jüdische Frage" nach Marx. Mainz 1994. S. 144.
11 Schüler-Springorum, Stefanie: „Dazugehören". Junge Jüdische Kommunisten in der Weimarer Republik. In: Deutsch-Jüdische Jugendliche im „Zeitalter der Jugend". Hrsg. von Yotam Hotam. Göttingen 2009. S. 167–180. Hier S. 168.
12 So geht man in der Forschung aktuell davon aus, dass fünf Prozent der Insass_innen der frühen KZ jüdisch waren. Vgl. Wünschmann, Kim: Before Auschwitz. Jewish Prisoners in the Prewar Concentration Camps. Cambridge/London 2015. S. 69f.
13 Vgl. Muller, Jerry Z.: Radikaler Antikapitalismus. Der Jude als Kommunist. In: Juden. Geld. Eine Vorstellung. Hrsg. von Fritz Backhaus u. Liliane Weissberg. Frankfurt/New York 2013. S. 308–333.
14 Vgl. Wünschmann, Kim: Jüdische politische Häftlinge im frühen KZ Dachau. Widerstand, Verfolgung und antisemitisches Feindbild. In: Die Linke im Visier. Zur Errichtung der Konzentrationslager 1933. Hrsg. von Nikolaus Wachsmann u. Sybille Steinbacher. Göttingen 2014. S. 159f.
15 Für eine Einführung zum Begriff der Intersektionalität siehe Winker, Gabriele/Degele, Nina: Intersektionalität. Zur Analyse sozialer Ungleichheiten. Bielefeld 2009.

allgemeinen, sondern führten zu bestimmten Gewalterfahrungen auf Seiten der Opfer. Dabei konnten persönliche Beziehungen eine Rolle spielen, wenn Nazis ihre Opfer schon von früheren Auseinandersetzungen kannten.[16] Oft traf es sogenannte „Novemberverbrecher", die in Zusammenhang mit dem verlorenen Ersten Weltkrieg und der liberalen Weimarer Republik als Projektionsflächen für eine Krise der hegemonialen Männlichkeit dienten.[17]

Mein Artikel will die beiden Ebenen von Jüdisch-Sein in der kommunistischen Arbeiterbewegung und antisemitischer Gewalterfahrung in der nationalsozialistischen Frühphase verbinden. Herausgestellt werden dafür das Leben und die Zeugnisse Rudolf Bernsteins, eines Kommunisten jüdischer Herkunft, der in der Nacht des Reichstagsbrandes am 28. Februar 1933 verhaftet und später im KZ Sonnenburg interniert wurde. Auf die Geschichte eben dieses frühen KZ soll zunächst eingegangen werden. Ein besonderes Augenmerk liegt dabei auf der Verschränkung von Normen- und Maßnahmenstaat, die die Frühphase des NS auszeichnete. Daraufhin hebe ich die jüdischen Häftlinge hervor, ehe anhand Bernsteins Erinnerungen das Verhältnis und die Verarbeitung von Gewalterfahrung und Zuschreibung einer jüdischen Identität ergründet werden soll.

Das KZ Sonnenburg: Prisma der Frühphase des Nationalsozialismus[18]

Im Erinnerungsdiskurs über die ehemaligen Folterstätten, KZ und Gefängnisse im NS spielt das Lager Sonnenburg nur eine marginale Rolle. Dies gilt jedoch für die „Vorkriegslager" im Allgemeinen.[19] Dabei gehörte das KZ Sonnenburg mit ins-

---

16 Vgl. u. a. Helbing, Iris u. Yves Müller: Die „Köpenicker Blutwoche" 1933 – Über Opfer und Täter. In: Bürgerkriegsarmee. Forschungen zur nationalsozialistischen Sturmabteilung (SA). Hrsg. von Yves Müller u. Reiner Zilkenat. Frankfurt/Main 2013. S. 172–194.
17 Vgl. Brunotte, Ulrike: Zwischen Eros und Krieg. Männerbund und Ritual in der Moderne. Berlin 2004. S. 101.
18 Vgl. Gollasch, Christoph: „Menschen, laßt die Toten ruhn". Das KZ Sonnenburg als Prisma der Frühphase des Nationalsozialismus. In: Sozial.Geschichte Online 19 (2016). S. 11–60.
19 Vgl. Goeschel, Christian/Wachsmann, Nikolaus: Before Auschwitz: The Formation of the Nazi Concentration Camps, 1933–39. In: Journal of Contemporary History 45 (2010). S. 518. Eine Ausnahme stellte das Forschungsprojekt „Before the Holocaust: Concentration Camps in Nazi Germany 1933–1939" von Nicolaus Wachsmann und dessen Doktorand_innen dar. Vgl. Before the Holocaust: Concentration Camps in Nazi Germany 1933–1939. www.hsozkult.de/event/id/termine-12040 (6.1.2017).

gesamt bis zu 2000 Inhaftierten zu den größten sogenannten frühen KZ und diente den Nazis insbesondere zur Ausschaltung der Anhänger der Kommunistischen Partei Deutschlands (KPD). So waren unter den Gefangenen elf, zum Zeitpunkt ihrer Verhaftung amtierende, KPD-Mitglieder des Reichstags. Viele weitere hatten anderweitige parteiliche Funktionen inne und waren Landtagsabgeordnete, Stadt- und Bezirksräte oder Mitglieder von Bezirksversammlungen.

Nach der Machtübertragung am 30. Januar 1933 oblag die Anwendung der „Schutzhaft" im nationalsozialistischen Preußen zuerst Rudolf Diels in seiner Funktion als Leiter der Landeskriminalpolizei, der Politischen Polizei von Berlin und des Preußischen Innenministeriums.[20] Da die staatliche Polizei zusammen mit paramilitärischen Hilfspolizisten seit der Nacht des Reichstagsbrandes unzählige Linke festnahm, stand sie schnell vor dem Problem der Unterbringung ihrer Gefangenen. Die Regierungspräsidenten der preußischen Provinzen ersuchten daraufhin Ludwig Grauert, Ministerialdirektor der Polizeiabteilung des preußischen Innenministeriums, Orte ausfindig zu machen, an denen viele Menschen konzentriert werden könnten.[21] Weil die Suche vorerst erfolglos geblieben war, wies die Landesbehörde die Regierungspräsidenten an, selbstständig über „Schutzhäftlinge" zu befinden. Etliche Lager der paramilitärischen „Sturmabteilung" (SA), welche zum Großteil selbst in staatlich kontrollierten Lagern die Bewachung übernahm, füllten das politisch opportune Vakuum.[22] In Berlin beschlossen derweilen Vertreter des preußischen Innen- und des Justizministeriums, das stillgelegte Sonnenburger Zuchthaus wieder in Betrieb zu nehmen.[23]

---

20 Vgl. Graf, Christoph: Politische Polizei zwischen Demokratie und Diktatur. Die Entwicklung der preußischen Politischen Polizei vom Staatsschutzorgan der Weimarer Republik zum Geheimen Staatspolizeiamt des Dritten Reiches. Berlin 1983. S. 317–329.
21 Vgl. Tuchel, Johannes: Konzentrationslager – Organisationsgeschichte und Funktion der „Inspektion der Konzentrationslager" 1934–1938. Boppard/Rhein 1991. S. 60.
22 Vgl. Götz, Irene von: Die Errichtung der Konzentrationslager in Berlin 1933: Entfesselter SA-Terror in der Reichshauptstadt. In: Die Linke im Visier. Zur Errichtung der Konzentrationslager 1933. Hrsg. von Nikolaus Wachsmann u. Sybille Steinbacher. Göttingen 2014. S. 81.
23 Obgleich diese feststellten, dass Heizung und Wasserleitungen nur bedingt einsatztauglich seien, Mobiliar fehle und das Dach undicht sei, wurde der Gebäudekomplex zur Inbetriebnahme dem Berliner Polizeipräsidiums unterstellt. Insgesamt sei Platz für 941 Gefangene, Wasser könne aus dem Brunnen im Hof bezogen werden und als Arbeitsräume gebe es eine Schlosserei, Schmiede, Klempnerei und Tischlerei. Als Amtshilfemaßnahme überließ das Justizministerium der Polizei die bereits vorhandenen Einrichtungsgegenstände. Vgl. Archiv des VVN-BdA Berlin (Arch VVN-BdA), Fritz Lange, I: Vom demontierten Zuchthaus zum KZ, 3: Schriftwechsel über die Verwendung der früheren Strafanstalt in Sonnenburg als Polizeigefängnis zwecks Unterbringung von Schutzgefangenen.

Am 1. April kündigte der *Sonnenburger Anzeiger* unter Berufung auf das Preußische Innenministerium die Wiedereröffnung des Zuchthauses an, was in der Stadt „ziemliche Freude" errege.[24] Drei Tage später wurden die ersten rund 200 Häftlinge, die alle der KPD angehörten, überstellt.[25] Zwei Tage danach erfolgte der „Prominentenzug" mit 52 Häftlingen, darunter etliche Funktionäre der KPD sowie die prominenten Hans Litten, Erich Mühsam und Carl von Ossietzky.[26] Auf dem Weg vom Bahnhof zum Lager mussten die Häftlinge „mit dem Gesang der Nationalhymne [...] marschieren, wobei vielfach der Gummiknüppel der Berliner Hilfspolizei nachhalf"[27]. Der Gefangene Klaas Meyer schrieb später, die Nazis hätten der Bevölkerung erzählt, die „Schutzhäftlinge" seien Reichstagsbrandstifter, sodass Eltern und sogar Kinder nach den Häftlingen schlugen und diese bespuckten.[28]

Auf die Gewaltexzesse durch die ansässige Bevölkerung, insbesondere aber auf jene durch die Wachmannschaften, reagierte Hans Mittelbach, dem als „Schutzhaftdezernent" des Preußischen Innenministeriums die Verantwortung für die Behandlung der Häftlinge oblag.[29] In seinem Bericht vom 10. April 1933 schrieb er: „[A]us der Bewachung durch die SA-Leute haben sich Misshelligkeiten ergeben", denn Litten, Mühsam, Ossietzky, Wilhelm Kasper, Ernst Schneller und ein gewisser Schenk seien in Gegenwart einiger Ehefrauen und unter den Augen der lokalen Bevölkerung misshandelt worden.[30] Dabei gelte es zu vermeiden, dass „der Eindruck entsteht, dass die Ueberführung nach Sonnenburg lediglich erfolgt, um die Gefangenen weiter von Berlin zu entfernen und dort zu misshandeln".[31]

---

24 Vgl. Geheimes Staatsarchiv Preußischer Kulturbesitz, Berlin (GStAPL), VIII. HA, Sammlung Schulz, Nr. 86. Der Bericht muss vor dem Hintergrund gelesen werden, dass das Zuchthaus bis zu seiner Schließung 1931 ein maßgeblicher Wirtschaftsfaktor für die Kleinstadt Sonnenburg gewesen war.
25 Vgl. Nürnberg, Kaspar: Außenstelle des Berliner Polizeipräsidiums. Das „staatliche Konzentrationslager" Sonnenburg bei Küstrin. In: Herrschaft und Gewalt. Frühe Konzentrationslager 1933–1939. Hrsg. von Wolfgang Benz u. Barbara Distel. Berlin 2002. S. 86.
26 Vgl. Mnichowski, Przemyslaw: Obóz koncentracyjny i więzienie w Sonnenburgu (Słońsku) 1933–1945. Warszawa 1982. S. 25.
27 Vgl. Nürnberg: Außenstelle (wie Anm. 24), S. 86.
28 Vgl. Meyer, Klaas: Das Konzentrationslager Sonnenburg, oder: Wie ich Erich Mühsam traf. www.ubbo-emmius-gesellschaft.de/Sonnenburg.html (28.4.2016).
29 Graf: Politische Polizei (wie Anm. 19), 368.
30 Vgl. Graf: Politische Polizei (wie Anm. 19), S. 431.
31 Graf: Politische Polizei (wie Anm. 19), S. 432.

Tatsächlich bewirkte Mittelbach mit seinem Bericht einen Besuch des KZ durch Diels.[32] So wurde in der Phase der Etablierung des NS ein Konflikt virulent, der im Sinne des Politikwissenschaftlers Ernst Fraenkel als Konflikt zwischen Norm(enstaat) und Maßnahme(nstaat) begriffen werden kann:[33] auf der einen Seite Mittelbach, der sich einen Namen als anti-kommunistischer Staatsanwalt am Kammergericht Moabit gemacht hatte, jedoch seine Ausbildung im Weimarer Rechtsstaat bestritten hatte; auf der anderen Seite die fanatischen paramilitärischen *Rackets*,[34] die durch die Erfüllung ihrer Gewaltphantasien die nationalsozialistische Übernahme des Staatsapparates absicherten.[35]

Rund 20 Angehörige der „Polizeiabteilung Wecke" unterstützten fortan die SA-Wachmänner, welche ab Ende April sukzessive durch 150 Mitglieder der Schutzstaffel (SS) abgelöst wurden. Gemäß der Erinnerung eines Häftlings verringerte sich dadurch die Brutalität nicht, sondern wurde systematisiert.[36] Jene Männer, die aufgrund ihres Bekanntheitsgrades, politischen und ethnischen Hintergrunds in besonderem Maße ins Raster der nationalsozialistischen Ideologie passten, wurden Opfer des Terrors der Wachmannschaften. Der Häftling Ernst Otto, der von Anbeginn des Bestehens des KZ Sonnenburg im Lazarett beschäftigt war, beschrieb dies 1948: „[Z]um Beispiel Erich Mühsam, die Reichstagsabgeordneten Kasper, Schneller und den Rechtsanwalt Litten, die durch meine Hand gegangen sind als Kranke, und nicht eine handgroße Fläche ihres Körpers mehr von natürlicher Farbe [war]".[37] In den Gewaltexzessen tat sich der 1898 im westpreußischen Kulm geborene Heinz Adrian als besonders grausamer Wachführer hervor, der es vor allen auf die jüdischen Häftlinge abgesehen hatte.[38]

---

32 Vgl. Diels, Rudolf: Lucifer ante portas: ...es spricht der erste Chef der Gestapo.... Stuttgart 1950. S. 265–267.
33 Vgl. Fraenkel, Ernst: Der Doppelstaat. Hamburg 2012.
34 Vgl. Horkheimer, Max: Zur Soziologie der Klassenverhältnisse. In: Gesammelte Schriften. Band 12: Nachgelassene Schriften 1931–1949. Frankfurt/Main 1985. S. 104.
35 Zur SA im Berlin der nationalsozialistischen Frühphase, siehe bspw. Burkert, Hans-Norbert u. a.: „Machtergreifung" Berlin 1933. Stätten der Geschichte Berlins. Bd. 2. Berlin 1982.
36 Vgl. Trostel, Willy: Folterhölle Sonnenburg. Tatsachen- und Augenzeugenbericht eines ehemaligen Schutzhäftlings. Zürich 1934. S. 6.
37 Bundesarchiv, Berlin (BArch), DO/1/32574, (2/2), Bl. 326 f.: Protokoll des Prozesses gegen Adrian vom 28./29.09.1948.
38 Adrian trieb bis September 1933 sein Unwesen in Sonnenburg, indem er Gewalt mit Infantilität und Sexualität verknüpfte. So berichteten Häftlinge, dass sie Kinderlieder wie *Hänschen klein* haben singen müssen, während sie bis zur völligen Erschöpfung getrieben worden seien. „Schinkenklopfen" war eine Möglichkeit, Gewalt im Gewand eines Kinderspiels auszuüben. Sexualisierte Gewalt verweist wiederum auf die Bedeutung von Geschlechterverhältnissen und Vorstellungen von Männlichkeit. Häufig erhielten Häftlinge Schläge aufs nackte Gesäß. Und ein psychisch Behinderter sei gezwungen worden, vor anderen zu onanieren, ehe „sein Ge-

Im November 1933 unterstellte Göring die Geheime Staatspolizei als selbstständige Abteilung dem Ministerium des Inneren. Im April 1934 wurde Diels bereits durch Heinrich Himmler als Leiter der Gestapo abgelöst. Seit September 1933 waren die Häftlinge des KZ Sonnenburg sukzessive, jedoch insbesondere zur „Weihnachtsamnestie" desselben Jahres, entlassen worden. Das *Oderblatt* räumte diesem Ereignis in seiner Ausgabe vom 20. Dezember Platz für eine lange propagandistische Reportage ein: „Letztes Kommando! Wegtreten! Der lange Zug strömt dem Ausgang zu, an den beiden schimmernden Weihnachtsbäumen vorüber. Und da – ja, einer beginnt, Hunderte von Kehlen stimmen ein, sie singen, singen Volkslieder, deutsche Lieder!"[39] Jene unglücklichen Häftlinge, die nicht entlassen werden sollten, überstellten die Behörden in die KZ Lichtenburg und Esterwegen. Am 27. März 1934 wurde die „Strafanstalt Sonnenburg" der Justizverwaltung zurückgegeben, am 23. April 1934 erfolgte die endgültige Auflösung des KZ.[40] Himmler und Theodor Eicke sollten von nun an das „Dachauer Modell", d. h. die Zentralisierung des KZ-Systems und die Vormachtstellung der SS, durchsetzen.[41]

Innerhalb kurzer Zeit hatte sich der NS konsolidiert und leitete die Phase der rassistischen und eugenischen Neuordnung ein. Die gewaltförmige Zerschlagung der Arbeiterbewegung, deren Klientel sich erst ab Mitte der 1930er Jahre zu einem bedeutenden Teil von der nationalsozialistischen „Volksgemeinschaft" vereinnahmen ließ,[42] war hierfür eine notwendige Bedingung. Traten rund um das KZ Sonnenburg Konflikte auf, die anzeigten, dass der „Normenstaat" noch existierte, wurde in den Folgejahren der totalitäre Faschismus realisiert: „Nur diejenigen Gruppen werden als Träger konkreten Ordnungsdenkens anerkannt, denen der Charakter der ‚Gemeinschaft' vom Nationalsozialismus zugesprochen wird".[43] Als

---

schlechtsteil zwischen die Türe geklemmt" worden sei. So nahmen die Übergriffe solche Ausmaße an, dass einzelne Häftlinge wahrscheinlich an den Folgen der Misshandlungen starben. Vgl. BArch, DO/1/32574, (1/2), Bl. 62: Abschrift Landgericht Schwerin gegen Adrian vom 28.09.1948. BArch, DO/1/32574, (2/2), Bl. 262: Beglaubigte Abschrift des Urteils gegen Adrian vom 04.11.1948.
39 Vgl. GStAPL, Ztg 1548 a MR, Nr. 7.
40 Vgl. GStAPL, VIII. HA, Sammlung Schulz, Nr. 86: Abschrift der Nachricht des Ministerialkanzleisekretärs an alle Polizeibehörden.
41 Vgl. Hördler, Stefan: Die Politischen Abteilungen im KZ-System. Polizei und SS „in gutem Einvernehmen". In: Polizei, Verfolgung und Gesellschaft im Nationalsozialismus. Beiträge zur Geschichte der nationalsozialistischen Verfolgung in Norddeutschland. Hrsg. von der KZ-Gedenkstätte Neuengamme. Bremen 2003. S. 91.
42 Frei, Norbert: People's Community and War. Hitler's Popular Support. In: The Third Reich between Vision and Reality. New Perspectives on German History 1918–1945. Hrsg. von Hans Mommsen. Oxford 2001. S. 64.
43 Fraenkel: Der Doppelstaat (wie Anm. 32), S. 195.

Nukleus des „Maßnahmenstaates" waren die KZ nicht nur Mittel zur Etablierung der nationalsozialistischen Herrschaft, sondern Notwendigkeit für deren Dauerhaftigkeit als „souveräne Diktatur".[44] Mit den frühen Lagern legten die Nazis das Fundament für den weiteren Verlauf des NS – oder wie es der Gewaltforscher Wolfgang Sofsky formulierte: „Es begann als Terror gegen den politischen Feind, und es endete mit dem Tod von Millionen Menschen".[45]

Die frühen KZ als Mittel des sozialrassistischen Umbaus

Die Inhaftierung von mindestens 22 jüdischen „Schutzhäftlingen" lässt sich für das KZ Sonnenburg belegen.[46] Dies entspricht etwa zwei Prozent der namentlich bekannten Häftlinge, was ein relativ geringer Anteil ist, geht man doch in der Forschung aktuell von einem Anteil von fünf Prozent für die frühen KZ aus.[47] Mindestens acht jüdische Häftlinge engagierten sich politisch, wenigstens sechs waren in der KPD organisiert.

- Georg Benjamin – Bruder des Philosophen Walter Benjamin und Mann der späteren Justizministerin der Deutschen Demokratischen Republik (DDR), Hilde Benjamin,[48]
- Rudolf Bernstein,[49]
- Gustav Hartog,[50]
- Hans-Joachim Rosenberg als wohl jüngster Häftling des KZ Sonnenburg und
- Karl Rosenfeld.[51]

---

44 Vgl. Schmitt, Carl: Die Diktatur. Von den Anfängen des modernen Souveränitätsgedankens bis zum proletarischen Klassenkampf. Berlin 1994 [1921]. S. 134.
45 Sofsky, Wolfgang: Die Ordnung des Terrors. Das Konzentrationslager. Frankfurt/Main 1993. S. 13.
46 Vgl. Pietsch, Julia: Jüdische Häftlinge im KZ Sonnenburg. Antisemitismus im Zuge von „Schutzhaft" und politischem Terror. Vortrag am 05.12.2015. Berlin.
47 Vgl. Wünschmann: Before Auschwitz (wie Anm. 11), S. 69 f.
48 Vgl. Benjamin, Hilde: Georg Benjamin. Eine Biographie. Leipzig 1987.
49 Vgl. Weber, Hermann/Herbst, Andreas: Deutsche Kommunisten. Biographisches Handbuch 1918 bis 1945. Berlin 2008. S. 39.
50 Vgl. Hartog, Curt: Gustav Hartog. www.gedenkbuchprojekt.de/html/biographie.php?file=hartog_gustav.html&id=1185 (5.1.2017).
51 Vgl. Gerlinghoff, Peter/Schulz Erich: Materialien Nr. 3. Bausteine zu einer Liste der Sonnenburger Häftlinge in der Zeit vom 04. April 1933 bis 23. April 1934. Berlin 1991.

Sie wurden in der Regel bis April 1933 verhaftet, zunächst in Polizeigefängnissen inhaftiert und schließlich nach Sonnenburg verlegt. Insbesondere für sie ist anzunehmen, dass ihre jüdische Herkunft in ihrer Eigenwahrnehmung nur bedingt eine Rolle spielte.

Neben den politischen waren im KZ Sonnenburg auch Juden allein aufgrund ihrer jüdischen Herkunft interniert.[52] Zeugenaussagen deuten darauf hin, dass diese nicht bereits am Anfang seines Bestehens im KZ Sonnenburg gefangen waren, sondern in der zweiten Hälfte des Jahres 1933 aufgrund der Initiative verschiedener Nazis aus unterschiedlichen Orten dorthin kamen. Die Chancen sind hoch, durch Recherchen sowohl auf weitere Inhaftierte zu stoßen als auch Todesfälle zu rekonstruieren, auf die einzelne Erinnerungsberichte hindeuten.[53]

Mit Adolf Ullmann und seinen beiden Söhnen Hans und Werner wurden am 13. September 1933 drei Angehörige derselben, in Woldenberg ansässigen Unternehmerfamilie inhaftiert und wenige Tage später ins KZ Sonnenburg eingeliefert.[54] Fingierte Lohnstreitigkeiten mit den Arbeitern ihrer Papierfabrik hatten der SA den Vorwand für die Internierung geliefert. Hans Ullmann wurde dazu gezwungen einzuwilligen, die Leitung der Fabrik abzugeben. Wenig später verhängten die Nazis Konkurs über den Betrieb und arisierten ihn.[55] Die Verhaftung der Ullmanns bot einzelnen Nazis die Chance, sich den 1863 gegründeten Betrieb anzueignen. Im KZ Sonnenburg kamen die Ullmanns in den gefürchteten Ostflügel, die Brüder ins Kellergeschoss, wo sie täglich schwer misshandelt wurden.[56] Wohl im Januar 1934 endete das Martyrium der Ullmanns in Sonnenburg, als im Zuge eines richterlichen Haftbefehls ihre Verlegung in das Untersuchungsgefängnis in Landsberg/Warthe erfolgte. Dort verblieben sie anscheinend nicht

---

52 Dazu zählen Alfred Altmann aus Cottbus, ein Häftling mit Namen Felsmann, ein Häftling namens Heilmann, der Generaldirektor der Berliner Hafen und Lager AG Marcel Holzer, Salomon Kantor aus Berlin, der Rechtsanwalt Katzenstein, ein Kaufhausbesitzer aus Küstrin namens Landmann, der getötete Häftling Salinger, ein stark misshandelter Häftling namens Steinbock, der Kaufmann aus Torgelow Adolf Ullmann und seine beiden Söhne Hans und Walter und der Rechtsanwalt Weinberg aus Wollenberg.
53 Dazu gehören u. a. „ein Pferdehändler aus Deutschkrone", der von Adrian und anderen totgeschlagen worden sei, und ein Mann namens Salinger, der erst brutal zusammengeschlagen und dann gezwungen worden sei, soviel Reis zu essen, dass er an einem Magendurchbruch gestorben sei. Vgl. BArch, DO/1/32574, (2/2), Bl. 453: Zeugenaussage Willi Steudte in Carl Otto: Die Mörderinstrukteure des Naziregimes.
54 Vgl. Ullmann, Hans: Das Konzentrationslager Sonnenburg. In: Dachauer Hefte 13 (1997). S. 84 ff.
55 Vgl. Ullmann: Konzentrationslager Sonnenburg (wie Anm. 53), S. 79.
56 Vgl. BArch, DO/1/32574, (2/2), Bl. 275: Protokoll des Prozesses gegen Adrian vom 28./29.09.1948.

lange, denn bereits Mitte desselben Jahres bereiteten die Brüder Hans und Walter ihre Emigration nach Palästina vor. Vater Adolf überlebte das KZ Sonnenburg,[57] wurde jedoch mit seiner Frau im Juli 1942 aus Berlin über Theresienstadt nach Minsk oder Auschwitz deportiert und kurze Zeit später ermordet.[58]

Zwar waren also in Sonnenburg die meisten Gefangenen „Arbeiter [...] und kleine kommunistische oder sozialdemokratische Partei- oder Gewerkschaftsfunktionäre", wie sich Hans Ullmann erinnerte, doch „es waren auch eine ganze Anzahl Gefangene aus ganz nichtigen Gründen verhaftet".[59] Ullmanns Erinnerung stützt die These, dass bereits die frühen KZ im Kern jenes normierende Mittel des Ein- und Ausschlusses waren, das in der späteren „Volksgemeinschaft" exzessiv angewandt werden sollte. Deviantes Verhalten geringsten Ausmaßes konnte hinreichen, in Sonnenburg interniert zu werden:

> Z. B. war da der Obersteiger in einem Braunkohlenbergwerk, der sich auf einer Versammlung betrank, statt dem nationalsozialistischen Redner zuzuhören [...]. Dann war da der Besitzer eines Basalt-Steinbruchs aus Westdeutschland. Jemand hatte ihm illegale Zeitungen angeboten, er hatte kein Interesse und lehnte ab, sagte aber dem anderen, vielleicht sei der oder der interessiert. Er wurde denunziert und verhaftet.[60]

Darüber hinaus finden sich zwei Zeugenaussagen ehemaliger Inhaftierter, die auf die Internierung und Misshandlung eines als „asozial" Stigmatisierten verweisen,[61] darunter ein physisch behinderte Jude mit dem Namen Felsmann.[62] So

---

57 Vgl. u.a. BArch, DO/1/32574, (2/2), Bl. 261 ff.: Protokoll des Prozesses gegen Adrian vom 28./29.09.1948, Aussagen von Walter Weidauer und Otto Kleinwächter.
58 Vgl. Ullmann: Konzentrationslager Sonnenburg (wie Anm. 53), S. 80.
59 Vgl. Ullmann, Konzentrationslager Sonnenburg (wie Anm. 53), S. 83.
60 Ullmann: Konzentrationslager Sonnenburg (wie Anm. 53), S. 83f.
61 Vgl. BArch, DO/1/32574, (2/2), Bl. 262f.: Beglaubigte Abschrift des Urteils gegen Adrian vom 04.11.1948, Aussage Walter Weidauer; BArch, DO/1/32574, (2/2), Bl. 454: Beglaubigte Abschrift des Urteils gegen Adrian vom 04.11.1948, Aussage Max Rother.
62 Felsmann litt nicht nur wegen seiner jüdischen Herkunft, sondern auch wegen seiner körperlichen Behinderung unter besonderen Misshandlungen. Nach Aussage des Funktionshäftlings Ernst Otto, der im Lazarett arbeitete, habe Felsmann nur 70 Pfund gewogen und sei „vorn und hinten verkrüppelt" gewesen. Als Otto eines Tages Geschrei von einem Menschen in Todesangst gehört habe, sei er entgegen des Zuratens seiner Mithäftlinge in die Stube gegangen, aus der die Schreie kamen, und habe gegen die Misshandlungen durch Adrian interveniert. Dabei habe er selbst drei Zähne verloren, doch der sadistische Wachmann habe von seinem Opfer abgelassen. Felsmann sei aber weiter regelmäßig misshandelt worden, u. a. indem ihm ein Kübel über den Kopf gestülpt und er gezwungen worden sei, immerfort „Ich bin ein dreckiger Jude" zu schreien, während ihn Adrian und andere Wachmänner mit den Füßen getreten hätten – eine Methode, die wohl auch anderen jüdischen Häftlingen zuteilwurde. Vgl. BArch, DO/1/32574, (2/2), Bl. 327: Protokoll des Prozesses gegen Adrian vom 28./29.09.1948.

reiht sich das KZ Sonnenburg in jene frühen KZ ein, die von Anbeginn auch dem sozialrassistischen Umbau der deutschen Gesellschaft dienten.⁶³ Für die Verfolgung maßgeblich war die Eigeninitiative lokaler und regionaler Akteur_innen des Staats- und Verwaltungsapparates, welche zum Großteil noch unter demokratischen Vorzeichen in der Weimarer Republik ausgebildet worden waren.

„Jüdisch" als nationalsozialistische Zuschreibung

Wie bis hierhin deutlich wurde, erfuhren in den frühen KZ bestimmte Häftlinge, insbesondere inhaftierte Jüdinnen und Juden, besondere Gewalt – so auch in Sonnenburg. Die Übernahme des Staatsapparats bedeutete für die Nazis die Möglichkeit, die Realität ihrem Wahn anzupassen: „Daß einer Jude heißt, wirkt als die Aufforderung, ihn zuzurichten, bis er dem Bilde gleicht."⁶⁴ Verschränkte sich der Antisemitismus der Nazis mit der Zuschreibung weiterer Charakteristika, die diese verachteten, so wurden bestimmte Häftlinge zu Todeskandidaten. Dazu zählten Hans Litten und Erich Mühsam. Erstgenannter traf in Sonnenburg auf SA-Wachleute, die sich nun u. a. dafür rächten, dass er ihresgleichen wenige Monate zuvor wegen gewaltsamer Übergriffe auf Kommunist_innen den Prozess gemacht hatte.⁶⁵ Mühsam hingegen verkörperte für die Nazis die Projektion des „Novemberverbrechers", der dem angeblich unbesiegten deutschen Militär 1918 in den Rücken gefallen sei, was die Wachmänner zu besonders bestialischer Gewalt veranlasste.⁶⁶ Zwar überlebten beide das KZ Sonnenburg, ihre spätere Ermordung im KZ Dachau bzw. Oranienburg war jedoch nur noch eine Frage der Zeit.

Insbesondere jüdische Häftlinge der ersten Stunde konnten ihre Gewalterfahrung häufig nicht mehr kommunizieren, waren sie doch bis zu ihrem Tod im Lagersystem gefangen. Andere hingegen mussten diese verarbeiteten und mit ihren Biographien, politischen Einstellungen und ihrem jeweiligen Verständnis von Gesellschaft abgleichen – sei es als private Reflexion oder öffentliche Kommunikation. Ein politischer Häftling jüdischer Herkunft, der seine Erlebnisse in Sonnenburg aktiv verarbeitete, war Rudolf Bernstein. Dieser wurde am 29. Februar 1896 in Berlin geboren, wo er zuerst die jüdische Knabenschule und später das

---

63 Vgl. Hörath, Julia: „Asoziale" und „Berufsverbrecher" in den Konzentrationslagern 1933 bis 1938. Göttingen 2017.
64 Horkheimer, Max/Adorno, Theodor W.: Dialektik der Aufklärung. Philosophische Fragmente. Frankfurt/Main 1969. S. 195.
65 Vgl. Litten, Irmgard: A Mother Fights Hitler. London 1940. S. 29.
66 Vgl. Mühsam, Kreszentia: Der Leidensweg Erich Mühsams. Berlin 1994 [1935]. S. 27.

Gymnasium besuchte.⁶⁷ Schon als Kind kam er mit dem preußischen Dreiklassenwahlrecht in Kontakt, da sein Vater sich bei den Landtagswahlen als Wahlmann für die „Fortschrittliche Volkspartei" aufstellen ließ.⁶⁸ Während seiner Schulzeit war er Teil des Wandervogels und schlug sich in einem internen Richtungsstreit auf dessen republikanische Seite.⁶⁹ Als er wegen des Todes seines Vaters und einer Erblindung seiner Mutter nicht weiter zur Schule gehen konnte, suchte sich Bernstein eine Ausbildung zum Kaufmann. Seine geringe Bezahlung als Auszubildender veranlasste ihn zu ersten Konfrontationen mit seinem Chef.⁷⁰ 1915 zog ihn das Militär ein. Im Zuge einer Verbrüderung mit russischen Soldaten wurde Bernstein an die Westfront strafversetzt, von der er im Oktober 1918 desertierte. Anschließend beteiligte er sich an den Straßenkämpfen in Berlin, in denen sein „Lehrmeister" und Bruder Leo im März 1919 umkam.⁷¹ Über die unabhängige Sozialdemokratie (USPD) führte sein Weg in die KPD, für die er 1925 als Funktionär hauptamtlich tätig wurde. Gleichzeitig trat er aus der jüdischen Gemeinde aus. Auch war Bernstein im Zentralverband der Angestellten tätig. Für seine Partei fungierte er als Geschäftsführer verschiedener Parteibetriebe, unbesoldeter Stadtrat und Mitglied des Zentralkomitees. Maßgeblich wirkte er bei der Etablierung des Karl-Liebknecht-Hauses mit.⁷² Seine Verhaftung erfolgte in der Nacht des Reichstagsbrandes. Über die Gefängnisse Alexanderplatz und Spandau wurde Bernstein am 6. April 1933 nach Sonnenburg verlegt, wo er bis zur „Weihnachtsamnestie" desselben Jahres blieb. 1934 in die Sowjetunion geflohen, kämpfte er als Hauptmann in der Roten Armee, ehe er 1947 in die DDR remigrierte, wo er als hochdekorierter Parteiveteran am 6. Oktober 1977 starb.

Bernstein gilt als Autor eines aus dem KZ Sonnenburg geschmuggelten Berichts,⁷³ der am 16. November 1933 durch die Exilpresse in der *Arbeiter Illustrierte Zeitung* (AIZ) in Prag samt fotografischen Innenansichten aus dem Lager veröf-

---

67 Vgl. Weber, Hermann/Herbst, Andeas: Deutsche Kommunisten. Supplement zum Biographischen Handbuch 1918 bis 1945. Berlin 2013. S. 39.
68 Vgl. BArch, SAPMO ZPA EA 1106, Bl. 2: Befragung von Rudolf Bernstein am 13. Dezember 1960. Bl. 2.
69 Vgl. BArch, Befragung von Bernstein (wie Anm. 67), Bl. 3.
70 Vgl. BArch, Befragung von Bernstein (wie Anm. 67), Bl. 3 f.
71 Vgl. BArch, Befragung von Bernstein (wie Anm. 67), Bl. 23 f.
72 Vgl. BArch, Befragung von Bernstein (wie Anm. 67), Bl. 36–38.
73 Nach meiner Forschung zum KZ Sonnenburg und der Lektüre der unterschiedlichen Formen des Berichts, ziehe ich Bernsteins Autorenschaft jedoch in Zweifel. Wahrscheinlicher scheint mir, dass durch geflohene Häftlinge, Ehefrauen von Inhaftierten oder korrupte SA-Männer einzelne Episoden aus dem KZ nach draußen gelangten, welche dann durch die Exilpresse zu propagandistischen Zwecken zu kohärenten Texten verarbeitet wurden. Vgl. Archiv VVN-BdA, KZ Sonnenburg, Ordner Lagerverwaltung, Ermittlungsbericht des Gestapa vom 27.11.1933.

fentlicht wurde.⁷⁴ Allerdings hatte es auch schon vorher ein kurzer Bericht aus Sonnenburg ins Ausland geschafft und Eingang ins *Braunbuch*, das am 1. August 1933 in Paris publiziert wurde, gefunden.⁷⁵ Selbst in England sprach man nun vom KZ Sonnenburg als „one of the best-known concentration camps in Germany"⁷⁶. Willi Trostel, ein Schweizer Kommunist,⁷⁷ sorgte zudem für eine breitenwirksame Publikation von Bernsteins Bericht im Rahmen der Internationalen Roten Hilfe.⁷⁸ Da der Autor noch bis 1977 lebte, setzte er sich immer wieder, u. a. in Lebensläufen, mit seiner Verfolgung durch die Nazis auseinander – insbesondere in einer detaillierten Befragung durch den Archivar und Historiker Heinz Voßke am 13. Dezember 1960.⁷⁹

So ist Bernstein ein besonderer jüdischer Anhänger der KPD, anhand dessen nachzuzeichnen versucht werden kann, inwiefern sein Verständnis von Antisemitismus und Jüdisch-Sein vom frühen NS-Terror beeinflusst war. Bereits im zuerst veröffentlichten Artikel im *Braunbuch* heißt es: „Am meisten zu leiden hatten die Genossen Litten, Wiener, Bernstein, Kasper, Schneller und die jüdischen Gefangenen. Besonders hat unser alter Freund Mühsam gelitten."⁸⁰ Während Litten und Bernstein folglich als „Genossen" identifiziert werden, gilt Mühsam als Repräsentant der „jüdischen Gefangenen". Im ausführlichen Bericht in der AIZ wird die Brutalität gegen jüdische politische Häftlinge noch ersichtlicher: „Litten sind die Beine gebrochen worden, außerdem hat er eine Kopfverletzung erlitten, die unheilbar ist. Er hat mehrere Selbstmordversuche gemacht."⁸¹ An Bernstein hätten „Nazi-Ärzte unter Gelächter und Verhöhnung ‚Schädelvermessungen' vor [genommen], da er Jude ist"⁸².

Dass die jüdischen „Schutzhäftlinge" nicht nur als politische Häftlinge interniert waren, wird an der Befragung aus dem Jahr 1960 deutlich. In dieser beschreibt Bernstein den Spießrutenlauf, den er als Häftling des „Prominentenzuges" vom 6. April 1933 erfuhr, nachdem ein SA-Mann gerufen habe: „Au, ein

---

74 Vgl. Die Hölle Sonnenburg. Tatsachenbericht von einem deutschen Arbeiter. In: Arbeiter-Illustrierte-Zeitung 7 (45). 16.11.1933. S. 740 f., 758, 762.
75 Vgl. N.N.: Die Hölle von Sonnenburg. In: Braunbuch über Reichstagsbrand und Hitlerterror. 3. Auflage. Basel 1933. S. 285–288.
76 The Times, London (08.03.1934). S. 11.
77 Vgl. Ammann, Ruth: Trostel, Willi. In: Historisches Lexikon der Schweiz. http://www.hls-dhs-dss.ch/textes/d/D23114.php (29.08.2017).
78 Vgl. Trostel: Folterhölle Sonnenburg (wie Anm. 35).
79 Vgl. BArch, Befragung von Bernstein (wie Anm. 67).
80 Die Hölle von Sonnenburg. In: Braunbuch (wie Anm. 74), S. 285.
81 Die Hölle Sonnenburg. In: Arbeiter-Illustrierte-Zeitung (wie Anm. 73), S. 740.
82 Die Hölle Sonnenburg. In: Arbeiter-Illustrierte-Zeitung (wie Anm. 73), S. 740.

Itzig!"[83] Absichtlich sei er bei der Registrierung übergangen worden, um am Ende exponiert übrigzubleiben und unter Schlägen zu den anderen getrieben zu werden. Im KZ spielte für Bernstein seine jüdische Herkunft immerwährend eine Rolle. Ob Wasserholen, Schälen von Kartoffeln, Fegen des Hofes oder die Entsorgung der Fäkalien – Bernstein habe sich stets freiwillig gemeldet. Von Mithäftlingen darauf angesprochen, habe er erwidert: „[D]as ist eine psychologische Frage. Wenn ich mich einmal nicht melden werde, dann heißt es sofort, der Jude, der will sich wohl drücken, raus, und dann geht's mir besonders dreckig."[84] Sich an den Interviewer direkt wendend, wiederholt Bernstein das Gesagte nochmal auf der gegenwärtigen Zeitebene: „Verstehst du, ja, psychologisch, denen muß das überwerden, daß ich mich immer melde, die müssen mal sagen: ‚Mensch, bleib mal hier.' Das war eine, glaube ich, richtige, taktisch richtige Einstellung. Und so habe ich das auch gemacht." Um die Richtigkeit seines Ansinnens, die Nazis über ihr falsches Bewusstsein aufzuklären, zu substantiieren, fährt Bernstein mit einem anschaulichen Beispiel fort: Als die Aufseher einen Häftling für eine Arbeit um des Schikanierens willen gesucht hätten, habe er sich wieder einmal freiwillig gemeldet. Einen die Arbeit bewachenden SA-Mann habe er dabei – auch aufgrund seiner körperlichen Verfassung –[85] derart beeindruckt, dass er ihm „einiges flüstern" konnte: „Ich sagte ihm, daß ich an der Front gewesen bin, und daß ich verwundet gewesen bin, und das alles imponierte ihm, er war ja viel jünger, er hatte ja den Weltkrieg nicht mitgemacht [...]."[86] Zusammen mit dem Interviewer kommt Bernstein zum Ergebnis, dass die von ihm induzierte Erfahrung des SA-Mannes dem widersprochen habe, „was man [diesem] alles so über Kommunisten und Juden gesagt hatte". Dies habe schließlich dazu geführt, dass der Wachmann Bernstein von der Arbeit entbunden habe – für Bernstein ein Beweis der Richtigkeit seiner „Taktik", die vorgefasste Meinung des SA-Mannes zu erschüttern.

Wie im weiteren Verlauf der Befragung deutlich wird, blieb Bernsteins Selbstermächtigung während seiner Zeit in Sonnenburg auf einzelne Episoden beschränkt. Dagegen wurde er regelmäßig zu „Verhören" abgeholt, die dazu dienten, ihn körperlich zu misshandeln. Eines Tages habe ihn die Wachmannschaft derart im Ostblock misshandelt, dass er blutend zusammengebrochen und

---

83 Vgl. BArch, Befragung von Bernstein (wie Anm. 67), Bl. 55.
84 BArch, Befragung von Bernstein (wie Anm. 67), Bl. 59.
85 „Ich war damals [...] sportlich, [...] gestählt. Da sieht man, wie gut das war, daß die Arbeiter Sport getrieben haben, um Kräfte zu haben für ihren Klassenkampf." BArch, Befragung von Bernstein (wie Anm. 67), Bl. 67.
86 BArch, Befragung von Bernstein (wie Anm. 67), Bl. 68.

erst Stunden später wieder im Lazarett wach geworden sei. Seine Mithäftlinge hätten ihn bereits für tot gehalten.[87]

Die persönliche Erfahrung von antisemitisch motivierter Gewalt scheint Bernstein dazu veranlasst haben, einen relativ großen Teil seiner lebensgeschichtlichen Erinnerungen der Zeit in Gefangenschaft zu widmen. Darüber hinaus thematisiert er aber weder seine jüdische Herkunft noch den Antisemitismus. Sowohl seiner Kindheit als auch seiner Familie widmet er kaum einen Gedanken. Seine Zeit in der Sowjetarmee von 1943 bis 1945 beschreibt er detailliert in technischer Sprache, ohne z. B. auf den nationalsozialistischen Massenmord der osteuropäischen Jüdinnen und Juden einzugehen. So eröffnete sich im lebensgeschichtlichen Interview von 1960, bei der Erinnerung an die körperliche wie psychische Extremsituation in Sonnenburg, für einen Moment die Möglichkeit, die jüdische Herkunft und den nationalsozialistischen Antisemitismus zu reflektieren. Beides fehlt darüber hinaus gänzlich. Und zumindest erstgenannte spielte für Bernstein selbst in der innerfamiliären Kommunikation keine Rolle.[88]

Fazit und Ausblick

Zu Beginn des Artikels formulierte ich das Ziel, mithilfe der Biographie und Zeugnisse Rudolf Bernsteins die beiden Ebenen von Jüdisch-Sein in der kommunistischen Arbeiterbewegung und antisemitischer Gewalterfahrung in der nationalsozialistischen Frühphase zu verbinden. In der Tat überschnitten sich beide in Bernsteins lebensgeschichtlicher Erinnerung an die Internierung im frühen KZ Sonnenburg. Dies verweist auf die herausragende Bedeutung der physischen und psychischen Überwältigung, die die „Machtergreifung" der Nazis für die Arbeiterbewegung darstellte.[89]

Andererseits scheint das Jüdisch-Sein für Bernstein über die Gewalterfahrung hinaus keine Rolle gespielt zu haben, sodass ich mich mit Isaac Deutscher zu fragen habe: „When one raises the question of the Jewish identity, one starts from the assumption of the existence of a positive identity. But are we entitled to make

---

[87] Vgl. BArch, Befragung von Bernstein (wie Anm. 67), Bl. 70 f.
[88] Diese Information verdanke ich der Enkelin von Rudolf Bernstein (E-Mailkommunikation am 13.01.2017).
[89] Vgl. Moore, Paul: „Noch nicht mal zu Bismarcks Zeiten": Deutsche Populärmeinungen und der Terror gegen die Linke. In: Die Linke im Visier. Zur Errichtung der Konzentrationslager 1933. Hrsg. von Nikolaus Wachsmann u. Sybille Steinbacher. Göttingen 2014. S. 168–190.

such an assumption?"⁹⁰ Wenngleich Bernstein in eine Familie geboren wurde, die Mitglied in der jüdischen Gemeinde war und ihre Kinder auf die jüdische Schule schickte, kann er doch spätestens mit seinem politischen Engagement nur noch als Kommunist jüdischer Herkunft identifiziert werden. Allerdings hätte sich Bernstein wohl selbst dieser Identifikation verweigert, auch in Reaktion auf das Feindbild des „jüdischen Bolschewismus". Seiner Selbsteinschätzung müsste jedoch entgegengehalten werden: „Die Gesellschaft besteht nicht aus Individuen, sondern drückt die Summe der Beziehungen, Verhältnisse aus, worin diese Individuen zueinander stehn."⁹¹

Dieselbe Leerstelle in puncto jüdischer Identität durchzieht die Rezeption des KZ Sonnenburg und seiner „Schutzhäftlinge" jüdischer Herkunft in bedeutenden DDR-Presseorganen. In einer empathischen Erinnerung an Erich Mühsam anlässlich dessen 70. Geburtstags kam der Schriftsteller und ehemalige Sonnenburger Mithäftling Karl Grünberg⁹² gänzlich ohne Verweis auf Mühsams jüdische Herkunft oder den deutschen Antisemitismus aus.⁹³ Zehn Jahre später wies ein anderer Autor zwar auf die antisemitisch motivierte Gewalt hin, die Mühsam erfuhr, doch erscheint diese irrational, da Mühsam nicht als jüdisch, sondern recht abschätzig als „aufrechte[r], wenn auch politisch irrende[r] Revolutionär" charakterisiert wird.⁹⁴ War Mühsam 1933 im *Braunbuch* beispielhaft für die jüdischen Opfer des nationalsozialistischen Antisemitismus herausgehoben worden, wurde er 1967 zusammen mit Carl von Ossietzky nur noch als „bürgerlicher Antifaschist" gewürdigt.⁹⁵ Selbst Klaus Drobisch porträtierte den jüdisch-jugendbewegten Hans Litten einzig als humanistischen Demokraten, der „an der Seite aller von faschistischer Willkür Verfolgten" gestanden habe.⁹⁶ Genauso wenig kommt das

---

90 Deutscher, Isaac: Who is a Jew?. In: Ders.: The non-Jewish Jew and other Essays. London 1968. S. 42–59. Hier S. 47.
91 Marx, Karl: Ökonomische Manuskripte. In: Marx-Engels-Werke (MEW). Bd. 42. Hrsg. vom Institut für Marxismus-Leninismus beim ZK der SED. Berlin 1983. S. 189.
92 Vgl. Weber/Herbst: Deutsche Kommunisten (wie Anm. 48), S. 327.
93 Vgl. Grünberg, Karl: Wie Erich Mühsam ermordet wurde. Der revolutionäre Dichter wäre heute 70 Jahre alt. In: Berlin Zeitung. Berlin (06.04.1948).
94 Vgl. Tautz, Titus: Nehmt des Toten Schwert! In: Berliner Zeitung. Berlin (06.05.1958). S. 3.
95 Vgl. Müller, Werner: Lorbeer für die Helden von Sonnenburg. Notizen bei einer Reise deutscher Widerstandskämpfer in der Wojewodschaft Zielona Góra. In: Neues Deutschland Berlin (3.6.1967). S. 11.
96 Vgl. Drobisch, Klaus: Mutiger Anwalt des Proletariats. Vor 80 Jahren wurde Hans Litten geboren. In: Neues Deutschland. Berlin (21.06.1983). S. 7.

Wörtchen „jüdisch" in einem Portrait Georg Benjamins anlässlich dessen 80. Geburtstags vor.[97]

Sowohl Bernsteins Reflexionen als auch die Presseartikel über das KZ Sonnenburg verweisen auf eine Geschichtsschreibung, deren Interpretationsmuster durch die „marxistischen Klassiker zur ‚Judenfrage', die Dogmen zur Faschismus- und Antifaschismusdoktrin sowie die auf den Parteitagen verkündeten programmatischen Leitlinien"[98] vorgegeben waren. Der ostdeutsche Staat sollte als das Ende einer antifaschistischen Kontinuität aufgefasst werden, sodass entsprechend der kommunistische Widerstand gegen den Faschismus im Fokus der Erinnerungskultur stand.[99] Antisemitismus wurde als Ablenkungsinstrument der herrschenden Klasse, die nationalsozialistische Judenverfolgung demnach nur als Teilaspekt der allgemeinen Terrorpolitik der Faschisten begriffen.[100] An solcher „Vereindeutigung" der historischen und gegenwärtigen Gesellschaft war nicht zuletzt Paul Merker in seinem Streben nach Differenzierung – auch in der Frage der Entschädigung jüdischer Shoah-Überlebender – gescheitert.[101]

Die „Reduzierung von Komplexität und [...] Suche nach Sicherheit und Eindeutigkeit" war gemäß Karin Hartewig ein zentrales Motiv – sowohl für jüdische Jugendliche, sich in der Zwischenkriegszeit der Arbeiterbewegung anzuschließen, als auch für jüdische Politemigranten, nach 1945 in den Osten Deutschlands zurückzukehren.[102] Geteilte Alltagserfahrungen, das Denken in Freund-Feind-Schemata und gemeinsame politische Rituale standen unter dem Primat der Gegenwart. Die eigene oder familiäre Migrationsgeschichte scheint insbesondere bei jener Generation von Kommunist_innen jüdischer Herkunft, die sich am Ersten Weltkrieg und an den anschließenden Kämpfen um eine neue Gesellschaftsordnung beteiligt hatten, in den Hintergrund gerückt zu sein. Dabei hatte ihnen die Arbeiterbewegung im Unterschied zu konservativen, religiösen und rechtsnationalen Milieus einen Raum gewährt, in dem die bestehenden Verhältnisse nicht naturalisiert, sie nicht a priori aufgrund ihrer Herkunft ausgeschlossen

---

[97] Vgl. Seidel, Wolfgang: Als Arzt und Kommunist aktiv im Klassenkampf. Heute vor 90 Jahren wurde Georg Benjamin geboren. In: Neues Deutschland. Berlin (10.09.1985). S. 4.
[98] Kwiet, Konrad u. Helmut Eschwege: Selbstbehauptung und Widerstand. Deutsche Juden im Kampf um Existenz und Menschenwürde 1933–1945. Hamburg 1984. S. 9.
[99] Vgl. Leo, Annette/Reif-Spirek, Peter (Hrsg.): Vielstimmiges Schweigen. Neue Studien zum DDR-Antifaschismus. Berlin. 2001.
[100] Vgl. Kwiet/Eschwege: Selbstbehauptung und Widerstand (wie Anm. 97), S. 9.
[101] Vgl. Haury, Thomas: Antisemitismus von links. Kommunistische Ideologie, Nationalismus und Antizionismus in der frühen DDR. Hamburg 2002. S. 293–455.
[102] Vgl. Hartewig, Karin: Zurückgekehrt. Jüdische Kommunisten in der DDR. Köln 2000. S. 105.

waren. Doch die prinzipielle Offenheit wich dem ökonomistischen Hauptwiderspruch, der die Assimilation präferierte und so erneute Exklusivität schuf.

Der „eliminatorische Antisemitismus" der Nazis stand dem Primat der Assimilation jedoch gleichgültig gegenüber.[103] In „Auschwitz"[104] war der Mord total und interessierte sich nicht für Selbstcharakterisierungen. Rudolf Bernsteins und Selma van de Perres Erfahrungen teilten dutzende KZ-Häftlinge in individuell unterschiedlicher Weise. Sie wurden als Jüdinnen und Juden verfolgt und identifizierten sich doch selbst nicht oder nur nachrangig als jüdisch. Dass van de Perres Erinnerungen in der Mahn- und Gedenkstätte Ravensbrück bis 1989 genauso wenig Gehör gefunden haben wie die Erinnerung Bernsteins heute eine gesellschaftliche Rolle spielen, sollte zum Gegenstand kritischer Wissenschaft werden.

---

[103] Der Begriff „eliminatorischer Antisemitismus" ist maßgeblich mit Daniel Goldhagens Publikation *Hitlers willige Vollstrecker*, die 1996 erschien und eine tiefgehende Debatte unter Historiker_innen auslöste, verknüpft. Goldhagen stellte mit dem Begriff auf einen über Jahrhunderte gewachsenen und von breiten Teilen der deutschen Bevölkerung geteilten Antisemitismus ab, der in das gemeinschaftliche Projekt der Vernichtung der europäischen Jüdinnen und Juden mündete. Seine Publikation löste eine weitreichende Kontroverse über den Charakter der Shoah aus. Vgl. Böhmer, Jochen: „Hitlers willige Vollstrecker" und die Goldhagen-Debatte in Deutschland. www.zukunft-braucht-erinnerung.de/hitlers-willige-vollstrecker-und-die-goldhagen-debatte-in-deutschland/ (03.01.2017).

[104] „Auschwitz" schreibe ich hier in Anführungszeichen, da ich damit nicht allein den Ort des KZ Auschwitz, des Vernichtungslagers Auschwitz und die dazugehörigen Außenlager meine. „Auschwitz" ist längst auch zu einem Symbol der Shoah, der Vernichtung der europäischen Jüdinnen und Juden, geworden. Dass im Zuge der „Aktion Reinhardt" doppelt so viele jüdische Menschen wie in Auschwitz ermordet wurden, findet dabei meist ebenso wenig Beachtung wie die Ermordung von Sinti und Roma, aber auch Polen und sowjetischen Kriegsgefangenen im Lagerkomplex Auschwitz. Vgl. Hansen, Imke: „Nie wieder Auschwitz!" Die Entstehung eines Symbols und der Alltag einer Gedenkstätte 1945–1955. Göttingen 2015.

Gideon Botsch
Ernst Fraenkel und die Kritik des Vulgärdemokratismus

Heinz Kleger zum 65. Geburtstag

Ernst Fraenkel, eine der prägendsten Persönlichkeiten der ersten Generation bundesdeutscher Politikwissenschaftler, war der Herkunft und dem Selbstverständnis nach ein säkularer Jude, der sich dieser Zugehörigkeit zu einer gesellschaftlichen und kulturellen Minderheit zeitlebens bewusst blieb.[1]

Nach der Rückkehr aus dem Fronteinsatz im Ersten Weltkrieg gehörte er einem Arbeiter- und Soldatenrat an. Von hier aus fand er den Weg zur sozialdemokratischen Arbeiter- und Gewerkschaftsbewegung, insbesondere während des Studiums und der Tätigkeit als wissenschaftlicher Assistent bei Hugo Sinzheimer in Frankfurt am Main, wo er auch seinen engen Weggefährten Franz Leopold Neumann kennen lernte. Beide gründeten eine Anwaltssozietät, die ihr Büro im neu errichteten Haus des Metallarbeiterverbands in Berlin-Kreuzberg und damit in unmittelbarer Nähe zum Parteivorstand der SPD fand. In der Endphase der Republik gehörten sie zu den wichtigsten jüngeren Arbeits- und Sozialrechtlern, die der reformistischen Arbeiterbewegung zur Verfügung standen. Darüber hinaus machte sich Fraenkel auch als demokratischer Staatsrechtler einen Namen.[2]

---

[1] Vgl. Benzler, Susanne: Aufgeklärtes Staatsrecht. Ernst Fraenkel. In: Judentum und politische Existenz. Siebzehn Porträts deutsch-jüdischer Intellektueller. Hrsg. von Michael Buckmiller [u. a.]. Hannover 2000. S. 327–358; Wildt, Michael: Die Angst vor dem Volk. Ernst Fraenkel in der deutschen Nachkriegsgesellschaft. In: „Ich staune, dass Sie in dieser Luft atmen können". Jüdische Intellektuelle in Deutschland nach 1945. Hrsg. von Monika Boll u. Raphael Gross. Frankfurt/M. 2013. S. 317–344. Vgl. zur Biographie u. a.: Fraenkel, Ernst: Anstatt einer Vorrede (1973). In: Gesammelte Schriften (GS). Hrsg. von Alexander v. Brünneck [u. a.]. Bd. 1: Recht und Politik in der Weimarer Republik. Hrsg. von Hubertus Buchstein u. Mitarb. v. Rainer Kühn. Baden-Baden 1999. S. 55–68; Buchstein, Hubertus/Kühn, Rainer: Vorwort zu diesem Band. In: Ebd., S. 15–54; Ladwig-Winters, Simone: Ernst Fraenkel. Ein politisches Leben. Frankfurt/M. / New York 2009.

[2] Zur Werkbiographie und Wirkungsgeschichte vgl. u. a.: Doeker, Günter/Steffani, Winfried (Hrsg.): Klassenjustiz und Pluralismus. Festschrift Ernst Fraenkel zum 75. Geburtstag. Hamburg 1973. S. 381–394; Blau, Joachim: Sozialdemokratische Staatslehre in der Weimarer Republik. Darstellung und Untersuchung der staatstheoretischen Konzeptionen von Hermann Heller, Ernst Fraenkel und Otto Kirchheimer. Mit einem Vorwort v. Helmut Ridder. Marburg 1980. S. 215ff.; Göhler, Gerhard: Vom Sozialismus zum Pluralismus. Politiktheorie und Emigrationserfahrung bei Ernst Fraenkel. In: Politische Vierteljahresschrift (PVS). 1986. S. 6–27; Göhler, Gerhard: Ernst Fraenkel – historisch und aktuell. In: Pluralismus und Demokratie. Siegfried Mielke zum 65. Geburtstag. Hrsg. von Sigrid Koch-Baumgarten u. Peter Rütters. Frankfurt a. M. 2006. S. 21–37;

So entstand bereits 1929 sein Konzept der „kollektiven Demokratie"[3], das er 1932 in Auseinandersetzung mit der zeitgenössischen autoritären und antidemokratischen Staatsrechtslehre zur „dialektischen Demokratie"[4] weiterentwickelte. Doch die Zerstörung der Republik, die bereits an der Wende zu den 1930er Jahren einsetze, und die darauf folgenden lebensgeschichtlichen Erfahrungen modifizierten Fraenkels Verhältnis zur Arbeiterbewegung. Zu diesen Erfahrungen zählte die Verfolgung nicht nur als politischer Gegner, sondern auch als Jude, der Fraenkel bis zu seiner Emigration 1938 ausgesetzt war. Prägend wurden darüber hinaus die Erfahrungen in den USA, wo Fraenkel in der „New Deal"-Politik der Roosevelt-Ära eine demokratische Alternative zur autoritären politischen Lösung kapitalistischer Krisen erblickte. 1951 trat Fraenkel, trotz erheblicher Vorbehalte gegen eine Remigration, eine Professur für vergleichende Regierungslehre an der Freien Universität Berlin (FU) an. Vermittelt hatte diese Berufung Franz Neumann[5], der „Anfang der

---

Göhler, Gerhard: Ernst Fraenkel (1898–1975). In: Deutsche Politikwissenschaftler – Werk und Wirkung. Von Abendroth bis Zellentin. Hrsg. von Eckhard Jesse u. Sebastian Liebold. Baden-Baden 2014. S. 261–274; Brünneck, Alexander v.: Leben und Werk von Ernst Fraenkel (1898–1975). Nachwort zu: Fraenkel, Ernst: Deutschland und die westlichen Demokratien. 8. erw. Aufl. Hrsg. von Alexander v. Brünneck. Frankfurt a. M. 1991. S. 360–372; Stiefel, Ernst C./Mecklenburg, Frank: Deutsche Juristen im amerikanischen Exil (1933–1950). Tübingen 1991. S. 88–91; Buchstein, Hubertus: Politikwissenschaft und Demokratie. Wissenschaftskonzeption und Demokratietheorie sozialdemokratischer Nachkriegspolitologen in Berlin. Baden-Baden 1992. S. 242ff.; Buchstein, Hubertus: Demokratiepolitik. Theoriebiographische Studien zu deutschen Nachkriegspolitologen. Baden-Baden 2011; Buchstein, Hubertus/Göhler, Gerhard (Hrsg.): Vom Sozialismus zum Pluralismus. Beiträge zu Werk und Leben Ernst Fraenkels. Baden-Baden 2000; Söllner, Alfons: Ernst Fraenkel und die Verwestlichung der politischen Kultur in der Bundesrepublik Deutschland. In: Leviathan (2002). S. 132–154; Bauerkämper, Arnd: Americanisation as Globalisation? Remigrés to West Germany after 1945 and Conceptions of Democracy: The Cases of Hans Rothfels, Ernst Fraenkel and Hans Rosenberg. In: Leo Baeck Institute Year Book (LBIYB) 49 (2004). S. 153–170; van Ooyen, Robert Chr./Möllers, Martin H. W. (Hrsg.): (Doppel-)Staat und Gruppeninteressen. Pluralismus – Parlamentarismus – Schmitt-Kritik bei Ernst Fraenkel. Baden-Baden 2009; Botsch, Gideon: Alternativen zum „Vulgärdemokratismus". Das politikwissenschaftliche Werk Ernst Fraenkels (1898–1975). In: Zeitschrift für Religions- und Geistesgeschichte (ZRGG) 65 (2013). S. 197–204.

3 Vgl. Fraenkel, Ernst: Kollektive Demokratie (1929). In: GS. Bd. 1 (wie Anm. 1), S. 343–357.
4 Vgl. v. a. Fraenkel, Ernst: Um die Verfassung (1932). In: GS. Bd. 1 (wie Anm. 1), S. 496–509.
5 Vgl. zu Leben und Werk u. a.: Pross, Helge: Einleitung. In: Neumann, Franz [Leopold]: Demokratischer und autoritärer Staat. Studien zur politischen Theorie. Hrsg. u. m. einem Vorw. v. Herbert Marcuse. Eingel. v. Helge Pross. Frankfurt a. M. 1986. S. 9–27; Söllner, Alfons: Franz L. Neumann – Skizzen zu einer intellektuellen und politischen Biographie. In: Neumann, Franz L.: Wirtschaft, Staat, Demokratie. Aufsätze 1930–1954. Hrsg. von Alfons Söllner. Frankfurt a. M. 1978. S. 7–56; Buchstein: Politikwissenschaft (wie Anm. 2), S. 230ff.; ders.: Demokratiepolitik (wie Anm. 2); Stiefel/Mecklenburg: Deutsche Juristen (wie Anm. 2), S. 107–109; Intelmann, Peter: Zur Biographie von Franz L. Neumann. In: 1999. Zeitschrift für Sozialgeschichte des 20. und 21. Jahr-

fünfziger Jahre nach einer neuen theoretischen Orientierung" suchte und „dafür einen Mitstreiter" benötigte.⁶ Gemeinsam mit Fraenkel wollte er eine „reale" beziehungsweise „adäquate Theorie der Demokratie"⁷ entwickeln.

Einen Teil des gemeinsamen Problems umriss Neumann 1953 in einem der letzten seiner noch zu Lebzeiten publizierten politikwissenschaftlichen Aufsätze, *Zum Begriff der politischen Freiheit*. Hier warnte er vor den Folgen eines „schlechten Funktionierens des demokratischen Systems", vor „politische[r] Apathie" bis hin zur „totale[n] Ablehnung des politischen Systems ohne die Chance, eine sinnvolle Alternative zu wählen".⁸ Eine derartige Entfremdung vom politischen System konnte in Neumanns Augen aus inadäquaten Vorstellungen über die Demokratie folgen, denen zufolge Demokratie die „Beteiligung der Massen an der Politik" sei und ein „System politischer Repräsentation [...] die Beteiligung zur Farce" mache.⁹

Einige Wochen nachdem Neumann im September 1954 bei einem Autounfall zu Tode gekommen war, knüpfte Fraenkel in einem Rundfunk-Vortrag an diese Gedanken an: „Die Angst vor der Herrschaft der anonymen Gewalten geht letzten Endes auf eine tiefe Enttäuschung über die Diskrepanz zwischen Ideologie und Realität der Möglichkeiten der Selbstentfaltung in der liberal-demokratischen Gesellschaft zurück".¹⁰ Fraenkel griff das Problem inadäquater Vorstellungen über den Charakter der Demokratie in den Schriften der folgenden Jahre immer wieder sporadisch auf und machte es schließlich zu einem zentralen Bestandteil seines Konzepts des „Neo-Pluralismus". Demnach gehe das in der Bundesrepublik verbreitete „Unbehagen an der Demokratie" auf das „instinkt-

---

hunderts, 1 (1990). S. 14–52; Perels, Joachim: Wider die Herrschaft der Gesetzlosigkeit – Franz L. Neumann. In: Buckmiller [u. a.]: Judentum (wie Anm. 1), S. 361–382.

6 Buchstein: Demokratiepolitik (wie Anm. 2), S. 79 f.; Vgl. Buchstein: Politikwissenschaft und Demokratie (wie Anm. 2), S. 230 ff., 242 ff.

7 Neumann, Franz [Leopold]: Ansätze zur Untersuchung politischer Macht (1950). In: Ders.: Demokratischer und autoritärer Staat (wie Anm. 5), S. 82–99. Hier S. 89; Pross (Pross: Einleitung (wie Anm. 5), S. 15) berichtet, es sei Neumanns Absicht gewesen, eine, „wie er es nannte, reale Theorie der Politik" zu entwerfen. Vgl. Buchstein: Demokratiepolitik (wie Anm. 2), S. 79; Buchstein: Franz L. Neumann im Schatten der Kritischen Theorie. Eine Bemerkung zum Verhältnis von Kritischer Theorie und Politikwissenschaft. Mit drei bisher unbekannten Texten Neumanns. In: Internationale Wissenschaftliche Korrespondenz zur Geschichte der deutschen Arbeiterbewegung (IWK) 25 (1989). S. 490–520; Söllner: Franz L. Neumann (wie Anm. 5), S. 36 ff.

8 Neumann, Franz [Leopold]: Zum Begriff der politischen Freiheit (1953). In: Ders.: Demokratischer und autoritärer Staat (wie Anm. 5), S. 130.

9 Neumann: Zum Begriff (1953) (wie Anm. 8), S. 130.

10 Fraenkel: Selbstentfaltung und Wertverwirklichung in der demokratischen Gesellschaft (1954). In: GS. Bd. 5 (= Demokratie und Pluralismus. Hrsg. von Alexander v. Brünneck. Baden-Baden 2007), S. 374–382. Hier S. 380.

mäßige Gefühl" zurück, dass „unser Verfassungswesen weitgehend nicht dem entspricht, was man sich unter der Herrschaft einer ‚echten' Demokratie vorstellt."[11] „Verfassungsrecht und Verfassungswirklichkeit auf der einen Seite und die demokratische Vulgärideologie auf der anderen Seite" speisten sich, Fraenkel zufolge, „aus verschiedenen Quellen".[12] Keine Theorie der Demokratie komme „über die Tatsache hinweg, daß das deutsche demokratische Denken nach wie vor von der dem Vulgärdemokratismus zugrunde liegenden Hypothese eines einheitlichen Volkswillens [...] beherrscht" werde.[13] Nach Fraenkel kulminiere diese Vorstellung von Demokratie „in der Doktrin, daß Demokratie Identität von Regierenden und Regierten bedeutet"[14].

Eine „antitotalitäre politische Theorie"?

Hubertus Buchstein zufolge habe Fraenkels „demokratisches Denken [...] konstitutiv von seiner radikalen Negation" gezehrt.[15] Die frühen an Fraenkel anknüpfenden Ausarbeitungen zur Pluralismustheorie in den 1970ern haben die in ihr enthaltene Kritik des Anti-Pluralismus mit thematisiert. Heinrich Erdmann bezeichnete Fraenkels pluralistische Parteienstaatstheorie als „antitotalitäre politologische Theorie"[16], Hans Kremendahl setzte sich in seiner an Fraenkel anknüpfenden Darstellung der Pluralismustheorie vornehmlich mit „linker Pluralismuskritik"[17] auseinander, und auch zum Beispiel Heribert Kohl[18], Kurt Sontheimer[19] und Eckhard Jesse[20] diskutierten ausführlich auf der Basis der

---

11 Fraenkel: Strukturdefekte der Demokratie und deren Überwindung (1964). In: GS. Bd. 5 (wie Anm. 10), S. 91–113. Hier S. 96.
12 Fraenkel: Strukturdefekte (1964) (wie Anm. 11), S. 97.
13 Fraenkel: Strukturanalyse der modernen Demokratie (1969). In: GS. Bd. 5 (wie Anm. 10), S. 323.
14 Fraenkel: Ursprung und politische Bedeutung der Parlamentsverdrossenheit (1966). In: GS. Bd. 5 (wie Anm. 10), S. 152; vgl. auch Neumann: Zum Begriff (1953) (wie Anm. 8), S. 132f.
15 Buchstein: Demokratiepolitik (wie Anm. 2), S. 149.
16 Erdmann, Heinrich: Neopluralismus und institutionelle Gewaltenteilung. Ernst Fraenkels pluralistische Parteienstaatstheorie als Theorie parlamentarisch-pluralistischer Demokratie. Opladen 1988. S. 53.
17 Kremendahl, Hans: Pluralismustheorie in Deutschland. Entstehung, Kritik, Perspektiven. Leverkusen 1977. S. 237 ff.; vgl. ders.: Von der dialektischen Demokratie zum Pluralismus. Kontinuität und Wandel im Werk Ernst Fraenkels. In: Doeker/Steffani: Klassenjustiz (wie Anm. 2), S. 381–394.
18 Vgl. Kohl, Heribert: Pluralismuskritik in der Bundesrepublik. Zur Pluralismus-Debatte. In: Aus Politik und Zeitgeschichte (APuZ) 12 (1970) v. 21.03.1970. S. 1–40.
19 Vgl. Sontheimer, Kurt: Der Pluralismus und seine Kritiker. In: Doeker/Steffani: Klassenjustiz (wie Anm. 2). S. 425–443.

Werke Fraenkels die „Kritik an der pluralistischen Demokratie"[21]; neuerdings hat beispielsweise Robert Christian van Ooyen den Neo-Pluralismus als „Anti-Anti-Pluralismus" analysiert,[22] während Uwe Backes Fraenkels Ansatz gleich gänzlich auf „Totalitarismus und Pluralismus" als das vermeintlich „zentrale Gegensatzpaar, das unvereinbare politische Gestaltungsformen und Systeme idealtypisch erfasst" habe, reduziert.[23]

Explizit oder implizit machen sich hier zwei Annahmen über die Quellen der Vulgärdemokratismus-Kritik bei Fraenkel bemerkbar, die beide biographisch begründet werden und miteinander verschränkt sind. So wird, erstens, auf die prägende Wirkung der „selbst erlebten geschichtlichen und institutionellen Bedingungen des Scheiterns der Weimarer Republik und der Errichtung der NS-Diktatur" verwiesen, die für Fraenkels Kritik der „Vulgärpolitologie" maßgeblich gewesen sei.[24] Im Mittelpunkt steht dabei die Auseinandersetzung mit der Parlamentarismuskritik von Carl Schmitt. Die Kontroversen um Schmitts Positionen in der Weimarer Republik und im Nationalsozialismus hätten Fraenkel, zweitens, „im Deutschland der Studentenbewegung"[25] wieder eingeholt: „Jetzt entstand in [...] den zahlreichen Pamphleten der verschiedenen linken Gruppen erneut eine Theorie von der Unmittelbarkeit des Volkes".[26] So entsteht der Eindruck, Fraenkel habe die Auseinandersetzung mit den Positionen Carl Schmitts aus der Weimarer Zeit und dem Nationalsozialismus in der Bundesrepublik fortgeschrieben, vor dem Hintergrund des Systemkonflikts zu einer antitotalitären Position ausgebaut und schließlich im Zuge der Auseinandersetzung mit der studentischen Protestbewegung ab Mitte der 1960er zugespitzt. Diese Annahmen greifen meines Erachtens insofern zu kurz, als sie den konkreten zeitgeschichtlichen Kontext der Ausformulierung der Vulgärdemokratismus-Kritik zu wenig berücksichtigen, der

---

20 Vgl. Jesse, Eckhard: Pluralismustheorie ohne demokratische Alternative. In: Neue Politische Literatur (NPL) XXIV (1979). S. 145–163.
21 Kohl: Pluralismuskritik (wie Anm. 18), S. 9.
22 Vgl. v. Ooyen, Robert Chr.: Neo-Pluralismus als „Anti-Anti-Pluralismus": Die Bedeutung von Hans Kelsen und Carl Schmitt für die politische Theorie von Ernst Fraenkel. In: v. Ooyen/Möllers: (Doppel-)Staat (wie Anm. 2), S. 59–86.
23 Backes, Uwe: Vom Marxismus zum Antitotalitarismus: Ernst Fraenkel und Richard Löwenthal. In: Totalitarismuskritik von links. Deutsche Diskurse im 20. Jahrhundert. Hrsg. von Mike Schmeitzner. Göttingen 2007. S. 327–354. Hier S. 339.
24 Möllers, Martin H. W.: Die Traditionen politischer Kultur in Deutschland als (Vor-) Belastung des deutschen Parlamentarismus. In: v. Ooyen/Möllers: (Doppel-)Staat (wie Anm. 2), S. 207–249. Hier S. 208.
25 Wildt: Die Angst (wie Anm. 1), S. 337.
26 Wildt: Die Angst (wie Anm. 1), S. 335.

sich bei einer präzisen Verortung innerhalb der Werksgeschichte Fraenkels erkennen lässt.

Zur Genealogie der „demokratischen Vulgärideologie"

Der Begriff des „Vulgärdemokratismus", den Fraenkel wiederholt verwendet, wird von ihm weder definiert noch auf systematische Weise eingeführt. Eine Belegstelle, woher er ihn bezieht, fehlt. Es lässt sich mit großer Wahrscheinlichkeit sagen, dass er die Fügung „vulgäre Demokratie" bei Karl Marx gefunden hat. In den „Randglossen" zum Gothaer Programm von 1875 spricht Marx von der „vulgäre[n] Demokratie, die in der demokratischen Republik das Tausendjährige Reich sieht".[27] Fraenkel zeichnet in einem Aufsatz über die „repräsentative und die plebiszitäre Komponente im demokratischen Verfassungsstaat" von 1958 die Debatte über die direkte Gesetzgebung in der deutschen Arbeiterbewegung nach und belegt die ablehnende Haltung von Marx mit dem Hinweis auf die „Randglossen" zum Gothaer Programm.[28] Im selben Jahr verwendet Fraenkel das Wort „demokratische Vulgärpolitologie"[29] zum ersten Mal. Die These eines mittelbaren Einflusses durch Marx bei der Wortschöpfung wird noch dadurch erhärtet, dass Fraenkel, wie Marx in den „Randglossen", selbst gelegentlich den utopischen Gedanken der „echten" oder „wahren Demokratie" mit dem eschatologischen Chiliasmus in Verbindung bringt.[30] Angesichts seiner Haltung gegenüber der marxistischen Theorie, von der er sich während der weiteren Ausformulierung der neo-pluralistischen Demokratietheorie immer deutlicher distanzieren wird, ist dieser Befund besonders hervorzuheben, zumal Fraenkel das Werk von Karl Marx und den Marxismus später in die genealogische Entwicklungslinie des Vulgärdemokratismus einordnet. Während Neumann betonte, Marx und Engels hätten „trotz ihres Bekenntnisses zur [Pariser] Kommune [...] nie ihre demokratische Grundauffassung geändert",[31] entwickelt Fraenkel eine Linie von der Erhebung der Commune zum Modell der „Diktatur des

---

[27] Vgl. Marx, Karl: Kritik des Gothaer Programms [Randglossen zum Programm der deutschen Arbeiterpartei, 1875]. In: Marx-Engels-Werke (MEW). Bd. 19. Berlin 1962. S. 11–32. Hier S. 29.
[28] Vgl. Fraenkel: Die repräsentative und die plebiszitäre Komponente im demokratischen Verfassungsstaat (1958). In: GS. Bd. 5 (wie Anm. 10), S. 197.
[29] Vgl. Fraenkel: Parlament und öffentliche Meinung (1958). In: GS. Bd. 5 (wie Anm. 10), S. 216.
[30] Z. B. in Fraenkel: Möglichkeiten und Grenzen politischer Mitarbeit der Bürger in einer modernen parlamentarischen Demokratie (1966). In: GS. Bd. 5 (wie Anm. 10), S. 289 f.
[31] Neumann, Franz L.: Wandlungen des Marxismus (1950). In: Buchstein: Franz L. Neumann im Schatten (wie Anm. 7), S. 501–508. Hier S. 505.

Proletariats" in Marx' „Bürgerkrieg in Frankreich" von 1871 zum Leninismus und Bolschewismus[32] sowie zum „reinen Rätegedanken", der in der Rätebewegung seit 1918 wirksam wurde. Die Rezeption der deutschen Rätebewegung durch Intellektuelle der Außerparlamentarischen Opposition, die schließlich auch die Gewerkschaftsbewegung errichte, bezeichnete er als „Rätemythos" und sah darin einen fatalen Rückfall in vulgärdemokratisches Denken.[33]

Wichtiger für die Genealogie des Vulgärdemokratismus blieb Carl Schmitts Begriff der Demokratie. Fraenkel sieht die Wurzeln des Schmitt'schen Antiparlamentarismus bei Rousseau.[34] Dessen Vorstellungen von Demokratie wurzelten in der antiken Polis, und zwar nicht in der solonischen Verfassung Athens, sondern in der lykurgischen Verfassung Spartas; die „Spartalegende"[35] bilde einen Ausgangspunkt für die Entstehung der vulgärdemokratischen Ideologie. Rousseaus Gedanken seien dann insbesondere während der Französischen Revolution bei den Jakobinern wirksam geworden und hätten der Terrorherrschaft Robespierres zu Grunde gelegen. Gleichzeitig beeinflusste Rousseau aber auch Fichte und das „deutsche[...] national-demokratische[...] Denken[...]"[36].

Mit Rücksicht auf diese Genealogie und ihren Ausgangspunkt bei Rousseau identifiziert Fraenkel den „Vulgärdemokratismus" weithin mit dem, was er als „klassische" kontinentaleuropäische Demokratietheorie bezeichnet und der angelsächsischen Demokratietheorie gegenüberstellt. Er unterscheidet „zwei Demokratiebegriffe", den „rationalen Demokratiebegriff der von Frankreich beeinflußten kontinental-europäischen Staaten" und den „empirischen Demokratiebegriff der von England beeinflußten angelsächsischen Staaten".[37] Letzterer beruhe „nicht auf der *Hypothese* eines einheitlichen Nationalwillens, sondern auf der *Empirie* differenzierter Gruppenwillen".[38] Demgegenüber gehe die kontinental-europäische Demokratietheorie „von der aus abstrakten Axiomen *deduktiv abgeleiteten Theorie*

---

32 Vgl. Fraenkel: Parlament (1958). In: GS. Bd. 5 (wie Anm. 10), S. 208–230. Hier S. 215.
33 Fraenkel: Rätemythos und soziale Selbstbestimmung (1971). In: GS. Bd. 5 (wie Anm. 10); Vgl. Fraenkels „Vorbemerkung" zur Erstveröffentlichung in: APuZ 14 (1971) v. 03.04.1971. S. 3 (nicht in GS. Bd. 5), die auf Verlautbarungen aus dem Deutschen Gewerkschaftsbund (DGB) Bezug nimmt.
34 Vgl. Söllner, Alfons: Re-reading Rousseau in the 20th Century. The Reception by Franz L. Neumann, Jacob L. Talmon and Ernst Fraenkel. In: Der lange Schatten des Contrat social. Demokratie und Volkssouveränität bei Jean-Jacques Rousseau. Hrsg. von Oliver Hidalgo. Wiesbaden 2013. S. 211–227, der allerdings die Nachkriegsschriften von Neumann und Fraenkel weithin unberücksichtigt lässt.
35 Fraenkel: Der Pluralismus als Strukturelement der freiheitlich-rechtsstaatlichen Demokratie (1964). In: GS. Bd. 5 (wie Anm. 10), S. 273.
36 Fraenkel: Möglichkeiten (1966) (wie Anm. 30), S. 290.
37 Fraenkel: Ursprung (1966) (wie Anm. 14), S. 155.
38 Fraenkel: Ursprung (1966) (wie Anm. 14), S. 155 – meine Hervorhebung.

aus, daß Demokratie unter optimalen Bedingungen die Herrschaft eines einheitlichen Volkswillens, gegebenenfalls die Herrschaft des Mehrheitswillens des Volkes darstelle, der mit dem Volkswillen identifiziert wird."[39]

„Volkswille" gegen Gruppeninteressen – Konturen des „Vulgärdemokratismus"

Diese „demokratische Vulgärpolitologie" erblicke „in der Existenz von Minoritäts- und Sonderinteressen Störungsfaktoren", die „entweder negiert oder eliminiert oder durch Verweisung in den apolitischen Raum neutralisiert werden sollten".[40] Dass die „volonté générale" nur verwirklicht werden könne, wenn die „volontés particulières aus der Sphäre von Staat und Politik verbannt"[41] seien, bezeichnet Fraenkel als das „Credo des vulgärdemokratischen Denkens", die „Basis, von der aus die Attacken gegen den Pluralismus geritten werden".[42] Als störende Faktoren werden aus vulgärdemokratischer Sicht alle intermediären Gewalten ausgemacht, die Gruppeninteressen artikulieren und formen und damit den Volkswillen abfälschen würden. In der Kritik stehen namentlich das Parlament, die Parteien und die Verbände. Schon ihre reine Existenz sei theoriewidrig; ihr Zusammenspiel verschärfe die Situation, da die Parteien im Parlament über die Fraktionsdisziplin eine weitere Mediatisierung des Volkswillens bewirkten; die Verbände die Willensbildung in den Parteien kontrollierten und gleichzeitig als „pressure groups" unmittelbar die Regierung unter Druck setzten. Übersetze man die verbreitete „vox plebis in die Sprache der wissenschaftlichen Politik", ergebe sich, dass die „öffentliche Meinung an [...] der Fraktionsdisziplin, der politischen Betätigung der Interessenverbände und letzten Endes an dem im Parteiwesen in Erscheinung tretenden pluralistischen Charakter unserer Staats- und Gesellschaftsordnung Anstoß nimmt."[43]

Unter Zugrundelegung der vulgärdemokratischen Theorie könne dem „Parlament ein Eigenwert nicht zugesprochen werden".[44] Sofern seine Existenzberechtigung in einem Flächenstaat aus technischen Gründen anerkannt werde, habe es dennoch „einen vorgegeben Allgemeinwillen des Volkes" zu repräsentieren, den es

---

39 Fraenkel: Ursprung (1966) (wie Anm. 14), S. 152 – meine Hervorhebung.
40 Fraenkel: Repräsentative und plebiszitäre Komponente (1958) (wie Anm. 28), S. 166.
41 Fraenkel: Pluralismus als Strukturelement (1964) (wie Anm. 35), S. 270.
42 Fraenkel: Pluralismus als Strukturelement (1964) (wie Anm. 35), S. 270.
43 Fraenkel: Strukturdefekte (1964) (wie Anm. 11), S. 96.
44 Fraenkel: Historische Vorbelastungen des deutschen Parlamentarismus (1960). In: GS. Bd. 5 (wie Anm. 10), S. 53–75.

„zu finden, nicht aber zu formen berufen" sei.[45] Die rationale Demokratietheorie stehe den „Realitäten des demokratischen Parlamentarismus hilflos" gegenüber, die „relevanten Fakten der parlamentarischen Praxis" suche sie zu verschleiern. „Parlamentsverdrossenheit" ist das Ergebnis der vulgärdemokratischen „Parlamentslegende".[46] Fraenkel spricht von „Vulgärparlamentarismus".[47]

Dem Modell einer „plebiszitären Demokratie" widerspreche es prinzipiell, „hierarchisch strukturierten, bürokratisch organisierten und auf Dauer angelegten Gebilden (Parteien genannt) die Verantwortung für die Nominierung der Kandidaten für öffentliche Ämter einzuräumen und dem Volk das Recht zuzugestehen, *unmittelbar* zwischen ihnen zu wählen."[48] Aus vulgärdemokratischer Sicht sind die Parteien „Erscheinungsformen einer politischen Desintegration."[49]

Für Fraenkel trifft zwar nicht zu, dass die Parteien den „fiktiven Gemeinwillen mediatisieren", vielmehr „integrieren [sie] die gestreuten Gruppenwillen" und wirken dadurch bei der „Bildung des Volks- und Staatswillens mit."[50] Doch erwachsen aus einer „Oligarchisierung" der Parteiapparate auch in seinen Augen Gefahren: „Erstarren die Gruppen und Parteien zu einer Fassade", hinter der sich „das Machtstreben der Bürokratien der Partei- und Gruppenapparate" verberge, dann verwandle sich die pluralistisch-demokratische Gesellschaft in eine „Masse isolierter Individuen".[51] Eine solche „innere Aushöhlung der autonomen Gruppen und Parteien" müsse dazu führen, dass der „Massenwille mechanisch dirigiert und die Reaktion auf diese Direktiven mechanisch registriert werden kann."[52]

Die „Existenz von Verbänden" wird in „weiten Kreisen der Bevölkerung" als „zumindest problematisch, wenn nicht sogar als ein Störungsfaktor"[53] angesehen. Verbreitet sei eine „Verketzerung der wirtschaftlichen und sozialen Verbände als ‚Interessenhaufen', ‚Pressure Groups' und ‚Lobbies'".[54] Wer indes „die Interessengruppen unmittelbar in den Prozeß staatlicher Willensbildung einbeziehen

---

45 Fraenkel: Historische Vorbelastungen (1960) (wie Anm. 44), S. 61.
46 Fraenkel: Ursprung (1966) (wie Anm. 14), S. 154.
47 Fraenkel: Strukturdefekte (1964) (wie Anm. 11), S. 99.
48 Fraenkel: Rätemythos (1971) (wie Anm. 33), S. 120.
49 Fraenkel: Deutschland und die westlichen Demokratien (1960). In: GS. Bd. 5 (wie Anm. 10), S. 90.
50 Fraenkel: Deutschland (1960) (wie Anm. 49), S. 90.
51 Fraenkel: Strukturdefekte (1964) (wie Anm. 11), S. 112; vgl. auch Neumann: Zum Begriff (1953) (wie Anm. 8), S. 131.
52 Fraenkel: Strukturdefekte (1964) (wie Anm. 11), S. 112.
53 Fraenkel: Die ordnungspolitische Bedeutung der Verbände im demokratischen Rechtsstaat (1968). In: GS. Bd. 5 (wie Anm. 10), S. 297.
54 Fraenkel: Strukturanalyse (1969) (wie Anm. 13), S. 336.

will, endet notwendigerweise beim Ständestaat"[55]. Stände aber, so mahnt Fraenkel, „sind mit einer modernen Repräsentativverfassung unvereinbar".[56]

Diesem identitären Modell der Demokratie hat Ernst Fraenkel ein Konzept entgegen gestellt, das die gesellschaftlich vorhandenen Gruppeninteressen anerkennt, bejaht und ihnen in der Politik zu Geltung verhelfen will, und das heute als Neo-Pluralismus bezeichnet wird.

Ambivalenter Pluralismus – Differenzen zu Neumann, Kirchheimer, Marcuse und Pross

Wie Neumanns Spätwerk erkennen lässt, dürfte er über weite Strecken mit Fraenkels Kritik des Vulgärdemokratismus mitgegangen sein. Allerdings lassen sich auch einige Differenzen bemerken, die sich in letzter Instanz auf abweichende Erkenntnisinteressen zurückführen lassen. Für Neumann blieb „die dialektische Beziehung von Herrschaft und Freiheit" die eigentliche „Fragestellung" der Politikwissenschaft, ja ihr „Brennpunkt".[57]

Die wissenschaftlichen, politischen und persönlichen Freunde, die Neumann in den Jahren vor seinem Tod am engsten verbunden waren, zeichneten in ihren Arbeiten aus den 1960ern ein deutlich ambivalenteres Bild der pluralistischen Demokratie. Dies gilt etwa für Otto Kirchheimer in seinen zentralen Arbeiten der Nachkriegszeit, insbesondere seiner Theorie der Opposition und ihres Verfalls.[58] Es gilt noch mehr für Herbert Marcuse, der seit der Emigration vermutlich Neumanns engster Freund war, und dessen Essay über „repressive Toleranz"[59] Mitte der 1960er Jahre maßgeblich die ‚linke Pluralismuskritik' beeinflusste. Schließlich formulierte Helge Pross in der Adorno-Festschrift 1963 eine kritische Analyse des Pluralismus, die meines Erachtens die Position ihres verstorbenen Lebensgefährten Neumann weithin mit reflektiert. Für Pross stellt die pluralistische

---

55 Fraenkel: Deutschland (1960) (wie Anm. 49), S. 90.
56 Fraenkel: Repräsentative und plebiszitäre Komponente (1958) (wie Anm. 28), S. 207; Vgl. auch Neumann: Zum Begriff (1953) (wie Anm. 8), S. 131.
57 Neumann: Angst und Politik. In: Ders.: Demokratischer und autoritärer Staat (wie Anm. 5). S. 261–291. Hier S. 261; Vgl. Buchstein: Demokratiepolitik (wie Anm. 2), S. 83–104.
58 Vgl. Kirchheimer, Otto: Wandlungen der politischen Opposition (1957). In: Ders.: Politik und Verfassung. Frankfurt 1964. S. 123–150; Kirchheimer: Deutschland oder Der Verfall der Opposition (1966). In: Ders.: Politische Herrschaft. Fünf Beiträge zur Lehre vom Staat. Frankfurt a.M. ³1974. S. 58–91.
59 Marcuse, Herbert: Repressive Toleranz. In: Wolff, Robert Paul/Moore, Barrington/Marcuse, Herbert: Kritik der reinen Toleranz. Frankfurt a.M. 1966.

Struktur der Gesellschaft zweifellos einen Fortschritt dar, sie sei aber „doch auch regressiv. Sie unterbindet sowohl die Reflexion über die Legitimität bestehender Institutionen als auch die aus ihr resultierende Aktion, die auf die Veränderung vorhandener Einrichtungen zugunsten der Ausweitung individueller Freiheit zielt".[60] Daher sei „die Rede vom Pluralismus *auch* Ideologie".[61]

Unterschiedlich war auch die Sicht auf das Motiv der „Entfremdung". Für Fraenkel scheint sich die gesamte seit Rousseau formulierte Entfremdungs-Theorie als Ideologie darzustellen; zumindest aber sei die „Entfremdung der zivilisierten Menschheit ein Vorgang, der nicht rückgängig gemacht werden kann, ja nicht rückgängig gemacht werden soll."[62] Auch Neumann hält es für die Aufgabe der politischen Wissenschaft, die „Unvermeidlichkeit dieses Entfremdungsprozesses, der zugegeben, verstanden und akzeptiert werden muß",[63] deutlich herauszuarbeiten. Für ihn stellt der Entfremdungsbegriff indes weiterhin ein zentrales Instrument zur Analyse politikwissenschaftlicher Probleme dar. Er trägt zur Erklärung „politischer Apathie" bei[64] und ermöglicht ein Verständnis der Phänomene „cäsaristischer Identifizierung", „falscher Konkretheit" und der „Verschwörungstheorie der Geschichte".[65] In diesem Kontext rezipiert Neumann nicht nur Sigmund Freud, sondern auch Marx und Hegel als wichtige Bezugspunkte für die Entfremdungstheorie positiv;[66] sogar Rousseau wird differenzierter – und damit wohl auch gerechter – beurteilt.[67]

Bei allen Differenzen verband aber Neumann und Fraenkel das Interesse, verbreitete Vorstellungen der Demokratie kritisch zu hinterfragen und zu prüfen, inwieweit sie den empirisch vorfindbaren Realitäten der pluralistischen Gesellschaft adäquat sind. Dass Fraenkels politische Theorie nicht in kritikloser Affirmation des Pluralismus aufging, sein Neo-Pluralismus vielmehr als Schlussfolgerung aus einer kritischen Theorie und Empirie der Demokratie zu verstehen ist, zeigt sich nicht zuletzt an seiner Analyse des Vulgärdemokratismus.

---

60 Pross, Helge: Zum Begriff der pluralistischen Gesellschaft. In: Zeugnisse. Theodor W. Adorno zum 60. Geburtstag. Hrsg. von Max Horkheimer. Frankfurt a. M. 1963. S. 439–450. Hier S. 442 f.
61 Pross: Zum Begriff (wie Anm. 60), S. 450 – meine Hervorhebung.
62 Fraenkel: Pluralismus als Strukturelement (1964) (wie Anm. 35), S. 270; Vgl. Frankel: Möglichkeiten (1966) (wie Anm. 30), S. 289 ff.; Fraenkel: Strukturanalyse (1969) (wie Anm. 13), S. 326 f.
63 Neumann: Angst (wie Anm. 57), S. 279.
64 Vgl. Neumann: Zum Begriff (wie Anm. 8), S. 130.
65 Neumann: Angst (wie Anm. 57), S. 270.
66 Vgl. Neumann: Angst (wie Anm. 57), S. 162 ff.; Neumann: Zum Begriff (wie Anm. 8), S. 120 f.
67 V. a. in Neumann: Montesquieu. In: Ders. Demokratischer und autoritärer Staat (wie Anm. 5). S. 142–192. Hier S. 150, 157, 160; Zu Neumanns Rousseau-Perzeption in den 1930er und 1940er Jahren vgl. Söllner: Re-Reading Rousseau (wie Anm. 34), S. 218 ff.

Werkgeschichtliche Verortung

Wie lässt sich nun die Genese dieser Kritik werkgeschichtlich verorten? In den 1950er Jahren konzentrierte sich Fraenkel im Rahmen der Vergleichenden Regierungslehre zunächst auf die Amerika-Studien. Sein zentrales Anliegen war es, dem „deutschen akademischen Publikum die Funktionsweise der demokratischen Institutionen der USA so vor Augen zu führen, dass dabei das Verständnis der eigenen Demokratie gefördert wird".[68] Fraenkel selbst nannte die Amerikastudien die „Konfession meines Lebens".[69] Diese Arbeiten, die mit dem Buch über das „amerikanische Regierungssystem" 1960 zum Abschluss kamen, bildeten „inhaltlich das Verbindungsglied zwischen Fraenkels arbeitsrechtlichen und verfassungstheoretischen Arbeiten aus der Weimarer Republik, seiner Nationalsozialismusanalyse im *Doppelstaat* [...], seinen Planungen für den Neuaufbau eines demokratischen Deutschland während der Emigration sowie seinen im Band *Deutschland und die westlichen Demokratien* versammelten Aufsätzen".[70]

An die Amerikastudien anknüpfend, widmete sich Fraenkel der Ausarbeitung seiner Neo-Pluralismus-Theorie, die ab 1964 als Sammelband unter dem Titel *Deutschland und die westlichen Demokratien* erschien und in späteren Auflagen fortgeschrieben und ergänzt wurde. Unsere Tabelle zeigt den Entstehungszeitraum der einschlägigen Beiträge im fünften Band der Gesammelten Schriften. Wie diese chronologische Übersicht zeigt, formulierte Fraenkel die beiden ersten größeren Aufsätze zum Neo-Pluralismus noch 1958. Der Vulgärdemokratismus, bereits zuvor kritisiert, rückt ins Zentrum des Interesses seines Vortrags über „historische Vorbelastungen des deutschen Parlamentarismus" von Ende 1959. In drei weiteren Texten, die zwischen 1960 und 1964 entstanden sind, präzisiert Fraenkel die Kritik; der Vortrag über „Strukturdefekte der Demokratie" stellt sie erneut in den Mittelpunkt. Auch in den beiden Vorträgen aus dem Jahre 1966 hat das Thema eine herausgehobene Bedeutung. Damit ist Fraenkels Beweisführung im Kern abgeschlossen. Mit anderen Worten: Fraenkels Kritik des Vulgärdemokratismus wird zwischen 1958/60 und 1964/66 ausformuliert. Was auf dem Höhepunkt der Auseinandersetzung mit der APO von 1967 bis 1969 erscheint, variiert das Thema nur noch. Erst mit der Kritik des „reinen Rätegedankens" erfolgt wieder eine substanzielle Erweiterung[71] – auch sie

---

68 Söllner: Ernst Fraenkel (wie Anm. 2), S. 146; Vgl. Buchstein: Ernst Fraenkel als Klassiker. In: Buchstein: Demokratiepolitik (wie Anm. 2), S. 105–128; Botsch: Alternativen (wie Anm. 2), S. 201.
69 Zit. n. Buchstein: Demokratiepolitik (wie Anm. 2), S. 109.
70 Buchstein: Demokratiepolitik (wie Anm. 2), S. 109.
71 Vgl. Söllner: Ernst Fraenkel (wie Anm. 2), S. 142; Llanque, Marcus: Ernst Fraenkel und Rätedemokratie. In: v. Ooyen/Möllers: (Doppel-)Staat (wie Anm. 2), S. 185–205.

eher eine thematische Abrundung. Dieser Befund stellt eine einseitig mit biographischen Erfahrungen argumentierende Interpretation in Frage.

Ernst Fraenkels Beiträge zu Demokratie und Pluralismus[72]

Gehalten	Jahr	Titel
02.05.1958	1958	Die repräsentative und die plebiszitäre Komponente im demokratischen Verfassungsstaat [165–207]
–	1958	Parlament und öffentliche Meinung [208–230]
27.11.1959	1960	Historische Vorbelastungen des deutschen Parlamentarismus [53–73]
??.04.1960?	1960	Deutschland und die westlichen Demokratien [74–90]
18.05.1963	1963	Demokratie und öffentliche Meinung [231–255]
??.09.1963/ 11.01.1964	1964	Strukturdefekte der Demokratie und deren Überwindung [91–113]
22.09.1964	1964	Der Pluralismus als Strukturelement der freiheitlich-rechtsstaatlichen Demokratie [256–280]
09.02.1966	1966	Ursprung und politische Bedeutung der Parlamentsverdrossenheit [151–161]
29.03.1966[73]	1966	Möglichkeiten und Grenzen politischer Mitarbeit der Bürger in einer modernen parlamentarischen Demokratie [283–296]
30.10.1967	1968	Die ordnungspolitische Bedeutung der Verbände im demokratischen Rechtsstaat [297–313]
06.12.1969[74]	1969	Strukturanalyse der modernen Demokratie [314–343]
Febr. 1971[75]	1971	Rätemythos und soziale Selbstbestimmung [114–150]
	1972 (?)	Pluralismus als Demokratietheorie des Reformismus [344–353]

Insbesondere die Annahme, Fraenkel habe seine Kritik wesentlich in Auseinandersetzung mit der Neuen Linken entwickelt, steht damit in Frage. Obgleich

---

72 Die Tabelle erfasst die einschlägigen Texte aus Fraenkel, GS 5, Teil A: „Deutschland und die westlichen Demokratien", und Teil B: Ergänzende Schriften zu „Deutschland und die westlichen Demokratien". Bei den meisten Texten handelt es sich um die Druckversion eines Vortrags. Soweit hierfür ein Datum ermittelt werden konnte, findet es sich in Spalte 1; Spalte 2 dokumentiert das Jahr der Erstveröffentlichung; Spalte 3 den Titel und in eckigen Klammern die Seitenzahlen in GS 5.
73 Einleitungsreferat beim Kongress zur politischen Bildung in Bonn (vermutlich: 29.03.1966), Erstabdruck APuZ B 14 (1966) v. 06.04.1966.
74 Erstveröffentlichung in APuZ B 49 (1969) v. 06.12.1969.
75 „Die nachfolgende Untersuchung war im Februar dieses Jahres für die Veröffentlichung fertiggestellt", [APuZ 14 (1971) v. 03.04.1971, S. 3 („Vorbemerkung")].

Fraenkel bereits seit 1964 mit den Entwicklungen an der FU immer unzufriedener wurde und sich schon 1965 erste Friktionen im Zusammenhang mit dem Beginn des studentischen Protests zeigten, eskalierte dieser Konflikt erst ab 1967.[76] Seine in dieser Hochphase der studentischen Protestbewegung geäußerte Kritik des linken Antipluralismus unterschritt deutlich das Niveau der zuvor geleisteten Analyse anarchistischer und marxistischer Ideologien, wie besonders die Abschnitte *Der Marxismus* und *Die ‚Neue Linke'* in seiner *Strukturanalyse der modernen Demokratie* (1969) zeigen.[77] Doch schon bald darauf hat sich Fraenkel nicht mehr darauf beschränkt, diese neue Pluralismuskritik rundweg abzutun oder zu bagatellisieren. Vielmehr har er sich mit ihren Inhalten und historischen Quellen auseinandergesetzt, indem er den von Teilen der Neuen Linken wiederentdeckten und positiv rezipierten „reinen" Rätegedanken einer historischen Kritik unterzog. Der Annahme, Pluralismus sei ein strukturell konservatives Konzept, begegnete er mit der historisch zutreffenden[78] Rückbindung des Konzepts an den sozialdemokratischen Reformismus.[79]

Die Zeit, in der Fraenkel die Kritik des Vulgärdemokratismus ausformuliert hat, lässt sich damit deutlicher charakterisieren. Es zeigt sich, dass das demokratische Bewusstsein der bundesdeutschen Gesellschaft gerade in diesem Zeitfenster, also bis Mitte der 1960er Jahre, nicht durch das Wirken irgendwelcher extremistischer oder totalitärer Gruppen gefährdet war:

Die nationaloppositionelle Rechte war in den Wahlen 1953 und 1957 grandios gescheitert, uneinig und unpopulär; ihre radikalste Kraft, die Sozialistische Reichspartei, war seit 1952 verboten. Mit der „Hakenkreuz-Schmierwelle" Anfang 1960 diskreditierte sich die nationale Opposition in der Öffentlichkeit, die „nationalneutralistische" Ausrichtung der rechtsextremen Parteien war nach dem Mauerbau 1961 restlos desavouiert. Die NPD wurde Ende 1964 mit mehr als ungewissen Erfolgschancen gegründet; ihren Siegeszug in die Länderparlamente trat sie erst 1966 an.

Die KPD war bei den Bundestagswahlen 1953 deutlich unter der Fünf-Prozent-Hürde geblieben, das KPD-Verbot wurde 1956 wirksam; wer sich dennoch der

---

76 So Müller, Rudolf Wolfgang: „„... wenn es morgens um 6 klingelte, war es der Milchmann" – Ernst Fraenkel und die West-Berliner Studentenbewegung 1967. In: Buchstein/Göhler (Hrsg.): Vom Sozialismus (wie Anm. 2), S. 97–113.
77 Vgl. Fraenkel: Strukturanalyse (1969) (wie Anm. 13), S. 314–343. Hier S. 326 ff.
78 Vgl. Kremendahl: Pluralismustheorie (wie Anm. 17), S. 136 ff. u. 187 ff.; Göhler: Vom Sozialismus (wie Anm. 2); Buchstein: Demokratiepolitik (wie Anm. 2), S. 11–34; v. Ooyen: Neo-Pluralismus (wie Anm. 22).
79 Vgl. Fraenkel: Pluralismus als Demokratietheorie des Reformismus (ca. 1972). In: GS. Bd. 5 (wie Anm. 10).

Sympathien mit „Moskau" oder „Pankow" verdächtig machte, sah sich nach dem Mauerbau 1961 vollends marginalisiert. Die DKP wurde erst 1968 gegründet.

Eine neue, unorthodoxe Linke trat erst ab Mitte der 1960er Jahre in Erscheinung. Wie auch Kurt Sontheimer betont hat, ist „die Verurteilung des Pluralismus als [...] gut organisierte Verschleierung der kapitalistischen Klassenherrschaft" „aus der Studentenbewegung" hervorgegangen und „in Deutschland erst seit 1965 stärker in den Vordergrund getreten".[80] Bezogen auf linke Pluralismuskritik im engeren Sinne wäre zu präzisieren, dass sie vorrangig nach Abschluss der Großen Koalition ab 1967 ausformuliert wird.[81]

Die „große Koalition", die das Risiko barg, den demokratischen Pluralismus auszuhebeln zu Gunsten einer Kartellpolitik, wie man sie in Österreich beobachten konnte, wurde erst Ende 1966 gebildet.

Schmitt-Renaissance, Formierte Gesellschaft und Verfall der Opposition

Kurt Sontheimer stand 1973 noch deutlich vor Augen, dass „der Hauptadressat" von Fraenkels Kritik „nicht die marxistische oder marxisierende Linke von heute, sondern die Pluralismuskritik von rechts, insbesondere die von Carl Schmitt" war.[82] Die jüngere Fraenkel-Literatur hebt hervor, dass Schmitt „in all den Jahrzehnten [...] die wichtigste negative Bezugsperson für Fraenkel"[83] geblieben sei. Der Neo-Pluralismus lasse sich geradezu „als kritische Rezeption [...] des Anti-Pluralismus seines Antipoden Schmitt herleiten".[84] In ähnlichem Sinne beziehen auch andere Autoren Fraenkels Auseinandersetzung mit Schmitt vor allem auf die Spätphase der Weimarer Republik und auf den Nationalsozialismus. Fraenkel

---

80 Sontheimer: Pluralismus (wie Anm. 19), S. 432; Vgl. Pross: Zum Begriff (1963) (wie Anm. 60); Marcuse [u.a.]: Repressive Toleranz (1966) (wie Anm. 59); Krippendorf, Ekkehart: Ende des Parteienstaats (1966). In: Flechtheim, Ossip K.: Die Parteien in der Bundesrepublik Deutschland. Hamburg ³1976. S. 41–48.
81 Vgl. Agnoli, Johannes/Brückner, Peter: Die Transformation der Demokratie. Berlin 1967; Schäfer, Gert/Nedelmann, Carl (Hrsg.): Der CDU-Staat. Studien zur Verfassungswirklichkeit der Bundesrepublik, München 1967; Narr, Wolf-Dieter: Pluralistische Gesellschaft. Hannover 1969; Eisfeld, Rainer: Pluralismus zwischen Liberalismus und Sozialismus. Stuttgart [u.a.] 1972.
82 Sontheimer: Pluralismus (wie Anm. 19), S. 433; Vgl. Söllner: Ernst Fraenkel (wie Anm. 2), S. 141f.; Llanque: Ernst Fraenkel (wie Anm. 71), S. 186.
83 Wildt, Michael: Eine spannungsvolle Beziehung: Ernst Fraenkel und Carl Schmitt. In: van Ooyen/Möllers (Hrsg.): (Doppel-)Staat (wie Anm. 2). S. 87–111. Hier S. 106.
84 V. Ooyen: Neo-Pluralismus (wie Anm. 22), S. 60.

selbst hat indes 1957 in einer Rezension angedeutet, dass er die erneute Auseinandersetzung mit Schmitt aus aktuellem Anlass suchte. Angesichts des „verführerischen Reizes und des schillernden Glanzes der Schmitt'schen Darlegungen"[85] befürchtete er, Schmitts Einfluss könne „zur Quelle einer abermaligen Neurose des deutschen politischen Denkens"[86] werden. Fraenkel motivierten also Tendenzen der Gegenwart, nicht die nachträgliche Bewältigung der Vergangenheit.

Schmitt selbst lieferte kaum reizvollen Stoff für eine kritische Rezeption. Sein gründlichster Biograph Reinhard Mehring resümiert, Schmitt habe nach 1950 „bis zur *Theorie des Partisanen* [1963] keine wirklich bedeutende Schrift mehr [veröffentlicht], die an den Rang der Weimarer Schriften anknüpfen könnte", ohne dieses Buch „verdiente Schmitts bundesrepublikanisches Spätwerk insgesamt kaum Beachtung. Ohne die letzte Generation akademischer Schüler würde man den alten Schmitt kaum noch als politischen Denker wahrnehmen".[87]

Es reicht nicht hin, die fortgesetzte Auseinandersetzung Fraenkels mit Schmitt quasi aus biographischen Vorerfahrungen zu erklären; vielmehr steht die Entwicklung der Vulgärdemokratismus-Kritik in engem Zusammenhang mit der ersten bundesdeutschen Schmitt-Renaissance. Wie Mehring zeigt, formierte sich seit etwa 1957 eine neue außeruniversitäre Schülerschaft. 1959 erschien die Festschrift anlässlich des 70. Geburtstags, die Heribert Kohl als eine „vielstimmige Laudatio"[88] auf Schmitt bezeichnet hat. Das ist exakt die Zeit, in der Fraenkel beginnt, seine Vulgärdemokratismus-Kritik auszuformulieren.

Heribert Kohl, Hans Kremendahl und Helge Pross nennen als Pluralismus-Kritiker aus der Schmitt-Schule neben Ernst Forsthoff unter anderem Rüdiger Altmann und Werner Weber.[89] Hinzu kommen weitere zeitgenössische Vorstöße, die aus konservativer und teils auch ordo-liberaler Perspektive den Verfall der Staatlichkeit durch den überbordenden Pluralismus beklagen und eine Veränderung der Verfassungswirklichkeit, wenn nicht der Verfassungsordnung, anstreben. Theodor Eschenburg, als Skeptiker des Verbändestaats, ist in diese Reihe

---

85 Fraenkel: Zur Auseinandersetzung mit Carl Schmitt – Besprechung von: Peter Schneider, Ausnahmezustand und Norm. Eine Studie zur Rechtslehre Carl Schmitts. Stuttgart 1957 (1957). In: GS. Bd. 2 (= Nationalsozialismus und Widerstand. Hrsg. von Alexander v. Brünneck. Baden-Baden 1999). S. 595–599. Hier S. 598 f.
86 Fraenkel: Zur Auseinandersetzung (1957) (wie Anm. 85), S. 595.
87 Mehring, Reinhard: Carl Schmitt. Aufstieg und Fall. München 2009. S. 505.
88 Kohl: Pluralismuskritik (wie Anm. 18), S. 19; vgl. Mehring: Carl Schmitt (wie Anm. 87), S. 519.
89 Vgl. Pross: Zum Begriff (wie Anm. 60), S. 443 ff.; Kohl: Pluralismuskritik (wie Anm. 18); Kremendahl: Pluralismustheorie (wie Anm. 17), S. 112 ff. Fraenkel selbst erwähnt am Rande Forsthoff (GS. Bd. 5 (wie Anm. 10), S. 384) und Weber (GS. Bd. 5 (wie Anm. 10), S. 206).

eingeordnet worden.⁹⁰ Die Sekundärliteratur nennt ferner Arnold Gehlen und Hans Freyer als Vertreter einer „sozialphilosophischen Pluralismuskritik"⁹¹ und Helmut Schelsky für eine „sozioökonomische Kritik".⁹²

Wenngleich Fraenkel erst einige Jahre später daran erinnerte, lieferte auch der Bundeskanzler selbst ihm Anlässe, von einer „Krise des demokratischen Denkens" zu sprechen, welche unter anderem „in den Reden von Herrn Ludwig Erhard ganz deutlich in Erscheinung" getreten sei, „in denen so viel von formierter Gesellschaft die Rede war".⁹³ Erhard, wie auch Rüdiger Altmann, dem der Begriff „formierte Gesellschaft" zugerechnet wird, sahen einen staatsgefährdenden „überentwickelten Pluralismus"⁹⁴. Altmann beklagte den Verlust des Machtstaats und seiner Fähigkeit zur Dezision im Sinne Schmitts. Bei den Bergedorfer Gesprächen 1966 illustrierte er dies mit einem Herrenwitz: „Der Staat dehnt sich immer wieder aus – wie ein kastrierter Kater; er wird immer dicker; was ihm fehlt, ist die Potenz".⁹⁵

Fraenkel sah das anders. Der Pluralismus sei nicht über- sondern unterentwickelt, wie er bereits in einem Vortrag 1963 betonte.⁹⁶ Für die sich abzeichnende Gefahr von „Lethargie und Apathie" machte er nicht zuletzt eine unentschiedene Opposition mit verantwortlich. Fraenkel wählte ebenfalls ein Bild aus dem Tierreich: „Wir leben in einem Karpfenteich, dessen Hechte sich zum Vegetarismus bekennen. Dies bedeutet nicht nur, daß wir fett geworden sind, es bedeutet auch, daß wir ‚schwimmen'."⁹⁷ Das Bild wird vielleicht dann verständlicher, wenn wir uns vor Augen halten, was denn die von Fraenkel kritisierte Opposition konkret charakterisierte, als er diesen Text zwischen 1963 und 1964 ausformulierte: Die SPD hatte sich erst wenige Jahre zuvor, im Jahr 1959, mit dem Godesberger Parteiprogramm von einem Selbstverständnis als weltanschaulich gebundene Interessenpartei der abhängig Beschäftigten, als „sozialistische Arbeiterpartei", verabschiedet und als „Volkspartei" neu erfunden.

Insofern kann festgehalten werden: Fraenkel formulierte seine Kritik am Vulgärdemokratismus nicht in der Lage einer existenziellen Bedrohung der De-

---

90 Vgl. Pross: Zum Begriff (wie Anm. 60), S. 443; Kremendahl: Pluralismustheorie (wie Anm. 17), S. 123; Fraenkel erwähnt ihn am Rande (GS. Bd. 5 (wie Anm. 10), S. 384).
91 Kohl: Pluralismuskritik (wie Anm. 18), S. 14 ff.
92 Kremendahl: Pluralismustheorie (wie Anm. 17), S. 120, vgl. S. 113 f. u. 120 ff.; Kohl: Pluralismuskritik (wie Anm. 18), S. 13 f.
93 Fraenkel: Ordnungspolitische Bedeutung (1968) (wie Anm. 53), S. 308.
94 Zit. n. Kohl: Pluralismuskritik (wie Anm. 18), S. 3.
95 Zit. n. Kohl: Pluralismuskritik (wie Anm. 18), S. 25.
96 Vgl. Fraenkel: Strukturdefekte (1964) (wie Anm. 11), S. 111.
97 Fraenkel: Strukturdefekte (1964) (wie Anm. 11), S. 111.

mokratie durch totalitäre oder extremistische Bewegungen im Innern, sondern unter dem Eindruck dessen, was Otto Kirchheimer zeitgleich den „Verfall der Opposition" genannt hatte,[98] vor allem aber vor dem Hintergrund des Versuchs einer antipluralistischen Umdeutung der bundesdeutschen Verfassungsordnung „von rechts". Liest man Fraenkels Ausführungen zum Vulgärdemokratismus, zur Parlamentsverdrossenheit und zur Kritik des Pluralismus weder „von vorn", also vor dem Hintergrund vergangener Erfahrungen, noch „von hinten", also im Lichte späterer Konflikte, sondern stellt sie in den zeithistorischen Kontext, in dem sie tatsächlich formuliert wurden, so ändert sich auch das Verständnis seiner Theorie und ihrer Genese.

Schluss

Mit dem Wort „Vulgärdemokratismus", so lässt sich zusammenfassend sagen, beschreibt Ernst Fraenkel inadäquate Vorstellungen von Demokratie, die den Charakter der modernen Gesellschaften als „pluralistisch" negieren, sich gegen die in westlichen Demokratien empirisch vorfindbaren Repräsentativverfassungen richten und von „identitären" Demokratie-Theorien im Anschluss an Rousseau und Carl Schmitt herleiten. Die Analyse derartiger Tendenzen ist ein wesentliches Element des gemeinsam mit Neumann begonnen Projekts der Erarbeitung einer neuen, „adäquaten", „realistischen" (Neumann) beziehungsweise „empirischen" (Fraenkel) Theorie der Demokratie, die schließlich im Konzept des „Neo-Pluralismus" mündet. Die Ausformulierung der Kritik des Vulgärdemokratismus durch Fraenkel erfolgt weder als nachträgliche Auseinandersetzung mit den Beiträgen Carl Schmitts aus der Vorkriegszeit noch als unmittelbare Antwort auf antipluralistische Tendenzen innerhalb der studentischen Protestbewegung. Sie reagiert vielmehr auf die Reformulierung antipluralistischer Positionen durch die „Schmitt-Schule" seit den späten 1950ern und ihr Einmünden in Erhards Postulat der „formierten Gesellschaft" bis Mitte der 1960er. Diese Kritik geht mithin nicht in der Analyse einer „totalitären Demokratie" auf. Sie auf Totalitarismuskritik zu reduzieren, hieße die mit ihr verbundenen Erkenntnischancen zu kappen.

Inwieweit Fraenkels Kritik des Vulgärdemokratismus für heutige politikwissenschaftliche Fragestellungen von Relevanz ist, bleibt zu diskutieren. Eine Voraussetzung, und damit ein Forschungsdesiderat, ist die Erfassung, Systematisierung und Kontextualisierung des Bedeutungsgehalts dieser Kritik mit Blick auf

---

98 Vgl. Kirchheimer: Wandlungen (wie Anm. 58); ders.: Deutschland (wie Anm. 58).

die geistesgeschichtliche Genealogie vulgärdemokratischen Denkens wie auf die hiermit verbundenen Elemente vulgärdemokratischer Theorien: die Vorstellung einer Identität aus Führern und Geführten und eines einheitlichen Volkswillens, aus der sich eine Skepsis und Ablehnung von Parlament, Parteien und Pressure-Groups und der Wunsch nach plebiszitären, direktdemokratischen Verfahren ableiten lässt.

Gekürzte und überarbeitete Fassung meines Habilitationsvortrags an der Wirtschafts- und Sozialwissenschaftlichen Fakultät der Universität Potsdam am 28. Mai 2014.

Jan Gerber

"Rote Assimilation". Judentum und Kommunismus im mittleren und östlichen Europa (1917–1968)

Der III. Parteitag der SED im Juli 1950 war ein ganz besonderes Ereignis. Die rund viertausend Delegierten, die teilweise mit Sonderzügen nach Berlin gereist waren, feierten zunächst die Gründung der DDR neun Monate zuvor.[1] Mit diesem Ereignis hatte sich die SED in eine Staatspartei verwandelt. Vor allem aber waren die Delegierten in die Werner-Seelenbinder-Halle, die bis 1976 als Austragungsort der Parteitage diente, gekommen, um ein neues Statut zu verabschieden. Der bisherige Parteivorstand wurde durch ein Zentralkomitee nach sowjetischem Vorbild ersetzt, an seine Spitze wurde ein Generalsekretär gewählt. Die SED bezeichnete sich fortan ganz offiziell als marxistisch-leninistische „Partei neuen Typs".

Dazu passte es, dass in der Werner-Seelenbinder-Halle erstmals im großen Rahmen ein Lied intoniert wurde, das schnell zur heimlichen Hymne der SED wurde:[2] Die Rede ist vom *Lied der Partei*, das im Jahr zuvor von dem Dichter Louis Fürnberg (1909–1957) geschrieben worden war. Insbesondere die Refrainzeile „Die Partei, die Partei, die hat immer recht" galt innerhalb kürzester Zeit als Symbol des Unfehlbarkeitsanspruchs der SED, als Ausdruck stalinistischer Anmaßung. Der erste Betroffenenbericht über die Verfolgungen innerhalb der frühen SED, der die westliche Öffentlichkeit erreichte, war dementsprechend mit dieser Textzeile überschrieben. Der Autor Leo Bauer, vormals Chef des Ostberliner Deutschlandsenders, war 1950 verhaftet und bald darauf nach Sibirien deportiert worden. Nach seiner Begnadigung 1955 wurde er in die Bundesrepublik Deutschland abgeschoben, wo im folgenden Jahr sein kurzer Erinnerungsbericht erschien.[3] Andere ehemalige Kommunisten folgten seinem Beispiel: Sowohl Carl-Jacob Danziger (Joachim Chaim Schwarz), der auf Fürnbergs Vermittlung aus Israel in die DDR übergesiedelt war, als auch Ralph Giordano wählten den Vers „Die

---

[1] In diesem Aufsatz werden einige der zentralen Thesen meines Buchs *Ein Prozess in Prag. Das Volk gegen Rudolf Slánský und Genossen* (Schriftenreihe des Simon-Dubnow-Instituts. Bd. 26. Göttingen/Bristol 2016, 2. Auflage, Göttingen/Bristol 2017) zusammengeführt.
[2] Haury, Thomas: Antisemitismus von links. Kommunistische Ideologie, Nationalismus und Antizionismus in der frühen DDR. Hamburg 2002. S. 348.
[3] Bauer, Leo: „Die Partei hat immer recht". In: Aus Politik und Zeitgeschichte. 4. Juli 1956. S. 405–419.

https://doi.org/10.1515/9783110523935-013

Partei hat immer recht" als Titel für ihre Abrechnung mit ihrer einstigen Weltanschauung.[4]

Aufgrund der symbolischen Aufladung des *Lieds der Partei* geriet sein Entstehungskontext indes regelmäßig in Vergessenheit. Zwar sorgte es gelegentlich für Verwunderung, dass ausgerechnet der liebenswürdige Louis Fürnberg, ein kommunistischer Romantiker und Rilke-Liebhaber, für dieses auftrumpfende Stück verantwortlich zeichnete. Dennoch wurde stets übersehen, dass er das *Lied der Partei* gar nicht für die SED, sondern für die Kommunistische Partei der Tschechoslowakei (KPČ) geschrieben hatte: Der in einer deutschsprachigen jüdischen Familie im böhmischen Karlsbad (Karlovy Vary) aufgewachsene Dichter war der KPČ bereits 1928 beigetreten. Zum Mitglied der SED wurde er erst 1954, nachdem er sich infolge des Prager Slánský-Tribunals, des letzten und am stärksten antisemitisch aufgeladenen stalinistischen Schauprozesses, genötigt gesehen hatte, aus der Tschechoslowakei in die DDR überzusiedeln.

Zudem geriet aus dem Blick, dass Fürnbergs Stück nicht allein Ausdruck unverbrüchlicher Parteitreue war. In seiner Entstehungsgeschichte verschafft sich vielmehr das widersprüchliche Verhältnis der kommunistischen Bewegung zu ihren jüdischen Angehörigen Geltung. Beim Blick auf das *Lied der Partei* eröffnet sich damit ein wesentlich breiterer Horizont: Vermittelt über das Stück lassen sich allgemeine Erkenntnisse über den komplizierten Prozess der Akkulturation junger Juden an die Arbeiterbewegung, die vielbeschworene „rote Assimilation", gewinnen.[5] Anhand seiner Genese kann nicht nur der Frage nach den Gründen der beachtlichen Anziehungskraft nachgegangen werden, die der Kommunismus gerade im mittleren und östlichen Europa, dem ursprünglichen Resonanzraum des *Lieds der Partei*, auf sie ausübte. Es können zugleich die historischen Grenzen der Akkulturation an die Arbeiterbewegung und des jüdischen Aufstiegs in den kommunistischen Parteien aufgezeigt werden.

Ein Lied für die Partei

Die Geschichte des *Lieds der Partei* beginnt mit dem IX. Kongress der KPČ im Mai 1949. Diese Zusammenkunft hatte für die tschechoslowakischen Kommunisten

---

[4] Giordano, Ralph: Die Partei hat immer recht. Köln/Berlin 1961; Danziger, Carl-Jacob: Die Partei hat immer recht. Stuttgart 1976.
[5] Die Rede von der „roten Assimilation", ursprünglich wohl vor allem in zionistischen Kreisen verwendet, war bereits in den 1930er Jahren eine stehende Wendung. Vgl. etwa Goldelman, Salomon: Rote Assimilation und Sowjet-Zionismus. Löst der Kommunismus die Judenfrage? Wien 1937.

eine ähnliche Bedeutung wie der III. Parteitag der SED für ihre ostdeutschen Genossen: So war der Kongress der erste Parteitag nach dem Februarumsturz des Jahrs 1948, durch den die Tschechoslowakei in eine Volksdemokratie verwandelt wurde. Die Delegierten verabschiedeten ein neues Organisationsstatut und legalisierten die bereits bestehende Parteikontrollkommission. Mit dieser Umstrukturierung sollte die KPČ an die Erfordernisse des beginnenden Kalten Kriegs angepasst werden. Wenige Monate nach dem Kongress, im Dezember 1949, hob mit der Verhaftung Vilém Novýs, des Chefredakteurs des KPČ-Zentralorgans *Rudé Právo* (Rotes Recht), und des stellvertretenden Außenhandelsministers Evžen Löbl eine Welle tiefgreifender innerparteilicher Verfolgungen an.

Während sich die KPČ bei ihrem IX. Kongress auf dem Höhepunkt ihrer Macht befand, war er für Louis Fürnberg mit einer tiefen Kränkung verbunden: Der Dichter, der im Mai 1946 aus dem palästinensischen Exil in die Tschechoslowakei zurückgekehrt war, durfte nicht beim Parteitag erscheinen. Seine Enttäuschung darüber schrieb er in einem Gedicht nieder, das er auf den 27. Mai 1949, den dritten Tag des Kongresses, datierte.[6] Die Verweigerung der Teilnahme war ein vehementer Affront gegen Fürnberg. Denn im Unterschied zu vielen Gästen des Parteitags, die der KPČ erst nach dem Zweiten Weltkrieg beigetreten waren, war er ein altgedienter Genosse. Unter seinem Künstlernamen „Nuntius" hatte er in der Zwischenkriegszeit zu den bekanntesten kommunistischen Agitatoren der deutschsprachigen Grenzregionen des Landes gehört. Nach dem Einmarsch der Wehrmacht in Prag 1939 war Fürnberg wegen seiner Parteimitgliedschaft sogar gefoltert worden: Er hatte gemeinsam mit seiner Ehefrau Lotte versucht, die Grenze nach Polen illegal zu überqueren, und war dabei verhaftet worden. Während Lotte Fürnberg nach einigen Wochen freigelassen wurde, hatte er 13 nationalsozialistische Haftanstalten durchleiden müssen: In Breslau wurde ihm das Gehör zerschlagen, in Karlsbad musste er bei einer Scheinhinrichtung sein eigenes Grab schaufeln. Im August 1939 war er schließlich infolge der Bestechung eines Gestapomanns freigekommen und ins Exil gelangt. Auch dort hatte er allen Anfeindungen zum Trotz stets treu zur KPČ gestanden und jeden ihrer Kurswechsel gewissenhaft mitvollzogen.

Diese Treue zur Partei war wohl einer der Gründe dafür, dass der Dichter seine 1949 niedergeschriebenen despektierlichen Verse über die KPČ nicht unkommentiert lassen wollte. Nach der Niederschrift seines Gedichts, so erinnerte sich Lotte Fürnberg vierzig Jahre später, habe er sich „selbst wieder zur Ordnung gerufen" und das *Lied der Partei* verfasst. Er habe es geschrieben, „um vor sich selbst

---

6 Fürnberg, Louis: Mein Parteibuch. In: Ders.: Gesammelte Werke. Bd. 2. Berlin/Weimar 1965. S. 241.

diese Kränkung zu rechtfertigen".[7] Dennoch war Fürnberg nicht der Erfinder der Aussage, dass die Partei immer im Recht sei. Mit dieser später oft angefeindeten, wenn nicht verlachten Parole griff der Dichter eine weit verbreitete Rede dieser Jahre auf. Schon im Februar 1946 hatte er an seinen Freund Otto Hitschmann geschrieben, dass er in den 15 Jahren seiner Parteimitgliedschaft die Erfahrung gemacht habe, dass „unsere Leute" – gemeint war die Parteiführung – „immer recht haben": Zwar scheine es oft, als würden sie sich irren, aber bei genauer Betrachtung werde deutlich, „wie klar und richtig und wie weit in die Zukunft ihre Voraussicht ist".[8]

An dieser Einschätzung hielt Fürnberg nach seiner Übersiedlung in die DDR fest, selbst gegenüber Vertretern der höchsten Nomenklatura. Denn auch wenn das *Lied der Partei* bei allen größeren Parteiveranstaltungen vorgetragen wurde, hatte es innerhalb der SED namhafte Kritiker. Der bekannteste war Walter Ulbricht. Nach Nikita Chruschtschows Geheimrede über die Verbrechen Stalins beim XX. Parteitag der KPdSU 1956 soll der Parteichef Fürnberg am Rande einer Theateraufführung spöttisch gefragt haben, ob er nach wie vor glaube, dass die Partei immer recht habe. Der Dichter antwortete, dass sich zwar einzelne Parteimitglieder irren können, eine auf marxistischer Grundlage agierende Partei jedoch stets im Recht sei.[9] Zuvor, im Juni 1953, hatte Fürnberg bereits die Verhaftung des sowjetischen Geheimdienstchefs Lawrenti Berija im Zuge der Machtkämpfe nach Stalins Tod mit den Worten kommentiert, dass die Partei alle Fehltritte grandios korrigiere und deshalb größtes Vertrauen in sie und die Sowjetunion zu setzen sei.[10] Nach Chruschtschows Geheimrede schrieb er an seinen Freund Wolfgang Ehrlich in Tel Aviv, dass ihn die Ereignisse nach dem XX. Parteitag unendlich glücklich gemacht hätten. Sie würden zeigen, dass „die Partei doch immer recht" habe und „daß selbst, wenn einmal Fehler geschehen, sie offen, rasch und gründlich wieder korrigiert werden".[11]

Dennoch war das *Lied der Partei* nicht allein Ausdruck von Autosuggestion und demonstrativer Selbstvergewisserung. Es war zugleich eine Beschwörung. Dafür spricht zumindest der gern übersehene Konjunktiv der am weitesten verbreiteten Variante des in mehreren Versionen existierenden Lieds: „Die Partei, die

---

[7] Fürnberg, Lotte: „Ohne Utopie kann ich nicht leben". In: Edschmid, Ulrike: Verletzte Grenzen. Zwei Frauen, zwei Lebensgeschichten. Frankfurt am Main 1996. S. 23.
[8] Louis Fürnberg an Otto Hitschmann, 20. Februar 1946. In: Fürnberg, Louis: Briefe. Bd. 1. Berlin/Weimar 1986. S. 363.
[9] Fürnberg: Utopie (wie Anm. 7), S. 22.
[10] Louis Fürnberg an Lotte Fürnberg, 11. August 1953. In: Fürnberg: Briefe (wie Anm. 8), S. 612.
[11] Louis Fürnberg an Wolfgang Ehrlich, 29. Mai 1956. In: Fürnberg: Briefe (wie Anm. 8), Bd. 2, S. 273.

Partei, die hat immer recht! Und Genossen, es *bleibe* dabei!" Die Bearbeitung der von Fürnberg komponierten Melodie durch Paul Dessau ließ diese ohnehin eher zaghaft anklingenden Zwischentöne weiter in den Hintergrund treten. Hatte Fürnberg das Lied in der ersten Variante mit einer verspielten Klaviermelodie anheben lassen, kürzte Dessau dieses Präludium um mehrere Takte und verstärkte so den auftrumpfenden Charakter des Stücks. In seinem Tagebuch notierte Fürnberg dementsprechend, dass das Lied „musikalisch missglückt" sei.[12] Auch sein Glaube an die Aussagen des Textes wurde in den Jahren nach 1949 auf eine harte Probe gestellt.

Nationalität und Klassenkampf

Doch warum durfte der altgediente Kommunist Louis Fürnberg nicht beim IX. Kongress seiner Partei erscheinen? Seine Witwe gab mehr als vierzig Jahre später eine Antwort auf diese Frage: Fürnberg wurde, wie sie 1989/90 offenlegte, nicht eingeladen, weil er „als ein Deutscher" galt.[13] Dieser Umstand verweist auf eine der größten Herausforderungen, mit denen sich die nach dem Ersten Weltkrieg entstandenen Gemeinwesen des mittleren und östlichen Europa konfrontiert sahen. So waren aus der Konkursmasse des Habsburgerreichs und des Imperiums der Romanows zwar Nationalstaaten hervorgegangen. Hinsichtlich der Bevölkerungsstruktur unterschieden sie sich jedoch kaum von ihren Vorgängern. Wurden im cisleithanischen Teil des k. u. k. Reichs offiziell neun Sprachen gesprochen, waren es in Louis Fürnbergs Heimatland Tschechoslowakei immer noch sechs: Im Jahr 1921 ließen sich bei einer Volkszählung nur fünfzig Prozent der Bewohner des Landes als Tschechen und 14,5 Prozent als Slowaken registrieren.[14] Den zweitgrößten Anteil an der Bevölkerung besaßen – noch vor den Slowaken – die Deutschen. Die anderen Staaten der Region waren ethnisch ähnlich heterogen. In Polen gab es mindestens sieben nationale Minoritäten, im Königreich Rumänien, dessen Territorium sich durch die Auflösung des Habsburgerreichs mehr als verdoppelt hatte, sogar zwanzig.

Die kommunistischen Organisationen, die zwischen 1917 und 1921 überall in Mittelosteuropa entstanden waren, übten auf die Angehörigen dieser nationalen Minderheiten eine besondere Anziehungskraft aus. Sowohl Fürnbergs KPČ als

---

12 Fürnberg, Louis: Tagebucheintragung Juli 1951. Zit. nach Poschmann, Rosemarie: Mail an den Autor. 11. Juni 2012.
13 Fürnberg: Utopie (wie Anm. 7), S. 23.
14 Zu den Zahlen vgl. Brügel, Johann Wolfgang: Tschechoslowakei. Nationalitätenfrage. In: Osteuropa 6 (1956). S. 509–511.

auch ihre Schwesterorganisationen in Ungarn, Rumänien, Polen oder im Baltikum fanden zahllose Anhänger in den vor allem landwirtschaftlich geprägten, von nationalen Minoritäten bewohnten Regionen der jeweiligen Staaten.[15] Sie waren oft weniger proletarische Organisationen als Minderheitenvereinigungen. Diese Überrepräsentanz von Angehörigen ethnischer Minoritäten, zu denen im Unterschied zu Deutschland und Westeuropa auch Juden gezählt wurden, stand in einem direkten Zusammenhang mit ihrer Diskriminierung. Denn im Vergleich zu den alten Imperien, aus denen sowohl die Zweite Polnische Republik als auch die Tschechoslowakei, das verkleinerte Ungarn, die Republik Österreich, Litauen, Lettland und Estland hervorgegangen waren, hatte sich der Status der ethnischen Minderheiten in den neuen Nationalstaaten oftmals verschlechtert. Ihre Angehörigen waren im öffentlichen Leben deutlich unterrepräsentiert, vielen von ihnen wurde mit Misstrauen begegnet.

Die Ausstrahlungskraft der kommunistischen Parteien ging vor diesem Hintergrund insbesondere auf die geschichtsphilosophische Dimension ihrer Leitkategorie, des Begriffs der Klasse, zurück. Der Kommunismus erschien als Gesellschaft, in der Herkunft und Nationalität, kurz: die „Bluturenge", wie es polemisch bei Marx heißt,[16] keine Bedeutung mehr besitzen. Die revolutionäre Klasse, so hatten die Vordenker der Arbeiterbewegung einst formuliert, „kann ihre eigenen Lebensbedingungen nicht aufheben, ohne alle unmenschlichen Lebensbedingungen [...] aufzuheben".[17] Herkunft sollte durch Zukunft ersetzt werden. Aus diesem Grund hatte die Komintern gegenüber ihren Mitgliedsorganisationen auf der Losung „Ein Staat, eine Partei" bestanden: Alle Kommunisten eines Landes sollten in einer einheitlichen Organisation zusammengeführt werden.

Damit unterschied sich die kommunistische Bewegung deutlich von den anderen politischen Strömungen Mittelosteuropas. Diese verfügten innerhalb jeder größeren Nationalität eines Landes über eine eigene Partei. Im Unterschied zu den konservativen, religiös geprägten oder berufsständischen Organisationen stand die kommunistische Bewegung den Angehörigen aller Nationalitäten offen. Selbst viele der sozialdemokratischen und sozialistischen Parteien, die am Fin de Siècle attraktiv für junge Juden geworden waren, hatten im Zuge der großen nationalistischen Welle dieser Zeit damit begonnen, sich landsmannschaftlich zu organisieren. So war der Kommunismus de facto ein Substitut des politischen

---

15 Vgl. insgesamt Burks, Richard V.: Die Dynamik des Kommunismus in Osteuropa. Hannover 1961.
16 Marx, Karl: Grundrisse der Kritik der politischen Ökonomie. In: Marx-Engels-Werke (MEW). Bd. 42. Berlin 1983. S. 95.
17 Marx, Karl und Friedrich Engels: Die heilige Familie. In: MEW. Bd. 2. S. 38.

Liberalismus, der im Westen bereits in die Krise geraten war, als er sich im mittleren und östlichen Europa noch gar nicht recht etabliert hatte. In den kommunistischen Organisationen verwandelten sich die Angehörigen der nationalen Minderheiten nicht nur in Genossen, sondern paradoxerweise erstmals in gleichberechtigte Staatsbürger nach westlichem Vorbild.

Zwar wurde die kommunistische Bewegung zeitweise auch für nationalistische Separatisten attraktiv: Die Komintern hatte Mitte der 1920er Jahre die Parole vom Selbstbestimmungsrecht der Völker „bis hin zur Lostrennung" als verbindliche Losung für ihre Mitgliedsorganisationen ausgegeben. Dadurch sollte die Schütterzone zwischen der Sowjetunion und dem Deutschen Reich destabilisiert werden. Insbesondere Juden schien der Beitritt zur kommunistischen Partei indes auch weiterhin die Möglichkeit zu bieten, der Nationalitätenfrage aus dem Weg zu gehen und sowohl die eigene Herkunft als auch die daraus resultierende Diskriminierung hinter sich zu lassen. Ganz in diesem Sinn erklärte Louis Fürnbergs Freund Paul Reimann, der in den späten 1920er Jahren als Vordenker der KPČ galt, in seinen Erinnerungen, dass er nicht zuletzt deshalb Kommunist geworden sei, um sich von seiner jüdischen Herkunft zu emanzipieren.[18] Auch darauf bezieht sich Fürnbergs berühmter Vers aus dem *Lied der Partei*, dass ihm die Partei „alles gegeben" habe: „Was wir sind, sind wir durch sie."[19]

Im Parteiapparat

Die meisten Juden des mittleren und östlichen Europa standen der kommunistischen Bewegung kritisch bis feindselig gegenüber. Viele von ihnen fühlten sich weiterhin der Tradition verbunden, andere vertraten bürgerlich liberale, zionistische oder sozialdemokratische Positionen. Dennoch waren Juden in den kommunistischen Organisationen der Region besonders deutlich sichtbar. Die Aussagen über ihren Anteil an der Kommunistischen Arbeiterpartei Polens (ab 1925 Kommunistische Partei Polens, KPP) schwanken zwischen 26 und etwa 50 Prozent; in der Kommunistischen Partei Litauens (KPL) soll in der Zwischenkriegszeit mehr als die Hälfte der Mitglieder einen jüdischen Hintergrund besessen haben.[20] Der Anteil an Führungspositionen war häufig noch größer: Von den Volkskommissaren der kurzlebigen Ungarischen Räterepublik kamen rund 60 Prozent aus

---

18 Reiman, Pavel: Ve dvacátých letech. Vzpomínky [In den zwanziger Jahren. Erinnerungen]. Prag 1966. S. 156–160.
19 Fürnberg, Louis: Die Partei. In: Ders.: Werke. Bd. 2. S. 218.
20 Burks: Dynamik (wie Anm. 15), S. 173f.

jüdischen Familien; der Anteil von Juden innerhalb der Parteiführung der KPP war fünf Mal so hoch wie der an der Gesamtbevölkerung.[21]

Diese besondere Präsenz hatte mehrere Gründe. So gab es für Juden, die zum politischen Aktivismus drängten, zunächst weniger parteipolitische Alternativen als für Angehörige vieler anderer Minderheiten: In der tschechoslowakischen Abgeordnetenkammer der Zwischenkriegszeit waren allein acht verschiedene deutsche Parteien und parteiähnliche Vereinigungen vertreten, im polnischen Sejm sogar neun. Die Zahl erfolgreicher jüdischer Organisationen war dagegen deutlich kleiner. Da es in den meisten Ländern nur vergleichsweise wenige jüdische Wähler gab, die im Unterschied zu den Deutschen in Polen, den Ungarn im Banat oder den Polen in der Tschechoslowakei darüber hinaus nicht unter dem besonderen Schutz einer ausländischen Macht standen, war ihnen zudem nur selten größerer politischer Erfolg beschieden. Die diasporische Lebensweise erschwerte den Aufbau parteiähnlicher Strukturen zusätzlich: Parteipolitische Aktivitäten blieben oft auf die wenigen zusammenhängenden Siedlungsgebiete und auf einige Großstädte beschränkt.

Im Unterschied zu den kommunistischen Parteien, die in fast allen Regionen der jeweiligen Länder über Niederlassungen und Unterorganisationen verfügten, versprachen die jüdischen Parteien zudem weder den ersehnten Bruch mit den Eltern: Die Bedeutung des Generationenkonflikts kann in diesem Zusammenhang kaum überschätzt werden.[22] Noch standen sie für den vollständigen Abschied von der Herkunft, auf den viele der auf die westliche Moderne fixierten jungen Juden hofften. Sie wollten sich als Polen, Tschechoslowaken, Deutsche oder ganz allgemein als Menschen verstehen, nicht aber mehr als Juden. Selbst der Allgemeine Jüdische Arbeiterbund, der in der Zwischenkriegszeit vor allem im östlichen Polen und in Litauen aktiv war, konnte diese Wünsche nicht erfüllen: Er schien aufgrund seiner Bindung an das Jiddische und die Nationalitätenfrage noch einen Teil jener Traditionen mit sich zu führen, gegen die er mit Blick auf den Chassidismus und den Zionismus regelmäßig polemisierte.

Die besondere Sichtbarkeit von Juden im Parteiapparat stand dagegen im Zusammenhang mit jenen Sekundärtugenden, auf die Yuri Slezkine auch ihren

---

[21] Hauszmann, Janos: Art. „Budapest". In: Enzyklopädie jüdischer Geschichte und Kultur. Im Auftrag der Sächsischen Akademie der Wissenschaften zu Leipzig hrsg. von Dan Diner. Bd. 1. Stuttgart/Weimar 2011. S. 456; Lendvai, Paul: Antisemitismus ohne Juden. Entwicklungen und Tendenzen in Osteuropa. Wien 1972. S. 188.

[22] Vgl. etwa Hellige, Hans Dieter: Generationskonflikt, Selbsthass und die Entstehung antikapitalistischer Positionen im Judentum. Der Einfluss des Antisemitismus auf das Sozialverhalten jüdischer Kaufmanns- und Unternehmersöhne im Deutschen Kaiserreich und in der k. u. k.-Monarchie. In: Geschichte und Gesellschaft Nr. 5, 4 (1979). S. 476–518.

kometenhaften Aufstieg im Partei- und Staatsapparat der frühen Sowjetunion zurückführt.[23] Als ehemalige Angehörige einer Schriftreligion waren die jüdischen Kommunisten häufig gebildeter als ihre nichtjüdischen Genossen: Selbst die ärmsten jüdischen Handwerker, so Slezkine, waren ihren christlich erzogenen Kollegen „gegenüber im Vorteil, weil sie lediglich von einer hoch entwickelten Schriftkultur in eine andere wechselten, von einem Debattierklub zum anderen".[24]

Zudem waren die Juden der großen Imperien oft mehrsprachig aufgewachsen: Auf dem Gebiet des k. u. k. Reichs hatten sie infolge der Josephinischen Reformen zumeist denselben Weg gewählt wie die Vorfahren Louis Fürnbergs und sich an das Deutsche, die Sprache der Habsburger Dominanznation, akkulturiert. Im Imperium der Romanows hatten sie vielfach für das Russische optiert. Beide Sprachen schienen nicht nur die Kommunikation in den Weiten der beiden Großreiche zu erleichtern, sondern auch Teilhabe und Aufstieg zu versprechen. Da Juden in den beiden Imperien und ihren Nachfolgestaaten nur selten in rein deutscher oder russischer Umgebung aufwuchsen, beherrschten sie neben der imperialen Verkehrs- oft mindestens noch eine regionale Umgangssprache. Kamen sie aus bürgerlichen Familien, dann hatten sie, wie Louis Fürnbergs Ehefrau Lotte, die von ihrem Vater eigens nach London geschickt worden war, in ihrer Jugend zudem oft noch Französisch oder Englisch gelernt.

Diese Mehrsprachigkeit prädestinierte die jüdischen Genossen für die Verwaltung, Führung und agitatorische Ausrichtung der multiethnischen und vielsprachigen kommunistischen Parteien der Region. Ihre beiden Primärsprachen erwiesen sich als besonders nützlich: Russisch war das Verständigungsmittel des ersten sozialistischen Staats der Welt, Deutsch die Lingua franca der Kommunistischen Internationale. Die Komintern hatte sich 1919 aus ähnlichen Gründen für die Sprache von Karl Marx und Franz Kafka, Friedrich Engels und Joseph Roth entschieden wie die Juden des Habsburgerreichs im 18. und 19. Jahrhundert: Sie galt als kosmopolitisches Verständigungsmittel. Aufgrund der langjährigen Dominanz des Heiligen Römischen Reichs deutscher Nation im mittleren und östlichen Europa, des Expansionsstrebens der preußischen und sächsischen Könige sowie der Existenz deutscher Siedlungsgebiete auf dem östlichen und südöstlichen Kontinent wurde die deutsche Sprache nicht nur auf dem Gebiet der ehemaligen Donaumonarchie verstanden, sondern partiell auch in Polen, dessen westliches Teilungsgebiet bis 1918 ohnehin zum Deutschen Reich gehörte, im Baltikum, an der Wolga, in Bessarabien oder Wolhynien. So war das Nachleben

---

23 Slezkine, Yuri : Das jüdische Jahrhundert. (Schriften des Simon-Dubnow-Instituts). 2. Auflage. Göttingen 2007.
24 Slezkine: Jahrhundert (wie Anm. 23), S. 162.

imperialer Verhältnisse in den neuen Nationalstaaten der Region nicht nur der Grund der Anziehungskraft, die der Kommunismus auf junge Juden ausübte. Es stand zugleich in einem unmittelbaren Zusammenhang mit dem Aufstieg von Angehörigen dieser einst imperialsten Bevölkerungsgruppe im Parteiapparat.

Das Ende des imperialen Zeitalters

Im Juli 1945 schrieb Louis Fürnberg im palästinensischen Exil an einen Freund, dass er „kein tschechischer", sondern „nur ein guter tschechoslowakischer Schriftsteller" sein könne.[25] Fürnbergs Beharren auf dieser Sprachregelung war ein Bekenntnis zum multiethnischen Charakter der Republik, die jedoch in eine sozialistische umgewandelt werden sollte. In der Zeit, in der der Dichter diesen Brief schrieb, waren solche Bemerkungen jedoch bereits prekär geworden. Nicht nur das Antlitz der Tschechoslowakei, sondern des gesamten mittleren und östlichen Kontinents war in Veränderung begriffen. Die Nationalitätenkämpfe der Zwischenkriegszeit, die davon ausgehende Destabilisierung der Region, vor allem aber die nationalsozialistische Politik von Umsiedlung, Aussiedlung und Massenmord hatten auch innerhalb der kommunistischen Parteien andere Ideen für den Umgang mit der Nationalitätenfrage entstehen lassen als in der Zwischenkriegszeit. Es ging nicht mehr um den evolutionären Prozess des Zusammenwachsens, von dem gelegentlich gesprochen worden war, oder um die von den Kommunisten zeitweise geforderte nationale Autonomie, sondern um ethnische Homogenisierung bis hin zur Aussiedlung eines Teils der Bevölkerung.

Die Hauptalliierten des Zweiten Weltkriegs unterstützten diese Politik. Das System des Minderheitenschutzes hatte sich auch nach ihrer Einschätzung nicht bewährt; die Nationalitätenfrage hatte sich als stetiger Krisenherd erwiesen. So wurde das mittlere und östliche Europa, das nun zum unmittelbaren Machtbereich der Sowjetunion gehörte, nicht nur politisch, sondern auch ethnisch und geographisch neu geordnet. Polen wurde durch die Aussiedlung der Deutschen und die Westverschiebung zum ersten Mal in seiner Geschichte zu einem nationalen polnischen Gemeinwesen. Ungarn, Rumänien und Jugoslawien entledigten sich eines großen Teils ihrer deutschsprachigen Minderheiten. Auch die Tschechoslowakei konstituierte sich durch den Transfer der Deutschen, die Vertreibung eines Teils der einheimischen Magyaren und die Abtretung der vor allem von Ruthenen bewohnten Karpatenukraine an die Sowjetunion territorial und eth-

---

25 Louis Fürnberg an Otto Hitschmann [Juli 1945]. In: Fürnberg: Briefe (wie Anm. 8), S. 317.

nisch neu. Die einheimischen Juden waren wie überall auf dem Kontinent fast vollständig von den Deutschen vernichtet worden.

Als Louis Fürnberg im Frühjahr 1946 aus Palästina in die Tschechoslowakei zurückkehrte, hatte die Mehrheit seiner deutschsprachigen Freunde und Genossen aus der KPČ, die unmittelbar nach Kriegsende aus dem britischen und sowjetischen Exil remigriert waren, das Land dementsprechend schon wieder verlassen. Auch diejenigen, die in der Zeit der Besatzung in Böhmen und Mähren geblieben waren, waren in die Sowjetische Besatzungszone, nach Österreich oder Westdeutschland übergesiedelt. Auch wenn die Dekrete der tschechoslowakischen Exilregierung und die Gesetze der späteren Regierung der Nationalen Front vorsahen, dass Gegner des Nationalsozialismus nicht vom Bevölkerungstransfer betroffen sein sollten, legte die KPČ-Führung auch den deutschsprachigen Kommunisten in der Tschechoslowakei nahe, das Land zu verlassen. Im Dezember 1946 schrieb das SED-Zentralorgan *Neues Deutschland* wahrheitsgetreu, dass etwa 45.000 Antifaschisten aus der Tschechoslowakei mit sogenannten Antifatransporten in die Sowjetische Besatzungszone gekommen seien.[26] 30.000 davon standen der KPD bereits 1945, lange bevor die Mehrheit der eigenen Emigranten aus dem Exil zurückkehrte, zur Verfügung.[27]

Nach den großen Aussiedlungen von 1945 und 1946 erinnerten so fast nur noch die wenigen Überlebenden des Holocaust an die imperiale Vergangenheit der jeweiligen Länder. Wohl auch deshalb waren sie nicht sonderlich willkommen. Ihre mehr als berechtigte Forderung nach der Rückgabe des ihnen geraubten Eigentums warf zudem die unangenehme Frage nach der Kollaboration der Mehrheitsbevölkerung auf. Die weit verbreitete Gleichsetzung von Juden, Waren- und Geldverkehr tat ein Übriges. So hatten sich viele Staaten des mittleren und östlichen Europa im Schatten der sowjetischen Panzer bereits 1945 in Volksdemokratien verwandelt; in den anderen hielten die Kommunisten die Schlüsselministerien besetzt. Bei ihren Versuchen, die eigene Popularität zu steigern, knüpften sie regelmäßig an volkstümliche Formen des Antikapitalismus an, in denen Juden als Repräsentanten der abgelehnten Zirkulationssphäre fungierten. Durch diese Politik versuchten die Kommunisten zugleich, der traditionellen nationalistischen Vorstellung entgegenzutreten, sie seien Agenten jüdischer Interessen. Aus all diesen Gründen hatten Louis Fürnberg und viele andere geflohene, emigrierte oder verschleppte Juden lange Zeit darum zu kämpfen, in ihre Heimat zurückkehren zu dürfen.

---

26 Lange, Erich: Umsiedlung aus der CSR beendet. In: Neues Deutschland. 18. Dezember 1946. S. 3 (Schreibweise im Original).
27 Foitzik, Jan: Kadertransfer. Der organisierte Einsatz sudetendeutscher Kommunisten in der SBZ 1945/46. In: Vierteljahrshefte für Zeitgeschichte 2 (1983). S. 310.

Im Unterschied zur Remigration aus dem Nahen Osten, wohin Fürnberg 1941 nach einer Odyssee durch Italien, Jugoslawien, Griechenland und die Türkei gelangt war, wurde die Ausreise dorthin von staatlicher Seite forciert. Das Bündnis zwischen der Sowjetunion und dem in Entstehung begriffenen Israel bot den Übergangsregierungen und Volksdemokratien des mittleren und östlichen Kontinents die Möglichkeit, die Zahl derer weiter zu verringern, die nicht in die ethnisch homogenisierten Gemeinwesen zu passen schienen. In einem internen Papier des tschechoslowakischen Innenministeriums von 1948 heißt es dementsprechend, dass den Übersiedlungsplänen einheimischer Juden mit Nachsicht zu begegnen sei, weil es sich bei ihnen um wenig zuverlässige und „unproduktive Elemente" handle.[28] Das *American Jewish Joint Distribution Committee* (Joint), das sich nach dem Zweiten Weltkrieg in erster Linie um Hilfe für die Displaced Persons bemühte, sprach 1948 von einer systematischen Abschiebung der tschechoslowakischen Juden durch die Prager Behörden.[29]

Die wenigen Juden, die in den neuen Volksdemokratien blieben, gehörten in der Regel der kommunistischen Partei an oder sympathisierten mit ihr. Dennoch wurden sie oftmals angegriffen: In Polen, wo sich die Partei ebenfalls nationalisiert hatte, war das antisemitische Ressentiment schon früh Teil der Auseinandersetzungen zwischen den sogenannten Heimkommunisten, die während des Kriegs im Land verblieben waren, und den Remigranten, unter denen sich viele Juden befanden.[30] In der Tschechoslowakei wurden Juden aufgrund ihrer langjährigen Orientierung an der deutschen Sprache vielfach als Repräsentanten der verhassten deutschen Kultur wahrgenommen: Das ist der Grund, warum Louis Fürnberg unter Verweis auf seine Muttersprache nicht beim IX. Kongress der KPČ erscheinen durfte. Sowohl die lange Tradition der jüdischen Akkulturation an das Deutsche als auch der projektive Eifer, mit dem Juden schon in der Zwischenkriegszeit als „Germanisierer" angegriffen worden waren, verstellten den Blick dafür, dass die stets ebenso enge wie prekäre Verbindung von Deutschtum und

---

[28] Svobodová, Jana: Erscheinungsformen des Antisemitismus in den böhmischen Ländern 1948–1992. In: Hoensch, Jörg K./Biman, Stanislav/Lipták, Ľubomír (Hrsg.): Judenemanzipation – Antisemitismus – Verfolgung in Deutschland, Österreich-Ungarn, den Böhmischen Ländern und in der Slowakei. Essen 1999. S. 235.

[29] Svobodová: Erscheinungsformen (wie Anm. 28). Zu weiteren Einschätzungen, die von den in der Tschechoslowakei tätigen Joint-Mitarbeitern vorgenommen wurden, vgl. etwa Archiv bezpečnostních složek (ABS, Archiv der Sicherheitskräfte, Prag), MNB 425, 212, 3, l. 159–238, Report for Czechoslovakia, July 1st through September 30th, 1948, Submitted by Henry Levy; Report for Czechoslovakia, January 1st through June 30th, 1949, Submitted by Henry Levy; ABS, MNB 425, 212, l. 1–126, Report for Czechoslovakia, July 1st through December 31st, 1949, Submitted by Henry Levy.

[30] Lendvai: Antisemitismus (wie Anm. 21), S. 190.

Judentum durch den Holocaust zertrümmert worden war: Historisches Bewusstsein ändert sich in der Regel langsamer als sein Gegenstand.

Trotz zahlreicher Anfeindungen waren die kommunistischen Parteien zunächst auch weiterhin auf ihre jüdischen Mitglieder angewiesen. Durch die nationale Homogenisierung waren zwar die demografischen Voraussetzungen verschwunden, denen viele von ihnen in der Zwischenkriegszeit den Aufstieg im Parteiapparat zu verdanken hatten: Die Mehrsprachigkeit, die die jüdischen Genossen für Funktionärstätigkeiten in den einst multiethnischen Organisationen prädestiniert hatte, war nun nicht mehr gefragt. Der eklatante Mangel an Kadern, von dem seinerzeit immer wieder gesprochen wurde, verschaffte ihnen jedoch eine gewisse Übergangszeit. So hatten die kommunistischen Parteien aufgrund ihrer Rolle im Widerstandskampf gegen die Deutschen und ihre einheimischen Kollaborateure, aufgrund ihres nationalistischen Auftretens im Zuge der ethnischen Homogenisierung, vor allem jedoch aufgrund ihrer Rückendeckung durch die Sowjetunion nach dem Krieg einen enormen Mitgliederzuwachs zu verzeichnen. Hatte die KPČ kurz nach Kriegsende nur 28.500 Mitglieder, gelang es ihr, diese Zahl bis zum Dezember 1945 auf 800.000 zu verdreißigfachen.[31] Die polnische Partei steigerte ihre Mitgliederzahl von 20.000 Mitte 1944 auf 954.000 im Jahr 1948.[32]

Dieser neuen Bedeutung konnten die Parteien mit ihren aus dem Maquis und dem Exil stammenden Funktionärsapparaten nur schwerlich gerecht werden: In der Zeit des Kriegs und der Besatzung hatten die Deutschen die illegalen Parteiorganisationen fast vollständig zerschlagen; die höheren Funktionäre und Parteiintellektuellen waren hingerichtet worden. Im sowjetischen Exil waren zudem zahllose Angehörige der Nomenklatura den stalinistischen Verfolgungen zum Opfer gefallen: Zwischen 1937 und 1939 wurden alle zwölf Mitglieder des Zentralkomitees der Kommunistischen Partei Polens, die sich im Moskauer Exil aufhielten, ermordet.[33] Mit der vollständigen Umwandlung in eine Volksdemokratie, die in Rumänien und der Tschechoslowakei 1948, in Ungarn 1949 erfolgte, potenzierte sich das Kaderproblem. Die kommunistischen Parteien hatten nicht mehr nur, wie in der Zeit der Koalitionsregierungen, für die Besetzung einzelner Posten Sorge zu tragen. Da zahlreiche Anhänger der bürgerlichen Parteien und der Sozialdemokratie, die bis dahin in der Administration tätig waren, emigrierten oder politisch nicht mehr tragbar waren, mussten sie in ihren Reihen stattdessen Personal für sämtliche verantwortungsvollen Stellen finden. Vor diesem Hinter-

---

31 Kuhn, Heinrich: Von der Massenpartei zur Staatspartei. Bd. 3: Von der Illegalität zur Staatspartei. Köln 1978. S. 38, 43.
32 Lendvai: Antisemitismus (wie Anm. 21), S. 192f.
33 Lendvai: Antisemitismus (wie Anm. 21), S. 188.

grund wurden die Kulturpolitik, der Wirtschaftssektor und die auswärtigen Angelegenheiten (vom Diplomatischen Korps über die Außen- und Außenhandelsministerien bis zu den mächtigen internationalen Abteilungen der kommunistischen Parteien) zu neuen Domänen der jüdischen Genossen. In dieser Zeit wurde Louis Fürnberg zum tschechoslowakischen Botschaftsrat in der DDR bestellt. Ein letztes Mal wurden von den jüdischen Parteimitgliedern jene Schlüsselkompetenzen eingefordert, die zu ihrem Aufstieg im Funktionärsapparat der Zwischenkriegszeit beigetragen hatten: Bildung, Mehrsprachigkeit und – ein Begriff, der sich bald gegen sie richten sollte – Kosmopolitismus.

Die Homogenisierung der Partei

Die Übergangszeit währte nicht lange. So hatten die volksdemokratischen Regimes schon bald nach 1945 damit begonnen, tschechische, slowakische, ungarische oder polnische Jungkommunisten auf eine Tätigkeit im Regierungsapparat vorzubereiten. Ende der 1940er, Anfang der 1950er Jahre war diese Ausbildung beendet. „Die ersten neuen Kader aus der Diplomatenschule werden in Kürze hinausgeschickt werden", notierte Louis Fürnbergs Freund F. C. (Franz Carl) Weiskopf, der erste tschechoslowakische Botschafter in der Volksrepublik China, im Juni 1950 exemplarisch in sein Tagebuch.[34] Auch in anderen Bereichen rückten junge Kader nach.

Diese Entwicklung fiel zeitlich mit dem sowjetischen Interessenwandel im Nahen Osten zusammen. Hatte der Kreml die Gründung Israels zunächst unterstützt, um die britische Position im Nahen Osten zu schwächen, verschlechterten sich die Beziehungen zusehends. Als der jüdische Staat 1949 eine amerikanische 100-Millionen-Dollar-Anleihe annahm und sich während des Koreakriegs zaghaft auf die Vereinigten Staaten zubewegte, ging Moskau auf Distanz zu Tel Aviv und bemühte sich um eine Annäherung an die arabischen Staaten. Forciert wurde dieser Kurswechsel durch eine Veränderung der sowjetischen Innenpolitik. Während des Zweiten Weltkriegs hatten die Machthaber im Kreml den verschiedenen Völkerschaften der Sowjetunion zahlreiche Zugeständnisse in Sachen nationaler Selbstverwaltung und kultureller Autonomie gemacht: Sie waren davon ausgegangen, dass der Appell an vaterländische Gefühle besser für den Kampf gegen Deutschland motivieren kann als die Idee der klassenlosen Gesellschaft.

---

34 Akademie der Künste Berlin, NL F. C. Weiskopf, Tagebuch, Juni 1950.

Mit dem Beginn des Kalten Kriegs ging die sowjetische Staats- und Parteiführung allerdings wieder auf Distanz zu ihrer freizügigen Nationalitätenpolitik. Die weitreichenden nationalen Autonomieversprechungen erschienen nach dem Sieg über die deutschen Okkupanten als Gefahr für die Einheit der Sowjetunion. Als Golda Meir (damals noch: Meyerson), die erste israelische Botschafterin in Moskau, bei einem Besuch der großen Moskauer Choral-Synagoge 1948 von tausenden sowjetischen Juden mit einer Freudenkundgebung und dem Ruf „Nächstes Jahr in Jerusalem" begrüßt wurde, vergrößerte sich das stets vorhandene Misstrauen der Kremlführung. Der traditionelle Pessach-Ausspruch, der bis dahin sakrale Bedeutung besessen hatte, hatte durch die Gründung Israels 1948 eine politische Dimension erhalten. So verband sich die Agenten- und Unterwanderungsparanoia des frühen Kalten Kriegs, die durch den Abfall Jugoslawiens vom sowjetischen Machtblock noch befördert worden war, vor dem Hintergrund der zunehmenden Entfremdung zwischen Moskau und Tel Aviv mit der traditionellen Angst vor einer doppelten Loyalität der einheimischen Juden. Auch den wenigen in den Volksdemokratien verbliebenen Angehörigen anderer Minoritäten wurde mit Misstrauen begegnet.

Die Kampagne gegen „Kosmopolitismus und Zionismus", von der die Veränderung der sowjetischen Nahostpolitik im gesamten Ostblock begleitet wurde, fiel insofern mit den Nachbeben der Nationalitätenkonflikte der Zwischenkriegszeit zusammen. Sie bot den inzwischen nationalisierten kommunistischen Parteien die Möglichkeit, die Personalstruktur des mittleren und höheren Parteiapparats an die seit 1945 veränderte Bevölkerungsstruktur der jeweiligen Länder anzupassen. Bereits die Angeklagten des Rajk-Tribunals 1949 in Budapest, des ersten stalinistischen Schauprozesses der Nachkriegszeit, gehörten mehrheitlich nicht der Dominanznation der neuen ungarischen Volksrepublik an. Abgesehen von Pál Justus und den beiden aus Jugoslawien kommenden Beschuldigten Lázár Brankow und Milan Ogjenowitsch mussten alle Angeklagten während des Tribunals erklären, dass sie ihre Namen verändert hätten: László Rajk hatte deutsche Vorfahren, die den Namen Reich trugen, György Pálffy war als György Österreicher geboren worden, Tibor Szönyi als Tibor Hoffmann, András Szalai als Erwin Ländler und Béla Korondy als Béla Dergán.[35]

Den Höhepunkt der innerparteilichen Homogenisierungen bildete jedoch der Slánský-Prozess 1952 in Prag. Rudolf Slánský, der ehemalige Generalsekretär der KPČ, und 13 weitere namhafte Mitglieder des Staats- und Parteiapparats der Tschechoslowakei wurden angeklagt, sich gegen die volksdemokratische Ord-

---

35 László Rajk und Komplicen vor dem Volksgericht [Protokoll des Rajk-Prozesses]. Berlin 1949. S. 39–41, 101f.

nung verschworen zu haben. Während des Prozesses wurde regelmäßig wiederholt, dass elf der 14 Hauptbeschuldigten Juden seien. Diese Herkunft, so war der durchgängige Tenor der Anklageschrift, des Urteils und der Presseberichterstattung, mache sie national unzuverlässig: zu Kosmopoliten, Verschwörern, Agenten des Imperialismus und Zionisten. Louis Fürnbergs Freund Paul Reimann, der zur Aussage gegen Rudolf Slánský gezwungen wurde, musste erklären, dass das verbindende Element der Beschuldigten „ihre gemeinsame jüdische bürgerliche Herkunft" sei;[36] vor Gericht wurde betont, dass die Geburtsnamen der Angeklagten mehrheitlich der deutsch-jüdischen Tradition entstammten.[37] Im Kontext des Slánský-Tribunals und seiner Nebenverfahren wurden Juden aus allen wichtigen Positionen des Staats- und Parteiapparats der Tschechoslowakei entfernt.

Auch Louis Fürnberg geriet in die Mühlen der Prozesse. Kurz nach dem Urteilsspruch gegen Rudolf Slánský wurde er von seinem Posten als tschechoslowakischer Interimsbotschafter in der DDR abberufen und nach Prag zurückbeordert. Die Schweizer Presse meldete Anfang 1953, dass „der tschechoslowakische Legationsrat Louis Fürnberg" verhaftet worden sei.[38] Diese Nachricht erwies sich zwar als falsch: Im Unterschied zu vielen seiner Freunde und Bekannten wurde der Dichter nicht festgenommen. Dennoch rechnete er täglich damit, von der Geheimpolizei abgeholt zu werden. Nach Auskunft seiner Frau sprach er sogar von Selbstmord: „Wenn der Feind mich bekämpft, [...] werde ich mich wehren, aber wenn mich die Partei verdächtigt, werde ich mich umbringen."[39] Zu diesem Zeitpunkt hatte der Staatssicherheitsdienst längst einen Aktenvorgang über ihn angelegt.[40]

Parallel zum Slánský-Prozess wurden im gesamten Ostblock alte politische Rechnungen beglichen; in vielen Volksdemokratien wurde die Gelegenheit genutzt, um Juden und Angehörige anderer Minderheiten aus den Staats- und Parteiapparaten zu verdrängen. Ethnische und ideologische Fragen gingen ineinander über, Zugehörigkeiten erfuhren eine klassenkämpferische Codierung. So wurden 1952 die rumänische Außenministerin Ana Pauker und der Stellvertre-

---

36 Výpověď svědka Pavla Reimana [Aussage des Zeugen Pavel Reiman]. In: Proces s vedením protistátního spikleneckého centra v čele s Rudolfem Slánským [Prozess gegen die Leitung des staatsfeindlichen Verschwörerzentrums mit Rudolf Slánský an der Spitze]. Hrsg. von Ministerstvo spravedlnosti [Justizministerium der Tschechoslowakei]. Prag 1953. S. 139.
37 Státní prokurátor: v z. JUDr. J[osef]. Urválek: Předsedovi státního soudu v Praze. Žaloba [Staatsprokurator i. V. JUDr. Josef Urválek: An den Vorsitzenden des Staatsgerichts in Prag. Anklage]. In: Proces s vedením protistátního spikleneckého centra v čele s Rudolfem Slánským. Hrsg. von Ministerstvo spravedlnosti. S. 44 f.
38 Vgl. den Anmerkungsapparat in Edschmid: Verletzte Grenzen (wie Anm. 7), S. 197.
39 Fürnberg: Utopie (wie Anm. 7), S. 71.
40 ABS, MNB 5, 2, Z-1480, 307, 0078. Rudolf Šonka an Unterleutnant Šimáček, 7. August 1952.

tende Ministerpräsident Vasile Luca entmachtet: Pauker kam aus einer jüdischen Familie, Luca gehörte der magyarischen Minderheit an. In Ungarn wurde ein großer Prozess gegen hochrangige jüdische Funktionäre um den vormaligen Staatssicherheitschef Gábor Péter vorbereitet. Auch wenn aufgrund der Verunsicherung nach Stalins Tod im März 1953 von diesem Plan Abstand genommen wurde, blieben Péter und einige seiner Mitstreiter weiter in Haft.[41] Der Anteil von Juden im Parteiapparat ging bis 1956/1957 auch in Ungarn deutlich zurück.[42]

Lediglich in Polen fand die große innerparteiliche Homogenisierung mit einer gewissen zeitlichen Verzögerung statt. Als Reaktion auf die Studentenproteste in Warschau, Danzig und Krakau initiierte die kommunistische Partei der Volksrepublik 1968 eine antisemitische Kampagne. Rund 8000 Juden wurden aus der Partei ausgeschlossen; mehr als doppelt so viele verloren ihre Arbeit, weil sie als national unzuverlässig diskreditiert wurden.[43] Im Nachgang der Kampagne verließen 20.000 bis 30.000 Menschen, „Polens letzte Juden" (David Kowalski),[44] das Land aus Angst vor Verfolgung. Waren die kommunistischen Parteien einst die einzigen politischen Organisationen des mittleren und östlichen Europa, in denen die Angehörigen aller Nationalitäten zusammenkommen konnten, stellten sie sich spätestens seit ihrer Verwandlung in Staatsparteien in eine andere Tradition. Mit ihrer Politik der Polonisierung, Tschechisierung oder Magyarisierung verwirklichten sie die nationalitätenpolitischen Ziele ihrer einst größten Gegner: der nationalen Rechten um Roman Dmowski in Polen, Karel Kramář in der Tschechoslowakei und Miklós Horthy in Ungarn.

Schluss

Als Louis Fürnbergs *Lied der Partei* beim III. Parteitag der SED im Juli 1950 uraufgeführt wurde, konnte sich der Dichter nicht vorstellen, jemals in die DDR

---

41 Zum geplanten „Zionistenprozess" in Budapest vgl. Barth, Bernd-Rainer/Ember, Mária: Verwirrende Bekenntnisse eines Pfeilkreuzlers. In: Neue Literatur 4 (1993); Barth, Bernd-Rainer: Hungerstreik und „Brief an die Partei". Dezember 1953–April 1954. In: Der Fall Noel Field. Schlüsselfigur der Schauprozesse in Osteuropa. Bd. 1. Hrsg. von Bernd-Rainer Barth u. Werner Schweitzer. Berlin 2005. S. 133 f.
42 Burks: Dynamik (wie Anm. 15), S. 180–183.
43 Vgl. Kowalski, David: Polnische Politik und jüdische Zugehörigkeit. Die frühe Oppositionsbewegung und das Jahr 1968. In: Jahrbuch des Simon-Dubnow-Instituts/Simon Dubnow Institute Yearbook 13 (2014). S. 525–548.
44 So lautet der Titel der Dissertation von David Kowalski über die polnischen Ereignisse des Jahrs 1968, die derzeit für die Publikation in der Schriftenreihe des Simon-Dubnow-Instituts vorbereitet wird.

überzusiedeln. Bereits kurz nach dem Krieg war ihm angetragen worden, es seinen deutschsprachigen KPČ-Genossen gleichzutun und in die Sowjetische Besatzungszone zu gehen. Fürnberg und seine Frau hatten sich jedoch strikt geweigert. Der unausgesprochene Grund: Mindestens 28 Familienangehörige waren von den Deutschen ermordet worden. „Nicht aus Gründen der Vorsicht", so begründete Fürnberg seinen Entschluss 1945 in einem Brief an Arnold Zweig. „Aber weil man erst über sein Gefühl ein bisschen Gras wachsen lassen will."[45] Dass er seine Entscheidung bald revidierte, stand in einem unmittelbaren Zusammenhang mit jener Nicht-Einladung zum IX. Kongress der KPČ, auf die er 1949 mit seinem *Lied der Partei* reagierte. Der Beschluss der obersten Nomenklatura, dem altgedienten Genossen Louis Fürnberg die Teilnahme aufgrund seiner Herkunft zu verwehren, symbolisierte nicht nur die Nationalisierung der KPČ. Sie stand zugleich für die Erosion des Begriffs der Klasse, der einst versprochen hatte, Herkunft durch Zukunft zu ersetzen. Der Faden, der nicht nur Juden, sondern auch Angehörige vieler anderer nationaler Minderheiten mit den kommunistischen Parteien des mittleren und östlichen Europa verbunden hatte, war durchtrennt worden. Mit der Übersiedlung Louis Fürnbergs in die DDR 1954 wurde diese Entwicklung – das Scheitern der „roten Assimilation" – nur noch ratifiziert.

Es gehört zu den Paradoxien der Geschichte, dass sich ausgerechnet das Land bereit erklärte, den Dichter und seine Familie aufzunehmen, in das sie nach 1945 nie hatten dauerhaft gehen wollen. Zwar hatte die Kampagne gegen Kosmopolitismus und Zionismus auch um die DDR keinen Bogen gemacht: Auch dort wurden Juden aus höheren Positionen entfernt; Jürgen Kuczynski berichtet in seinen Erinnerungen exemplarisch, dass er aufgrund seiner Herkunft vom Posten des Vorsitzenden der Gesellschaft für Deutsch-Sowjetische Freundschaft abberufen wurde.[46] Dennoch äußerte sich die Kampagne in der DDR weit weniger vehement als in vielen anderen Staaten des Ostblocks. Die Prozesse gegen Paul Merker und andere sogenannte Westemigranten fanden 1954/1955 nicht als Schau-, sondern als Geheimprozesse statt; die Angeklagten wurden nicht hingerichtet, sondern in der Regel zu Zuchthausstrafen verurteilt. Während die ethnische Verschlüsselung der stalinistischen Verfolgungen in den meisten Volksdemokratien dafür sorgte, dass den dortigen Parteiführungen die Signalwirkung eines Schauprozesses, in dem Juden nur wenige Jahre nach der Befreiung von Auschwitz als Juden angeklagt wurden, gar nicht in den Sinn kam, sorgte die Absenz ethnischer Fragen in der DDR für eine gewisse Zurückhaltung. Die Erin-

---

[45] Louis Fürnberg an Arnold Zweig, 11. November 1945. In: Fürnberg, Louis/Zweig, Arnold: Briefwechsel. Dokumente einer Freundschaft. Berlin/Weimar 1978. S. 140.
[46] Kuczynski, Jürgen: Dialog mit meinem Urenkel. Neunzehn Briefe und ein Tagebuch. Erstveröffentlichung der ungekürzten und unzensierten Originalfassung. Berlin 1996. S. 57 f.

nerung an den Holocaust, die Fürnberg einst davon abgehalten hatte, nach Deutschland zu gehen, hatte die SED-Führung, wie verzerrt ihre Wahrnehmung des Ereignisses auch immer war, zumindest davor zurückschrecken lassen, Juden zu Hauptfiguren ihrer Säuberungskampagne zu machen und hinzurichten.

Diese Zurückhaltung der SED trug dazu bei, dass dem Dichter des *Lieds der Partei* in der DDR ein durchaus repräsentativer Posten angetragen wurde. Louis Fürnberg wurde 1954 zum Stellvertretenden Leiter der Nationalen Forschungs- und Gedenkstätten der klassischen deutschen Literatur in Weimar ernannt, wo sein Bruder zwölf Jahre zuvor im nahe gelegenen Konzentrationslager Buchenwald ermordet worden war. Diese Ernennung war für den Dichter von geradezu paradigmatischer Bedeutung. Denn durch sie verlagerte sich sein Blickfeld auch in beruflicher Hinsicht von der Zukunft, aufgrund derer er der KPČ einst beigetreten war, in die Vergangenheit. Aus dem Voranschreiten in ein besseres Morgen, das er in der Zwischenkriegszeit in zahllosen Liedern besungen hatte, wurde die Verwaltung der Nachlässe von Goethe und Schiller. Doch auch hierfür blieb Louis Fürnberg nur wenig Zeit. Der Dichter starb 1957, im Alter von nur 47 Jahren, an den Folgen einer Reihe von Herzattacken. Als er nach seinem ersten Infarkt von seiner Frau gefunden wurde, glaubte er zu wissen, warum sein Herz kollabierte. Er stöhnte vor Schmerzen und erklärte: „Das sind die Prozesse."[47] Der Dichter des *Lieds der Partei*, der von seinen Zeitgenossen stets als optimistisch und lebensfroh beschrieben wurde, starb, wie seine Witwe mehr als dreißig Jahre später zugestand, „an gebrochenem Herzen".[48]

---

47 Fürnberg: Utopie (wie Anm. 7), S. 77.
48 Müller, Volker: „Es ist so viel Blut umsonst geflossen ...". In: Berliner Zeitung. 26. Januar 2001. S. 26.

III **Intellektuelles Engagement**

Stephan Braese
„Trotz aller Judaismen"

Georg Lukács und Walter Benjamin: Zum Ort zweier jüdischer Intellektueller in der europäischen Arbeiterbewegung

Im August 1941 erhielt Bertolt Brecht an seinem Exilort Los Angeles eine Nachricht und ein Manuskript. Günther Stern teilte ihm mit, dass sich Walter Benjamin, Brechts langjähriger Partner im gemeinsamen Selbstdenken über die Weltläufte und ihre Gesetzmäßigkeiten, bereits im vergangenen Spätsommer in Port Bou, an der französisch-spanischen Grenze, das Leben genommen hatte. Zugleich händigte Stern Brecht das Exemplar einer „kleinen abhandlung"[1] aus – die *Thesen zum Begriff der Geschichte*, die Gershom Scholem später als „Antwort auf den Hitler-Stalin-Pakt"[2] bezeichnen wird. Brecht würdigt Benjamins Text in seinem *Arbeitsjournal* im Sommer 1941 ausführlich, hebt zentrale Theoreme hervor und urteilt: „kurz, die kleine arbeit ist klar und entwirrend" – um in einer Klammer hinzuzufügen: „(trotz aller metaphorik und judaismen)".[3]

Brechts Notat führt zwei Momente zusammen, denen im (Rück-)Blick auf die Geschichte jüdischer Intellektueller in der europäischen Arbeiterbewegung paradigmatische Bedeutung zugewachsen ist. Dies ist zum einen die Gleichzeitigkeit, mit der die Vernichtung der europäischen Juden – 1940–1941 zwar noch vor ihrem Höhepunkt, aber bereits unabweisbar auf ihn zulaufend – mit der Auslöschung der internationalen Arbeiterbewegung historisch zusammenfiel. In der Liquidierung ihrer Institutionen durch den Nationalsozialismus und der Erstickung ihrer genuin emanzipatorischen Gehalte durch den Stalinismus hatten beide Regime zu einer objektiven Kooperation gefunden, die den Zeitgenossen im spektakulären Nichtangriffspakt als Schock begegnete. Das zweite Moment, dem im Blick auf Brechts Notat nicht erst von heute aus charakteristisches Gewicht zukommt, ist die unüberhörbar artikulierte Reserve gegenüber etwaig „jüdischen" Quellen von Benjamins analytischer Arbeit. Brecht folgte hier einem Habitus, der – von gewichtigen Ausnahmen abgesehen – nahezu in der gesamten europäischen Arbeiterbewegung verbreitet war. Seit ihren Klassikern die Konfliktgeschichte zwischen den jüdischen Gemeinschaften in Europa und ihren Umge-

---

[1] Brecht, Bertolt: Arbeitsjournal – Erster Band 1938 bis 1942. Hrsg. von Werner Hecht. Frankfurt am Main 1974. S. 212.
[2] Scholem, Gershom: Walter Benjamin und sein Engel. In: Zur Aktualität Walter Benjamins. Hrsg. von Siegfried Unseld. Frankfurt am Main 1972. S. 129.
[3] Brecht: Arbeitsjournal (wie Anm. 1), S. 213.

bungsgesellschaften als Nebenwiderspruch im Horizont einer von Klassenantagonismen angetriebenen Geschichte aus Klassenkämpfen erschienen war, hatte das Judentum vorzugsweise als anachronistische Religionsgemeinschaft gegolten, wenn nicht gar als historisch schwer belastetes Dispositiv, wie es Karl Marx in seinem Text *Zur Judenfrage* skizziert hatte. Mitglieder und Sympathisanten der europäischen Arbeiterbewegung taten spätestens seit Ende des 19. Jahrhunderts gut daran, ihre etwaige jüdische Herkunft zu marginalisieren und ‚aufgehen zu lassen' in jener neuen, als wissenschaftlich begründet verstandenen Perspektive auf den Weltprozess, den ihnen ihre neue Weltanschauungsgemeinschaft offerierte. Dass aus den sozialgeschichtlichen, aber auch den religiösen Quellen des Judentums, ja, dass auch nur aus einer als jüdisch begriffenen Subjektgeschichte originäre Einsichten gewonnen werden könnten, die dazu beitrugen, das Kontinuum der Geschichte aus Entrechtung und Unterwerfung zu unterbrechen, und zwar in der Jetztzeit und am konkreten Ort – das erschien nicht nur in den Institutionen, sondern auch den intellektuellen Zirkeln der europäischen Arbeiterbewegung wenig naheliegend. Der pejorative Begleitton in Brechts Formulierung von den vorgeblichen „Judaismen" Benjamins verrät nicht nur, in welchem Maß die Reserve, ja entschiedene Ablehnung solcher Quellen im Umkreis der Linken (jenseits der Organisationen der explizit jüdischen Arbeiterbewegung) internalisiert worden war – sondern er deutet noch auf ein Weiteres: Eine in ihrem Kern nicht aufgearbeitete Beziehungsgeschichte der europäischen Linken zum Judentum, die in ihren Auswüchsen bis zu einem genuinen Antisemitismus führte. Es ist diese tief sitzende, selbst in einem in vielfacher Hinsicht aufgeklärten Zeitgenossen wie Bertolt Brecht beobachtbare Reserve, aus der die Leitfrage der folgenden Ausführungen abgeleitet ist, die mir zugleich als eine, vielleicht *die* zentrale Frage an den Ort jüdischer Intellektueller in der europäischen Arbeiterbewegung erscheint – weniger die Frage nach dem Zusammenhang von Judesein und intellektueller Produktivität, über die vielfach und ergiebig gearbeitet wurde[4], sondern eher die Frage nach den Wegen und Mitteln, die Ergebnisse dieser von den Intellektuellen womöglich selbst als ‚jüdisch begründet' verstandenen Produktivität, gegen die genannten Widerstände, in die Diskurse der europäischen Arbeiterbewegung einzuspeisen. Wie haben jüdische Intellektuelle das, was sie selbst, aber vor allem auch andere an ihrer Arbeit als „jüdisch" verstanden haben mochten, in dieser Umgebung verteidigt und behauptet?

---

4 Vgl. Barner, Wilfried/König, Christoph (Hrsg.): Jüdische Intellektuelle und die Philologien in Deutschland 1871–1933. Göttingen 2001; Berg, Nicolas/Burdorf, Dieter (Hrsg.): Textgelehrte – Literaturwissenschaft und literarisches Wissen im Umkreis der Kritischen Theorie. Göttingen 2014; Braese, Stephan/Weidner, Daniel (Hrsg.): Meine Sprache ist Deutsch – Deutsche Sprachkultur von Juden und die Geisteswissenschaften 1870–1970. Berlin 2015.

Georg Lukács und Walter Benjamin sind für eine solche Untersuchung – die hier kaum mehr als angedeutet werden kann – besonders geeignet. Beider Rang, wenn auch nicht soziale Stellung, als Intellektuelle war bereits für viele ihrer Zeitgenossen unstrittig. Beide entstammten zwar akkulturierten Elternhäusern, besaßen aber ein von Wandlungen nicht unberührtes, jedoch stets differenziertes Selbstverständnis als Juden. Und beide waren – wenn auch auf sehr unterschiedliche Weise – von der internationalen Arbeiterbewegung und ihren Zielen affiziert. Es muss unweigerlich auffallen, dass beider Faszination ausschließlich der kommunistischen Bewegung galt – nicht etwa den Gewerkschaften oder der Sozialdemokratie, die gerade auch im Untersuchungszeitraum, in den Jahrzehnten zwischen 1910 und 1940, einen entscheidenden Teil der europäischen Arbeiterbewegung ausmachten. Dies lag zum einen an der heute kaum mehr vorstellbaren Ausstrahlung, die die Ereignisse des Oktobers 1917 auf die gesamte – auch die konservative – Intelligenz Europas ausübten. Die zahllosen Reiseberichte aus dem Russland der 1920er Jahre, von mittel- und westeuropäischen Korrespondenten jeglicher ideologischer Prägung verfasst, spiegeln die enorme Faszination wider, die dieser vermeintlichen Änderung des Laufs der Geschichte anhaftete. Nicht zufällig wurde bis Mitte der 1920er Jahre ein Überspringen der Revolution zunächst auf Deutschland von maßgeblichen Zeitgenossen für möglich, ja, für wahrscheinlich erachtet.[5] Hinzu kam, dass der Kommunismus den Vorteil der größeren Radikalität hatte und sich damit für viele vorteilhaft abhob von Gewerkschaften und Sozialdemokratie, die gerade zu Beginn der Weimarer Republik hoch umstrittene Kompromisse mit jenen Kräften, die noch vor kurzem das Kaiserreich regiert hatten, eingegangen waren. Der Konflikt zwischen Sozialdemokratie und Kommunismus, der in der Weimarer Republik mit großer Brutalität ausgetragen wurde, tat ein Übriges, um einmal eingenommene Partei-Standpunkte eher zu verhärten als zu verflüssigen.

Gleichwohl war dem 1885 in Budapest geborenen Georg Löwinger, der erst fünf Jahre nach seiner Geburt zusammen mit seinen Eltern den Namen Lukács erhielt, nicht an der Wiege gesungen worden, einmal prominente Funktionen in der kommunistischen Weltbewegung einzunehmen. Sein Elternhaus war großbürgerlich, sein Vater war Direktor der führenden ungarischen Bank, 1901 wurde die Familie geadelt. Auch infolgedessen galt Georg Lukács, eigener Aussage nach,

---

5 Vgl. Braese, Stephan: Deutsche Blicke auf ‚Sowjet-Rußland': Die Moskau-Berichte Arthur Holitschers und Walter Benjamins. In: Tel Aviver Jahrbuch für deutsche Geschichte. Hrsg. im Auftrag des Instituts für Deutsche Geschichte von Dan Diner u. Frank Stern. Gerlingen 1995 (Bd. XXIV, 1995: Deutschland und Rußland). S. 117–147. Hier S. 118 f.

auf dem evangelischen Gymnasium „nie als Jude [...], sondern als Aristokrat".[6] Gleichzeitig, so gab Lukács in seinem großen autobiographischen Interview mit István Eörsi, das er kurz vor seinem Tod gab, zu Protokoll, habe er immer gewusst, „daß ich Jude bin".[7] Charakteristisch für dieses der jüdischen Religion weitgehend, einem säkularen Verständnis des Judeseins aber keineswegs entfremdete Milieu ist etwa der Ausspruch seines Vaters „am Anfang der zionistischen Bewegung, [...] daß er bei Konstitution des jüdischen Staates Konsul in Budapest sein wolle".[8] Aber auch, dass der junge Lukács aus Protest gegen die Absicht seines Vaters, ihn Bankier werden zu lassen, „die Fotografie eines Onkels, [...] der sich aus den Aktivitäten des Alltags zurückgezogen und sein Leben der Meditation und dem Auslegen des Talmud gewidmet hatte", auf seinem Schreibtisch aufstellte,[9] deutet auf ein mal mehr, mal weniger untergründiges, mal mehr, mal weniger virulentes Nahverhältnis zur jüdischen Herkunft. Um 1910 machten sich bei Lukács „Ambitionen, die Dinge zu verändern", bemerkbar, besonderen Widerstand erregte der „alte ungarische Feudalismus".[10] Er studierte u. a. bei Georg Simmel in Berlin, wo er Ernst Bloch kennenlernte, und Max Weber in Heidelberg. „Das Interesse an der Ethik", formulierte Lukács später, „hat mich zur Revolution geführt."[11] Spätestens gegen Ende des Ersten Weltkriegs zählte er „zu jener breiten intellektuellen Schicht [...], die die gesamten damaligen Zustände für unhaltbar hielt".[12] Wenig später, im Dezember 1918, wurde er Mitglied der Kommunistischen Partei Ungarns und nur zwei Monate darauf war er bereits stellvertretender, ab Sommer allein verantwortlicher Volkskommissar für das Unterrichtswesen in der Räterepublik unter Béla Kun.[13]

Lukács' Weg bis hierher ist lesbar als der Werdegang eines privilegiert aufgewachsenen Bildungs- und Großbürgersohns, den die maroden politischen Verhältnisse im Ungarn der Doppelmonarchie zu jenen Kräften gezogen haben, die in jenem Augenblick, da das Vielvölkerreich zusammenbricht, sich die konkrete Neugestaltung zum Ziel gesetzt haben. Seine jüdische Herkunft scheint bisher keine spezifischere Rolle gespielt zu haben; einen „wesentlichen Einfluß

---

6 Lukács, Georg: Gelebtes Denken – Eine Autobiographie im Dialog. Frankfurt am Main 1981. S. 45.
7 Lukács: Gelebtes Denken (wie Anm. 6), S. 45.
8 Lukács: Gelebtes Denken (wie Anm. 6), S. 39.
9 Raddatz, Fritz J.: Georg Lukács in Selbstzeugnissen und Bilddokumenten. Reinbek bei Hamburg 1972. S. 7f.
10 Lukács: Gelebtes Denken (wie Anm. 6), S. 55.
11 Lukács: Gelebtes Denken (wie Anm. 6), S. 85.
12 Lukács: Gelebtes Denken (wie Anm. 6), S. 86.
13 Vgl. Raddatz: Lukács (wie Anm. 9), S. 37.

auf [s]eine Entwicklung" hat er ihr abgesprochen.[14] Gewiss war solche Selbstdeutung – zumindest ein Stück weit – den Diskursgeboten der kommunistischen Bewegung geschuldet. Um Hinweise auf die Virulenz des jüdischen Traditionsbezugs in Lukács' intellektueller Arbeit zu finden, empfiehlt sich dagegen das Studium seiner zahlreichen Textzeugnisse. Es ist hier nicht der Ort, um diesen Nachweis an seinen großen Schriften zu führen. Einschlägige Fingerzeige gibt etwa Fritz J. Raddatz, wenn er über die 1914 bis 1915 verfasste *Theorie des Romans* schreibt: „Der Messianismus [...] wird irdisch, es bleibt nicht bei einer Vision der kulturellen Rettung, es werden reale Möglichkeiten einer Veränderung der Welt angedeutet."[15] Auch die von Kurt Reichenberger in *Geschichte und Klassenbewußtsein*, erschienen 1923, beobachtete „utopische Erwartung der bevorstehenden Weltrevolution als ‚Sprung aus der Notwendigkeit in die Freiheit'"[16] deutet auf eine Traditionslinie, auf die auch Benjamin in den *Thesen* Bezug nehmen wird. Doch auch diesseits der großen Schriften ist beispielsweise augenfällig, in wie hohem Maß Lukács zur Charakterisierung der Verhältnisse in der kommunistischen Weltbewegung Ausdrücke aus der jüdischen Erfahrungswelt verwendet. Wenn er beispielsweise im Interview mit Eörsi Kun als „Sinowjews Schammes" in der Kommunistischen Internationale bezeichnet und noch hinzufügt: „wie man damals zu sagen pflegte"[17], wird nicht nur deutlich, mit welcher Routine komplexe Machtverhältnisse in kommunistischen Partei-Institutionen mit Hilfe von Ausdrücken, die einer vermeintlich untergegangenen jüdischen Lebenswelt entstammten, abgebildet wurden – sondern auch, wie verbreitet dieser Usus offenkundig war. Einen weitergehenden Hinweis schließt Lukács' Gebrauch des Wortes „koscher" ein, dessen Bedeutung er aus Anlass einer Beurteilung des Ehemannes von Anna Seghers, den er als „nicht koscher" bezeichnet, seinem modernen Gesprächspartner von 1971 erläutert: „Unter ‚nicht koscher' verstehe ich, daß er im schlechten Sinne des Wortes ein parteitreuer Mensch war."[18] In diesem Fall dient die jüdische Vokabel zur – eigentlich nur privatsprachlich festgelegten – Kennzeichnung im Horizont innerparteilicher Dissense. Und es ist diese Verknüpfung, die offenkundig spezifische Produktivität jüdischen Traditionswissens im Umgang mit Stigmatisierung und Ausschluss, die Lukács' Anspielungen auf Heinrich Heine zum prägnanten Beispiel der Vertei-

---

14 Lukács: Gelebtes Leben (wie Anm. 6), S. 45.
15 Raddatz: Lukács (wie Anm. 9), S. 34.
16 Reichenberger, Kurt: Geschichte und Klassenbewußtsein. In: Kindlers Literatur Lexikon. Hrsg. von Wolfgang Einsiedel [u. a.]. Bd. III. Zürich 1982. S. 3896 f. Hier S. 3896.
17 Lukács: Gelebtes Denken (wie Anm. 6), S. 124.
18 Lukács: Gelebtes Denken (wie Anm. 6), S. 152.

digung jüdischen Wissens in den Diskurszonen der kommunistischen Bewegung machen.

Im Vorwort zur Neuausgabe einiger seiner Frühschriften 1967 verwendet Lukács zweimal das Wort „Eintrittskarte" zur Begründung seiner Distanzierungen von den sogenannten „Blum-Thesen" 1929 sowie von *Geschichte und Klassenbewußtsein* 1933 bis 1934. Die erste Selbstkritik bezeichnet er als „Eintrittskarte" zu dem vom Parteikommunismus organisierten „Kampf gegen den nahenden Faschismus"[19], die zweite Selbstkritik als „Eintrittskarte" zum „Partisanenkampf gegen offizielle und halboffizielle Theorien der Literatur"[20] innerhalb der Partei. Aamir Mufti hat kürzlich noch einmal diese Selbstkritiken als Bestandteil „of the Party intellectual's struggle for survival in the face of the whims of the apparatchiks"[21] charakterisiert. Die von Lukács gewählte Formel der „Eintrittskarte" weist eine nicht nur nicht verdeckte, sondern für geübte Leser geradezu signalförmige Analogie zu einem der vielleicht berühmtesten Aphorismen aus der Geschichte des europäischen Judentums auf – zu Heinrich Heines Notiz „Der Taufzettel ist das Entrébillett zur europäischen Kultur."[22] Diese Parallele ist keineswegs unbemerkt geblieben.[23] Sie belegt zunächst, dass Lukács der Geschichte der europäischen Juden und ihrer intellektuellen und künstlerischen Produktivität wiederholt Muster abliest, die auch für seine eigene, aktuelle Lage in einem Europa nach der Oktoberrevolution analytische Kraft beanspruchen zu können scheinen. In diesem Fall heißt das: An die Stelle einstiger europäischer Kultur, in die Heine hatte „eintreten" wollen, ist die bewusste Teilhabe am kommunistischen Kampf getreten, einer Inbesitznahme der subjektiven Stelle im Weltprozess, von der aus allein noch das Erbe europäischer Kultur bewahrt, genauer: aufgehoben werden kann. Der Zwang zur Taufe ist ersetzt durch den Eintritt in die Partei und die an ihn geknüpften Selbstdisziplinierungen. Und eben diese Selbstunterwerfung erscheint als genuine, ‚moderne' Repräsentation der spezifischen geschichtlichen Stunde im Weltprozess, die die Konversion des Juden zu Heines Zeiten gebildet hatte.

---

19 Lukács, Georg: Vorwort. In: Ders.: Geschichte und Klassenbewußtsein. Darmstadt und Neuwied 1967. S. 11–41. Hier S. 32.
20 Lukács: Vorwort (wie Anm. 19), S. 40.
21 Mufti, Aamir R.: Enlightenment in the Colony – The Jewish Question and the Crisis of Postcolonial Culture. Princeton/Oxford 2007. S. 82.
22 Heine, Heinrich: Aufzeichnungen. In: Ders.: Sämtliche Schriften. Bd. 6/I. Hrsg. von Klaus Briegleb. München 1997. S. 607–665. Hier S. 618.
23 Vgl. Mayer, Hans: Widerruf des Widerrufs. In: Der Spiegel. 31. August 1970. Jameson, Fredric: Introduction. In: Georg Lukács: The Historical Novel, Lincoln 1983. Hier S. 21.

In welchem Maß Lukács in der Figur Heines überhaupt sein eigenes geschichtliches Los zu erkennen vermocht – oder doch zu erkennen versucht – hat, wird deutlich in etlichen Passagen seines Essays *Heinrich Heine als nationaler Dichter* von 1935. Wenn Lukács wiederholt darauf hinweist, „daß Heine trotz seiner verschiedentlich gelungenen und mißlungenen Kompromißversuche doch in der *Grundlinie* seiner schriftstellerischen Tätigkeit einen klugen und unnachsichtigen Kampf [...] geführt hat"[24], dann wird hier am Beispiel eines der bedeutendsten Schriftsteller deutscher Sprache für eine Haltung um Verständnis geworben, die dem Verfasser des Essays selbst wiederholt vorgeworfen worden war.

> Alle diese Schwankungen spielen sich im selben Rahmen ab. Heine ist der letzte große Dichter des Bürgertums, in dem sich alle Tendenzen der gesellschaftlichen Entwicklung zum Versuch der Schaffung eines einheitlichen und alles umfassenden Weltbildes vereinigen, in dem noch die lebendige Erinnerung an die Verpflichtungen der bürgerlichen Intelligenz als ideologischer Führerin der gesamtgesellschaftlichen revolutionären Bewegung lebendig geblieben ist[25]

– das ist nahezu unverhüllt autobiographisch gesprochen. Doch vor allem dadurch, dass am Beispiel des neben Kafka namhaftesten jüdischen Schriftstellers deutscher Sprache die Verdienste des Intellektuellen um die „revolutionäre Bewegung", *aber zugleich sein gefährdeter Ort* in ihr thematisiert werden, gelingt Lukács an einem archimedischen Punkt des innerparteilichen Diskurses eine Verteidigung jüdischer Erfahrung mit Europa und seinen Kämpfen.

Walter Benjamin wurde 1892 in Berlin geboren und war damit rund sieben Jahre jünger als Georg Lukács. Auch seine Eltern waren hochgradig akkulturiert, wenn auch weniger wohlhabend als die des Budapester Zeitgenossen. Stéphane Moses hat vor Kurzem noch einmal luzide die zahlreichen, innigen Bezüge Benjamins zum Judentum nachgezeichnet.[26] Für seine Herkunft war kennzeichnend, dass er – in einer Art Revolte gegen den bürgerlichen Konformismus der Elterngeneration – mit der zionistischen Jugendbewegung in Deutschland sympathisierte, ohne sich jedoch mit ihren politischen, hingegen durchaus mit ihren kulturellen Zielen zu identifizieren. „Das Judentum", schrieb er seinem Jugendfreund Ludwig Strauss, „ist mir in keiner Hinsicht Selbstzweck, sondern ein vornehms-

---

24 Lukács, Georg: Heinrich Heine als nationaler Dichter. In: Ders.: Deutsche Realisten des 19. Jahrhunderts. Bern 1951. S. 89–146. Hier S. 93.
25 Lukács: Heine (wie Anm. 24), S. 113.
26 Vgl. den Literaturhinweis in Anm. 29.

ter Träger und Repräsentant des Geistigen."²⁷ Wenn er 1931 Gershom Scholem schrieb – bereits in einem Streit über seinen ideologischen Ort –, dass „meine Produktionsanstalt [...] darüber hege ich nicht die mindesten Illusionen – in Berlin W.W.W."²⁸ liege, wird deutlich, dass die Standortbestimmung gegenüber Strauss einige Haltbarkeit bewiesen hatte, zumindest nicht durch zeitweilig nähergerückte Alternativen wie Moskau oder Jerusalem abgelöst worden war.

Einen Schub erhielt Benjamins Befassung mit dem jüdischen Traditionserbe durch seine Begegnung mit Gershom Scholem 1915. In ihrem Gefolge entstanden zahlreiche Schriften, die deutlich Motive vor allem aus der religiösen Sphäre des Judentums aufgreifen, wie etwa der Sprachaufsatz von 1916, das *Theologisch-politische Fragment* von 1920 oder *Die Aufgabe des Übersetzers* von 1921. Moses zufolge kündigte insbesondere die Erkenntniskritische Vorrede des Trauerspielbuches „de[n] für den späteren Benjamin so kennzeichnende[n] Gedanke[n] einer ‚Rettung' der theologischen Begriffe durch deren Umdeutung ins Profane" an. Moses setzt fort: „Benjamin meinte nämlich, daß die religiöse Tradition in ihrer theologisch überlieferten Form uns heutzutage unverständlich geworden sei und daß nur deren radikale Säkularisierung imstande sei, einige ihrer Bruchstücke in die Welt der Moderne hinüberzuretten."²⁹

Diese Entwicklung mag beschleunigt worden sein durch Benjamins Hinwendung zur kommunistischen Bewegung seit 1924. Seit dieser Zeit erwog er seinen Eintritt in die KPD, einen Schritt, der ihn mindestens zwei Jahre wiederholt beschäftigte; schließlich entschied er sich dagegen. Weniger seine Eindrücke von Moskau, das er 1926 besuchte, als eher erste Erfahrungen mit der parteikommunistischen Diskurspolitik, der sein Beitrag über Goethe für die *Sowjet-Enzyklopädie* zum Opfer fiel – möglicherweise durch direkte Intervention Karl Radeks[30] – mögen Benjamin gehemmt haben, eine formale Loyalitätserklärung zur Partei abzulegen.

---

[27] Walter Benjamin an Ludwig Strauss, 21.11.1912. In: Benjamin, Walter: Gesammelte Briefe. Band I 1910–1918. Herausgegeben von Christoph Gödde und Henri Lonitz. Frankfurt am Main 1995. S. 74–80. Hier S. 75.
[28] Walter Benjamin an Gershom Scholem, Berlin, 17.04.1931. In: Benjamin, Walter: Briefe. Bd. 2. Hrsg. und mit Anmerkungen versehen von Gershom Scholem u. Theodor W. Adorno. Frankfurt am Main 1966. S. 531.
[29] Moses, Stéphane: Benjamins Judentum. In: Profanes Leben – Walter Benjamins Dialektik der Säkularisierung. Hrsg. von Daniel Weidner. Frankfurt am Main 2010. S. 141–151. Hier S. 145.
[30] Vgl. Benjamin, Walter: Moskauer Tagebuch. In: Ders.: Gesammelte Schriften. Bd. VI: Fragmente; Autobiographische Schriften. Hrsg. von Rolf Tiedemann u. Hermann Schweppenhäuser. Frankfurt am Main 1991. S. 292–409. Hier S. 366; vgl. auch Benjamin, Walter: Gesammelte Schriften. Bd. II, 3: Aufsätze, Essays, Vorträge. Frankfurt am Main 1991. S. 1465–1471.

Bis Anfang der 1930er Jahre lässt sich in Benjamins Wegstrecke Richtung Kommunistische Partei eine gewisse Parallele zu der von Lukács erkennen, insofern, als weniger eine emotionale Solidarität mit den Arbeiterschichten in Ungarn bzw. in Deutschland als eher eine subjektgeschichtlich begründete intellektuelle, dabei zugleich auch moralische Entwicklung zur Annäherung geführt hat. Spätestens seit Ende der 1920er Jahre war Benjamins Arbeit jedoch – in deutlichem Gegensatz zu der von Lukács – geprägt von einem „messianisch-marxistischen Zwiespalt", wie sein Weggefährte Leo Löwenthal rückblickend formulierte, der „niemals gelöste[n] und der Lösung widerstrebenden Dichotomie von politischem säkularisiertem Radikalismus und messianischer Utopie – Benjamins Begriff der ‚Jetztzeit' –, der das homogene Kontinuum des Historischen, die Vorstellung von einem unendlichen Fortschritt aufsprengen will".[31]

Diesem Zwiespalt wuchs nach der Machtübergabe an die Nationalsozialisten 1933 tragische Bedeutung zu. Denn auf der einen Seite schien der parteiförmig institutionalisierte Marxismus am konsequentesten politischen Widerstand gegen den Nationalsozialismus und seine verheerende Politik zu leisten und erhielt dadurch eine neue, zusätzliche Legitimation; auf der anderen Seite führten die Direktiven aus Moskau keineswegs zu einer Flexibilisierung, sondern eher zu einer weiteren Verhärtung der ideologischen, d.h. auch: der sprach- und diskurspolitischen Vorgaben. Die Jahre zwischen 1933 und 1940 zeigen Benjamin in zunehmend verzweifelter werdenden Bemühungen darum, seine Kritiken und Wortmeldungen so zu formulieren, dass die in ihnen enthaltenen „interessanten Sachen", wie er einmal Brecht schrieb, „nirgends mit derzeitigen Parolen kollidieren."[32] Gershom Scholem, schon 1931 überzeugt von der „Beziehungslosigkeit zwischen deinem *wirklichen* und deinem *vorgegebenen* Denkverfahren"[33], verfolgte diese Entwicklung mit einigem Entsetzen. Als einen ihrer Höhepunkte erachtete der Freund in Jerusalem Benjamins Pariser Vortrag *Der Autor als Produzent*.[34] Als ein peripheres, aber nicht weniger sprechendes Beispiel für diese Zerreißproben in der historischen Phase des antifaschistischen Abwehrkampfes sei an dieser Stelle Benjamins im Mai 1938 in der *Neuen Weltbühne* erschienene Besprechung von Anna Seghers' Roman *Die Rettung* angeführt. Das Elend der Menschen, von denen Seghers' Roman berichtet, sei einzig noch durch eine „jä-

---

31 Löwenthal, Leo: Zum Andenken Walter Benjamins. In: Löwenthal, Leo: Schriften. Bd. 4: Judaica – Vorträge – Briefe. Hrsg. von Helmut Dubiel. S. 121–135. Hier S. 125f.
32 Hier nach Benjamin, Walter: Gesammelte Schriften. Bd. III: Kritiken und Rezensionen. Frankfurt am Main 1991. S. 677.
33 Gershom Scholem an Walter Benjamin. Jericho, 30. März 1931. In: Briefe (wie Anm. 28), S. 526.
34 Scholem, Gershom: Walter Benjamin – Die Geschichte einer Freundschaft. Frankfurt am Main 1990. S. 250.

he" Unterbrechung zu beenden, die Benjamin in seiner Besprechung in die Nähe einer „messianischen"³⁵ Verheißung rückt. Gegen Ende seiner Rezension formuliert er: „Werden die Menschen sich *befreien?* Man ertappt sich auf dem Gefühl, daß es für sie, wie für arme Seelen, nur noch eine *Erlösung* gibt. Von welcher Seite sie kommen muß, hat die Verfasserin angedeutet [...]".³⁶ Einmal mehr führt Benjamin hier kommunistische Umwälzung und messianische Wende zusammen – nicht ohne den Anspruch der letzteren an die erstere zu richten. Doch solches Sprechen verstieß offenkundig zu eindeutig gegen die Richtlinien, die die Redaktion der *Neuen Weltbühne* im antifaschistischen Kampf bestimmten: Die ersten zwei dieser Sätze wurden für den Abdruck ersatzlos gestrichen; und das im dritten Satz auf „eine *Erlösung*" bezogene Personalpronomen wurde durch „die Befreiung" ersetzt.³⁷

Auf die katastrophale Wirkung, die der Nichtangriffspakt auf viele Anhänger nicht nur der kommunistischen Parteien ausgeübt hat, wurde bereits verwiesen. Benjamin spricht in den *Thesen* vom „Augenblick, da die Politiker, auf die die Gegner des Faschismus gehofft hatten, am Boden liegen und ihre Niederlage mit dem Verrat der eigenen Sache bekräftigen".³⁸ Andererseits hielt dieser Schock für Benjamin jedoch auch die „Entpflichtung" vom ideologischen und formelpolitischen Konsensdruck des organisierten Kommunismus bereit. Benjamins Überzeugung, dass, wie er in den Notizen zu den *Thesen* formulierte, „Marx [...] in der Vorstellung der klassenlosen Gesellschaft die Vorstellung der messianischen Zeit säkularisiert" habe und dem „Begriff der klassenlosen Gesellschaft [...] sein echtes messianisches Gesicht wiedergegeben werden [müsse], und zwar im Interesse der revolutionären Politik des Proletariats selbst"³⁹, kam nun, in den *Thesen*, zum Ausdruck in einem Modus, der sich polemisch sowohl gegen jene stellte, die zuvor Benjamins Arbeit behindert hatten, wie gegen jene, die Mitschuld am NS-faschistischen Siegeszug trugen. Die jüdisch-traditionellen Motive in den *Thesen* sind unübersehbar. An dieser Stelle ist nicht entscheidend, ob hier der von Löwenthal bezeichnete Zwiespalt versöhnt, glaubwürdig aufgehoben

---

35 Benjamin, Walter: Eine Chronik der deutschen Arbeitslosen – Zu Anna Seghers' Roman ‚Die Rettung'. In: Benjamin: Gesammelte Schriften. Bd. III: Kritiken und Rezensionen. S. 530–538. Hier S. 535.
36 Benjamin: Chronik (wie Anm. 35), S. 537f.
37 Vgl. Benjamin: Chronik (wie Anm. 35), S. 691.
38 Benjamin, Walter: Über den Begriff der Geschichte. In: Ders.: Gesammelte Schriften. Bd. I,2. Frankfurt am Main 1991. S. 691–704. Hier S. 698.
39 Aus den Notizen zu: Benjamin, Walter: Über den Begriff der Geschichte. In: Ders.: Gesammelte Schriften. Bd. I, 3. S. 1229–1252. Hier S. 1231f.

wird – was wiederholt bezweifelt worden ist.[40] An dieser Stelle zählt Benjamins Entschiedenheit, aus der Deckung zu gehen,[41] sich offensiv zu jenen „Judaismen" zu bekennen, die ihm – in einem denkbar existentiellen „Augenblick der Gefahr" – noch einen letzten analytischen Ausblick auf den Gang der Geschichte zu ermöglichen schienen.

Dieser Entscheidung, das diskursive Unauffälligkeitsgebot der kommunistischen Bewegung aufzukündigen, die unausgeschöpfte und wohl unausschöpfbare Produktivität jüdischen Traditions- wie Erfahrungswissens emphatisch zu behaupten und zu bekennen, haftet ein unauflösbar tragisches Moment an. Es gründet nicht nur in Benjamins illusionsloser Einsicht darein, dass solches Wissen einen anerkannten Ort in der kommunistischen Weltbewegung nicht mehr finden würde. Sondern nicht minder gründet es im tiefen Zweifel daran, dass der historische Impuls, den die Ereignisse des Oktobers 1917 gesetzt und den die Gliederungen der kommunistischen Weltbewegung organisiert und operationalisiert zu haben schienen, tatsächlich in jene umfassende Befreiung der Menschen, der Benjamin das Prädikat der Erlösung zuerkannte, münden würden.

Das Nachtragswissen, das wir heutige Studierende der europäischen Arbeiterbewegung Benjamin voraushaben mögen, hat diesen Eindruck keineswegs zu korrigieren vermocht, eher auf bedrückende Weise erhärtet.

---

40 Vgl. Moses: Benjamins Judentum (wie Anm. 29).
41 Vgl. die Formulierung bei Briegleb, Klaus: Negative Symbiose. In: Ders. u. Sigrid Weigel (Hrsg.): Gegenwartsliteratur seit 1968. München/Wien 1992 (= Hansers Sozialgeschichte der deutschen Literatur vom 16. Jahrhundert bis zur Gegenwart. Bd. 12). S. 117–150. Hier S. 121 f.

Frank Voigt
„... links vom Möglichen überhaupt".
Walter Benjamin und die Debatte um
Karl Mannheims *Ideologie und Utopie*

Die Veröffentlichung von Karl Mannheims Buch *Ideologie und Utopie* provozierte um 1930 eine Debatte, die für die Beziehung von Judentum und Arbeiterbewegung in mehrfacher Hinsicht interessant ist. Zunächst, weil viele der an ihr teilnehmenden Intellektuellen jüdischer Herkunft waren: Mannheim selbst, der sich 1925 in Heidelberg bei Alfred Weber habilitiert hatte, 1930 als Nachfolger Franz Oppenheimers nach Frankfurt berufen wurde und im April 1933 auf der Grundlage des Nazi-Gesetzes zur „Wiederherstellung des Berufsbeamtentums" seine Stelle verlor; Max Horkheimer, dessen größerer Rezensionsessay zu Mannheims Buch von 1930 seine erste Aufsatzveröffentlichung überhaupt darstellte; die Philosophin Hannah Arendt sowie Herbert Marcuse, der damals noch nicht dem Frankfurter Institut für Sozialforschung angehörte, und schließlich auch der Philosoph, Literaturkritiker, -historiker und Übersetzer Walter Benjamin. Sie alle gingen 1933 ins Exil. Marcuse und Horkheimer zunächst nach Genf. Arendt über Karlsbad, Genua und Genf, wie Benjamin, nach Frankreich. Die Debatte ist interessant auch, weil Mannheims Begriff einer „sozial freischwebenden Intelligenz" gerade diejenigen Intellektuellen herausforderte, die mit der Arbeiterbewegung in sympathisierender oder bisweilen organisatorischer Weise verbunden waren. Für Intellektuelle jüdischer Herkunft, die neben einer sozial oft prekären Existenz zusätzlich eine antisemitisch motivierte soziale und akademische Ausgrenzung erfahren hatten, ergaben sich unterschiedlich weit reichende Konvergenzen mit sozialdemokratischen, sozialistischen und kommunistischen Positionen, dies verstärkt nach den Krisen 1923 und ab 1929, die zu einer massenhaften Insolvenz von Zeitungen, Zeitschriften und Verlagen führten und ihre Lebensgrundlage bedrohten.

Die folgenden Ausführungen gehen der Frage nach, wie sich Walter Benjamin in dieser Debatte positioniert hat. Es wird sich zeigen, dass er sie aufmerksam verfolgt und in dreierlei aufschlussreicher Weise zu ihr beigetragen hat. Dafür ist es notwendig, Mannheims wissenssoziologisches Programm in einem ersten Schritt zu umreißen und darzustellen, welchen systematischen Ort seine Konzeption einer „sozial freischwebenden Intelligenz" in ihm einnimmt. Um eine Kontextualisierung und Konturierung von Benjamins Positionierung zu ermöglichen, sollen in einem zweiten Schritt einige Beträge in der Debatte nach der Veröffentlichung von *Ideologie und Utopie* nachgezeichnet werden, die verschiedenen Strömungen innerhalb der Linken in der Weimarer Republik zugeordnet werden können. Dabei konzentriere ich mich auf zwei Themen: einmal, wie Mannheims Wissenssoziologie in ihrem Verhältnis zu historischer Forschung diskutiert und zum anderen, ob und wie Mannheims Intellektuellenkonzeption verhandelt wurde.

Karl Mannheims Wissenssoziologie in *Ideologie und Utopie*

Bereits in früheren Aufsätzen hatte Karl Mannheim sein Programm einer Soziologie des Wissens ausgearbeitet.[1] Sein 1929 veröffentlichtes Buch suchte sie in drei Kapiteln – *Ideologie und Utopie, Ist Politik als Wissenschaft möglich?* sowie *Das utopische Bewußtsein* – weiter zu entwickeln.[2]

Mannheims Programm zielte auf eine sozial gebundene Historisierung wissenschaftlicher Positionen. Er verabschiedete einen ontologischen, ewig gültigen Wahrheitsbegriff, um nachzuweisen, dass alles Wissen der Menschen in einer gesellschaftlichen Formation, sei es Philosophie, Ästhetik, Kunst oder den Wissenschaften, wesentlich durch den sozialen Standpunkt bestimmt ist, den die Menschen in ihr einnehmen. Die nun eingetretene historische Möglichkeit eines Aufzeigens dieses Standpunkts im Bereich des untersuchten Wissens sah Mannheim als eine Voraussetzung an, die er geschichtsphilosophisch abzusichern suchte. Denn erst jetzt werde durch die Koexistenz vieler „gleichwertiger", „auch geistig gleich mächtige[r] Positionen, die sich gegenseitig relativieren", in einer „sozial aufgelockerten Situation" die „Tatsache" sichtbar, „daß jeder historische Standort partikular ist".[3] Von hier aus zu einer politischen Wissenschaft zu gelangen, bedeutete für Mannheim die Vergegenwärtigung aller Standpunkte

---

1 Vgl. hierzu Mannheim, Karl: Das Problem einer Soziologie des Wissens. In: Archiv für Sozialwissenschaft und Sozialpolitik. Bd. 53 (1924/1925). S. 577–652; ders.: Ideologische und soziologische Interpretation der geistigen Gebilde. In: Jahrbuch für Soziologie 2. 1926. S. 425–440; ders.: Das konservative Denken. Soziologische Beiträge zum Werden des politisch-historischen Denkens in Deutschland. In: Archiv für Sozialwissenschaft und Sozialpolitik 57. 1927. S. 68–142, 470–495.
2 Vgl. Mannheim, Karl: Ideologie und Utopie. Bonn 1929. Ab der dritten Auflage (1952) wurde der Text um ein vorangestelltes 1. Kapitel (*Erster Ansatz des Problems*) und um ein letztes Kapitel (*Wissenssoziologie*) erweitert. Letzteres schrieb Mannheim für das 1931 von Alfred Vierkandt herausgegebene *Handwörterbuch der Soziologie*. Ich zitiere im Folgenden, soweit nicht anders vermerkt, aus der Erstausgabe von 1929.
3 Mannheim: Ideologie (wie Anm. 2), S. 40.

mitsamt ihres soziohistorischen Entstehungszusammenhangs, um sich auf diesem Weg zu einer vermittelnden Totalität der Positionen vorzuarbeiten.[4]

In diesem Vorgehen bildete der Begriff der Ideologie ein zentrales Element. Historisch und systematisch unterschied Mannheim dabei einen partikularen von einem totalen Ideologiebegriff. Der partikulare Ideologiebegriff führe Teilaspekte des Denkens einer sozialen Gruppe auf eine Psychologie der Interessen zurück und gehe mit einer enthüllenden Einstellung einher.[5] Dagegen beziehe sich der totale Ideologiebegriff auf die „Eigenart und die Beschaffenheit der *totalen Bewußtseinsstruktur* dieses Zeitalters bzw. dieser Gruppen", er stelle „die gesamte Weltanschauung des Gegners [...] in Frage und will auch diese Kategorien vom Kollektivsubjekt verstehen", einschließlich, so Mannheim in Anlehnung an Kant und die Neukantianer, „der kategorialen Apparatur" ihres Bewusstseins.[6] Bei diesem totalen Ideologiebegriff werde das Denken nicht auf „psychologische" Interessen, sondern auf die soziale „Seinslage" einer Gruppe bezogen. Mannheim spricht in diesem Zusammenhang vom „Standort" der Gruppe oder von ihrer „Seinsgebundenheit".[7]

Nach einer Rekapitulation verschiedener politischer Denkweisen am Beispiel ihres jeweiligen Verhältnisses von Theorie und Praxis[8] tun sich ihm zufolge zwei Wege auf. Man könne einerseits Parteischulen gründen, Teileinsichten vermitteln und das „Antagonistische [...] verabsolutieren",[9] oder aber die Partikularität jedes Standpunkts anerkennen und sie als „sich ergänzende Teilansichten" einer umfassenden Synthese auffassen.[10] Denn, so argumentierte Mannheim:

> *Alle* politischen Aspekte sind nur Teilaspekte, weil die historische Totalität stets zu umfassend ist, als daß die einzelnen aus ihr entstehenden Beobachtungswarten je den Überblick über das Ganze erschlössen. Aber gerade deshalb, weil alle diese Beobachtungsaspekte in demselben Strome des Geschichtlichen und Sozialen aufkommen, weil also ihre Partikularität im Elemente einer werdenden Ganzheit sich konstituiert, ist die Möglichkeit ihrer Gegenüberstellung gegeben und ihre Zusammenschau eine stets von neuem gestellte und zu vollziehende Aufgabe.[11]

---

4 Vgl. Mannheim: Ideologie (wie Anm. 2), S. 63.
5 Vgl. Mannheim: Ideologie (wie Anm. 2), S. 17.
6 Vgl. Mannheim: Ideologie (wie Anm. 2), S. 8f. [Hervorhebung, wie auch im Folgenden, im Original].
7 Vgl. Mannheim: Ideologie (wie Anm. 2), S. 32, Fn. 35, S. 35.
8 Vgl. Mannheim: Ideologie (wie Anm. 2), S. 77–113.
9 Mannheim: Ideologie (wie Anm. 2), S. 115.
10 Mannheim: Ideologie (wie Anm. 2), S. 116.
11 Mannheim: Ideologie (wie Anm. 2), S. 119.

Mannheims Wissenssoziologie ist der Versuch, relative Standorte politischen Denkens zu einem Ganzen, zu einer Synthese schrittweise zusammenzufügen, zu dem, was er „Zusammenschau" nennt. Er geht dabei – im Unterschied[12] zu seinem langjährigen Kollegen und Freund Georg Lukács – von einem widerspruchsfreien Begriff der Totalität aus,[13] davon also, dass die Synthese harmonisch, in einer Synthese der „dynamischen Mitte" hergestellt werden könne.[14]

Ein weiterer in der Debatte wichtig gewordener Aspekt von Mannheims Konzeption betrifft den sozialen Träger einer solchen Synthese. Dies sei eine „nicht eindeutig festgelegte, relativ klassenlose Schicht", eine, so Mannheim im Anschluss an Alfred Weber, *„sozial freischwebende Intelligenz"*.[15] Noch in seiner wissenssoziologischen Habilitationsschrift über Konservatismus hatte Mannheim den „freischwebenden Intellektuellen" den Vorwurf des Opportunismus gemacht.[16] Nun akzentuierte er den Begriff positiv. Hinsichtlich ihrer sozialen Basis ergebe sich bei dieser Schicht keine eindeutige Zurechnung, „wie dies bei den am ökonomischen Prozess unmittelbar beteiligten Schichten der Fall ist". Man könne bei dieser Schicht von „einem klassenmäßig homogenen Determiniertsein nicht sprechen",[17] was eine Soziologie nicht erfassen könne, die „*nur* an Klassen orientiert ist".[18] Für Mannheim war es gerade die *Bildung* dieser Schicht, welche auf eine „ganz neuartige[...] Weise"[19] ein „vereinheitlichendes soziologisches Band zwischen den Intellektuellengruppen" ausmache, denn die moderne Bildung sei von „Anfang an lebendiger Widerstreit, verkleinertes Abbild der im sozialen Raum sich bekämpfenden Wollungen und Tendenzen",[20] sie vereinige in „sich alle jene Impulse, die den sozialen Raum durchdringen".[21]

Mannheims wissenssoziologisches Programm verstand sich auch insofern als das einer politischen Wissenschaft, als von einer „soziologischen Ideologieforschung" zu erwarten sei, „den kollektivgebundenen Willen und das dazugehörige

---

12 Ausgeblendet bei Gangl, Manfred: Interdiskursivität und chassés-croisés. Zur Problematik der Intellektuellendiskurse in der Weimarer Republik. In: Schriftsteller als Intellektuelle. Politik und Literatur im Kalten Krieg. Hrsg. von Sven Hanuschek [u. a.]. Tübingen 2000. S. 29–48. Hier S. 30. Vgl. dagegen Lukács, Georg: Geschichte und Klassenbewußtsein. Berlin 1923. S. 23.
13 Vgl. Mannheim: Ideologie (wie Anm. 2), S. 115 f., 119. Vgl. zu dieser Differenz Mannheims Hegel-Lektüre in Ideologie und Utopie, S. 213–216.
14 Mannheim: Ideologie (wie Anm. 2), S. 165.
15 Mannheim: Ideologie (wie Anm. 2), S. 123.
16 Vgl. Gangl: Interdiskursivität (wie Anm. 12), S. 36 f.
17 Mannheim: Ideologie (wie Anm. 2), S. 124.
18 Mannheim: Ideologie (wie Anm. 2), S. 123.
19 Mannheim: Ideologie (wie Anm. 2), S. 124.
20 Mannheim: Ideologie (wie Anm. 2), S. 124.
21 Mannheim: Ideologie (wie Anm. 2), S. 126.

Denken weitgehend genau [zu] berechnen und das ideologische Reagieren der sozialen Schichten etwa voraussagen [zu] können".[22] Die gesellschaftlichen Verhältnisse zu demokratisieren oder zu verändern war sein Programm umso weniger, als es recht unumwunden die Notwendigkeit einer in Ansätzen links wie rechts gleichsetzenden Harmonisierung „sozialer Impulse" voraussetzte und zum Ziel hatte.

Die Debatte um Mannheims Buch in den Zeitschriften *Die Gesellschaft*, ‚Grünbergs-Archiv' und *Unter dem Banner des Marxismus*

Im 15. und letzten Jahrgang (1930) der Zeitschrift *Archiv für die Geschichte des Sozialismus und der Arbeiterbewegung* – seit 1911 herausgegeben von Carl Grünberg, der 1924 Direktor des neu gegründeten Instituts für Sozialforschung wurde und die Zeitschrift nach Frankfurt am Main mitbrachte – besprach Max Horkheimer Mannheims Buch. Er rezensierte es als Versuch der „Eingliederung der Lehren von Karl Marx in die Geisteswissenschaft der Gegenwart" und lehnte Mannheims Vorschlag eines totalen Ideologiebegriffs auf ganzer Linie ab. Martin Jay hat dafür plädiert, die später von Theodor W. Adorno fortgesetzte Auseinandersetzung[23] mit Mannheim als wichtige Abgrenzung für die Entstehungsgeschichte der – wenn auch heterogenen – Frankfurter Schule zu verstehen.[24] Horkheimer kritisierte bei Mannheim eine mangelnde Vermittlung zwischen Ideologien und gesellschaftlichem Sein, indem er eine eher „unvermittelte Entsprechung"[25] als „idealistische Überspanntheit" zurückwies.[26] Eine weitere von linken Intellektuellen häufig geäußerte Kritik betraf die Ausblendung ökonomischer Verhältnisse[27] sowie die idealtypische, an Max Weber orientierte Systema-

---

22 Mannheim: Ideologie (wie Anm. 2), S. 165.
23 Vgl. Adorno, Theodor W.: Neue wertfreie Soziologie [geschrieben 1937, posthum veröffentlicht]. In: Ders.: Gesammelte Schriften. Bd. 20. Vermischte Schriften I. Frankfurt a.M. 1986. S. 13–44; sowie Adorno, Theodor W.: Das Bewußtsein der Wissenssoziologie. In: Ders.: Gesammelte Schriften. Bd. 10. Kulturkritik und Gesellschaft I. Frankfurt a. M. 1977. S. 31–46.
24 Vgl. Jay, Martin: The Frankfurt School's Critique of Karl Mannheim and the Sociology of Knowledge. In: Telos 20 (1974). S. 72.
25 Horkheimer, Max: Ein neuer Ideologiebegriff? In: Archiv für die Geschichte des Sozialismus und der Arbeiterbewegung 15 (1930). S. 48.
26 Horkheimer: Ideologiebegriff (wie Anm. 25), S. 49.
27 Vgl. Horkheimer: Ideologiebegriff (wie Anm. 25), S. 51.

tisierung bestimmter Ideologien.²⁸ Darüber hinaus ging Horkheimer von der Annahme aus, es gehe Mannheim um absolut gültige, ewige Wahrheiten, die er als Maßstab partikularer Ideologien heranziehe.²⁹ Gerade weil Horkheimer auf Mannheims Vorschlag einer politischen Wissenschaft mit einer sämtliche Wissenschaften einschließenden Historizität der Ideologien nicht einging,³⁰ zeigte sich in seiner Rezension eine gewisse Spannung. Einerseits forderte er gegen die kritisierte idealistische Überspannung eines wissenssoziologischen Verfahrens das historisierende Heranziehen „materielle[r] Entstehungs- und Daseinsbedingungen" zum Verständnis „geistiger Gebilde".³¹ Andererseits erteilte Horkheimer historischer Forschung und Erkenntnis eine Absage. Die Geschichte, soweit sie nicht „mit dem bewußten Sinn der sie planmäßig bestimmenden Menschen entstammt", sei nach Horkheimer „sinnlos" und könne daher auch nicht verstanden werden.³² Den Marx'schen Versuch, dem Verständnis einer, wenn auch naturwüchsig und in diesem Sinne planlos, sich vollziehenden Geschichte rational beizukommen, wies Horkheimer damit zurück.

Vor Horkheimer veröffentlichte der junge Herbert Marcuse seine Rezension in der sozialdemokratischen Theoriezeitschrift *Die Gesellschaft*. Marcuse hielt eine Reihe von Mannheims Vorschlägen für produktiv – dies betraf gerade den von Horkheimer nicht wahrgenommenen Historismus Mannheims. Auch Hannah Arendt stellte diesen in ihrem Aufsatz durch einen Vergleich zwischen Mannheims Wissenssoziologie und der Psychoanalyse Sigmund Freuds sehr deutlich heraus,³³ wenn sie als Gemeinsamkeit von Psychoanalyse und den Wissenssoziologien Max Schelers und Karl Mannheims festhielt, „Geist als das Sekundäre, Realitätsfremde anzusetzen."³⁴ Marcuse plädierte seinerseits dafür, historisch bedingte Wahrheit und Geltung voneinander zu trennen. Im Gegensatz zum historischen Agnositizismus Horkheimers vertrat er die Auffassung, dass die „geschichtliche Bedingtheit einer Theorie" noch nichts über ihre Wahrheit und Geltung aussage, dass eine Wahrheit historisch bedingt sein und dennoch un-

---

28 Vgl. Horkheimer: Ideologiebegriff (wie Anm. 25), S. 49.
29 Vgl. Horkheimer: Ideologiebegriff (wie Anm. 25), S. 52.
30 Vgl. Horkheimer: Ideologiebegriff (wie Anm. 25), S. 63.
31 Horkheimer: Ideologiebegriff (wie Anm. 25), S. 50 f.
32 Vgl. Horkheimer: Ideologiebegriff (wie Anm. 25), S. 45.
33 „Indem Soziologie ihre wesentlichste Aufgabe in der Destruktion auf Geschichtliches sieht, wird sie zur historischen Wissenschaft." (Arendt, Hannah: Philosophie und Soziologie. Anläßlich Karl Mannheim, Ideologie und Utopie. In: Die Gesellschaft. Internationale Revue für Sozialismus und Politik 7, 2 (1930). S. 168).
34 Arendt: Philosophie (wie Anm. 33), S. 168.

bedingt Geltung haben könne.[35] Er akzeptierte auf diesem Weg Mannheims Historisierungsgebot.[36] Trotz dieser Differenz zwischen Horkheimer und Marcuse haben ihre Beiträge, zusammen mit dem Hannah Arendts, eines miteinander gemein: dass sie auf den Komplex einer „sozial freischwebenden Intelligenz" bei Mannheim nicht eingingen.

Auch Paul Tillich hielt in seiner Rezension den „dynamischen Wahrheitsgedanken" von Mannheim für fruchtbar und trat für eine kritische Weiterentwicklung der sozialistischen Theorie mit seiner Hilfe, für eine Reintegration des Mannheimschen Vorstoßes in den Marxismus ein. Der Sozialismus müsse, so Tillich, „sich ständig von neuem fragen, inwieweit die ihm eigenen Begriffsbildungen noch mit seiner eigenen und der gesellschaftlichen Lage zusammenstimmen".[37] Mannheims Konzeption widerspreche sich jedoch Tillich zufolge an einer entscheidenden Stelle. Wenn Mannheim fordere alles Denken und Wissen zu historisieren und sozial zu verorten, dann leiste er dies gerade nicht in Bezug auf diejenige Gruppe, die der soziale Träger seiner Wissenssoziologie sei, jene „freischwebende Intelligenz".[38] Tillich hielt dieses Problem, das weder Horkheimer noch Marcuse thematisierten, für eine noch ungelöste Antinomie: „Der dynamische Wahrheitsgedanke, die Verflechtung der Erkenntnis mit dem Wandel des seelischen und gesellschaftlichen Seins läßt sich nicht durchführen, ohne daß an einem Punkt ein absoluter Standpunkt im Sein und damit im Denken gesetzt wird. In dieser Antinomie steht das Problem zur Zeit. Ueber diese Antinomie muß es hinausgeführt werden."[39]

Den Ausgangspunkt dieser Überlegung Tillichs, die ‚sozial freischwebende Intelligenz', problematisierte auch Hans Speier. Speier hatte in Heidelberg Soziologie, Nationalökonomie, Philosophie und Geschichte studiert und 1929 mit einer Arbeit über die Geschichtsphilosophie Ferdinand Lassalles als erster Doktorand bei Karl Mannheim promoviert. Durch Vermittlung von Rudolf Hilferding bekam er 1929 eine Anstellung als Redakteur für Sozialwissenschaften beim Ullstein Verlag in Berlin, engagierte sich ehrenamtlich in der Arbeiterbildung der SPD und wurde zwei Jahre später Dozent für Soziologie an der Deutschen Hochschule für Politik sowie Assistent von Emil Lederer an der Friedrich-Wilhelms-Universität. Speier emigrierte im September 1933 in die USA, wo er an der

---

35 Vgl. Marcuse, Herbert: Zur Wahrheitsproblematik der soziologischen Methode. In: Die Gesellschaft. Internationale Revue für Sozialismus und Politik 6, 10 (1929). S. 359.
36 Marcuse: Wahrheitsproblematik (wie Anm. 35), S. 360.
37 Tillich, Paul: Ideologie und Utopie. In: Die Gesellschaft. Internationale Revue für Sozialismus und Politik 6, 10 (1929). S. 353.
38 Vgl. Tillich: Ideologie (wie Anm. 37), S. 353.
39 Tillich: Ideologie (wie Anm. 37), S. 354.

New School for Social Research in New York eine Professur für Politische Soziologie erhielt.[40] In seinen beiden ebenfalls in der *Gesellschaft* veröffentlichten Beiträgen *Zur Soziologie der bürgerlichen Intelligenz in Deutschland* (1929) und *Soziologie oder Ideologie? Bemerkungen zur Soziologie der Intelligenz* (1930) setzte sich Speier auch mit Mannheims Bildungsbegriff und seiner Konzeption der Intelligenz in einer soziohistorischen Perspektive auseinander. Obwohl sein erster, 1929 im Juli-Heft erschienener, allgemeinerer Aufsatz Mannheims Buch noch nicht berücksichtigen konnte, war er insofern ein Beitrag zur Debatte, als er sich um die Historisierung eines, so Speier, nach wie vor sehr verbreiteten Bildungsbegriffs bemühte. Zwar besprach sein zweiter Aufsatz *Ideologie und Utopie* als „hervorragenden Beitrag zur Soziologie der Intelligenz", er rückte darin jedoch auch Mannheims Buch[41] in die Argumentation seines früheren Aufsatzes hinein: Mannheims Bildungsbegriff, der seine Konzeption einer ‚frei schwebenden Intelligenz' fundierte, stamme aus der Zeit der „deutschen Klassik". Es sei derjenige, so hatte er zuvor ausgeführt, mit dem der größere Teil der deutschen Aufklärung seit Ende des 18. Jahrhunderts eine gesellschaftliche Emanzipation auf dem Weg der Bildung anstrebte, zugleich aber die feudale Struktur der Gesellschaft bestehen ließ.[42] Speier hob als wesentlichen Unterschied zwischen den historischen Entwicklungen Frankreichs und Deutschlands hervor:

> Während in Frankreich also Rousseau und die Aufklärer die Revolution ideologisch vorbereiteten und ihr Werk von der Revolution gekrönt sahen, war das deutsche Bürgertum keineswegs gestimmt, die ständische Ordnung zu zerbrechen; es begnügte sich damit innerhalb dieser Ordnung seine andersgearteten Kulturanschauungen zu betonen.[43]

Speier zog für den deutschen klassischen Idealismus dieses historische Spezifikum im Kontext ungleicher Entwicklungen Frankreichs und Deutschlands heran, das sich in seiner „ökonomisch-sozialen Reife erst um die Mitte des 19. Jahrhunderts mit der des revolutionären Frankreichs vergleichen ließ."[44] So historisierte Speier das „Humanitätsideal", seine Ethik summarisch als bürgerlich-aristokratisch, in dem „das noch unentwickelte soziale Problem als ein Problem indivi-

---

40 Vgl. Kaesler, Dirk: Speier, Hans. In: Neue Deutsche Biographie (NDB). Bd. 24. Berlin 2010. S. 651f.
41 Vgl. Speier, Hans: Soziologie oder Ideologie? Bemerkungen zur Soziologie der Intelligenz. In: Die Gesellschaft. Internationale Revue für Sozialismus und Politik 7, 4 (1930). S. 357–372. Hier S. 366f.
42 Vgl. Speier, Hans: Zur Soziologie der bürgerlichen Intelligenz in Deutschland. In: Die Gesellschaft. Internationale Revue für Sozialismus und Politik 6, 7 (1929). S. 58–72. Hier S. 59.
43 Speier: Zur Soziologie (wie Anm. 42), S. 59.
44 Speier: Zur Soziologie (wie Anm. 42), S. 58.

dueller Bildung und sittlicher Ertüchtigung und Vervollkommnung betrachtet" worden sei.[45]

Auf diese Weise wendete Speier die von Mannheim geforderte Historisierung auch und gerade in Bezug auf diejenige Gruppe an, die Paul Tillich bei Mannheim als soziohistorisch unbestimmt erkannte. Er ging in seiner Kritik der klassischen deutschen Literatur und Philosophie jedoch weiter als Marx, Engels und ohnehin Mehring in ihren Varianten einer Konzeption der deutschen Misere,[46] indem er dem deutschen klassischen Idealismus „die typischen Merkmale einer Synthese zweiten Grades" attestierte, worunter Speier ein „[s]ynthetisches Denken" verstand, „dessen verarbeitete These oder Antithese *nur bewußtseinsmäßig, nur mittelbar* gegeben war".[47] Seine Argumentation war nicht frei von Nationalismus und konnte die von verschiedenen Seiten geäußerte Kritik an der unklaren Vermittlung von Denken und sozialem Sein bei Mannheim negativ erhärten. Es sei gerade die Rezeption „ausländischer Ideologie" in der deutschen Klassik gewesen, so Speier, die „einem national begrenzten Seinszusammenhang entwuchs, der sich im Gegensatz zum inländischen findet."[48] Einer solchen Synthese fehle „die Verwurzelung im sozialen Raum, die der wahren Synthese eignet."[49] Tillichs Vorschlag, Mannheims Vorstoß als herausfordernde Weiterentwicklung sozialistischer Theorie produktiv zu machen, stimmte auch Speier zu,[50] wenngleich er Mannheims qua Bildung definierten Intelligenzbegriff als Abstraktion zurückwies, die soziale und politische Gehalte verflüchtige.

Diese Kritik spitzte Béla Fogarasi in seinem Aufsatz *Die Soziologie der Intelligenz und die Intelligenz der Soziologie* zu. Er erschien 1930 in der KPD und KI-Theoriezeitschrift *Unter dem Banner des Marxismus*.[51] Fogarasi verwarf Mannheims Wissenssoziologie zusammen mit dem Versuch, die marxistische Ideologietheorie auf sich selbst anzuwenden.[52] Mannheims Lehrer Béla Zalai, Georg Lukács und Emil Lask erschienen bei ihm allesamt als Überwinder der Erkenntnistheorie auf dem Weg zur Metaphysik; Mannheims „Tendenz" sei „genau die-

---

45 Speier: Zur Soziologie (wie Anm. 42), S. 63.
46 Vgl. hierzu Peitsch, Helmut: Deutsche Misere. In: Historisch-kritisches Wörterbuch des Marxismus. Bd. 2. Bank bis Dummheit in der Musik. Hrsg. von Wolfgang Fritz Haug. Hamburg 1995. S. 641–651. Hier S. 641–646.
47 Speier: Zur Soziologie (wie Anm. 42), S. 62. [Hervorhebung im Original].
48 Speier: Zur Soziologie (wie Anm. 42), S. 62.
49 Speier: Zur Soziologie (wie Anm. 42), S. 62.
50 Vgl. Speier: Soziologie (wie Anm. 41), S. 370.
51 Fogarasi, Adalbert [Béla]: Die Soziologie der Intelligenz und die Intelligenz der Soziologie. In: Unter dem Banner des Marxismus 4, 3 (1930). S. 359–375.
52 Fogarasi: Soziologie (wie Anm. 51), S. 363.

selbe".⁵³ Fogarasi verband diesen Vorwurf mit dem des „Sozialfaschismus", dem Mannheims Wissenssoziologie „das ihm fehlende ideologisch-weltanschauliche Fundament" bereitstelle.⁵⁴ Diese Kritik steht ihrerseits im Kontext einer Abkehr von den Sozialdemokratien als Bündnispartnern und einer Aufnahme der Sozialfaschismustheorie in das Programm der Kommunistischen Internationale auf dem VI. Weltkongress 1928, das von der Analyse getragen war, in einer erwartbaren ökonomischen Krise würde die Arbeiterklasse sich *automatisch* den kommunistischen Parteien anschließen. Noch im selben Jahr wurden die ‚Parteirechten' aus der KPD, die diese Einschätzung zurückwiesen, ausgeschlossen und gründeten im Dezember 1928 die Kommunistische Partei-Opposition (KPO). Wenn Fogarasi auch nach möglichen sozialen Funktionen und politischen Anschlussmöglichkeiten von Mannheims Theorie fragte, so erhielt sein Vorwurf des „Sozialfaschismus" durch zwei Aspekte eine besondere Schärfe, die über die Formulierungen des KI-Programms⁵⁵ noch hinausgingen: einmal durch seinen Ideologiebegriff als *absichtsvolle* Täuschung,⁵⁶ der unterstellte, Mannheim betreibe bewusst einen „Schwindel mit dem Begriff der Intelligenz."⁵⁷ Zum anderen durch einen damit verbundenen Ökonomismus, indem Fogarasi die „sozialdemokratische Intelligenz" als eine „von der Bourgeoisie gekaufte Schicht" ansah, die zur „Korrumpierung der Arbeiterschaft" beitrage.⁵⁸

Kontrolle „sozialer Impulse" oder „Arbeiten unter der Kontrolle der Öffentlichkeit"

Karl Mannheim sah in der „sozial freischwebenden Intelligenz" eine „relativ klassenlose Schicht", weil sie zum einen nicht direkt am Produktionsprozess

---

53 Fogarasi: Soziologie (wie Anm. 51), S. 363.
54 Fogarasi: Soziologie (wie Anm. 51), S. 359, 373.
55 Im am 1. September 1928 angenommenen Programm der KI heißt es hierzu: „Entsprechend der jeweiligen politischen Konjunktur bedient sich die Bourgeoisie sowohl der faschistischen Methoden als auch der Methoden der Koalition mit der Sozialdemokratie, wobei die Sozialdemokratie selbst, besonders in für den Kapitalismus kritischen Zeiten, eine faschistische Rolle spielt. Die Sozialdemokratie zeigt im Laufe der Entwicklung faschistische Tendenzen, was sie jedoch nicht hindert, im Falle einer Änderung der politischen Konjunktur gegen die bürgerliche Regierung als oppositionelle Partei aufzutreten." Zitiert nach: Geschichte der deutschen Arbeiterbewegung. Bd. 4. Von 1924 bis Januar 1933. Hrsg. vom Institut für Marxismus-Leninismus beim Zentralkomitee der SED. Berlin 1966. S. 493 f.
56 Vgl. Fogarasi: Soziologie (wie Anm. 51), S. 369, 373.
57 Vgl. Fogarasi: Soziologie (wie Anm. 51), S. 373.
58 Vgl. Fogarasi: Soziologie (wie Anm. 51), S. 373.

beteiligt sei; zum anderen, weil Form und Inhalt ihrer Bildung sozial „mehrfach determiniert" seien.[59] Walter Benjamin wandte sich, wie ich zeigen möchte, gegen beide Argumente.

Ideologie und Utopie hatte Walter Benjamin jedoch weder besprochen noch kam er später in einer seiner Arbeiten ausführlicher auf das Buch zurück. Gleichwohl kannte er Mannheim persönlich,[60] notierte sich die Lektüre von Mannheims *Die Strukturanalyse der Erkenntnistheorie* (1922) sowie der *Beiträge zur Theorie der Weltanschauungsinterpretation* (1923) in das unvollständige „Verzeichnis der gelesenen Schriften",[61] korrespondierte über Mannheim vor allem mit Adorno und las 1937 Adornos Manuskript eines Aufsatzes über Mannheims Wissenssoziologie.[62]

Im unmittelbaren Kontext der Mannheim-Debatte und als Reaktion darauf steht das Zeitschriftenprojekt *Krise und Kritik*. Benjamin plante es 1930 zusammen mit Bertolt Brecht, Herbert Jhering, Bernhard von Brentano unter Mitarbeit von u. a. Ernst Bloch, Georg Lukács, Alfred Kurella und Siegfried Kracauer. Die Rolle der Intellektuellen gehörte zu den zentralen Problemen, nicht nur in den möglichen Themen des ersten Heftes, sondern auch in den überlieferten Diskussionsprotokollen des Herausgeberkreises.[63] In seinem Memorandum zu der Zeitschrift bestimmte Benjamin ihren „politischen Charakter" in einer „kritische[n] Tätigkeit", die „in einem klaren Bewußtsein von der kritischen Grundsituation der heutigen Gesellschaft verankert [ist]. Sie steht auf dem Boden des Klassenkampfes. Dabei hat die Zeitschrift jedoch keinen parteipolitischen Charakter. Insbesondere stellt sie kein proletarisches Blatt, kein Organ des Proletariats dar."[64]

Zu dieser „kritischen Grundsituation" gehört der eklatante Wahlerfolg der NSDAP bei den Reichstagswahlen im September 1930. Bereits seit Januar wurden mit einem „Radikalenerlass" Beamte aus dem Staatsdienst entlassen. Aufführungsverbote von Theaterinszenierungen nahmen zu, die Pressezensur wurde verschärft. Die Wirtschaftskrise hatte im Sommer in Europa einen Höhepunkt erreicht, die Zahl der Arbeitslosen in der Weimarer Republik stieg rasch, im Ja-

---

59 Vgl. Mannheim: Ideologie (wie Anm. 2), 135 f.
60 Vgl. etwa Benjamins Brief an Gershom Scholem vom 11.3.1928. In: Benjamin, Walter: Gesammelte Briefe. Bd. III. 1925–1930. Frankfurt a. M. 1997. S. 437.
61 Vgl. Benjamin, Walter: Gesammelte Schriften [GS]. Bd. VII. Hrsg. von Rolf Tiedemann u. Hermann Schweppenhäuser. Frankfurt a. M. 1972–1991. S. 450 f.
62 Vgl. Benjamin: GS (wie Anm. 61) Bd. II, S. 1328.
63 Vgl. hierzu Wizisla, Erdmut: Benjamin und Brecht. Die Geschichte einer Freundschaft. Frankfurt a. M. 2004. S. 115–163.
64 Benjamin: GS (wie Anm. 61) Bd. VI, S. 619.

nuar 1930 sind es über drei Millionen. Für Künstler und Intellektuelle wie Benjamin, die von Auftrags-, Gelegenheitsarbeiten sowie Publikationsmöglichkeiten auf dem freien Markt angewiesen waren, verschlechtert sich die Situation dramatisch. Im März 1930 zerbricht die große Koalition – mit dem sozialdemokratischen Reichskanzler Hermann Müller sowie dem Finanzminister Rudolf Hilferding – aus SPD, DDP, Zentrum, DVP und BVP an der Frage des Umgangs mit der Arbeitslosenversicherung. Der linke SPD-Flügel um Paul Levi und Kurt Rosenfeld und ihre Zeitschrift *Der Klassenkampf* beruft sich auf das SPD-Wahlprogramm von 1928, um sich öffentlich gegen den von SPD-Ministern zum Teil mitgetragenen Sozialabbau zu stellen. Auch die KPD griff die SPD hierfür an und identifizierte unter „sozialfaschistischen" Prämissen, programmatisch nach dem Weddinger Parteitag im Juni 1929, den politischen Kurs mit der gesamten Sozialdemokratischen Partei gegen mögliche Bündnisse mit den Linken innerhalb des Allgemeinen Deutschen Gewerkschaftsbunds (ADGB), des Allgemeinen freien Angestelltenbunds (AfA) und des Allgemeinen deutschen Beamtenbunds (ADB). Die SPD-Linken wiederum lehnten die Tolerierung der Notverordnungen ab, wurden 1931 ausgeschlossen und gründeten im Herbst 1931 die SAPD. Die Präsidialkabinette seit Heinrich Brüning trieben den Abbau von Sozialleistungen unter Aushebelung der Weimarer Verfassung entschieden voran, um zugleich Kredite zur Aufrüstung zu gewähren.[65]

Dieser Hintergrund kann die Analyse von Benjamins Memorandum zu *Krise und Kritik* erhellen, das einerseits auf dem „Boden des Klassenkampfs" zu stehen beansprucht, andererseits die Lohnarbeitenden nicht adressiert. Es sei, so Benjamin, „kein proletarisches Blatt" und zielte auf eine „Politisierung" der linksbürgerlichen Intelligenz:

> Vielmehr wird sie [die Zeitschrift, F.V.] die bisher leere Stelle eines Organs einnehmen, in dem die bürgerliche Intelligenz sich Rechenschaft von den Forderungen und den Einsichten gibt, die einzig und allein ihr unter den heutigen Umständen eine eingreifende, von Folgen begleitete Produktion im Gegensatz zu der üblichen willkürlichen und folgenlosen gestatten.[66]

Die „bürgerliche Intelligenz" und die von Benjamin für die Zeitschrift in Anspruch genommene „leere Stelle" rückte er seit dem Ende der 1920er Jahre zunehmend in einen historischen Zusammenhang.

Zwischen 1929 und 1930 notierte Benjamin für sich einige Thesen unter dem Titel *Zur Literaturkritik*. „Deutschlands Leserkreis", so heißt es dort, „ist von

---

[65] Vgl. hierzu bündig Abendroth, Wolfgang: Einführung in die Geschichte der Arbeiterbewegung. Bd. 1. Von den Anfängen bis 1933. Heilbronn 1985. S. 229–264.
[66] Benjamin: GS (wie Anm. 61) Bd. VI, S. 619.

höchst eigentümlicher Struktur: er zerfällt in zwei, einander etwa gleiche, Hälften: das ‚Publikum' und die ‚Zirkel'."⁶⁷ Beide teilten wenig Schnittmengen. Während das ‚Publikum' in der Literatur „ein Instrument der Unterhaltung, der Belebung oder Vertiefung der Geselligkeit, einen Zeitvertreib [...]" sehe, betrachteten die ‚Zirkel' sie als „Bücher des Lebens, Quellen der Weisheit, Statuten ihrer kleinen alleinseligmachenden Verbände."⁶⁸ Die programmatischen Thesen deuten auf die virulente Bedeutung hin, die Benjamin diesem vermutlich gegen Frankreich gesetzten Vergleich literarischer Verhältnisse beimaß.⁶⁹ Sie zeugen zugleich von Bemühungen eines historischen Verständnisses. Die Distanz markierenden einfachen Anführungszeichen lassen vermuten, dass er den Zerfall in ‚Zirkel' und ‚Publikum' spätestens ab diesem Zeitpunkt als etwas historisch Gemachtes ansah. Das Verfolgen der Literatur der ‚Zirkel' bezeichnete er als eine „nicht gefahrlose Aufklärungsarbeit", die zugleich eine „Vorstudie zur Entwicklungsgeschichte des Sektenwesens im Deutschland des 20ten Jahrhunderts" abgebe. Noch nicht abzusehen sei, worauf diese „ungeheuer heftige und geschwinde Entfaltung des Sektierertums zurückgeht." Ihre politische Bedeutung schätzte Benjamin nicht gerade gering ein. „Man kann nur vorhersehen, daß es die eigentliche Form der Barbarei ist, der Deutschland verfallen wird, wenn der Kommunismus nicht siegt." Benjamins Kritik der ‚Zirkel' spitzte er auf die Formulierung einer „Beziehungslosigkeit zur kollektiven Aktivität" zu.

Diese Sätze markieren eine Veränderung in Benjamins Haltung, der den Begriff des Publikums bis 1925 durchgehend normativ und abwertend benutzt hatte, in einer weitestgehend elitären Publikationspraxis, die er seit Mitte der 1920er Jahre zugunsten von Veröffentlichungen von Artikeln und Rezensionen in der linksliberalen *Frankfurter Zeitung* und der *Literarischen Welt* aufweichte.⁷⁰ Das Publikum bei Benjamin schielte nach Amüsement, nach Unterhaltung. Es war eine Leserschaft, auf die der schreibende Kritiker notfalls verzichten könne, auf die er seine Arbeit keinesfalls ausrichten solle, so sah es Benjamin um 1922 in

---

67 Benjamin: GS (wie Anm. 61) Bd. VI, S. 161.
68 Benjamin: GS (wie Anm. 61) Bd. VI, S. 161.
69 Vgl. hierzu Benjamins Formulierung im Kontext eines Interviews mit dem französischen Antisemiten Georges Valois, der zu dieser Zeit versuchte in Frankreich eine faschistische Bewegung zu organisieren. Der Text erschien in der *Literarischen Welt* in der Reihe *Die großen Gegensätze unserer Zeit. Eine Reihe Artikel und Interviews in antithetischer Anordnung*. In Frankreich, so Benjamin dort, sei „der Raum für Sekten schmal" und das französische Publikum verstehe sich, wie kaum ein anderes „auf politischen Witz". Benjamin: GS (wie Anm. 62) IV, S. 489. Zu Benjamins Interview mit Valois vgl. Kambas, Chryssoula: Walter Benjamin liest Georges Sorel. In: Dies.: Momentaufnahme der europäischen Intelligenz. Moderne, Exil und Kulturtransfer in Walter Benjamins Werk. Hannover 2009. S. 49–65. Hier S. 60f.
70 Vgl. hierzu Steiner, Uwe: Walter Benjamin. Stuttgart [u. a.] 2004. S. 83–109.

seiner Ankündigung der letztlich nicht zustande gekommenen Zeitschrift *Angelus Novus*.[71] Und noch in den 1928 in der *Einbahnstraße*, die seine Hinwendung zum Kommunismus nicht gerade vorsichtig deutlich machte, veröffentlichten 13 Thesen zur „Technik des Kritikers" waren seine „höhere Instanz" die „Kollegen", „[n]icht das Publikum. Erst recht nicht die Nachwelt." „Das Publikum", so Benjamin in der letzten These, „muß stets Unrecht erhalten und sich doch immer durch den Kritiker vertreten fühlen."[72]

Kennzeichnend für weitere Positionsveränderungen in Benjamins Selbstreflexionen über Autorschaft sind auch die protokollierten Diskussionen um das Zeitschriftenprojekt *Krise und Kritik*. Ihnen zufolge ging es während einer Besprechung im November 1930 um den Begriff des Intellektuellen, zumal unter dem Thema „Anspruch, Haltung und Wirkung der Intellektuellen in der Oeffentlichkeit" auch Mannheims Name vermerkt, ein Aufsatz „Die historische Rolle des Führertums der Intellektuellen" vorgesehen war und Brecht dazu bemerkte: „Die Intelligenz schwebt frei darüber, entscheidet sich an sich nicht, nimmt die dritte Position ein, wird von niemand beeinflusst, wünscht aber dennoch Einfluss auszuüben und versucht die Gegensätze zusammenzubringen. Das gibt ihr den Herrschaftsanspruch, sie ist unparteiisch".[73] Bereits im September hatte Brecht bei einem Treffen die Auffassung vertreten: „Man braucht eine Führerstellung, wenn man eine Funktion ausüben will." Benjamin wandte dagegen ein: „Kein Intellektueller darf heute aufs Katheder steigen und Anspruch erheben, sondern wir arbeiten unter der Kontrolle der Oeffentlichkeit, führen nicht".[74] Bemerkenswert ist dabei die Kategorie der Öffentlichkeit, zusammen mit der Position, die Benjamin Brecht gegenüber artikulierte. Sie indizieren im literaturkritischen Selbstverständnis Benjamins, das seiner Praxis freilich nicht entsprechen muss, gegenüber den „dreizehn Thesen" aus der *Einbahnstraße* eine weitere markante Zurücknahme der Distanz gegenüber Leserinnen und Lesern, die nun als „Öffentlichkeit" die Arbeit des Kritikers immerhin doch kontrollieren dürfen. In den Gedankengang um ein Publikum jedenfalls, das „stets Unrecht erhalten" und sich zugleich „doch immer durch den Kritiker vertreten fühlen" solle, scheint sich ein

---

71 Vgl. Benjamin: GS (wie Anm. 61) Bd. II, S. 241f., 982f.
72 Benjamin: GS (wie Anm. 61), Bd. IV, S. 108f.
73 Vgl. hierzu Wizisla: Benjamin (wie Anm. 63), S. 302, 304, 306, 308f. Zitate nach den Typoskripten (Ts 2470, 2472, 2475) des stenographierten Protokolls zweier Gespräche im November 1930.
74 Vgl. hierzu Wizisla: Benjamin (wie Anm. 63), 142f. Zitate nach dem Typoskript (Ts 2490) des stenographierten Protokolls eines Gesprächs zwischen Benjamin, Brecht und Herbert Jhering „ca. September 1930". Zitiert nach: Wizisla: Benjamin (wie Anm. 63), S. 291–294.

solches Autorenverständnis jedenfalls nur mit einigen Schwierigkeiten integrieren zu lassen.

Dass Benjamin die Abkehr vom Diskurs eines verächtlich betrachteten, passiv-konsumierenden Publikums und der esoterischen Arbeit für Eingeweihte mit einer recht beachtlichen Konsequenz weiterverfolgte, ja dass er die zunehmende Gefahr des Faschismus einerseits sowie die Fragmentierung der linken Kräfte und Parteien andererseits auch selbstkritisch in Bezug auf die eigene literaturkritische Praxis reflektierte, zeigen auch seine Rundfunk-Arbeiten zu Beginn der 1930er Jahre. Insbesondere das Stück *Was die Deutschen lasen, während ihre Klassiker schrieben*, gesendet am 16. Februar 1932 in der Funkstunde Berlin, steht damit in einem engen Zusammenhang, insofern Benjamin hier versuchte, die in den Überlegungen *Zur Literaturkritik* wahrgenommene Polarisierung der Rezipienten historisch genauer zu klären und aus seiner als „Hörmodell" qualifizierten Arbeit weitere Konsequenz für seine eigene Konzeption des Schriftstellers abzugewinnen. In Benjamins Stück wiesen der „Sprecher" und „Die Stimme der Aufklärung" auf die hohen, für den weitaus größeren Teil der Bevölkerung unerschwinglichen Kaufpreise der Werke Friedrich Schillers, Benvenuto Cellinis und Goethes in den Klassiker-Ausgaben der Göschen'schen Verlagsbuchhandlung im 19. Jahrhundert hin.[75] Bis auf Jean Paul und Ludwig Tieck gehörten die Rechte fast aller später als klassisch rezipierten Autoren der Cotta'schen Verlagsbuchhandlung. Cotta kaufte Göschen 1838 auf. Bis 1867, dem sogenannten „Klassikerjahr", als die Schutzfrist für alle Autorinnen und Autoren ablief, die vor dem 9. November 1837 gestorben waren, besaß Cotta das „verlegerische Monopol" auf die „Elite", so Inge Stephan, „der deutschen Literatur und nutzte es mit teuren Preisen und nicht immer exakten Editionen."[76]

Wenn Mannheim angenommen hatte, die „sozial freischwebende Intelligenz" sei zum großen Teil eine vom „industriellen Leihkapital" lebende „Rentnerintelligenz" und nicht am eigentlichen Produktionsprozess beteiligt,[77] und weder Max Horkheimer noch Hannah Arendt oder Paul Tillich auf diesen Aspekt in Mannheims Theorie reagierten, so stellten Hans Speier und Béla Fogarasi, bei aller Problematik beider Stellungnahmen, immerhin kritische Punkte an Mannheims Verwendung des Begriffs der Intelligenz heraus. Benjamins nicht nur im Hörmodell mit Bertolt Brecht im *Dreigroschenprozess* geteilte Aufmerksamkeit für das, was Benjamin später „schriftstellerische Produktionsverhältnisse" nennen wird,[78]

---

75 Benjamin: GS (wie Anm. 61) Bd. IV, S. 643.
76 Stephan, Inge: Kunstepoche. In: Deutsche Literaturgeschichte. Von den Anfängen bis zur Gegenwart. Stuttgart/Weimar 2013. 185–240. Hier S. 236.
77 Mannheim: Ideologie (wie Anm. 2), S. 123 f.
78 Benjamin: GS (wie Anm. 61) Bd. II, S. 486.

eröffnete nicht nur einen bis dahin in der Literaturtheorie und -geschichte kaum behandelten Gegenstandsbereich, der die Bedingungen von Produktion, Distribution und Rezeption von Literatur und Wissenschaften in den Blick nahm.[79] Sie lieferte einen relevanten Beitrag zur Mannheim-Debatte, indem die Einbeziehung schriftstellerischer Produktionsverhältnisse nach den Vermittlungen und der „Stellung" auch der ‚freien' Schriftsteller „im Produktionsprozess" fragte, statt sie als ‚sozial freischwebend' vorauszusetzen, und andererseits nach der Distribution und Rezeption als Voraussetzung einer Teilhabe an Literatur und Kunst als Bildung.[80]

Insofern Benjamin die Polarisierung von ‚Zirkel' und ‚Publikum' unter den deutschen literarischen Verhältnissen als eine historisch gemachte verstand, stellte er den Maßstab an seine eigene Arbeit, zu einer Aufhebung der beschriebenen Diskrepanz innerhalb kapitalistischer Literaturverhältnisse beizutragen. Dies zeigt Benjamins im September 1932 veröffentlichte programmatische Abgrenzung von einer „Popularisierung alten Stils", in der das Verhältnis zwischen Wissenschaft und „Volkstümlichkeit" ein „äußerliche[s]" sei, von einem „Verfahren", dem es darum ging, „nicht allein das Wissen mit der Richtung auf die Öffentlichkeit, sondern zugleich die Öffentlichkeit mit der Richtung auf das Wissen in Bewegung" zu setzen. Das wirklich „volkstümliche Interesse" sei, so heißt es darin, „immer aktiv, es verwandelt den Wissensstoff und wirkt in die Wissenschaft selber ein".[81] Während Mannheims „freischwebende Intelligenz" die geistige Zusammenschau für die gesamte Gesellschaft bereitstellen sollte, ist die revolutionäre Intelligenz bei Benjamin verantwortlich gegenüber der Öffentlichkeit, arbeitet unter ihrer Kontrolle und stellt berechtigte öffentliche Interessen als Ausgangspunkt ihrer wissenschaftlichen Bearbeitung heraus.

Mit einer gewissen Ambivalenz zeigt sich dies auch in Benjamins literaturkritischer Praxis in dieser Zeit. Auf Vermittlung des Soziologen Albert Salomon[82]

---

[79] Vgl. zur Begriffsgeschichte Peitsch, Helmut: Literaturverhältnisse. In: Historisch-kritisches Wörterbuch des Marxismus. Bd. 8, II. Links/Rechts bis Maschinenstürmer. Hrsg. von Wolfgang Fritz [u. a.]. Hamburg 1995. S. 1251–1262. Hier S. 1252f.
[80] Vgl. auch Benjamins im Herbst 1931 geschriebene Rezension Privilegiertes Denken. Zu Theodor Haeckers „Vergil". In: Benjamin, Walter: Werke und Nachlaß. Kritische Gesamtausgabe [WuN]. Bd. 13.1. Kritiken und Rezensionen. Berlin 2011. S. 340–347. Hier S. 347. Vgl. Voigt, Frank: Walter Benjamins Lektüre der *Neuen Zeit*. Zu einem Konvolut unveröffentlicher Manuskripte aus dem Nachlass. In: Das Argument. Zeitschrift für Philosophie und Sozialwissenschaften 312 (2015). S. 185–201. Hier S. 191.
[81] Benjamin, Walter: Zweierlei Volkstümlichkeit. Grundsätzliches zu einem Hörspiel [zuerst veröffentlicht in der Zeitschrift *Hörer und Rufer*]. In: Benjamin: GS (wie Anm. 61) Bd. IV, S. 671–673. Hier S. 672.
[82] Vgl. hierzu Heinrich Kaulens Kommentar in: Benjamin: WuN (wie Anm. 79) 13, 2. S. 238.

publizierte Benjamin im April 1930 seine größere Rezension zu Siegfried Kracauers Studie *Die Angestellten* ebenfalls in der Monatszeitschrift *Die Gesellschaft*, in der ein großer Teil der Debattenbeiträge um Mannheims Buch zur selben Zeit erschienen.[83] Kracauer hatte sich auf Emil Lederer gestützt, um auszuführen, für die damals ca. dreieinhalb Millionen Angestellten in der Weimarer Republik gelten „ähnliche soziale Bedingungen wie für das eigentliche Proletariat", während sie noch weniger als die „radikalen Intellektuellen", so Kracauer, „ein Bewußtsein ihrer Situation" haben.[84] Benjamins Rezension führte relativ zu Beginn aus, das „gesellschaftliche Sein im Klassenstaat" sei dem „Bewußtsein der verschiedenen Klassen" keineswegs „adäquat", sondern entspreche ihnen „nur sehr vermittelt, uneigentlich und verschoben"; der Verfasser denke „marxistisch" nur in dem Sinne, dass die „Herbeiführung eines richtigen Bewußtseins [...] die erste Aufgabe des Marxismus" sei.[85] Die Redaktion der Zeitschrift hatte Benjamins ursprünglichen Titel *Ein Außenseiter macht sich bemerkbar* durch *Die Politisierung der Intelligenz* ersetzt, wodurch eine deutliche Verbindung zur Debatte um Mannheim herausgestellt wurde.[86] Wenn Benjamin diesen Faden eher in Bezug auf die Entwicklungen literarischer Strömungen – Reportage und Neue Sachlichkeit – aufnahm, so kann der Zusammenhang dennoch schwer überlesen werden:

> Die linksradikale Schule mag sich gebärden wie sie will, sie kann niemals die Tatsache aus der Welt schaffen, daß selbst die Proletarisierung des Intellektuellen fast nie einen Proletarier schafft. Warum? Weil ihm die Bürgerklasse in Gestalt der Bildung von Kindheit auf ein Produktionsmittel mitgab, das ihn auf Grund des Bildungsprivilegs mit ihr und, das vielleicht noch mehr, sie mit ihm solidarisch macht.[87]

Benjamins Überlegung – fast wortgleich notiert in den parallel, kurz davor oder danach entstehenden Aufzeichnungen *Zur Literaturkritik*,[88] später über-

---

[83] Neben ihr erschienen in der *Gesellschaft* Benjamins drei größere Rezensionen *Krisis des Romans* zu Alfred Döblins Berlin Alexanderplatz, *Theorien des deutschen Faschismus*, eine Rezension des Sammelbands *Krieg und Krieger*, der 1930 von Ernst Jünger herausgegeben wurde, sowie *Linke Melancholie*, auf die ich unten zurückkomme.
[84] Kracauer, Siegfried: Die Angestellten. Aus dem neuen Deutschland. Frankfurt a. M. 1971. S. 11, 13.
[85] Benjamin: WuN (wie Anm. 80) Bd. 13.1. S. 237.
[86] Kaulens Kommentar in: Benjamin: WuN (wie Anm. 80) Bd. 13.2. S. 238 f.
[87] Benjamin: WuN (wie Anm. 80) Bd. 13.1., S. 242.
[88] Hier als gegen „linksradikale Belletristik und Reportage" gerichteter Einwand in: Benjamin: GS (wie Anm. 61) Bd. VI, S. 180.

nommen in seine Arbeit *Der Autor als Produzent* (1934)[89] – nimmt genau denjenigen Punkt auf, der für Mannheim Garant für den „freischwebenden Intellektuellen" und seine „Zusammenschau" waren: seine Bildung. Benjamin stellt demgegenüber herrschaftskonstituierende Momente in Form und Inhalt einer historisch spezifischen Bildung heraus und betonte ihr Zusammenspiel mit einer sozial ungleichen Teilhabe an Bildung.[90] Wenn Benjamin die Bildung als ein „Produktionsmittel" ansieht, und die Bildung des „Intellektuellen" als etwas, was den Intellektuellen „auf Grund des Bildungsprivilegs" mit der herrschenden Klasse „solidarisch" mache, so klingt dies zunächst wie eine abstrakte Negation zu Mannheims Position.

Doch diese uneingeschränkte, sehr weitreichende Formulierung Benjamins bedarf einer Klärung. Denn ähnlich wie Hans Speiers Versuch der historischen Verortung von Mannheims Bildungskonzeption – in der Nachfolge der Weimarer Klassik und ihrer Rezeption – hatte Benjamin 1928 in seinem Goethe-Artikel für die Große Sowjet-Enzyklopädie den Versuch unternommen,[91] Goethe in die „politische Lage des damaligen Deutschland" hineinzustellen. Der Artikel setzte mit der rückständigen deutschen Entwicklung Mitte des 18. Jahrhunderts ein und verglich die Größen von Goethes Geburtsstadt Frankfurt sowie Berlin mit denjenigen von Paris und London. Die ungleichen Relationen seien „für die politische Lage des damaligen Deutschland charakteristisch, denn in ganz Europa ist die bürgerliche Revolution von den Großstädten abhängig gewesen."[92] Über Goethes Straßburger Studienzeit 1770–1771 schrieb Benjamin in diesem Zusammenhang:

> In Straßburg zeichnet sich zum ersten Mal deutlich der Bildungskreis ab, aus dem Goethes Jugenddichtung hervorging. Goethe und Klinger aus Frankfurt, Bürger und Leisewitz aus Mitteldeutschland, Voß und Claudius aus Holstein […], sie alle wirkten zusammen, um auf ideologischem Wege das ‚Neue' in Deutschland heraufzuführen.[93]

Ähnlich wie Speier bezog sich Benjamin hier auf die für einen Teil der deutschen Aufklärung bezeichnende Position, die späteren Ergebnisse der französischen Revolution einerseits zu begrüßen, sie aber wenigstens in Deutschland nicht auf

---

89 Gegen „Aktivisten und Vertreter der neuen Sachlichkeit" (Benjamin: GS (wie Anm. 61) Bd. II, S. 700).
90 Benjamin: WuN (wie Anm. 80) Bd. 13.1. S. 242.
91 Vgl. zum Entstehungskontext des Enzyklopädie-Artikels Pabst, Stephan: Der sowjetische Goethe. Benjamins Enzyklopädie-Artikel „Goethe" im Verhältnis zu seinem Wahlverwandtschaften-Aufsatz. In: Benjamins Wahlverwandtschaften. Zur Kritik einer programmatischen Interpretation. Hrsg. von Helmut Hühn [u.a.]. Berlin 2015. S. 356–379. Hier S. 362–373.
92 Benjamin: GS (wie Anm. 61) Bd. II, S. 705.
93 Benjamin: GS (wie Anm. 61) Bd. II, S. 706.

dem Weg einer Revolution, sondern ideell durch Bildung – so bei Friedrich Schiller auf dem Weg einer ästhetischen Erziehung – herbeiführen zu wollen. Benjamin sah die „verhängnisvolle Schwäche dieser spezifisch deutschen revolutionären Bewegung" in einer wechselseitigen Exklusivität von bürgerlicher Emanzipation und Aufklärung einerseits sowie revolutionärem Impuls andererseits und hob eine Trennung von „bürgerlicher Masse" und „ihrer Avant-Garde" hervor: „Die bürgerliche Masse, die ‚Aufgeklärten', blieben durch eine ungeheure Kluft von ihrer Avant-Garde getrennt. Die deutschen Revolutionäre waren nicht aufgeklärt, die deutschen Aufklärer nicht revolutionär. Die einen gruppierten ihre Ideen um Offenbarung, Sprache, Gesellschaft, die anderen um Vernunft- und Staatslehre."[94]

Eine literaturhistorische Kontextualisierung dieses Geschichtsbilds in der chiastischen Zuordnung Benjamins vor seinem Interesse an etwa Georg Forster, Friedrich Nicolai oder Carl Gustav Jochmann muss hier entfallen. Doch das den Goethe-Aufsatz eröffnende Motiv einer ‚deutschen Misere' in der Entgegensetzung von deutschem Provinzialismus und europäischen Metropolen findet sich ebenso im bereits zitierten Hörmodell *Was die Deutschen lasen, während ihre Klassiker schrieben*[95] und leitete in genau umgekehrter Bewertung noch Benjamins um 1935 verfassten Kommentar des Briefs von Georg Forster an seine Frau vom 8. April 1793 ein. Brief und Kommentar wurden Teil von Benjamins Briefanthologie *Deutsche Menschen*. „Das Elend der deutschen Intellektuellen seiner Zeit", heißt es darin,

> hat Forster [...] in langen Wanderjahren so gut kennengelernt wie ein Bürger, Hölderlin oder Lenz; es war aber seine *Misere nicht die des Hofmeisters in irgendeiner kleinen Residenz*, sondern ihr *Schauplatz war Europa*, und darum war er fast als einziger Deutscher vorbestimmt, die europäische Erwiderung auf die Zustände, welche sie veranlaßten, von Grund auf zu verstehen.[96]

Vor dem Hintergrund von Benjamins beschriebenen Aktivitäten um 1930, dem Zeitschriftenprojekt *Krise und Kritik* und seinen Reflexionen *Zur Literaturkritik*, erhellt, dass Benjamin das „Elend der deutschen Intellektuellen" nicht nur zu Forsters und Goethes Zeiten verhandelte, sondern als ein weiterhin aktuelles Problem. Deutlich wird dies in Benjamins zwischen März 1930 und Februar 1931 geschriebenem, größeren Aufsatz über Karl Kraus, der einen Monat darauf in vier Folgen in der *Frankfurter Zeitung* erschien. Kraus' Haltung als Kritiker bestimmte Benjamin mit einem Distichon Friedrich Schillers als Verschränkung „von

---

94 Benjamin: GS (wie Anm. 61) Bd. II, S. 706.
95 Vgl. Benjamin: GS (wie Anm. 61), S. 641–673. Hier S. 657 f.
96 Benjamin: WuN (wie Anm. 80) Bd. 10, S. 21 [Hervorhebung F.V.].

grundherrlichem Edel- und weltbürgerlichem Gradsinn". Kraus' „Fluchtpunkt" münde in die „klassische Humanität Weimars" ein, mit einer verklärten historischen Perspektive, die seine Literaturkritik fundiere: „[d]ie bürgerlich-kapitalistischen Zustände zu einer Verfassung zurückzuentwickeln, in welcher sie sich nie befunden haben, ist sein Programm."[97]

Es ist nicht unwahrscheinlich, dass Benjamin bei aller Kritik an Mehring an einem auch über ihn vermittelten literaturhistorischen Blick die Konsequenz einer Verschiebung von politischer und literaturkritischer Strategie im Kontext der deutschen Verhältnisse zog. Dies zumindest legt eine die Literaturkritik betreffende Überlegung in der längeren Notiz *Falsche Kritik* nahe, entstanden vermutlich im Umkreis des Kraus-Aufsatzes,[98] wonach die „kritische Misere Deutschlands" darin bestehe, „daß die politische Strategie selbst im extremsten Fall des Kommunismus sich nicht mit der literarischen deckt."[99]

Benjamin setzte die kritische Beschäftigung mit Intellektuellen-Konzeptionen in *Linke Melancholie* fort, einer Rezension zu drei Gedichtbänden Erich Kästners[100], die, von der Redaktion der *Frankfurter Zeitung* abgelehnt, 1931 ebenfalls in der sozialdemokratischen *Gesellschaft* erschienen war. In ihr zählte Benjamin Kästner neben Walter Mehring und Kurt Tucholsky zur „linksradikalen Intelligenz":

> Mit der Arbeiterbewegung hat sie [die „linksradikale Intelligenz", F.V.] wenig zu tun. Vielmehr ist sie als bürgerliche Zersetzungserscheinung das Gegenstück zu der feudalistischen Mimikry, die das Kaiserreich im Reserveleutnant bewundert hat. Die linksradikalen Publizisten vom Schlage der Kästner, Mehring oder Tucholsky sind die proletarische Mimikry des zerfallenen Bürgertums. Ihre Funktion ist, politisch betrachtet, nicht Parteien sondern Cliquen, literarisch betrachtet, nicht Schulen sondern Moden, ökonomisch betrachtet, nicht Produzenten sondern Agenten hervorzubringen. [...] Kurz, dieser linke Radikalismus ist genau diejenige Haltung, der überhaupt keine politische Aktion mehr entspricht. Er steht links nicht von dieser oder jener Richtung, sondern ganz einfach links vom Möglichen überhaupt. Denn er hat ja von vornherein nichts anderes im Auge als in negativistischer Unruhe sich selbst zu genießen.[101]

Der Passus zeigt, wie sehr Benjamin bemüht war, die Kritik einer bestimmten Intelligenz nicht aus ihren Intentionen heraus zu bestimmen, sondern in ökonomischen, politischen und literarischen Verhältnissen als „Funktionen". Nicht „Cliquen", „Moden" oder „Agenten" sollten hervorgebracht werden, sondern,

---

97 Benjamin: GS (wie Anm. 61) Bd. II, S. 363.
98 Benjamin: GS (wie Anm. 61) Bd. VI, S. 739.
99 Benjamin: GS (wie Anm. 61) Bd. VI, S. 176.
100 Kästner, Erich: Herz auf Taille (1928), Lärm im Spiegel (1929), Ein Mann gibt Auskunft (1930).
101 Benjamin: WuN (wie Anm. 80) Bd. 13.1, S. 302f.

keinesfalls negativ konnotiert: „Parteien", „Schulen" und „Produzenten". Diese Positionierung Benjamins mag überraschen, doch sie hängt zusammen mit seiner Forderung nach einer Beschäftigung mit der Arbeiterbewegung, mit einem indirekt organisierenden Bezug der Schriftsteller, deren Arbeit in der gesellschaftlichen Praxis mit politischen Aktionen müsse korrespondieren können, statt sich in ‚Zirkeln' von ihnen zurückzuziehen. Sie steht zugleich in einem Zusammenhang zu Benjamins Position einer – im Unterschied zu Brecht[102] – fokussierenden Adressierung der linksbürgerlichen Intelligenz im Kontext von *Krise und Kritik*, seinen Reflexionen *Zur Literaturkritik* und seinen Hauptveröffentlichungsorten in dieser Zeit.

Auf der anderen Seite grenzte sich Benjamin schon in seiner Kracauer-Rezension gegen einen schriftstellerischen Aktivismus ab, indem er zwischen direkter und indirekter Wirkung der literarischen Produktion unterschied. Während erstere politischen Aktionen vorbehalten und insofern „nur aus der Praxis hervorgehen" könne, bestünden letztere in der „Politisierung der eigenen Klasse". Diese „indirekte Wirkung" – bei Kracauer „eine konstruktive theoretische Schulung" – sei, so Benjamin in einer Formulierung die ihn selbst einzuschließen scheint, „die einzige, die ein schreibender Revolutionär aus der Bürgerklasse heute sich vorsetzen kann."[103] Das mit der Adressierung verbundene Vorhaben einer Politisierung der eigenen Klasse wird dabei einen Grund für Benjamins zeitweise erwogenen, aber letztlich ausgebliebenen Eintritt in die Kommunistische Partei darstellen. Die Kritik am „linken Radikalismus", der „links nicht von dieser oder jener Richtung" stehe, „sondern ganz einfach links vom Möglichen überhaupt", erweist sich bei aller Schärfe im Kontext der Debatte um ein elitäres Intellektuellenverständnis und seiner historischen Dimension in Deutschland als sachbezogen. Es fragt sich nur, ob der moralisierende Vorwurf des Selbstgenusses in „negativistischer Unruhe" Benjamins Programmatik einer „Politisierung der Intelligenz" dienlich war.

Ich fasse noch einmal zusammen: Die Aufgabe der „sozial freischwebenden Intelligenz" sah Mannheim in der harmonisierenden Synthese eines politisch verwertbaren Theorieangebots den Produktionsverhältnissen scheinbar enthobener Intellektueller für die gesamte Gesellschaft, das sich geschichtsphilosophisch einerseits durch eine, Mannheim zufolge: neu eingetretene, unvermittelbare Divergenz politischer Positionen zu legitimieren suchte, während andererseits gerade die Heterogenität der Bildung ihre Abgehobenheit begründen sollte. Benjamin dagegen

---

[102] Peitsch, Helmut: „In den Zeiten der Schwäche": Zu Spuren Brechts in der europäischen Debatte über engagierte Literatur. In: Monatshefte für deutschsprachige Literatur und Kultur 3 (1998). Special Issue: Bertolt Brecht. S. 358–372. Hier S. 362.
[103] Benjamin: WuN (wie Anm. 80) Bd. 13.1, S. 242.

fragte, wie Speier in Bezug auf den Bildungsbegriff, nach der historischen Entstehung und Überlieferung eines solchen intellektuellen Selbstverständnisses, das entdemokratisierenden Tendenzen umso weniger entgegenzusetzen hatte, als sein Führungsanspruch und sein Rückzug auf kleine Zirkel theoretischer Produktion die Abgrenzung von gesellschaftlichen und politischen Kräften zur Voraussetzung hatte. Dieser historische Blick brachte mindestens dreierlei Konsequenzen in Benjamins Überlegungen zur Autorschaft mit sich, die im Kontext der skizzierten Debatte beanspruchen konnten, weiterentwickelnde Theoretisierungen darzustellen. Zunächst die Konkretisierung der spezifischen Produktionsverhältnisse auch literarischer Produktion, ihrer Rezeption und Verbreitung, verbunden mit der Frage nach der sozialen Stellung der Intellektuellen in diesem Prozess. Damit war zugleich eine über die Autorintentionen hinausgehende Reflexion „indirekter Wirkung" theoretischer und schriftstellerischer Arbeit in einem gesellschaftlichen Rahmen verbunden, indem Benjamin über Fragen der Adressierung einer linksbürgerlichen Teilöffentlichkeit nachdachte und seine kritische Tätigkeit in Überlegungen zu demokratisierender publizistischer Kommunikation einbettete.

Marcus G. Patka
Egon Erwin Kisch und sein Wandel vom gläubigen Kommunisten zum bekennenden Juden im Spiegel seiner Literatur

Die Familie Egon Erwin Kischs hatte im 19. Jahrhundert einen mit Persönlichkeiten ihrer Zeit gespickten Stammbaum, wie in der *Encyclopedia Judaica* nachzulesen ist; zu nennen wären der Rabbiner Alexander Kisch (1848–1917), der Balneologe Enoch Heinrich Kisch (1841–1918), der britische Brigadier Frederick Kisch (1888–1943) und der Historiker Guido Kisch (1889–1985).[1]

Schon in frühen Jahren lernte der 1885 Geborene die Mechanismen der Ausgrenzung kennen: In seiner Heimatstadt Prag verteidigte eine deutschsprachige Minderheit ihre Privilegien gegen die tschechische Majorität, zwischen den Mühlsteinen lebten die Juden. Sie hatten sich mehrheitlich den Deutschen assimiliert und bildeten mit Franz Kafka an der Spitze ihre künstlerische Elite. Zwar schlug der Student Kisch in seiner Jugend etliche Mensuren, doch er sollte sich sehr bald davon distanzieren. Seine Karriere als Journalist begann bei der deutsch-nationalen Zeitung *Bohemia* und nicht beim liberalen *Prager Tagblatt*, mit seinen Reportagen über die sozialen Randbereiche der Stadt sorgte er bald für Aufsehen. Im August 1914 gehörte er zu den singulären Intellektuellen seiner Generation, die keine Sekunde nationalem Hurrapatriotismus verfallen waren. Als Offizier kämpfte er an der Front gegen Serbien und Russland. Der „Heldentod" seines jüngsten Bruders Wolfgang erschütterte ihn zutiefst. Nach einer schweren Verwundung genesen, diente er ab 1917 im Kriegspressequartier, sein ihm vorgesetzter Offizier war Robert Musil, in den Nachtstunden bewegte er sich im Umfeld der Kommunistischen Partei Österreichs, deren Mitglied er 1919 unmittelbar nach ihrer Gründung wurde. (1925 sollte er an seinem neuen Wohnort Berlin in die KPD überwechseln und 1947 in die KPČ.)

Im Zuge der Republikgründung 1918 war Kisch als Rotgardist zugegen, weshalb er das Opfer einer antikommunistischen Hetzkampagne mit stark antisemitischen Tönen wurde. Sein Freund Leo Rothziegel fiel wenige Monate danach bei der Niederschlagung der ungarischen Räterepublik.[2]

---

1 Kisch, Guido: Die Familie Kisch. Genealogisch-bibliographischer Überblick über die vierhundertjährige Geschichte einer jüdischen Familie. In: Udim. Zeitschrift der Rabbinerkonferenz in der BRD 1 (1974/75). S. 59–73.
2 Hautmann, Hans: Die Anfänge der linksradikalen Bewegung und der kommunistischen Partei Deutschösterreichs 1916–1919. Wien 1970, vgl. auch: Patka, Marcus G.: Egon Erwin Kisch. Sta-

Um es vorweg zu nehmen: Von den vier verbliebenen Brüdern wurden Egon und Friedrich Kommunisten und überlebten die Shoah, weil sie rechtzeitig flüchteten. Arnold und Paul Kisch waren im bürgerlichen bis deutsch-nationalen Lager angesiedelt und wurden in den NS-Vernichtungslagern ermordet. Über das Judentum hat sich Kisch in seinen literarischen Reportagen vielfach geäußert, doch für die Zeit nach dem Krieg lässt sich folgende Haltung definieren: Es war ihm weder Makel noch Auszeichnung, sondern Zufall der Geburt. Den Zionismus lehnte er als national-religiöse Bewegung ab, und eine separate jüdische Arbeiterbewegung war für die Partei eine konkurrierende Fraktion.[3]

Ihm schwebte zeitlebens das kommunistische Ideal einer klassenlosen Gesellschaft vor, in der nationale Unterschiede keine Rolle mehr spielen würden. Gleichzeitig konnte er die Leistung verschiedener Kulturen mit all ihren skurrilen Kuriositäten liebevoll-ironisch beschreiben, seien es Beduinen, australische Aborigines, Zapoteken oder sogar deutsche Rebellen und Revolutionäre.

Kisch prangerte Kriegstreiber, Klassenjustiz und die Macht der Presse an, doch der Antisemitismus war bis 1933 nur selten Thema seiner Literatur, vielmehr kritisierte er den Wunderglauben des Ostjudentums und sein Verharren in mittelalterlichen Strukturen. Hans-Albert Walter machte die wahre Botschaft seiner Reportage *Dem Golem auf der Spur* erkennbar: „Vertraut nicht auf Wunder, sucht nicht nach einem Golem, der Verbrechen auspäht, die man euch fälschlich in die Schuhe schiebt; erkämpft euch eure Rettung wie die [...] Arbeiter (und zusammen mit ihnen) – dann werdet ihr euch gegen den Pogrom schützen können."[4] Vor der kulturell-historischen Leistung seiner Vorfahren hatte Kisch aber größten Respekt, so engagierte er sich dafür, den sagenumwobenen Prager Judenfriedhof unter Denkmalschutz zu stellen. In der Zusammenfassung dessen jahrhundertealten Geschichte wird an die dort angeblich erlauschten *Protokolle der Weisen von Zion* erinnert.[5] Kisch dokumentiert bzw. karikiert das gespannte Verhältnis zwischen Judentum und Christentum. Er widmet ihm Wunderrabbi-Anekdoten und eine glänzende Humoreske über die inneren Nöte des jüdischen Ministranten Jack

---

tionen im Leben eines streitbaren Autors. Wien 1997; Schlenstedt, Dieter: Egon Erwin Kisch. Leben und Werk. Berlin 1985; Geisler, Michael: Die literarische Reportage in Deutschland. Möglichkeiten und Grenzen eines operativen Genres. Königstein/Ts. 1982; Hofmann, Fritz: Egon Erwin Kisch. Der Rasende Reporter. Eine Biographie. Berlin 1988.

3 Grab, Walter: Reportage als Sozialkritik. In: Ders.: Friedrich von der Trenck. Hochstapler und Freiheitsmärtyrer. Kronberg/Ts. 1977. S. 167–180.

4 Walter, Hans-Albert: „Der größte Phantast der Realität." Ein Vorschlag, wie Kisch zu lesen sei. In: Kisch, Egon Erwin: Der rasende Reporter. Gütersloh 1985 o. S.

5 Kisch, Egon Erwin: Ein Sagenwinkel bedroht. Der alte Judenfriedhof in Prag. In: Ders.: Gesammelte Werke in Einzelausgaben (GW). Bd. 1–12. Berlin 1960–1993. Hier Bd. 9. S. 177–180. Auch in: Vossische Zeitung, 31.07.1928 (o. S.).; Israelitisches Familienblatt, 02.08.1928 (o. S.).

Oplatka.⁶ Zum exemplarischen Fall wird in *Ex odio fidei* ein Jesuitenprozess aus dem 17. Jahrhundert, Kisch zeigt hier die Wurzeln des europäischen Antisemitismus im katholischen auf.⁷ Vereinzelt wurden seine Reportagen auch von der jiddischen Presse übernommen, doch bisher konnten diese nicht umfassend bibliographiert werden.

In allen Teilen der Welt suchte er Treffpunkte jüdischen Lebens, und fast überall entdeckte er Eifersüchteleien statt rettender Einheit. Selbst in der winzigen Gemeinde von Tunis konkurrierten zwei verfeindete Gruppen: ortsansässige Unterschicht und europäisch orientierte Oberschicht.⁸ Seine volle Sympathie gebührte hingegen dem *Café Größenwahn* in London, in dem der jiddischen Sprache und der anarchistischen Literatur gefrönt wurde. Im China der frühen dreißiger Jahre geißelte er alte Bekannte unter den vereinigten Verbrechern aller Länder: „Heute soll von den Juden die Rede sein, denen wie jeder anderen Völkerschaft eine Rolle im imperialistischen Ausbeutungsstück um Schanghai zugewiesen ist."⁹ Kisch bewunderte das Judentum, wenn es sich für Freiheit und Aufklärung einsetzte, wenn es jedoch seine Talente freiwillig der Macht des Kapitals unterwarf, verachtete er es.

Hitlers Machtergreifung musste eine Zäsur bedeuten. Schon in den Jahren davor war Kisch in Nazi-Blättern immer wieder als Prototyp der „Asphaltliteratur" attackiert worden. Anfang Februar 1933 konnte er noch witzeln: „Freilich kann niemand sagen, ob der Ausländer hier ein alter Jud' werden wird."¹⁰ In der Nacht nach dem Reichstagsbrand wurde er in Berlin verhaftet. Er blieb zwar physisch unbehelligt und wurde zwei Wochen später auf Intervention der tschechischen Botschaft nach Prag abgeschoben, doch in der Massenzelle überschütteten ihn

---

6 Kisch, Egon Erwin.: Drei Anekdoten vom Wunderrabbi. In: Kisch: GW (wie Anm. 5). Bd. 6, S. 50–59. Auch in: Das Tagebuch 3 (1922) 42. S. 1490; Prager Tagblatt, 24.10.1922 (o. S.); Kisch: GW (wie Anm. 5). Bd. 8, S. 438–439; ders.: Jack Oplatka. In: Deutsche Erzähler aus der Tschechoslowakei. Hrsg. von Otto Pick. Reichenberg 1922. S. 141–158. Auch in: Das Tagebuch 3 (1922) 14. S. 530–537; Kisch: GW (wie Anm. 5). Bd. 6, S. 50–59.
7 Kisch, Egon Erwin: Ex odio fidei. In: Ders. Prager Pitaval. Berlin: Reiss 1931; Kisch: GW (wie Anm. 5). Bd. 2/2, S. 121–132.
8 Kisch, Egon Erwin: Die tunesischen Juden von Tunis. In: Ders. Wagnisse in aller Welt. Berlin 1927. Auch in: Das Jüdische Echo 17.6.1927 (o.S.); Kisch: GW (wie Anm. 5). Bd. 5, S. 572–579.
9 Kisch, Egon Erwin: Kapitalistische Romanze von den Bagdad-Juden. In: Ders.: China Geheim. Berlin 1933; Kisch: GW (wie Anm. 5). Bd. 3, S. 463.
10 Kisch, Egon Erwin: Egon Erwin Kisch an Ernestine Kisch – Berlin, 4.2.1933. In: Briefe an den Bruder Paul und an die Mutter 1905–1936. Hrsg. von Josef Poláček u. Fritz Hofmann. Berlin 1978. S. 244.

die Folteropfer der SA mit grauenhaften Berichten.[11] Die antifaschistische Literatur sollte in Kisch einen ihrer engagiertesten und gefeiertsten Exponenten erhalten. Politisch war er in Paris, wie schon in den 1920er Jahren in Berlin, im Kreis um Willi Münzenberg beheimatet, der versuchte, ein ausgeglichenes Volksfront-Bündnis zu schaffen, aber letztendlich an Stalins inkohärenter Politik und an seinem Erfüllungsgehilfen vor Ort, Walter Ulbricht, scheiterte. Kischs Aufgabe war es, kraft seiner Persönlichkeit das Misstrauen der nichtkommunistischen Exilanten zu zerstreuen, und sie zur Zusammenarbeit zu bewegen, zwangsläufig intensivierten sich auch seine Kontakte zu jüdischen Organisationen: Unmittelbar nach seiner Ankunft in Prag half er, die erste Fluchtwelle zu bewältigen.

Als ihm im November 1934 in Australien die Einreise verweigert wurde und er deshalb vom Schiff sprang, wurde er bei der folgenden Protestkampagne u. a. von der *Gesard* unterstützt, der Organisation für die Ansiedelung werktätiger Juden in der Sowjetunion. Zurück in Paris berichtete die *Naje Presse* über ihn, der *Morning Freiheit* gab er ein Interview, in dem er sich kritisch über den Zionismus äußerte.[12] In seiner Funktion als Vizepräsident des Schutzverbandes Deutscher Schriftsteller im Exil formulierten unter seiner Leitung u. a. Alfred Döblin und der Präsident der Internationalen Liga gegen Antisemitismus, Bernard Lecache, Ende September 1936 eine Antwort auf den Nürnberger Parteitag der NSDAP[13]. Die Volksbibliothek Scholem Aleichem in Antwerpen lud ihn einen Monat später zu einer Lesung ein.[14] Für ein Buch über jüdische Soldaten im Dienste der Spanischen Republik verfasste er das Vorwort.[15] Über den letzten Weg seines Freundes Joseph Roth heißt es in einem Brief an Bodo Uhse: „[...] ich war sehr traurig, aber dort war alles so gespenstisch, Du kannst es Dir nicht vorstellen, ein katholisch-monarchistisches Begräbnis mit Priester und schwarzgelben Kranzfahnen, und fast nur Juden als Trauergäste, die laut das Vaterunser beteten."[16]

---

11 Kisch, Egon Erwin: In den Kasematten von Spandau (Teil 1–5). In: Arbeiter Illustrierte Zeitung 12 (1933). S. 13–17; Kisch: GW (wie Anm. 5). Bd. 9, S. 320–337.
12 Kisch, Egon Erwin: Über die Lage der Juden in Australien. In: Birobidjan am Bau o.Jg. (Sept. 1935) 2. Kisch: GW (wie Anm. 5). Bd. 12 [Neuausgabe 1994], S. 454 f.
13 Antwort an Nürnberg. In: Pariser Tagblatt, 30.09.1936 (o.S.).
14 Archiv des Auswärtigen Amtes, Bonn Deutsches Generalkonsulat für Belgien an das Auswärtige Amt Berlin–Antwerpen, 25.10.1935.
15 Kisch, Egon Erwin: Vorwort. In: Elski, Leibl: Oif die Frontn vun Spanje. Paris 1939 (o.S.).
16 Egon Erwin Kisch an Bodo Uhse: Paris. 19.06.1939. Akademie der Künste zu Berlin. Nachlass Bodo Uhse.

1934 erschien mit *Geschichten aus sieben Ghettos* ein dem Judentum gewidmetes Buch[17], doch auch hier wurden sie als Opfer wie als Täter dargestellt: Für eine der Reportagen besuchte Kisch das Pariser „Plätzl", in dem jüdische Großhändler blendende Geschäfte mit Deutschland machten. Aber er fand dort auch jene,

> die wissen, daß im faschistischen Reich nicht ihre Glaubensgenossen, sondern ihre Klassengenossen gemartert werden, die wissen, daß es kein Bündnis gibt zwischen arm und reich, daß Solidarität auf Grund von Religion und Rasse utopisch ist. [...] diese anderen kämpfen geschlossen gegen Dumpfheit und Reaktion und für eine Welt ohne Ghetto und ohne Klassen.[18]

Weiter berichtete er von der Amsterdamer Gemeinde, in der noch immer reiche spaniolische Juden ihre mittellosen osteuropäischen Brüder verachteten.[19] Über das jüdische Leben im Dritten Reich konnte er mangels eigener Anschauung nicht schreiben, daher präsentierte er dem Leser historische Miniaturen, aus denen dieser seine Parallelen zur Gegenwart ziehen konnte: *Ex odio fidei* durfte in der Sammlung nicht fehlen und erhielt bedrückende Aktualität. Als gerechtfertigt empfand Kisch hingegen die Hinrichtung eines jüdischen Spekulanten, der sich auf Kosten der Französischen Revolution bereichern wollte.[20] Das abenteuerliche Leben des Scharlatans Nehemia Chaija Chajon zwischen Judentum und Christentum ließ ihn urteilen: „... hüben wie drüben gibt die Religion einem Schelm Gelegenheit zum Ausleben seiner Gelüste."[21] Andererseits bewältigte er die Situation mit „jüdischem Humor", den er offenbar für unsterblich hielt.[22] Sogar dem Ewigen Juden wollte er begegnet sein und bereicherte somit die uralte Legende um eine weitere Facette.[23] Auch „im Vorbeigehen" notierte er Besonderheiten: Ende Oktober 1934 machte er auf dem Weg nach Australien Station im heutigen

---

17 Kisch, Egon Erwin: Geschichten aus sieben Ghettos. Amsterdam 1934. Kisch: GW (wie Anm. 5). Bd. 6. (Ein Großteil der Reportagen war zuvor in anderen Büchern erschienen und wurde teilweise neu überarbeitet.)
18 Kisch, Egon Erwin: Notizen aus dem Pariser Ghetto. In: Kisch: Ghettos (wie Anm. 17), S. 122.
19 Ders.: Auswanderer, derzeit Amsterdam. In: Kisch: Ghettos (wie Anm. 17), S. 7–17.
20 Kisch, Egon Erwin: Dantons Tod und Poppers Neffe. In: Kisch: Ghettos (wie Anm. 17), S. 59–76.
21 Kisch, Egon Erwin: Der kabbalistische Erzschelm. In: Kisch: Ghettos (wie Anm. 17), S. 94.
22 Kisch, Egon Erwin: Schime Kosiner (Unhoscht) verkauft ein Grundstück. In: Kisch: Ghettos (wie Anm. 17), S. 18–25; ders.: Lobing, pensionierter Redakteur. In: Kisch: Ghettos (wie Anm. 17), S. 18–25; ders.: Die Messe des Jack Oplatka. In: Kisch: Ghettos (wie Anm. 17).
23 Kisch, Egon Erwin.: Der tote Hund und der lebende Jude. In: Kisch: Ghettos (wie Anm. 17), S. 95–114.

Sri Lanka und verwies dabei auf „die schwarzen Juden, deren Herkunft noch dunkler ist als sie selbst."²⁴

Die Besetzung seiner Heimat durch die Deutsche Wehrmacht und den Abschluss des Hitler-Stalin Pakts erlebte er 1939 in Frankreich. Jedes Ereignis für sich war ein ungeheurer Schock, von dem er sich so bald nicht erholen sollte. Die American League of Writers ermöglichte ihm die Flucht nach New York, wo er mit dem Alfred Knopf-Verlag wegen einer englischen Ausgabe des Ghetto-Buches im Gespräch war (die aber nicht zustande kommen sollte). Dafür suchte er die Thematik durch neue Schauplätze zu erweitern, wobei sich als erster Brooklyn anbot. Mit der dort lebenden orthodoxen Gemeinde ging er kritisch-ironisch ins Gericht, da sie gleich das Grundstück der Landungsboote erworben hatten:

> Jedenfalls nahmen die jüdischen Emigranten buchstäblich die erste Gelegenheit wahr, sich festzusetzen. Unterwegs waren sie beseelt vom Wunsch nach der Freiheit und nach dem Neuen. Die Freiheit, die sie meinen, die ihr Herz erfüllt', war die Freiheit, ihre vererbte Enge und ihren althergebrachten Familienkreis drüben wiederzufinden. Und das Neue, zu dem sie ihre gefahrvolle und rückkehrlose Seefahrt antraten, war das Alte.²⁵

Dort wo das Judentum diese Grenzen sprengte, wo es sich assimilierte und durch kulturelle Vermischung tatsächlich Neues gebar, dort erhielt es Kischs Wohlwollen. Daher ist er in einer Zusammenstellung²⁶ der Taten böhmischer Juden auch voll des Lobes für Viktor Adler, Otto Bauer und Gustav Mahler.

Der Besuch von Harlem evozierte einen treffenden Vergleich über die Irrationalität der Rassendiskriminierung:

> ‚Gefahr ist im Verzuge', rufen die Faschisten im zweiten Punkt ihres Programms, ‚in wenigen Jahren wird es mehr Neger als Weiße im Lande geben, das Weiße Haus wird zum Schwarzen Haus werden. Schon jetzt gibt es – bedenkt! – zehn Millionen Nigger.' Dieses zahlenmäßige Argument spielt nur beim Sturmlauf gegen die Schwarze Gefahr eine Rolle. Punkt eins, die Judenhetze, wird entgegengesetzt begründet, weil die Juden einen kleineren Bruchteil der Bevölkerung ausmachen; gegen sie wird ins Treffen geführt, ihre wirtschaftliche Macht übersteige ihre Zahl.²⁷

---

24 Kisch, Egon Erwin: Weg zu den Antipoden. In: Landung in Australien. Paris 1935. GW (wie Anm. 5). Bd. 4, S. 316. Vgl. auch: Zogbaum, Heidi: Kisch in Australia. The Untold Story. Melbourne 2004.
25 Kisch, Egon Erwin: Auf der unteren Ostseite New Yorks oder die Rolle der Gelegenheit. (Typoskript) In: Ders.: GW (wie Anm. 5). Bd. 6, S. 380; vgl. auch ders.: Israelitische Feiertage in New York. (Typoskript) In: Ders.: GW (wie Anm. 5). Bd. 6, S. 432–437.
26 Kisch, Egon, Erwin: Böhmische Juden eines Jahrhunderts. (Typoskript) In: Ders.: GW (wie Anm. 5). Bd. 6, S. 415–419.
27 Kisch, Egon Erwin: Schwarzer Gottesdienst bei den Negerjuden von New York. In: Ders.: GW (wie Anm. 5). Bd. 6, S. 407–408.

Dieser doppelten Diskriminierung konnten die Mitglieder des Royal Order of Ethiopian Jews nur mit ebensolcher antworten. So zeterte ihr Rabbi, sie seien „genauso jüdisch wie die anderen jüdischen Gemeinden, nämlich die weißen, denn diese anderen seien durch Rassenmischung recht dubios. [...] Schon die Stammmutter aller Juden, Sara, sei die Tochter einer Negerin gewesen."[28] Als eines der Denkmäler seiner Kultur besuchte Kisch in New York auch den jüdischen Friedhof, davon ausgehend fällt sein Urteil über die Einheit des Judentums makaber bis zynisch aus: „Leben kann ein Jude unter allen Verhältnissen, aber begraben will er unter den Seinen sein. Deshalb vor allem schlossen sich Landsleute als solche zusammen. [...] Der Kitt jeder Landsmannschaft ist der Tod, denn er ist dauerhafter als das Leben und darum auch wichtiger."[29]

Im November 1940 musste Kisch nach Mexiko weiter emigrieren, hier sollte sein Engagement für das Judentum, nicht zuletzt dank kongenialer Mitstreiter, seinen Höhepunkt finden. Ganz Lateinamerika nahm an die 100.000 Flüchtlinge aus Europa auf, 90 Prozent davon waren Juden, dennoch ist die Annäherung zwischen deutschsprachigen Kommunisten und Juden in Mexiko eine annähernd singuläre Erscheinung. „Die Mehrheit der jüdischen Emigration betrachtete den Exodus als endgültigen Bruch mit ihrer deutschen Vergangenheit, nachdem die Nazi-Propaganda ihnen jahrelang ihr Deutschtum abgesprochen hatte."[30] Sie plädierten für Assimilation im neuen Gastland oder Aufbruch in einen zu gründenden jüdischen Staat, Remigration ins Heimatland war kein Thema. Die Apologeten der Sowjetunion wiederum wurden nach dem Hitler-Stalin-Pakt geächtet, was sich mit dem Marsch der Wehrmacht gegen Moskau schlagartig änderte. Die Sozialdemokraten waren als Bündnispartner endgültig ausgefallen, daher suchte man eine gemeinsame Basis mit den langansässigen Auslandsdeutschen, die bislang nur von der NS-Propaganda betreut wurden, und mit den jüdischen Leidensgenossen, die in der Vorkriegszeit noch als „Wirtschaftsflüchtlinge" verunglimpft worden waren.

Die Bewegung Freies Deutschland (BFD) um Paul Merker und Otto Katz alias André Simone entwickelte sich zur bedeutendsten KPD-Exilgruppe der westlichen Hemisphäre, da sie unerwartete Akzente setzte: In einem programmatischen Artikel bekannte sich Merker zu einer Mitverantwortung des deutschen Volkes an der Shoah, ausgenommen aktiver Antifaschisten. Schon dies war ein Bruch mit

---

28 Kisch: Gottesdienst (wie Anm. 27), S. 410.
29 Kisch, Egon Erwin: Die werbende und bindende Kraft des Todes. (Manuskript) In: Ders.: GW (wie Anm. 5). Bd. 6, S. 387, 390.
30 Mühlen, Patrick von zur: Politisches Engagement und jüdische Identität im lateinamerikanischen Exil. In: Europäische Juden in Lateinamerika. Hrsg. von Achim Schrader u. Karl-Heinrich Rengstorf. St. Ingbert 1989, S. 242–249.

der bisherigen Generallinie der KPD, denn in der Vorkriegszeit war die Gewalt des Antisemitismus sträflich unterschätzt und ausschließlich der Nationalsozialismus für ihn verantwortlich gemacht worden. Doch Merker ging noch weiter, er plädierte für Remigration und für materielle Entschädigungszahlungen, und er setzte die „Schaffung eines jüdischen Nationalstaats"[31] auf die politische Tagesordnung. Der Einleitungssatz des Artikels stammt von Kisch: „Wenn alle deutschen Flüsse Tinte und alle deutschen Wälder Federstiele wären, so würden sie nicht ausreichen, um die unzähligen Verbrechen zu beschreiben, die der Hitlerfaschismus gegen die jüdische Bevölkerung begangen hat."[32]

Unterstützt wurde die BFD vom Vorsitzenden des lateinamerikanischen Gewerkschaft-Verbandes Vicente Lombardo Toledano, der sich 1945 beim Londoner Weltgewerkschaftskongress für die Gründung Israels einsetzte. André Simone war sein außenpolitischer Berater und schrieb Kommentare für dessen Presse. 1945 war Simone auch anonymer Chefredakteur der *Tribuna Israelita*, einer von der Loge B'nai B'rith herausgegebenen Zeitschrift, die zugleich prosowjetisch und prozionistisch war. Kisch veröffentlichte hier zwölf Reportagen, darunter natürlich jene neuen mit jüdischer Thematik, außerdem erschienen Beiträge von Nachum Goldmann, Stephen Wise, Albert Einstein, Marc Chagall und Henry Morgenthau.

Als Ort der Begegnung für alle noch an deutschsprachiger Kultur Interessierten wurde der Heinrich Heine-Klub (HHK) gegründet, als Präsidentin fungierte Anna Seghers, als Vizepräsidenten zwei Wiener, der Arzt und Zionist Leo Deutsch und der Dirigent Ernst Römer. Wichtige Mitarbeiter waren der kommunistische Schriftsteller und Judaist Leo Katz, der auch zu den Mitinitiatoren der Liga Israelita Pro-Ayuda a la Unión Soviética und der Liga Israelita Popular gehörte, und der parteilose Lyriker und ehemalige Rowohlt-Cheflektor Paul Mayer. Letzterer war auch Mitglied der deutsch-jüdischen Menorah und gestaltete ihr Kulturleben. In der von Rudolf Feistmann geleiteten *Demokratischen Post* schrieb v. a. Leo Zuckermann zum Thema.

---

31 Merker, Paul: Hitlers Antisemitismus und wir. In: Freies Deutschland 1 (Okt. 1942) 12. S. 9–11.
32 Vgl. Kießling, Wolfgang: Partner im „Narrenparadies". Der Freundeskreis um Noel Field und Paul Merker. Berlin 1994 (Merker und Zuckermann blieben auch in der jungen DDR bei ihrer Überzeugung und gehörten bald zu jenen, die in Ungnade fielen.). Siehe auch: Patka, Marcus G.: Von Juden und „Azteken". Das kommunistische Exil in Mexiko und der Zionismus (1942–1952). In: Jüdisches Echo 45 (1996). S. 83–89; ders.: Die drei Leben des Otto Katz alias Rudolf Breda alias André Simone in den Höhen der Politik und den Tiefen des Boulevards. In: Zweimal vertrieben. Die deutschsprachige Emigration und der Fluchtweg Frankreich – Lateinamerika 1933–1945. Hrsg. von Anne Saint Saveur-Henn. Berlin 1998. S. 140–154; ders.: Bücher über die Vernichtung. Der Exilverlag El Libro Libre in Mexiko 1942–1946. In: Jüdisches Echo 49 (2000). S. 300–305.

Kisch war im Vorstand des HHK und bei zahlreichen Veranstaltungen ein energiegeladener Conferencier sowie ein humorvoll-weltgewandter Diplomat bei internen Differenzen. Er „hat im Verhältnis der KPD-Gruppe zu den deutsch-jüdischen Emigranten der Menorah manches Porzellan gekittet, das [...] zerbrochen worden war."[33] In einem unveröffentlicht gebliebenen Text kritisierte er die mangelnde Kooperationsbereitschaft mancher Mitexilanten und verwies voller Stolz auf die von Nachum Goldmann und Stephen Wise im HHK gehaltenen Vorträge.[34] Außerdem fungierte er im literarischen Beirat des Verlages El Libro Libre und im Redaktionskomitee der Zeitschrift *Freies Deutschland*. Noch aus den Zeiten in Wien kannte er Konstantin Umansky, in Mexiko traf er ihn als sowjetischen Botschafter wieder, bis jener im Januar 1945 bei einem mysteriösen Flugzeugabsturz ums Leben kam. Als im Sommer 1943 für Solomon Michoëls und Isaak Feffer vom Jüdischen Antifaschistischen Komitee der Sowjetunion im Rahmen einer Goodwillreise ein Empfang an der Botschaft gegeben wurde, gehörte Kisch zu den Ehrengästen. Da Umansky ebenfalls dem Judentum entstammte, zeigte er viel Sympathie für die Bündnispolitik der BFD, durch ihn sah diese sich wiederum der Rückendeckung Moskaus versichert, was sich wenige Jahre später im Kalten Krieg als fataler Trugschluss erweisen sollte.

Weniger Glück hatte Kisch bei seiner Kontaktsuche in den USA: Ursprünglich wurde er vom New Yorker *Aufbau* um Manfred George zur Mitarbeit aufgefordert, doch nach seinen Attacken gegen Gustav Regler war es damit vorbei. 1944 schickte Kisch begeisterte Grüße zum 10. Geburtstag der Zeitschrift, diese revanchierte sich mit einer sehr positiven Kritik seines Mexiko-Buches und einer Würdigung von Oskar Maria Graf zu Kischs 60. Geburtstag. Mit Wieland Herzfelde beriet er sich über die Veröffentlichung eines Artikels: „Glaubst Du nicht, daß *Humboldt und die Juden* doch besser wäre [...] Es gibt so viele jüdische Institute, Bibliotheken, Judaica-Sammlungen, etc."[35] Hierbei war es sein Ziel, mit Alexander von Humboldt den großen Philosemiten – seine Lehrer waren Moses Mendelssohn, David Friedländer und Markus Herz – und bewunderten Vorgänger als Entdecker exotischer Länder und damit humanistisches Kulturgut vor der Usurpation durch den Nationalsozialismus zu retten. Der Artikel erschien in Mexiko, London und New York.[36]

---

[33] Pohle, Fritz: Das mexikanische Exil. Ein Beitrag zur Geschichte der politisch-kulturellen Emigration aus Deutschland 1937–1946. Stuttgart 1986. S. 314.
[34] Kisch, Egon Erwin: Widerstände. (Typoskript). In: Ders.: GW (wie Anm. 5). Bd. 10, S. 185–187.
[35] Egon Erwin Kisch an Wieland Herzfelde: Mexico, D.F., 02.11.1942. Akademie der Künste zu Berlin.
[36] Kisch, Egon Erwin: Humboldt, politisch und privat. In: Freies Deutschland 7 (Mai 1942) (o.S.); ders.: GW (wie Anm. 5). Bd. 10, S. 467–476; ders.: Humboldt und die Juden. In: Einheit-Young

Kisch hatte sich nie als Deutscher gefühlt, vielmehr war er ein großer Verehrer von Tomaš Masaryk und dem tschechischen Freiheitskampf gegen das Haus Habsburg. Deshalb schrieb er immer wieder über den Nazi-Terror in seiner Heimat sowie über historische Gemeinsamkeiten zwischen Mexiko und Böhmen. Doch Kisch war auch einer der raren Exilanten, der die verwirrend-faszinierende Kultur des Gastlandes tiefgehend zu ergründen suchte. Zu seinen spektakulärsten Entdeckungen gehören die Parallelen zwischen jüdischer und aztekischer Religion:

> Nicht anders konnten die Eroberer, die in Spanien die Juden jagten und ausrotteten, die indianische Religion bei den vorgesetzten Behörden daheim anschwärzen als durch Vergleich mit der mosaischen. Hätte es nichts Gemeinsames gegeben, hätten sie es erfunden. Da es jedoch des Gemeinsamen in Hülle und Fülle gab, wurden Erwägungen darüber angestellt, warum, wie und wann das Judentum nach Mexiko gekommen war. [...] Wenn man will, kann man fast für jeden Bibelvers eine Parallele in den Kodizes finden.[37]

Tatsächlich gibt es frappierende Ähnlichkeiten in Schöpfungsmythen und Mythologie der beiden monotheistischen Religionen, wie Sintflut und Wanderung ins verheißene Land. Mit äußerster wissenschaftlicher Akribie recherchierte Kisch die verschiedenen, sehr unterschiedlichen Theorien, die im Lauf der Jahrhunderte das Phänomen zu erklären suchten, wobei die neun Foliobände von Lord Kingsborough hervorstechen, um sie alle letztendlich streng rationalistisch als bloße Hypothesen zu verwerfen. Doch das Thema elektrisierte seine kriminalistische Neugier, in einem Privatmuseum entdeckte er indianisches Kunsthandwerk:

> Wohl das künstlerisch schönste Stück unter diesen Beweisen ist die skulpierte Schale einer Kokosnuß, gefunden bei Veracruz, unzweifelhaft sehr alt, unzweifelhaft indianisch, unzweifelhaft bildhauerisch meisterhaft und unzweifelhaft die kühnste Auffassung des Sündenfalls: Adam und Eva vollziehen den ersten Beischlaf, den die Menschen je vollführten, hinter ihnen grinst die Schlange, neben ihnen liegt die angeknabberte Frucht der Erkenntnis. Nur schade, daß der Künstler seinem Werk keine Jahreszahl beigesetzt hat. Die Büste eines Jünglings, der das Doppeldreieck, den Schild Davids auf einem Stirnband als Diadem trägt. Überhaupt viele Ornamentreste mit dem „Mogen David". Wenn es nur nicht in allen Kulturen so viele Morgenkreuze gäbe, wie es die Hakensterne und andere Ornamente gibt.[38]

Czechoslovakian 16 (1942) (o.S.); ders.: Humboldt und seine jüdischen Freunde. In: Aufbau, 26.01. 1945 (o.S.). Vgl. auch ders.: Zwiegespräch Humboldts mit einem Nazi. In: Demokratische Post, 15.09.1944 (o.S.).
37 Kisch, Egon Erwin: Die Bibel und Babel in der neuen Welt. (Typoskript im Nachlass). In: Ders.: GW (wie Anm. 5). Bd. 6, S. 393, 404. Vgl. auch ders.: Judíos e Indios. In: Tribuna Israelita 1 (1945). S. 8; ders.: Similitudes entre la Religión Biblica e India. In: Tribuna Israelita 1 (1945). S. 9.
38 Kisch, Egon Erwin: Seltsames Museum des Herrn Tennenbaum. (Typoskript im Nachlass) In: Ders.: GW (wie Anm. 5). Bd. 6, S. 440.

So lag es auf der Hand, auch in Mexiko die jüdische Unterschicht zu besuchen, er hatte erfahren, „daß es in Mexiko indianische Staatsbürger jüdischen Glaubens gebe und daß sie sogar eine Synagoge haben."³⁹ Allein in Mexico Ciudad zählte er 133 Familien, weitere in anderen Landesteilen. Ihre Herkunft konnte er nicht ergründen, sondern nur mutmaßen, dass ihre Vorfahren im späten 16. Jahrhundert in Kontakt mit dem ersten jüdischen Kolonisator Luis Carbajal el Mozo getreten sein mussten, dieser war „dazu ausersehen, eine Rolle zu spielen, die über die Familientragödie der Carbajals weit hinausreicht, ihn zu einem der ausdauerndsten, kühnsten und merkwürdigsten Märtyrer der jüdischen Religion macht."⁴⁰ Auch hier verhinderte ein Mangel an Quellenmaterial weitere Erkenntnisse.

In sein letztes Buch *Entdeckungen in Mexiko* nahm Kisch nur eine Reportage jüdischer Thematik auf. Mit *Indiodorf unter dem Davidstern* schuf er einen seiner bedrückendsten Texte, der alle Fragen beantwortet, wie aus relativer Gleichgültigkeit offene Anteilnahme wurde, und warum ein gläubiger Kommunist sich zum bekennenden Juden entwickelte, der sogar für den einst so geschmähten Zionismus Verständnis aufbrachte. Den Abschluss seines Besuches und somit auch der Reportage bildete ein Sabbatgottesdienst, dieser wurde beschlossen mit dem Kaddisch.

Auch ich trat vor, schloß die Füße aneinander und sprach nach, was der Rabbi uns vorsprach, nur die Namen seiner Toten fügt jeder Betende selbst ein.

Mein Vater und meine Mutter waren in Prag geboren, lebten dort, starben dort und sind dort begraben. Niemals konnte ihnen in den Sinn kommen, daß einer ihrer Söhne den Totenspruch für sie in einer Gruppe von Indios sprechen würde, im Schatten der silbertragenden Berge von Pachuca. Meine Eltern, die ihr Leben im Bärenhaus der Prager Altstadt verbrachten, ahnten nicht, daß ihre Söhne einmal aus dem Bärenhaus verjagt sein würden, nach Mexiko der eine, nach Indien der andere und die beiden, die dem Hitlerterror nicht entfliehen konnten, in unbekannte Stätten unvorstellbaren Grauens. Meine Gedanken schweifen weiter, Verwandte, Freunde, Bekannte und Fremde, Opfer Hitlers, alle haben Anspruch darauf, daß ihrer im Totengebet gedacht werde.

Ein Zug von Millionen, Frauen und Männer, die sich Zeit ihres Lebens darum gesorgt, ihre Familien zu ernähren und ihre Kinder zu nützlichen Mitgliedern der menschlichen Gesellschaft zu machen; Angestellte und Arbeiter, die sich im Schweiße ihres Angesichts ihr Brot verdienten; Ärzte, die Tag und Nacht bereit waren, Leidenden zu helfen; Menschen, die

---

39 Kisch, Egon Erwin: Das Rätsel der jüdischen Indianer. (Typoskript im Nachlass) In: Ders.: GW (wie Anm. 5). Bd. 6, S. 424. – Die Reportage erschien auch in Argentinien: Ders.: Das Rätsel der jüdischen Indianer. In: Jüdische Wochenschau – Semana Israelita 3 (1942) 92.
40 Kisch, Egon Erwin.: Die Familie Carbajal. Carbajal der Ältere. (Typoskript im Nachlass) In: Ders.: GW (wie Anm. 5). Bd. 6, S. 446–447. Vgl. auch: Anonym: La Familia Carvajal. In: Tribuna Israelita 1 (1945) 3 (o. S.).

bemüht waren, die Wahrheit zu verbreiten und die Lage ihrer Mitmenschen zu verbessern; Gelehrte, die der Wissenschaft lebten; Künstler, die dem Leben Schönheit geben wollten; Kinder, die sich ihre Zukunft so wunderbar träumten.... alle Arten von Menschen, lebensfrohe und sentimentale, gute und schlechte, starke und schwache.

Unübersehbar, unaufhörlich ist die Reihe. An den kalten Fratzen vorbei, wanken sie dem Ziele zu. Dort steht es, ein rauchender Bau. Alle wissen, was dieser Bau bedeutet, woraus der Rauch besteht, der aus dem Schlot aufsteigt. Es ist die Todesfabrik, sie fabriziert Leichen. Mit welchen Gedanken bewegt sich diese Armee der dem Mord Geweihten diesem Ziele zu? Keine Hoffnung mehr, keine Hoffnung mehr für sich, für ihre Kinder, für ihr Andenken, kaum Hoffnung mehr auf Rache, auf Bestrafung des Massenmords. Sie müssen sich in das Tor schieben, sie müssen sich entkleiden, sie müssen in die Kammer gehen, wo ein fürchterliches Gas sie erwürgt, verbrennt, auflöst. Aus dem Schlot steigt Rauch.

Unübersehbar ist die Kolonne, sie zieht dahin, als hätte es nie eine Menschheit gegeben, niemals das Streben, mehr Brot, mehr Recht, mehr Wahrheit, mehr Gesundheit, mehr Weisheit, mehr Schönheit, mehr Liebe und mehr Glück in die Welt zu bringen. Als letzter trete ich weg vom Altar, zu dem ich mich vor einigen Stunden so gut gelaunt aufgemacht hatte.[41]

Kisch erlebte die größte Katastrophe des jüdischen Volkes aus größtmöglicher geographischer Entfernung, dutzendfach gebrochen durch Zeitungsartikel und sich immer drohender verdichtenden Gerüchten, sodass sich seine Phantasie das Geschehen immer grauenvoller ausmalte, verbunden mit brennender Sorge um Familie und Freunde, dem inneren Schuldgefühl entkommen zu sein und bei allem Engagement immer noch zu wenig dagegen tun zu können. Sein abgrundtiefer Hass gegen den Nationalsozialismus spiegelt sich in folgendem Text:

Massenmord an Millionen von Juden, weil sie Juden sind. ‚Die Juden sind schuld an unserem Unglück!', so steht's geschrieben. An welchem Unglück? [...] Die Juden sind ‚schuld', weil sie keine Nazis sein können. Daher verdächtigt sie der Nazi, Menschen zu sein, wie er die ‚reinrassigen' deutschen Demokraten, Katholiken, Protestanten, Sozialisten und Kommunisten, die er hinrichtet und totmartert, der gleichen Schuld verdächtigt.[42]

Im März 1946 nach Prag zurückgekehrt, urteilte er über den hingerichteten SS-Reichsprotektor Karl Hermann Frank: „Dort oben hängt ein Mensch, der, wenn er je einer war, keiner mehr ist."[43] Was musste Kisch erst über Adolf Eichmann gedacht haben, der Zufall wollte es, dass das Ehepaar Kisch in jenem Haus eine

---

41 Kisch, Egon Erwin: Indiodorf unter dem Davidstern. In: Ders.: Entdeckungen in Mexiko. Mexiko 1946. Ders.: GW (wie Anm. 5). Bd. 7, S. 535f.
42 Kisch, Ergon Erwin: Mord, Mord und wiederum Mord, zehn Jahre lang. In: Freies Deutschland 2 (Feb. 1943) S. 3; ders. GW (wie Anm. 5). Bd. 9, S. 492.
43 Kisch, Egon Erwin: Die letzten Schritte des K. H. Frank. In: Ders.: Abenteuer in fünf Kontinenten. Wien 1948; ders.: GW (wie Anm. 5). Bd. 2/2, S. 350.

Bleibe fand, in dem der oberste Verwaltungs- und Vollzugsbeamte des Genozids während des Kriegs gewohnt hatte. Noch lagen dessen persönliche Gegenstände des Alltags herum.

Doch die Nachkriegswelt in der Tschechoslowakei barg noch schlimmere Überraschungen. So sehr Flüchtlinge zwischen 1933 und 1938 mit offenen Armen empfangen wurden, nach dem Einmarsch der Wehrmacht in Prag gesellte sich zur verständlichen Deutschenfeindlichkeit auch der Antisemitismus. Nur wenige Juden kehrten nach dem Krieg in ihre Heimat zurück, zudem entzündete sich der Antisemitismus an der Frage der Restitution des jüdischen Eigentums. Es kam erneut zu Terror und Gewalt, zu Pogromen und zur Schändung von Friedhöfen und Synagogen, welche von Richtern und Politikern nur selten verurteilt wurden. Schreiben konnte oder wollte Kisch darüber nicht, ebenso wie er auch den stalinistischen Antisemitismus verdrängte. Stattdessen nahm er am zaghaften Leben der jüdischen Gemeinde teil, einen Monat vor seinem Tod am 31. März 1948 wurde Kisch Ehrenvorsitzender der Rada, der Organisation nicht-orthodoxer Juden von Böhmen und Mähren.[44] Ein Foto zeigt ihn beim Grab seines Großvaters auf dem jüdischen Friedhof. Der kommunistischen Zeitung *Kol Ha'am* (Stimme des Volkes) in Tel Aviv schickte er ein Porträtfoto mit solidarischen Grüßen.[45] Über Ruth Klingerová versuchte er einen Einstieg in den entstehenden israelischen Buchmarkt[46], doch eine Übersetzung ins Hebräische war zu teuer und Deutsch war dort ebenso verpönt wie in der Tschechoslowakei. Sie war auch seine Kontaktperson zu Arnold Zweig am Mount Carmel, mit dem sich ein freundschaftlicher Briefwechsel entspann, 1930 waren sie noch scharfe Kontrahenten im Schutzverband Deutscher Schriftsteller gewesen. Gegenüber Leo Perutz sprach Kisch den Wunsch aus, endlich Palästina/Israel zu besuchen, war sich der Schwierigkeiten aber bewusst. Dort hätte er auch noch Louis Fürnberg getroffen, den er in Europa zu protegieren suchte. Aus Mexiko wiederum ersuchte ihn Eduardo Weinfeld[47] für eine *Enziclopedia Judaica* um einen Bericht über das momentane jüdische Leben in der ČSR. Doch Kisch hätte nur über den Tod schreiben können. Seine letzten Reportagen widmete er dem tschechoslowakischen Wiederaufbau und den

---

44 Vgl. Heumos, Peter: Rückkehr ins Nichts. Leo Hermanns Tagebuchaufzeichnungen über seine Reise nach Prag und die Lage der Juden in der Tschechoslowakei im Herbst 1945. In: Bohemia. Zeitschrift für Geschichte und Kultur der böhmischen Länder 27 (1986) 2. S. 269–278; Dagan, Avigdor [u. a.] (Hrsg.): The Jews of Czechoslovakia. Bd. 3. Philadelphia/New York o. J.
45 Grußbotschaft Egon Erwin Kischs. In: Kol Ha'am Daily, 13.02.1948 (Tel Aviv) (o. S.).
46 Museum des tschechischen Schrifttums. Ruth Klingerová an Egon Erwin Kisch. Prag. 10.12.1947.
47 Museum des tschechischen Schrifttums. Eduardo Weinfeld an Egon Erwin Kisch. Mexiko, 05.08.1946.

Grabstätten des Judentums. Er erinnerte an die großen Taten der „Bewohner" ihrer beiden Prager Friedhöfe und auch an die jüngste Vergangenheit in Žižkov: „Während der Naziokkupation war der einzige erlaubte Aufenthalt für Juden und Judenkinder der Friedhof Nummer zwei. Im Mai tauschten viele Nazis mit den Juden flugs den Platz."[48] Das monströseste und unfassbarste Grab war jedoch eine aus „Dokumentationsgründen" von Funktionären des NS-Regimes angelegte Judaica-Sammlung, deren Herzstück eine erhöht gelagerte, Jahrhunderte alte Bibel war:

> Hier stand sie, Lehrerin und Richterin, als unanfechtbar und unfehlbar anerkannt nicht nur von einem Volk, sondern auch von Christen, Mohammedanern, von Ketzern und Sektierern. Dort oben, als Leiche aufgebahrt, sollte sie den künftigen Geschlechtern des tausendjährigen Nazireiches beweisen, welch dominierende Stelle die braunen Sturmkolonnen erstürmten. So blieb sie auf ihrem Platz, während Hitlers Reich neunhundertneunzig Jahre vor Ablauf der tausend Jahre zerstank wie ein Teufelsfurz.[49]

Vorerst konnte diese Reportage nur in englischer Übersetzung von Edith Bone in der 1948 letztendlich doch realisierten erweiterten Neuauflage des Ghetto-Buches im Londoner Anscombe-Verlag erscheinen. Mit Wieland Herzfelde korrespondierte Kisch gleich nach seiner Rückkehr[50], um eine deutsche Fassung in New York herauszubringen. Die Aurora-Bücherei war dazu aber nicht in der Lage, Herzfelde riet zu einem Schweizer Verlag, doch das Manuskript lag in Wien. Dort hätte es von Curt und Vera Ponger bei Continental & Edition aufgelegt werden sollen, bis sie anfragten: „[...] ob es nicht günstiger wäre, mit einem anderen Buch zu beginnen. [...] Der Grund, warum uns Bedenken gekommen sind, ist der spezifische Inhalt dieses Bandes, der vielleicht für die heutige Situation in Österreich noch etwas zu früh wäre."[51] Das Projekt verzögerte sich und kam nicht mehr zustande, es wäre Kischs Vermächtnis gewesen.

Bei aller späten Liebe zum Judentum ging es ihm nach wie vor um die Menschen aller Nationen, Religionen und Hautfarben, daher riet er den Juden in Europa auch weiterhin zu Integration bzw. Assimilation, zur großen Weltfamilie, er sah nur ein soziales, aber kein national-religiöses Problem:

---

48 Kisch, Egon Erwin: Friedhof, reichend von Industrierevolution zum Imperialismus. In: Ders.: GW (wie Anm. 5). Bd. 2/2, S. 358.
49 Kisch, Egon Erwin: Mörder bauten dem zu Ermordenden ein Mausoleum. In: Ders.: Prager Pitaval. Berlin 1952; ders.: GW (wie Anm. 5). Bd. 2/2, S. 343.
50 Museum des tschechischen Schrifttums. Egon Erwin Kisch an Wieland Herzfelde. Prag. 18.7. 1946.
51 Museum des tschechischen Schrifttums. Curt Ponger an Egon Erwin Kisch. Nürnberg. 12.6. 1947.

> The future of the Jews in any country is dependent upon the future of that country. All the Nazi ranting notwithstanding, there is not a country in Europe in which the Jews do not form an integral part of the economic and cultural life. In Central Europe, this is true to an ever greater extent.
>
> The future of the countries of Central Europe will depend, not only on the type of government they have, but also on the world order of which they will form an organic part. Even if it were possible to restore pre-Hitler conditions in Europe, barbarism would not be eliminated. Indeed, barbarism will not be removed from the countries of Central Europe so long as artificial borders are maintained between the various states by forts, soldiers, and other forceful means. These primitive forms of separation between peoples are a hindrance to civilisation, but in Central Europe they are an absolutely insurmountable impediment to progress. Only a social order that excludes rivalry for markets and recognizes the equality of all peoples before the law can insure peace and the advancement of civilization in Central Europe or anywhere else for that matter.
>
> In such a social order, I am sure the Jews will find peace and security and ample opportunity to develop their own culture as well as to enrich the culture of their neighbours.[52]

Dies ist natürlich der klassisch kommunistische Standpunkt. Die Gründung Israels und den Nahost-Konflikt sollte er nicht mehr erleben. Kurz bevor er einem zweiten Schlaganfall erlag, erschütterte ihn noch im März 1948 der mysteriöse Tod seines Jugendfreundes Jan Masaryk, tief bewegt würdigte Kisch dessen „Philosemitismus, den er bei jeder Gelegenheit betonte."[53] In Minsk wurde im Januar des selben Jahres Solomon Michoëls mehr oder weniger auf direkten Befehl Stalins ermordet. Für das Judentum in Osteuropa begannen die „schwarzen Jahre". Kisch musste sie nicht mehr mitansehen, auch nicht ihre brutale Manifestation Ende 1952 in Prag, den Slánský-London-Schauprozess mit antisemitischen Untertönen, bei dem sein langjähriger Freund und Genosse André Simone angeklagt und anschließend durch den Strang vom Leben in den Tod befördert, seine Asche in den Wind gestreut wurde. Vermutlich ist Alfred Kantorowicz zuzustimmen, wonach Kisch selbst auf der Anklagebank gesessen wäre, wenn er diesen Prozess noch erlebt hätte – oder dieser hätte ihm endgültig sein ewig links schlagendes Herz gebrochen.

---

52 Museum des tschechischen Schrifttums. Kisch, Egon Erwin: The Future of the Jews in Europe. In: The Jewish Digest. Ohne Angaben.
53 Klingerová, Ruth: Egon Erwin Kisch über Jan Masaryk. In: Neueste Nachrichten. 19.03.1948 (Tel Aviv). In: Ders.: GW (wie Anm. 5). Bd. 10, S. 551.

Doris Maja Krüger
„... die Praxis hat uns verlassen."

Leo Löwenthal im Dienste der amerikanischen Regierung zu Beginn des Kalten Krieges

In einem Brief an den Leiter der Personalabteilung der U.S. Information Agency (USIA) vom 1. Juni 1955 bat der 1900 in Frankfurt am Main geborene und 1934 mit dem Institut für Sozialforschung in die Vereinigten Staaten emigrierte Leo Löwenthal darum, auch im akademischen Jahr 1955/1956 unbezahlt freigestellt zu werden. Bereits seit Januar war er von seiner Arbeit bei dem der USIA unterstellten Radiosender Voice of America beurlaubt, um am Department of Sociology der University of California, Berkeley als Visiting Professor lehren zu können. Diese Freistellung galt jedoch nur bis zum 17. Juli. Da Löwenthal gern der Einladung des Center for Advanced Study in the Behavioral Sciences der Stanford University, die ihn während des Frühlingssemesters 1955 in Berkeley erreichte, nachkommen und dort ein Jahr als Fellow verbringen wollte, beantragte er die Verlängerung seiner Freistellung bis zum 16. Juli 1956. Er wusste, dass die USIA unbezahlte Freistellungen nur dann bewilligte, wenn diese im Interesse der Agency lagen, und dass die Verlängerung einer bereits erfolgten Freistellung administrative Probleme bereiten würde und deswegen nur schwer zu erhalten sei. In seinem Brief betonte er daher, wie sehr die USIA von seinem Forschungsaufenthalt in Stanford profitieren würde. So gäbe ihm dieser nicht nur die Möglichkeit, sein Wissen in bestimmten Bereichen der Kommunikationstheorie und -praxis zu vertiefen, sondern würde ihn auch tagtäglich in den engen Austausch mit renommierten Wissenschaftlern bringen, die sich ebenfalls der Erforschung der Massenmedien, insbesondere der sowjetischen Kommunikation und Propaganda verschrieben haben. Er hoffe daher, so schloss er sein Gesuch, dass dies die administrativen Probleme aufwiegen und die USIA seiner Bitte entsprechen würde. Falls nicht, würde er selbstverständlich wie geplant seinen Dienst am 17. Juli wieder antreten.[1]

---

[1] Vgl.: Leo Löwenthal Archiv im Archivzentrum der Universitätsbibliothek Frankfurt am Main (LLA), B151, Bl. 3–4: Leo Löwenthal an den Director of Personnel, U.S. Information Agency vom 1. Juni 1955. Ich bedanke mich herzlich bei Susanne Löwenthal und Peter-Erwin Jansen für die Abdruckgenehmigung bzw. die Genehmigung zur Verwendung und Bearbeitung der Materialien und Dokumente aus dem Leo Löwenthal Archiv. Dem letztgenannten danke ich zudem für die Genehmigung zur Verwendung und Bearbeitung der Materialien und Dokumente aus dem Herbert Marcuse Archiv.

Angesichts dieses Gesuchs Löwenthals stellt sich eine Reihe von Fragen: Warum ist ein „linker, theoretisch radikal eingestellter deutscher Jude"[2] in den Anfangsjahren des Kalten Krieges für die amerikanische Regierung tätig? Worin bestand seine Aufgabe bei der Voice of America und warum wollte er von dieser Mitte der 1950er Jahre erneut freigestellt werden? Inwiefern konnte so eine Freistellung im Interesse der USIA sein? Löwenthals Bitte, dies sei vorweg genommen, wurde entsprochen. Man wünschte ihm ein erfolgreiches Jahr in Stanford und äußerte die Hoffnung, ihm bei seiner Rückkehr eine Stelle anbieten zu können, die seinen Qualifikationen entspricht.[3]

Verpflichtung und Privileg

Als Löwenthal am 30. März 1949 seine Arbeit als „first and last"[4] Direktor der Program Evaluation Branch der Voice of America aufnahm, war dies bereits seine dritte Anstellung bei einer amerikanischen Regierungsinstitution. Wie viele andere (ehemalige) Mitarbeiter des Instituts für Sozialforschung war auch er schon während des Zweiten Weltkrieges im amerikanischen Regierungsdienst tätig. Im Unterschied jedoch zu Franz L. Neumann und Otto Kirchheimer, die bei der Research and Analysis Branch (R&A) des Office of Strategic Service (OSS) angestellt waren,[5] arbeitete er, ebenso wie Joseph B. Maier,[6] für das von Franklin D. Roosevelt zeitgleich mit dem OSS im Juni 1942 in Washington, D.C. eingerichteten Office of War Information (OWI). Nachdem Elmer Davis, der Direktor des OWI, Löwenthal im Januar 1943 offiziell zum „Consultant" ernannte, übte dieser bis Februar 1944 eine beratende Tätigkeit bei der Domestic Media-Abteilung aus. Im Anschluss daran arbeitete er bis Juli 1944 als „Communication Analyst" für das Bureau of Overseas Intelligence (BOI), einer Unterabteilung des OWI. Als er im Gespräch mit dem Herausgeber seiner *Schriften*, Helmut Dubiel, auf diese Zeit zurückblickte, konnte er nicht viel über seine Tätigkeit bei der Domestic Media-

---

2 So Löwenthals Selbstbeschreibung im Alter von 91 Jahren. Zitiert nach: Jansen, Peter-Erwin: Vorwort. In: Das Utopische soll Funken schlagen... Zum hundertsten Geburtstag von Leo Löwenthal. Hrsg. von Peter-Erwin Jansen. Frankfurt am Main 2000. S. 4–7. Hier S. 4.
3 Vgl. LLA, B151, Bl. 5: L. K. Little (Deputy Assistant Director Personnel, U.S. Information Agency) an Leo Löwenthal vom 9. Juni 1955.
4 LLA, A876, Bl. 5: Leo Löwenthal an John F. Kennedy vom 11. Januar 1961.
5 Vgl. Neumann, Franz [u. a.]: Secret Reports on Nazi Germany. The Frankfurt School Contribution to the War Effort. Hrsg. von Raffaele Laudani. Princeton 2013.
6 Vgl. Maier, Joseph B.: A Precious Legacy. In: The German-Jewish Legacy in America, 1938–1988. From *Bildung* to the Bill of Rights. Hrsg. u. eingeleitet von Abraham J. Peck. Detroit 1989. S. 95–101.

Abteilung sagen. Er fand sie „nicht sonderlich spannend", auch weil sie „meist aus Routine" bestand. Seine Arbeit beim BOI hingegen erschien ihm „schon interessanter".[7] Dort war er mit der Auswertung deutschsprachiger Zeitungen und Rundfunksendungen betraut worden und verfasste diverse Memoranden, so beispielsweise über „Totalitarian Economy and the Role of the Craftsman in Germany", „Resentment among Farm Workers", „Sabotage by Foreign Workers in Germany" und „The Invasion and the Free Germany Committee".[8] Dennoch empfand er auch diese Arbeit als „sehr frustrierend".[9] Die Sammlung und Aufbereitung der Informationen hatte recht wenig mit jener Forschung zu tun, die er und auch Herbert Marcuse von der Arbeit am Institut für Sozialforschung kannten und schätzen. Sämtliche Versuche, die Verantwortlichen des OWI von der Notwendigkeit langfristiger, methodisch durchdachter und theoretisch fundierter Forschungsvorhaben zu überzeugen, schlugen fehl. Wohl auch deswegen verließ Marcuse im Frühjahr 1943 das OWI schon wieder und begann für die R&A Branch des OSS zu arbeiten.[10] Zudem erinnerte sich Löwenthal an „ein großes Durcheinander von Bürokratie, Professoreneitelkeit, halbseidenen Intellektuellen", das dazu führte, dass er seine Arbeit „wirklich nicht befriedigend" fand.[11] Auch er wäre gern zum OSS gewechselt, aus persönlichen Gründen war dies jedoch nicht möglich.

Doch auch wenn Löwenthals Arbeit beim OWI und dessen Unterabteilung „oft sehr kurzfristig und unmethodisch"[12] war und ihn intellektuell nicht sonderlich forderte, verstand er sie als doppelte Verpflichtung: So wollte auch er seinen Beitrag zum Kampf gegen den Nationalsozialismus leisten. Der gegen ihn wie auch die anderen Kritischen Theoretiker häufig vorgebrachte und von Alfons

---

[7] Löwenthal, Leo: Mitmachen wollte ich nie. Ein autobiographisches Gespräch mit Helmut Dubiel. Frankfurt am Main 1980. S. 111.
[8] Vgl. The National Archives at College Park, College Park, MD (NACP), RG 208: Records of the Office of War Information, Entry E-367: Records of Overseas Operations Branch. Bureau of Overseas Intelligence. Regional Analysis Division. Central Files. Europe 1941–1945. Box 294–314. Zudem sind im Nachlass Löwenthals einige Memoranden erhalten. Vgl. LLA, B128: Office of War Information.
[9] Löwenthal: Mitmachen (wie Anm. 7), S. 112.
[10] Vgl. Jansen, Peter-Erwin: Deutsche Emigranten in amerikanischen Regierungsinstitutionen. Herbert Marcuse, Franz Neumann, Leo Löwenthal und andere. In: Zwischen Hoffnung und Notwendigkeit. Texte zu Herbert Marcuse. Hrsg. von Peter-Erwin Jansen u. Redaktion „Perspektiven". Frankfurt am Main 1999. S. 39–58.
[11] Löwenthal: Mitmachen (wie Anm. 7), S. 112.
[12] Löwenthal: Mitmachen (wie Anm. 7), S. 113.

Söllner zurecht kritisierte Vorwurf der „theoriepolitische[n] ‚Einigelung'"[13] übersieht demzufolge, dass es sich bei deren Arbeit für amerikanische Regierungsinstitutionen auch um eine „neue Form[...] des Widerstandskampfes der Theorie"[14] handelte. Zudem erhoffte sich Löwenthal durch seine Tätigkeiten für das OWI und das BOI dazu beitragen zu können, das angespannte Budget des Instituts für Sozialforschung zu entlasten. Denn es war zwar dem Institut gelungen, noch vor der Machtübertragung auf Hitler das Gros des Stiftungsvermögens ins Ausland zu transferieren. Aufgrund von Fehlinvestitionen und der Unterstützung, die man auch institutsfremden Emigranten wie Ernst Bloch zukommen ließ, neigten sich jedoch die finanziellen Mittel dem Ende.[15] Als mit dem Jewish Labor Committee (JLC) und dem American Jewish Committee (AJC) neue Geldgeber gefunden worden waren, freute er sich, im Sommer 1944 nach New York zurückkehren und seine Arbeit am Institut wieder aufnehmen zu können. In den folgenden Jahren arbeitete er vor allem an den beiden großen Forschungsprojekten des Instituts mit. Im Rahmen der vom JLC finanzierten *Laborstudy* bearbeitete er die Teilstudie *Vorurteilsbilder. Antisemitismus unter amerikanischen Arbeitern*, die bis heute als einzige des Projekts veröffentlicht ist. Zudem widmete er sich gemeinsam mit Norbert Guterman der Erforschung der faschistischen Agitation. Die von ihnen verfasste Studie *Prophets of Deceit* erschien als fünfter Band der *Studies in Prejudice*.

Als am 13. Juli 1949 der von den Nazis 16 Jahre zuvor abgeschaffte Lehrstuhl für Sozialphilosophie als Lehrstuhl für Soziologie und Philosophie an der Frankfurter Universität wieder eingerichtet und damit zugleich die sich bereits seit zwei Jahren abzeichnende Remigration des Institut für Sozialforschung offiziell beschlossen wurde, befand sich Löwenthal schon wieder im Dienste der amerikanischen Regierung. Bereits Ende 1948 wurde er von einem Mitarbeiter des State Departments aufgefordert, eine Abteilung aufzubauen, die sich der Erforschung

---

13 Söllner, Alfons: „Emigrantenblicke" 1950–1965. Die westdeutsche Demokratie im Urteil von Franz L. Neumann und Otto Kirchheimer. In: Die Frankfurter Schule und Frankfurt. Eine Rückkehr nach Deutschland. Hrsg. von Monika Boll u. Raphael Gross. Göttingen 2009. S. 278–287. Hier S. 279.
14 Müller, Ernst/Schmieder, Falko: Begriffsgeschichte und historische Semantik. Ein kritisches Kompendium. Berlin 2016. S. 618. So bezeichnete es beispielsweise Leo Löwenthal in einem Brief an den Leiter der Analysis Division des Office of War Information als „duty" und „privilege", die ihm angebotene Position beim Bureau of Overseas Intelligence anzunehmen. Vgl. LLA, A968, Bl. 42: Leo Löwenthal an Theodore M. Newcomb vom 28. Januar 1944.
15 Vgl. Jay, Martin: Dialektische Phantasie. Die Geschichte der Frankfurter Schule und des Instituts für Sozialforschung 1923–1950. Frankfurt am Main 1976. S. 202f.

der Wirkung der Voice of America widmen sollte.[16] Im Gespräch mit Mathias Greffrath erinnerte er sich:

> Ein Bekannter von mir, ein Historiker, den ich kennengelernt hatte im Office of War Information [...], blieb bei der Regierung, nachdem der Krieg zu Ende war, und war zu der Zeit politischer Direktor der ‚Voice of America', deren Büros damals alle in New York waren. Und der hat eines Tages gefragt: ‚Leo, was würdest du dazu sagen, wenn du eine wissenschaftliche internationale Forschungsstelle für die größte Propagandaabteilung, die wir im State Department überhaupt haben, entwickeln würdest?' Ich habe die Hände über dem Kopf zusammengeschlagen: ‚Die Gelder des Steuerzahlers ausgeben, und dann macht ihr noch nicht einmal Untersuchungen darüber, ob das irgendwie was Gutes tut?' Und das hab ich dann gemacht. Ich meine, das war eine Herausforderung [...].[17]

Im März 1949 kehrte er erneut und diesmal endgültig dem Institut für Sozialforschung den Rücken. Gemeinsam mit Max Horkheimer, Theodor W. Adorno und Friedrich Pollock zurück nach Deutschland zu gehen, kam für ihn nicht in Frage, auch weil sein 1926 in Frankfurt am Main geborener und in den Vereinigten Staaten aufgewachsener Sohn Daniel inzwischen an der New Yorker Columbia University studierte.[18] Doch auch wenn die Entscheidung, in Amerika zu bleiben, „in erster Linie eine persönliche, private"[19] war, war sie dies nicht nur, wie die letzten Worte der eben zitierten Passage bereits andeuten. Der Kalte Krieg, dies zeigt Udi Greenberg anhand der Biographien von Carl J. Friedrich, Ernst Fraenkel, Waldemar Gurian, Karl Loewenstein und Hans J. Morgenthau auf, bot deutschsprachigen Emigranten ungeahnte Möglichkeiten, im Rahmen ihrer jeweiligen Tätigkeiten für die amerikanische Regierung eigene intellektuelle Vorhaben und Ziele zu verfolgen.[20] Und so war es neben der „intellektuelle[n] und wissenschaftliche[n] Herausforderung"[21] wohl auch die Aussicht darauf, sich dieser den eigenen Vorstellungen entsprechend stellen zu können, die Löwenthal dazu bewog, zum dritten Mal in den Dienst der amerikanischen Regierung zu treten. Doch auch wenn Löwenthal aus privaten Gründen ein substantielles Interesse daran

---

16 Vgl. LLA, A56, Bl. 33–34: Lebenslauf Leo Löwenthal.
17 Löwenthal, Leo: „Wir haben nie im Leben diesen Ruhm erwartet". Gespräch mit Mathias Greffrath. In: Leo Löwenthal Schriften (LLS). Bd. 4. Frankfurt am Main 1990. S. 299–326. Hier S. 322.
18 Vgl. Löwenthal, Leo: „Ich will den Traum von der Utopie nicht aufgeben". In: Die andere Erinnerung. Gespräche mit jüdischen Wissenschaftlern im Exil. Hrsg. von Hajo Funke. Frankfurt am Main 1989. S. 168–185. Hier S. 185; Vgl. LLA, C2: Lebenslauf Daniel Löwenthal.
19 Löwenthal: Ruhm (wie Anm. 17), S. 319.
20 Vgl. Greenberg, Udi: The Weimar Century. German Émigrés and the Ideological Foundations of the Cold War. Princeton 2014. S. 24.
21 Löwenthal: Mitmachen (wie Anm. 7), S. 113.

hatte, in Amerika zu bleiben, und auch wenn ihm die Arbeit bei der Voice of America die Möglichkeit gab, seinen Lebensunterhalt mit einer interessanten Tätigkeit zu bestreiten, scheint es doch erstaunlich, dass ein „linker, theoretisch radikal eingestellter deutscher Jude"[22] wie Löwenthal für das amerikanische Außenministerium in den Anfangsjahren des Kalten Krieges arbeiten wollte und dies auch konnte – insbesondere angesichts der „Faszination"[23], die die Russische Revolution auf den jungen Löwenthal wie auch auf viele andere seiner Generation ausübte.

1917 und das Bekenntnis zum Westen

In den Interviews und Gesprächen, die mit Löwenthal in den 1970er und 1980er Jahren vermehrt geführt wurden, kam er immer wieder auf die „weltkommunistisch-politische[...] Enthusiasmuswelle"[24] zu sprechen, mit der er und viele andere spätere Mitarbeiter des Instituts für Sozialforschung die Russische Revolution 1917 begrüßten. Diese Welle der Begeisterung lief nicht einfach aus, sie wurde durch die Entwicklungen in der Sowjetunion grausam gebrochen. Was Löwenthal zunächst als eine „Befreiungstat für die Menschheit"[25] erlebte, sollte sich recht bald in „wohl eines der grössten Traumata und Enttäuschungen, Desillusionen"[26] entwickeln. Im Gespräch mit Adelbert Reif konstatierte er:

> [W]ahrscheinlich wären die großen Heroen des historischen Materialismus alle nach Sibirien geschickt worden oder umgebracht worden, wenn sie überlebt hätten und die Möglichkeit gehabt hätten, [...] die sowjetische Herrschaft zu kritisieren. – Und das ist ja auch so gewesen, ich brauche ja nur Namen wie: Radek, Bucharin und alle die zu nennen, die ja gläubige und wissenschaftlich fundierte Marxisten waren und dafür mit ihrem Leben bezahlen mussten [...].[27]

Auch wenn sich nicht bei allen Institutsmitarbeitern bis zum Ende der 1930er Jahre eine derartige Ernüchterung einstellte, stellte sie sich doch irgendwann bei

---

22 So Löwenthals Selbstbeschreibung im Alter von 91 Jahren. Zitiert nach: Jansen: Vorwort (wie Anm. 2), S. 4.
23 Migdal, Ulrike: Die Frühgeschichte des Frankfurter Instituts für Sozialforschung. Frankfurt am Main/New York 1981. S. 101.
24 LLA, B211, Bl. 1–35: Zeitgenossen. Gespräch mit Paul Assall. Gesendet im Programm des Südwestfunk Baden-Baden am 1. Februar 1981. S. 3.
25 Löwenthal: Mitmachen (wie Anm. 7), S. 121.
26 LLA, B218, Bl. 1–34: Interview mit Herrn Prof. Leo Löwenthal von Adelbert Reif. S. 5.
27 Interview Reif (wie Anm. 26), S. 6.

ihnen allen ein; selbst bei jenen, die wie Karl August Wittfogel noch 1937/1938 versuchten, die Moskauer Prozesse zu rechtfertigen. So erinnerten sich Löwenthal und Pollock ganz unabhängig voneinander an die Reaktion Wittfogels auf die Bemerkung Horkheimers im Jahr 1938, er hielte ein Bündnis zwischen Hitler und Stalin für möglich. Wittfogel sprang damals wütend vom Mittagstisch im New Yorker Tip Toe Inn auf, warf seine Serviette auf den Tisch und verließ das Restaurant noch ohne zu bezahlen. Als Pollock sich diese Situation elf Jahre später ins Gedächtnis rief, äußerte er sich in einem Brief an Wittfogel sehr glücklich darüber, dass inzwischen auch dieser den wahren Charakter des stalinistischen Regimes erkannt hatte.[28] Und so war zu Beginn des Kalten Krieges nicht nur für Löwenthal „der Traum an das Proletariat als einen Träger einer gesellschaftlichen Veränderung [...] längst ausgeträumt"[29]. Sie alle wussten, „daß die Sowjetunion weiß Gott nicht die Vorhut einer revolutionären gesellschaftlichen Veränderung sein"[30] konnte. Löwenthal wünschte daher, nicht auf einen Begriff festgelegt zu werden, „der von der Geschichte so korrumpiert worden ist"[31], wie der des Sozialismus. Dies bedeutete jedoch nicht, dass er sich von seiner jugendlichen Begeisterung für die Russische Revolution im Laufe der Zeit distanzierte oder aber diese verleugnete – nicht einmal, als er sich Anfang der 1950er Jahre im Zuge seiner Tätigkeit für die Voice of America erneut einer Sicherheitsbefragung ausgesetzt sah. Gleich zweimal kam er in seinem autobiographischen Gespräch *Mitmachen wollte ich nie* auf diese Befragung zu sprechen. Beide Male erinnerte er sich an seine Reaktion auf die Frage des Untersuchungsbeamten, ob er jemals Sympathien für die Sowjetunion gehabt habe:

> Das habe ich dann entschieden mit Ja beantwortet, und er fiel fast vom Stuhl. Er hat mich dann noch einmal gefragt, ob ich ihn auch richtig verstanden hätte. Ich sagte ihm, er hätte falsch gefragt. Ich hätte in der Tat große Sympathien für die russische Revolution 1917 gehabt, und jeder Deutscher meiner Generation, der also zu dieser Zeit 16 oder 17 Jahre alt war und in dieser Zeit, mitten im Ersten Weltkrieg, keine Sympathien für die russische Revolution gehabt habe, so sagte ich dem Beamten, der sei es gerade heute nicht wert, Beamter des amerikanischen Regierungssystems zu sein.[32]

Jüngeren Generationen fiel es mitunter sehr schwer, diese politische Entwicklung der (ehemaligen) Mitarbeiter des Instituts für Sozialforschung nachzuvollziehen.

---

28 Vgl. Löwenthal: Mitmachen (wie Anm. 7), S. 86 f.; LLA, A959, Bl. 62: Friedrich Pollock an Karl August Wittfogel vom 30. September 1949.
29 Interview Reif (wie Anm. 26), S. 8.
30 LLA, B220, Bl. 6–12: Interview mit Leo Löwenthal von Emilio Galli Zugaro. S. 4.
31 Interview Reif (wie Anm. 26), S. 19.
32 Löwenthal: Mitmachen (wie Anm. 7), S. 39; Vgl. Löwenthal: Mitmachen (wie Anm. 7), S. 120 f.

Immer wieder wurden Erklärungen und Rechtfertigungen eingefordert – nicht nur von Marcuse, auch von Löwenthal. Immer wieder wurden die Kritischen Theoretiker wegen ihrer früheren Tätigkeit für die amerikanische Regierung angegriffen, mitunter sogar öffentlich verleumdet. Am bekanntesten sind wohl die Vorkommnisse während eines Vortrags Marcuses in Rom im Juni 1969. Noch einen Monat später berichtete dieser in einem Brief an Löwenthal aufgewühlt von seinem „[s]houting match"[33] mit Daniel Cohn-Bendit und von der von anderen gegen ihn in denunziatorischer Absicht vorgetragenen Behauptung, er sei ein Agent der CIA. Auch Löwenthal erinnerte sich an „diese großen Anklagen [...]: ‚Wie könnt ihr nur?'"[34] So berichtete er beispielsweise Dubiel von einer Auseinandersetzung mit einem seiner besten Studenten. Dieser warf ihnen vor, sich auf dem Berg der Götter eingerichtet, die Realität aus dem Blick verloren und sich vom Marxismus losgesagt zu haben. Löwenthal erklärte ihm daraufhin, dass nicht sie die Praxis, sondern die Praxis sie verlassen habe.[35]

Doch nicht nur Löwenthals Studenten, auch seinen Gesprächs- und Interviewpartnern schien es mitunter schwer zu fallen zu verstehen, dass jemand wie Löwenthal, „mit einer eindeutig intellektuellen sozialistischen Tradition [...] keine Hemmungen hatte[...], in den Dienst einer Macht zu treten, die bereits eine Generation später als eindeutig imperialistisch erkannt worden ist."[36] So wusste beispielsweise Dubiel zwar durch die Gespräche mit Löwenthal, wie einschneidend die Erfahrung des Stalinismus und der Stalinisierung der KPD in der Weimarer Republik für diesen war. Er wusste jedoch auch, dass sich Löwenthal zu Beginn der 1920er Jahre der Arbeiterbewegung zugehörig fühlte, dass er nicht nur Vorträge vor und Schulungskurse mit Arbeitern abhielt, sondern auch mit diesen gemeinsam während des Kapp-Putsches gegen Kappisten vorging. Als Teil „jene[r] Generation sozialwissenschaftlicher Intelligenz, die im Rahmen der Studentenbewegung gerade durch die Erfahrung des Vietnamkrieges politisiert worden ist"[37], hinterließ Löwenthals Arbeit für die Voice of America bei ihm eine gewisse Verwunderung. Auch Greffrath fragte Löwenthal, ob diese Tätigkeit einer „Theorie des kleineren Übels"[38] geschuldet gewesen sei. Löwenthal erklärte beiden freundlich, aber doch bestimmt: Weder für ihn noch für Marcuse sei die Arbeit für die amerikanische Regierung „kompromittierend"[39] gewesen. Auch hätte

---

33 LLA, A992, Brief 295: Herbert Marcuse an Leo Löwenthal vom 16. Juli 1969.
34 Löwenthal: Ruhm (wie Anm. 17), S. 323.
35 Vgl. Löwenthal: Mitmachen (wie Anm. 7), S. 78 f.
36 Löwenthal: Mitmachen (wie Anm. 7), S. 128.
37 Löwenthal: Mitmachen (wie Anm. 7), S. 127.
38 Löwenthal: Ruhm (wie Anm. 17), S. 324.
39 Löwenthal: Mitmachen (wie Anm. 7), S. 128.

diese für ihn keinen moralischen Konflikt bedeutet. Zudem bemerkte er: „[U]nd ein Freund der Sowjetunion war ich schon gar nicht mehr zu der Zeit. Überlegen Sie mal, in welchen Jahren sich das abspielte!"[40] Löwenthals mit Nachdruck vorgetragener Hinweis auf die Zeit, über die er mit Greffrath sprach, wie auch Dubiels Bemerkung über die Generation, der er angehörte, verweisen auf eine Nachträglichkeit, die dem Erstaunen über die Tätigkeiten Löwenthals und der anderen Kritischen Theoretiker für amerikanische Regierungsinstitutionen innewohnt. Dieses Erstaunen entstammt einem Verständnis von der Rolle Amerikas im Ost-West-Konflikt, das sich erst im Zuge der 1960er Jahre ausgebildet hat.[41]

Für Löwenthal, wie auch Marcuse, Fraenkel und all die anderen (ehemaligen) Mitarbeiter des Instituts für Sozialforschung, die sich im Dienste der amerikanischen Regierung befanden, stellte sich diese Frage nicht; weder in den Anfangsjahren des Kalten Krieges, noch später. Sie wussten, wofür sie sich entscheiden würden, wenn sie die „Wahl habe[n] zwischen dem Sowjetsystem und der amerikanischen oder europäischen industriellen, zivilisierten Welt"[42]. Und auch jene, die nie für die amerikanische Regierung tätig waren und die längst aus dem amerikanischen Exil nach Deutschland zurückgekehrt waren, positionierten sich recht deutlich entlang der Konfrontationslinie von Ost und West. So legte beispielsweise Horkheimer bei der Neupublikation seiner Texte 1968 Wert darauf, dass „die Erfahrung in den letzten zwei Jahrzehnten mitzusprechen"[43] habe, und stellte seinen Essays ein Vorwort voran, in dem er sich emphatisch zum Westen bekannte. Er schrieb: „Die sogenannte freie Welt an ihrem eigenen Begriff zu messen, kritisch zu ihr sich zu verhalten und dennoch zu ihren Ideen zu stehen, sie gegen Faschismus Hitlerscher, Stalinscher oder anderer Varianz zu verteidigen, ist Recht und Pflicht jedes Denkenden."[44] Ähnlich wie Horkheimer war es auch Löwenthal wichtig, den Vereinigten Staaten „nicht unkritisch"[45] gegenüber zu stehen. Seine Dankbarkeit darüber, in Amerika Zuflucht gefunden zu haben, sollte nicht umschlagen in eine Verherrlichung, die seinen Verstand hätte bestechen können. Er wusste um die „schwere[n] Krisen", die McCarthy, Nixon und

---

40 Löwenthal: Ruhm (wie Anm. 17), S. 324.
41 Vgl. Später, Jörg: Siegfried Kracauer. Eine Biographie. Berlin 2016. S. 500f. Auch Kracauer arbeitete zeitweise für die Voice of America. So verfasste er beispielsweise im Mai 1952 das Memorandum „Appeals to the Near and Middle East. Implications of the Communications Studies along the Soviet Periphery" (NACP, RG 59: Records of the Department of State, Entry P-311: Evaluation and Analysis Reports, 1949–1953, Box 2, Folder 7).
42 Interview Reif (wie Anm. 26), S. 16.
43 Max Horkheimer an den S. Fischer Verlag vom 3. Juni 1965. In: Horkheimer Gesammelte Schriften (HGS). Bd. 3. Frankfurt am Main 1988. S. 9–13. Hier S. 9.
44 Horkheimer, Max: Vorwort zur Neupublikation (1968). In: HGS Bd. 3. S. 14–19. Hier S. 18.
45 Löwenthal: Ruhm (wie Anm. 17), S. 319.

Vietnam darstellten; er hatte aber auch „immer wieder erlebt, [...] wie [...] der *common-sense* einer relativ verständnisvollen, vernünftigen Lebensweise sich durchsetzt."[46] Auf dieses „Potential realer Humanität"[47] rekurrierte auch Adorno in seinen retrospektiv verfassten *Wissenschaftlichen Erfahrungen in Amerika*. Und wie für Adorno die Vereinigten Staaten das Land waren, bei dem er noch immer das Gefühl hatte, „daß alles möglich wäre"[48], erschienen sie auch Löwenthal als Modell der „Utopie einer erlösten Gesellschaft"[49] – vorausgesetzt, so eine Utopie konnte es noch geben. Amerika war von Anfang an ein „Land des Asyls der Armen", in dem Armut als vorläufig und vorübergehend erschien und in dem der „Überschusses an Menschen", für die es in Europa keinen Platz mehr gab, ein Refugium fand.[50] Adorno und Löwenthal wussten, dass nicht alles möglich war und dass es sich angesichts der „große[n] Klassenunterschiede"[51] bei dieser Vorstellung um eine ideologische handelte. Sie wussten aber auch, dass in den Vereinigten Staaten so manches möglich war, das in Westeuropa „undenkbar" gewesen wäre – Löwenthals Karriere zum Beispiel: „Im Alter von 48 Jahren wurde ich Divisionsleiter im Auswärtigen Amt der Vereinigten Staaten, mit meinem Akzent, als deutscher Jude. [...] Das ist Amerika."[52]

Pioniere und Buchprüfer

Seine Arbeit als erster und letzter Chief of the Evaluation Division of the International Broadcasting Service at the U.S. Department of State, so die offizielle Bezeichnung seiner Position, erschien Löwenthal rückblickend als „außerordentlich interessante Erfahrung"[53]. Im Unterschied zu seinen bisherigen Tätigkeiten für das OWI und dessen Unterabteilung stellte diese für ihn eine „intellektuelle und wissenschaftliche Herausforderung"[54] dar. Auf zahlreichen wissenschaftlichen Konferenzen und vor politischen Ausschüssen wie dem Hickenlooper Committee berichtete er von der Arbeit der Evaluation Branch,

---

46 Löwenthal: Ruhm (wie Anm. 17), S. 321.
47 Adorno, Theodor W.: Wissenschaftliche Erfahrungen in Amerika. In: Adorno: Gesammelte Schriften (AGS). Bd. 10.2. Frankfurt am Main 1977. S. 703–738. Hier S. 735.
48 Adorno: Erfahrungen (wie Anm. 47), S. 735.
49 Löwenthal: Ruhm (wie Anm. 17), S. 321.
50 Diner, Dan: Aufklärungen. Über Varianten von Moderne. Zürich 2008. S. 56.
51 Löwenthal: Ruhm (wie Anm. 17), S. 321.
52 Löwenthal: Ruhm (wie Anm. 17), S. 325.
53 Löwenthal: Ruhm (wie Anm. 17), S. 323.
54 Löwenthal: Mitmachen (wie Anm. 7), S. 113.

insbesondere von den Herausforderungen und Problemen, die mit der Bewertung der Rundfunksendungen eines von der amerikanischen Regierung finanzierten Rundfunksenders verbunden sind, der sein Programm über Kurzwellensender ins Ausland überträgt.[55] Diese Evaluation, so erklärte Löwenthal beispielsweise in seinem Eröffnungsvortrag auf der Tagung des Institute for Education by Radio-Television in Columbus, Ohio im April 1952, reiche von der Produktion einer Rundfunksendung bis zum Versuch, deren Wirkung bei der Hörerschaft zu erfassen und zu bewerten. Grundsätzlich stünde man hierbei vor den gleichen „Lasswellschen Fragen" wie die inländische Kommunikationsforschung: Was sagt wer und mit welcher Wirkung? Bereits die inländische Kommunikationsforschung, so Löwenthal, könne jede dieser Fragen – was, wer und mit welcher Wirkung – nur zum Teil und nur unter bestimmten Bedingungen beantworten, nicht jedoch grundsätzlich und mit absoluter Gewissheit. Zudem sei es bereits hier schwer, Aussagen über die Zusammenhänge zwischen den einzelnen Fragen zu treffen. Man könne lediglich (begründete) Vermutungen anstellen. Für die internationale Kommunikationsforschung stelle sich die Situation noch sehr viel komplexer dar. Auch deswegen läge die „bedeutendste Errungenschaft" ihrer Forschung, „in unserem Bewußtsein davon und unserem Beharren darauf [...], daß wir Pioniere sind, daß wir in einem Bereich arbeiten, der bisher noch unerforscht ist und dessen Grenzen noch ungenau abgesteckt sind; daß bestimmte jenem Bereich eigene Probleme als Probleme erkannt worden sind und definiert werden können, um auf diese Weise Lösungsangebote einzuholen."[56]

Über diese Probleme berichtete Löwenthal auch dem Hickenlooper Committee in seinem Vortrag am 12. Mai 1953. So verfüge die Evaluation Branch nicht über die Möglichkeit, die Effektivität der Sendungen der Voice of America in allen Ländern direkt zu erfassen, in die sie ausstrahlte. Zudem müssten Studien, gerade wenn sie die subtilen und indirekten Erfolge der Voice of America messen wollen, über einen längeren Zeitraum erhoben werden. Dem hinzu käme die Frage, wie man am besten über ein kontroverses Thema berichten sollte, schließlich dürfe der Beitrag weder als zu propagandistisch wahrgenommen werden noch es ihm an Überzeugungs- oder Schlagkraft fehlen. Zudem erforschten die Mitarbeiter der Evaluation Branch die Interessen und Bedürfnisse der Hörer. So ergab beispielsweise die Befragung von repräsentativen Gruppen aus dem Nahen Osten, dass es in einigen Gegenden an Informationen über die Sowjetunion und den Stalinismus mangele, wohingegen andere falsch informiert würden. Dies unter-

---

55 Vgl. LLA, B149: Voice of America.
56 Vgl. Löwenthal, Leo: International Communication Research. A New Vista. LLA, B149, Bl. 178–187. Aus dem Amerikanischen von Bob Detobel übersetzt in: Das Utopische soll Funken schlagen... Hrsg. von Peter-Erwin Jansen. Frankfurt am Main 2000. S. 143–151. Hier S. 144.

streiche die Notwendigkeit antikommunistischer Propaganda.[57] Für diese wiederum wäre es jedoch notwendig, mehr über die kommunistische Propaganda in den verschiedenen Ländern zu wissen. Teil der Aufgabe der Evaluation Branch war es daher auch, Interviewleitfäden für die Befragung von osteuropäischen Flüchtlingen zu konzipieren und diese Interviews zu evaluieren. Die Befragung von 300 osteuropäischen Flüchtlingen ergab beispielsweise, dass selbst die antikommunistischsten Flüchtlinge in stärkerem Maße kommunistischen Medien ausgesetzt waren, als sie dies zugaben und, daran bestand für Löwenthal kein Zweifel, auch bemerkten.[58]

Die systematische Befragung von Flüchtlingen, die erst kurz zuvor den Ostblock verlassen hatten, war einer der beiden methodischen Ansätze, die die Evaluation Branch unter Löwenthals Ägide entwickelt hatte. Auf der fünften Jahrestagung der World Association of Opinion Research 1951 in London erklärte er diesen näher: Da das eigentliche Forschungsobjekt aufgrund des Eisernen Vorhangs nicht greifbar sei, bemühe man sich um ein Ersatzsample, das der Gruppe von Menschen, die man ursprünglich befragen wollte, möglichst nahe kommt. Zugleich war er sich der Grenzen dieses Ansatzes bewusst. So war es zwar möglich, osteuropäische Flüchtlinge so zu gruppieren, dass diese hinsichtlich Bildung, Alter, nationaler, kultureller und sprachlicher Herkunft die Bevölkerung des zu untersuchenden Landes des Ostblocks abbildeten. In einem Punkt würden sie sich jedoch immer von dieser unterscheiden: Sie waren Flüchtlinge, sie haben ihr Land bereits verlassen. Und so sehr man diesen Umstand bei der Konzeption der Befragung berücksichtigen würde, der „most like"-Ansatz könne nur zur bestmöglichen Vermutung führen.[59]

Ein an Löwenthal adressierter Bericht über das Interview mit dem russischen Emigranten „Boris G." gibt einen Einblick darin, wie man sich diese Befragungen

---

57 Die „antikommunistische Propaganda", die Löwenthal für notwendig erachtete, ist nicht mit dem Antikommunismus der Nazis zu verwechseln. So weist Udi Greenberg für Friedrich, Fraenkel, Gurian, Loewenstein und Morgenthau darauf hin, dass sich deren Antikommunismus aus der Erfahrung des Niedergangs der Weimarer Republik und dem Anteil, den die Kommunistische Partei an diesem hatte, speiste. Für sie waren Antikommunismus und Demokratie ineinander verflochten. Auch der von Löwenthal hier verwendete Begriff des Antikommunismus ist von seiner Weimarer Erfahrung geprägt. Später, in seinem autobiographischen Interview beispielsweise, legte er Wert darauf, dass man nicht nur den Kommunismus kritisieren dürfe, sondern auch den Antikommunismus kritisieren müsse. Vgl. Greenberg: Weimar (wie Anm. 20), S. 15–17; vgl. Löwenthal: Mitmachen (wie Anm. 7), S. 49.
58 Vgl. LLA, B149, Bl. 106–113: Some Findings Contribution to an Appraisal of Propaganda Effectiveness. Erklärung abgegeben vor dem Hickenlooper Committee am 12. Mai 1953.
59 Vgl. LLA, B149, Bl. 1–16: Communications Research and the Evaluation of International Broadcasting. Vortrag gehalten auf der WAPOR 1951.

vorstellen kann. Zunächst wurde der familiäre und berufliche Hintergrund sowie die Emigrationsgeschichte von G. erfasst: Als Sohn eines französischen Vaters und einer polnischen Mutter war G. zwar in Paris geboren worden, wuchs jedoch in Russland auf und lebte dort. Seit den 1930er Jahren arbeitete er im Bereich des Hörfunks, jedoch weder als Techniker noch als Nachrichtensprecher. Nachdem die Nazis 1942 E., die Stadt, in der G. zu diesem Zeitpunkt lebte, besetzt hatten, wurde er ins Deutsche Reich deportiert und war in diversen Zwangsarbeiterlagern inhaftiert. 1945 wurde er in der österreichischen Stadt L. befreit und in ein österreichisches DP-Camp überstellt. Nachdem er seine Frau, seine Tochter und seinen älteren Bruder gefunden hatte, emigrierten sie gemeinsam mit Unterstützung des World Church Service in die Vereinigten Staaten. Zum Zeitpunkt des Interviews lebte er im Bundesstaat New York und arbeitete in einer Teppichfabrik. Im zweiten Teil des Interviews wurde G. zur russischsprachigen Hörerschaft der Voice of America und den Auswirkungen sowjetischer Störsender befragt. Einer Zusammenfassung seiner Aussagen vorweggeschickt wurde die Bemerkung, dass G. für die Nachkriegszeit kein Wissen aus erster Hand habe und auch über das Hören der Voice of America in DP-Camps nur vage Aussagen treffen könne. Da er jedoch die russischsprachigen Sendungen der Voice of America verfolge, seitdem diese eingeführt wurden, sei er mit ihnen dennoch vertraut. G. erinnerte sich, dass die Sowjetunion bereits während des Zweiten Weltkrieges versuchte, die Übertragung von ausländischen Radiosendungen zu stören; damals allerdings erfolglos. Auch zum Zeitpunkt des Interviews hielt er die vollständige Störung eines Rundfunksenders, der auf verschiedenen Wellen seine Sendungen überträgt, für technisch unmöglich, auch weil die Störsender so schwach seien, dass diese nur in einem Umkreis von 10–15 Meilen wirkten. Zudem hatte er gehört, dass die Sowjets häufig mobile Störsender nutzen würden, weswegen diese immer nur temporär in einer Region wirken könnten. G. betonte, dass, wie klein die tatsächliche Hörerschaft der Voice of America auch sei, sobald eine bestimmte Gegend den Rundfunksender empfange, „jeder" die Informationen durch Mundpropaganda bekäme. Zudem unterstrich er die enorme Bedeutung von Gerüchten und „geheimen" Informationen für das Leben in kleinen Städten in der Sowjetunion. Hierin sah er die größte Chance für die Voice of America. Die größte Herausforderung stellte es seines Erachtens dar, die Voice of America auf so vielen verschiedenen Wellenlängen wie möglich rund um die Uhr auszustrahlen. Im Anschluss daran wurde G. zur Glaubwürdigkeit der Voice of America befragt. Seiner Ansicht nach lag diese bei „100 %", weil man annehme, Amerikaner wüssten nicht, wie Propaganda gehe. Zudem sei „jeder" überzeugt, dass das sowjetische Radio „pure Propaganda" sei und dass die sowjetischen Angriffe auf die Voice of America zu deren breiterer Akzeptanz führen. Man glaube ihr schlicht, weil der sowjetische Rundfunk sage, man solle dies nicht tun. Daran anschließend wurde G. um Kritik an den russischsprachigen Sendungen der Voice of America gebeten. Er regte an, künftig besser von „Kommunisten und deren Sympathisanten" statt vom „sowjetischen Volk" zu sprechen. Zudem bemerkte er, dass das Hören der Voice of America gefährlich sei. Das Programm dürfe nicht zu eintönig, akademisch und abgehoben sein. Die Voice of America rede zu viel und sage zu wenig. Die russischsprachige Hörerschaft brauche moralische Unterstützung, praktische Ziele, für die es sich zu kämpfen lohne. G. hätte ein detailliertes Programm ausgearbeitet, dass er gern zur Verfügung stelle. Grundsätzlich rate er dazu, spezifische Gruppen statt einer allgemeinen Hörerschaft anzusprechen. So würden sich beispielsweise Hörerinnen für das Leben amerikanischer Frauen interessieren. Zudem seien die Geschichten von kürzlich in die Vereinigten Staaten immigrierten Flüchtlingen interessant. Abschließend notierte der Interviewer die Eindrücke, die er während der Befragung erhielt. Er hielt fest, dass G. sich darüber freute, mit jemandem reden zu können, der Russisch sprach und zudem verstand, wovon er sprach. Vordergründig ging es G. darum, mit einer Organisation in Kontakt zu kommen, die ihm helfen könne, sich ein neues Leben in den Vereinigten Staaten aufzubauen. Er erlangte den Eindruck, dass G. sich sehr gut im Rundfunkbereich auskenne. G. sprach ein kultiviertes Russisch und hatte ein mindestens zwölf Seiten langes Memorandum bei sich, aus dem er auch vorlas. Zudem notierte der Interviewer sprachliche Besonderheiten, wie beispielsweise dass G. nie den sowjetischen Namen der Stadt E. verwendete, den diese 1920 erhielt.

In dem Begleitschreiben, mit dem dieser Bericht an Löwenthal am 25. April 1950 gesandt wurde, wurde darauf hingewiesen, dass auch aus Warschau gemeldet wurde, dass die Sowjetarmee mobile Störsender einsetze, um die russischsprachigen Rundfunkübertragungen der Voice of America nach Ostdeutschland und Polen zu stören. Auch diese Störsender seien sehr schwach und würden nur in bestimmten Gegenden wirken.[60]

Der zweite Ansatz, den Löwenthal 1951 in London vorstellte, war der des „qualified judge". Hierbei wurden Experten, die sich mit dem zu erforschenden Land bzw. dessen Bevölkerung auskannten, meist Regionalwissenschaftler, damit beauftragt, eine Fülle an Daten über die jeweilige Region auszuwerten. Deren Ergebnisse wiederum wurden von Politikwissenschaftlern evaluiert. Durch die Kombination von „most like"- und „qualified judge"-Ansatz sollte ein „best possible guess" möglich werden.[61]

---

[60] Vgl. NAPC, RG 59: Records of the Department of State, Entry P-311: Evaluation and Analysis Reports, 1949–1953, Box 8, Folder 18: Interview with Russian Émigré.
[61] Vgl. Löwenthal: WAPOR (wie Anm. 59).

Doch nicht nur hinter dem Eisernen Vorhang, auch in anderen Ländern bereitete die Evaluation der Rundfunksendungen Probleme. So mangelte es an Mitarbeitern, die sich mit sozialwissenschaftlichen Methoden auskannten oder über regionales Spezialwissen verfügten. Auch deswegen freute sich Löwenthal, dass er im Mai 1951 an die Ohio State University eingeladen war, um von seiner Arbeit zu berichten. Insbesondere den Pädagogen und Universitätsangehörigen legte er nahe, über eine Erweiterung der Lehrpläne nachzudenken.[62] Hinzu kam ein grundsätzliches Dilemma: Die Evaluation Branch war von der amerikanischen Regierung eingerichtet worden, um die Rundfunksendungen der Voice of America zu evaluieren und auch zu kritisieren. Das wiederum sahen deren Programmleiter nicht gern, auch weil die Berichte der Evaluation Branch die Debatten um den Haushalt des Radiosenders beeinflussten. „Wir waren sozusagen ihre Buchprüfer."[63] Als Löwenthal Mitte der 1980er Jahre im Rahmen seines Gesprächs mit Peter Koslowski hierauf zu sprechen kam, bezeichnete er sich als „ungefähr der unbeliebteste Mann in diesem ganzen Informationsapparat". Ihm habe dies allerdings nichts ausgemacht, seine Arbeit bereitete ihm „große[s] Vergnügen".[64]

In den Mühlen des Kalten Krieges

Weniger gefallen hingegen haben ihm die Umstrukturierungen der Voice of America, die mit der Präsidentschaft Dwight D. Eisenhowers im Jahr 1953 einhergingen. „Da hat man mir dann das Leben sehr sauer gemacht, hat meine Abteilung zerschlagen und mir die finanziellen Mittel zur Forschung beschnitten, um mich allmählich hinauszuekeln."[65] Der Radiosender hatte zu diesem Zeitpunkt bereits seinen dritten institutionellen Wechsel seit der Gründung im Jahr 1942 hinter sich. Als man das OWI, dem die Voice of America bis dahin zugeordnet war, im Sommer 1945 auflöste, wurde diese, wie beispielsweise auch die R&A Branch des sich ebenfalls in Auflösung befindenden OSS, dem State Department unterstellt. Ursprünglich ging man davon aus, dass die beiden als Teil jener „aufgrund kriegsbedingter Erfordernisse neu geschaffenen Behörden nach

---

62 Vgl. LLA, B149, Bl. 153–158: Voice of America Program Evaluations. Vortrag gehalten an der Ohio State University auf der Tagung des Twenty-First Institute for Education by Radio-Television vom 3.–6. Mai 1951.
63 Löwenthal: Mitmachen (wie Anm. 7), S. 115.
64 LLA, B212: Zeitzeugen des Jahrhunderts. Leo Löwenthal im Gespräch mit Peter Koslowski. S. 9.
65 Löwenthal: Mitmachen (wie Anm. 7), S. 117 f.

Kriegsende wieder abgebaut würden."⁶⁶ Das amerikanische Verständnis von „intelligence"-Arbeit begann sich jedoch zu wandeln. Auch aufgrund des sich abzeichnenden Kalten Krieges sah man dessen Notwendigkeit inzwischen auch für Friedenszeiten und die „grundsätzliche und tiefverwurzelte Abneigung der Amerikaner gegen Spionage und ähnliche, ‚unamerikanische' Aktivitäten"⁶⁷ ließ nach. Zudem begann man „intelligence"-Arbeit auch als „research"-Tätigkeit zu verstehen. Von ihren neuen Kollegen im State Department wurden die deutschsprachigen Emigranten dennoch mißtrauisch beäugt. Als Linke, Juden, Emigranten und Wissenschaftler ohne diplomatischen Lebenslauf erschienen sie als „organisatorische Bedrohung"⁶⁸, wie der ehemalige Direktor der Divison of Research for Europe im State Department, Stuart Hughes im Gespräch mit Söllner berichtete. Hughes hatte zudem „den Eindruck [...], daß ich selbst akzeptiert war, aber eben nicht die, mit denen ich arbeitete."⁶⁹ Auch John Herz, der zwischen 1943 und 1948 für das Office of Strategic Service und das State Department tätig war, erinnerte sich an einen Mitarbeiter, „der von Anfang an keine Gelegenheit versäumte, darauf hinzuweisen, daß er kein jüdischer, sondern ein katholischer Emigrant sei, daß er anti-marxistisch eingestellt sei usf."⁷⁰

Löwenthals Status als Leiter der Evaluation Branch war sehr wahrscheinlich ähnlich prekär wie der von Neumann, Kirchheimer und Marcuse, über deren Tätigkeiten beim amerikanischen Geheimdienst Söllner die Interviews mit Herz, Hughes u. a. führte. Dieser Status durfte zudem durch etwas verschärft worden sein, das Löwenthal an seiner Arbeit gerade interessant fand: Die Stellung zwischen der amerikanischen Regierung und den Produzenten, der von ihm evaluierten Rundfunkbeiträge. Die Voice of America und mit dieser auch die von Löwenthal geleitete Evaluation Branch geriet in die Mühlen des „domestic propaganda battles"⁷¹ des Kalten Krieges. Sie wurde beschuldigt, den Interessen der Demokraten zu dienen und nicht denen der Vereinigten Staaten. Zum dritten Mal

---

66 Marquardt-Bigman, Petra: Amerikanische Geheimdienstanalysen über Deutschland 1942–1949. München 1995. S. 205; Vgl. Krugler, David F.: The Voice of America and the Domestic Propaganda Battles, 1945–1953. Columbia 2000. S. 33f.
67 Marquardt-Bigman: Geheimdienstanalysen (wie Anm. 66), S. 206; Vgl. Müller, Tim B.: Krieger und Gelehrte. Herbert Marcuse und die Denksysteme im Kalten Krieg. Hamburg 2010. S. 35.
68 Söllner, Alfons: Überleitung sowie drei Interviews zur theoretischen Praxis deutscher Emigranten im amerikanischen Staatsdienst. In: Zur Archäologie der Demokratie in Deutschland. Bd. 2: Analysen von politischen Emigranten im amerikanischen Außenministerium 1946–1949. Aus dem Amerikanischen übersetzt von Sabine Gwinner, Manfred Paul Buddeberg und Niko Hansen. Hrsg. von Alfons Söllner. Frankfurt am Main 1986. S. 7–58. Hier S. 48.
69 Söllner: Überleitung (wie Anm. 68), S. 48.
70 Söllner: Überleitung (wie Anm. 68), S. 44.
71 Krugler: Voice (wie Anm. 66), S. 3.

wurde die Voice of America einer neuen Regierungsinstitution unterstellt, diesmal der im August 1953 neugegründeten U.S. Information Agency. An der Arbeit von Löwenthals Evaluation Branch war man nicht länger interessiert: „Als die Eisenhower-Regierung die Truman-Regierung abgelöst hat, war man wieder gegen *research* eingestellt, dann sollte alles wieder *intelligence*-Arbeit werden, da wurde meine Abteilung zerstört. Ich hätte natürlich bleiben können, aber das war dann furchtbar langweilig, ich hatte nichts Rechtes mehr zu tun."[72] Löwenthal nahm seinen Dienst bei der U.S. Information Agency am 16. Juli 1956 nicht wieder auf. Er war inzwischen an das Department of Sociology und an das Department of Speech der University of California, Berkeley als Professor berufen worden, wie er Marcuse am 25. Mai 1956 erfreut berichtete: „The rumor may have penetrated to you in the meantime that I have finally succeeded to extricate myself professionally from the Washington mess. Last Friday the Board of regents of the University of California passed on my appointment. It will be a full professorship with tenure [...]."[73]

---

72 Löwenthal: Ruhm (wie Anm. 17), S. 323.
73 LLA, A992, Brief 174: Leo Löwenthal an Inge und Herbert Marcuse vom 25. Mai 1956.

Markus Börner
Der „Abfall der Gesellschaft" – Überflüssige Menschen im zweiten Abschnitt der *Elemente und Ursprünge totaler Herrschaft* von Hannah Arendt

Hannah Arendt zwischen Judentum und Arbeiterbewegung zu positionieren, scheint zunächst ein gleichermaßen unbefriedigendes wie unergiebiges Unterfangen zu sein. Die Arbeiten, in denen sie auf ihre Zugehörigkeit zum Judentum reflektiert, bilden zweifellos einen wichtigen Teil ihres Werkes. Ebenso unstrittig ist die Tatsache, dass Hannah Arendt einen wesentlichen Teil ihres praktisch-politischen Lebens in oder nahe bei zionistischen Gruppen verbrachte. Ihre Auseinandersetzung mit der Arbeiterbewegung aber, sofern dieser Begriff in seiner Gänze überhaupt haltbar ist, war allerhöchstens eine biographisch und theoretisch vermittelte: Ihr zweiter Mann Heinrich Blücher war lange Jahre vor ihrem Kennenlernen in und im Umfeld der KPD organisiert. In theoretischer Hinsicht aber ist das Verhältnis enger. So ist ihre Schrift *Vita activa* unter anderem in Abgrenzung zu Karl Marx entstanden. Darin bemühte sie sich, Marx für seine theoretische Fokussierung auf die Arbeit zu kritisieren und dieser ihre bekannte Trias aus Arbeiten, Herstellen und Handeln entgegenzustellen. Als sie diese Arbeit begann, schrieb sie an Karl Jaspers: Sie wolle Marx „nicht retten als Wissenschaftler (obwohl er ein großer Wissenschaftler war, hat er doch gerade die Wissenschaft ideologisch verdorben) und sicher nicht als ‚Philosophen', wohl aber als Rebellen und als Revolutionär"[1]. Die damit ausgedrückte politische Anerkennung hat sie ihm nie versagt, sondern darauf hingewiesen, dass nur zweit- oder drittrangige Geister die phänomenale Evidenz ignorierten, um eine kohärente Theorie zu erstellen.[2] Arendt lässt also erkennen, dass es gerade darauf ankommt, Marx in seinen politischen Inhalten ernst zu nehmen. Marx sei als „Denker im Übergang" aber derjenige, der die neuen Prinzipien moderner Gesellschaftlichkeit erstmals klar und umfassend ausformuliert hätte, obwohl er nach wie vor im traditionellen Denken wurzele.[3]

---

1 Arendt, Hannah/Jaspers, Karl: Briefwechsel 1926–1969. München 2001. S. 204.
2 Arendt, Hannah: Vita activa oder Vom tätigen Leben. 3. Auflage. München 2005. S. 120.
3 Geisen, Thomas: Arbeit in der Moderne. Ein *dialogue imaginaire* zwischen Karl Marx und Hannah Arendt. Wiesbaden 2011. S. 384.

Der vorliegende Beitrag hat zum Inhalt, Arendts Verhältnis zu im weitesten Sinne marxistischer Theorie in angemessener Kürze beispielhaft auszuleuchten, indem einige Aspekte des Begriffs der Überflüssigen diskutiert werden. Um damit ein Beispiel jener angesprochenen phänomenalen Evidenz profilieren zu können, werden zwei weitere, flankierende Begriffe in die Überlegungen einbezogen: der Imperialismus und die ursprüngliche Akkumulation des Kapitals. Weil jener bis in die heutige Zeit eine breite Diskussion in sich auf Marx beziehenden Kreisen erfährt und diese eine prominente Funktion im ersten Band des Kapital erfüllt, bietet sich ein der gebotenen Kürze entsprechend unsystematischer Blick zu Marx an. Nicht zuletzt bildete die Diskussion um eine theoretische und begriffliche Konzeptualisierung des Imperialismus einen wesentlichen Streitpunkt in der sich auf Marx beziehenden politischen Linken. Schon allein deswegen lohnt sich ein genauerer Blick auf Arendt als Autorin, die den Imperialismus als eine wesentliche Stütze in ihre theoretische Arbeit einband.

Jürgen Förster bemerkte in Anschluss an Canovan richtig, dass Arendts Schriften ein ungewöhnlich hohes Maß an Fehlinterpretationen erfuhren, was maßgeblich mit der Fokussierung auf *Vita activa* zusammenhänge.[4] Die Kehrseite dieser Fokussierung liegt in einer Unterbelichtung auch von *Elemente und Ursprünge totaler Herrschaft* (im Folgenden: *EuU*), dessen argumentative Struktur in den folgenden Schritten exemplarisch skizziert wird. Zunächst wird eine zusammenfassende Darstellung des Arendtschen Imperialismus-Begriffs in seinem totalitarismustheoretischen Zuschnitt gegeben. In einem zweiten Schritt wird der Frage nachgegangen, welche Gründe Arendt für die Herausbildung des Imperialismus sah und die ursprüngliche Akkumulation als tragendes Prinzip herausgearbeitet. Schließlich wird eine Lesart angeboten, die Arendts Denken nicht als das eines konservativen Ressentiments begreift, sondern schon in *EuU* eine materialistische Wendung eines von Heidegger übernommenen Seins-Begriffs erkennt, dessen Bearbeitung später in *Vita activa* noch weiter ausgeführt werden sollte.

---

4 Förster, Jürgen: Die Sorge um die Welt und die Freiheit des Handelns: Zur institutionellen Verfassung der Freiheit im politischen Denken Hannah Arendts. Würzburg 2009. S. 28.

Eine aussagekräftige Rezension und die eigene Methode

1953 erschien in der *Review of Politics* eine Rezension von *EuU*.[5] Ihr Verfasser, Eric Voegelin, wies in ihr auf eine zentrale Linie des Buches hin:

> Und in der Tat, wie ein Leitthema durchzieht das Schwinden des Nationalstaates als der westliche politische Gesellschaften beschützenden Organisation das ganze Buch – eine Entwicklung, die ihrerseits Folge der technologischen, wirtschaftlichen und damit einhergehenden Wandlungen der politischen Macht ist. Mit jeder Veränderung werden Teile der Gesellschaft „überflüssig", in dem Sinne, daß sie ihre Funktion verlieren und deshalb in ihrem sozialen Status und ihrer wirtschaftlichen Existenz bedroht sind. Die Zentralisierung des Nationalstaates und der Aufstieg der Bürokratien in Frankreich lassen den Adel überflüssig werden; das Wachstum der Industriegesellschaften und der neuen Einkommensquellen im späten 19. Jahrhundert lässt die Juden als Staatsbankiers überflüssig werden; jede industrielle Krise bewirkt durch Arbeitslosigkeit die Überflüssigkeit menschlicher Wesen; die Besteuerung und die Inflationen im 20. Jahrhundert führen zur Auflösung der Mittelklassen in gesellschaftliche Trümmerhaufen, die Kriege und die totalitären Regime produzieren Millionen von Flüchtlingen, Zwangsarbeitern und Insassen von Konzentrationslagern, ja stoßen die Mitglieder ganzer Gesellschaften in eine Lage, in der sie nur noch zum Verbrauch bestimmtes Menschenmaterial sind. Was den institutionellen Aspekt des Prozesses angeht, ist Totalitarismus also der Zerfall nationaler Gesellschaften und ihre Verwandlung in Aggregate überflüssiger menschlicher Wesen.[6]

Voegelin beschrieb mit der Betonung der Überflüssigen präzise die argumentative Klammer des 1944[7] begonnenen Buchs, das wohl von Arendts Schriften die prekärste Entstehungsgeschichte vorzuweisen hat und an dem sie auch nach seinem Erscheinen konstant weiterarbeitete.[8] Es wurde 1955 auf Deutsch publiziert, kam in den USA aber schon 1951 als *The Origins of Totalitarism* und wenig später in Großbritannien als *The Burden of Our Time* heraus.[9] Bereits die unterschiedlichen

---

5 Voegelin, Eric: Die Ursprünge des Totalitarismus. In: Arendt, Hannah/Voegelin, Eric: Disput über den Totalitarismus. Hrsg. vom Hannah-Arendt-Institut in Zusammenarbeit mit dem Voegelin-Zentrum. Göttingen 2015. S. 43–51.
6 Voegelin: Ursprünge (wie Anm. 5), S. 45.
7 Vgl. Young-Bruehl, Elisabeth: Hannah Arendt. Leben, Werk und Zeit. Frankfurt a.M. 1986. S. 285–301.
8 Ludz, Ursula: Zu diesem Band. In: Arendt/Voegelin: Disput (wie Anm. 5), S. 7–10. Hier S. 8; Vgl. auch zur Autor-Werk-Geschichte: Ludz, Ursula: Hannah Arendt und ihr Totalitarismusbuch. Ein kurzer Bericht über eine schwierige Autor-Werk-Geschichte. In: Totalitäre Herrschaft und republikanische Demokratie. Hrsg. von Antonia Grunenberg. Frankfurt a.M. [u.a.]. 2003.
9 Ludz: Hannah Arendt (wie Anm. 8), S. 83.

Titel markieren seinen Status als unabgeschlossenes Werk. In der Rezeption erfuhr es eine der Wahrnehmung von Arendts Gesamtwerk ähnliche Aufmerksamkeit, die Arendt zu nichts weniger als einer „Frontfrau"[10] im Kalten Krieg machte. Dabei spielte nicht nur der trotz aller Materialdichte nicht unangreifbare argumentative Aufbau Arendts eine Rolle, sondern auch die Ausblendung der beiden ersten Abschnitte „I Antisemitismus" und „II Imperialismus" sowie der begrifflichen Klammern wie z. B. der Überflüssigen. Ein Beispiel dieser Aussparungen findet sich auch in der oben zitierten Rezension von Voegelin: Zwischen den „Juden als Staatsbankiers" und den „industriellen Krisen" fehlt faktisch jede Repräsentation des Inhalts des zweiten Abschnitts. Die öffentliche Wahrnehmung wiederum fokussierte lange Zeit auf den dritten Teil des umfangreichen Konvoluts unter dem Titel „III Totale Herrschaft". Dessen Zuschnitt passte durch die Besprechung sowohl des Nationalsozialismus als auch des Stalinismus am ehesten zur ideologischen Schlachtordnung der Nachkriegszeit und der einer in den USA lebenden Autorin darin möglichen Rolle.

Zweifellos trug Arendts methodischer Zugang zu dieser nicht unproblematischen Rezeption bei: Ihr Vorgehen bestand nämlich darin, Kausalität als Kategorie zum Verstehen von Geschichte zurückzuweisen und durch ein Konzept undeutlicher geschichtlicher Strömungen zu ersetzen.[11] Arendt hielt sich einer Selbstaussage nach von der „historischen Schriftstellerei im strengen Sinn fern", denn diese sei „letzten Endes immer Rechtfertigung dessen, was geschah."[12] Arendt wollte nicht nur die Rechtfertigung totalitärer Entwicklungen vermeiden, sondern rieb sich auch daran, dass die Ursachen in einer für sie nicht vertretbaren Relation zu den Wirkungen standen. Denn betrachte man

> die unmittelbaren Motive und die nächstliegenden Veranlassungen, die am Ende des vorigen Jahrhunderts in den „scramble for africa" und damit in die imperialistische Epoche führten, vergleicht man mit ihnen ihr Resultat, den Ersten Weltkrieg, dessen Folgen schließlich zu der Verheerung aller europäischen Länder, dem Zusammenbruch aller abendländischen Traditionen und der Existenzbedrohung aller europäischen Völker geführt haben, und sucht man schließlich diese Kette von Geschehnissen im Sinne eines kausalen Zusammenhanges,

---

10 Deppe, Frank: Hannah Arendt und das politische Denken im 20. Jahrhundert. In: UTOPIE kreativ 201/202 (2007). S. 681–697. Hier S. 683.
11 Kohn, Jerome: Karl Marx and the Tradition of Western Political Thought. In: Arendt-Handbuch. Leben – Werk – Wirkung. Hrsg. von Wolfgang Heuer [u.a.]. Stuttgart/Weimar 2011. S. 44–49. Hier S. 45.
12 Young-Bruehl: Hannah Arendt (wie Anm. 7), S. 286f.

in dem Ursache und Folge in einem sinngemäßen Verhältnis stehen müssen, zu erklären – so möchte man in der Tat an der Geschichtsschreibung überhaupt verzweifeln.[13]

Diese Überlegungen führten zu einer Arbeitsweise, die der von Walter Benjamin nicht unverwandt ist und ein der traditionellen Erzählung entgegengesetztes Modell anbietet.[14] An die Stelle geschichtsdeterministischer Überlegungen setzte Arendt die Elemente z. B. des Totalitarismus, die zu seinen Ursprüngen geworden seien, als sie sich eben in der fixen Form des Totalitarismus und also als geschichtliches Ereignis kristallisierten, was dazu geführt habe, dass historische Ereignisse ihre eigene Ursprünge illuminieren, aber nicht aus diesen zwingend abgeleitet werden könnten.[15] Die Bedingung der Möglichkeit historischen Arbeitens resultiert für Arendt also aus dem Nachweis des konkreten Ereignisses als kristallisiertem Phänomen. Damit gibt sie aber auch die prinzipielle Möglichkeit der Wiederholung zu: Im Vorwort zum Imperialismus-Kapitel stellt Arendt mit Blick auf die Blockkonfrontation zur Disposition, ob „wir in ungeheuer vergrößertem Maßstab wieder da angelangt sind, von wo wir ausgegangen waren: im imperialistischen Zeitalter und auf dem Kollisionskurs, der damals zum Ersten Weltkrieg führte."[16] Weiter stellte Arendt fest: Dass die Briten entsprechend einer Redensart zu ihrem Empire in einem Anfall von Geistesabwesenheit gekommen seien, sei man immerhin zur Hälfte bereit zu glauben, wenn man sehe, wie in den 1950er Jahren die objektiven Fakten dazu einlüden, zu einer imperialistischen Politik zurückzukehren.[17] Wer nun aus solch einer Analyse eine praktische Handlungsanleitung gefolgert wissen will, wird enttäuscht. Elisabeth Young-Bruehl wies darauf hin, dass Arendt nie in der Lage gewesen sei, wie der Kritiker und Polemiker Marx eine neue Lösung für bekannte Probleme anzubieten, sondern vielmehr mit ihrer Elementen-Theorie[18] Problemkomplexe herausarbeitete, „für welche die Antworten der Nazis, als sie sich ‚herauskristallisierten', eine schreckliche ‚Lösung' anboten."[19] Diese Analyse *ex-post* stellt mithin die Suche nach den politischen Grundlagen in den Mittelpunkt des Arbeitens. Zu ergänzen ist an dieser Stelle die Gefahr, Arendts wenig kohärentes Denken zu überin-

---

13 Arendt, Hannah: Elemente und Ursprünge totaler Herrschaft. 10. Auflage. München 2005. S. 302f.
14 Straßenberger, Grit: Über das Narrative in der politischen Theorie. Berlin 2005. S. 41.
15 Arendt, Hannah/Scholem, Gershom: Der Briefwechsel. 1939–1964. Hrsg. von Marie Luise Knott. Berlin 2010. S. 621.
16 Arendt: Elemente (wie Anm. 13), S. 276.
17 Arendt: Elemente (wie Anm. 13), S. 276f.
18 Arendt, Hannah: Denktagebuch. Band 1: 1950–1973. München 2002. S. 105.
19 Young-Bruehl: Hannah Arendt (wie Anm. 7), S. 286.

terpretieren. Dieses äußert sich verschiedentlich als „totales methodisches und hermeneutisches Chaos"[20] und fügt mittels „impressionistisch-einfühlender Assoziationskraft unterschiedliche Gegenstände in eine von ontologischen Kategorien geprägte Gesamtsicht"[21]. Für eine Auseinandersetzung mit den *EuU* bedeutet dies, nah am Text zu bleiben wie auch Arendts Ablehnung geschichtsdeterministischer Theorie beim Wort zu nehmen.

Zur Einordnung des Abschnitts „II Imperialismus"

Im Folgenden stehen die oben erwähnten Motive und Veranlassungen im Fokus, also die „Elemente der Elemente", die Arendt hier an den Anfang ihrer von Heidegger inspirierten Suche nach dem Ursprung der – neben dem Antisemitismus – zweiten Säule des Totalitarismus stellt.[22] Denn auch, nachdem die Vorbemerkungen zu *EuU* hinreichend deutlich gemacht haben sollten, dass an die darin enthaltene Argumentation nicht der Anspruch einer wissenschaftlichen Betrachtung in der eigentlichen Bedeutung der Wendung angelegt werden kann, bleibt die Beschäftigung mit Arendts Schrift fruchtbar, die in einem „für eine sozialwissenschaflich-philosophische Analyse ungewöhnlichem Maße mit historischen Details"[23] aufwartet. Selbst wenn man in Rechnung stellt, dass das Buch in den achtziger Jahren weitgehend vergessen war[24], erschloss der zweite Abschnitt unter der Überschrift Imperialismus noch in den 1970er Jahren „erhebliche Deutungspotentiale über das als symptomatisch erkannte Gewaltverhältnis zwischen Metropole und Peripherie"[25]. Das kann kaum verwundern, beschreibt Hannah Arendt darin doch den Prozess, der von der politischen Emanzipation der

---

20 Vowinckel, Annette: Geschichtsbegriff und historisches Denken bei Hannah Arendt. Köln 2001. S. 3.
21 Mommsen, Hans: Hannah Arendt und der Prozess gegen Eichmann. In: Eichmann in Jerusalem. Ein Bericht von der Banalität des Bösen. München 2007. S. 9–48. Hier S. 36.
22 Brunkhorst, Hauke: The Origins of Totalitarianism/Elemente und Ursprünge totaler Herrschaft. In: Arendt-Handbuch (wie Anm. 11), S. 35–42. Hier S. 35.
23 Ionescu, Dana/Salzborn, Samuel: Theoretische, historische und empirische Aspekte bei Hannah Arendt. In: Ambivalenzen der Ordnung: Der Staat im Denken Hannah Arendts. Hrsg. von Juliane Schulze Wessel [u.a.]. Wiesbaden 2013. S. 17–42. Hier S. 18.
24 Brumlik, Micha: „The scramble for Africa". In: Hannah Arendt weitergedacht. Hrsg. von Lothar Fritze. Schriften des Hannah-Arendt-Instituts für Totalitarismusforschung. Bd. 35. Göttingen 2008. S. 151.
25 Diner, Dan: Kaleidoskopisches Denken. Überschreibungen und autobiographische Codierungen in Hannah Arendts Hauptwerk. In: 50 Klassiker der Zeitgeschichte. Hrsg. von Jürgen Danyel [u.a.]. S. 37–41. Hier S. 37.

Bourgeoisie über das Ausgreifen der kolonialen Bestrebungen bis zum Niedergang der Menschenrechte im Gefolge des Niedergangs des Nationalstaats reicht.[26] Die dabei erzählte Geschichte umfasst zwar nicht mehr als rund drei Jahrzehnte zwischen 1884 und 1914, nimmt aber eine Schlüsselposition für die in Abschnitt III sich anschließenden Schilderungen zur Totalen Herrschaft ein.[27] Die Bedeutung des Imperialismus ist dabei die einer sozialstrukturellen Konstellation als Paradigma totalitärer Herrschaft.[28] Oder, in anderen Worten: Zur Entstehung des historischen Phänomens des Totalitarismus musste sich dieser nach Arendt auf einen erlernten Vorrat von Kenntnissen beziehen können, die die europäische Gesellschaft in der kolonialen und später imperialistischen Expansion erwarb. Diese „Kolonialhypothese" erfuhr in den letzten Jahren neue Aufmerksamkeit.[29] Micha Brumlik bezeichnete das Buch anlässlich eines Symposiums zum 100. Geburtstags der Autorin als „die bisher radikalste Form jüdischer Selbstvergewisserung in der Moderne" und zudem als eine der „systematischen, philosophischen Begründung"[30] des Zionismus. Auch wenn Arendt die Struktur des Buches zweifellos entlang einer jüdischen Erfahrungsgeschichte entwickelt – schließlich war die Erklärung des Antisemitismus der erste und maßgebende Impuls dazu im Jahr 1935[31] – so bildet die jüdische Perspektive doch nur *einen* Zugang zum Buch. Arendt rezipierte neben vielem anderen und aus unterschiedlichen Gründen zum Zeitpunkt der Entstehung der ersten Outlines des Buches Marx und Trotzki.[32] Gerade im Abschnitt zum Imperialismus ist daher weniger eine Abgrenzung Arendts, sondern vielmehr ein affirmierender Umgang mit im weitesten Sinne marxistischer Theorie zu entdecken. Nicht zuletzt werden die Prinzipien des Imperialismus, so wie Arendt ihn beschreibt, aus verschiedenen Perspektiven nach wie vor als aktuell wahrgenommen: Insbesondere in neueren Fragen um Landnahme und Enteignung spielen Bezüge auf Arendt eine Rolle.[33]

Die von Voegelin pointiert vorgetragene Abstiegsgeschichte, die Arendt entlang der zentralen Achse der zunehmenden Überflüssigmachung von Menschen

---

26 Arendt: Elemente (wie Anm. 13), S. 8.
27 Arendt: Elemente (wie Anm. 13), S. 284.
28 Brunkhorst: The Origins of Totalitarianism (wie Anm. 22), S. 35.
29 Vgl. Schmitt-Egner, Peter: Kolonialismus und Faschismus. Eine Studie zur historischen und begrifflichen Genesis faschistischer Bewusstseinsformen am deutschen Beispiel. Gießen 1975; Traverso, Enzo: Moderne und Gewalt – eine europäische Genealogie des Nazi-Terrors. Köln 2003.
30 Brumlik: „The scramble for Africa" (wie Anm. 24), S. 154.
31 Ludz: Hannah Arendt (wie Anm. 8), S. 81.
32 Young-Bruehl: Arendt (wie Anm. 7), S. 151.
33 Vgl. Harvey, David: The New Imperialism. Oxford 2003; Backhaus, Maria [u.a.]: Die globale Einhegung – Krise, ursprüngliche Akkumulation und Landnahmen im Kapitalismus. Münster 2013.

erzählt, hat mehrere historisch gebundene Ausdrücke. Am bekanntesten ist sicher Arendts Beschreibung der Staatenlosen, die sie zum Ausgangspunkt ihrer Reflexionen zum Nationalstaat sowie zu den Menschen- und Bürgerrechten machte. Während die *Staatenlosen* die unmittelbare Folge politischer Ereignisse sind, resultieren die *Minderheiten* aus den Friedensverträgen im Gefolge des Ersten Weltkriegs und der Umordnung vieler europäischer Staaten unter dem Primat des „Selbstbestimmungsrechts der Völker". Arendts Begriff der *Flüchtlinge* veränderte sich im Verlauf des 20. Jahrhunderts zu dem von Menschen, die nicht wegen bestimmter Taten oder Anschauungen, sondern aufgrund ihrer bloßen Existenz verfolgt werden.[34] Wichtiger aber für die politische Theorie Arendts sind zwei basale Phänomene: das der Massen und das des Mobs. Denn so, wie man mit Recht sagen kann, dass die Staatenlosen für Arendt die Paradoxien des Nationalstaates verkörpern[35], so kann man mit demselben Recht sagen, dass die Überflüssigen – auch und besonders in Form des Mobs – in den Schriften Hannah Arendts als politische Phänomene die ökonomischen Widersprüche des Kapitalismus repräsentieren.[36]

Die ökonomische Externalisierung und das imperialistische Prinzip

Hannah Arendt schreibt in ihrem *Denktagebuch* im April 1953: „Die Vorstellung, daß Menschen überflüssig seien, – Parasiten, die der Geschichte oder der Natur im Wege stehen –, taucht auf, als die Umwandlung der Gesellschaft in eine Gesellschaft von Arbeitern beschlossen ist. Das Wesentliche ist die Vergesellschaftung der Arbeit."[37] Menschen werden hier von Arendt in ihrer konkreten Pluralität angesprochen. Zuvor hatte sie bereits im August 1950 geschrieben: „Das radikal Böse: Woher kommt es? Wo ist sein Ursprung? [...] Wesentlich ist 1. der Über-Sinn und seine *absolute* Logik und Konsequenz. 2. das Überflüssigmachen *des* Menschen bei Erhaltung des Menschengeschlechts, von dem man Teile jederzeit eliminieren kann. [Hvh. im Original, M. B.]"[38] Die Überflüssigen hängen für Arendt also nicht nur eng zusammen mit der Entstehung der Arbeitsgesellschaft, sondern ihre Entstehung ist auch – und das ist ein entscheidender Gedanke – ein „Ma-

---

34 Heuer [u.a.].: Arendt-Handbuch (wie Anm. 11), S. 277.
35 Heuer [u.a.].: Arendt-Handbuch (wie Anm. 11), S. 278.
36 Young-Bruehl: Arendt (wie Anm. 7), S. 311f.
37 Arendt: Denktagebuch (wie Anm. 18), S. 337.
38 Arendt: Denktagebuch (wie Anm. 18), S. 18.

chen" und damit ein Vorgang, der von Menschen begonnen werden kann und also zumindest prinzipiell deren Handlungsmacht unterliegt. Dadurch offenbart sich ein doppelter Charakter des Begriffs: Er ist sowohl ein historischer Vorgang als auch eine wiederholbare, also politische Handlungsweise.

In der Erzählung von *EuU* setzt der historische Prozess der Überflüssigmachung von Menschen, aus der sich der Imperialismus entwickeln wird, mit den Erfordernissen von Handel und Wirtschaft ein.[39] Diese seien durch die koloniale Expansion so stark auf den internationalen Austausch ausgerichtet, dass der Rückzug einer Nation aus diesem Prozess um den Preis des Ruins zu haben gewesen wäre. Marx beschreibt den Vorgang im *Kommunistischen Manifest* so: „Der ostindische und chinesische Markt, die Kolonisierung von Amerika, der Austausch mit den Kolonien, die Vermehrung der Tauschmittel und der Waren überhaupt gaben dem Handel, der Schiffahrt, der Industrie einen nie gekannten Aufschwung".[40] Bei Arendt und Marx sind gleichermaßen die Kolonisierung und der sich damit eröffnende globale Markt ein wesentlicher Meilenstein bei der Abschaffung der feudalen Verhältnisse. Der für die Entwicklung des Kolonialismus notwendige Druck resultiere laut Arendt aus dem Auflaufen sogenannten *überflüssigen Geldes* im Gefolge einer merkwürdigen Art wirtschaftlicher Krise, die sich als Überproduktion von Kapital ausdrücke.[41] Dabei ging es für Arendt nicht mehr um „die von der kapitalistischen Wirtschaftsweise vorgesehene Akkumulation von Kapital, sondern um die ständige Erzeugung von ‚überflüssigem Geld', in dessen Besitz immer größere Bevölkerungsschichten kamen, die nicht eigentlich zu der kapitalbesitzenden Klasse gehörten."[42] Der nationale Reichtum in den der Industrialisierung unterworfenen Ländern sei also stark gestiegen, ohne aber auf ein soziales System der Verteilung dieses Reichtums zu verfügen.[43] Die enormen Profitraten überseeischer Investitionen ließen die Anlage des überflüssigen Geldes in den Kolonien als attraktiven Ausweg des im Heimatland nicht produktiv einsetzbaren Kapitals erscheinen.[44] Laut Arendt sei dieser Kapitalexport, der einen Umschwung vom Waren- zum Kapitalverkehr und also einen Bedeutungsgewinn der Zirkulationssphäre mit sich brachte, so lange kein Problem gewesen, so lange es kein Ungleichgewicht zwischen inner- und außerstaatlichen Investitionen gab. Dazu sei es aber gekommen, weil die Investitionen im Ausland – die

---

39 Arendt: Elemente (wie Anm. 13), S. 286.
40 Marx, Karl/Engels, Friedrich: Das Kommunistische Manifest. In: Marx-Engels-Werke (MEW). Bd. 4. Berlin 1962. S. 459–493. Hier S. 463.
41 Arendt: Elemente (wie Anm. 13), S. 308.
42 Arendt: Elemente (wie Anm. 13), S. 333.
43 Arendt: Elemente (wie Anm. 13), S. 333.
44 Arendt: Elemente (wie Anm. 13), S. 333.

bald „juristisch-polizeilich" hätten gesichert werden müssen, was den Umschlag vom Kolonialismus zum Imperialismus markierte[45] – die im Heimatland überflügelt hätten. In der Folge hätte auch das inländische Kapital zu betrügerischen Methoden gegriffen, um mit den phantastischen Profitversprechen der in den Kolonien investierenden Firmen mithalten zu können.[46] Im Zuge des „Gründerkrachs" seien kleinere Investoren, so sie nicht vollends bankrott gingen, in die nationale Wirtschaft zurückgekehrt und das „Problem des Überflüssigseins im Produktionsprozess und die Gefahr, dem Wirtschaftskörper der Nation entfremdet zu werden, bestand nur für die Inhaber großen Kapitals".[47]

Die beschriebene Internationalisierung der Wirtschaft setzte einen für Arendt zentralen innenpolitischen Prozess in Gang. Durch ihn nämlich habe das Bürgertum die Macht ergriffen, worauf es bislang – trotz seiner gesellschaftlichen Herrschaftsposition – verzichtet hätte.[48] Die Grenzen des Nationalstaats und sein existenzbedrohendes Potential für den Industrialisierungsprozess aber haben die Bourgeoisie gezwungen, entgegen ihres konträren Interesses politisch zu werden.[49] Die Grenze ist hier die Grenze des Akkumulationsprozesses. Im Anschluss an Hilferding formuliert sie, dass die Bourgeoisie schon immer „politische Institutionen als Instrumente zum Schutz der politischen Klassen gedeutet hatte".[50] In der Folge habe sich ein Prozess formiert, der Innenpolitik, Außenpolitik und Ökonomie verschweißte: Die besitzende Klasse ergreife zur Sicherung der Akkumulation von Kapital und ausgehend von seiner gesellschaftlichen Herrschaftsposition auch die politische Macht und bringe dadurch ein dem wirtschaftlichen Bereich entsprungenes und damit prinzipiell unbegrenztes Expansionsdenken in den politischen Raum, der an dieser Stelle ein Synonym für den Nationalstaat ist. Dieser sei also nicht in der Lage gewesen, den Angriff auf seine Prinzipien abzuwehren.[51] Die dadurch entstehende Frontstellung von gesellschaftlichem Prinzip und Nationalstaat prägt nach Arendt die imperialistische Epoche. Der Imperialismus ist also in ihrem Verständnis ein „Gemisch von Kapital-Export, Rassen-Wahnsinn und bürokratischer Verwaltungsmaschine" und hat nichts zu tun mit der politischen Neugründung eines Imperiums. Während dieses das politische System des Ursprungslandes auf neu eroberte Landstriche übertrage, arbeite jener mit einer strikten Trennung des Heimatlandes von der kolonialen

---

45 Arendt: Elemente (wie Anm. 13), S. 337.
46 Arendt: Elemente (wie Anm. 13), S. 336.
47 Arendt: Elemente (wie Anm. 13), S. 337.
48 Arendt: Elemente (wie Anm. 13), S. 285.
49 Arendt: Elemente (wie Anm. 13), S. 291.
50 Arendt: Elemente (wie Anm. 13), S. 338.
51 Arendt: Elemente (wie Anm. 13), S. 289 f.

Verwaltung.⁵² So nahmen die „politischen Institutionen des Mutterlandes" zwar den von vornherein aussichtslosen Kampf gegen die imperialistisch Gesinnten auf, haben ihn aber nicht beenden können, wodurch das imperialistische Herrschaftsprinzip sich verstetigt und nach seinem Übergang in den politischen Instrumentenkasten der herrschenden Klasse als Element dem Totalitarismus zur Verfügung gestanden habe.⁵³ Die Wurzel des Imperialismus findet Arendt damit in der Industrialisierung und mithin im ökonomischen Sektor. Diese Begründung ist nichts weniger als eine materialistische, denn ohne die Revolutionierung der Produktionsmittel und die damit einhergehende gesteigerte Produktivität hätte das überflüssige Geld niemals entstehen können. Hannah Arendt beschreibt also mit ihrer Lesart des Imperialismus ein aus der ökonomischen Notwendigkeit resultierendes, aber selbst völlig neues Herrschaftssystem: einen Umschlag ökonomischer Entwicklung in politische Struktur. Durch die Notwendigkeit, Investitionen im Ausland durch die Gewaltmittel des Staates abzusichern und der damit einhergehenden Implementierung des Expansionsprinzips in das nationalstaatliche Strategieinstrumentarium ändert sich der Charakter des Nationalstaates. Die nationale Bourgeoisie ergreift die Herrschaft und etabliert damit den Vorrang des Gesellschaftlichen und die Reintegration des außenpolitischen Expansionsprinzips als ihr eigenes in den Staat zurück. Anders: Die ökonomischen Erfordernisse sorgen durch einen Wandel der Klassenverhältnisse für eine Abschaffung des der Kapitalverwertung nicht mehr adäquaten politischen Überbaus.

Die Arbeiterbewegung habe der „imperialistischen Partei"⁵⁴ nie im Ernst widerstehen können, obwohl sie es versucht habe. Sie sei aber nur zu gelegentlichen Warnungen vor dem „Lumpenproletariat" und einer möglichen Bestechung von Teilen der Arbeiterschaft durch Beteiligung an imperialistischen Profiten in der Lage gewesen. Diesen erfolglosen Widerstand führt Arendt darauf zurück, dass die Arbeiterbewegung einerseits an „chronischer Unterschätzung der Außenpolitik"⁵⁵ gelitten habe, andererseits durch ihre nationalstaatliche Orientierung in dem beschriebenen Konflikt keine alternative Position einnehmen konnte und ihre internationalisierten Solidaritätsressourcen bald verbraucht waren, wie Brunkhorst zu Recht anmerkt.⁵⁶ Ergänzend soll hier darauf hingewiesen sein, dass es durch die Verknüpfung von Außenhandel, Industrialisierung und staatlichen Maßnahmen zur Sicherung des Exports notwendig über kurz oder

---

52 Arendt: Elemente (wie Anm. 13), S. 300, 308.
53 Arendt: Elemente (wie Anm. 13), S. 304, 305.
54 Arendt: Elemente (wie Anm. 13), S. 306.
55 Arendt: Elemente (wie Anm. 13), S. 288.
56 Brunkhorst: Hannah Arendt (wie Anm. 22), S. 69.

lang zu Interessenparallelen von kapitalbesitzender Klasse, staatlicher Bürokratie und Arbeiterbewegung kommen musste. Außerdem spielte die potentielle politische Organisierung der Arbeiterinnen und Arbeiter für die Entwicklung imperialistischer Konzepte eine besondere Rolle. Lenin zitiert dazu eine eindrückliche Passage von Cecil Rhodes, auf den sich auch Arendt bezieht:

> Ich war gestern im Ostende von London (Arbeiterviertel) und besuchte eine Arbeitslosenversammlung. Und als ich nach den dort gehörten wilden Reden, die nur ein Schrei nach Brot waren, nach Hause ging, da war ich von der Wichtigkeit des Imperialismus mehr denn je überzeugt ... Meine große Idee ist die Lösung des sozialen Problems, d.h., um die vierzig Millionen Einwohner des Vereinigten Königreichs vor einem mörderischen Bürgerkrieg zu schützen, müssen wir Kolonialpolitiker neue Ländereien erschließen, um den Überschuß an Bevölkerung aufzunehmen, und neue Absatzgebiete schaffen für die Waren, die sie in ihren Fabriken und Minen erzeugen. Das Empire, das habe ich stets gesagt, ist eine Magenfrage. Wenn Sie den Bürgerkrieg nicht wollen, müssen Sie Imperialisten werden.[57]

Im Kontext des Themas muss hier auf drei Aspekte hingewiesen werden. Erstens unterstreicht die Schilderung Rhodes' die Verknüpfung einer sozialen Frage, die durch die parallele Überflüssigkeit einer einerseits durch Bevölkerungswachstum und andererseits durch Ausschuss aus dem Industrialisierungsprozess entstand, mit dem Versuch einer politischen Lösung, die nicht auf dem nationalen Boden verbleibt, sondern sich nach außen wendet. Zweitens liegt diese Lösung nicht nur im Export von Kapital, sondern im Export von Menschen. Drittens spricht Rhodes in diesem Text, dessen Adressat hier unklar bleibt, in einem historischen Sinn von Arbeitslosen und damit Teilen der Arbeiterbewegung, deren Interesse an imperialistischer Politik im Folgenden im Fokus steht.

Neben der ökonomischen Entwicklung, die auf der Notwendigkeit zum Kapitalexport beruhte und deren Akkumulation auf mehreren Wegen Überflüssige produzierte steht für Arendt eine zweite Säule. Diese ist die Herausbildung des Mobs, der, „erzeugt von der ungeheuren Akkumulation des Kapitals im neunzehnten Jahrhundert, seinen Erzeuger auf all seinen abenteuerlichen Entdeckungsreisen, bei denen es nichts zu entdecken gab als profitable Anlagemöglichkeiten"[58] begleitete. Anknüpfend an die schon gegebene Beschreibung des Mobs als einem konkreten politischen Ausdruck eines ökonomischen Widerspruchs kann nun vorläufig ergänzt werden: eines übergeordneten Widerspruchs,

---

[57] *Die Neue Zeit*, Nr. 1, XVI (1898), S. 302. Zit. n. Lenin, Wladimir Iljitsch: Werke. Herausgegeben vom Institut für Marxismus-Leninismus beim ZK der SED. Band 22. 3. Auflage. Berlin. S. 189–309. Hier S. 261.
[58] Arendt, Hannah: Über den Imperialismus. In: Arendt, Hannah: Die verborgene Tradition. Sechs Essays. Frankfurt a. M. 1976. S. 13–34. Hier S. 15.

eines Primats. Denn auch, wenn Arendt sich auf die „ungeheure Akkumulation des Kapitals im 19. Jahrhundert" bezieht, wird noch gezeigt werden, dass die Akkumulation von Arendt nicht auf eine konkrete historische Epoche eingeschränkt wird.

Der Mob sei zugleich das Produkt kapitalistischer Entwicklung und ihr Ausschuss:

> Die menschlichen Abfallprodukte, die nach jeder Krise, wie sie unweigerlich auf jede Periode industrieller Ausdehnung folgte, aus der Reihe der Produzenten ausgeschieden und in permanente Arbeitslosigkeit gestoßen wurden. Diese zum Müßiggang Verurteilten waren für die Gesellschaft ebenso überflüssig wie die Besitzer überflüssigen Kapitals.[59]

Diese Gruppe der durch die ökonomische Entwicklung überflüssig Gemachten bildet bei Marx „ein Element der fließenden Übervölkerung, das mit dem Umfang der Industrie wächst. Ein Teil davon wandert aus und reist in der Tat nur dem auswandernden Kapital nach."[60] Der „neue Wille zum Profit um jeden Preis [verband sich] mit der alten Jagd nach dem Glück"[61] und kumulierte in einem Bündnis zwischen „den Allzureichen und den Allzuarmen"[62], denn die „Eigentümer überflüssigen Kapitals waren die einzigen, welche die überflüssigen Arbeitskräfte gebrauchen konnten."[63] Das in den düstersten Farben gemalte Phänomen des „Mobs" sei nämlich dann zum relevanten Faktor geworden, als in Südafrika in den 1870er und 1880er Jahren die großen Diamanten- und Goldfelder entdeckt wurden und Investitionen in deren Abbau in einen Treppenwitz der Geschichte mündeten: Das imperialistische Zeitalter, geboren aus Überflüssigem und dem Zwang zur Akkumulation, brach an mit der Produktion von „Waren, die am wenigsten im Produktionsprozess gebraucht werden – Gold und Diamanten."[64] Dabei ist der Mob allerdings weder beschränkt auf diejenigen, die aus der wachsenden Industriearbeiterschaft als Arbeitslose ausgeschieden wurde noch auf die unteren Schichten der Gesellschaft, vielmehr setzt sich der Mob aus allen denjenigen zusammen, die von der kapitalistischen Entwicklung in ihrer ganzen Breite und deren Krisen betroffen sind.[65] So habe der Gründerkrach in Deutschland für ein Anwachsen des Mobs gesorgt, weil Kleinbürger und andere, die durch

---

59 Arendt: Elemente (wie Anm. 13), S. 338 f.
60 Marx, Karl: Das Kapital. Band I. Kritik der politischen Ökonomie. S. 11–802. Hier S. 670.
61 Arendt: Elemente (wie Anm. 13), S. 340.
62 Arendt: Elemente (wie Anm. 13), S. 343.
63 Arendt: Elemente (wie Anm. 13), S. 340.
64 Arendt: Elemente (wie Anm. 13), S. 340.
65 Arendt: Elemente (wie Anm. 13), S. 347 f.

den Einsatz ihrer Sparguthaben in den Kapitalexport involviert gewesen seien, ihre ökonomische Potenz verloren hätten.[66] Letztendlich ist er ein Gemisch aller Klassen, zunächst nur zusammengehalten durch die gleiche Erfahrung der darin Versammelten, aus ihrer angestammten Position in der Gesellschaft geschleudert worden zu sein. Der Mob ist also eine direkte Konsequenz der kapitalistischen Akkumulation und dem damit einhergehenden Ausschuss überflüssiger Arbeiter einerseits sowie den periodisch auftretenden Krisen andererseits. Obwohl die überflüssig Gemachten als z. B. Arbeitslose oder ruinierte Händler unterschiedlichen Hintergründen entspringen, ist ihre Qualität im Mob die gleiche: Für die kapitalistische Produktion überflüssige, weil nutzlose Menschen. Arendt bezieht sich damit auf eine Fragestellung, die in der Begriffsbildung zum „Proletariat" argumentativ heikel war. Diese hob trotz einer vielfältigen sozialen Differenzierung in den unteren Klassen auf eine Homogenisierung der Arbeitenden einerseits und eines davon abgeschiedenen Lumpenproleariats ab.[67] Marx fand für die Beschreibung der bspw. von der Einführung neuer Maschinen überflüssig Gemachten in Abgrenzung zum „Lumpenproletariat" den Begriff der „industriellen Reservearmee" und erkannte ihr eine entscheidende Rolle zu: Sie ist als jederzeit bereitstehende Gruppe von Verfügbaren der wesentliche Hebel des Lohndrucks und erhält damit den Ablauf des kapitalistischen Systems.[68] Das „Lumpenproletariat" hingegen, „das in allen großen Städten eine vom industriellen Proletariat genau unterschiedene Masse bildet, *ist* ein Rekrutierplatz für Diebe und Verbrecher aller Art, von den Abfällen der Gesellschaft lebend, Leute ohne bestimmten Arbeitszweig, Herumtreiber, *dunkle Existenzen*, verschieden nach dem Bildungsgrade der Nation, der sie angehören, nie den *Tagedieb*charakter verleugnend [Hvh. im Original, M. B.]"[69]. Und weiter:

> Neben zerrütteten *Lebeherren* mit zweideutigen Subsistenzmitteln und von zweideutiger Herkunft, verkommene und abenteuerliche Ableger der Bourgeoisie, Vagabunden, entlassene Soldaten, entlassene Zuchthausträflinge, entlaufene Galeerensklaven, Gauner, Gaukler, *Tagediebe*, Taschendiebe, Taschenspieler, Spieler, *Zuhälter*, Bordellhalter, Lastträger, Literaten, Orgeldreher, Lumpensammler, Scherenschleifer, Kesselflicker, Bettler, kurz, die

---

66 Arendt: Elemente (wie Anm. 13), S. 337.
67 Vgl. Schwartz, Michael: „Proletarier" und „Lumpen". Sozialistische Ursprünge eugenischen Denkens. In: Vierteljahreshefte für Zeitgeschichte. Nr. 2, 42 (1994). S. 537–570. S. 538.
68 Sweezy, Paul M.: Theorie der kapitalistischen Entwicklung. Eine analytische Studie über die Prinzipien der Marxschen Sozialökonomie. 4. Auflage. Frankfurt a.M. 1974. S. 109.
69 Marx, Karl: Die Klassenkämpfe in Frankreich 1848 bis 1850. In: MEW (wie Anm. 40). Bd. 7, S. 26.

ganze unbestimmte, aufgelöste, hin- und hergeworfene Masse, die die Franzosen la bohème nennen ... *dieser* Auswurf, Abfall, Abhub aller Klassen ... [Hvh. im Original, M. B.]"[70].

Dessen politische Rolle ähnelt wie die polemische soziologische Beschreibung der Arendtschen Auffassung stark, denn es „wird durch eine proletarische Revolution stellenweise in die Bewegung hineingeschleudert, seiner ganzen Lebenslage nach wird es bereitwilliger sein, sich zu reaktionären Umtrieben erkaufen zu lassen"[71].

In welcher konkreten Form sich der Mob jeweils ausdrücke, sei abhängig vom Mutterland: in den Ländern des „überseeischen Imperialismus" wende sich der Mob tatsächlich nach außen in die überseeischen Gebieten, in den Ländern des „kontinentalen Imperialismus" wie Österreich-Ungarn und Deutschland nach innen.[72] Die hier nur am Rande zu erwähnende enorme Bedeutung des Mobs für Arendts Totalitarismustheorie liegt darin, dass in den Kolonien tatsächlich die nationale Herkunft, bspw. als Brite oder Deutscher, vordergründig war, während im Heimatland die Klassenzugehörigkeit im Vordergrund stand.[73] Dadurch habe sich nach Arendt ein völkischer Begriff entwickelt, der sich allein im europäischen Mutterland nicht hätte herausbilden können und dessen Reimport nach Europa die ideologische Grundlage für die sich dort entwickelnden völkischen Bewegungen geliefert hätte, denn die „Gewaltpolitik konnte sich erst durchsetzen, als sie mit einer Masse von Menschen rechnen konnte, die aller Prinzipen ledig und numerisch so stark angewachsen war, daß sie Fürsorgetätigkeit und Fürsorgefähigkeit des Staates überstieg."[74] Das numerische Anwachsen zur Masse rekurriert auf den in Arendts Werk auf vielfältige Weise eingeflossenen Topos der Massengesellschaft, die Prinzipienlosigkeit, die Arendt hier moniert, ist eine in den Kolonien erlernte. Arendt beschreibt das „imperialistische Experiment" mithin als den Versuch, „die Menschheit in farbige und weiße Völker zu teilen und das in Klassen gespaltene Volk auf der Basis der Weltanschauung des Mobs zu einigen."[75] Diese Weltanschauung ist eine rassistische mit der Wirkung, die durch Industrialisierung und das „kapitalistische Gesellschafts- und Produktionssystem" beginnende Verüberflüssigung von Menschen zu substituieren. Damit wird die Entstehung einer ideologischen Reaktion beschrieben, die auf *Rasse* als

---

70 Marx, Karl: Der achtzehnte Brumaire des Louis Bonaparte. In: MEW (wie Anm. 40). Bd. 8, S. 160 f.
71 Marx/Engels: Kommunistische Manifest (wie Anm. 40), S. 472.
72 Arendt: Elemente (wie Anm. 13), S. 343.
73 Arendt: Elemente (wie Anm. 13), S. 346.
74 Arendt: Elemente (wie Anm. 13), S. 350.
75 Arendt: Elemente (wie Anm. 13), S. 341.

Ordnungssystem abhebt, weil das Ordnungssystem *Klasse* die ideologischen Träger ausstieß.

Wenn von überflüssigem Geld – das neben der Industrialisierung der Auslöser für den Kapitalexport war – die Rede ist, stellt sich die Frage, auf welche Weise diese überschüssigen Mittel entstanden sind: Die Entstehung und das Anwachsen eines Kapitalüberschusses hat schließlich notwendig zur Voraussetzung, dass bereits eine Konzentration von vorher entweder nicht gebundenem oder die Schaffung von bislang nicht existentem Kapital stattgefunden hat, entweder durch ursprüngliche Akkumulation, z. B. die Enteignung von Land, oder durch Umbildungen der wirtschaftlichen Infrastruktur, in jedem Fall aber durch die Akkumulation von Kapital, denn in beiden Fällen werden Kapital – und Menschen – freigesetzt.

Die Fortsetzung der ursprünglichen Akkumulation im Imperialismus

Die enorme Bedeutung, die Hannah Arendt dem Imperialismus als *ökonomisch motivierte*, *staatlich sekundierte* und schlussendlich *politisch integrierte* Lösung des Problems des durch den Akkumulationsvorgang verüberflüssigten Kapitals und den dadurch verüberflüssigten Menschen einräumt, findet ihren Niederschlag auch in ihrer theoretischen Selbstpositionierung. Ihre maßgeblichen Quellen sind John A. Hobson, Rosa Luxemburg und Rudolf Hilferding, wobei Hobson der wichtigste Bezugsautor ist.[76] Diese Konstellation ist bemerkenswert: Hobson veröffentlichte 1902 eine breit rezipierte Schrift zum Imperialismus.[77] Lenin bezog sich in seiner Schrift lobend auf ihn, weil er als Nicht-Marxist und „Sozialliberaler"[78] – der Brite Hobson trat 1919 in die Labour Party ein – noch ein aus Lenins Sicht richtigeres Bild vom Imperialismus hatte als Karl Kautsky. Rosa Luxemburg brachte mit *Die Akkumulation des Kapitals* 1913 einen „Beitrag zur ökonomischen Erklärung des Imperialismus" heraus, auf deren nicht-deterministischen Erklärungsansatz sich Arendt positiv bezieht.[79] Hilferding schließlich

---

[76] Arendt: Elemente (wie Anm. 13), S. 332–344.
[77] Vgl. Hobson, John A.: Imperialism – A Study. New York 1902.
[78] Lenin: Werke (wie Anm. 57). Bd. 23. S. 105.
[79] Luxemburg, Rosa: Die Akkumulation des Kapitals. In: Dies.: Gesammelte Werke. Bd. 5. Berlin 1975. S. 5–411.

setzte sich in seinem Band zum *Finanzkapital* mit der Entwicklung des Kapitalismus auseinander.[80]

Wie oben schon angedeutet, sieht Arendt den Auslöser dessen, was sich zum Phänomen Imperialismus formieren sollte, in der Ansammlung von überflüssigem Geld, das zwecks Investition seinen Weg ins Ausland fand und den ökonomischen Notwendigkeiten des Industrialisierungsprozesses. Dieser aber

> war ermöglicht durch die Enteignung und Verproletarisierung. Dies heißt, durch das Entwurzelten und Überflüssigmachen vieler Menschen. An die Stelle des Eigentums, das den Menschen ihren Platz in der Welt anwies, trat der Arbeitsplatz und das reine Funktionieren im Arbeitsprozess. [...] Arbeit macht den Menschen „freizügig" und unterwirft ihn gleichzeitig der „Gesellschaft". [...] Diese Vergesellschaftung muß bereits als Entwurzelungsprozess gesehen werden. Lockes Eigentum-Theorie, die ursprünglich den Besitz-Anspruch auf Grund und Boden sichern wollte, stellt in Wahrheit nur den Anspruch auf Mobiles, hergestellte Dinge, sicher. Nur Brot und Wein, nicht aber der Boden, sind mein „Produkt".[81]

Diese im April 1953 im *Denktagebuch* notierte Passage lässt aufhorchen. Das überflüssige Geld und die überflüssigen Menschen, die als Mob aus der bürgerlichen Klasse ausgestoßen wurden, die die ökonomische und soziologische Grundlage des Imperialismus bilden, sind damit ein Ergebnis des Überflüssigmachens durch Enteignung von vorherigem Privateigentum. Außerdem identifiziert Arendt im *Denktagebuch* den „Arbeitsprozess" als der Enteignung nachgelagert sowie die Vergesellschaftung durch Arbeit als Entwurzelung. Damit wird die Industrialisierung auf die Enteignung von Grund und Boden zurückgeführt, die Locke noch habe verhindern wollen. Arendt vertritt wohlgemerkt die weiter oben beschriebene Position, dass Geschichte – der Imperialismus zumal – wiederholbar ist und sie erwähnte diese Gefahr auch explizit im Vorwort des Imperialismus-Kapitels. Das Eigentum ist ein zentraler Begriff in Arendts Denken, bildet es doch die notwendige Voraussetzung zur Teilnahme an der Welt, weil es den Menschen Regenerations- und Rückzugsmöglichkeiten bietet und also eine Wurzel, einen konkreten Ort. Diesen denkerischen Faden hat Arendt in der 1958 als *The Human Condition* in den USA und 1967 auf Deutsch erschienene *Vita activa* präzisiert: Vor der Enteignung der unteren Schichten der Bevölkerung zu Beginn der Neuzeit ist die Heiligkeit des Privateigentums immer etwas Selbstverständliches gewesen; aber erst der enorme Zuwachs an Besitz, Reichtum und eben Kapital in den Händen der enteignenden Schichten hat dazu geführt, privaten Besitz überhaupt für sakrosankt zu erklären.[82] Das Recht in Blick auf das Privateigentum

---

80 Hilferding, Rudolf: Das Finanzkapital. Berlin 1955.
81 Arendt: Denktagebuch (wie Anm. 18), S. 341.
82 Arendt: Vita activa (wie Anm. 2), S. 76.

ist folglich eines, das nach der weltentziehenden Enteignung zur Sicherung des Geraubten installiert wird.

Das, worauf sich Arendt mit der Überflüssigmachung durch Enteignung bezieht, firmiert bei Karl Marx unter dem Begriff der „sogenannten ursprünglichen Akkumulation des Kapitals". Mehr noch: Arendt übernimmt den Begriff in seiner vollen Bedeutung, macht ihn zum Dreh- und Angelpunkt ihrer Argumentation und knüpft in ihrer Konzeptionalisierung des Imperialismus an Rosa Luxemburg an. Der besseren Übersichtlichkeit wegen empfiehlt sich eine Trennung der Bezüge: Einerseits Akkumulation, andererseits ursprüngliche Akkumulation, drittens die fortgesetzte ursprüngliche Akkumulation in den Kolonien.

Arendt beschreibt die Auswirkung des Imperialismus auf Europa als ein vermeintliches Allheilmittel, welches durch die Generierung einer Welt des Scheins den sozialen Verhältnissen „eine Gnadenfrist von fast einem halben Jahrhundert"[83] verschafft und zwei Weltkriege zur Abschaffung dieser sozialen Verhältnisse nötig gemacht habe. Dazu ist anzumerken: Die Autorin markiert den Imperialismus hier als Ideologie, die in der Lage ist, die soziale Struktur der kapitalistischen Klassengesellschaft entgegen ihrer eigentlich abgelaufenen Zeit aufrechtzuerhalten. Aber eben nicht durch blanken Schein, sondern durch die Implementierung der zum Erhalt des Kapitalismus notwendigen ökonomischen Maßnahmen. Die Kapitalisierung der europäischen Nationalstaaten habe nämlich mit der Industrialisierung zutage gebracht, dass der Kapitalismus ständig neue Gebiete kapitalisieren müsse, um sich mit Rohstoffen sowie Waren- und Arbeitsmärkten zu versorgen, um so – hier argumentiert Arendt in Anschluss an Rosa Luxemburg – den Akkumulationsprozess als Kern des Kapitalismus aufrechtzuerhalten.[84] Es sei an dieser Stelle an die bereits herausgestellte systemstabilisierende Funktion erinnert, die die Überflüssigen als Mob nach Arendt erfüllen, ähnlich wie die „relative Überbevölkerung", d.h. die „industrielle Reservearmee" bei Marx. Der Imperialismus sei ein „Notbehelf" unter mehreren gegen die Gefahr des Zusammenbruchs der aus Arendts Sicht zu diesem Zeitpunkt vollständig kapitalisierten nationalen Wirtschaften mit dem Ziel, – und hier zitiert sie Hilferding – „noch einmal und für eine möglichst weite Zeitspanne" nach den Methoden der Akkumulation kapitalistischer Reichtum' gewonnen werden konnte."[85] Das Mittel der Wahl für diese fortgesetzte Akkumulation, die nach Arendt „nicht einem perpetuum mobile gleich ins Unabsehbare rollen konnte, ohne durch weitere ‚Sündenfälle' von Zeit zu Zeit kräftig aufgefrischt zu wer-

---

83 Arendt: Elemente (wie Anm. 13), S. 332.
84 Arendt: Elemente (wie Anm. 13), S. 334.
85 Arendt: Elemente (wie Anm. 13), S. 335 f.

den"[86], kann als *imperialistischer Mechanismus* beschrieben werden: Die Wieder-in-Gang-Setzung der „von keinerlei ‚eisernen' Gesetzen der Ökonomie selbst noch gehinderte Räuberei"[87], die „eine Sprengung *rein ökonomischer Gesetzmäßigkeit durch politisches Handeln* [Hvh., M. B.]" darstellt. Was Arendt hier meint, indem sie einen ‚Sündenfall' und dessen Wiederholung anspricht, ist die *ursprüngliche Akkumulation des Kapitals*. Diese begreift sie folglich als eine als Notbehelf ergriffene und politisch gewollte, gegen den Zusammenbruch der vollständig kapitalisierten europäischen Gesellschaften gerichtete Maßnahme mit einer moralischen Konnotation, die von der theologisch gebildeten Autorin Arendt, davon ist auszugehen, nicht beliebig gewählt wurde. Mit der Fokussierung auf die Wiederholung stellt sich Arendt in eine theoretische Tradition, die tendenziell von einer dem Kapitalismus inhärenten Kontinuität der ursprünglichen Akkumulation ausgeht, statt von einer historisch einmaligen Phase, und die wahrscheinlich am engsten mit dem Namen Rosa Luxemburgs verbunden ist. Gegenwärtig knüpft u. a. Klaus Dörre an diesen Strang an.[88]

Die ursprüngliche Akkumulation des Kapitals spielt im Kapital von Karl Marx eine neuralgische Rolle. Angesiedelt am Ende des ersten Bandes, hat sich die Argumentation des Buches zu diesem Zeitpunkt bis zum von Marx ins Auge gefassten Beginn des Akkumulationsprozesses vorgearbeitet, der mit einer notwendig nicht-kapitalistischen Kapitalbildung beschrieben wird.[89] Der entscheidende Punkt der Annahme ist die dadurch vollzogene Trennung der Produzenten und der Produktionsmittel, indem „große Menschenmassen plötzlich und gewaltsam von ihren Subsistenzmitteln losgerissen und als vogelfreie Proletarier auf den Arbeitsmarkt geschleudert werden."[90] Damit ist die „sogenannte ursprüngliche Akkumulation nichts andres [...] als eine Reihe historischer Prozesse, die in einer Auflösung der ursprünglichen Einheit zwischen dem Arbeitenden und seinen Arbeitsmitteln resultieren."[91] Die Durchführung dieser historischen Prozesse ging einerseits einher mit der Vertreibung und Enteignung von Bauern, Handwerkern und Klöstern.[92] Letztere bezeichnete Arendt im Übrigen in *Vita activa* als

---

86 Arendt: Elemente (wie Anm. 13), S. 349.
87 Arendt: Elemente (wie Anm. 13), S. 335.
88 Vgl. Dörre, Klaus: Prekarität. In: Hirsch-Kreinsen, Hartmut/Minssen, Heiner (Hrsg.): Lexikon der Arbeits- und Industriesoziologie. Baden-Baden 2013. S. 394–400.
89 Bachinger, Karl/Matis, Herbert: Entwicklungsdimensionen des Kapitalismus. Klassische sozioökonomische Konzeptionen und Analysen. Wien 2009. S. 372.
90 Marx: Kapital (wie Anm. 60), S. 744.
91 Marx, Karl: Lohn, Preis und Profit. In: MEW (wie Anm. 40). Bd. 16, S. 131.
92 Marx: Kapital (wie Anm. 60), S. 744–750.

eine der drei Schwellen zur Neuzeit.[93] Andererseits bedeutete die ursprüngliche Akkumulation für das aufstrebende Bürgertum auch die Loslösung der feudalen Fesseln. Marx ordnet diesen Vorgang in Europa, in dem „Eroberung, Unterjochung, Raubmord, kurz Gewalt die große Rolle spielen"[94] und dessen Beginn er ins 15. Jahrhundert datiert[95], als Vorläufer einer wiederholten ursprünglichen Akkumulation in den Kolonien ein:

> Die Entdeckung der Gold- und Silberländer in Amerika, die Ausrottung, Versklavung und Vergrabung der eingeborenen Bevölkerung in die Bergwerke, die beginnende Eroberung und Ausplünderung von Ostindien, die Verwandlung von Afrika in ein Gehege zur Handelsjagd auf Schwarzhäute bezeichnen die Morgenröte der kapitalistischen Produktionsära. Diese idyllischen Prozesse sind Haupt*elemente* der ursprünglichen Akkumulation. [Hvh. im Original, M. B.][96]

Auf den letzten Seiten wurde beispielhaft dargestellt, dass es vielfältige Bezüge zwischen „marxistischer Theorie" und Hannah Arendt gibt und weiterhin Hannah Arendts Imperialismus-Konzeption umrissen. Dabei stand deren ökonomische Fundierung im Vordergrund. Neben den vielfältigen Nebenbestimmungen, die im Laufe des Textes hervorgehoben wurden, sei zum Schluss einer im Besonderen als *prima inter pares* herausgestellt: Der Beginn der Akkumulation ist nach Arendt ein politischer. Politisch deshalb, weil er mit einer Handlung von Menschen einsetzt, die das Zusammenleben mit anderen Menschen betrifft. Enteignung ist ein politischer Akt, zuerst begangen von konkreten Menschen, die dadurch ihre gemeinsame Welt mit denen, die sie enteignen, aufkündigen – schlussendlich eine *Dehumanisierung*. Arendt bestimmt den Imperialismus als Möglichkeit, dem Kapitalismus nicht nur neue Ressourcen zur Verfügung zu stellen, sondern ihn überhaupt als wirtschaftliches System überleben zu lassen. Die Überflüssigen sind allein schon durch den Initialakt ihrer Erschaffung ein politisches Phänomen, weil ihnen Raub i.S.v. Missachtung der gemeinsamen Welt vorausgeht. Während ihres Auftretens aber werden sie, weil ihr Platz in der Welt verloren geht, gleichsam „politisch verunmöglicht", weil sie – folgt man Arendt an diesem Punkt – nicht mehr an der Welt teilnehmen können. Die Überflüssigen sind also als empirisch erfahrbare, politische Kategorie und als konkrete Menschen notwendig doppelt bestimmt. Einmal als Objekt, einmal als Subjekt. Arendt beschreibt mithin die Aufrechterhaltung der Akkumulation des Kapitals durch deren Wieder-in-Gang-Setzung im Imperialismus nicht nur als bewusst ausgeführte

---

93 Arendt: Vita activa (wie Anm. 2), S. 318.
94 Marx: Kapital (wie Anm. 60), S. 741 f.
95 Marx: Kapital (wie Anm. 60), S. 743.
96 Marx: Kapital (wie Anm. 60), S. 779.

wiederholte Dehumanisierung, sondern diesen Vorgang als Aufrechterhaltung des kapitalistischen Ablaufs selbst und die dabei gelernten politischen Lektionen als maßgebliche Stütze des kommenden Totalitarismus.

IV **Antisemitismusdebatten**

Ralf Hoffrogge
Ein Tag im Leben der Weimarer Republik – die „Ostjudendebatte" des Preußischen Landtages von 1922

Die Sozialdemokratie des Kaiserreichs verurteilte im Erfurter Programm von 1891 „nicht bloß die Ausbeutung und Unterdrückung der Lohnarbeiter, sondern jede Art der Ausbeutung und Unterdrückung, richte sie sich gegen eine Klasse, eine Partei, ein Geschlecht oder eine Rasse".[1] Diese Formel schloss die Ablehnung kolonialer, aber auch antisemitischer Rassentheorien ein. Sie war direkt inspiriert von Friedrich Engels' Verurteilung des Antisemitismus in einem Leitartikel des Vorjahres.[2] Gemeinsam mit Bebels *Die Frau und der Sozialismus* von 1879 oder Clara Zetkins *Arbeiterinnen und Frauenfrage der Gegenwart* von 1889 war das Erfurter Programm Ergebnis einer Debatte um Universalismus und Emanzipation, mit der die sozialistische Bewegung Diskriminierungsformen jenseits des Klassenwiderspruchs einbezog.[3] Es kann als erstes „intersektionales" Programm der deutschsprachigen Linken gelten, Startpunkt eines bis heute andauernden Aushandlungsprozesses um Gleichheit und Differenz in emanzipatorischen Bewegungen.[4]

In der Weimarer Republik stritten mit SPD, USPD und KPD gleich drei Parteien um dieses Erbe. Sie waren konfrontiert mit einem in der Gegenrevolution des Jahres 1919 militanter auftretenden Antisemitismus, der gezielt und gewalttätig die politische Linke als „jüdisches" Phänomen angriff. Dementsprechend fasste die USPD 1919 eine Resolution „gegen Judenhetze",[5] während die KPD im Pro-

---

1 Seefeld, Horst (Hrsg.): Programme der deutschen Sozialdemokratie 1863–1963. Hannover 1963. S. 75 ff.
2 Engels, Friedrich: Über den Antisemitismus. In: Marx-Engels-Werke (MEW). Berlin/DDR 1963. Bd. 22. S. 49–51.
3 Vgl. Hoffrogge, Ralf: Sozialismus und Arbeiterbewegung in Deutschland. Stuttgart 2011. S. 180–190.
4 Vgl. Garske, Pia: Intersektionalität als Herrschaftskritik? Die Kategorie ‚Klasse' und das gesellschaftskritische Potenzial der Intersektionalität-Debatte. In: Intersectionality und Kritik. Neue Perspektiven auf alte Fragen. Hrsg. von Vera Kallenberg [u.a.]. Wiesbaden 2013. S. 245–264.
5 „Der Parteitag stellt fest, daß der Antisemitismus, die Hetze gegen die Juden als Juden, auch in Deutschland die Waffe der monarchistischen Reaktion geworden ist [...]. Der Parteitag fordert das klassenbewußte, revolutionäre Proletariat Deutschlands auf, alle Formen dieser Hetze im Bewußtsein ihres internationalen, reaktionären Charakters auf das entschiedenste zu bekämpfen."

grammentwurf *Was will der Spartakusbund?* vom Dezember 1918 „die Kleinbürger, die Offiziere, die Antisemiten, die Preßlakaien der Bourgeoisie" als Gegner ausmachte.[6] Gespalten in der Frage „Reform oder Revolution" und der im Ersten Weltkrieg aufgerissenen Kluft zwischen Patriotismus vs. Internationalismus waren die Arbeiterparteien der Weimarer Republik sich einig in der Ablehnung antisemitischer Hetze – auch wenn es ihnen nie gelang, die Arbeiterbewegung völlig frei davon zu halten. Es wäre jedoch verfehlt, die Existenz von Antisemitismus auch bei Mitgliedern und Wählerschaft der Arbeiterparteien zur ideologischen Konstante der Parteien selbst zu verabsolutieren. Denn als Massenparteien waren sie Resonanzraum für verschiedenste gesellschaftliche Einflüsse, nicht nur emanzipatorischer Art. Es wäre verwunderlich, wenn die in den reaktionär-obrigkeitsstaatlichen, mehrheitlich vom evangelischen Klerus betriebenen Volksschulen des Kaiserreichs sozialisierte Wählerschaft von SPD, USPD und KPD immun gegen antisemitische Einflüsse gewesen wäre. Diesen entgegen stand jedoch die Klammer des Universalismus in Programmen und Resolutionen. Will man die Wirkung solcher Festlegungen gegen Antisemitismus konkret untersuchen, so reicht der Verweis auf Programme jedoch nicht aus. Ebenso wenig reicht die Aufzählung einzelner antisemitischer Äußerungen oder Vorfälle als Gegenbeweis, dass die Arbeiterparteien „genauso" oder, aufgrund ihrer Kapitalismuskritik, gar schlimmere Antisemiten gewesen seien. Denn wo ein Programm Absichten mitteilt und Einzelzitate die Abkehr von diesen, ist noch keine Aussage über Mehrheitsmeinungen, politische Strategien oder Diskurse getroffen. Diese können nur eingeordnet werden, wenn historische Diskurse konkret rekonstruiert werden.

Ein Beispiel dafür ist die „Ostjudendebatte" im Preußischen Landtag des Jahres 1922, die im Folgenden nachgezeichnet werden soll. Sie wurde ausgelöst durch einen Vorstoß der Deutschnationalen Volkspartei (DNVP) gegen ostjüdische Einwanderung. Alle anderen Parteien mussten sich nun positionieren, sichtbar werden Positionen zum Antisemitismus im gesamten politischen Spektrum. Diese werden hier mit Blick auf die Arbeiterparteien analysiert, vertreten durch Carl Severing (SPD), Oskar Cohn (USPD/SPD) und Werner Scholem (KPD).[7] Scholems Position wird genauer betrachtet, weil in seinen Beiträgen die von der

---

Protokoll der Verhandlungen des außerordentlichen Parteitages in Leipzig vom 30. November bis 6. Dezember 1919. S. 455, 539. In: Krause, Hartfrid (Hrsg): Protokolle der USPD. Glashütten 1975.
6 Der von Rosa Luxemburg stammende Entwurf erschien unter dem Titel *Was will der Spartakusbund?* in der *Roten Fahne* vom 14. Dezember 1918.
7 Dieser Aufsatz ist die überarbeitete und erweiterte Version eines Teilkapitels meiner Dissertation: Hoffrogge, Ralf: Werner Scholem – eine politische Biographie (1895–1940). Konstanz 2014.

Arbeiterbewegung geteilte Kategorie der „Klasse" als Gegenkategorie zur von der DNVP aufgeworfenen „Rassenfrage" in Stellung gebracht wird.

Die Aussagekraft der „Ostjudendebatte" von 1922 als Quelle ist einerseits begrenzt, weil sie nur einen Tag erfasst und jede Partei nur durch einen Redner vertreten wurde. Weder die parteiinternen Strömungen werden abgebildet, ebenso wenig ein Wandel der Positionen über die Dauer der Weimarer Republik. Allerdings hat dieser tagespolitische Ausschnitt eine hohe Aussagekraft dadurch, dass die Redner als gewählte Abgeordnete bestimmte Milieus der Bevölkerung repräsentieren, andererseits als Sprecher für ihre jeweilige Partei mandatiert sind. Bravo-Rufe und ähnliches zeigen, dass die Redner nicht für sich, sondern für ihre Fraktion sprachen. Mit der doppelten Repräsentation durch Wahl und Fraktion verbunden war die meinungsbildende Funktion des Parlaments. Der Preußische Landtag war Legislative des größten Gliedstaates der Weimarer Republik, seine Delegierten vertraten die Mehrzahl der Bevölkerung in einem Territorium vom Emsland bis nach Königsberg. Die dortigen Debatten genossen höchste Aufmerksamkeit.

Neben dieser zeitlich begrenzten, aber symbolisch hohen Repräsentativität ist die Quelle „Landtagsdebatte" auch methodisch geeignet zur Untersuchung des Verhältnisses der Weimarer Parteien zum Antisemitismus. Sie zeigt, anders als Diskursanalysen etwa einer einzelnen Zeitung, die *Interaktion* der politischen Milieus, also einen Diskurs verschiedener Akteure, nicht die Selbstvergewisserung einer einzelnen Strömung. Für die Analyse eines Phänomens wie des Antisemitismus ist ein solcher Blick geboten. Denn Antisemitismus wirkt milieu- und klassenübergreifend, ist gerade dadurch erfolgreich, dass er politische Lager sprengt und gegensätzliche Interessen ideologisch in scheinbaren Einklang bringt. Anders als die Aufzählung einzelner antisemitischer oder anti-antisemitischer Aussagen zeigt die Parlamentsdebatte einen diskursiven *Zusammenhang*, in der weniger Gefahr besteht, historische Aussagen an heutigen Maßstäben zu messen. Da im wörtlichen Parlaments-Stenogramm Kontext und Bezug der Redenden zueinander komplett erhalten sind, ist zudem die Interpretation sicherer als bei auf verschiedene Medien verstreuten Diskursen, wo Adressatenkreis und Mandat der Sprechenden erst mühsam rekonstruiert werden müssen.[8]

Die Parlamentsdebatte ist zudem der Ort, wo die Kategorien „Diskurs" und „Ideologie" materielle Gewalt erhielten: Abschiebung oder Freizügigkeit waren Alternativen, mit denen die „Ostjudendebatte" für osteuropäische Arbeits-

---

[8] Für eine solche Rekonstruktion vgl. Hoffrogge, Ralf: Der Sommer des Nationalbolschewismus? Die Stellung der KPD-Linken zu Ruhrkampf und ihre Kritik am „Schlageter-Kurs" von 1923. In: *Sozial.Geschichte.Online.* Nr. 20/2017.

migranten nicht nur epistemische, sondern handfeste materielle Konsequenzen hatte.

Auftakt – Die Anfrage der Deutschnationalen Volkspartei (DNVP)

Die am 29. November 1922 im Preußischen Landtag geführte Debatte über die „Einwanderung der Ostjuden nach Deutschland" war nicht die einzige, aber doch in der zweiten Wahlperiode des Landtages von 1921 bis 1924 aussagekräftigste Debatte zur Stellung der Juden in Preußen.[9] Die antisemitische Rechte, hier konkret die Deutschnationale Volkspartei (DNVP), argumentierte aus der Defensive, denn nur wenige Monate nach der Ermordung des aus einer jüdischen Familie stammenden Außenministers Walther Rathenau im Juni 1922 klang noch Reichskanzler Wirths Ausspruch „Dieser Feind steht Rechts" in aller Ohren.[10] Nach dem Attentat waren vorher meist tolerierte Ausfälle gegen das deutsche Judentum tabu. Antisemitische Motive waren in dieser Situation nur sprechfähig, indem man sie auf nichtdeutsche Staatsbürger beschränkte und kulturalisierte: zur Selbstvergewisserung des „Deutschen" dienten die „Ostjuden". Unter diesem Begriff verstand man damals jüdische Einwanderer aus Osteuropa, die im Gegensatz zu den assimilierten „Westjuden" noch stark durch jiddische Sprache und religiöse Orthodoxie geprägt waren. Als mittellose Einwanderer führten sie oft eine ärmliche und subproletarische Existenz.[11]

Der Antisemitismus der politischen Rechten war jedoch kein Selbstzweck. Er hatte bereits im Kaiserreich die ideologische Funktion, als „kultureller Code" zur Einigung der ökonomisch und politisch fragmentierten Rechtskräfte beizutragen.[12] Antisemitismus zielte nach 1918 im Diskurs der völkischen Rechten zu-

---

[9] Vgl. Rolke, Birgit: Jüdische Abgeordnete im Preußischen Landtag 1919–1928. Magisterarbeit FU Berlin 1998. S. 50–65.
[10] So Joseph Wirth im Reichstag am 25. Juni 1922. In: Verhandlungen des Reichstags. Stenographische Berichte I. Wahlperiode 1920. Bd. 356. Berlin 1922. S. 8054–8058.
[11] Allerdings waren die Ostjuden keine homogene Gruppe, es gab auch in Osteuropa ein jüdisches Bürgertum und unter den assimilierten deutschen Juden Industriearbeiter. Vgl. Zimmermann, Moshe: Die deutschen Juden 1914–1945. München 1997. S. 22f., 92f., 97. Zu den Ostjuden vgl. Heid, Ludger: Maloche, nicht Mildtätigkeit: ostjüdische Arbeiter in Deutschland 1914–1923. Hildesheim 1995 sowie ders.: Ostjuden – Bürger, Kleinbürger, Proletarier. Geschichte einer jüdischen Minderheit im Ruhrgebiet. Essen 2011; Maurer, Trude: Ostjuden in Deutschland 1918–1933. Hamburg 1986.
[12] Volkov, Shulamit: Antisemitismus als kultureller Code: Zehn Essays. München 2000.

dem darauf ab, die wirtschaftliche und soziale Not der Nachkriegsjahre nicht als Kriegsfolge oder Marktversagen zu rahmen – also als Ergebnis der eigenen Politik von Kriegsnationalismus und imperialer Expansion. Genehmer war es, die Krisendebatte als Neiddebatte gegen Einwanderer zu führen. Durch dieses „Framing", das Setzen eines Diskursrahmens, wurde die „Klassenfrage" Wirtschaftskrise zu einer „Rassenfrage" essentialisiert. Ende 1922 ersetzte bzw. ergänzte ein kultureller Rassismus gegen „Ostjuden" dieses Motiv.

Er war Kernargumentation der Anfrage des deutschnationalen Abgeordneten Dr. Dr. Martin Kaehler, Professor für Nationalökonomie in Greifswald vom 29. November 1922.[13] Kaehler kritisierte die Zuwanderung von „Ostjuden", „weil der größere Teil der Ostjuden [...] schwerlich als Arbeiter sein Brot in Deutschland sucht." Seine Anfrage erklärte daher die Einwanderung von Ostjuden für „in höchsten Grade unerwünscht", forderte die Einhaltung bestehender Vorschriften zur Begrenzung von Zuwanderung und fragte abschließend die Regierung: „Welche Schritte gedenkt das Ministerium zu tun, um 1) unerwünschte Gäste abzuschieben, 2) eine schärfere Kontrolle auf diesem Gebiete durchzuführen?"[14]

Kaehlers Begründung identifizierte das Judentum auch als politisch unerwünscht: es sei „gar keine Frage, daß auch heute noch der Bolschewismus in Rußland sowohl wie bei uns mit ostjüdischen Elementen in der Führung und Ausführung sehr stark durchsetzt sei". Kaehler zitierte dazu einen Bericht der liberalen *Kölnischen Zeitung*. Auch hier wurde die ostjüdische Einwanderung als „gefährlich" bezeichnet und eine Unterwanderung des *Vorwärts* und der USPD-Zeitung *Freiheit* durch Ostjuden behauptet. Jedoch konnte Kaehler auch einen Artikel im SPD-Organ *Neue Zeit* zitieren, in dem der Landtagsabgeordnete Theodor Müller osteuropäische „Schieber" in einem Jargon angriff, dessen Bezug auf Ostjuden für Zeitgenossen offensichtlich war.[15] Gestützt durch solche Äußerungen seiner politischen Gegner kritisierte Kaehler nun die „kosmopolitische" Ausrichtung der Ostjuden und behauptete, dass „diese Art Judentum, wenn es sich intellektuellen Berufen zuwendet, erfahrungsgemäß als Feindin jeder Autorität

---

13 Protokolle des preußischen Landtags, 1. Wahlperiode 1921–1924, 188. Sitzung am 29. November 1922 (Preußischer Landtag, 29.11.1922). Neben diesen beiden Debatten gab es auch eine Landtagsdiskussion zum Thema Zionismus, in der Werner Scholem sich jedoch nicht äußerte. Vgl. Rolke: Jüdische Abgeordnete (wie Anm. 9). S. 46.
14 Drucksache Nr. 2932 des Preußischen Landtages, Wahlperiode 1921–1924.
15 Die Neue Zeit, Nr. 13 vom 24. Juni 1921. Vgl. Heid, Ludger: „Proletarier zu sein und Jude dazu, das bedeutet unsägliches Leid" – Sozialisten zur „Ostjudenfrage". In: Juden und deutsche Arbeiterbewegung bis 1933: Soziale Utopien und religiös-kulturelle Tradition. Hrsg. von Ludger Heid u. Arnold Paucker. Tübingen 1992. S. 177–191. Hier S. 185.

und überhaupt als zersetzendes Element auftritt."[16] Dennoch distanzierte sich Kaehler von Pogromen und „antisemitischer Hetze". Explizit nahm er die assimilierten Juden von seiner Kritik aus – sprach allerdings auch gegen diese verdeckte Drohungen aus: Wenn, so Kaehler, die deutschen Juden ihre östlichen „Stammes- und Glaubensgenossen" bedingungslos verteidigten, dann „sägt das Westjudentum den nicht sehr starken Ast ab, auf dem es bei uns noch sitzt."[17]

Minister Severing antwortet – Die Position der SPD

Als Vertreter der preußischen Regierung antwortete der sozialdemokratische Innenminister Carl Severing. Er kritisierte die Tatsache, dass „Redner, die in den rechtsradikalen Organisationen ihre politische und völkische Interessenvertretung erblicken, alles darauf anlegen, um die Juden für das wirtschaftliche und politische Elend verantwortlich zu machen, unter dem wir heute leiden."[18] Die den Juden zugeschriebenen Tätigkeiten wie Wucher und Hausierertum fänden sich auch bei „Ariern". Severing verwies auf Lessings Drama *Nathan der Weise* und appellierte an die Abgeordneten, „daß wir nicht zuerst als Christen und nicht zuerst als Juden und nicht zuerst als Muhammedaner, sondern zuerst als Menschen auf die Welt kommen." Dies wolle er hochhalten – und „dabei noch deutschen Interessen gerecht werden".

Trotz des aufklärerischen Appells wurden nationale Interessen unter der Hand zum dominanten Argumentationsstrang bei Severing. Schon in den Eingangsworten hatte er das „Fremdenproblem" als eine ernste Angelegenheit gewürdigt. Er richtete einen Appell an den Völkerbund, dass Deutschland nicht in der Lage sei, jüdische Familien aufzunehmen, die gerade aus Ungarn ausgewiesen würden:

> Jedenfalls sind die derzeitige Ernährungslage, die derzeitigen Erscheinungen auf dem deutschen Wohnungsmarkt und die augenblickliche Aussicht auf dem Wirtschafts- und Arbeitsmarkt nicht dazu angetan, daß wir noch Ausländer zu uns hereinnehmen können. (Sehr richtig! bei der DNVP). Sie sehen, meine Herren, wenn wir sachlich diskutieren, dann finden sich mindestens viele Berührungspunkte.[19]

---

16 Preußischer Landtag, 29.11.1922 (wie Anm. 13).
17 Preußischer Landtag, 29.11.1922 (wie Anm. 13).
18 Preußischer Landtag, 29.11.1922 (wie Anm. 13).
19 Preußischer Landtag, 29.11.1922 (wie Anm. 13). Die Abkürzung „D.-nat.V.-P." in den Originalprotokollen ist im Folgenden der Einfachheit halber zu „DNVP" vereinheitlicht worden.

Severing hatte keine Probleme mit Applaus von Seiten der Deutschnationalen, inszenierte sich bewusst als Ordnungspolitiker mit harter Hand. Liberale Zugeständnisse im Ausländerrecht begründete er mit der Rücksicht auf deutsche Minderheiten im Ausland: „Wenn wir jetzt in dieser Zeit durch eine Härte in der Fremdenpolizei uns das Odium der Barbaren zuziehen, [...] glauben sie, daß dann unsere Landsleute anders behandelt werden." Ansonsten verwies Severing darauf, einen von der DNVP zitierten Erlass zur Einwanderung der Ostjuden sogar noch verschärft zu haben.[20] Ausdrücklich lobte er, dass „der Herr Vorredner sich bemüht hat, mit aller Sachlichkeit sich mit dem Problem auseinanderzusetzen." Abschließend stellte Severing fest: „In erster Linie hat selbstverständlich der Deutsche Anspruch auf eine anständige Wohnung, auf Lebensmittel und auf Arbeitsgelegenheit." Dafür erntete er „lebhafte Zustimmung links und rechts." Schon 1920 hatte Severing sich in einer Debatte zur Wohnungsnot für eine Beschränkung von Einwanderung ausgesprochen. Die Forderung nach einer Internierung aller Ostjuden lehnte er jedoch ab – mit dem Argument, dass sich ja erst recht Protest regen würde, wenn man die Ostjuden „auf Staatskosten beherbergte und verpflegte".[21] Severing verweigerte sich also dem Antisemitismus sowohl gegen Ost- als auch „Westjuden", akzeptierte aber den Diskurs der DNVP gegen Einwanderung als sachlich gerechtfertigt.

„Sachliche Ergänzungen" – Die Deutsche Volkspartei (DVP)

Auf Severings Rede folgte ein Beitrag des Abgeordneten Hans von Eynern als Vertreter der Konservativen „Deutschen Volkspartei", Koalitionspartner der SPD in der preußischen Regierung. Auch er lobte die „Sachlichkeit" und den „staatlich allgemeinen Ton" des Deutschnationalen Kaehler. Von Eynern verwies allerdings darauf, dass es nicht nur jüdische Migranten gäbe, sondern nach dem Krieg ein allgemeines „Ausländerproblem" entstanden sei. Dementsprechend sei auch der

---

20 Am 1. November 1919 erließ der preußische Justizminister Wolfgang Heine (SPD) einen Erlass, wonach den während des Krieges als Arbeitskräfte nach Deutschland verbrachten osteuropäischen Juden nur dann ein Bleiberecht in Preußen zugestanden wurde, wenn sie Arbeitsplatz und Unterkunft nachweisen konnten. Andernfalls drohte die Abschiebung. Vgl. Elsner, Lothar: Zur Haltung der SPD gegenüber den sogenannten Ostjuden: die Erlasse sozialdemokratischer preußischer Minister gegen asylsuchende ‚Ostjuden' 1919/20. In: Arbeiterbewegung und Antisemitismus. Hrsg. von Mario Keßler. Bonn 1993. S. 19–28.
21 Vgl. Rolke: Jüdische Abgeordnete (wie Anm. 9). S. 54 f. sowie die Protokolle der Preußischen Landesversammlung, 149. Sitzung am 7. Juli 1920.

Antisemitismus nicht „Folgeerscheinung des Auftretens dieser neuen nationalsozialen Partei". Es sei vielmehr so, „daß der Antisemitismus zu seiner Blüte gelangt ist gerade infolge dieses starken Einströmens unerwünschter Elemente, das seinen Ausdruck findet in dieser Bewegung, die wir alle und die auch die Herren von der Deutschnationalen Volkspartei beklagen." Die DVP grenzte sich damit von der NSDAP ab, machte jedoch paradoxerweise die Juden für die Entstehung der nationalsozialistischen Bewegung verantwortlich. Allerdings nahm von Eynern ebenfalls die deutschen Juden aus. Er lud sie gar ein, gemeinsam mit der DVP das „Ostjudenproblem in die Hand [zu] nehmen". Denn gerade von deutschen Juden würde die ostjüdische Einwanderung als „mißliebig" empfunden.[22] Tatsächlich befürchteten viele Mitglieder des assimilierten Judentums in Deutschland infolge ostjüdischer Einwanderung eine Zunahme des Antisemitismus und eine Gefährdung der eigenen sozialen Stellung. Als Reaktion existierten Distanzierung, ebenso jedoch soziale Verantwortung durch spendenfinanzierte jüdische Fürsorgeorganisationen, die ostjüdische Einwanderer unterstützten.[23]

Einsprüche – Werner Scholem für die KPD

Nach dem Vertreter der DVP sprach der Abgeordnete Werner Scholem für die KPD. Er gab seinen Vorrednern in dem Punkt recht, dass deutsche Juden den ostjüdischen Zuwanderern nicht immer wohlgesonnen seien:

> Das alt eingesessene deutsche Judentum, soweit es kapitalistisch ist, hat gerade das stärkste Interesse daran, [...] daß nicht weitere Konkurrenz für dieses deutsche kapitalistische Judentum nach Deutschland kommt. [...] Warum sind denn eigentlich die Ostjuden in Deutschland überhaupt so mißliebig? [...] Die Ostjuden sind eben ein Volksstamm von scharfer Intelligenz, eine Tatsache, die unbestritten ist, und man fürchtet solche Konkurrenten.

Hier wurde Scholem unterbrochen. Der Zwischenruf ist nicht protokolliert, warf ihm aber anscheinend vor, selbst Ostjude zu sein. Scholem nahm dies zum Anlass, seine Sprecherposition klarzustellen:

> Bitte schön, wenn Sie glauben, daß ich hier als Repräsentant dieser Kreise spreche, ist das für mich sehr schmeichelhaft. Sie müßten dann um so eifriger zuhören [...]. Aber ich kann sagen, [...] daß gerade ich kein Repräsentant des deutschen Judentums bin und auch kein

---

22 Preußischer Landtag, 29.11.1922 (wie Anm. 13).
23 Vgl. Maurer: Ostjuden (wie Anm. 11), S. 482 f. sowie ausführlich S. 508–759.

Repräsentant der ostjüdischen Kreise. Wenn ich hier spreche, so tue ich es als Repräsentant der proletarischen Kreise, sowohl der deutschen wie auch der osteuropäischen Proletarier.[24]

Scholem verleugnete aber keineswegs seine jüdische Herkunft. Schon einige Sätze später bekräftigte er diese mit den Worten „ein deutscher Jude wie ich". Statt Leugnung zeigte er trotzig-stolze Selbstbehauptung, mehrfach lobte er „Intelligenz und Geistesschärfe" der Ostjuden.[25] Allerdings begnügte Werner Scholem sich nicht damit.

Er bestand auf einer Betrachtung der Frage vom „proletarischen" Standpunkt. Dies mag zunächst als Phrase erscheinen, denn Scholem selbst war kein Arbeiter, sondern Sohn eines wohlhabenden Unternehmers.[26] Vor diesem Hintergrund ist sein Verweis auf das assimilierte Judentum zu sehen, ein Seitenhieb auf das Milieu des deutsch-national eingestellten Vaters. Werner Scholem kritisierte den Konservatismus des jüdischen Bürgertums, setzte jedoch nicht Judentum und Kapitalismus gleich. Seine bissige Kritik galt dem jüdischen Bürgertum nur, „soweit es kapitalistisch ist".[27] Die Zugehörigkeit zur kapitalistischen Klasse, nicht die religiöse oder ethnische Identität war Angelpunkt seiner Ausführungen. Indem Scholem die Rolle der Ostjuden als Arbeiterinnen und Arbeiter in den Mittelpunkt stellte, konnte er sowohl Severings „Fremdenproblem" als auch Kaehlers Antisemitismus beiseite schieben und zum dahinter liegenden sozialen Problem vordringen: Die Frage der Arbeitsmigration im Nachkriegseuropa.[28]

Scholem insistierte, „daß es sich nicht nur um die Ostjuden handelt, sondern um die gesamten Osteuropäer, die nach Deutschland kommen". Er forderte den Wegfall sämtlicher Einwanderungsverbote für migrantische Arbeiterinnen und

---

24 Preußischer Landtag, 29.11.1922 (wie Anm. 13).
25 Hier wirkte Scholems zionistische Vergangenheit nach, denn dort galten die Ostjuden im Gegensatz zu den Assimilierten als authentisch, um sie entstand ein wahrer „Kultus". Vgl. Scholem, Gershom: Von Berlin nach Jerusalem. Frankfurt 1997. S. 84.
26 Zu Scholems Hintergrund vgl. Hoffrogge: Werner Scholem (wie Anm. 7), S. 15–41.
27 Birgit Rolke kritisierte an Scholems Beitrag, er habe als Kommunist „nur die ostjüdischen Proletarier" im Sinn (S. 53) und verteidige sie aus „rein ideologischen Gründen". Er unterscheide dabei zwischen kapitalistischen Westjuden und proletarischen Ostjuden, und verteidige nur letztere „die unter anderem, eher zufällig auch Juden waren" (S. 63). Abgesehen davon, dass Scholem die Ostjuden auch im speziellen als „intelligent" verteidigte, wird dabei übersehen, daß gerade Scholems „ideologische" Rahmung der Einwanderungsfrage als Frage wirtschaftlicher Ungleichheit es ihm erlaubte, die antisemitische Debatte eines „Ostjudenproblems" zu verlassen. Vgl. Rolke: Jüdische Abgeordnete (wie Anm. 9).
28 Durch den Versailler Vertrag und die Schaffung eines polnischen Nationalstaates wurden die Grenzen im Osten Deutschlands neu gezogen. Eine reale Grenzkontrolle folgte erst mit Verzögerung. Vgl. Reinecke, Christiane: Grenzen der Freizügigkeit. Migrationskontrolle in Großbritannien und Deutschland, 1880–1930. München 2010.

Arbeiter, ungeachtet ihrer Nationalität oder Religion. Gegen Spekulanten, Schieber und Kriminelle solle dagegen, ebenfalls ohne Rücksicht auf ihre Herkunft, aufs Härteste vorgegangen werden.[29] Scholem weigerte sich also, über ein „Judenproblem" oder eine „Rassenfrage" zu diskutieren, sondern warf mit dem Thema Arbeitsmigration die soziale Frage auf. Mit dem Zuruf „Ostjuden" wollte ihn die Rechte wieder auf ihr Terrain locken – Scholem verweigerte sich jedoch. Als er weiterhin von „ostjüdischen Proletariern" sprach, wurde die Realitätsverweigerung der Antisemiten noch deutlicher: „Gibt es nicht!" behauptete ein Zuruf „von rechts" im Protokoll.

Dies nahm Scholem zum Anlass, die Geschichte der ostjüdischen Einwanderung aufzuwerfen.[30] Er verwies auf den Ersten Weltkrieg, in der die deutsche Militärführung einen Erlass an die polnisch-jüdische Bevölkerung herausgegeben habe – und zwar auf Jiddisch. Scholem verlas zentrale Passsagen, übertragen ins Schriftdeutsche:

> Als Freunde kommen wir zu Euch. Die barbarische fremde Regierung ist gestürzt. Die gleichen Rechte für die Juden in Polen sollen auf festen Fundamenten aufgebaut werden [...] Laßt euch nicht narren durch Versprechungen des Zarismus. Es ist heilige Pflicht, jetzt zusammenzuarbeiten mit den Deutschen für die Befreiung.[31]

Scholems Zitate lösten große Aufregung aus. Er ging jedoch noch weiter und erinnerte daran, wie in der Endphase des Krieges ostjüdische Zwangsarbeiter in den besetzten Gebieten rekrutiert worden seien.[32] Scholem führte dies detailliert aus, was nicht ohne Unterbrechung abging:

> Diese Bevölkerung wurde also auf den Marktplatz hin beordert. Kaum war sie erschienen, so kamen Soldaten der deutschen Ortsbehörde, treiben sie zusammen und sorgten dafür, daß diese Juden nicht wieder in ihre Häuslichkeiten zurückkehren konnten. Sie wurden, wie sie dort auf den Marktplätzen erschienen waren, zu den Bahnhöfen getrieben, (Hört! Hört!) ohne daß sie von ihren Angehörigen Abschied nehmen konnten, und wurden nach Deutschland verschleppt. (Hört, hört – Zuruf rechts) – Sie wollen das abstreiten, Herr Kaehler? (Abg. Dr. Kaehler: Ich habe gar nichts gesagt) – Ach so, Herr Kaehler kneift jetzt. (Zuruf rechts) Gut, es sind auch Tatsachen, die man nicht abstreiten kann.[33]

---

29 Preußischer Landtag, 29.11.1922 und 210. Sitzung vom 23. Februar 1923 (wie Anm. 13).
30 Für eine historische Aufarbeitung vgl. Heid: Maloche (wie Anm. 11) sowie Maurer: Ostjuden (wie Anm. 11), S. 34–81.
31 Preußischer Landtag, 29.11.1922 (wie Anm. 13).
32 Dazu Maurer: Ostjuden (wie Anm. 11). S. 36ff. Die Rekrutierung wurde allerdings im April 1918 eingestellt. – Vgl. Reinecke: Grenzen (wie Anm. 28), S. 309.
33 Preußischer Landtag, 29.11.1922 (wie Anm. 13).

Am Schluss seiner Rede kehrte Scholem in die Gegenwart der jüdischen Arbeiter und Arbeiterinnen zurück. Beim jüdischen Arbeitsamt seien 55.000 ostjüdische Arbeitskräfte erfasst, die allesamt produktive Tätigkeiten verrichteten. Allein im Ruhrgebiet arbeiteten zwischen 13.000 und 15.000 jüdische Arbeitskräfte, davon 4000 Bergarbeiter unter Tage.[34] Aussagen von Arbeitsamt und Gewerkschaften belegten, dass die deutsche Arbeiterschaft hier „mit diesen ostjüdischen Arbeitern auf das Beste zusammenarbeitet". In der Landarbeit sei das nicht anders: „Es ist zum Beispiel Tatsache, daß pommersche Rittergutsbesitzer in diesem Jahr bereits zum vierten Male jüdische Landarbeiter angefordert haben, [...] und wir finden unter den Namen dieser Pommerschen Rittergutsbesitzer einen Namen, z. B. Herrn Wulle, (Hört, Hört!) ein Bruder des deutschvölkischen Führers." Der „deutschvölkische Führer" auf den Scholem anspielte, war Reinhold Wulle (1882–1950). Er saß für die DNVP im Reichstag, später gründete er die antisemitische „Deutschvölkische Freiheitspartei", die 1924 eine Listenverbindung mit der NSDAP einging.[35] Scholems Schlussadresse an die Deutschnationalen lautete: „Sie bemühen sich, auf die Verzweiflung des Volkes zu spekulieren, das man, weil es ausweglos dem Elend gegenübersteht, mit den Mitteln des Antisemitismus wieder von den wahren Schuldigen am Elend des Volkes ablenken will."

Scholem bemühte somit drei Argumentationsstränge gegen die DNVP. Zum ersten zeichnete er ein positives Bild der Ostjuden, die er als fleißig und intelligent bezeichnete. Wichtiger als diese positiven, aber letztlich essentialistischen Zuschreibungen war sein Exkurs zum Weltkrieg: Der Verweis auf die Proklamationen zur „Befreiung" der Juden und deren Deportation als Arbeitskräfte legte die Doppelmoral der Konservativen offen, denen das osteuropäische Judentum im Krieg noch willkommen gewesen war. Scholems dritte und zentrale Argumentation war jedoch die Ansprache der osteuropäischen Juden und Jüdinnen als Teil der Arbeiterklasse. Erst diese erlaubte es ihm, die von anderen Rednern als „sachlicher" Kern der DNVP-Anfrage anerkannte Überfremdungsangst zurückzuweisen. Mit dieser Begründung stellte Scholem im Namen der KPD fest: „Ein ostjüdisches Problem als solches verneinen wir also." Auch Abschiebungen und Grenzschließung verweigerte Scholem seine Zustimmung, er forderte stattdessen eine „arbeiterfreundliche und kapitalistenfeindliche Ausländerpolitik".[36]

---

34 Moshe Zimmermann verweist darauf, dass es auch ein deutsch-jüdisches Industrieproletariat gab, das in Berlin etwa zehn bis zwölf Prozent der dort lebenden Juden umfasste. Die Gruppe wuchs sogar durch Verarmung und Proletarisierung von jüdischen Angestellten und Handwerkern. Vgl. Zimmermann, Moshe: Die deutschen Juden 1914–1945. München 1997. S. 97.
35 Vgl. Schumacher, Martin: M.d.R. Die Reichstagsabgeordneten der Weimarer Republik in der Zeit des Nationalsozialismus. 3. Auflage. Düsseldorf 1994.
36 Preußischer Landtag, 29.11.1922 (wie Anm. 13).

Ein historischer Exkurs – die „Wirtschaftspartei des deutschen Mittelstandes"

Dass Scholems historischer Exkurs den Kern traf, belegte im Verlauf der Debatte der geradezu surreal wirkende Auftritt eines Zeitzeugen: Dr. Victor Bredt von der „Wirtschaftspartei des deutschen Mittelstandes" gab zu Protokoll:

> Herr Abgeordneter Scholem hat manches gesagt, was richtig ist. Meine Damen und Herren, ich kenne das Ostjudentum in Polen ziemlich genau, denn ich bin im Kriege in Polen in einer Stellung gewesen, wo ich den Czenostochauer Bezirk zu verwalten hatte [...] am allerungernsten in meinem ganzen Leben habe ich selbst den Befehl ausgeführt, in Czenostochau die Juden auszuheben und als Arbeiter nach Deutschland hinüberzuschicken. Ich will mich nicht besser machen als ich bin: Nicht aus übergroßem Erbarmen oder aus Nächstenliebe, sondern weil ich es für eine wahnsinnige Dummheit gehalten habe. Wir haben uns dadurch zweifellos gründlich unbeliebt und verhaßt gemacht bei den Polen. [...] Das hat aber gar nicht geholfen: Gearbeitet haben die Leute alle nicht. (Große Heiterkeit). Herr Scholem, ich habe die Sache selber geleitet und kenne sie genau. Es war im Anfang natürlich ein großes Geschrei, mit furchtbarem Geheul und Gezeter wurden die Leute über die Grenze gebracht. Nach acht Tagen war alles wieder in Ordnung.[37]

Hier unterbrach ihn der Neuköllner KPD-Abgeordnete Schulz mit den Worten: „Sie müssen auf die Kriegsverbrecherliste kommen!" – doch Bredt reagierte gelassen: „Herr Abgeordneter Schulz, setzen sie mich ruhig darauf!" In der Tat verstieß die Deportation der Zivilbevölkerung zur Zwangsarbeit gegen die Haager Landkriegsordnung von 1899.[38] Doch an die Stelle des Rechts war schon im August 1914 die Gewalt getreten und diese Erfahrung wirkte in der politischen Kultur der Weimarer Republik nach. Bredts Mangel an Schuldbewusstsein war Symptom für den Zustand der Zwischenkriegsgesellschaft, in der sich deutsche Täter als Opfer der Versailler Siegermächte inszenierten.[39] Zwar distanzierte auch Bredt sich im Verlauf seiner Rede vom Antisemitismus, jedoch nur um im selben Atemzug Pogrome durch den Vergleich mit Lebensmittelplünderungen zu verharmlosen. Er endete mit der Forderung: „Dann muß Luft geschaffen werden,

---

[37] Die Produktivität der jüdischen Zwangsarbeit wurde als gering bewertet, was Trude Maurer auf schlechte Ernährung und Mißhandlungen zurückführt. Vgl. Maurer: Ostjuden (wie Anm. 11), S. 36.
[38] Internationale Übereinkunft betreffend die Gesetze und Gebräuche des Landkriegs Den Haag 1899. www.admin.ch/ch/d/sr/i5/0.515.111.de.pdf (09.01.2017).
[39] Vgl. Preußischer Landtag, 29.11.1922 (wie Anm. 13).

damit diese Elemente, die hier nichts zu suchen haben, aus Deutschland hinauskommen."[40]

Oskar Cohn und die USPD

Neben Scholem bemühte sich ein zweiter Redner, die „Sachlichkeit" der DNVP zu entkräften. Es handelte sich um Oskar Cohn, einen profilierten Kopf der Unabhängigen Sozialdemokratie, die sich jedoch wenige Wochen zuvor mit der SPD wiedervereinigt hatte. Cohn verwies im Landtag auf seine eigene deutsch-jüdische Familiengeschichte und die Leistungen der Ostjuden als „Träger des deutschen Gedankens und der städtischen Selbstverwaltung" in den preußischen Ostprovinzen. Im Krieg hätten die Juden den Deutschen als Übersetzer gedient. Dies sei ihnen jedoch nicht gut bekommen: „Von deutscher Seite wurden sie mit der gebührenden Undankbarkeit behandelt, und von ukrainischer und polnischer Seite hatten sie durch die Pogrome des Jahres 1919 über ihre deutschfreundliche Tätigkeit während des Krieges zu quittieren."[41] Cohn bezog sich positiv auf den „deutschen Gedanken" und argumentierte somit nicht radikal-internationalistisch wie Scholem. Er bemühte jedoch ein integratives und multikonfessionelles Ideal von der Deutschen Nation. Dementsprechend wehrte er sich auch gegen den Utilitarismus der Debatte: Die Vorredner hätten die Frage der Reisefreiheit „nur vom engsten Nützlichkeitsstandpunkt aus betrachtet: gut ist eine Wanderung, wenn sie den deutschen Interessen entspricht, [...] schlecht ist ein Bevölkerungselement, [...] sofern es den Interessen der wirtschaftlichen Kreise schadet oder unbequem ist, die Herr Abgeordneter Fischbeck oder Herr Dr. Kaehler vertritt."[42]

Damit waren es zwei sozialistische Juden, die im Preußischen Landtag den Antisemitismus ablehnten und eine Migrationspolitik frei von nationalem Chauvinismus forderten.[43] Letzteres hatte jedoch Innenminister Severing als Vertreter

---

40 Preußischer Landtag, 29.11.1922 (wie Anm. 13).
41 Preußischer Landtag, 29.11.1922 (wie Anm. 13).
42 Preußischer Landtag, 29.11.1922 (wie Anm. 13).
43 Auch der Sozialdemokrat Ernst Heilmann engagierte sich gegen antisemitische Äußerungen – z. B. durch seine Verteidigung der Ostjuden in einer Debatte zur Wohnungsnot vom Juli 1920. Auch Iwan Katz äußerte sich für die KPD im Mai 1921 zu diesem Thema und widerlegte mit Statistiken die immer wieder vorgetragene Behauptung, ostjüdische Einwanderung sei Ursache der Wohnungsnot. Beide kamen wie Cohn und Scholem aus jüdischen Familien. Vgl. Rolke: Jüdische Abgeordnete (wie Anm. 9), S. 56 ff. sowie Protokolle der Preußischen Landesversammlung, 149. Sitzung am 7. Juli 1920; Protokolle des Preußischen Landtags, 1. Wahlperiode 1921–1924, 16. Sitzung am 4. Mai 1921.

der Regierung bereits zurückgewiesen. Obwohl auch er den Antisemitismus ablehnte, plädierte der Minister für eine restriktive Einwanderungspolitik. Er handelte in der Kontinuität preußischer Verwaltung, die seit den 1880ern ein System intensiver Migrationskontrolle entwickelt hatte. Die Novemberrevolution hielt diesen Prozess nicht auf, Gebietsabtretungen und neue Grenzen bedeuteten nicht mehr Durchlässigkeit, sondern Modernisierung und Verschärfung des Grenzregimes.[44] Rechtfertigung dafür war der nach dem Trauma des verlorenen Krieges ins völkische gewendete Diskurs über Nationalität und „deutsche Interessen". Polen und Ostjuden dienten dabei als das Fremde, gegenüber dem nationale Selbstvergewisserung stattfand.[45]

Politischer Katholizismus: Die Zentrumspartei

Nicht nur in der Sozialdemokratie überlagerte dieser Nationalismus universalistische Argumentationsmuster. Für den politischen Katholizismus war das Motiv der Nächstenliebe das, was dem Internationalismus der Arbeiterbewegung am nächsten kam. Zentrumsredner Friedrich Leonartz begann daher mit diesem Motiv:

> Meine Partei lehnt jeden Radauantisemitismus wie überhaupt jegliche wider die christliche Liebe verstoßende Art der Volksverhetzung mit aller Entschiedenheit ab. Wir können es nicht ertragen, wenn in dieser widerwärtigen Weise gegen Teile des deutschen Volkes vorgegangen wird, wie es in einer gewissen Presse heute geschieht.

Gleichzeitig erklärte Leonartz jedoch, „daß für uns in der Fremdenfrage einzig und allein das deutsche Interesse maßgebend sein kann." Nächstenliebe und Nationalinteresse waren für ihn keine Widersprüche: „Ich sprach eben von christlicher Liebe, die christliche Liebe, die wir nach unserer Auffassung allen Menschen schulden, schulden wir aber zunächst unserm deutschen Volke (sehr richtig! rechts)."[46] Angefeuert durch die Zustimmung fuhr er fort: „so glaube ich

---

44 Vgl. Reinecke: Grenzen (wie Anm. 28), S. 309f, 380f.; Elsner, Lothar: Zur Haltung der SPD gegenüber den sogenannten Ostjuden: die Erlasse sozialdemokratischer preußischer Minister gegen asylsuchende „Ostjuden" 1919/20 (wie Anm. 20) sowie zum preußischen Grenzregime in vergleichender Perspektive Lerp, Dörte: Imperiale Grenzräume – Bevölkerungspolitiken in Deutsch-Südwestafrika und den östlichen Provinzen Preußens 1884–1914. Frankfurt a. M. 2016.
45 Gegenüber Polen dominierte das Thema der „Wehrhaftigkeit", verbunden oft mit territorialem Revanchismus. Vgl. Bergien, Rüdiger: Die bellizistische Republik. Wehrkonsens und „Wehrhaftmachung" in Deutschland 1918–1933. München 2012.
46 Preußischer Landtag, 29.11.1922 (wie Anm. 13).

allerdings, daß die Interessen des deutschen Volkes, die Interessen unserer deutschen Mitbrüder den Interessen irgendwelcher fremdstämmigen Elemente vorgehen." Als konkretes Beispiel benannte er die Wohnungsnot in Berlin. Diese sei so extrem, dass sogar ein Minister Monate auf eine Wohnung warten müsse.[47] Angesichts solcher Zustände, so Leonartz, „werden Sie mir zugeben, daß es unzweckmäßig ist, wenn Juden, Fremde überhaupt in dieser Weise hier in Berlin Wohnungen beanspruchen, wie es tatsächlich der Fall ist." Er schloss mit einem patriotischen Aufruf:

> Und das eine ist auch sicher, daß das deutsche Volk nur wieder groß wird und die Irredentisten[48] nur dann wieder zu uns und unserer Kultur zurückgeführt werden können, wenn wir uns selbst helfen, wenn wir uns auf uns selbst stellen und uns mit aller Entschiedenheit gegen alles Ungesunde und Fremde wehren.

Dass sein Standpunkt keine Einzelmeinung im politischen Katholizismus war, belegt das laute „Bravo!" seitens der Zentrumsfraktion. Zwar war der offene Antisemitismus durch den nachwirkenden Einfluss von Ludwig Windhorst (1812– 1891) ein Tabu in der Zentrumspartei, dennoch war religiöser Antisemitismus dort latent vorhanden. So lehnte etwa 1920 in der preußischen Landesversammlung ein Zentrumsredner die Ernennung des Sozialisten Kurt Löwenstein zum Großberliner Stadtschulrat wegen seiner jüdischen Herkunft ab.[49] In der „Ostjudendebatte" dagegen übernahm der Zentrumsredner nicht nur die Markierung der jüdischen Einwanderer als Belastung für Wohnungs- und Arbeitsmarkt, sondern markierte sie darüber hinaus als „ungesund" und bediente damit das Motiv eines „deutschen Volkskörpers".

---

47 Das stereotype Bild des osteuropäischen Juden, als das eines Profiteurs und Wucherers, der den Deutschen ihre Wohnung Nahrung und Arbeit nahm, entwickelte sich zu einer stetig wiederkehrenden Figur im zeitgenössischen Diskurs." Reinecke: Grenzen (wie Anm. 28). S. 309.
48 „Irredentismus" bezeichnete ursprünglich die Forderung der Italienischen Nationalbewegung nach Gründung eines italienischen Staates, bezieht sich hier jedoch auf deutsche Bevölkerungen im Ausland.
49 Vgl. dazu Rolke: Jüdische Abgeordnete (wie Anm. 9). S. 44. Zu Zentrumspartei und Antisemitismus vgl. Herzig, Arno: Jüdische Geschichte in Deutschland. München 1997. S. 187, 231.

Liberalismus – die Deutsche Demokratische Partei (DDP)

Die vierte und kleinste Regierungspartei nach SPD, Zentrum und DVP war die linksliberale DDP. Sie galt unter Zeitgenossen als Gegnerin des Antisemitismus.[50] In der Debatte zeigte sich aber, dass auch DDP-Politiker sich dem antisemitischen Zeitgeist nicht entziehen konnten. Für die Liberalen sprach im Landtag Otto Fischbeck, einer der Gründerväter der DDP und ehemals preußischer Staatsminister für Handel und Gewerbe. Fischbeck bezog sich auf Severing und konstatierte: „Ich gebe dem Minister recht. Die Not, unter der wir leiden, wird verstärkt und vermehrt durch den Zuzug nicht nur fremder Juden, sondern der Fremden überhaupt." In Bezug auf das Judentum betonte er zunächst seine Mitgliedschaft im „Verein zur Abwehr des Antisemitismus". Erst danach fuhr er fort:

> Ich halte es für einen unglücklichen Versuch, dadurch den Antisemitismus abzuwehren, daß man Dinge, die da sind, die jedermann sieht, abzuleugnen sucht. Meine Partei hat vielleicht wie keine andere in diesem Hause und draußen unter dem Vorwurf zu leiden, daß sie eine Judenpartei sei. Bei den Wahlen spüren wir das, und manche Kübel sind gerade deshalb über uns ausgeschüttet worden. (Sehr wahr! bei den D. Dem.) Wir werden uns auch in Zukunft nicht davon abhalten lassen, unseren liberalen Prinzipien entsprechend, für die Gleichberechtigung aller deutschen Staatsbürger, die der deutschen Kulturgemeinschaft angehören, die ihr in Deutschland sind und seßhaft bleiben wollen, die gemeinschaftlich mit uns die Lasten des Dienstes am Vaterland tragen wollen, einzutreten, ohne Rücksicht auf ihre Religion.[51]

Jenseits der Staatsbürgerschaft galt also für den Liberalen Fischbeck eine Reihe von Bedingungen, um Jüdinnen und Juden als gleichberechtigte Bürger anzuerkennen. Dennoch beschwor Fischbeck die „Gemeinschaft dieser deutschen Juden mit den übrigen deutschen Volksgenossen" – und wollte wie der DVP-Redner die assimilierten Juden für den Kampf gegen die Ostjuden gewinnen:

> Sie wollen mit uns allen zusammenstehen gegen diese Fremdlinge, die zu uns in Scharen über die Grenze einwandern und hier häufig derartige üble Erscheinungen hervorrufen, wie

---

50 Vgl. Herzig: Jüdische Geschichte (wie Anm. 49), S. 221. Herzig betont, daß die DDP neben der SPD als einzige Partei der Weimarer Republik jüdische Kandidaten für Parlamentswahlen aufstellte, erwähnt aber leider nicht KPD und USPD und den 1928 gegründeten linkskommunistischen „Leninbund", die dies ebenfalls taten. Die DDP rückte 1930 von ihrem liberalen Kurs ab und schloß sich mit dem antisemitischen „Jungdeutschen Orden" zur „Deutschen Staatspartei" zusammen. Vgl. Herzig: Jüdische Geschichte (wie Anm. 49), S. 221f.
51 Preußischer Landtag, 29.11.1922 (wie Anm. 13).

ich sie vorhin besprochen habe. Meine Damen und Herren, wie wir nicht wollen, daß die deutschen Juden beeinträchtigt werden wegen des Verhaltens der auf niedriger Kulturstufe stehenden Elemente, so wollen wir auch nicht, daß letzteren gegenüber ein Auge zugedrückt wird, weil sie der jüdischen Religion angehören.[52]

Fischbecks Verweis auf die niedrige „Kulturstufe" der Ostjuden zeigt, wie selbst bei erklärten Gegnern des Antisemitismus latent antisemitische Motive manifest werden konnten, wenn man diese auf dem Umweg von „deutscher Kultur" bzw. „deutschen Interessen" ansprach oder mit begrenzten Ressourcen argumentierte. Gerade in Fragen der Verteilungsgerechtigkeit gelang es der DNVP, diese so zu wenden, dass nicht die Spaltung der deutschen Bevölkerung in arm und reich ausschlaggebend war, sondern Einwanderer als Bedrohung des „gemeinsamen" Wohlstandes erschienen. Reichtum von Ausländern und Juden erschien in dieser Lesart als Spekulation, Reichtum von Deutschen als Ergebnis eigener Arbeit. Das Motiv war so verbreitet, dass es rasch aktiviert werden konnte – auch Fischbeck als vereinsoffizieller Anti-Antisemit beschwerte sich ausführlich über die spekulativen Tätigkeiten der Ostjuden im Gold- und Devisenhandel, ausdrücklich begrüßte er Vorschriften des Börsenvorstandes, „die den Zutritt zur Börse für solche zweifelhaften Persönlichkeiten erschweren."[53]

Selbst Victor Bredt von der Wirtschaftspartei fiel im Nachgang auf, dass in Fischbecks Rede etwas nicht stimmte. Lakonisch kommentierte er: „Die Rede war formell eine Rede zur Abwehr des Antisemitismus, materiell war es einfach eine antisemitische Rede. (sehr richtig! Links) [...] ich habe mich gewundert, daß die Herren von rechts nicht Beifall gerufen haben (Zuruf Rechts: das haben wir getan!) – Dann ist ja alles gut."[54]

„Dann ist ja alles gut" – Ein Fazit ohne Versöhnung

„Dann ist ja alles gut" – Für eine Hetzrede gegen ostjüdische Einwanderer gab es im Preußischen Landtag im November 1922 parteiübergreifenden Beifall bei Katholiken, Deutschnationalen, Linksliberalen und Konservativen. Die Sozialdemokratie beteiligte sich nicht am Antisemitismus, bemühte sich jedoch, der politischen Rechten durch Härte in der Einwanderungspolitik entgegenzukom-

---

52 Preußischer Landtag, 29.11.1922 (wie Anm. 13).
53 Preußischer Landtag, 29.11.1922 (wie Anm. 13).
54 Preußischer Landtag, 29.11.1922 (wie Anm. 13).

men. Für den aus der USPD kommenden linken Flügel der SPD distanzierte sich Oskar Cohn – er verteidigte die Einwanderer. Die zweite Gegenrede kam von Werner Scholem, als Kommunist und Jude ein doppelter Außenseiter zwischen den Weimarer Demokraten. Auffällig bleibt eine Beobachtung, die Scholem in der Mitte der Debatte machte: „Es muß festgestellt werden, daß auch heute in dieser Debatte wieder niemand hier im Hause gewagt hat, sich offen zum Antisemitismus zu bekennen, weil man doch fürchtete, damit allzu schlecht zu fahren."[55] In der Tat bekannte keine der Parteien sich zu einer antisemitischen Rassentheorie. Lediglich Kaehler von der DNVP deutete etwas derartiges an, wenn er forderte, Deutschland solle nach dem Vorbild der New Yorker Einwanderungsbehörde Migration nach rassischen Kriterien steuern. Es ist aber bezeichnend, dass Kaehler sich hier und anderswo stets auf Quellen außerhalb des rechten Spektrums stützte. Diese Diskursstrategie zeigt, dass der verbal oder physisch gewalttätige „Radauantisemitismus" Anfang der 1920er Jahre nicht salonfähig war. Dasselbe galt für offenen Rasseantisemitismus – selbst die DNVP führte erst 1929 einen „Arierparagraphen" ein und verbot Juden die Mitgliedschaft.[56] Im Jahr 1922 jedoch war die „radauantisemitische" Strömung nach dem Rathenau-Mord tabuisiert, der von Scholem zitierte völkische „Deutsche Schutz- und Trutzbund" war sogar verboten worden. Radikal antisemitische Parteien wie die NSDAP existierten bereits, hatten jedoch noch keine Massenbasis. Mit der wirtschaftlichen Stabilisierung 1924 nahm der Antisemitismus sogar ab, wie Arno Herzig feststellt: „So sehr der Antisemitismus die politische (Un-)Kultur der Nachkriegsjahre bestimmte, so abrupt ist sein politischer Bedeutungsverlust, den er nach 1923 erlebte und der deutlich macht, daß der Antisemitismus vor allem in Krisenzeiten aktiviert werden könnte und politisch einsetzbar war."[57]

Die Ostjudendebatte stützt diese These: Antisemitismus ist nicht rein ideologietheoretisch zu fassen, dies gilt allenfalls für seine Latenzform. Die Möglichkeit einer Aktivierung hing dagegen eng mit den ökonomischen Verhältnissen zusammen. Antisemitismus wurde salonfähig in Krisen, als Neiddebatte in Zeiten

---

55 Preußischer Landtag, 29.11.1922 (wie Anm. 13).
56 Herzig: Jüdische Geschichte (wie Anm. 49), S. 213.
57 Herzig: Jüdische Geschichte (wie Anm. 49), S. 213. In einem größeren Zusammenhang deutet Reinhard Rürup diese Frage: „Während die im Aufstieg befindliche bürgerliche Gesellschaft seit dem späten 18. Jahrhundert ihre ‚Judenfrage' grundsätzlich im Sinne der Emanzipation, d. h. der rechtlichen Gleichstellung und sozialen Integration der Juden, stellte, war die ‚Judenfrage' der in die Krise geratenen bürgerlichen Gesellschaft seit dem späten 19. Jahrhundert durch die Forderung nach erneuter Diskriminierung und Ausgrenzung der inzwischen emanzipierten Juden, d. h. antisemitisch geprägt." In: Rürup, Reinhard: Emanzipation und Antisemitismus. Studien zur ‚Judenfrage' der bürgerlichen Gesellschaft. Göttingen 1975. S. 7.

von Arbeitslosigkeit und Wohnungsnot. Nicht die wirtschaftlichen Entscheidungsträger, sondern Einwanderer und Neuankömmlinge wurden in dieser Situation für Verteilungs-Ungerechtigkeit verantwortlich gemacht. Antisemitismus war somit ein Antagonismus zum Klassen-Diskurs der sozialistischen Arbeiterbewegung, eine Reaktion auf die Novemberrevolution und die Forderung nach Sozialisierung der Schlüsselindustrien, die als Krisenlösung von Links im Raum stand: Die nach dem Kapp-Putsch eingesetzte zweite Sozialisierungskommission beendete ihre Arbeit erst 1923, tagte also während der „Ostjudendebatte" noch und diskutierte die Verstaatlichung des Kohlebergbaus.

Die parteiübergreifenden Stellungnahmen zur ostjüdischen Einwanderung zeigen, dass Ende 1922 trotz des existierenden Tabus antisemitische Stereotype auch das Denken bürgerlich-demokratischer Kreise prägten. Hinter einer Welle von Dementis und Distanzierungen kamen sämtliche judenfeindlichen Klischees hervor, von denen jeweils die assimilierten deutschen Juden ausgenommen wurden. Selbst ein Redner wie Severing, der sich explizit nicht antisemitisch äußerte, sah sich veranlasst die „sachliche Argumentation" der Deutschnationalen zu loben. Dieser Brückenbau funktionierte über das Scharnier der „Deutschen Interessen", die durch den Versailler Vertrag existenziell bedroht schienen. Auch in der SPD schürte dies Ängste vor „Überfremdung".[58] Als Gesamtheit distanzierte sich die Sozialdemokratie jedoch von solchen Übergriffen, der Antisemitismus gehörte nicht zu ihrem Standardrepertoire, sondern wurde von Sozialdemokratinnen und Sozialdemokraten aktiv bekämpft. Dies galt ebenso für die KPD – sie war keine antisemitische Partei, obwohl auch in ihr antisemitische Vorfälle vorkamen.[59] Diese reichten vom Gespräch in der Eckkneipe bis zum Leitartikel. Daraus ist mitunter der Schluss gezogen worden, die KPD sei insbesondere anfällig für antisemitische Denkformen gewesen.[60] Bisherige Studien

---

58 Jedoch gab es Scholem zufolge auch antisemitische Zwischenrufer aus der SPD: „Ich stelle fest, daß es die Spezialität des Abgeordneten [Theodor] Ulmer ist, hier im Hause Mitglieder als Judenbengel zu beschimpfen, was der deutschnationalen Fraktion zweifellos sehr sympathisch ist." Vgl. Protokolle des Preußischen Landtags, 1. Wahlperiode 1921–1928, 248. Sitzung am 7. Juni 1923. Während hier nur Scholems Reaktion überliefert ist, ist im Fall von Iwan Katz auch ein Zwischenruf protokolliert. Er wurde 1923 aus den Reihen der VSPD mit dem Ruf „Jude!" unterbrochen. Vgl. Rolke: Jüdische Abgeordnete (wie Anm. 9), S. 14.
59 Vgl. Keßler, Mario: Die KPD und der Antisemitismus in der Weimarer Republik. In: Utopie Kreativ 173 (2005). S. 223–232; siehe auch Silberner, Edmund: Kommunisten zur Judenfrage – Zur Geschichte von Theorie und Praxis des Kommunismus. Opladen 1983. S. 265–297.
60 Vgl. Kistenmacher, Olaf: Vom „Judas" zum „Judenkapital". Antisemitische Denkformen in der KPD der Weimarer Republik 1918–1933. In: Exklusive Solidarität. Linker Antisemitismus in Deutschland. Vom Idealismus zur Antiglobalisierungsbewegung. Hrsg. von Matthias Brosch [u. a.]. Berlin 2007. S. 69–86. Ausführlicher dazu Kistenmacher, Olaf: Arbeit und „jüdisches Ka-

dazu leiden jedoch nicht selten an zwei methodischen Schwächen: Erstens gerät durch die Konzentration auf die KPD die Arbeiterbewegung als parteiübergreifendes Milieu aus dem Blick, denn vergleichende Untersuchungen zur Sozialdemokratie und USPD fehlen. So entsteht nicht nur ein schiefes Bild, sondern vor allem das Vorfeld und Umfeld der Parteien, das Arbeitermilieu als konstitutives Element der Arbeiterbewegung, fehlt. Doch gerade hier wäre die Wirkung von diskriminierenden Ideologien und ihre Brechung an den universalistischen Programmen zu untersuchen. Zweitens ist der Schluss vom Nachweis antisemitischer Aussagen einzelner KPD-Politiker auf einen geschlossenen „Antisemitismus von Links" methodisch fragwürdig.[61] Denn die anti-antisemitischen Gegenstimmen, die ebenso Teil des kommunistischen Diskurses waren, geraten tendenziell aus dem Blick, ebenso die Reichweite und Rezeption von als antisemitisch bewerteten Aussagen.[62] So kann es gar vorkommen, dass eine Intervention gegen Antisemitismus fast ins Gegenteil verkehrt wird: Werner Scholems Einsatz zugunsten der Ostjuden erscheint bei Olaf Kistenmacher als „verwirrend", weil Scholem die Vorstellung bestehen lasse, unter den Ostjuden befänden sich maßgeblich „Schieber und Wucherer". Kistenmacher zitiert hier nicht die Landtagsprotokolle, sondern einen verkürzten Bericht der *Roten Fahne*. Doch selbst in diesem Bericht wird Scholem mit der Forderung „keine Schikanen gegen Proletarier, die gezwungen werden, aus ihren Heimstätten zu fliehen" als Verteidiger eines Rechts auf Arbeitsmigration von Ostjuden sichtbar.[63] Es kommt also bei der Analyse von Antisemitismus nicht auf einzelne Begriffe wie „Schieber" an, sondern auf den konkreten historischen Kontext. Eine Stimme wie Scholem ist daher auch auf der Ebene der Akteure relevant.

Denn die Weimarer Arbeiterparteien boten einen Emanzipationsraum, in dem jüdische und nicht-jüdische Politiker gegen die völkische Rechte aktiv wurden. Ein Raum, in dem Antisemitismus aktive Diskursstrategie und einigendes Element war. Grundlage für diesen Emanzipationsraum war die in den Programmen der Arbeiterparteien verankerte universalistische Normenstruktur, in der sich die

---

pital". Antisemitische Aussagen in der KPD-Tageszeitung *Die Rote Fahne* während der Weimarer Republik. Bremen 2016.

[61] Dies bemerkte Reinhard Rürup bereits 1977 zur Debatte um Antisemitismus in der SPD vor 1914, vgl. Rürup, Reinhard: Sozialismus und Antisemitismus in Deutschland vor 1914. In: Juden und jüdische Aspekte in der deutschen Arbeiterbewegung 1848–1918. Beiheft 2 des Jahrbuch des Instituts für Deutsche Geschichte. Tel Aviv 1977. S. 222.

[62] Vgl. hierzu den Versuch der Rekonstruktion der Debatte um den nationalistischen „Schlageter-Kurs" der KPD im Sommer 1923, der oft als Beleg für Antisemitsmus von Links herangezogen wird, in dem die Gegenstimmen zahlreicher (nicht nur) jüdischer KPD-Mitglieder bisher nicht einbezogen wurden: Hoffrogge: Sommer (wie Anm. 8).

[63] Kistenmacher, Antisemitische Aussagen (wie Anm. 60), S. 58 f.

Forderung nach sozialer Gleichheit mit einem internationalistischen Paradigma verschränkte. Diese Ideale wurden in der Praxis nirgendwo eins zu eins umgesetzt. Sie waren jedoch Setzungen, die nicht so ohne weiteres vereinbar waren mit rassifizierenden Weltdeutungen. Zukünftige Forschungen sollten dieses Spannungsfeld ausloten: Unter welchen Bedingungen konnten universalistische Normen erfolgreich gegen Antisemitismus ins Feld geführt werden – und wo versagten sie oder reproduzierten gar eine Marginalisierung jüdischer und anderer partikularer Lebenswelten? Dass diese Spannung nicht nur in den Arbeiterparteien ein relevantes Forschungsfeld wäre, sondern auch für den Liberalismus, zeigt die zitierte Rede von Otto Fischbeck. Niemand ist bisher auf die Idee gekommen wegen dieser oder ähnlicher Vorfälle dem Weimarer Liberalismus einen strukturellen Antisemitismus zu unterstellen. Und doch zeigt sich, wie ein unreflektierter Bezug auf die Nation selbst bei einem erklärten Gegner des Antisemitismus zur Übernahme antisemitischer Deutungsmuster führen konnte. Das Phänomen ist erklärungsbedürftig, Ansätze dafür würden parteiübergreifende Studien erfordern. Der Nationalismus scheint in dieser Frage eine Schlüsselrolle einzunehmen, obwohl, wie Oskar Cohns Rede zeigt, nicht jeder positive Bezug auf die Nation die schiefe Ebene zum Antisemitismus beschritt. Doch dass es trotz vermittelnder Interventionen wie jener von Cohn nicht zur Verständigung zwischen KPD und SPD kam, lag vor allem an ihrem Verhältnis zur Nation, das beide Parteien seit dem Ersten Weltkrieg trennte. Während die SPD sich seit 1914 zur Verteidigung nationaler Interessen bekannte und diese insbesondere in Preußen durch Reformen von oben mit sozialistischer Politik versöhnen wollte, bestand die KPD auf einem unbedingten Internationalismus. Die sozialdemokratische Akzeptanz einer deutschen Staatsräson war dementsprechend politischer Kitt für die „große Koalition" in Preußen. Die SPD war koalitionsfähig mit DVP und Zentrum, die KPD nicht. In der Einwanderungsfrage bedeutete das eine Politik der Abschottung – nicht antisemitisch begründet, aber im nationalen Interesse.

Konstantin Baehrens
Antisemitismus als „Fetischisierung"

Monographien von Otto Heller, Ernst Ottwalt und Hans Günther um 1933

Der sich im Verlauf seiner publizistischen Tätigkeit von einer zwar sozialdemokratischen, aber bereits nationalistischen Position konsequent zur Neuen Rechten entwickelnde Hans-Helmuth Knütter schrieb 1971 in seiner Habilitationsschrift über *Die Juden und die deutsche Linke in der Weimarer Republik 1918–1933:* „Es gab auf kommunistischer Seite so gut wie keine ernsthafte Auseinandersetzung mit dem Antisemitismus."[1] Dieses Urteil übernahm noch Rosemarie Leuschen-Seppel, die sich in ihrem Aufsatz über *Arbeiterbewegung und Antisemitismus* (1989) an den beiden Stellen, an denen sie auf die KPD eingeht, ausschließlich auf Knütters Publikationen stützte,[2] während sie in ihrer Dissertation dessen Thesen über die Sozialdemokratie durchgängig kritisiert und häufig widerlegt hatte.[3] Aber auch noch neuere Arbeiten wie diejenige von Dietrich Staritz in dem in vielerlei Hinsicht Grundlagenarbeit auf zuvor nahezu unbeforschten Gebieten

---

1 Knütter, Hans-Helmuth: Die Juden und die deutsche Linke in der Weimarer Republik 1918–1933. Düsseldorf 1971. S. 195. Der nicht mehr remigrierte sozialdemokratische Politiker und Historiker Ernest Hamburger kritisierte am Fazit des Buches (vgl. S. 224), dass „knapp 30 Jahre später ein junger deutscher Historiker Spannungen im Judentum und zwischen Juden und der Linken in erster Linie dafür [d. i. für „die Vernichtung von Millionen von Juden"] verantwortlich macht". Dies sei „kaum faßbar und gibt Grund zu tiefer Sorge." (Hamburger, Ernest: [Rez.] Knütter, Hans-Helmuth: Die Juden und die deutsche Linke in der Weimarer Republik 1918–1933. In: Internationale wissenschaftliche Korrespondenz für die Geschichte der deutschen Arbeiterbewegung 18 (1973). S. 92–94. Hier S. 93.) Hamburger selbst hatte bereits 1920 in der SPD-Zeitschrift *Sozialistische Monatshefte* den Antisemitismus als „Suche nach *Schuldigen*" an Krieg und Niederlage, insbesondere wenn „wirtschaftliche Lage und politische Umwälzungen eine starke Umschichtung im sozialen Organismus" zur Folge haben, als „Ablenkung" und Folge einer besonders bei deutschen Intellektuellen traditionell verbreiteten politischen Passivität und „politischen Denkunfähigkeit" zu erklären versucht (Hamburger, Ernst: Antisemitismus und Sozialdemokratie. In: Sozialistische Monatshefte 26 (1920) 7. S. 393–401. Hier S. 395, H.i.O., 397, 399.).
2 Vgl. Leuschen-Seppel, Rosemarie: Arbeiterbewegung und Antisemitismus. In: Antisemitismus. Von religiöser Judenfeindschaft zur Rassenideologie. Hrsg. von Günter Brakelmann u. Martin Rosowski. Göttingen 1989. S. 77–96. Hier S. 79, 91.
3 Vgl. Leuschen-Seppel, Rosemarie: Sozialdemokratie und Antisemitismus im Kaiserreich. Die Auseinandersetzungen der Partei mit den konservativen und völkischen Strömungen des Antisemitismus 1871–1914. Bonn 1978. S. 109, 116, 133, 211, 235.

leistenden Sammelband *Schwieriges Erbe* (1995)⁴ oder der Pionier-Band von Hans-Joachim Hahn und Olaf Kistenmacher über *Beschreibungsversuche der Judenfeindschaft vor 1944* (2015) erwähnen etwa die Bücher von Ernst Ottwalt: *Deutschland erwache! Geschichte des Nationalsozialismus* (1932) oder von Hans Günther: *Der Herren eigner Geist. Die Ideologie des Nationalsozialismus* (1935) nicht. Hahn und Kistenmacher bleiben gar bei der schlichten Generalisierung stehen: „Den Hass auf die Jüdinnen und Juden erklärte die sozialistische und kommunistische Internationale als fehlgeleiteten Unmut über die kapitalistische Gesellschaft."⁵ Reinhard Rürup hingegen hatte bereits 1969 auf breiterer Materialbasis dargelegt, dass in den Positionen aus der Arbeiterbewegung und der „marxistisch-leninistische[n]" Wissenschaft im Vordergrund die „Funktion des Antisemitismus im Klassenkampf" gestanden habe. Daher sei Antisemitismus „rein funktional definiert" worden, während nach „subjektiven Motiven", als Funktion für die Antisemiten selbst, nicht gefragt worden sei.⁶ Edmund Silberners Urteil, der Antisemitismus sei in der Sozialdemokratie und besonders in der KPD nur sehr wenig beachtet und bagatellisiert worden, hat offenbar gewirkt.⁷

Weitgehend unerforscht bleiben so beispielsweise die Monographien von Otto Heller: *Der Untergang des Judentums. Die Judenfrage/ihre Kritik/ihre Lösung*

---

4 Vgl. Staritz, Dietrich: Von der „Schande der Judenpogrome" zur „zionistischen Diversionsarbeit". Judenverfolgung und Antisemitismus in der Wahrnehmung der KPD. In: Schwieriges Erbe. Der Umgang mit Nationalsozialismus und Antisemitismus in Österreich, der DDR und der Bundesrepublik Deutschland. Hrsg. von Werner Bergmann [u.a.]. Frankfurt/M./New York 1995. S. 212–235. Hier S. 215: Der Antisemitismus sei eher „als funktionales Ornament der NS-Politik" wahrgenommen worden und weniger als „einzulösende[r] Programmpunkt".
5 Hahn, Hans-Joachim/Kistenmacher, Olaf: Zur Genealogie der Antisemitismustheorie vor 1944. In: Dies. (Hrsg.): Beschreibungsversuche der Judenfeindschaft. Zur Geschichte der Antisemitismusforschung vor 1944. Berlin/München/Boston 2015. S. 1–23. Hier S. 12. Otto Heller, Ottwalt und Günther bleiben auch unerwähnt in der Studie von Krah, Franziska: „Ein Ungeheuer, das wenigstens theoretisch besiegt sein muß". Pioniere der Antisemitismusforschung in Deutschland. Frankfurt/M./New York 2016.
6 Rürup, Reinhard: Zur Entwicklung der modernen Antisemitismusforschung [1969]. In: Ders.: Emanzipation und Antisemitismus. Studien zur „Judenfrage" der bürgerlichen Gesellschaft. Göttingen 1975. S. 115–125. Hier S. 119f. Als ehemals an den Diskussionen Beteiligte hatte auch Eva Reichmann schon 1965 ein differenzierteres Bild gezeichnet; vgl. Reichmann, Eva G: Diskussionen über die Judenfrage 1930–1932. In: Entscheidungsjahr 1932. Zur Judenfrage in der Endphase der Weimarer Republik. Hrsg. von Werner E. Mosse unt. Mitw. von Arnold Paucker. Zweite, revidierte u. erw. Aufl. Tübingen 1966. S. 503–531, bes. S. 516.
7 Vgl. Silberner, Edmund: Kommunisten zur Judenfrage. Zur Geschichte von Theorie und Praxis des Kommunismus. Opladen 1983. S. 265–294, 320. Vgl. auch schon ders.: Sozialisten zur Judenfrage. Ein Beitrag zur Geschichte des Sozialismus vom Anfang des 19. Jahrhunderts bis 1914. Berlin 1962. S. 338, 345. Hier wird zwar ebenfalls bereits die 2. Auflage (1933) von Hellers Buch zitiert, aber nicht diskutiert.

durch den Sozialismus (1931)[8], Ottwalt und Günther vom Anfang der 1930er Jahre, deren Herangehensweisen und Haltungen zum von der NSDAP programmatisch vertretenen Antisemitismus im Folgenden vorgestellt werden. Dass die Bücher bisher kaum im gemeinsamen Zusammenhang diskutiert wurden, mag auch an der vorherrschenden Periodisierungsgrenze 1933 liegen. Doch gerade wenn in Rechnung gestellt wird, dass Judenfeindlichkeit auch damals in besonderem Maße ein gesamtgesellschaftliches Problem war, sind die verschiedenen Versuche und Wege, sich daraus hervorzuarbeiten, von Interesse. Die hier zu untersuchenden Ansätze stellen Beispiele solcher Versuche dar. Im Vergleich zu Periodika aus der Arbeiterbewegung[9] wurden Monographien hinsichtlich ihrer Haltungen zum Antisemitismus bisher weniger untersucht. Wenngleich sie eine deutlich geringere Verbreitung fanden als viele Zeitschriften, konnten sie doch auf Multiplikatorinnen und Multiplikatoren wirken und richteten sich grundsätzlich an besondere Adressatenkreise wie ein formal gebildetes Kleinbürgertum, Studenten und Intellektuelle. Anhand der drei ausgewählten Monographien, deren Autoren der Kommunistischen Partei Deutschlands bzw. der Tschechoslowakischen Republik angehörten, sowie des *Braunbuchs über Reichstagsbrand und Hitlerterror* (1933), werden die verschiedenen Herangehensweisen und Haltungen zum von der NSDAP programmatisch vertretenen Antisemitismus im Folgenden unter Berücksichtigung ihrer methodischen Vorgehensweisen einer Relektüre unterzogen.

Die Weltöffentlichkeit aufrütteln: das *Braunbuch*

Das bis heute wohl bekannteste Buch aus dem Umfeld der KPD, das die „Judenverfolgungen in Hitlerdeutschland" in einem einschlägigen Kapitel thematisiert, ist das *Braunbuch über Reichstagsbrand und Hitlerterror*. Im Sommer 1933 inner-

---

8 Vgl. dazu die sehr knappe These bei Hahn/Kistenmacher, Genealogie (wie Anm. 5), S. 12, dass laut Heller „,die Juden' entgegen ihrem Wesen zu Arbeitern und Bauern erzogen werden müssten". Differenzierter vergleicht Jacobs, Jack: The Frankfurt School, Jewish Lives, and Antisemitism. Cambridge 2015. S. 46, Max Horkheimers Positionen in *Die Juden und Europa* (1939) mit denjenigen in Hellers Buch.
9 Vgl. neben Leuschen-Seppels Dissertation u.a. Kistenmacher, Olaf: Arbeit und „jüdisches Kapital". Antisemitische Äußerungen in der KPD-Tageszeitung *Die Rote Fahne* während der Weimarer Republik. Bremen 2016. Die Rezension von Christian Dietrich vermerkt hier jedoch eine mangelnde Reflexion der verwendeten Antisemitismus-Bestimmung (in: Das Argument. Zeitschrift für Philosophie und Sozialwissenschaften 58 (2016) 4. S. 619 f.), während Stephan Grigats Besprechung das Potential des Buches zu politischer Differenzierung betont (in: Zeitschrift für Religions- und Geistesgeschichte 68 (2016) 4. S. 390–392).

halb weniger Monate zusammengestellt, gedruckt und in hohen Auflagen (teilweise mit Tarnumschlägen illegal in Nazi-Deutschland) verbreitet, ging es aus der Zusammenarbeit von Politikern und Schriftstellern wie Bruno Frei, Wilhelm Florin, Otto Katz und Friedrich Wolf hervor und wurde mit Unterstützung von Willi Münzenbergs Internationaler Arbeiterhilfe publiziert. Alfred Kantorowicz, der den Abschnitt über „Die Judenverfolgungen in Hitlerdeutschland"[10] verfasste, lieferte keine systematische theoretische Analyse, konnte sich aber für begriffliche Differenzierungen offenbar auf Vorarbeiten stützen und formulierte den Adressaten einer internationalen Öffentlichkeit gegenüber[11] eine moralisch und politisch empörte Haltung angesichts von Boykott, Misshandlungen, Pogromen, Entrechtungen und Morden, die zudem angesichts (zumindest der Behauptung) skeptischer Reaktionen auf sogenannte ‚Greuelnachrichten' detailliert zu belegen versucht wurden. Zahlreiche photographische Abbildungen und Faksimiles von Dokumenten waren beigefügt, wobei es womöglich auf die unter großem Zeitdruck erfolgte Drucklegung zurückzuführen ist, dass kommentierte Abbildungen zum Thema Judenverfolgung auch zwischen den Seiten anderer Kapitel erschienen. Dadurch konnten nunmehr Leserinnen und Leser auf die Judenverfolgungen aufmerksam gemacht werden, die sich zunächst im Kapitel über Misshandlungen und Folterungen oder die allgemeine Lage in den Konzentrationslagern hatten informieren wollen, und zudem Zusammenhänge zwischen den verschiedenen Phänomenen dessen, was im Buch als ‚Hitlerterror' zusammengefasst wurde, hergestellt werden.

Das Kapitel wies gleich zu Anfang auf das Verbot des Centralvereins deutscher Staatsbürger jüdischen Glaubens in Thüringen hin (dies war das erste Verbot des C. V. im Deutschen Reich und wurde zum Muster der folgenden Verbote[12]) und betonte die „unauflöslichen Zusammenhänge[] der Hitlerbewegung mit dem Antisemitismus",[13] der als eine „Grundlage des Nationalsozialismus" gefasst wurde. Kantorowicz differenzierte dabei zwischen früheren und den aktuellen Formen und Begründungen der Verfolgungen; obwohl das Judentum „ehemals als Religionsgemeinschaft, heute vornehmlich als ‚Rasse'" verfolgt werde, stehe im Hintergrund stets eine „soziale Frage". Innerhalb dieser Ent-

---

10 Braunbuch über Reichstagsbrand und Hitlerterror. Braunbuch I. Vorwort von Lord Marley. Einbandentwurf von John Heartfield. Berlin 1980 (Antifaschistische Literatur in der Bewährung. Reprints im Akademie-Verlag Berlin. Hrsg. von Lothar Berthold u. Dieter Lange. Bd. 2) [Reprint der Ausgabe: Basel: Universum Bücherei 1933]. S. 222–269.
11 Vgl. Braunbuch (wie Anm. 10), S. 244.
12 Vgl. Raßloff, Steffen: Antisemitismus in Thüringen. Hrsg. von der Landeszentrale für politische Bildung Thüringen. Erfurt 2008. S. 7.
13 Braunbuch (wie Anm. 10), S. 222.

wicklung unterschied er drei historische Phasen. Bereits im „Radau-Antisemitismus" des 19. Jahrhunderts werde die „erste revolutionäre Wallung des Kleinbürgertums" „auf den schwächsten Punkt konzentriert: die jüdische Minderheit." Später legalisiere sich dieser „Antisemitismus in der Form von Parteien", denen schließlich der sich als Sozialist ausgebende Berliner Nationalökonom Eugen Dühring die passende Ideologie des „‚Rassenantisemitismus'" nachgeliefert habe.[14]

Betont wurde dabei die „Agitation", wodurch Antisemitismus nicht als scheinbar spontan und zwangsläufig aus ökonomischen Verhältnissen ‚herauswachsend' dargestellt wurde, er sei vielmehr auf der Basis bestehender ideologischer Traditionen „systematisch gezüchtet", also gezielt unterstützt und verbreitet worden. Zudem wurde auf die Verbindung unterschiedlicher, widersprüchlicher Feindbilder hingewiesen: „Der Jude ist an allem Schuld. Am Krieg wie am Frieden, am Kapitalismus wie an der Revolution, an der Armut und am Reichtum." Die „Juden auszurotten" werde als das propagiert, wozu ein „nationaler Deutscher berufen sei"; die Gesetzesentwürfe von Martin Staemmler, auf dessen Tätigkeit als Referent für das Rassenpolitische Amt der NSDAP hingewiesen wurde, und der rassistische „Irrsinn" seien „ebenso *typisch*, wie sie als Agitationsmittel *ernst* zu nehmen sind."[15]

Unter der Zwischenüberschrift „Liquidation der Judenfrage" gab Kantorowicz als Ziel des „*künstlich hochgezüchteten Hasses*" einerseits die Schaffung von „Sündenböcken" an: „Die ‚Volkswut' ist wieder einmal abgelenkt worden gegen die kleinen Leute, gegen den jüdischen Mittelstand und gegen das jüdische Proletariat." Von den Verfolgungen betroffen seien Menschen „jüdischen Glaubens oder jüdischer Abstammung", wie Kantorowicz differenzierte. Anderseits schrieb er dem Hass in Bezug auf die „kleinbürgerlichen Massen" auch eine Ventilfunktion zu: „von allen Dingen, die man ihm [d. i. dem „jungen SA-Mann"] versprochen hat, kann man ja nur diese eine Lust befriedigen: seine Mordgier." Die Widersprüchlichkeit dieses Ventils markierend hob Kantorowicz hervor, die „Massen des jüdischen Kleinbürgertums [...] seien] wirtschaftlich genauso verelendet und gedrückt wie die Massen der nichtjüdischen Kleinbürger und Arbeiter".[16]

Entgegen einer Auffassung von Antisemitismus als vermeintlich sich unmittelbar und notwendig aus den ökonomischen Verhältnissen für alle Menschen innerhalb einer Gesellschaft gleichermaßen ergebend hatten schon zu Beginn der

---

14 Braunbuch (wie Anm. 10), S. 223 f.
15 Braunbuch (wie Anm. 10), S. 225–227, 266 f. H. i. O.
16 Braunbuch (wie Anm. 10), S. 266 f., 256, 227, 259 f. H.i.O.

1930er Jahre verschiedene Theoretiker in der KPD Thesen hinsichtlich der Entstehungs- und Verbreitungsbedingungen des Antisemitismus, seiner verschiedenen gesellschaftlichen Trägergruppen, der mit ihm verbundenen Feindbilder, der verfolgten Absichten und der tatsächlich erzielten Wirkungen in diversen Gewichtungen und Korrelationen formuliert. Unterschiedliche Dimensionen des Antisemitismus als Parteipropaganda, ideologische Traditionen und soziale Psychologie wurden dabei voneinander differenziert. Die Arten der gewichtenden Verknüpfungen von angenommenen Ursachen und Anlässen, Trägergruppen, verfolgten Intentionen und effektiven Stoßrichtungen fielen in den vorliegenden Fällen der thematisch verschieden ausgerichteten Monographien unterschiedlich aus, führten jedoch in keinem Fall zu einer einsinnigen Interpretation nur eines der Faktoren.

Jede nationale als eine soziale Frage: Otto Hellers historischer Rückblick

Als einschlägig bekannteste auch den politischen Antisemitismus behandelnde Monographie aus dem Umfeld der KPD vor 1933 kann Otto Hellers *Der Untergang des Judentums* gelten, das nach Edmund Silberners Urteil für die damals offizielle Parteiposition genommen und im Sinne einer Reproduktion judenfeindlicher Stereotype und codierter Judenfeindschaft gedeutet wird.[17] Dabei fiel die zeitgenössische Rezeption differenzierter aus; Rezensionen von Eva Reichmann in *Der Morgen*[18], von Erich Fromm in der *Zeitschrift für Sozialforschung*[19], den KPD-Mitgliedern Paul Held in der *Internationalen Presse-Korrespondenz* und Trude Richter in der *Linkskurve*[20], von Otto Mänchen-Helfen in der Zeitschrift *Die Gesellschaft*, Nachfolgeorgan der sozialdemokratischen Theoriezeitschrift *Die neue Zeit*[21], von

---

17 Vgl. Silberner: Kommunisten (wie Anm. 7), S. 274–279.
18 Reichmann-Jungmann, Eva: [Rez.: Otto Heller:] „Der Untergang des Judentums". In: Der Morgen. Monatsschrift der Juden in Deutschland 8 (1932) 2. S. 64–72.
19 Fromm, Erich: [Rez.] Otto Heller: Der Untergang des Judentums. In: Zeitschrift für Sozialforschung 1 (1932) 3. S. 438f.
20 Vgl. Held, Paul: [Rez.] Otto Heller: „Der Untergang des Judentums". In: Internationale Presse-Korrespondenz, 27.11.1931. S. 2552; Richter, Trude: Lösung der Judenfrage. In: Die Linkskurve 4 (1932) 2. S. 32f.
21 Mänchen-Helfen, Otto: [Rez.] Otto Heller: Der Untergang des Judentums. In: Die Gesellschaft 9 (1932) 11. S. 461f.

Bruno Frei in der *Weltbühne*[22], sogar eine ausführliche Erwiderung in Form einer Broschüre des jungen Eli Strauss (später Eliyahu Ashtor), verlegt beim Zionistischen Landeskomitee für Österreich,[23] fanden deutliche Kritikpunkte, setzten sich aber stets ernsthaft mit dem Buch auseinander.[24] Held, Frei, Reichmann und Richter bezogen dabei Hellers Kritik auf den ihnen gegenwärtigen Antisemitismus und sahen sie als Beitrag zum Kampf dagegen an.[25] Helmut Peitsch hat auf den Brief hingewiesen, den Walter Benjamin im Dezember 1931 an Gershom Scholem in Jerusalem schrieb und in dem er dem Freund Hellers Buch wegen dessen „Aufklärungen" empfahl. Benjamin kritisierte aber auch, dass „der Verfasser alle Fragen, die die Kulturpolitik, geschweige denn die geistige Entscheidung der Juden betreffen, völlig beiseite gelassen hat." Zudem deutete er an, obwohl das Buch ‚orthodox' im Parteisinne geschrieben sei, gebe es Gerüchte über „Schwierigkeiten" des Verfassers mit „offiziellen Instanzen".[26]

Heller fasste in seinem Versuch einer Überblicksdarstellung das Judentum dezidiert nicht als Religionsgemeinschaft, ‚Ethnie' oder Kultur, sondern als „Kaste", die aufgrund spezifischer soziohistorischer Umstände wie gesetzlich

---

22 Vgl. Frei, Bruno: [Rez.: Otto Heller:] Der Untergang des Judentums. In: Die Weltbühne 28 (1932) 1. S. 14–17.
23 Vgl. Strauss, Eli: Geht das Judentum unter? Eine Erwiderung auf Otto Hellers „Untergang des Judentums". Wien: Zionistisches Landeskomitee für Österreich (Dr. H. Glanz) 1933. Im Vorwort wies der Historiker Wilhelm Stein auf kontroverse Positionen innerhalb der KPD hin; Heller sei „ja schon im eigenen Lager der Vorwurf der Verzerrung und Fälschung der statistischen Tatsachen gemacht" worden (S. 3).
24 Vgl. Keßler, Mario: Die KPD und der Antisemitismus in der Weimarer Republik. In: Ders.: Vom bürgerlichen Zeitalter zur Globalisierung. Beiträge zur Geschichte der Arbeiterbewegung. Berlin 2005. S. 47–62. Hier S. 59. Während Heller später der Widerstandsgruppe um Bruno Baum im Stammlager des KZ Auschwitz angehörte, soll diejenige um Herbert Baum ebenfalls von seinen Positionen beeinflusst gewesen sein. Vgl. Heuer, Renate [u.a.]: Heller, Otto. In: Lexikon deutschjüdischer Autoren. Bd. 11, Hein–Hirs. München 2002. S. 60–65. Hier S. 61.
25 Vgl. Held: Heller (wie Anm. 20), S. 2552; Frei: Untergang (wie Anm. 22), S. 14, 17; Reichmann: Untergang (wie Anm. 18), S. 64; Richter: Lösung (wie Anm. 20). Vgl. auch die anonyme Besprechung in der *Roten Fahne* der KPÖ vom 13.12.1931. S. 10: „Jetzt, wo der Nationalsozialismus mit antisemitischen Phrasen eine ungeheure Demagogie entfaltet, ist es für den revolutionären Arbeiter doppelt wichtig, sich mit der Judenfrage auseinanderzusetzen." Vgl. außerdem: Zum Vortrag von Otto Heller, in: Die Rote Fahne (KPÖ), 26.01.1932. S. 5.
26 Walter Benjamin an Gershom Scholem, 20.12.1931. In: Walter Benjamin: Gesammelte Briefe. Hrsg. vom Theodor W. Adorno Archiv. 6 Bände. Hrsg. von Christoph Gödde u. Henri Lonitz. Bd. IV, 1931–1934. Frankfurt/M. 1998. S. 66–70. Hier S. 68. Vgl. Peitsch, Helmut: Ernst Ottwalts *Deutschland erwache!* Eine Wiederlektüre der *Geschichte des Nationalsozialismus* (1932). In: „... und handle mit Vernunft!" Beiträge zur europäisch-jüdischen Beziehungsgeschichte. Hrsg. von Irene H. Diekmann [u.a.]. Hildesheim 2012, S. 352–378. Hier S. 373.

kodifizierten Einschränkungen von außen, aber auch von innen, entstanden sei.[27] Daher forderte er keine ‚Assimilation', Jüdinnen und Juden sollten nicht zur Aufgabe ihrer Religion oder kultureller Traditionen genötigt werden, sondern er verlangte die Aufhebung derjenigen äußeren Restriktionen, die aus seiner Sicht zur Bildung jener besonderen ‚Kaste' geführt hatten. Als Kommunist und entschiedener Atheist zeigte er sich überzeugt, dass bestimmte religiöse und kulturelle Besonderheiten danach mit der Zeit abgelegt würden, machte diese Überzeugung aber nicht zur Grundlage seiner politischen Programmatik. Eine Auflösung der ‚Kaste' und religiöser Besonderheiten hielt er dabei vielmehr für vereinbar mit einem Fortbestehen und sogar einer Konsolidierung jüdischer Nationalität. Viele Vorstellungen blieben dennoch zu mechanistisch, nicht zuletzt da sein eingeschränkter Begriff des Judentums zu Vereinfachungen führte, wie Eva Reichmann im Sinne eines aus ihrer Sicht wohlverstandenen, eine „Wechselwirkung" „zwischen materieller und ideologischer Sphäre" anerkennenden Marxismus einwandte:[28] Im Kapitel über den Antisemitismus zeigte sich Heller allzu zuversichtlich, mit der Beseitigung der Voraussetzungen für den (relativen) Ausschluss von Jüdinnen und Juden aus der Gesellschaft und für die Bildung jener ‚Kaste' werde gleichsam automatisch auch die Grundlage für die rassistisch begründete politische Judenfeindschaft entfallen.[29]

Bereits im Vorwort hatte er vor allem mit Blick auf den „Rasseantisemitismus" den Zweck seines Buches bezeichnet, „dem Klassenfeind eine Waffe aus der Hand zu schlagen, mit deren Hilfe Verwirrung zu stiften er sich immer wieder bemüht." Das Kapitel „Die Judenfrage" führte aus, mit dem Ende „der Herrschaft des Privateigentums" an „Produktionsmitteln" und „der Ware" werde endlich „so manches Gespenst" wie „Ahasver", die „Sklaverei der Frau", die „nationale Frage", der Kolonialismus und generell die Sklaverei „zu Grabe getragen". Heller unterschied dabei zwischen zwei verschiedenen Formen des „Antisemitismus",

---

[27] Heller grenzte sich dabei explizit kritisch von Karl Kautskys Behandlung des Problems ab; vgl. Heller, Otto: Der Untergang des Judentums. Die Judenfrage/ihre Kritik/ihre Lösung durch den Sozialismus. Wien/Berlin 1931. S. 5, 26, 31 sowie Kautsky, Karl: Rasse und Judentum [zuerst 1914]. Zweite, durchgesehene u. vermehrte Aufl. Stuttgart 1921. Während Otto Mänchen-Helfen (wie Anm. 21) Heller vorwarf, Kautsky unausgewiesen zu folgen, sollte in Hellers Konzeption, die den Begriff der ‚Kaste' sozial und historisch näher bestimmte, auch nach einem Wegfall der restringierenden äußeren und inneren Bestimmungen des Judentums als ‚Kaste' und als Religion das Judentum als Nationalität erhalten bleiben. Vgl. dazu auch Marcus, Marcel R.: A Critique of Marxist Analyses of Jewish History. Thesis submitted for the degree of M. A. in political studies to the Univ. of Newcastle Upon Tyne. Bern 1984. S. 76.
[28] Reichmann: Untergang (wie Anm. 18), S. 66 f.
[29] Vgl. Heller: Untergang (wie Anm. 27), S. 150.

einer stets ‚nationalen' Gegenüberstellung, die je nach gesellschaftlichem Entwicklungsstand in religiöser oder rassistischer Form gefasst werde.[30]

Im Kapitel „Der Antisemitismus" stellte Heller dann die Stellungnahmen aus August Bebels Parteitagsrede von 1893, Friedrich Engels' brieflichen Äußerungen gegen den Antisemitismus sowie Lenins Rede über „Die Pogromhetze gegen die Juden" und seinem Artikel *Kritische Bemerkungen zur nationalen Frage* (1913), die die Rolle des ‚Aufhetzens' und das progressive Potential der jüdischen Kultur betonten, zusammen und verband sie mit seiner eigenen historischen Kontextualisierung. Nach der Krisenperiode ab 1873 sah er eine neu entstehende, sich programmatisch explizit als antisemitisch bezeichnende Bewegung aufkommen, die insbesondere Beamte und Studenten angezogen habe. Während die Argumentation gegen den Rassismus widersprüchlich blieb, sich aber unmissverständlich gegen die politischen Programme der sich selbst als Antisemiten Bezeichnenden wandte, lief Hellers Perspektive auf eine allzu optimistische und undifferenzierte Sicht hinaus, weil er die Rolle ideologischer Traditionen und auch von Agitation und Propaganda unterschätzte.[31] Heller wollte zwar, wie er schrieb, „den reaktionären, arbeiterfeindlichen Charakter des rassistischen, pseudowissenschaftlichen Antisemitismus" herausstellen, als dessen Träger er Mittelschichten in der Krise ausmachte, und zeigte sich überzeugt:

> Mit dem Verschwinden der sozialen Voraussetzungen des Antisemitismus der Kleinbürger und Handwerker, der Beamten und Intellektuellen, die sich durch die jüdische Konkurrenz bedroht fühlen, nicht wissend, daß diese Konkurrenz, ob jüdisch oder christlich, nichts anderes ist als eine Teilerscheinung der Gesamtkrise der bürgerlichen Gesellschaft, mit dem Verschwinden dieser Ursachen, also des Judentums in seinem historischen Begriff, wird auch die rassistische Pseudowissenschaft den Weg aller Seifenblasen gehen.[32]

Dennoch behielt für ihn die ökonomische Entwicklung den Charakter ausschlaggebender Relevanz: „Die besondere soziale Entwicklung der Juden, ihre eigenartige Stellung im Produktionsprozeß schob ihnen in der Klassenschichtung der Gesellschaft eine spezifische Position zu, die sich [...] von Ost nach West zwar vermindernd, doch noch immer in einer Überbesetzung bestimmter Berufszweige mit Juden äußert." Dies führte Heller zufolge zu einer scheinbar unmittelbaren ökonomischen Notwendigkeit von „Zusammenstößen", auch wenn er „das nicht zu unterschätzende Element überlieferter Vorstellungen judenfeindlicher Tradition" nicht ganz unerwähnt ließ.[33]

---

30 Heller: Untergang (wie Anm. 27), S. 5f., 11f., 126f.
31 Vgl. Heller: Untergang (wie Anm. 27), S. 131.
32 Heller: Untergang (wie Anm. 27), S. 135f.
33 Heller: Untergang (wie Anm. 27), S. 135f., vgl. 127f.

In deutlicher Nähe zu Karl Kautskys Darstellung ging eine Funktionszuschreibung der so entstandenen Vorurteile mit Hellers Widerlegungsversuchen des Rassismus gegenüber Jüdinnen und Juden einher: „Alle ihnen zugeschriebenen ‚jüdischen' Rassenmerkmale sind in Wirklichkeit keine rassischen, sondern Kennzeichen einer typischen Stadtbevölkerung".[34] Effekt der biologisierenden Überdeckung sozialer Probleme sei eine Ablenkung vom „sozialen Kern der Erschütterung der bürgerlichen Gesellschaft". Trotz Hellers Kritik, dass der junge Karl Marx „die ökonomische Rolle der Juden zu eng, zu einseitig umriß", sei an dessen Polemik *Zur Judenfrage* (1844) produktiv, dass sie überhaupt einen Bezug auf Ökonomie statt nur auf Religion hergestellt habe. Die Judenfeindschaft sei, so schrieb Heller, ohne es hier näher zu erläutern, „ein Jahrtausende alter Popanz, der nichts anderes ist als der Bruder jenes Fetischs, der Ware heißt".[35]

Konkretisierung der historischen Entwicklung bei Ernst Ottwalt

Eine andere, weitergehende Deutung vertrat das Parteimitglied Ernst Ottwalt, der Anfang 1932 seine Studie *Deutschland erwache!* vorlegte, eine historische Darstellung der Entwicklung des *Nationalsozialismus*. Der damals relativ erfolgreiche, sich als proletarisch verstehende Schriftsteller, dessen Romane zur selben Zeit im für seine linke politische Ausrichtung bekannten Berliner Malik-Verlag erschienen waren und der zusammen mit Bertolt Brecht und Slatan Dudow das Drehbuch für den Film *Kuhle Wampe* (1932) geschrieben hatte, wählte für die Publikation von *Deutschland erwache!* den in Wien und Leipzig ansässigen Verlag Hess & Co., der politisch weniger exponiert war und vornehmlich zwar sozialdemokratische, aber auch konservative ‚völkerpsychologische' Titel brachte. Der Malik-Verleger Wieland Herzfelde erinnerte sich später, Ende 1973 im Gespräch mit dem Biographen Andreas Mytze, Ottwalt habe das Buch „hinter seinem Rücken" veröffentlicht.[36] Der Titelschriftzug in Sütterlin und die Nennung nur des Autornamens Ottwalt auf dem Buchrücken konnten so dazu beitragen, dass die Monographie politisch nicht sofort eindeutig als antifaschistische Aufklärungsschrift eines Kommu-

---

34 Heller: Untergang (wie Anm. 27), S. 147. Diesen Hinweis verdanke ich Kay Schweigmann-Greve.
35 Heller: Untergang (wie Anm. 27), S. 147, 16, 21.
36 Zit. n. Mytze, Andreas W.: Ottwalt. Leben und Werk des vergessenen revolutionären deutschen Schriftstellers. Im Anhang bisher unveröffentlichte Dokumente. Berlin 1977. S. 62. Zit. b. Peitsch: Ottwalts (wie Anm. 26), S. 360.

nisten eingeordnet wurde. Die im Titel zur Hälfte wiedergegebene Nazi-Parole ‚Deutschland erwache', deren ausgelassene Fortsetzung ‚Juda verrecke!' lautete, tat ihr übriges. Entsprechend berichtete Johannes R. Becher 1934 von seiner Reise durch Brünn, Ottwalts Buch sei das einzige antifaschistische, das auch von ‚nationalsozialistisch' gesinnten Studenten gelesen werde und „eine außerordentlich gute Wirkung in unserem Sinne" zeitige.[37]

Ausgehend von einer eindringlichen Darstellung der Situation nach der Septemberwahl von 1930 analysierte Ottwalt die Entwicklung der NSDAP, ihrer Führung und ihres Programms vor dem Hintergrund einer historischen Rekonstruktion der Entwicklung des deutschen politischen Antisemitismus seit dem späten 19. Jahrhundert. Speziell beleuchtete er dabei die sogenannte ‚Gründerkrise' in den 1870er Jahren und deren politische und ideologische Rahmenbedingungen. Auf 65 Seiten behandelte Ottwalts „historische Abhandlung" die Entwicklung des „Antisemitismus in Deutschland". Dieses umfangreichste Kapitel des Buches beginnt mit den Worten: „Man versuche einmal, sich die antisemitische Agitation aus der nationalsozialistischen Bewegung fortzudenken. Unmöglich", und wies gleich im Anschluss auf deren Widersprüchlichkeit hin, eben nicht nur scheinbar antikapitalistische Affekte zu bedienen, sondern auch antidemokratische, antiliberale und antimoderne, deren Verbindung widersprüchlichster Feindbilder im Antisemitismus Ottwalt herausstellte. Trotz – oder gerade wegen – seiner offensichtlichen logischen Widersprüchlichkeit sei jedoch die weit verbreitete Neigung zu affektiver Akzeptanz erklärungsbedürftig.[38]

Für die Zeit des Kaiserreichs sah Ottwalt den Antisemitismus zwar noch als *„in der Hauptsache das Zwangsprodukt ökonomischer Verhältnisse"*, deren „Verlagerung" in den betroffenen Schichten zu ‚ökonomischer Verärgerung' geführt habe. So sei der politische Antisemitismus im 19. Jahrhundert zunächst bei den „depossedierten Feudalen" aufgetreten, bevor er in der ‚Gründerperiode' ab 1873 und insbesondere durch die politischen Aktivitäten des Hofpredigers Adolf Stoecker auf das „mit tausend Fesseln an die Ideologie der Bourgeoisie gebunden[e]" Kleinbürgertum übergegangen und dort zu einer sozial verbreiteten Ideologie geworden sei. Stoeckers Wendung Ende 1878 zum Antisemitismus in der Ausrichtung seiner Christlich-Sozialen (ab 1881 dann nicht mehr Arbeiter-)Partei

---

[37] Vgl. Becher, Johannes R.: [Bericht über eine Reise nach Prag, Zürich und Paris. Oktober/November 1934]. In: Zur Tradition der deutschen sozialistischen Literatur. Eine Auswahl an Dokumenten. Bd. 1, 1929–1935. Berlin/Weimar 1979. S. 807–822. Hier S. 819. Vgl. Peitsch: Ottwalts (wie Anm. 26), S. 378 sowie Barck, Simone: Exil in der UdSSR. Leipzig 1979. S. 78 und Mytze: Ottwalt (wie Anm. 36), S. 39.
[38] Ottwalt, Ernst: Deutschland erwache! Geschichte des Nationalsozialismus. Wien, Leipzig 1932. S. 383, 21, vgl. 22f.

versuchte Ottwalt dabei aus den politischen Rahmenbedingungen der Folgen des Sozialistengesetzes herzuleiten, indem er sie auf den Ausfall der Sozialdemokratie als öffentlich wahrnehmbaren politischen Konkurrenten zurückführte.[39]

Die neue und von Seiten der Regierung nicht geplante, aber im Sinne eines Ventils – nur insofern sie *„die antikapitalistischen Neigungen des Kleinbürgertums aufzufangen und auf ein unverfängliches Ziel zu lenken geeignet"* war – geduldete Agitation Stoeckers sei schließlich in den 1890er Jahren ergänzt worden durch Eugen Dührings „Rassenmystik", in der alle vorherigen Feindbilder gebündelt auftreten. Nach 1919 sah Ottwalt eine antisozialistische Stoßrichtung in der „Gleichsetzung Marxist – Jude" hinzukommen. Der Antisemitismus, zunächst politisch organisiert, später als Ideologie außerhalb des Parlaments sozial verbreitet, sei schließlich von der kleinbürgerlichen NSDAP erneut zum politischen Programm erhoben worden. Deren Propaganda sei aber historisch so lange relativ erfolglos geblieben, bis ein „besonderer ökonomischer Zwang innerhalb des Kleinbürgertums *die Propagierung des Antisemitismus begünstigte*". Erst dann habe sich ein Zweckbündnis von (adligem) Militär und kleinbürgerlicher Partei gebildet, mit Unterstützung der Industrie, aber auch der Kirchen.[40] Die Widersprüchlichkeit innerhalb der NSDAP in ihrer zunächst scheinbar antikapitalistischen und ihrer antisozialistischen Ausrichtung verknüpfte Ottwalt dabei mit ihrer Doppelrolle, die statt bloßer ‚Agentur' oder ‚Demagogie' einer psychologischen Umwendung von intendierter Rebellion in effektive Zustimmung korrespondiere. In Inflation und Krise habe das Bedürfnis nach etwas „Gegenständliche[m]" zur Erklärung der unverstandenen sozialen Konflikte und Widersprüche aufgrund enthistorisierender Denkweisen zu einer Hypostasierung unmittelbar wahrgenommener Erscheinungen zu vermeintlich unveränderlichen und selbsttätigen Entitäten, wie eben der ‚Rasse', geführt. Diese gegenüber den Funktionsweisen als ‚Ventil' oder ‚Ablenkung' stärker betonte Auswirkung der „Vernebelung" – „als Fortsetzung der Unfähigkeit, in Kausalzusammenhängen zu denken" – fasste Ottwalt damit, ohne den von Heller in Anspruch genommenen Begriff des Fetischs aufzugreifen, als Fetischisierung.[41]

Die „ausgezeichnete Studie ‚Deutschland erwache'", wie sie im einschlägigen Kapitel des *Braunbuchs* zur Lektüre empfohlen wurde[42] und aus der im Nürnberger Prozess gegen die Hauptkriegsverbrecher 1945/1946 vom sowjetischen Hauptankläger Roman Rudenko zitiert wurde,[43] wandte sich dabei implizit auch

---

39 Ottwalt: Deutschland (wie Anm. 38), S. 23, H. i. O., 25, 36, 39.
40 Ottwalt: Deutschland (wie Anm. 38), S. 55, H. i. O., 73, 80, 373f., H. i. O., vgl. 384.
41 Ottwalt: Deutschland (wie Anm. 38), S. 79, vgl. 39. Peitsch: Ottwalts (wie Anm. 26), S. 364.
42 Braunbuch (wie Anm. 10), S. 223.
43 Vgl. Mytze: Ottwalt (wie Anm. 36), S. 39.

gegen die Auffassung des Judentums als einer ‚Kaste', wenn sie die „vollendete Sinnlosigkeit des Antisemitismus" herausstrich, „der im Judentum eine soziologisch und ideologisch scharf abgegrenzte Gesellschaftsschicht zu bekämpfen glaubt".[44]

Ottwalts historische Darstellung der Judenfeindschaft beachtete insbesondere ideologische Traditionen, außerdem die „proletarische Erziehungsarbeit" der NSDAP-Propaganda, die beide nach seiner Auffassung auf die Art, wie ökonomische Veränderungen erfahren und gedeutet wurden, einwirkten. Er bezeichnete eine außenpolitische Funktionalisierung des Rassismus, wenn er darauf verwies, politisches Ziel der Partei sei weniger eine „Brechung der Zinsknechtschaft" als vielmehr „das gewaltige Siedlungsprogramm, durch das der Osten Europas germanisiert werden soll." Daneben stand der „Versuch, die rebellierenden antikapitalistischen Instinkte des Kleinbürgertums in eine programmatische Form zu zwängen", die er als ‚romantisch' bezeichnete.[45]

Ottwalts Buch richtete sich nicht primär an Kommunisten, weshalb auch nicht der ‚Klassencharakter' der NS-Bewegung (vor der Machtübertragung) im Fokus stand, sondern ihre ‚Massenbasis', also die Frage, weshalb sie auf so viele Menschen anziehend wirken konnte.[46] Als das Buch, in dem als internationales Charakteristikum des Faschismus gefasst wurde, das Kleinbürgertum gegen seine eigenen Interessen zu ‚mobilisieren', und in dem die politische Alternative nicht in der Gegenüberstellung ‚Faschismus oder Revolution' imaginiert wurde, im Sommer 1933 ins Russische übersetzt und in einer Auflage von 15.000 Exemplaren[47] gedruckt wurde, bemängelte der sowjetische Herausgeber I. Dworkin allerdings noch das Fehlen der Redeweise vom ‚Sozialfaschismus', die bei der Frage nach der ‚Massenbasis' den Blick auf die politische Konkurrenz mit der SPD fixiert hatte.[48]

---

44 Ottwalt: Deutschland (wie Anm. 38), S. 84. Zweimal findet sich im Kapitel über den Antisemitismus die Formel gegen eine mechanizistische Vorstellung von historischem sozialem Fortschritt, „an die uns zu glauben befohlen wird", mit der sich Ottwalt als Kritiker von Dogmatisierungen in der eigenen Parteiführung zu erkennen gab (S. 27, 66.). Dies könnte auch ein Grund, abgesehen vom Versuch der Tarnung, für die zweite, diesmal ablehnende Rezension nur zwei Wochen nach der ersten in der KPD-Tageszeitung *Die Rote Fahne* sein; vgl. Peitsch: Ottwalts (wie Anm. 26), S. 377f.
45 Ottwalt: Deutschland (wie Anm. 38), S. 322f.
46 Vgl. Peitsch: Ottwalts (wie Anm. 26), S. 358f., 361.
47 Vgl. Schlenstedt, Silvia (Hrsg.): Wer schreibt, handelt. Strategien und Verfahren literarischer Arbeit vor und nach 1933. Berlin/Weimar 1983. S. 589, En. 28.
48 Vgl. Barck: Exil (wie Anm. 37), S. 77 sowie Peitsch: Ottwalts (wie Anm. 26), S. 376.

„Kritische' Apologetik" und „Fetischisierung": Hans Günthers offizialisierter Systematisierungsversuch

Für einen Wandel in der offiziellen Haltung der KPD zu Thematisierungen von Antisemitismus und Judenverfolgung steht die auch philosophiegeschichtlich angelegte Studie von Hans Günther, die 1935 auf dem VII. Weltkongress der Kommunistischen Internationale auf den Plätzen der Delegierten ausgelegen haben soll und eines der Hauptreferate prägte.[49] Günthers Lebensgefährtin Trude Richter hatte Otto Hellers *Der Untergang des Judentums* 1932 in der Zeitschrift *Die Linkskurve*, dem Organ des Bundes proletarisch-revolutionärer Schriftsteller Deutschlands (BPRS), dem neben Günther und Ottwalt auch so bekannte Intellektuelle wie Bertolt Brecht, Anna Seghers oder Georg Lukács angehörten, angesichts des Rassismus der NSDAP als „längst fällig" besprochen und geurteilt: „Es liefert das Material, mit dem in täglichen Diskussionen der ideologische Kampf gegen den Antisemitismus zu führen ist." Ein reflektierter Standpunkt zum Rassismus müsse, so forderte Richter, „lebendiges Gemeingut der Massen werden."[50]

Günthers Buch ist angelegt als eine auf Gemeinsamkeiten bedachte Auseinandersetzung mit Positionen antifaschistischer Intellektueller, die zwar mit den kommunistischen Antifaschisten sympathisierten, aufgrund ihrer Auffassung von deren Zielen aber zögerten, mit ihnen zusammenzuarbeiten. Dies wird deutlich durch das Einleitende *Gespräch zwischen zwei Schriftstellern (Statt eines Vorwortes)* und den abschließenden *Brief an einen antifaschistischen Schriftsteller (Statt eines Nachwortes)*[51] sowie durch die durchgängigen Bezugnahmen im Haupttext auf Heinrich Manns Anthologie *Der Hass*, deren Kapitel „Ihr ordinärer Antisemitismus"[52] zwar nicht eigens erwähnt wird, allerdings ließ Günther schon

---

49 Vgl. Barck, Simone/Röhr, Werner: Nachwort. In: Hans Günther: Der Herren eigner Geist. Ausgewählte Schriften. Hrsg. von Werner Röhr unt. Mitarb. von Simone Barck. Berlin/Weimar 1981. S. 761–822. Hier S. 761 f.
50 Richter: Lösung (wie Anm. 20).
51 Günther, Hans: Der Herren eigner Geist. Die Ideologie des Nationalsozialismus. Berlin 1983 (Antifaschistische Literatur in der Bewährung. Reprints im Akademie-Verlag Berlin. Hrsg. von Lothar Berthold u. Dieter Lange. Bd. 5) [Reprint der Ausgabe: Moskau/Leningrad: Verlagsgenossenschaft ausländischer Arbeiter in der UdSSR 1935]. S. 5–9; 218–223.
52 Mann, Heinrich: Der Hass. Deutsche Zeitgeschichte. Mit e. Nachw. von Werner Herden. Berlin/Weimar 1983. S. 94–101. Das Buch kam 1933 zuerst auf Französisch in Paris heraus, danach noch im selben Jahr in Amsterdam auf Deutsch und später auch auf Polnisch und Rumänisch; die

im einleitenden Gespräch den kommunistischen Schriftsteller zu seinem ‚bürgerlichen' Gegenüber sagen: „Ihr habt Euch gegen den Spuk der Sterilisierungsgesetze, Hegehöfe, Menschengestüte und Rassenämter gewandt, die Geschichtstheorie vom arischen Ursprung der griechischen Kunst ad absurdum geführt, die formalen Widersprüche von Goebbels' ‚stählerner Romantik' enthüllt."[53] Er fügte aber kritisch hinzu: „Ihr *begnügt* Euch damit, die individualpsychologischen Hintergründe der faschistischen Diktatur zu erhellen, oder nachzuweisen, daß die Nazilehren in sich widerspruchsvoll sind, logisch falsch, hohl, leer und barbarisch. Aber damit ist die Argumentation noch nicht zu Ende, ja, jetzt beginnt sie erst recht eigentlich." Manns vornehmlich moralisch motivierte Kritik, die Günther als nicht weitgehend genug bemängelte, suchte er historisierend fortzusetzen. Erforderlich sei eine Analyse, in der die „realen gesellschaftlichen Kräfte, welche die faschistische Ideologie hervorgebracht haben", aufgedeckt werden.[54] Des Weiteren verwies Günther mehrmals – stets zustimmend – auf das Buch *Dämmerung. Notizen in Deutschland* „eines der Ihren", also eines ‚bürgerlichen' Schriftstellers': „Heinrich Regius". Max Horkheimer hatte unter diesem Pseudonym seinen Aphorismenband – stilistisch-formales Vorbild von Adornos *Minima Moralia* – 1934 in Zürich publiziert (mit demselben Pseudonym als Autorangabe tauchte das Buch auch auf ‚Schwarzen Listen' in Nazideutschland auf) und darin gegen eine allzu schlichte Gegenüberstellung von zwei vermeintlich klar unterschiedenen ‚Hauptklassen' die von Kolonialismus geprägte Weltgesellschaft mit einem „Wolkenkratzer" verglichen, in dem die verschiedensten „Schichten" ihre komplex widersprüchlichen Ziele verfolgten.[55]

Methodisch versuchte Günther zwar, auch die ökonomischen Grundlagen als Voraussetzungen der sozialen Funktionen und der philosophiegeschichtlichen Genese der NS-Ideologie zu klären, die er anhand der Reden und Schriften von

---

russische Ausgabe erschien 1934 in einer Auflage von 50.000 Exemplaren; vgl. Werner Herdens Nachwort (S. 199).
53 Günther: Herren (wie Anm. 51), S. 6.
54 Günther: Herren (wie Anm. 51), S. 7f. In den Besprechungen von Alfred Kurella, Friedrich Burschell und Heinrich Meyer wurde die Kritik an Manns Buch allerdings als allzu harsch beurteilt, was auch an Günthers zu unentschiedener Adressierung liege; vgl. Binder, Heinrich [d. i. Alfred Kurella]: Aufgaben und Ziele. In: Internationale Literatur 6 (1936) 1. S. 93–103. Hier S. 96f.; Burschell, Friedrich: [Rez.] Hans Günther: Der Herren eigner Geist. In: Die neue Weltbühne (1935) 43, zit. n. Barck/Röhr: Anmerkungen. In: Günther, Herren (wie Anm. 49), S. 823–873. Hier S. 824–826; Most, Heinrich [d.i. Heinrich Meyer]: [Rez. Hans Günther:] Der Herren eigner Geist. In: Deutsche Zentral-Zeitung, 14.12.1935, zit. n. ebd., S. 830–833. Hier S. 831.
55 Günther: Herren (wie Anm. 51), S. 8, vgl. 23, 43, 76, 115. Horkheimer, Max: Notizen 1950 bis 1969 und Dämmerung. Notizen in Deutschland. Hrsg. von Werner Brede. Einleitung von Alfred Schmidt. Frankfurt/M. 1974. S. 287f.

Hitler, Goebbels und Alfred Rosenberg, Baeumler, Gottfried Feder und Johann von Leers, aber auch Oswald Spengler, der den NS von rechts kritisierte, sowie anhand von Artikeln etwa aus dem *Völkischen Beobachter* bestimmte. Ungefähr das erste Fünftel des Hauptteils befasst sich mit dem „Wesen des Nationalsozialismus", also seinen ökonomischen Grundlagen, politischen Entstehungsbedingungen und politisch-gesellschaftlichen Funktionen, die übrigen vier Fünftel hingegen mit seiner „Ideologie". Dieser deutlich umfangreichere zweite Teil ist neben dem „Grundcharakter" den strukturbestimmenden Bestandteilen „Nationalismus", „soziale Demagogie", „,kritische' Apologetik" und den „Denkmethoden" gewidmet.[56]

Der *„Antisemitismus"* wird im letzten inhaltlichen Kapitel des Hauptteils, „Rassenmythologie" – nur noch gefolgt von dem dreieinhalbseitigen zusammenfassenden Ausblick „Die Perspektive ist klar" – ausführlich behandelt und nicht einfach unter die Kategorie des Rassismus subsumiert, sondern als in „noch gesteigerte[r] Weise" wiederholte rassistische Demagogie gefasst. Die Judenfeindschaft diene schon seit dem Mittelalter als ein Ventil, zur Ablenkung von sozialen Konflikten; durch gezielte Propaganda sei sie jedoch in eine neue Form gebracht worden. Zuvor hatte Günther unter Berufung auf Georg Lukács' Terminologie dargelegt, wie es sozialpsychologisch zu einer durch dichotomisierende und mythologisierende Abstraktion von Gegenwartsproblemen und Zukunftsperspektiven verursachten Umwendung ablehnend kritischer Intentionen wie „instinktive[m] Antikapitalismus" vornehmlich von Kleinbürgern in effektive Zustimmung und einer mit aus der Vergangenheit bezogenen, ‚romantischen' Maßstäben begründeten kritischen Intention und zugleich effektiven Unterstützung gegenwärtig herrschender Verhältnisse gekommen sei. Er betonte noch stärker als Ottwalt und führte weiter aus, es sei der „Fetischismus der Warenwelt, der die Menschen und Ideologen blendet". Insofern die sozialpsychologisch motivierte Dynamik auch den ‚Ideologen' selbst unterstellt wurde, erübrigte sich der Vorwurf absichtsvoller Täuschung. Als Vorläufer des theoretischen Rassismus wurden Arthur de Gobineau, Houston Stewart Chamberlain, aber auch Friedrich Nietzsche und Arthur Moeller van den Bruck genannt, deren Theorien im Kolonialismus nützlich gewesen und weiterhin ähnlichen Zwecken förderlich seien. Die Ungleichheitsideologie der „Rassenfetischisten" sei insbesondere von Oswald Spengler und methodologisch von dessen „Analogieverfahren" vorbereitet worden. Die „Fetischisierung der Rasse" beruhe dabei auf der Vorstellung, „daß sich die soziale Tätigkeit der Menschen verselbständigen, zu einem eigenen Produkt, zu einer sachlichen Gewalt über sie werden könnte, die sich ihrer Kontrolle ent-

---

56 Günther: Herren (wie Anm. 51), S. 10, 48.

zöge". Ein „Auslöschen der konkreten Bestimmungen" lasse soziale und historische Dynamiken in vorgestellten vermeintlich unveränderlichen und autonomen Gegenständlichkeiten verschwinden, die zudem mit unmittelbar aufgegriffenen Erscheinungen identifiziert werden.[57]

Günthers 1933/34 geschriebenes Buch konnte erst 1935 gedruckt werden und erlangte durch seine Verwendung auf dem VII. Weltkongress eine große Reichweite. In nach David Pike „riesiger Auflage" von 14.150 Exemplaren war es relativ populär geschrieben, richtete sich aber vor allem an Intellektuelle.[58] Dieter Schiller stellte 1988 die Vermutung an, Günthers Buch habe wohl Bruno Frei dazu motiviert, sich dann in der zweiten Hälfte der 1930er Jahre mit dem Antisemitismus publizistisch stärker auseinanderzusetzen. Außerdem hob Schiller Günthers Hinweis auf eine antisozialistische Richtung des Antisemitismus hervor, eine „Orientierung auf den ‚Krieg der deutschen Faschisten gegen die Sowjetunion'".[59] In der Tat unterschied Günther eine innenpolitische von einer außenpolitischen Wirksamkeit der antisemitischen Agitation, indem er den Effekt, soziale Unterschiede hinter der Biologisierung einer ‚Volksgemeinschaft' zu verbergen, der Begründung des Kriegs gegen die Sowjetunion gegenüberstellte.

Ein gemeinsamer Diskussionszusammenhang

Alle drei Autoren boten zu Anfang der 1930er Jahre an der Marxistischen Arbeiterschule in Berlin Seminare an und hielten Vorträge, Ottwalt und Günther regelmäßig, Heller wurde eigens für die Vorstellung seines Buches eingeladen. Günther hielt unter anderem Vorträge und Kurse über den rassistischen Antisemitismus der NSDAP, auch die Veranstaltung mit Heller behandelte, wie Horst Ullrich in einem seiner Beiträge zur in der DDR erscheinenden *Deutschen Zeitschrift für Philosophie* 1977 formulierte, „den verbrecherischen Charakter des Antisemitismus des Hitlerismus".[60] Die genannten Autoren, die alle bis auf Heller

---

57 Günther: Herren (wie Anm. 51), S. 212; vgl. 132f., 149, 22, 204, 220. Vgl. auch Röhr, Werner: Hans Günther – ein marxistischer Theoretiker. In: Deutsche Zeitschrift für Philosophie 14 (1966) 6. S. 725–737. Hier S. 735: „Den Antisemitismus faßt er als gesteigerte Weise dieser Demagogie auf."
58 Pike, David: Deutsche Schriftsteller im sowjetischen Exil 1933–1945. Frankfurt/M. 1981. S. 120. Vgl. Barck/Röhr: Anmerkungen (wie Anm. 54), S. 824.
59 Schiller, Dieter: Die antifaschistische Publizistik der dreißiger Jahre im Kampf gegen Antisemitismus und Rassenwahn. In: Weimarer Beiträge 34 (1988) 2. S. 1765–1792. Hier S. 1779.
60 Ullrich, Horst: Die philosophische Arbeit der Marxistischen Arbeiterschule (50 Jahre MASCH). In: Deutsche Zeitschrift für Philosophie 25 (1977) 4. S. 414–425. Hier S. 423.

erst zu Beginn der 1930er Jahre Parteimitglieder geworden waren[61] und insbesondere nach der Septemberwahl ihr Engagement gegen den Antisemitismus mit dem Eintritt in die KPD verbanden, richteten sich mit ihren Büchern an unterschiedliche Adressatengruppen und bezogen ihre Antisemitismuskritik direkt auf den in ihren Augen zentralen Widerspruch der Epoche; während Heller ökonomische Voraussetzungen, Ablenkungseffekt und Scheinantikapitalismus betonte, erlaubte die zunehmende Fokussierung auf ideologische Traditionen in ihrem Wechselverhältnis zu Agitation und Krisenentwicklung bei Ottwalt und Günther den Blick auf eine auch antisozialistische, antidemokratische und antiliberale sowie antipazifistische, antihumanistische, antiintellektuelle und antirationalistische Motive umfassende Fetischisierung, die den Zielen der Herrschaftssicherung und des Expansionskriegs auch dann diente, wenn sie mit völlig anderen Intentionen verknüpft war.

---

61 Während Heller bereits 1921 Gründungsmitglied der Deutschen Sektion der KP der Tschechoslowakischen Republik gewesen war (vgl. Heuer: Heller (wie Anm. 24), S. 60), trat Günther noch im Oktober 1930 in die KPD ein (vgl. Barck/Röhr: Nachwort (wie Anm. 49), S. 764. Ab 1931 bot er Kurse in der MASCH an und war im BPRS aktiv), Ottwalt im September 1931 (vgl. Belke, Ingrid: Publizisten warnen vor Hitler. Frühe Analysen des Nationalsozialismus. In: Conditio Judaica. Dritter Teil. Judentum, Antisemitismus und die deutschsprachige Literatur vom Ersten Weltkrieg bis 1933/1938. Hrsg. von Hans Otto Horch u. Horst Denkler. Tübingen 1993. S. 116–176. Hier S. 159. Ottwalt unterrichtete 1931–33 an der MASCH und wurde Ende 1932 in die Fraktionsleitung des BPRS gewählt) und auch Kantorowicz im „Herbst 1931" (Kantorowicz, Alfred: Deutsches Tagebuch. Erster Teil. München 1959. S. 26).

Anja Jungfer
Kurskorrekturen: Volksfront und „Judenfrage" in der Exilzeitung *Der Gegen-Angriff* 1933–1936

Als Antwort auf den Reichstagsbrand und dessen Konsequenzen, im Widerstand gegen die Hitlerdiktatur sowie deren Propaganda wurde Ende April 1933 in Prag die Zeitung *Der Gegen-Angriff* [ab hier: GA] ins publizistische Leben gerufen. Das kommunistische Blatt verfolgte unter Chefredakteur Bruno Frei besonders im Hinblick auf die Sozialdemokratie zunächst eine eher sektiererische Linie.[1] Im weiteren Verlauf wurde der radikale Kurs, beeinflusst durch historische Ereignisse, politische Weisungen und neue persönliche Erkenntnisse, korrigiert und der GA avancierte zum Fürsprecher von Einheitsfrontaktionen und Volksfrontpolitik. Der Aufruf zur Bündelung sämtlicher antifaschistischer Kräfte bezog, obwohl die Arbeiterklasse ein Adressat und Schwerpunkt blieb, nun auch linksbürgerliche und andere widerständische Gruppierungen mit ein. Präexistente Positionen zur „Judenfrage" erhielten nach 1933 zusätzliche Dimensionen und machten es notwendig, bestimmte Konflikte neu zu verhandeln.

Als prägnantes Beispiel für diese Verortungsschwierigkeiten und als auf zukünftige, schwerwiegende Krisen hinweisende Problemstellung soll hier der Diskussionsstand der sogenannten „Judenfrage" in Zusammenhang mit dem Aufgreifen der Volksfrontpolitik betrachtet werden. Dazu werden exemplarische Beiträge aus verschiedenen redaktionellen Ressorts und Sparten, die den breiten, (parteien-)übergreifenden Widerstand gegen Hitler thematisieren, mit Debatten, die verschiedene Entwürfe zur Auflösung der „Judenfrage" aufzeigen, in Beziehung gesetzt. Die verschiedenen Rollenzuschreibungen für Jüdinnen und Juden werden hinsichtlich ihrer Funktionen für den jeweiligen politischen Standpunkt befragt, da diese sich von zunehmend staatlich manifestiertem Antisemitismus und ideologischem Kern der als „Hitlerterror" wahrgenommenen Repressalien bis hin zum Gegenstand von Kontroversen innerhalb verschiedener Widerstandsgruppierungen auffinden lassen. Darüber hinaus wird untersucht, ob und inwieweit die veränderte Priorisierung des proletarischen Klassenkampfes, die Spaltung der deutschen Arbeiterklasse und die Annäherung an die bürgerlichen

---
[1] Gespräch mit Bruno Frei. In: Der Gegen-Angriff. Autoren-, Personen- und Sachregister. Mit Beiträgen von Bruno Frei. Hrsg. von Wolfgang Krämer u. Gerhard Müller. Worms 1982. S. 7–26. Hier S. 11. Frei bezeichnet dies hier als „das Weimarer Erbe, das wir mit herübergebracht hatten."

Schichten Verhandlungen der „Judenfrage" beeinflusst und das Verständnis des Verhältnisses zwischen (kommunistischer) Arbeiterbewegung, antifaschistischem Widerstand und der zeitgenössischen Situation der jüdischen Gesellschaft(en) verändert haben.

In den drei Jahrgängen des GA wird die Zuspitzung tradierter politischer, sozialer und kultureller Konflikte sichtbar. Darüber hinaus erschwert die nationalsozialistische Übernahme und Neubestimmung bereits existierender Terminologie jüdischen und nicht-jüdischen, proletarischen wie bürgerlichen Bevölkerungsgruppen, ihre Positionen zu definieren oder abzugrenzen. Demgegenüber entstehen neuartige Solidaritätsbekundungen und Aktionsbündnisse, die eine tendenzielle Annäherung von „Judentum" und „Arbeiterbewegung" nahelegen.

* * *

Die Gründungsumstände des GA werden unterschiedlich dargestellt. Der ehemalige Chefredakteur Bruno Frei, österreichischer Kommunist und Jude[2], der bis zum Reichstagsbrand u. a. für *Die Weltbühne* und *Berlin am Morgen* tätig war, berichtet, die Idee dazu sei ihm und Franz Carl Weiskopf (auch Wieland Herzfelde wird erwähnt) im März 1933, direkt nach der Flucht aus Berlin, gekommen.[3] Um die Menschen aufzuklären und publizistischen Widerstand u. a. gegen Goebbels' *Angriff* aus dem tschechoslowakischen Exil leisten zu können, musste jedoch zunächst die finanzielle Grundlage geschaffen werden. Zu diesem Zweck fuhr Frei, mit einer ersten Ausgabe zur Ansicht, zu Willi Münzenberg nach Paris. Dieser war bereit, die Publikation zu unterstützen. „Dann gingen wir an die Arbeit. Weiskopf und ich beschlossen, eine Arbeitsteilung vorzunehmen: Weiskopf machte die AIZ [Anm.: die *Arbeiter-Illustrierte Zeitung*], und ich machte den GA."[4] Im Gegensatz dazu verortet Babette Gross, Gefährtin und Biografin Münzenbergs, die Idee und Motivation zur Gründung der Zeitung eher bei diesem selbst und schreibt dementsprechend:

> Bruno Frei war nach dem Verbot von Berlin am Morgen nach Paris geflohen. Gleichzeitig tauchte auch Alexander Abusch auf. [...] Mit Abusch und Frei als Redakteuren gründete Münzenberg in bewußter Anspielung auf Goebbels' Angriff eine Wochenzeitung, den Gegen-

---

2 Vgl. Haug, Wolfgang Fritz: Erinnerungen an Bruno Frei. [Nachruf] 1988. www.wolfgangfritzhaug.inkrit.de/documents/Frei-nachruf88.pdf (08.03.2017). Dort heißt es: „Jüdische Kultur und Arbeiterbewegung haben sich in ihm zu einer jener unvergesslichen Gestalten verbunden, wie sie nach 1917 im Umfeld der Kommunistischen Internationale aufgetaucht sind."
3 Frei, Bruno: Geleitwort. In: Krämer/Müller: Register (wie Anm. 1), S. 1–5. Hier S. 1.
4 Gespräch. In: Krämer/Müller: Register (wie Anm. 1), S. 7–26. Hier S. 7.

Angriff. Der Journalist Berthold Jacob [...] brachte uns mit dem Druckereibesitzer Mink in Verbindung, der sich bereit erklärte, den Gegen-Angriff [...] zu drucken.[5]

Bruno Freis Autobiografie akzentuiert die Unabhängigkeit der Gründung: „Niemand gab uns Ratschläge, geschweige denn Befehle. Auch Geld gab uns niemand." Weiskopf hätte jemanden gefunden, „der sich bereit erklärte, die erste Nummer [in Prag] auf Kredit zu drucken", woraufhin Frei sich auf den Weg machte:

> Ich reiste, ein Hasardeur, mit dem druckfeuchten Zeitungsblatt [...] nach Paris, wo Willi Münzenberg und seine Leute an der Herausgabe des Braunbuchs arbeiteten. Mein Blendwerk – die Zeitung sah aus, als wäre sie bei Ullstein gedruckt – sollte zeigen, was man machen kann, also machen muss. Das Spiel gelang: Ich brachte nach Prag die Garantie mit, daß der Gegenangriff, der natürlich in der Zwischenzeit nicht gedruckt worden war, vierzehntägig erscheinen könne. [6]

Die Schilderungen mögen nicht sonderlich widersprüchlich erscheinen, jedoch stellt sich die Frage, ob die von Frei betonte Unabhängigkeit eine spätere Strategie gewesen sein könnte, um die Nähe zur Komintern zumindest nicht in den Vordergrund zu rücken.[7] Das Netz von Herausgeberschaften und Verantwortlichen ist, der Exilsituation geschuldet, zumindest bemerkenswert, wie auch die sich verändernde Ausrichtung der Zeitung. Die dabei entstehenden Irritationen oder blinden Flecke werden noch genauer zu betrachten sein. Ausschlaggebend ist, dass der GA ab Ende April 1933 regelmäßig und unter der im Folgenden zusammengefassten Zielstellung erscheinen konnte.[8] Es galt, die Stimme im Namen des „geschundenen, geknechteten Deutschlands" zu erheben, in Zeiten, in denen sämtliche traditionellen Feinde der freien Gesellschaft („Junker, Soldateska, Ausbeuter, Raubritter" usw.) die „sozialen und kulturellen Nutznießer der faschistischen Konterrevolution" sind. Der GA stellte sich hinter die „deutsche Arbeiterklasse, verbunden mit allen werktätigen Schichten des Volkes" und soli-

---

5 Gross, Babette: Willi Münzenberg. Eine politische Biografie. Mit einem Vorwort von Arthur Koestler. Stuttgart 1967. S. 255.
6 Frei, Bruno: Goldenes Prag (1933–1935). In: Ders.: Der Papiersäbel. Autobiografie. Frankfurt am Main 1972. S. 165–173. Hier S. 167.
7 Vgl. Hardt, Hanno [u.a.] (Hrsg.): Presse im Exil. Kommunikationsgeschichte des deutschen Exils 1933–1945. München [u.a.] 1979. S. 143. Der GA wird hier unter „Exilpublizistik in Frankreich" subsumiert und somit die Verbindung zum Pariser Exil deutlicher gewichtet als der Prager Standort.
8 Sämtliche Quellenangaben zu Beiträgen im Gegen-Angriff beziehen sich auf die Reprintausgabe, hrsg. vom Zentralantiquariat der Deutschen Demokratischen Republik. Leipzig 1982. Ab jetzt zitiert als GA. Die hier verwendeten Seitenzahlen beruhen auf eigener Zählung.

darisierte sich mit dem Widerstand gegen die „SA-Kasernen des Geistes", wo alles zertrampelt würde, „was das deutsche Volk in Jahrhunderten an Kultur und Wissen, an Kunst und Bildung aufgehäuft hat. [...] [W]ahre Kunst nennen sie ‚artfremd', was nicht der Kriegsschürung, der nationalen und rassenmäßigen Verhetzung dient, nennen sie ‚jüdisch' – und schlagen es tot."[9]

Vom 1. Oktober 1933, Heft 11 des I. Jahrganges, bis 1935 existierten zwei regionale Varianten des GA, was auf die jeweiligen lokalen Bezüge des Prager und des Pariser Kreises zurückzuführen ist. Laut Frei hatte sich die tschechische KP einer antifaschistischen Wochenzeitung gegenüber von Anfang an aufgeschlossen gezeigt. „Aber", so lautete die Bedingung, „eine Seite müßt ihr uns geben." Die Regionalseite für die Sudetendeutschen, genannt *Der Gegen-Angriff in der Tschechoslowakei*, wurde dementsprechend mit fertigen Manuskripten von einem von der KPČ bestimmten Mitarbeiter versehen.[10] Die Pariser Ausgabe, *Der Gegen-Angriff im Westen*, wurde gemäß Münzenbergs Forderung mit lokalem Inhalt erstellt, der sich „im besonderen mit Problemen beschäftigen [würde], die im Westen im Vordergrund des Interesses stehen." Genauer wäre dies „das Verhältnis von Faschismus und bürgerlicher Demokratie, das Problem des Saargebietes, die Aufgaben und Schwierigkeiten der Pariser Emigration."[11]

* * *

Die Auflage des GA bestand schätzungsweise aus 8000 bis 12.000 Exemplaren, von denen der größte Teil über Exilgruppen kolportiert wurde und ihm den Ruf einbrachte, „das verbreitetste Organ der deutschen antifaschistischen Emigration" zu sein.[12] Die illegale Verbreitung in Deutschland war ein wichtiges Instrument, um dort den Widerstand antifaschistischer Aktionsbündnisse und die programmatische Entlarvung von NS-Lügen öffentlich zu machen. Dazu fand Material unterschiedlicher Herkunft – darunter eine Mischung von fingierten und echten Zuschriften – in die Zeitung Eingang, welches redaktionell und gemäß der politischen Agenda aufbereitet und präsentiert wurde.[13] Da Frei selbst keine direkten Verbindungen nach Deutschland hatte, stammten die im GA veröffentlichten einschlägigen Berichte ausschließlich vom illegalen Apparat der KPD.[14] Neben Artikeln und offiziellen Dokumenten waren es vor allem zahlreiche „Ar-

---

9 Redaktion: Genug (wie Anm. 8), S. 1.
10 Vgl. Gespräch. In: Krämer/Müller: Register (wie Anm. 1), S. 7.
11 Redaktion: An unsere Leser! In: GA 11 (1933). S. 1.
12 Vgl. Hardt [u. a.]: Presse (wie Anm. 7), S. 143. Hier wird auf eine Äußerung Bruno Freis auf der Konferenz über die Prager deutsche Literatur 1965 verwiesen.
13 Vgl. Gespräch. In: Krämer/Müller: Register (wie Anm. 1), S. 10.
14 Vgl. Gespräch. In: Krämer/Müller: Register (wie Anm. 1), S. 8.

beiterbriefe", mit deren Hilfe die wirtschaftliche und soziale Lage in Deutschland dargestellt werden sollte. Damit war ein hoher Grad an Glaubwürdigkeit durch Augenzeugenschaft gegeben und der GA zielte so direkt auf seinen Wirkungskreis in der Arbeiterbewegung sowie seine avisierte antifaschistische Leserschaft ab. Die einen wie die anderen – es gab durchaus Divergenzen bei den Zielgruppen – sollten die Wahrheit erfahren, etwa über die Arbeitsbeschaffung in Deutschland oder die Ausnutzung des sogenannten SA-Proleten durch das kapitalistische System. Auch der antifaschistische Widerstand der Arbeiter wurde in solchen Briefen thematisiert, gerade weil ab Ende 1934 u. a. zunehmend Berichte über Solidarisierung mit deutschen Juden auftauchten, die, als Akte zivilen Ungehorsams beschrieben, als erste Impulse in Richtung Volksfront gewertet werden können.

Nun war der GA keine Arbeiterzeitung und auch kein politisch-theoretisches Organ für parteiideologische Diskussionen. Er verstand sich vielmehr als Multiplikator in der kulturellen Emigration. Ein guter Teil der Produzenten und der Adressaten der Zeitung stammten aus den Reihen der sogenannten Geistesarbeiter, wobei dem Standort Prag und seiner Literatur spezifische Bedeutung zukam. Prag bot sowohl die historischen als auch die gesellschaftlichen Voraussetzungen, um der literarischen und der politischen Emigration nicht nur Asyl, sondern auch Heimat zu bieten, denn neben der Hervorbringung einer Literatur voll „mystische[r] Element[e], [...] Phantastik [und] nebelhafte[r] Atmosphäre" war in den dortigen Schriftstellerkreisen auch eine Hinwendung zu Literatur der Revolution und das „Bekenntnis zum tschechischen Volk, zur Arbeiterklasse" ausschlaggebend gewesen.[15] Darüber hinaus führten die seit etwa 1910 stetig intensivierten kulturellen Beziehungen und persönlichen Netzwerke Prager und Berliner Kreise dazu, dass Prag ab 1933 Aufenthaltsort und Drehkreuz für heterogen ausgerichtete politische Gruppierungen, Parteistrukturen, Verlage, Redaktionen und Hilfsorganisationen, die über die deutsch-tschechoslowakische Grenze hinweg wirkten, wurde.[16] Die nicht zu vermeidenden Interessenskonflikte wirkten sich auf das jeweilige Selbstverständnis der Emigration als besondere literarisch-kulturpolitische und politisch-aktivistische Situation aus. Allerdings verzögerten Konflikte der Literaten untereinander zunächst die Etablierung eines

---

15 Satonski, Dmitri Wladimirowitsch: Zur gesellschaftlichen Situation der Prager deutschen Literatur. In: Weltfreunde. Konferenz über die Prager deutsche Literatur. Hrsg. von Eduard Goldstücker. Prag und Berlin 1967. S. 183–186. Hier S. 184f.
16 Prags Atmosphäre wird oft als dreifaches Ghetto bezeichnet, aus dem zahlreiche Intellektuelle flohen. Vgl. u. a. Hofmann, Fritz: Egon Erwin Kisch. Der Rasende Reporter. Eine Biografie. Berlin 1988. S. 91; Schlenstedt, Dieter: Egon Erwin Kisch. Leben und Werk. Westberlin 1985. S. 96.

einheitlichen intellektuellen Widerstandes. In diesem Umfeld sah es nicht nur der GA als eine seiner Aufgaben an, die z. B. von Alfred Döblin angemahnte Einheit der Emigrationsliteratur zu fördern.[17]

Bruno Frei verfügte durch seine Tätigkeiten in Wien und Berlin über intellektuelle Netzwerke und Verbindungen zu Schreibenden. Mit regem Interesse, an diesem damals einzigen KP-nahen, antifaschistischen Organ mitzuwirken, wandten sich die Exilierten von sich aus an die Redaktion, wodurch das Angebot an Textbeiträgen stets umfangreich war.[18] Das Feuilleton des GA diente dabei nicht nur als Publikationsort für die emigrierte deutsche Literatur und dem Erhalt der gefährdeten Netzwerke, sondern auch dem Austausch mit beispielsweise tschechoslowakischen und sowjetischen Künstlern, deren kollektive und individuelle Entwicklungen entlang solcher Linien wie Proletarisierung, Antifaschismus oder Internationalisierung nachzuvollziehen sind.[19]

Für Prags Vielschichtigkeit als Exilzentrum, Ort kultureller Hybridität, Konfliktherd zwischen Kommunismus und nationaler Identität, Klassenkampf und monarchisch geprägter Nostalgie beispielhaft ist auch eines seiner Kinder: Egon Erwin Kisch hatte, trotz seltener persönlicher Anwesenheit zwischen 1933 und 1936, große Bedeutung für den GA und die beschriebene kulturpolitische Situation. Von der ersten Ausgabe an, in der sein kriminalistisch geprägter Bericht über die Hintergründe des Reichstagsbrandes[20] erschienen war, erhob er immer wieder seine Stimme als politischer Publizist – und das, obwohl er teilweise äußerst unzufrieden mit der Arbeit der Redaktion gewesen sein soll. Kisch war nämlich, Bruno Frei zufolge, ein erklärter Gegner der lärmenden Aufmachung der antifaschistischen Emigrationspresse und es heißt:

> Er protestierte gegen typografische Hervorhebungen in Artikeln durch fette oder gesperrte Schrift und merkte an: ‚Als Leser lasse ich mich nicht von einem hergelaufenen Redakteur bevormunden. Ihr wollt mich zwingen zu lesen, was ihr für richtig haltet. Das will ich mir aber selber aussuchen können.'[21]

---

17 Vgl. Frei, Bruno: Die deutsche antifaschistische, literarische Emigration in Prag 1933–1936. In: Goldstücker: Weltfreunde (wie Anm. 15), S. 361–371.
18 Vgl. Gespräch. In: Krämer/Müller: Register (wie Anm. 1), S. 9.
19 Vgl. u. a. Weiskopf, Franz Carl: Unter fremden Himmeln. Ein Abriss der deutschen Literatur im Exil 1933–1947. Berlin 1981 [1948].
20 Vgl. Kisch, Egon Erwin: Der Reichstagsbrand. Kriminalistische Bemerkungen. In: GA 1 (1933). S. 5. Dieser Artikel ist in mehreren anderen Exilpublikationen, u. a. auch unter dem Titel *In den Kasematten von Spandau*, veröffentlicht worden.
21 Frei, Bruno: Kisch in Paris. [1935] In: Servus Kisch. Erinnerungen. Rezensionen. Anekdoten. Hrsg. von Fritz Hoffmann u. Josef Poláček. Berlin/Weimar 1985. S. 35–39. Hier S. 38.

Diese Mahnung galt nicht nur der Auswahl und der redaktionellen Bearbeitung des Materials, sondern auch für die Verhandlung des eigenen Standpunktes des GA, welche sich von ihrer ursprünglichen Abgrenzung gegen jegliche Position, die nicht der der KP entsprach, weiterentwickeln musste, um zwischen den verschiedenen politischen Stoßrichtungen des Widerstands zu vermitteln und inklusiv zu wirken. Sicher trug zum sensationalistischen Eindruck der Zeitung auch die Tatsache bei, dass sich die Beiträge häufig direkt auf nationalsozialistische Äußerungen beriefen und diese dann als diskursive Ereignisse auf die Texte zurückwirkten, wie an einigen Beispielen noch zu zeigen sein wird.[22]

* * *

Nach dem Reichstagsbrand 1933 sahen sich sämtliche Gruppen sozialdemokratischer und kommunistischer Arbeiterbewegung in die Illegalität gedrängt und befanden sich zudem in ernsthaftem Konflikt miteinander, allein hinsichtlich der Positionierungen zur Sowjetunion und zum „Dritten Reich". Die erbitterten Debatten lassen sich anhand der Inhalte des GA ebenso nachverfolgen wie der schwierige Weg, den die Arbeiterparteien – und vor allem deren Führungen – vom Weimarer Erbe, über die „Einheitsfront" zur Bildung der großen antifaschistischen „Volksfront" zurückzulegen hatten.[23]

Der Begriff der Einheitsfront wurde bis 1935 für die strukturelle Annäherung von Kommunismus und Sozialdemokratie, die sogenannte „Einheit von unten", gebraucht. Zuzeiten des GA stand er damit im Gegensatz zur Theorie des Sozialfaschismus und der noch sehr deutlichen, in der Zeitung repräsentierten Kritik an der SPD-Führung, namentlich an Carl Severing. Ab 1934 mehrten sich jedoch Berichte über Angebote der KPD zur Zusammenarbeit.[24] In den Beiträgen dient „Einheitsfront" als Berichtshintergrund realer politischer Aktionen, wird als erstrebenswertes Ziel formuliert oder ist als humanistisch geprägtes Gebot, Arbeiter und Intellektuelle mögen sich „gegen die Faschisierung Mitteleuropas" vereinigen, bereits vorweggenommen, wie z. B. im Einleitungsartikel des Prager Universitätsprofessors František Šalda, Gründer des überparteilichen Hilfskomitees für Emigranten. Dessen Warnung, „dass ein entarteter Nationalismus zur Bestialität führt" und als reaktionär unter Aufbietung aller vereinten Kräfte zu

---

22 Ein Beispiel ist Themenseiten-Überschrift „Juda verrecke – Der Schlachtruf der Hunnen." in der ersten Ausgabe des GA. Auch Kisch nahm sich diese Strategie in späteren Jahren an, was an zahlreichen Texten der 1940er Jahre deutlich wird.
23 Zahlreiche ungezeichnete Artikel werden hier unter „Anonym" geführt. Redaktionelle Beiträge kleinerer Sparten sind mit Urheberschaft „Redaktion" versehen.
24 Anonym: Die Aktionseinheit in Deutschland. Kommunisten und Sozialdemokraten im gemeinsamen Kampf gegen den Hitler-Faschismus. In: GA 46 (1934). S. 5.

bekämpfen sei[25], ähnelt dem Aufruf Romain Rollands an die Jugend von Juni 1933. Jedoch betont dieser, die Einheit müsse völkerübergreifend gesucht werden, da auch jeder nationalistisch motivierte Antifaschismus der falsche Weg und der zu bekämpfende Feind „die Presse des Generalstabs und der Bourgeoisie" sei.[26] Quantitativ ist in den Jahrgängen II und III eine weitere deutliche Zunahme an Beiträgen zu verzeichnen, die die „Einheitsfront" thematisieren, deren Definition und Stoßrichtung jedoch auffallend heterogen gefasst werden. Die realpolitische antifaschistische Zusammenarbeit von KPD und SPD konnte ihre Festigkeit dennoch bei dem Kampf um die Saarabstimmung 1934 als einer ersten Feuerprobe unter Beweis stellen. Ungeachtet dessen, dass die Abstimmung letztendlich nicht das erhoffte Ergebnis erzielte, gelang die Einheitsfront als sichtbares Zeichen für die weitere Entwicklung[27] und die folgenden Aktionsbündnisse schlossen weitere Interessengruppen ein, wie etwa katholische Gruppierungen, Jugendbünde oder Gewerkschaften.

In seiner spezifischen Verwendung kam der Terminus „Volksfront" erst ab dem III. Jahrgang des GA, 1935 und im Zuge der auf dem VII. Weltkongress propagierten politischen Wende der Komintern auf. Aktiv distanzierten sich die Beiträge fortan von „Sektierertum", Diffamierung der ebenfalls in Prag ansässigen Exil-SPD und der Sozialfaschismusthese.[28] Stattdessen wurden sämtliche antifaschistischen und auch linksbürgerlichen Kräfte als Bündnispartner im Widerstand angesehen und dementsprechend adressiert. Der GA sah etwa im I. Internationalen Schriftstellerkongreß zur Verteidigung der Kultur, der Mitte 1935 in Paris stattfand, einen wichtigen Schritt in diese Richtung, was sich sowohl im Feuilleton als auch in zahlreichen Zuschriften von Schriftstellern widerspiegelte. Im Resümee zum zweijährigen Jubiläum der Zeitung schreibt Bruno Frei:

> In dem Kampf um die Gewinnung der nichtproletarischen Schichten, insbesondere der Intellektuellen, leistet der ‚Gegen-Angriff' heute wichtigere Arbeit denn je. [...] In dem Kampf

---

25 Vgl. Šalda, František Xaver: Einheitsfront das Gebot der Stunde. [sic] In: GA 1 (1933). S. 8.
26 Rolland, Romain: An das junge Europa! [Aus Anlass der Sammlung der Jugend in der Front gegen den Faschismus und gegen den imperialistischen Krieg] In: GA 3 (1933). S. 1.
27 Vgl. u. a. Bayer, Ernst [= Alexander Abusch]: Das große Beispiel an der Saar. In: GA 47 (1934). S. 2. Im Artikel wird „zur großen Volksfront gegen die braune Barbarei" aufgerufen, wobei die Einheitsfront als Grundlage angesehen wird, „den Durchbruch in die Kreise der Katholiken an der ganzen Front zu erreichen. Die Einheitsfront muß sich mit den katholischen Hitlergegnern zur antifaschistischen Volksfront verbünden."
28 Nach Krämer/Müller liegt „ein großes Verdienst der Zeitung und ihres Chefredakteurs" in „der Propagierung der Volksfrontpolitik, verbunden mit der Aufhebung einer pauschalen Diffamierung der Sozialdemokratie." Vgl. Einleitung. In: Krämer/Müller: Register (wie Anm. 1), S. 29–48. Hier S. 45.

um die Einheitsfront zur Widerherstellung der geschlossenen Stoßkraft der deutschen Arbeiterklasse ist der ‚Gegen-Angriff' gerade in den letzten Wochen [!] an Schichten herangekommen, die bisher abseits standen.²⁹

Interessant ist die Weisung, dass der Fokus zwar auf nicht-proletarische Schichten ausgeweitet werden soll, die deutsche Arbeiterklasse jedoch noch immer hervorgehoben wird. Dementsprechend ist die zeitweilige Aussetzung des Klassenkampfes zugunsten des antifaschistischen Widerstandes hier noch nicht als Forderung formuliert und es wird, ähnlich wie im Falle der „Einheitsfront", der komplexe, verschieden assoziierte Gebrauch des Begriffs der „Volksfront" deutlich. Ende 1935 stellt sich die Frage: „Was eint die Volksfront?"³⁰ Als Antwort werden „die Möglichkeiten eines gemeinsamen Kampfprogrammes aller deutschen Hitlergegner" und die Offenheit der Kommunistischen Partei aufgezeigt. Anlass war u. a. die Äußerung Hitlers auf dem Nürnberger Parteitag, seine Gegner wären sich nur im Negativen einig. Unter der Forderung „Für die Einheitsfront und die breiteste Volksfront" wird noch einmal angemahnt, dass ersteres Gewerkschaften, Funktionäre und Organisationen kommunistischer wie sozialdemokratischer Ausrichtung einschließt, während zweitgenanntes auf das „Zusammengehen aller antihitlerischen Volksschichten, einschließlich der Katholiken und Demokraten" abzielt. Im Vordergrund steht der strukturelle Widerstand gegen das totalitäre System durch die Rückeroberung von Massenorganisationen, Komitees und politischen Funktionen. Themen wie (ideologischer) Rassismus, Hegemonieanspruch durch Ausgrenzung als nicht-deutsch erachteter Kultur und internationaler Widerstand gegen Kriegsbedrohung kommen an dieser Stelle nicht zur Sprache.

Die ersten umfassenderen Erfolge der Volksfrontpolitik werden in den letzten Ausgaben des Jahres 1936 dokumentiert, wobei durch deren Etablierung und der Solidarisierung mit den Spanienkämpfern indirekt auch das Ende des GA besiegelt war. Nachdem die Zeitung noch kurze Zeit von Lex Ende redigiert und unter dem Namen *Deutsche Volkszeitung* in Prag erschien, wurde sie eingestellt.³¹ Bruno Frei wirkte unterdessen bis zu seiner Emigration nach Mexiko im Pariser Kreis um Münzenberg. Die avisierte Volksfrontpolitik der Komintern selbst galt

---

29 Vgl. Wolfgang Krämer u. Gerhard Müller: Einleitung. In: Krämer/Müller: Register (wie Anm. 1). S. 29–48. Hier S. 39; Franz, Karl [= Bruno Frei]: Zwei Jahre ‚Gegen-Angriff'. In: GA 15 (1935). S. 2.
30 Anonym: Was eint die Volksfront? Für welche Forderungen ist der gemeinsame Kampf aller Hitlergegner möglich? In: GA 40 (1935). S. 1.
31 Vgl. Gerber, Jan: Ein Prozess in Prag. Göttingen 2016. S. 117. Die Umbenennung in *Deutsche Volkszeitung* ist ein Kennzeichen für die Inklusion sämtlicher Bevölkerungsschichten in den Widerstand. Ähnlich verläuft dies laut Gerber im Falle der *Arbeiter-Illustrierten Zeitung* (AIZ), die zur *Volksillustrierten* wird.

spätestens ab 1939, infolge des deutsch-sowjetischen Nichtangriffspaktes, als gescheitert.

Auch die Begriffsbestimmungen und Verhandlungsmodalitäten der „Judenfrage" wandelten sich zwischen 1933 und 1936. Was sich in der Anfangszeit des GA vornehmlich noch als Debatte um die Gegenstände „historischer Antisemitismus" und „nationalsozialistische Ideologisierung" ausdrückte und durch vornehmlich marxistische Konzepte zur (Auf-)Lösung der Judenfrage konterkariert wurde, entwickelte sich in den Folgejahren zur politischen Realität. Während der Übergangsphase zwischen Einheitsfront und Volksfront wurden, wenn im GA Diskussionen zwischen kommunistischen, sozialdemokratischen und anderen antihitlerischen Gruppen stattfanden, Repressalien gegen Jüdinnen und Juden jedoch weitestgehend ausgeklammert. „Judenfrage", „jüdische Frage", „Judenhetze", „Judenproblem", Boykotte und Pogrome werden zunächst als Symptome von aufbrechenden Konflikten auf verschiedenen Gesellschaftsebenen gesehen, nicht aber als eigenständige Thematik und Charakteristikum des Nationalsozialismus.

Aus heutiger Sicht handelt es sich bei dem Weg in die Shoah, ausgehend von der Verwissenschaftlichung der Rassenideologie, deren Verbindung mit nationalsozialistischer Hetzpropaganda, bis hin zur Schaffung entsprechender staatlicher Grundlagen wie den Nürnberger Gesetzen um ein historisch nachverfolgbares Phänomen. Zeitgenössische Perspektiven dagegen sind jedoch zwangsläufig sowohl eingeschränkter als auch komplexer: Die Situation der vornehmlich, aber nicht ausschließlich deutschen Juden wurde noch während der 1930er Jahre als Erklärungsmodell für unterschiedlichste politische aber auch kulturelle Spannungen herangezogen.

Während die innenpolitische Funktion der „Judenfrage" vor allem mit wirtschaftlichen Schwierigkeiten des Dritten Reiches und damit verbundenen sozialen Unruhen einherging, wurde sie außenpolitisch vor allem als Kriegsvorbereitung und zur Stabilisierung des Feindbildes Sowjetunion instrumentalisiert. Die Zuspitzung der miteinander verbundenen Juden- und Kommunismusfeindlichkeit kann im GA auch anhand von dessen Bezugnahme auf die nationalsozialistische Presse nachvollzogen werden. Die Klassenunterschiede innerhalb der jüdischen Bevölkerung spielten dabei stets eine wichtige Rolle, da der „Rassenkrieg" aus kommunistischer Sicht nichts anderes war als Klassenkampf, mit dem Ziel, die Arbeiterklasse zu spalten und die kapitalistischen Eliten weiterhin zu schützen.[32]

* * *

Der zunehmende Druck auf die Jüdinnen und Juden innerhalb Deutschlands wurde auch vom GA als klassenabhängig wahrgenommen und dargestellt. In einer nachträglichen Einschätzung heißt es:

> Für ein kommunistisches Blatt beschäftigte sich der GA relativ viel mit der Judenfrage. Grundsätzlich wurde kein Unterschied gemacht zwischen jüdischen und nicht-jüdischen Kapitalisten, da beide als Klasse, die andere ausbeutete und Hitler zur Macht verholfen hatte, abgelehnt wurden. Der GA bezog scharf Stellung gegen den Zionismus und hielt die Rettung der Juden nur für möglich im Rahmen des gemeinsamen Kampfes aller Hitler-Gegner.[33]

Die „Judenfrage" wird im GA zwar bereits im Zusammenhang mit einem umfassenden antifaschistischen Widerstand thematisiert, jedoch wird Antisemitismus eher als Symptom und Defensive des Nationalsozialismus, nicht als dessen ideologischer Kern verstanden. Der Klassenkonflikt galt auch innerhalb der jüdischen Bevölkerung als prominent, da Repressalien zuerst die Werktätigen beträfen. Der Kampf gegen den Kapitalismus hatte zunächst noch oberste Priorität, während der Faschismus ein reaktionäres Hindernis für die proletarische Revolution darstellte.[34] Die Ablehnung nationalstaatlicher Lösungen im Sinne des Zionismus wurde offen ausgedrückt, wobei schon evident war, dass die marxistisch angestrebte (Auf)Lösung durch Assimilation, sobald die Klassengegensätze aufgehoben worden seien, in absehbarer Zeit nicht erfüllbar war. Die omnipräsente Bedrohung für alle Juden wurde zwar allmählich spür- und sichtbar, jedoch konnte von der Einbeziehung bürgerlicher Kräfte – also auch jüdischer – in den Widerstand 1933/34 noch keine Rede sein. Als Beispiel für die Zusammenstellung dieser verschiedenen Perspektiven kann eine der „Themenseiten" herangezogen werden, wie sie im Verlaufe der Erscheinungszeit des GA einige Male zu finden sind.[35]

---

32 Vgl. u. a. Münzenberg, Willi: Hitlers Schwarze Hundert. In: Unsere Zeit (UZ) 6 (1934). S. 2–5; Lenin, [N.]: Pogromhetze gegen Juden. In: GA 1 (1933). S. 6 und UZ 6 (1934). S. 6.
33 Hardt [u. a.]: Presse (wie Anm. 7), S. 146. Es wird hier auf sechs Ausgaben sowie die Sondernummer von Unsere Zeit zur Judenfrage verwiesen (Juni 1934). Dabei werden die kleineren redaktionellen Sparten nicht berücksichtigt, sondern lediglich auf umfangreichere Themenseiten verwiesen.
34 Vgl. Münzenberg: Hundert (wie Anm. 32); Lenin: Pogromhetze (wie Anm. 32).
35 Vgl. mehrere Artikel unter der Seitenüberschrift „Juda verrecke" – Der Schlachtruf der Hunnen. Alle Quellen des folgenden Absatzes in: GA 1 (1933). S. 6.

Im April 1933 postuliert der von E. Migrè gezeichnete Artikel *2x Lösung der Judenfrage* die marxistische Position in Verbindung mit der realen sowjetischen Umsetzung, nachdem die Spezifik der deutschen „Judenfrage" folgendermaßen dargelegt wird:

> [D]ie Judenfrage in Deutschland ist keine isolierte Erscheinung, sie kann nur betrachtet werden im Zusammenhang mit den gesamten gesellschaftlichen und politischen Verhältnissen Deutschlands überhaupt. Sie ist ein Teil der gesellschaftlichen Ordnung, respektive Unordnung die gegenwärtig in Deutschland herrscht [...].

Es folgt ein Absatz über Marx' „geniale Konzeption ‚Zur Judenfrage'", in welcher der „Jude" als soziale Funktion im Kapitalismus definiert und die Auflösung des Typus eines „Luftmenschen" durch seine „Produktivisierung" angestrebt wird. Der Autor nimmt an, dass die „Liquidation" der Judenfrage mit dem Umsturz der kapitalistischen Ordnung vollzogen sei, da sie ihrer Voraussetzung beraubt wäre. In Deutschland würde dies durch „das unzüchtige Bündnis zwischen Nationalsozialismus und Industrie verhindert". Demgegenüber seien die Juden in der Sowjetunion gleichberechtigt am sozialistischen Aufbau beteiligt, womit ihre traditionellen Rollenzuschreibungen in der Gesellschaft zukünftig immer weniger Bedeutung hätten. Positiv wird erwähnt, dass die Zahl der jüdischen Arbeiter gestiegen sei und weiter: „Der Typus der überflüssigen Vermittler, Zwischenhändler, Kommissionäre, der ‚Luftmenschen' und, selbstverständlich, der jüdische Kapitalist ist verschwunden. Die sozialen Gegensätze bestehen nicht mehr. Die Juden sind als Kaste aufgehoben worden."[36]

Zentral stehen hier Lenins 1919 aufgenommene Worte zum Antisemitismus, den er in erster Linie als Abwehrkampf gegen die proletarische Revolution fasst. Antisemitismus bedeute demzufolge nicht nur ein ausgesprochenes Hindernis für die Einheit der Arbeiterklasse und sei als reaktionär abzulehnen, sondern der Judenfeindschaft und jenem der sie säht, gebühre, laut Lenin, die gleiche „Schmach und Schande" wie dem „verfluchten Zarismus" selbst.[37]

Die Vorstellung Julius Streichers, „Führer des Pogroms [und] ältestes Inventar der NSDAP, dessen Nürnberger Wochenzeitung [...] selbst in der nationalsozialistischen Revolverjournalistik eine unbestrittene Gipfelleistung der Unflätig-

---

36 Migré, E.: 2 x Lösung der Judenfrage. In: GA 1 (1933). S. 6. [Die Begriffe „Produktivierung" und „Produktivisierung" werden im GA synonym, je nach Verfasser, verwendet. Auch in der Sekundärliteratur finden sich beide Schreibweisen. Hier wird bei Zitaten die originale Wortwahl übernommen und bei eigener Verwendung „Produktivierung" benutzt.]
37 Lenin: Pogromhetze (wie Anm. 32).

keit" darstellt, ist direkt daneben gesetzt.[38] Nicht nur das Wesen der Judenhetze als voyeuristische Perversion, sondern auch die kriminelle Energie von in Hitlerdeutschland erfolgreichen Populisten wird hier unterstrichen. Befremdlich mutet die Überschrift *Juden, die für Hitler sind* an. Eingeteilt in „die Nationalen", „die Frommen" und „die Reichen" werden Gruppen vorgestellt, die mit Hitler Berührungspunkte aufweisen, was Freund- und Feindbilder angeht. Bei den Nationalen ist es der Sieg der völkischen Idee an sich. Die Frommen wenden sich gegen Kommunismus und Atheismus, vor allem aber gegen die Sowjetunion, die mit beidem die religiöse Orthodoxie bedroht. Die „Reichen" wiederum stehen aus wirtschaftlichem Interesse bei Hitler. Daraus folgt die Frage: „Wo stehen die armen Juden?"

Als mögliche Antwort könnte eine Karikatur von 1934 mit dem Titel *SA-Mann Wörtlich und die Judenfrage* dienen, in welcher die Konflikte zwischen Judenhass und wirtschaftlichem Interesse, zwischen Antisemitismus und Kapitalismus aufgegriffen und satirisch zugespitzt werden.[39] Der zunächst „Mein Kampf"-lesende und „Natürlich sind die Juden schuld!"-rufende SA-Mann begeht einen tätlichen Angriff auf einen gut gekleideten und wohlgenährten jüdischen Bankier. Nach entsprechender Beschwerde beim „Führer" höchstpersönlich mit dem Verweis „Hab ich dafür gegeben meine Millionen?", wird der SA-Mann selbst festgesetzt. Mit der Anschuldigung, er würde den Aufbau der nationalen Wirtschaft stören, landet er gemeinsam mit einem offensichtlich verarmten Juden hinter Gittern. Dieser benennt sein Vergehen mit: „Ich hab verkauft Streichhölzer um zu haben Brot für meine Kinder." Der auf das Jiddische und somit eventuellen ostjüdischen Hintergrund hinweisende Sprachgebrauch des Mitgefangenen greift erneut die Abgrenzung zum assimilierten und privilegierten Bankier auf.

Bildliche Darstellungen gängiger Stereotypen von Juden und antijüdischen Ressentiments[40] und auch die verwendeten Begrifflichkeiten lösen – vor allem beim heutigen Leser – Irritationen aus. Auch der dezidiert historische Blickwinkel auf die „Judenfrage", bei der es sich ursprünglich und auch zu Beginn des hier angelegten Betrachtungszeitraumes um eine emanzipatorische Fragestellung handelte, hilft nur bedingt, das diskursive Unbehagen einzugrenzen. Dies wird verstärkt, wenn das Ringen um eine „Lösung der Judenfrage" zur Sprache kommt, denn es führt, obgleich in verschiedenen politischen Lagern diskutiert, beinahe

---

38 Anonym: Wir stellen vor: Julius Streicher, der Führer des Pogroms. In: GA 1 (1933). S. 6.
39 „SA-Mann Wörtlichs Abenteuer im Dritten Reich", erschienen unter verschiedenen Schwerpunkten als „Roter Pfeffer". Beilage des GA. Hier: SA-Mann Wörtlich und die Judenfrage. GA, 1 (1934) (o.S.).
40 Vgl. z.B. Referenzen zur „Ritualmordausgabe" des „Stürmer" oder die Karikatur „Film der Woche. Die Juden sind schuld." In: GA 22 (1934). S. 7.

zwangsläufig zu Assoziationen mit den nationalsozialistischen Maßnahmen ab 1941, die den Beginn der Shoah kennzeichnen. Bruno Freis Aussage Ende der 1970er Jahre, hinsichtlich der „Judenproblematik, Zionismus und Solidarisierung mit den verfolgten Juden" befragt, verwundert daher kaum:

> Hier muß ich eine Selbstkritik vorbringen. – Die Linie der Partei war, den Zionismus als reaktionäre Strömung zu bekämpfen und die Assimilation zu propagieren. Auschwitz hat dann eine Wende bedeutet; nicht, daß ich Zionist geworden wäre, aber ich habe die jüdische Frage anders gesehen als bisher. Bis Auschwitz habe ich die Linie der Partei in der Judenfrage verfolgt, und das spiegelt sich auch im „Gegen-Angriff" wider. [...] Nun hat dies aber mit der Solidarität mit den von Hitler verfolgten Juden nichts zu tun. Die Judenfrage ist nicht die Frage der jüdischen Emigranten. Wir haben versucht, die jüdischen Emigranten in die Einheits- und Volksfront, in den Kampf gegen Hitler miteinzubeziehen, was uns auch z.T. gelungen ist.[41]

Frei unterscheidet selbst einerseits zwischen der zeitgenössischen Perspektive und dem Wissen aus der Retrospektive, andererseits macht er auf einen Wahrnehmungsunterschied aufmerksam, der sich auf die jüdische Frage im Allgemeinen bezieht. Er konstatiert, dass Debatten über eigene Siedlungsgebiete oder die Garantie nationaler Bürgerrechte für Juden im Gegensatz zu Diskussionen über das Streben nach kultureller Eigenständigkeit oder Assimilation während der 1930er nicht zwangsläufig mit der Solidarisierung mit verfolgten Juden und deren subsequenter Einbindung in den antifaschistischen Widerstand einhergingen. Inwiefern „jüdische Emigration" im o.g. Zitat hier bereits als komplexes Konzept gesehen wird, ist nicht ganz klar. Spätere Sichtweisen betonen jedoch, dass auch innerhalb dieser Begrifflichkeit Unterschiede zwischen jüdischen Flüchtlingen und politisch Exilierten gemacht wurden, die voneinander abweichende Ansätze des Widerstandes und gegenläufige Positionen gegenüber Deutschland, Rückkehrmöglichkeiten und Zukunftsentwürfen für die Zeit nach Ende des Krieges verfolgten.[42]

Die Vielschichtigkeit und die zunehmende Relevanz einer „Judenfrage" ab 1934 sowie die Notwendigkeit eine Positionsbestimmung wird auch in wiederholten

---

41 Gespräch. In: Krämer/Müller: Register (wie Anm. 1), S. 21.
42 Vgl. u.a. Walter, Hans-Albert: Jüdische Massenemigration und politische Exilierte – eine notwendige Unterscheidung. In: Ders.: Bedrohung und Verfolgung bis 1933. (Deutsche Exilliteratur 1933–1950, Band 1) S. 197–207; Kisch, Egon Erwin: Kulturarbeit in Mexiko. In: Ders.: Läuse auf dem Markt. Vermischte Prosa. Texte aus dem Nachlass. (Gesammelte Werke in Einzelausgaben. Band 12) Berlin/Weimar 1985. S. 180–184; ders.: Widerstände. In: Kisch: Läuse (wie Anm. 42), S. 185–187.

Hinweisen auf eine Sonderausgabe der Monatszeitschrift *Unsere Zeit* deutlich, die unter dem Thema *Zur Judenfrage* im Juni 1934 erschien. Im GA wird in zahlreichen augenfälligen Anzeigen auf dieses Sonderheft hingewiesen, worin der Leser mit brennenden Fragen konfrontiert und gleichzeitig mit Antworten und Argumentationen sowie einer Übersicht über die variierenden Ausprägungen der „Judenfrage" ausgestattet werden soll.[43]

> Sie wollen wissen, was hinter den Pogromandrohungen der Goebbels und Streicher steckt? Wissen Sie, wie die Sozialdemokratie zur Judenfrage steht? Wissen Sie, was die Rassenforschung sagt? Kennen Sie die „Ritualmordnummer" des „Stürmer"? Kennen Sie den Zionismus und den jüdischen Faschismus? Kennen Sie die Produktivierung der Juden in der Sowjetunion, die Lösung der Judenfrage im Sozialismus?[44]

In Willi Münzenbergs Eröffnungsartikel wird unter der Fragestellung „Was will Hitler?" nicht nur darauf hingewiesen, worauf der Nationalsozialismus aus zeitgenössischer Sicht abzielt, sondern auch, welche Propaganda dafür nutzbar gemacht werden soll: Die Juden seien schuld, so würden die Naziführer brüllen, um von ihrer eigenen Schuld abzulenken.[45] Der Leser wird in den nachfolgenden Beiträgen über Antisemitismus und klassisch kommunistische Sichtweisen auf Judenhass und Pogrome aufgeklärt.[46] Der Bogen wird zu den aktuellen Ausprägungen der Judenverfolgungen im Jahr 1934 gespannt, indem z. B. Rückgriffe auf die „Ritualmordausgabe" des *Stürmer* vorgenommen werden. Ein Artikel, der das Verhältnis von „Sozialdemokratie und Judenfrage" ausleuchtet, verweist auf Konflikte, die im Zuge der „Entartung" und „Zersetzung" der II. Internationale deutlich würden, da die Bourgeoisie die einst abgelehnten Ideologien dazu nutzt, die Herrschaft Weniger über Viele zu konsolidieren, die sich mittlerweile als Herrschaft der einen über die andere Rasse zugespitzt hätte.[47] Dies werde gerade beim „Judenproblem" sichtbar:

> Die Führung des mitteleuropäischen Reformismus macht dem antisemitischen Regierungsfaschismus deutliche Zugeständnisse, während die britische Arbeiterpartei philosemitisch sich für Palästina begeistert, weil es ein Juwel im Schatz der britischen Dominions ist und die jüdisch-reformistischen Organisationen ‚Bund' und Poale Zion sich gegenseitig die Köpfe einschlagen – alles im Schoß ein und derselben Internationale. Denn hier ist für den

---

43 Vgl. Lenin: Pogromhetze (wie Anm. 32).
44 Anzeige. In: GA 22 (1934), S. 2. [Synonyme Verwendung von Produktivierung/Produktivisierung gemäß Zitat. Vgl. auch Anm. 36].
45 Münzenberg: Hundert (wie Anm. 32), S. 4.
46 Vgl. Lenin: Pogromhetze (wie Anm. 32); Springer, Rudolf: Der Antisemitismus. In: UZ 6 (1934). S. 7–11.
47 Wrage, Albert: Sozialdemokratie und Judenfrage. In: UZ 6 (1934). S. 47–52.

ganzen verrotteten Kreis Platz. [...] Hier fragt man nicht nach sozialistischen Grundsätzen, hier werden nur Verdienste um die Erhaltung der bürgerlichen Gesellschaft gezählt."[48]

Während Engels und Bebel die „Judenhetzer" bekämpft hätten, würde Noske durchaus Verständnis für Hitlers „Rassenbarbarei" aufbringen und selbst die ehemals einhellige Ablehnung des Antisemitismus bedeute längst keinen einheitlichen Standpunkt in Bezug auf eine positive Lösung der Judenfrage. Der bolschewistische Standpunkt betont die Einigkeit des Proletariats, die von der reaktionär-antisemitischen und auch von der jüdisch-nationalistischen Seite bedroht würde. Letztere würde die Assimilation als natürliches Ergebnis der wechselseitigen Beziehungen von Juden und Nichtjuden verhindern. Die sozialdemokratisch favorisierte Lösung hingegen, der jüdische Sozialismus, der im jüdischen Staat durchgesetzt werden soll, wird als „Posse" bezeichnet, da nationale Solidarität unter kapitalistischen Verhältnissen ausgerufen werden würde und somit „das Proletariat zum Schleppenträger der Bourgeousie" verurteile.[49]

Als einziger literarischer unter den klassisch journalistischen, teilweise wissenschaftlich geprägten Texten, befindet sich eine Reportage Egon Erwin Kischs über das Pariser Ghetto.[50] Da der kulturelle oder künstlerische Beitrag zu den Debatten um die Situation von Jüdinnen und Juden nicht unerheblich war, befasste sich auch das Feuilleton des GA – und solche Beiträge, die sich mit dem Stand der deutschen Kultur und Literatur auseinandersetzen – einhergehend mit dem Verständnis von emigrierter Kunst und Kultur (auch) mit jüdischen Themen. Konterkariert werden die positiven Positionierungen später durch Hinweise auf die Etablierung einer „Braunen Literaturgeschichte".[51] Die Tatsache, dass die personelle Zugehörigkeit zu linken und/oder jüdischen Kreisen eine relevante Fluchtursache nach 1933 war[52], setzte sich mit der Entwicklung einer Literatur der Emigration insofern fort, als dass diese Netzwerke mit ihren Selbstverständnissen und Fremdzuschreibungen eine Beschäftigung mit „jüdischen Fragen" geradezu

---

48 Wrage: Sozialdemokratie (wie Anm. 47), S. 47.
49 Wrage: Sozialdemokratie (wie Anm. 47), S. 50 f.
50 Kisch, Egon Erwin: Le Pletzl. Das Ghetto in Paris, geschildert in Notizen. In: UZ 6 (1934). S. 30–37. Dieser Text erschien unter dem Titel „Notizen aus dem Pariser Ghetto" ebenfalls in Kischs 1934 veröffentlichtem Band *Geschichten aus sieben Ghettos*.
51 Vgl. Rubrik: Bemerkungen. In: GA 12 (1935). S. 4. Hier wird auf den Literaturhistoriker Adolf Bartels und dessen „Lebensaufgabe" einer „reinlichen Scheidung über Juden und Nichtjuden in der Literatur" Bezug genommen.
52 Vgl. u. a. Weiskopf, F.C.: Abrechnung mit Gottfried Benn! Antwort auf eine „Antwort". In: GA 3 (1933). S. 7.

herausforderte.[53] Es liegt jedoch auf der Hand, dass der Schwerpunkt der Herausbildung jüdischer Themen in Zusammenhang mit Verfolgungserfahrungen erst in den 1940er Jahren unübersehbar deutlich wird.[54]

Ergänzend zu den großen Ressorts der Zeitung finden sich auch in den kleineren redaktionellen Sparten häufig Verweise, teils Polemiken, auf abzulehnende Positionen im Debattenkreis um die „Judenfrage". Zwei von ihnen, die „Bemerkungen" und der sogenannten „Briefkasten der Redaktion" sollen hier näher betrachtet werden.

In den „Bemerkungen" werden einerseits aktuelle Beiträge aus nationalsozialistischen Blättern wie dem *Stürmer*, dem *Angriff*, dem *Völkischen Beobachter* oder dem *Judenkenner* ausschnittsweise abgedruckt und kommentiert. Letzerem, dem Bundesblatt der *Alliance Raciste Universelle (A.R.U.)*, wird dabei bescheinigt, dass der *Stürmer* im Vergleich ein Salonblatt wäre, denn hier ist die Rede vom „Krepieren der Feinde", davon, dass „Judenhörige" damit rechnen würden, das deutsche Volk „mit Hilfe des bolschewistischen Weltjuden in einem neuen Massenschlachten der Gojim" auszurotten.[55] Solche Beispiele werden im Laufe der Erscheinungsjahre stets radikaler und seitens der Antifaschisten mit einer Mischung aus Empörung, Unglauben und Sarkasmus quittiert. In einer mit „Die Juden sind schuld – sogar am Antisemitismus" überschriebenen Notiz wird auf die Äußerungen aus *Das Schwarze Korps* und *Der Angriff* Bezug genommen, das Zutrittsverbot für bestimmte Stätten entstamme der jüdischen Tradition selbst (das Beispiel sei ein Boykott des Titusbogens im antiken Rom) und die „nationalsozialistische Beschäftigung mit dem Judenproblem geschehe auf Wunsch der Juden". Das Fazit des GA an dieser Stelle lautet: „Die Nationalsozialisten bemühen sich als wirkliche Judenfreunde die geheimen Wünsche der Juden bestmöglich zu erfüllen. Sie sind selbstaufopfernde Judenknechte – und Antisemiten aus Rücksicht auf die Juden."[56]

Andererseits nutzt diese Rubrik auch jüdische Quellen und deren ebenfalls abzulehnende Positionen, um die eigene Linie verdeutlichen, wie z. B. eine Aufforderung der Reichsvertretung der deutschen Juden, bei der Volksabstimmung zur Wiederangliederung des Saargebietes mit „Ja" zu stimmen. Oder ein in der zionistischen Prager *Selbstwehr* aufgefundener Beitrag, in dem behauptet wird,

---

53 Vgl. u. a. Weiskopf, F.C.: Hier spricht die deutsche Literatur!" In: GA 19 (1935). S. 4; ders.: Judäa – Dachau – Verdun. Zu einigen Werken der deutschen Emigrationsliteratur. In: GA 50 (1935). S. 4.
54 Die 1941 in Mexiko D.F. gegründete Zeitschrift *Freies Deutschland* z. B. versammelt ein ähnliches personelles Netzwerk von Redakteuren und Beiträgern wie der GA.
55 Rubrik: Bemerkungen. In: GA 17 (1935). S. 6.
56 Rubrik: Bemerkungen. In: GA 20 (1935). S. 4.

die Sowjetunion habe mit der Territorialisierung und der Produktivierung der jüdischen Bevölkerung wichtige Grundsätze des Zionismus übernommen. Der GA antwortet darauf, man würde jedoch vergessen,

> dass die Sowjets vorher die Revolution gemacht haben, vorerst die Bourgeoisie gestürzt haben, vorerst die soziale Befreiung durchgeführt haben, indem sie die Diktatur des Proletariats errichteten. [...] Nicht die Frage des Territoriums entscheidet, sondern die Frage der Klassenherrschaft auf diesem Territorium. Niemand weiß das besser als die jüdischen Werktätigen – in Palästina.[57]

Unter der Rubrik „Briefkasten der Redaktion" hingegen werden Antworten und Erklärungen an Adressaten formuliert, von denen behauptet wurde, sie hätten sich zuvor schriftlich an die Redaktion gewandt. Deren Anliegen werden teils paraphrasiert, teils wörtlich abgedruckt. Dieses Leserbriefmodell bestand jedoch, Freis eigener Aussage zufolge, zu einem nicht unerheblichen Teil aus erdachten Briefwechseln, „einer", wie er sagt, „alten Technik [...], manche Gedanken in Form einer Antwort an einen fingierten Briefeschreiber" zum Ausdruck zu bringen.[58] Bemerkenswert sind vor allem Antwortschreiben in Richtung Tel-Aviv oder Haifa, in denen sich Themen wie Arbeiterbewegung und Zionismus, antifaschistische Solidarität und Kommunismus verbinden.

Ein Beispiel ist der Auszug eines Briefes aus Tel-Aviv, in dem von Lügen der ortsansässigen, hebräischen Presse zum Thema Kommunismus die Rede ist sowie von der Notwendigkeit, gegen den nationalstaatlichen Chauvinismus und sozialdemokratische Illusionen zu kämpfen. Die Briefeschreiber versichern dem GA: „Wir agitieren hier für Eure Zeitschriften, die für uns die einzigen Mittel zur Erfahrung der Lage in Europa und der UDSSR sind."[59] Oder wir erhalten die Information über die Gründung einer nationalistischen Antifa der Sozialdemokraten in Palästina, welche durch den GA als vordergründig politisches Manöver angezweifelt wird. Es heißt: „Antifaschisten dürfen sich nur diejenigen nennen, die den Kampf gegen den Faschismus allem anderen voran stellen."[60] Offensichtlich waren mehrere Berichte über diese „Antifa" der Poale Zion eingetroffen, die laut GA weitergeleitet, jedoch nicht gedruckt wurden.[61] Es fallen auch Nachfragen über Möglichkeiten der Einwanderung in das sowjetische, jüdische Siedlungsgebiet Birobidschan ins Auge, und zwar in einer Quantität, die eine gewisse Werbe-

---

57 Rubrik: Bemerkungen. In: GA 3 (1935). S. 8.
58 Gespräch. In: Krämer/Müller: Register (wie Anm. 1), S. 10.
59 Rubrik: Briefkasten. In: GA 15 (1934). S. 5.
60 Rubrik: Briefkasten. In: GA 5 (1935). S. 6.
61 Rubrik: Briefkasten. In: GA 2 (1935). S. 8.

funktion vermuten – vor allem, wenn man die Konzeption des „Briefkastens" mitbedenkt.[62]

* * *

Das Verhältnis von Kommunismus und Judentum hinsichtlich nationaler oder klassenübergreifender Lösungsansätze weist u. a. auf Perspektiven hin, die sich durch eine Hinwendung zur Volksfront eröffnen könnten. Über das erklärte Ziel des GA hinausgehend, einerseits den nationalsozialistischen Antisemitismus samt traditioneller Legendenbildung und politischer Instrumentalisierung sichtbar zu machen, und andererseits unter produktiver Weiterentwicklung einer (zumeist kritischen) Auseinandersetzung mit emanzipatorischen Bestrebungen jüdischer Interessengruppen, müssen zwangsläufig Ansätze gefunden werden, die den Kompromiss über die Ausgrenzung stellen. Der auffälligen Verbindung eines Feindbildes „Jude" mit dem Marxismus aus der einen und mit dem Kapitalismus aus der anderen Perspektive liegt die Annahme einer spezifisch jüdischen Funktion oder gar Urheberschaft zugrunde. Diese Angriffsfläche scheint jedoch im Falle des bereits erwähnten Gebietes Birobidschan auch für positive Projektionen nutzbar gemacht zu werden.

Unter dem Titel *Birobidjan. Sozialistische Lösung der Judenfrage in der Sowjetunion* wird einem Rekurs auf die Ritualmord-Sonderausgabe des *Stürmer* und neuerlichen Pogromandrohungen im Mai 1934 die Meldung entgegengesetzt, dass Birobidschan zu einer autonomen jüdischen Sowjetrepublik erklärt werden soll. Damit wäre bewiesen, dass „der siegreiche Sozialismus wahrhaft die Befreiung aller unterdrückten Nationalitäten und Rassen bedeutet." Neben der dort herrschenden kulturellen und sozialen Freiheit wären die ansässigen Juden im Unterschied zu Palästina – einer „jüdischen Heimstätte von Gnaden und zum Nutzen des englischen Imperialismus" – gleichberechtigt in den sozialistischen Aufbau- und Produktionsprozess eingebunden. Das Fazit lautet dementsprechend: „Während der Faschismus im Dienste des Finanzkapitals die tiefste barbarische Pogromhetze bringt, bringt der Kommunismus nach Lenins und Stalins Lehren auch den jüdischen Werktätigen Freiheit und Aufstieg zum Sozialismus."[63]

Ein zweiter Artikel basiert auf einem Vortrag von Lord Marley, einem britischen Labour-Politiker mit engen Verbindungen zu Münzenberg, und umreißt sowohl die geographischen, sozialen und landwirtschaftlichen Vorzüge des Ge-

---

62 Vgl. u. a. Rubrik: Briefkasten. In: GA 26 (1934), S. 3; GA 51 (1934), S. 4; GA 2 (1935), S. 8.
63 Anonym: Birobidjan. Sozialistische Lösung der Judenfrage in der Sowjetunion. In: GA 20 (1934). S. 2.

bietes als auch die sich bietenden Möglichkeiten für Einwanderer.⁶⁴ Gleichzeitig wird auf das wohlwollende Interesse amerikanischer Geldgeber, die geflüchtete jüdische Familien unterstützen würden, wie auch darauf hingewiesen, dass massenhafte Immigration aus dem Ausland derzeit nicht geplant sei. Voraussetzung sei, neben einschlägiger Qualifizierung, vor allem die externe Finanzierung und der Vorbehalt der Auswahl von Einwanderern durch die Sowjetregierung selbst.

In den „Bemerkungen" der nachfolgenden Ausgabe findet sich eine exemplarische Reaktion des *Angriff* auf Birobidschan mit dem Titel *Russland konzentriert die Juden. Geschäftssucht der jüdischen Elemente. Gründung einer Judenrepublik*. Dessen Schlussfolgerung lautet, die Juden Russlands würden lediglich aus dem Grunde in diesem Gebiet zusammengezogen, um „sich selbst zu beschwindeln und zu begaunern" und die restliche UdSSR von ihnen zu befreien. Auch ein Beitrag von *Arbeitertum*, dem Blatt der Deutschen Arbeiterfront, wird herangezogen.⁶⁵ Die „Arbeiterhölle Sowjetrussland", zugleich „Judenparadies", wird durch eine Fotografie lachender jüdischer Kinder in Birobidschan illustriert. Damit soll das deutsche Volk vor vergleichbarer sozialer Ungerechtigkeit sowie vor dem Bolschewismus schlechthin gewarnt werden. Darüber hinaus wird appelliert, dass etwa der Verzicht auf höhere Löhne ein Teil der sozialen Revolution in Deutschland sein müsse – als „Voraussetzung für die Arbeitsmöglichkeiten von Millionen Volksgenossen." Das zynische Fazit der Redaktion lautet: „Die Millionen ‚Volksgenossen', die durch die Lösung der sozialen Frage die Voraussetzung für ihre Lebensmöglichkeiten gefunden haben, dürften die Volksgenossen Millionäre sein."

Die Verschränkung der „Judenfrage" mit dem Komplex „Arbeiterbewegung" findet auf mehreren Ebenen statt. Bereits benannt wurde die wirtschaftliche Dimension, die sich im sozialistischen Aufbau und im Kampf gegen kapitalistisch generierte Klassenunterschiede zeige. Auf politischer Ebene wird beides diskursiv mit dem Kommunismus selbst und mit dem antifaschistischen Widerstand verbunden. Ein selten deutliches Beispiel findet sich in einem von 33 jüdischen Jungarbeitern aus Brünn unterzeichneten Brief an Ernst Thälmann, in welchem die nationalsozialistische Pogromhetze als zweigerichtetes Ablenkungsmanöver aufgefasst wird.⁶⁶ Erstens würden die nicht-jüdischen Ausgebeuteten von ihren wahren Ausbeutern abgelenkt und zweitens könnten die jüdischen Ausgebeuteten nicht erkennen, dass ihr Platz an der Seite des kämpfenden deutschen

---

64 Anonym: Birobidjan. Ein Vortrag von Lord Marley. In: GA 22 (1934). S. 3. Siehe auch: König, G.: Die Lösung der Judenfrage in der Sowjetunion. In: UZ 6 (1934). S. 52–58.
65 Bemerkungen. In: GA 12 (1935). S. 4.
66 Brief: 33 jüdische Jungarbeiter grüßen Ernst Thälmann. In: GA 43 (1934). S. 4.

Proletariats sei. Mit Verweis auf Birobidschan als Beispiel für die Befreiung aller jüdischen Werktätigen und der Solidarisierung mit der Komintern wird hier der gemeinsame Kampf gegen Hitler als unumgänglich gewertet. Allerdings beinhaltet diese Sichtweise 1934 noch wesentlich mehr Merkmale der Einheitsanstelle einer Volksfront. Es ist noch keine Rede von der Einbeziehung bürgerlicher Kräfte und die Betonung liegt auf dem Widerstand des Proletariats.

* * *

Trotz aller Heterogenität, mit der die „Judenfrage" im GA thematisiert und verhandelt wurde, lässt sich der binäre Gegensatz von nationalstaatlichen und marxistisch-internationalistisch geprägten Lösungsansätzen stellvertretend für Tendenzen des Kommunismus und des Zionismus als ein prominentes Muster identifizieren. Das Beispiel Birobidschan zeigt jedoch, zudem in Verbindung mit dem Brief an Thälmann, dass selbst diese Grenze nicht klar gezogen werden kann und die Uneinheitlichkeit im Kurs auf eine positive Lösung programmatisch bleibt. Ein letzter Ausblick auf das Schicksal der Juden vom Frühjahr 1936 greift noch einmal den jüdisch-nationalen Standpunkt auf, verbunden mit der Frage, ob „der Nationalsozialismus nicht doch ein verträgliches Verhältnis zu den Juden anstrebe oder sie wenigstens dulde, sobald sie aus der kulturellen und staatlichen Gemeinschaft der Deutschen ausgeschieden seien."[67] Es bliebe nun abzuwarten, ob der radikale oder der kompromisslerische Flügel der Partei – gemeint ist die NSDAP – in der „Judenfrage" siegen werde. Frei fasst die rassentheoretischen Absurditäten und die Instrumentalisierung des Antisemitismus als „praktische Ausführungen Hitlerscher Grundlehren", die mit „preußischer Gründlichkeit zum System" gemacht, und die Macht der Nationalsozialisten stets retten würde, sobald sie ins Wanken gerate. Der politische Sinn des nationalsozialistischen Antisemitismus liegt für Frei in der Identifizierung des Judentums mit dem Marxismus: „Dass nach Hitler auch der Kapitalismus jüdisch ist, bedeutet nur, dass alles, was am Kapitalismus böse ist, jüdisch sein muss, denn alles Böse ist jüdisch und alles Jüdische ist böse." Die durch die Assoziation mit dem Kampf gegen das Weltjudentum erleichterte Propagierung der deutschen Kriegsbestrebungen gegen die Sowjetunion wird zum national autarken Alleingang stilisiert, worauf eine plakative Frage Goebbels' abzielt: „Was geht es die Welt an, wie wir mit unserem Juden fertig zu werden suchen?" Frei hält mit einem größeren Kontext dagegen:

[D]ie große Mehrheit des deutschen Volkes ist nicht antisemitisch, sondern antifaschistisch. Der Kampf gegen den barbarischen Hitlerantisemitismus ist ein Teil des antifaschistischen

---

67 Frei, Bruno: Die Juden – Ein Ausblick. In: GA 5 (1936). S. 7.

Volkskampfes um ein freies und menschenwürdiges Deutschland. Aber auch nur im Rahmen dieses Freiheitskampfes kann es eine Rettung für die deutschen Juden geben.[68]

Dies bedeutet schlussendlich auch, dass die „Judenfrage" erneut an einen anderen Kampf angegliedert und ihre (Auf-)Lösung als Konsequenz des Umsturzes eines bestimmten diktatorischen und totalitären Systems vorweggenommen wird.

* * *

Es lässt sich feststellen, dass die Beschäftigung des GA mit der Lage der Juden innerhalb Deutschlands zwar auch, aber nicht ausschließlich auf die stetig zunehmenden nationalsozialistischen Repressalien und deren innenpolitische Funktion für den Machterhalt rekurrierten. Die Ausdifferenzierung und Ermächtigung der Rassenideologie sowie deren Instrumentalisierung zu Kriegsvorbereitungen gaben den Debatten in Verbindung mit antikommunistischen und antisowjetischen Ressentiments überdies eine zunehmend außenpolitische Relevanz.

Wiederholt wurden jüdisch-nationale und zionistische Positionen und Fraktionen als einerseits konsolidierendes Moment der Ideologie des Dritten Reiches und andererseits aus der Perspektive des kommunistischen Internationalismus unversöhnlich angegriffen. Jedoch trat der GA auch, unter dem Aspekt eines Kompromisses zwischen kommunistischer Fortschrittsutopie und einem angenommenen jüdischen Interesse zwischen Emanzipation und Assimilation gelegenen Interesse, zunehmend für teil-emanzipatorische Lösungsansätze ein. Eine direkte Lösung wurde in der Produktivierung, der Einbeziehung der jüdischen Werktätigen in den sozialistischen Aufbau, gesehen. Als indirekte Annäherungsstrategie zwischen jüdischen und nicht-jüdischen Lebenswelten wurden kulturelle Beziehungen aufgezeigt, da es gerade im Bereich der Literatur aufgrund der Entwicklungen während der Exil- und Emigrationsperiode möglich wurde, Zwischenpositionen einzunehmen und Divergenzen zu überbrücken.

Der GA ist aufgrund seiner kurzen, vor den mächtigen Zäsuren der Moskauer Prozesse, des Hitler-Stalin-Paktes und der Shoah liegenden, Erscheinungszeit sowie anhand seiner politischen und kulturellen Schwerpunktsetzung ein ergiebiger Untersuchungsgegenstand, wenn es darum geht, bestimmte ideologische Dynamiken und deren Auswirkungen auf intellektuelle wie politische Debatten aufzuspüren. Gleichzeitig können – und sollten – die damit anzunehmenden Einflüsse auf die Eigenwahrnehmung und die Fremdzuschreibungen von einzelnen Exilierten und Emigranten während der letzten Vorkriegsjahre nachvollzogen und diskutiert werden.

---

68 Frei: Ausblick (wie Anm. 67), S. 7.

Anhang

Periodika

Arbeiter Illustrierte-Zeitung (AIZ), Berlin/Prag
Aufbau, New York
Berliner Zeitung
Chicago Daily Tribune
Dawar Zeitung, Tel Aviv
Demokratische Post, Mexiko D.F.
Der Gegen-Angriff (GA), Prag/ Paris
Der morgnshtern. Tsaytshrift far politik un sotsyale fragn, Berlin
Der Spiegel, Hamburg
Der veker, New York
Yidisher Sotsyalist, London
Die Neue Zeit, Stuttgart
Di naye shul, Warschau
Di tsukunft, New York
Einheit-Young Czechoslovakian, London
Forverts, New York
Frayhayt, New York
Freies Deutschland, Mexiko, D.F.
Hacheruth Zeitung, Jerusalem
Haynt, Warschau
Hapoel Hazair Zeitung (HH), Jaffa
Haschkafah Zeitung, Jerusalem
Hatzfira Zeitung (HaH), Warschau
HaTzofe Zeitung, Tel-Aviv
Internationale Literatur (IL), Moskau
Iugo-Zapad. Odessika, Odessa
Izvestiia, Moskau
Jüdisches Echo, Wien
Jüdische Rundschau, Berlin
Jüdische Wochenschau – Semana Israelita, Buenos Aires
Kol Ha'am Daily, Tel Aviv
Kritik, Wien
Lebens-fragen, Warschau
Naye folkstseytung (NF), Warschau
Neues Deutschland, Berlin
Neueste Nachrichten, Tel Aviv
Prager Tagblatt, Prag
Pravda, Bratislava
Rote Fahne, Berlin
Rul', Berlin
Shul un lebn, Warschau
Shul-vegn, Warschau
Socialističeskij vestnik (SV), Berlin
Sprawy narodowościowe, Warschau

The New York Times, New York
The Times, London
The Washington Post, Washington
Tribuna Israelita, Mexiko, D.F.
Undzer gedank. Organ fun der oyslendisher delegatsye fun „Bund" in ratn-farband, Berlin
Unser biuletin, Warschau
Unsere Zeit, Berlin/Paris/Basel
Unter dem Banner des Marxismus, Wien/Berlin

Archive

Archiv bezpečnostních složek (Archiv der Sicherheitskräfte), Prag (ABS)
Archiv der Akademie der Künste, Berlin
Archiv des Auswärtigen Amtes, Bonn
Archivzentrum der Universitätsbibliothek, Frankfurt am Main
Bundesarchiv, Berlin (BArch)
Geheimes Staatsarchiv Preußischer Kulturbesitz, Berlin (GstAPL)
International Institute of Social History, Amsterdam (IISH)
Museum des Tschechischen Schrifttums, Prag
The National Archives at College Park, College Park, MD (NACP)
YIVO Institute for Jewish Research, New York (YIVO-Archive)

Literaturverzeichnis

Abendroth, Wolfgang: Einführung in die Geschichte der Arbeiterbewegung. Bd. 1. Von den Anfängen bis 1933. Heilbronn 1985.
Abramowitsch, Raphael: Wandlungen der bolschewistischen Diktatur. Berlin 1931.
Abramovitch, Raphael: In tsvey revolutsyes: di geshikhte fun a dor. Vol. 2. New York 1944.
Abramovitch, Raphael: The Soviet Revolution 1917–1939. London 1962.
Adler, Friedrich [u. a.]: The Moscow Trial and the Labour and Socialist International. London 1931.
Adorno, Theodor W.: Gesammelte Schriften. Bd. 1–20. Berlin 1970–2003.
Agnoli, Johannes/Brückner, Peter: Die Transformation der Demokratie. Berlin 1967.
Ahland, Frank: Bürger und Gewerkschafter. Ludwig Rosenberg 1903 bis 1977. Eine Biografie. Essen 2016.
Aleksiun, Natalia: Where Was There a Future for Polish Jewry? Bundist and Zionist Polemics in Post-World War II Poland. In: Jewish Politics in Eastern Europe. The Bund at 100. Hrsg. von Jack Jacobs. New York 2001. S. 227–242.
Ard, Leo: „Lassen Sie doch den armen Mann in Ruhe!" Oder: Ist die Justiz auf dem rechten Auge blind?. In: Nazis, Skins und alte Kameraden. Hrsg. von Georg Biemann u. Joachim Krischka. Dortmund 1986.
Arendt, Hannah: Philosophie und Soziologie. Anläßlich Karl Mannheim, Ideologie und Utopie. In: Die Gesellschaft. Internationale Revue für Sozialismus und Politik 7, 2 (1930). S. 163–178.
Arendt, Hannah: Über den Imperialismus. In: Dies.: Die verborgene Tradition. Sechs Essays. Frankfurt a. M. 1976. S. 13–34.
Arendt, Hannah/Jaspers, Karl: Briefwechsel 1926–1969. München 2001.
Arendt, Hannah: Denktagebuch. Band 1: 1950–1973. München 2002.
Arendt, Hannah: Elemente und Ursprünge totaler Herrschaft. 10. Auflage. München 2005.
Arendt, Hannah: Vita activa oder Vom tätigen Leben. 3. Auflage. München 2005.
Arendt, Hannah/Scholem, Gershom: Der Briefwechsel. 1939–1964. Hrsg. von Marie Luise Knott. Berlin 2010.
Avineri, Shlomo: Theodor Herzl und die Gründung des jüdischen Staates. Berlin 2016.
Bachinger, Karl/Matis, Herbert: Entwicklungsdimensionen des Kapitalismus. Klassische sozioökonomische Konzeptionen und Analysen. Wien 2009.
Backes, Uwe: Vom Marxismus zum Antitotalitarismus: Ernst Fraenkel und Richard Löwenthal. In: Totalitarismuskritik von links. Deutsche Diskurse im 20. Jahrhundert. Hrsg. von Mike Schmeitzner. Göttingen 2007. S. 327–354.
Backhaus, Maria [u. a.].: Die globale Einhegung – Krise, ursprüngliche Akkumulation und Landnahmen im Kapitalismus. Münster 2013.
Bakunin, Michael: Gesammelte Werke Bd. 3. Berlin 1924.
Barck, Simone: Exil in der UdSSR. Leipzig 1979.
Barck, Simone/Röhr, Werner: Nachwort. Anmerkungen. In: Hans Günther: Der Herren eigner Geist. Ausgewählte Schriften. Hrsg. von Werner Röhr unt. Mitarb. von Simone Barck. Berlin, Weimar 1981. S. 761–873.
Barner, Wilfried/König, Christoph (Hrsg.): Jüdische Intellektuelle und die Philologien in Deutschland 1871–1933. Göttingen 2001.

Bartel, Walter: Die Linken in der deutschen Sozialdemokratie im Kampf gegen Militarismus und Krieg. Berlin 1958.
Barth, Bernd-Rainer/Ember, Mária: Verwirrende Bekenntnisse eines Pfeilkreuzlers. In: Neue Literatur 4 (1993). S. 96–111.
Barth, Bernd-Rainer: Hungerstreik und „Brief an die Partei". Dezember 1953–April 1954. In: Der Fall Noel Field. Schlüsselfigur der Schauprozesse in Osteuropa. Bd. 1. Hrsg. von Bernd-Rainer Barth u. Werner Schweitzer. Berlin 2005. S. 131–137.
Bauer, Leo: „Die Partei hat immer recht". In: Aus Politik und Zeitgeschichte, 4. Juli 1956. S. 405–419.
Bauer, Otto: Galizische Parteitage. In: Ders.: Werkausgabe. Bd. 8. Wien 1980. S. 582–596.
Bauerkämper, Arnd: Americanisation as Globalisation? Remigrés to West Germany after 1945 and Conceptions of Democracy: The Cases of Hans Rothfels, Ernst Fraenkel and Hans Rosenberg. In: Leo Baeck Institute Year Book (LBIYB) 49 (2004). S. 153–170.
Becher, Johannes R.: [Bericht über eine Reise nach Prag, Zürich und Paris. Oktober/November 1934]. In: Zur Tradition der deutschen sozialistischen Literatur. Eine Auswahl an Dokumenten. Bd. 1, 1929–1935. Berlin/Weimar 1979. S. 807–822.
Becker, Bernhard: Geschichte der Arbeiter-Agitation Ferdinand Lassalle's. Nach authentischen Aktenstücken. Braunschweig 1875.
Becker, Jens: Die „rechte" Opposition und der 6. Weltkongress. Alternativen zur Stalinschen Wendung der Komintern-Politik 1928. In: Aufstieg und Zerfall der Komintern. Studien zur Geschichte ihrer Transformation (1919–1943). Hrsg. von Theodor Bergmann u. Mario Keßler. Mainz 1992. S. 106–114.
Becker, Jens [u. a.] (Hrsg.): Das erste Tribunal. Das Moskauer Parteiverfahren gegen Brandler, Thalheimer und Radek. Mainz 1993.
Becker, Jens: August Thalheimer – Früher Kritiker der Stalinisierung. In: Bergmann, Theodor/Kessler, Mario (Hrsg.): Ketzer im Kommunismus. Hamburg 2000. S. 75–100.
Becker, Jens: Heinrich Brandler – eine politische Biografie. Hamburg 2001.
Belke, Ingrid: Publizisten warnen vor Hitler. Frühe Analysen des Nationalsozialismus. In: Conditio Judaica. Dritter Teil. Judentum, Antisemitismus und die deutschsprachige Literatur vom Ersten Weltkrieg bis 1933/1938. Hrsg. von Hans Otto Horch u. Horst Denkler. Tübingen 1993. S. 116–176.
Benjamin, Hilde: Georg Benjamin. Eine Biographie. Leipzig 1987.
Benjamin, Walter: Briefe. Bd. 2. Hrsg. und mit Anmerkungen versehen von Gershom Scholem u. Theodor W. Adorno. Frankfurt am Main 1966.
Benjamin, Walter: Gesammelte Briefe. Hrsg. vom Theodor W. Adorno Archiv. 6 Bände. Hrsg. von Christoph Gödde u. Henri Lonitz. Bd. IV, 1931–1934. Frankfurt/M. 1995–1998.
Benjamin, Walter: Gesammelte Schriften. Hrsg. von Rolf Tiedemann u. Hermann Schweppenhäuser. Frankfurt a. M. 1972–1991.
Benjamin, Walter: Werke und Nachlaß. Kritische Gesamtausgabe. Hrsg. von Christoph Gödde u. Henri Lonitz. Berlin 2008.
Benzler, Susanne: Aufgeklärtes Staatsrecht. Ernst Fraenkel. In: Judentum und politische Existenz. Siebzehn Porträts deutsch-jüdischer Intellektueller. Hrsg. von Michael Buckmiller [u. a.]. Hannover 2000. S. 327–358.
Berg, Nicolas/Burdorf, Dieter (Hrsg.): Textgelehrte – Literaturwissenschaft und literarisches Wissen im Umkreis der Kritischen Theorie. Göttingen 2014.

Bergien, Rüdiger: Die bellizistische Republik. Wehrkonsens und „Wehrhaftmachung" in Deutschland 1918–1933. München 2012.
Bergmann, Theodor u. Wolfgang Haible: Die Geschwister Thalheimer. Skizzen und Leben ihrer Politik. Mainz 1993.
Bergmann, Theodor [u. a.]: Friedrich Westmeyer. Von der Sozialdemokratie zum Spartakusbund. Eine politische Biographie. Hamburg 1998.
Bergmann, Theodor: „Gegen den Strom". Die Geschichte der KPD-Opposition. Hamburg 2001.
Bergmann, Theodor: Die Thalheimers – Geschichte einer Familie undogmatischer Marxisten. Hamburg 2004.
Bergmann, Theodor: Weggefährten. Gesprächspartner – Lehrer – Freunde – Helfer eines kritischen Kommunisten. Hamburg 2010.
Binder, Heinrich [d. i. Alfred Kurella]: Aufgaben und Ziele. In: Internationale Literatur 6 (1936) 1. S. 93–103.
Blatman, Daniel: For Our Freedom and Yours: The Jewish Labour Bund in Poland 1939–1949. London 2003.
Blau, Joachim: Sozialdemokratische Staatslehre in der Weimarer Republik. Darstellung und Untersuchung der staatstheoretischen Konzeptionen von Hermann Heller, Ernst Fraenkel und Otto Kirchheimer. Mit einem Vorwort v. Helmut Ridder. Marburg 1980.
Blum, Matthias/Rei, Claudia: Escaping the Holocaust. Human and Health Capital of Refugees to the United States 1940–42. Working Paper 2015–08. Belfast 2015.
Borokhov, Ber: Di oyfgabn fun der yidisher filologye. In: Shprakhforshung un literaturgeshikhte. Gezamlt un tsunoyfgeshtelt fun Nakhmen Mayzil. Tel Aviv 1966. S. 53–75.
Botsch, Gideon: Alternativen zum „Vulgärdemokratismus". Das politikwissenschaftliche Werk Ernst Fraenkels (1898–1975). In: Zeitschrift für Religions- und Geistesgeschichte (ZRGG) 65 (2013). S. 197–204.
Braese, Stephan: Deutsche Blicke auf ‚Sowjet-Rußland': Die Moskau-Berichte Arthur Holitschers und Walter Benjamins. In: Tel Aviver Jahrbuch für deutsche Geschichte. Bd. XXIV, 1995: Deutschland und Rußland. Hrsg. im Auftrag des Instituts für Deutsche Geschichte von Dan Diner u. Frank Stern. Gerlingen 1995. S. 117–147.
Braese, Stephan/Weidner, Daniel (Hrsg.): Meine Sprache ist Deutsch – Deutsche Sprachkultur von Juden und die Geisteswissenschaften 1870–1970. Berlin 2015.
Brandt, Willy: Erinnerungen. Mit den „Notizen zum Fall G.". Berlin 1994.
Braunbuch über Reichstagsbrand und Hitlerterror. Braunbuch I. Vorwort von Lord Marley. Einbandentwurf von John Heartfield. Berlin 1980 (Antifaschistische Literatur in der Bewährung. Reprints im Akademie-Verlag Berlin. Hrsg. von Lothar Berthold u. Dieter Lange. Bd. 2) [Reprint der Ausgabe Basel 1933].
Braunthal, Julius: In Search of the Millenium. London 1945.
Brecht, Bertolt: Arbeitsjournal – Erster Band 1938 bis 1942. Hrsg. von Werner Hecht. Frankfurt am Main 1974.
Brenner, Michael: Geschichte des Zionismus. München 2008.
Brinkmann, Tobias: Ort des Übergangs – Berlin als Schnittstelle der jüdischen Migration aus Osteuropa nach 1918. In: Transit und Transformation. Osteuropäisch-jüdische Migranten in Berlin 1918–1939. Hrsg. von Verena Dohrn u. Gertrud Pickhan. Göttingen 2010. S. 25–44.

Briegleb, Klaus: Negative Symbiose. In: Ders. u. Sigrid Weigel (Hrsg.): Gegenwartsliteratur seit 1968. München/Wien 1992 (= Hansers Sozialgeschichte der deutschen Literatur vom 16. Jahrhundert bis zur Gegenwart. Bd. 12). S. 117–150.

Brix, Emil: Die Umgangssprachen in Altösterreich zwischen Agitation und Assimilation. Wien 1982.

Brosch, Matthias: Arbeit und „jüdisches Kapital". Antisemitische Aussagen in der KPD-Tageszeitung *Die Rote Fahne* während der Weimarer Republik. Bremen 2016.

Brossat, Alain/Klingberg, Sylvia: Le Yiddishland Révoluzionnaire. Balland 1983.

Brünneck, Alexander v.: Leben und Werk von Ernst Fraenkel (1898–1975). Nachwort zu: Fraenkel, Ernst: Deutschland und die westlichen Demokratien. 8. erw. Aufl. Hrsg. von Alexander v. Brünneck. Frankfurt a. M. 1991. S. 360–372.

Brügel, Johann Wolfgang: Tschechoslowakei. Nationalitätenfrage. In: Osteuropa 6 (1956).

Brumlik, Micha: „The scramble for Africa". In: Hannah Arendt weitergedacht. Hrsg. von Lothar Fritze. Schriften des Hannah-Arendt-Instituts für Totalitarismusforschung. Bd. 35. Göttingen 2008. S. 153–165.

Brunkhorst, Hauke: The Origins of Totalitarianism/Elemente und Ursprünge totaler Herrschaft. In: Arendt-Handbuch. Leben – Werk – Wirkung. Hrsg. von Wolfgang Heuer [u. a.]. Stuttgart/Weimar 2011. S. 35–42.

Brunotte, Ulrike: Zwischen Eros und Krieg. Männerbund und Ritual in der Moderne. Berlin 2004.

Brym, Robert J.: The Jewish Intelligentsia and Russian Marxism: A Sociological Study of Intellectual Radicalism and Ideological Divergence. New York 1978.

Buchstein, Hubertus: Franz L. Neumann im Schatten der Kritischen Theorie. Eine Bemerkung zum Verhältnis von Kritischer Theorie und Politikwissenschaft. Mit drei bisher unbekannten Texten Neumanns. In: Internationale Wissenschaftliche Korrespondenz zur Geschichte der deutschen Arbeiterbewegung (IWK) 25 (1989). S. 490–520.

Buchstein, Hubertus: Politikwissenschaft und Demokratie. Wissenschaftskonzeption und Demokratietheorie sozialdemokratischer Nachkriegspolitologen in Berlin. Baden-Baden 1992.

Buchstein, Hubertus/Göhler, Gerhard (Hrsg.): Vom Sozialismus zum Pluralismus. Beiträge zu Werk und Leben Ernst Fraenkels. Baden-Baden 2000.

Buchstein, Hubertus: Demokratiepolitik. Theoriebiographische Studien zu deutschen Nachkriegspolitologen. Baden-Baden 2011.

Burkert, Hans-Norbert, Klaus Matußek u. Wolfgang Wippermann: „Machtergreifung" Berlin 1933. Stätten der Geschichte Berlins. Bd. 2. Berlin 1982.

Burks, Richard V.: Die Dynamik des Kommunismus in Osteuropa. Hannover 1961.

Buschak, Willy: Die Vereinigten Staaten von Europa sind unser Ziel. Arbeiterbewegung und Europa im frühen 20. Jahrhundert. Essen 2014.

Butler, Judith: Am Scheideweg – Judentum und die Kritik am Zionismus. Frankfurt am Main 2013.

Cahan, Abraham: A zshurnal far der oyslendisher delegatsie fun bund in sovet-rusland. In: Ab. Kahan un der „Bund" in Poyln. Hrsg. von bundishn klub in Nyu York. New York 1932. S. 7–15.

Carlebach, Emil: Am Anfang stand ein Doppelmord. Kommunist in Deutschland. Köln 1988.

Carlebach, Julius: Karl Marx and the Radical Critique of Judaism. London 1978.

Cohn, Helena Hanna: Frauenfrage in Palästina. Berlin 1921.

Collomp, Catherine: The Jewish Labor Committee, American Labor, and the Rescue of European Socialists 1934–1941. In: International Labor and Working Class History 68 (2005). S. 124
Dagan, Avigdor [u. a.] (Hrsg.): The Jews of Czechoslovakia. Bd. 3. Philadelphia/New York o. J.
Danziger, Carl-Jacob: Die Partei hat immer recht. Stuttgart 1976.
Deppe, Frank: Hannah Arendt und das politische Denken im 20. Jahrhundert. In: UTOPIE kreativ 201/202 (2007). S. 681–697.
Deutscher, Isaac: The non-Jewish Jew and other essays. London 1968.
Deutscher, Isaac: Der nichtjüdische Jude. Essays. Berlin 1977.
Diels, Rudolf: Lucifer ante portas: ...es spricht der erste Chef der Gestapo …. Stuttgart 1950.
Diner, Dan: Vorwort. In: Zivilisationsbruch. Denken nach Auschwitz. Hrsg. von Dan Diner. Frankfurt a. M. 1988. S. 7–14.
Diner, Dan: Kaleidoskopisches Denken. Überschreibungen und autobiographische Codierungen in Hannah Arendts Hauptwerk. In: 50 Klassiker der Zeitgeschichte. Hrsg. von Jürgen Danyel [u. a.]. S. 37–41.
Diner, Dan: Aufklärungen. Über Varianten von Moderne. Zürich 2008.
Doeker, Günter/Steffani, Winfried (Hrsg.): Klassenjustiz und Pluralismus. Festschrift Ernst Fraenkel zum 75. Geburtstag. Hamburg 1973.
Doyres Bundistn. Band 1. Hrsg. von Jacob S. Hertz. New York 1956.
Draper, Theodore: The Roots of American Communism. New York 1957.
Draper, Theodore: The Ghost of Social-Fascism. In: Commentary 47/2 (1969). S. 29–43.
Drinnon, Richard: Rebel in Paradise: A Biography of Emma Goldman. Chicago/London 1961.
Eisenstein, Miriam: Jewish Schools in Poland, 1918–1939. New York 1950.
Eisfeld, Rainer: Pluralismus zwischen Liberalismus und Sozialismus. Stuttgart [u. a.] 1972.
Eley, Geoff: Forging Democracy: The History of the Left in Europe, 1850–2000. Oxford 2002.
Ellermeyer, Jürgen (Hrsg.): Arbeiter und Revolutionäre. Die jüdische Arbeiterbewegung. Hamburg 1998.
Elsner, Lothar: Zur Haltung der SPD gegenüber den sogenannten Ostjuden: die Erlasse sozialdemokratischer preußischer Minister gegen asylsuchende ‚Ostjuden' 1919/20. In: Arbeiterbewegung und Antisemitismus. Hrsg. von Mario Keßler. Bonn 1993. S. 19–28.
Engel, David: The Bund after the Holocaust: Between Renewal and Self-Liquidation. In: Jewish Politics in Eastern Europe. The Bund at 100. Hrsg. von Jack Jacobs. New York 2001. S. 213–226
Engels, Friedrich: Über den Antisemitismus. In: Marx, Karl/Engels, Friedrich: Werke. Bd. 22. Berlin/DDR 1963. S. 49–51.
Enzyklopädie jüdischer Geschichte und Kultur. Im Auftrag der Sächsischen Akademie der Wissenschaften zu Leipzig. Bd. 1. Hrsg. von Dan Diner. Stuttgart/Weimar 2011.
Epstein, Melech: The Jews and Communism 1919–1941. The Story of Early Communist Victories and Ultimate Defeats in the Jewish Community, U.S.A. New York 1959.
Epstein, Melech: Profiles of Eleven. Detroit 1965.
Epstein, Melech: Jewish Labor in U.S.A. Bd. I. New York 1969.
Erdmann, Heinrich: Neopluralismus und institutionelle Gewaltenteilung. Ernst Fraenkels pluralistische Parteienstaatstheorie als Theorie parlamentarisch-pluralistischer Demokratie. Opladen 1988.
Estraikh, Gennady: Metamorphoses of Morgn-frayhayt. In: Yiddish and the Left. Hrsg. von Gennady Estraikh u. Mikhail Krutikov. Oxford 2001. S. 144–166.

Estraikh, Gennady: Vilna on the Spree: Yiddish in Weimar Berlin. In: Aschkenas 16 (2006). S. 103–128.
Estraikh, Gennady: The Berlin Bureau of the New York Forverts. In: Yiddish in Weimar Berlin. At the Crossroads of Diaspora Politics and Culture. Hrsg. von Gennady Estraikh u. a. Oxford 2010. S. 141–162.
Estraikh, Gennady: Za nemtsev ili za russkikh? Niu-iorkskii „Forverts" v Pervuiu mirovuiu voinu. In: Arkhiv evreiskoi istorii (6/2011). S. 123–137.
Estraikh, Gennady: Zalman Wendroff. The „Forverts" Man in Moscow. In: Jiddistik heute = Yiddish Studies Today = Leket. Hrsg. von Marion Aptroot [u. a.]. Düsseldorf 2012. S. 509–528.
Estraikh, Gennady: Viewing World War I from across the Ocean. The New York Yiddish Daily „Forverts" on the Plight of East European Jews. In: Jews and Slavs (23/2013). S. 371–384.
Estraikh, Gennady: The Stalin Constitution on Trial in the Yiddish Daily „Forverts" 1936–1937. In: Aschkenas 24/1 (2014). S. 81–100.
Estraikh, Gennady: American Yiddish Socialists at the Wartime Crossroads. Patriotism and Nationalism versus Proletarian Internationalism. In: World War I and the Jews. Hrsg. von Marsha Rozenblit u. Jonathan Karp. Oxford/New York 2017. S. 279–302.
Felshtinsky, Yuri: K istorii nashei zakrytosti. Zakonodatel'nye osnovy sovetskoi immigratsionnoi i emigratsionnoi politiki. London 1988.
Fischer, Lars: The Socialist Response to Antisemitism in Imperial Germany. Cambridge 2007.
Fischer, Ruth/Maslow, Arkadij: Abtrünnig wider Willen. Aus Briefen und Manuskripten des Exils. Hrsg. von Peter Lübbe. München 1990.
Fischman, Dennis: Political Discourse in Exile: Karl Marx and the Jewish Question. Amherst 1991.
Fischmann, Ada: Die Arbeitende Frau in Palästina 1904–1930. Tel Aviv 1930.
Fischmann, Ada: Leorech Haderech. Hrsg. von Jehudah Erez. Tel Aviv 1972.
Fishman, David E.: Judaizm świeckich jidyszystów. In: Duchowość Żydowska w Polsce. Hrsg. von Michał Galas. Kraków 2000. S. 369–382.
Fishman, David E.: The Rise of Modern Yiddish Culture. Pittsburgh 2005.
Fishman, Joshua A.: Attracting a Following, to High-Culture Functions for a Language of Everyday Life: The role of the Tshernovits Conference in the „Rise of Yiddish". In: Ders.: Yiddish. Turning to Life. Amsterdam/Philadelphia 1991. S. 255–283.
Fishman, William J.: Jewish Radicals. From Czarist Stetl to London Ghetto. London 1976.
Förster, Jürgen: Die Sorge um die Welt und die Freiheit des Handelns: Zur institutionellen Verfassung der Freiheit im politischen Denken Hannah Arendts. Würzburg 2009.
Fogarasi, Adalbert [Béla]: Die Soziologie der Intelligenz und die Intelligenz der Soziologie. In: Unter dem Banner des Marxismus 4, 3. Wien/Berlin 1930. S. 359–375.
Foitzik, Jan: Kadertransfer. Der organisierte Einsatz sudetendeutscher Kommunisten in der SBZ 1945/46. In: Vierteljahrshefte für Zeitgeschichte 2 (1983). S. 308–342.
Foitzik, Jan: Zwischen den Fronten. Zur Politik, Organisation und Funktion linker politischer Kleinorganisationen im Widerstand 1933–39/40. Bonn 1986.
Fraenkel, Ernst: Gesammelte Schriften. Hrsg. von Alexander v. Brünneck [u. a.]. Bd. 1–6. Baden-Baden 1999–2011.
Fraenkel, Ernst: Der Doppelstaat. Hamburg 2012.
Frankel, Jonathan: Prophecy and Politics. Socialism, Nationalism, and the Russian Jews. 1862–1917. Cambridge 1981.

Frei, Bruno: Kisch in Paris. [1935] In: Servus Kisch. Erinnerungen. Rezensionen. Anekdoten. Hrsg. von Fritz Hoffmann u. Josef Poláček. Berlin/Weimar 1985. S. 35–39.
Frei, Bruno: Der Papiersäbel. Autobiografie. Frankfurt am Main 1972.
Frei, Norbert: People's Community and War. Hitler's Popular Support. In: The Third Reich between Vision and Reality. New Perspectives on German History 1918–1945. Hrsg. von Hans Mommsen. Oxford 2001. S. 59–79.
Frost, Shimon: Schooling as a Socio-Political Expression. Jerusalem 1998.
Fürnberg, Lotte: „Ohne Utopie kann ich nicht leben". In: Edschmid, Ulrike: Verletzte Grenzen. Zwei Frauen, zwei Lebensgeschichten. Frankfurt am Main 1996. S. 9–91.
Fürnberg, Louis: Gesammelte Werke. Berlin/Weimar 1965.
Fürnberg, Louis/Zweig, Arnold: Briefwechsel. Dokumente einer Freundschaft. Berlin/Weimar 1978.
Fürnberg, Louis: Briefe, Bd. 1 und 2. Berlin/Weimar 1986.
Gangl, Manfred: Interdiskursivität und chassés-croisés. Zur Problematik der Intellektuellendiskurse in der Weimarer Republik. In: Schriftsteller als Intellektuelle. Politik und Literatur im Kalten Krieg. Hrsg. von Sven Hanuschek [u. a.]. Tübingen 2000. S. 29–48.
Garntsarska-Kadari, Bine: Di linke poyle-tsien in poyln biz der tsveyter velt-milkhome. Tel Aviv 1995.
Garske, Pia: Intersektionalität als Herrschaftskritik? Die Kategorie ‚Klasse' und das gesellschaftskritische Potenzial der Intersektionalität-Debatte. In: Intersectionality und Kritik. Neue Perspektiven auf alte Fragen. Hrsg. von Vera Kallenberg [u. a.]. Wiesbaden 2013. S. 245–264.
Gechtman, Roni: National-Cultural Autonomy and „Neutralism": Vladimir Medem's Marxist Analysis of the National Question, 1903–1920. In: Socialist Studies 3 (2007). S. 69–92.
Geisen, Thomas: Arbeit in der Moderne. Ein *dialogue imaginaire* zwischen Karl Marx und Hannah Arendt. Wiesbaden 2011.
Geisler, Michael: Die literarische Reportage in Deutschland. Möglichkeiten und Grenzen eines operativen Genres. Königstein/Ts. 1982.
Gerber, Jan: Ein Prozess in Prag. Göttingen 2016.
Gerlinghoff, Peter/Schulz, Erich: Materialien Nr. 3. Bausteine zu einer Liste der Sonnenburger Häftlinge in der Zeit vom 4. April 1933 bis 23. April 1934. Berlin 1991.
Geschichte der deutschen Arbeiterbewegung. Hrsg. vom Institut für Marxismus-Leninismus beim Zentralkomitee der SED. Berlin 1966.
Geshikhte fun der yidisher arbeter-bavegung in di fareynikte shtatn. Bd. II. Hrsg. von Elihu Tcherikower. New York 1945.
Giordano, Ralph: Die Partei hat immer recht. Köln/Berlin 1961.
Gitelman, Zvi Y.: Jewish Nationality and Soviet Politics: The Jewish Sections of the CPSU, 1917–1930. Princeton, New Jersey 1972.
Glatshtejn, Jakov: Emil un Karl. New York 1940.
Göhler, Gerhard: Vom Sozialismus zum Pluralismus. Politiktheorie und Emanzipationserfahrung bei Ernst Fraenkel. In: Politische Vierteljahresschrift (PVS) (1986). S. 6–27.
Göhler, Gerhard: Ernst Fraenkel – historisch und aktuell. In: Pluralismus und Demokratie. Siegfried Mielke zum 65. Geburtstag. Hrsg. von Sigrid Koch-Baumgarten u. Peter Rütters. Frankfurt a. M. 2006. S. 21–37.

Göhler, Gerhard: Ernst Fraenkel (1898–1975). In: Deutsche Politikwissenschaftler – Werk und Wirkung. Von Abendroth bis Zellentin. Hrsg. von Eckhard Jesse u. Sebastian Liebold. Baden-Baden 2014. S. 261–274.

Goeschel, Christian/Wachsmann, Nikolaus: Before Auschwitz: The Formation of the Nazi Concentration Camps, 1933–39. In: Journal of Contemporary History 45 (2010). S. 515–534.

Götz, Irene von: Die Errichtung der Konzentrationslager in Berlin 1933: Entfesselter SA-Terror in der Reichshauptstadt. In: Die Linke im Visier. Zur Errichtung der Konzentrationslager 1933. Hrsg. von Nikolaus Wachsmann u. Sybille Steinbacher. Göttingen 2014. S. 70–83.

Goldstein, Yaakov N. (Hrsg.): Jewish Socialists in the United States. The Cahan Debate 1925–1926. Brighton 1998.

Goldelman, Salomon: Rote Assimilation und Sowjet-Zionismus. Löst der Kommunismus die Judenfrage? Wien 1937.

Goldstücker, Eduard (Hrsg.): Weltfreunde. Konferenz über die Prager deutsche Literatur. Prag und Berlin 1967.

Gollasch, Christoph: „Menschen, laßt die Toten ruhn". Das KZ Sonnenburg als Prisma der Frühphase des Nationalsozialismus. In: Sozial.Geschichte Online 19 (2016). S. 11–60.

Grab, Walter (Hrsg.): Juden und Jüdische Aspekte in der deutschen Arbeiterbewegung. 1848–1918. Internationales Symposium des Instituts für deutsche Geschichte. Tel-Aviv 1976.

Grab, Walter: Reportage als Sozialkritik. In: Ders.: Friedrich von der Trenck. Hochstapler und Freiheitsmärtyrer. Kronberg/Ts. 1977. S. 167–180.

Graf, Christoph: Politische Polizei zwischen Demokratie und Diktatur. Die Entwicklung der preußischen Politischen Polizei vom Staatsschutzorgan der Weimarer Republik zum Geheimen Staatspolizeiamt des Dritten Reiches. Berlin 1983.

Grebing, Helga: Jüdische Intellektuelle in der deutschen Arbeiterbewegung zwischen den beiden Weltkriegen. In: Archiv für Sozialgeschichte, Nr. 37 (1997). S. 19–38.

Green, Nancy L. (Hrsg.): Jewish Workers in the Modern Diaspora. Berkeley 1998.

Greenberg, Udi: The Weimar Century. German Émigrés and the Ideological Foundations of the Cold War. Princeton 2014.

Groh, Dieter/Brandt, Peter: Vaterlandslose Gesellen. Sozialdemokratie und Nation 1860–1990. München 1992.

Gross, Babette: Willi Münzenberg. Eine politische Biografie. Mit einem Vorwort von Arthur Koestler. Stuttgart 1967.

Grünberg, Karl: Das Schattenquartett. Rudolstadt 1948.

Günther, Hans: Der Herren eigner Geist. Die Ideologie des Nationalsozialismus. Berlin 1983 (Antifaschistische Literatur in der Bewährung. Reprints im Akademie-Verlag Berlin. Hrsg. von Lothar Berthold u. Dieter Lange. Bd. 5) [Reprint der Ausgabe: Moskau/Leningrad 1935].

Haberer, Erich E.: Jews and Revolution in Nineteenth-Century Russia. Cambridge 1995.

Hagemann, Steffen: Zionismus und Messianismus. Zum Staatsverständnis von Rabbiner Abraham Isaak Hacohen Kook. In: Zionismus. Hrsg. von Samuel Salzborn. Baden-Baden 2015. S. 117–136.

Haftka, Aleksander: Powszechne nauczanie wśród ludności żydowskiej w Polsce w świetle cyfr. In: Sprawy Narodowościowe 2 (1929). S. 296–300.

Hahn, Hans-Joachim/Kistenmacher, Olaf (Hrsg.): Beschreibungsversuche der Judenfeindschaft. Zur Geschichte der Antisemitismusforschung vor 1944. Berlin [u. a.] 2015.
Hamburger, Ernst: Antisemitismus und Sozialdemokratie. In: Sozialistische Monatshefte 26 (1920) 7. S. 393–401.
Hamburger, Ernst/Pulzer, Peter: Jews as Voters in the Weimar Republic. In: Leo Baeck Institute Year Book, Vol. XXX (1985). S. 3–66.
Hansen, Imke: „Nie wieder Auschwitz!" Die Entstehung eines Symbols und der Alltag einer Gedenkstätte 1945–1955. Göttingen 2015.
Hardt, Hanno [u. a.] (Hrsg.): Presse im Exil. Kommunikationsgeschichte des deutschen Exils 1933–1945. München [u. a.] 1979.
Hartewig, Karin: Zurückgekehrt. Jüdische Kommunisten in der DDR. Köln 2000.
Harvey, David: The New Imperialism. Oxford 2003.
Haug, Frigga: Zum Verhältnis von Feminismus und Kapitalismuskritik – ein Lernprozess. In: In Arbeit: Emanzipation. Hrsg. von Tina Jung [u. a.]. Münster 2014. S. 69–82.
Haug, Frigga: Der im Gehen erkundete Weg – Marxismus-Feminismus. Berlin 2015.
Haumann, Heiko: Geschichte der Ostjuden. München 1990.
Haury, Thomas: Antisemitismus von links. Kommunistische Ideologie, Nationalismus und Antizionismus in der frühen DDR. Hamburg 2002.
Hautmann, Hans: Die Anfänge der linksradikalen Bewegung und der kommunistischen Partei Deutschösterreichs 1916–1919. Wien 1970.
Hegel, Georg W. Friedrich: Phänomenologie des Geistes. Paderborn 2005.
Heid, Ludger/Paucker, Arnold (Hrsg.): Juden und deutsche Arbeiterbewegung bis 1933: Soziale Utopien und religiös-kulturelle Tradition. Tübingen 1992.
Heid, Ludger: Maloche, nicht Mildtätigkeit: ostjüdische Arbeiter in Deutschland 1914–1923. Hildesheim 1995.
Heid, Ludger: Ostjuden – Bürger, Kleinbürger, Proletarier. Geschichte einer jüdischen Minderheit im Ruhrgebiet. Essen 2011.
Heine, Heinrich: Aufzeichnungen. In: Ders.: Sämtliche Schriften. Bd. 6, I. Hrsg. von Klaus Briegleb. München 1997. S. 607–665.
Helbing, Iris u. Yves Müller: Die „Köpenicker Blutwoche" 1933 – Über Opfer und Täter. In: Bürgerkriegsarmee. Forschungen zur nationalsozialistischen Sturmabteilung (SA). Hrsg. von Yves Müller u. Reiner Zilkenat. Frankfurt/Main 2013. S. 172–194.
Heller, Celia S.: On the Edge of Destruction: Jews of Poland between the Two World Wars. New York 1977.
Heller, Otto: Der Untergang des Judentums. Die Judenfrage/ihre Kritik/ihre Lösung durch den Sozialismus. Wien/Berlin 1931.
Hellige, Hans Dieter: Generationskonflikt, Selbsthass und die Entstehung antikapitalistischer Positionen im Judentum. Der Einfluss des Antisemitismus auf das Sozialverhalten jüdischer Kaufmanns- und Unternehmersöhne im Deutschen Kaiserreich und in der K.u.K.-Monarchie. In: Geschichte und Gesellschaft Nr. 5, 4 (1979). S. 476–518.
Herbert, Ulrich: Geschichte der Ausländerpolitik in Deutschland. Saisonarbeiter, Zwangsarbeiter, Gastarbeiter, Flüchtlinge. München 2001.
Hertz, Jacob S.: The Bund's Nationality Program and Its Critics in the Russian, Polish and Austrian Socialist Movements. In: YIVO Annual of Jewish Social Science 14 (1969). S. 53–67.
Herzig, Arno: Jüdische Geschichte in Deutschland. München 1997.

Heumos, Peter: Rückkehr ins Nichts. Leo Hermanns Tagebuchaufzeichnungen über seine Reise nach Prag und die Lage der Juden in der Tschechoslowakei im Herbst 1945. In: Bohemia. Zeitschrift für Geschichte und Kultur der böhmischen Länder 27 (1986) 2. S. 269–278.

Hilferding, Rudolf: Das Finanzkapital. Berlin 1955.

Hirsch-Kreinsen, Hartmut/Minssen, Heiner (Hrsg.): Lexikon der Arbeits- und Industriesoziologie. Baden-Baden 2013. S. 394–400.

Hirschman, Albert O.: Grenzübertritte. Orte und Ideen eines Lebenslaufes. In: Leviathan 23/2 (1995). S. 268.

Hobson, John A.: Imperialism – A Study. New York 1902.

Hörath, Julia: „Asoziale" und „Berufsverbrecher" in den Konzentrationslagern 1933 bis 1938. Göttingen 2017.

Hördler, Stefan: Die Politischen Abteilungen im KZ-System. Polizei und SS „in gutem Einvernehmen". In: Polizei, Verfolgung und Gesellschaft im Nationalsozialismus. Beiträge zur Geschichte der nationalsozialistischen Verfolgung in Norddeutschland. Hrsg. von der KZ-Gedenkstätte Neuengamme. Bremen 2003. S. 90–104.

Hoffrogge, Ralf: Sozialismus und Arbeiterbewegung in Deutschland. Stuttgart 2011.

Hoffrogge, Ralf: Werner Scholem. Eine politische Biografie (1895–1940). Konstanz 2014.

Hoffrogge, Ralf: Der Sommer des Nationalbolschewismus? Die Stellung der KPD-Linken zu Ruhrkampf und ihre Kritik am „Schlageter-Kurs" von 1923. In: Sozial.Geschichte. Online, Nr. 20/2017.

Hofmann, Fritz: Egon Erwin Kisch. Der Rasende Reporter. Eine Biografie. Berlin 1988.

Holter, Beatrix: Die ostjüdischen Kriegsflüchtlinge in Wien. Salzburg 1978.

Horkheimer, Max: Ein neuer Ideologiebegriff? In: Archiv für die Geschichte des Sozialismus und der Arbeiterbewegung 15 (1930). S. 33–56.

Horkheimer, Max/Adorno, Theodor: Dialektik der Aufklärung. Philosophische Fragmente. Frankfurt/Main 1969.

Horkheimer, Max: Notizen 1950 bis 1969 und Dämmerung. Notizen in Deutschland. Hrsg. von Werner Brede. Einleitung von Alfred Schmidt. Frankfurt/M. 1974.

Horkheimer, Max: Gesammelte Schriften. Bd. 1–19. Hrsg. von Alfred Schmidt u. Gunzelin Schmid Noerr. Frankfurt/Main 1985–1996.

Horovits, Ber: Fun Itsig Vatnmakher biz Itsig Gutkind. Yidishe motivn in der poylisher lirik. Wien 1938.

Howe, Irving: World of Our Fathers. New York 1976.

Intelmann, Peter: Zur Biographie von Franz L. Neumann. In: 1999. Zeitschrift für Sozialgeschichte des 20. und 21. Jahrhunderts, 1 (1990). S. 14–52.

Ionescu, Dana/Salzborn, Samuel: Theoretische, historische und empirische Aspekte bei Hannah Arendt. In: Ambivalenzen der Ordnung: Der Staat im Denken Hannah Arendts. Hrsg. von Juliane Schulze Wessel [u. a.]. Wiesbaden 2013. S. 17–42.

Ivanov, Alexander: Nähmaschinen und Brillantringe – Die Tätigkeit der Berliner ORT 1920–1943. In: Transit und Transformation. In: Transit und Transformation. Osteuropäisch-jüdische Migranten in Berlin 1918–1939. Hrsg. von Verena Dohrn u. Gertrud Pickhan. Göttingen 2010. S. 195–209.

Ivanov, Alexander: From a Russian-Jewish Philanthropic Organization to the „Glorious Institute of World Jewry". Activities of the World ORT Union in the 1920s–1940s. In: The Russian Jewish Diaspora and European Culture 1917–1937. Hrsg. von Jörg Schulte [u. a.]. Leiden und Boston 2012. S. 387–416.

Jacobs, Jack: Ein Freund in Not. Das jüdische Arbeiterkomitee in New York und die Flüchtlinge aus den deutschsprachigen Ländern, 1933–1945. Bonn 1993.
Jacobs, Jack: Sozialisten und die „jüdische Frage" nach Marx. Mainz 1994.
Jacobs, Jack: Communist Questions, Jewish Answers: Polish Jewish Dissident Communists of the Inter-War Era. In: Polin. Studies in Polish Jewry, Vol. 18 (2005). S. 369–379.
Jacobs, Jack: Written Out of History. Bundists in Vienna and the Varieties of Jewish Experience in the Austrian First Republik. In: In Search of Jewish Community. Hrsg. von Michael Brenner u. Derek J. Penslar. Bloomington, Indianapolis 1998.
Jacobs, Jack: Bundist Counterculture in Interwar Poland. Syracuse/New York 2009.
Jacobs, Jack: The Bund in Vilna, 1918–1933. In: Polin 25 (2013). S. 263–292.
Jacobs, Jack: The Frankfurt School, Jewish Lives, and Antisemitism. Cambridge 2015.
Jacobs, Jack (Hrsg.): Jews and Leftist Politics. Judaism, Israel, Antisemitism, and Gender. Cambridge 2017.
Jameson, Fredric: Introduction. In: Lukács, Georg: The Historical Novel. Lincoln 1983.
Jansen, Peter-Erwin: Deutsche Emigranten in amerikanischen Regierungsinstitutionen. Herbert Marcuse, Franz Neumann, Leo Löwenthal und andere. In: Zwischen Hoffnung und Notwendigkeit. Texte zu Herbert Marcuse. Hrsg. von Peter-Erwin Jansen u. Redaktion „Perpektiven". Frankfurt am Main 1999. S. 39–58.
Jansen, Peter-Erwin (Hrsg.): Das Utopische soll Funken schlagen... Zum hundertsten Geburtstag von Leo Löwenthal. Frankfurt am Main 2000.
Jaschke, Hans-Gerd: Soziale Basis und soziale Funktion des Nationalsozialismus. Frankfurt a. M./New York 1982.
Jasper, Gotthard: Die gescheiterte Zähmung: Wege zur Machtergreifung Hitlers, 1930–1934. Frankfurt am Main 1986.
Jay, Martin: The Frankfurt School's Critique of Karl Mannheim and the Sociology of Knowledge. In: Telos 20 (1974). S. 72–89.
Jay, Martin: Dialektische Phantasie. Die Geschichte der Frankfurter Schule und des Instituts für Sozialforschung 1923–1950. Frankfurt am Main 1976.
Jentsch, Harald: Die politische Theorie August Thalheimers 1919–1923. Mainz 1993.
Jentsch, Harald: Die KPD und der „Deutsche Oktober" 1923. Rostock 2004.
Jesse, Eckhard: Pluralismustheorie ohne demokratische Alternative. In: Neue Politische Literatur (NPL) XXIV (1979). S. 145–163.
Kaestner, Jürgen: Die politische Theorie August Thalheimers. Frankfurt/New York 1982.
Kassow, Samuel: The Left Poalei Zion in Inter-War Poland. In: Yiddish and the Left. Hrsg. von Gennady Estraikh u. Mikhail Krutikov. Oxford 2001. S. 109–128.
Kambas, Chryssoula: Momentaufnahme der europäischen Intelligenz. Moderne, Exil und Kulturtransfer in Walter Benjamins Werk. Hannover 2009.
Kantorowicz, Alfred: Deutsches Tagebuch. Erster Teil. München 1959.
Kautsky, Karl: Rasse und Judentum [zuerst 1914]. Zweite, durchgesehene u. vermehrte Aufl. Stuttgart 1921.
Kazdan, Chaim Shlomo: Di geshikhte fun yidishn shulvezn in umophengikn Poyln. Mexiko 1947.
Keßler, Mario: Antisemitismus, Zionismus und Sozialismus: Arbeiterbewegung und jüdische Frage im 20. Jahrhundert. 2. Aufl. Mainz 1994.

Keßler, Mario: Die KPD und der Antisemitismus in der Weimarer Republik. In: Ders.: Vom bürgerlichen Zeitalter zur Globalisierung. Beiträge zur Geschichte der Arbeiterbewegung. Berlin 2005. S. 47–62.

Keßler, Mario: Die KPD und der Antisemitismus in der Weimarer Republik. In: Utopie Kreativ 173 (2005). S. 223–232.

Keßler, Mario: Moses Hess and Ferdinand Lassalle. Pioneers of Social Emancipation. Berlin 2013.

Keßler, Mario: Ruth Fischer. Ein Leben mit und gegen Kommunisten (1895–1961). Köln 2013.

Kießling, Wolfgang: Partner im „Narrenparadies". Der Freundeskreis um Noel Field und Paul Merker. Berlin 1994.

Kirchheimer, Otto: Wandlungen der politischen Opposition (1957). In: Ders.: Politik und Verfassung. Frankfurt 1964. S. 123–150.

Kirchheimer, Otto: Deutschland oder Der Verfall der Opposition (1966). In: Ders.: Politische Herrschaft. Fünf Beiträge zur Lehre vom Staat. Frankfurt a. M. ³1974. S. 58–91.

Kisch, Egon Erwin: Vorwort. In: Elski, Leibl: Oif die Frontn vun Spanje. Paris 1939 (o.S.).

Kisch, Egon Erwin: Gesammelte Werke in Einzelausgaben. Band 1–12. Berlin/Weimar 1962–1993.

Kisch, Egon Erwin: Briefe an den Bruder Paul und an die Mutter 1905–1936. Hrsg. von Josef Poláček u. Fritz Hofmann. Berlin 1978.

Kisch, Guido: Die Familie Kisch. Genealogisch-bibliographischer Überblick über die vierhundertjährige Geschichte einer jüdischen Familie. In: Udim. Zeitschrift der Rabbinerkonferenz in der BRD 1 (1974/75). S. 59–73.

Kistenmacher, Olaf: Vom „Judas" zum „Judenkapital". Antisemitische Denkformen in der KPD der Weimarer Republik 1918–1933. In: Exklusive Solidarität. Linker Antisemitismus in Deutschland. Vom Idealismus zur Antiglobalisierungsbewegung. Hrsg. von Matthias Brosch [u.a.]. Berlin 2007. S. 69–86.

Kistenmacher, Olaf: Arbeit und „jüdisches Kapital". Antisemitische Äußerungen in der KPD-Tageszeitung *Die Rote Fahne* während der Weimarer Republik. Bremen 2016.

Knütter, Hans-Helmuth: Die Juden und die deutsche Linke in der Weimarer Republik 1918–1933. Düsseldorf 1971.

Koch-Baumgarten, Sigrid: Aufstand der Avantgarde. Die März-Aktion der KPD 1921. Frankfurt a. M./New York 1986.

Kohl, Heribert: Pluralismuskritik in der Bundesrepublik. Zur Pluralismus-Debatte. In: Aus Politik und Zeitgeschichte (APuZ) 12 (1970) v. 21.03.1970. S. 1–40.

Kohlbauer-Fritz, Gabriele: Jiddische Subkultur in Wien. In: Ist das jetzt die wahre Heimat? Hrsg. v. Peter Bettelheim u. Michael Ley. Wien 1993. S. 89–116.

Kohlbauer-Fritz, Gabriele (Hrsg.): In einer Stadt, die stirbt. Jiddische Lyrik aus Wien. Wien 1995.

Kohlbauer-Fritz, Gabriele: Das Wien-Bild in der jiddischen Literatur. In: Wien als Magnet? Schriftsteller aus Ost-, Ostmittel- und Südosteuropa über die Stadt. Hrsg. von Gertraud Marinelli-König u. Nina Pavlova. Wien 1996. S. 367–389.

Kohn, Jerome: Karl Marx and the Tradition of Western Political Thought. In: Arendt-Handbuch. Leben – Werk – Wirkung. Hrsg. von Wolfgang Heuer [u.a.]. Stuttgart/Weimar 2011. S. 44–49.

Kosak, Hadassa: Cultures of Opposition: Jewish Immigrant Workers, New York City, 1881–1905. Albany, New York 2000.

Kowalski, David: Polnische Politik und jüdische Zugehörigkeit. Die frühe Oppositionsbewegung und das Jahr 1968. In: Jahrbuch des Simon-Dubnow-Instituts/Simon Dubnow Institute Yearbook 13 (2014). S. 525-548.
Kracauer, Siegfried: Die Angestellten. Aus dem neuesten Deutschland. Frankfurt a. M. 1971 [zuerst: 1929 in der Frankfurter Zeitung].
Krämer, Wolfgang/Müller, Gerhard: Der Gegen-Angriff. Autoren-, Personen- und Sachregister. Mit Beiträgen von Bruno Frei. Worms 1982.
Krah, Franziska: „Ein Ungeheuer, das wenigstens theoretisch besiegt sein muß". Pioniere der Antisemitismusforschung in Deutschland. Frankfurt/M./New York 2016.
Krause, Hartfrid (Hrsg.): Protokolle der USPD. Glashütten 1975.
Kremendahl, Hans: Pluralismustheorie in Deutschland. Entstehung, Kritik, Perspektiven. Leverkusen 1977.
Krippendorf, Ekkehart: Ende des Parteienstaats (1966). In: Flechtheim, Ossip K.: Die Parteien in der Bundesrepublik Deutschland. Hamburg ³1976. S. 41-48.
Kristof, Ladis K. D.: The Geopolitical Image of the Fatherland. The Case of Russia. In: The Western Political Quarterly 20/4 (1967). S. 941-954.
Krugler, David F.: The Voice of America and the Domestic Propaganda Battles, 1945-1953. Columbia 2000.
Kruse, Wolfgang: Krieg und nationale Integration. Eine Neuinterpretation des sozialdemokratischen Burgfriedensbeschlusses 1914/1915. Essen 1994.
Kuczynski, Jürgen: Dialog mit meinem Urenkel. Neunzehn Briefe und ein Tagebuch. Erstveröffentlichung der ungekürzten und unzensierten Originalfassung. Berlin 1996.
Kühn-Ludewig, Maria: Jiddische Bücher aus Berlin (1918-1936). Titel, Personen, Verlage. Nümbrecht 2006.
Kuhn, Heinrich: Von der Massenpartei zur Staatspartei. Bd. 3: Von der Illegalität zur Staatspartei. Köln 1978.
Kuhn, Rick: Organizing Yiddish-Speaking Workers in Pre-World War I Galicia: The Jewish Social Democratic Party. In: Yiddish Language and Culture: Then and Now. Hrsg. von Leonard Jay Greenspoon. Omaha, Nebraska 1998. S. 37-65.
Kursky, Franz: Gezamlte Shriftn. Hrsg. von „Der Wecker". New York 1952.
Kwiet, Konrad/Eschwege, Helmut: Selbstbehauptung und Widerstand. Deutsche Juden im Kampf um Existenz und Menschenwürde 1933-1945. Hamburg 1984.
Ladwig-Winters, Simone: Ernst Fraenkel. Ein politisches Leben. Frankfurt/M./New York 2009.
Lamberti, Marjorie: Jewish Activism in Imperial Germany. The Struggle for Civil Equality. New Haven 1978.
Laqueur, Walter: Fin the Siècle and Other Essays on America and Europe. New Brunswick 1997.
Lassalle, Ferdinand: Eine Liebes-Episode aus dem Leben des Ferdinand Lassalle's. Tagebuch – Briefwechsel – Bekenntnisse. Leipzig 1878.
Lendvai, Paul: Antisemitismus ohne Juden. Entwicklungen und Tendenzen in Osteuropa. Wien 1972.
Lenin, Vladimir Il'ich: Selected Works: July 1918 to March 1923. New York 1967.
Lenin, Wladimir Iljitsch: Werke. Herausgegeben vom Institut für Marxismus-Leninismus beim ZK der SED. Band 22. 3. Auflage. Berlin.
Leo, Annette/Reif-Spirek, Peter (Hrsg.): Vielstimmiges Schweigen. Neue Studien zum DDR-Antifaschismus. Berlin. 2001.

Lerp, Dörte, Imperiale Grenzräume – Bevölkerungspolitiken in Deutsch-Südwestafrika und den östlichen Provinzen Preußens 1884–1914. Frankfurt a. M. 2016.

Łętocha, Barbara/Messer, Aleksander/Cała, Alina (Hrsg.): Żydowskie druki ulotne w II Rzeczypospolitej w zbiorach Biblioteki Narodowej. Bd. 1. Warszawa 2004.

Leuschen-Seppel, Rosemarie: Sozialdemokratie und Antisemitismus im Kaiserreich. Die Auseinandersetzungen der Partei mit den konservativen und völkischen Strömungen des Antisemitismus 1871–1914. Bonn 1978.

Leuschen-Seppel, Rosemarie: Arbeiterbewegung und Antisemitismus. In: Antisemitismus. Von religiöser Judenfeindschaft zur Rassenideologie. Hrsg. von Günter Brakelmann u. Martin Rosowski. Göttingen 1989. S. 77–96.

Levin, Nora: Jewish Socialist Movements, 1871–1917. London, Henley 1977.

Liebich, André: From the Other Shore. Russian Social Democracy after 1921. Cambridge/London 1999.

Liebknecht, Karl: Ausgewählte Reden, Briefe und Aufsätze. Berlin 1952.

Liebman, Arthur: Jews and the Left. New York [u. a.] 1979.

Litten, Irmgard: A Mother Fights Hitler. London 1940.

Livneh, Eliezer: Aharon Aharonson Haish Uzmano. Jerusalem 1969.

Lockwood, David: Rival Napoleons? Stalinism and Bonaportism. In: War&Society 20/2 (2002). S. 53–69.

Löwenthal, Leo: Mitmachen wollte ich nie. Ein autobiographisches Gespräch mit Helmut Dubiel. Frankfurt am Main 1980.

Löwenthal, Leo: „Ich will den Traum von der Utopie nicht aufgeben". In: Die andere Erinnerung. Gespräche mit jüdischen Wissenschaftlern im Exil. Hrsg. von Hajo Funke. Frankfurt am Main 1989. S. 168–185.

Löwenthal, Leo: Schriften. Hrsg. von Helmut Dubiel. Bd. 1–5. Frankfurt am Main 1990.

Löwy, Michael: Erlösung und Utopie. Jüdischer Messianismus und libertäres Denken. Eine Wahlverwandtschaft. Berlin 1997.

Ludz, Ursula: Hannah Arendt und ihr Totalitarismusbuch. Ein kurzer Bericht über eine schwierige Autor-Werk-Geschichte. In: Totalitäre Herrschaft und republikanische Demokratie. Hrsg. von Antonia Grunenberg. Frankfurt a. M. [u. a.] 2003.

Lukács, Georg: Geschichte und Klassenbewußtsein. Berlin 1923.

Lukács, Georg: Heinrich Heine als nationaler Dichter. In: Ders.: Deutsche Realisten des 19. Jahrhunderts. Bern 1951. S. 89–146.

Lukács, Georg: Vorwort. In: Ders.: Geschichte und Klassenbewußtsein. Darmstadt und Neuwied 1967. S. 11–41.

Lukács, Georg: Gelebtes Denken – Eine Autobiographie im Dialog. Frankfurt am Main 1981.

Luxemburg, Rosa: Zur russischen Revolution. In: Gesammelte Werke. Bd. 4. August 1914 bis Januar 1919. Berlin 1974 [1922]. S. 332–365.

Luxemburg, Rosa: Die Akkumulation des Kapitals. In: Dies.: Gesammelte Werke. Bd. 5. Berlin 1975. S. 5–411.

Luxemburg, Rosa: Nach dem Pogrom. Texte über Antisemitismus 1910/11. Hrsg. von Holger Politt. Potsdam 2014.

Maier, Joseph B.: A Precious Legacy. In: The German-Jewish Legacy in America, 1938–1988. From *Bildung* to the Bill of Rights. Hrsg. u. eingeleitet von Abraham J. Peck. Detroit 1989. S. 95–101.

Mann, Heinrich [1933]: Der Hass. Deutsche Zeitgeschichte. Mit e. Nachw. von Werner Herden. Berlin, Weimar 1983.
Mannheim, Karl: Das Problem einer Soziologie des Wissens. In: Archiv für Sozialwissenschaft und Sozialpolitik. Bd. 53 (1924/1925). S. 577–652.
Mannheim, Karl: Ideologische und soziologische Interpretation der geistigen Gebilde. In: Jahrbuch für Soziologie 2. 1926. S. 425–440.
Mannheim, Karl: Das konservative Denken. Soziologische Beiträge zum Werden des politisch-historischen Denkens in Deutschland. In: Archiv für Sozialwissenschaft und Sozialpolitik 57. 1927. S. 68–142, 470–495.
Mannheim, Karl: Ideologie und Utopie. Bonn 1929.
Mannheim, Karl: Ideologie und Utopie. Frankfurt a. M. 1969.
Marcus, Marcel R.: A Critique of Marxist Analyses of Jewish History. Thesis submitted for the degree of M. A. in political studies to the Univ. of Newcastle Upon Tyne. Bern 1984.
Marcuse, Herbert: Zur Wahrheitsproblematik der soziologischen Methode. In: Die Gesellschaft. Internationale Revue für Sozialismus und Politik 6, 10 (1929). S. 356–369.
Marcuse, Herbert: Repressive Toleranz. In: Wolff, Robert Paul/Moore, Barrington/Marcuse, Herbert: Kritik der reinen Toleranz. Frankfurt a. M. 1966. S. 91–128
Marquardt-Bigman, Petra: Amerikanische Geheimdienstanalysen über Deutschland 1942–1949. München 1995.
Martow, Julius: Geschichte der russischen Sozialdemokratie bis 1908. In: Geschichte der Russischen Sozialdemokratie. Hrsg. von Julius Martow u. Theodor Dan. Berlin 1926. S. 9–224.
Marx, Karl: Grundrisse der Kritik der politischen Ökonomie. In: Ders./Engels, Friedrich: Werke. Bd. 42. Berlin 1956.
Marx, Karl: Kritik des Gothaer Programms [Randglossen zum Programm der deutschen Arbeiterpartei, 1875]. In: Marx-Engels-Werke. Bd. 19. Berlin 1962. S. 11–32.
Marx, Karl: Das Kapital. Band I. Kritik der politischen Ökonomie. S. 11–802.
Marx, Karl: Ökonomisch-philosophische Manuskripte. Frankfurt am Main 2009.
Marx, Karl/Engels, Friedrich: Das Kommunistische Manifest. In: Marx-Engels-Werke. Bd. 4. Berlin 1962. S. 459–493.
Maurer, Trude: Ostjuden in Deutschland 1918–1933. Hamburg 1986.
Mayer, Paul: Die Geschichte des sozialdemokratischen Parteiarchivs und das Schicksal des Marx-Engels-Nachlasses. In: Archiv für Sozialgeschichte 6/7 (1966/67). S. 5–198.
McLoughlin, Barry: Sowjetische Spionage in Österreich. 1927–1938. In: Dies. [u. a.]: Kommunismus in Österreich 1918–1938. Innsbruck/Wien 2009. S. 397–409.
Mehring, Reinhard: Carl Schmitt. Aufstieg und Fall. München 2009.
Meisels, Abisch: Von Sechistow bis Amerika. Eine Revue in 15 Bildern. Hrsg. u. übers. von Brigitte Dallinger u. Thomas Soxberger. Wien 2000. S. 132–135.
Mendelsohn, Ezra: Class Struggle in the Pale. The Formative Years of the Jewish Workers' Movement in Tsarist Russia. Cambridge 1970.
Mendelsohn, Ezra: Zionism in Poland: The Formative Years, 1915–1926. New Haven, Connecticut 1981.
Mendelsohn, Ezra (Hrsg.): Essential Papers on Jews and the Left. New York u. a. 1997.
Mendelson, Shlomo: Nowa szkoła żydowska, czem jest i do czego dąży. Warszawa 1924.

Mendes, Philip: The Rise and Fall of the Jewish/Left Alliance. An Historical and Political Analysis. In: Australian Journal of Politics & History, Nr. 4, Vol. 45 (Dezember 1999). S. 483–505.
Mendes, Philip: Jews and the Left. The Rise and Fall of a Political Alliance. New York 2014.
Meyer-Leviné, Rosa: Im inneren Kreis. Erinnerungen einer Kommunistin in Deutschland 1920–1933. Frankfurt a. M. 1982.
Michels, Robert: Zur Soziologie des Parteiwesens in der modernen Demokratie. Untersuchung über die oligarchischen Tendenzen des Gruppenlebens. Leipzig 1911.
Michels, Tony: A Fire in Their Hearts. Yiddish Socialists in New York. Cambridge 1997.
Migdal, Ulrike: Die Frühgeschichte des Frankfurter Instituts für Sozialforschung. Frankfurt am Main/New York 1981.
Mishkinsky, Moshe: The Communist Party of Poland and the Jews. In: The Jews of Poland between Two World Wars. Hrsg. von Yisrael Gutman, Ezra Mendelsohn, Jeshuda Reinharz u. Chone Shmeruk. Hannover, New Hampshire/London 1989. S. 56–74.
Mishler, Paul C.: Raising Reds. The Young Pioneers, Radical Summer Camps, and Communist Political Culture in the United States. New York 1999.
Mnichowski, Przemyslaw: Obóz koncentracyjny i więzienie w Sonnenburgu (Słońsku) 1933–1945. Warszawa 1982.
Mommsen, Hans: Hannah Arendt und der Prozess gegen Eichmann. In: Eichmann in Jerusalem. Ein Bericht von der Banalität des Bösen. München 2007. S. 9–48.
Moore, Paul: „Noch nicht mal zu Bismarcks Zeiten": Deutsche Populärmeinungen und der Terror gegen die Linke. In: Die Linke im Visier. Zur Errichtung der Konzentrationslager 1933. Hrsg. von Nikolaus Wachsmann u. Sybille Steinbacher. Göttingen 2014. S. 168–190.
Moses, Stéphane: Benjamins Judentum. In: Profanes Leben – Walter Benjamins Dialektik der Säkularisierung. Hrsg. von Daniel Weidner. Frankfurt am Main 2010. S. 141–151.
Mühlen, Patrick von zur: Politisches Engagement und jüdische Identität im lateinamerikanischen Exil. In: Europäische Juden in Lateinamerika. Hrsg. von Achim Schrader u. Karl-Heinrich Rengstorf. St. Ingbert 1989. S. 242–249.
Mühsam, Kreszentia: Der Leidensweg Erich Mühsams. Berlin 1994 [1935].
Müller, Ernst/Schmieder, Falko: Begriffsgeschichte und historische Semantik. Ein kritisches Kompendium. Berlin 2016.
Müller, Tim B.: Krieger und Gelehrte. Herbert Marcuse und die Denksysteme im Kalten Krieg. Hamburg 2010.
Mufti, Aamir R.: Enlightenment in the Colony – The Jewish Question and the Crisis of Postcolonial Culture. Princeton/Oxford 2007.
Muller, Jerry Z.: Radikaler Antikapitalismus. Der Jude als Kommunist. In: Juden. Geld. Eine Vorstellung. Hrsg. von Fritz Backhaus u. Liliane Weissberg. Frankfurt/New York 2013. S. 308–333.
Mytze, Andreas W.: Ottwalt. Leben und Werk des vergessenen revolutionären deutschen Schriftstellers. Im Anhang bisher unveröffentlichte Dokumente. Berlin 1977.
Naarden, Bruno: Socialist Europe and Revolutionary Russia. Perception and Prejudice 1848–1923. Cambridge und New York 1992.
Narr, Wolf-Dieter: Pluralistische Gesellschaft. Hannover 1969.
Nave-Levinson, Pnina: Eva und ihre Schwestern. Perspektiven einer jüdisch-feministischen Theologie. Gütersloh 1992.

Naygreshl, Mendel: Kleyne antologye fun der yidisher lirik in Galitsie 1897–1935. Wien 1936.
Nedava, Joseph: Trotsky and the Jews. Philadelphia 1972.
Neumann, Franz [Leopold]: Demokratischer und autoritärer Staat. Studien zur politischen Theorie. Hrsg. u. m. einem Vorw. v. Herbert Marcuse. Eingel. v. Helge Pross. Frankfurt a. M. 1986. S. 82–99.
Neumann, Franz [u. a.]: Secret Reports on Nazi Germany. The Frankfurt School Contribution to the War Effort. Hrsg. von Raffaele Laudani. Princeton 2013.
Nowogródzki, Emanuel: Bund. Żydowska Partia Robotnicza w Polsce 1915–1939. Warszawa 2005.
Novick, Paul (Hrsg.): Moyshe Kats bukh. New York 1963.
Nürnberg, Kaspar: Außenstelle des Berliner Polizeipräsidiums. Das „staatliche Konzentrationslager" Sonnenburg bei Küstrin. In: Herrschaft und Gewalt. Frühe Konzentrationslager 1933–1939. Hrsg. von Wolfgang Benz u. Barbara Distel. Berlin 2002. S. 83–100.
Or, Tamara: Vorkämpferinnen und Mütter des Zionismus. Frankfurt am Main 2009.
Ottwalt, Ernst: Deutschland erwache! Geschichte des Nationalsozialismus. Wien/Leipzig 1932.
Pabst, Stephan: Der sowjetische Goethe. Benjamins Enzyklopädie-Artikel „Goethe" im Verhältnis zu seinem Wahlverwandtschaften-Aufsatz. In: Benjamins Wahlverwandtschaften. Zur Kritik einer programmatischen Interpretation. Hrsg. von Helmut Hühn [u. a.]. Berlin 2015. S. 356–379.
Papanek, Hanna: Alexander Stein (Pseudonym: Viator) 1881–1948, Socialist Activist and Writer in Russia, Germany, and Exile: Biography and Bibliography. In: Internationale Wissenschaftliche Korrespondenz zur Geschichte der deutschen Arbeiterbewegung 3 (1994). S. 343–379.
Patka, Marcus G.: Egon Erwin Kisch. Stationen im Leben eines streitbaren Autors. Wien 1997.
Patka, Marcus G.: Die drei Leben des Otto Katz alias Rudolf Breda alias André Simone in den Höhen der Politik und den Tiefen des Boulevards. In: Zweimal vertrieben. Die deutschsprachige Emigration und der Fluchtweg Frankreich – Lateinamerika 1933–1945. Hrsg. von Anne Saint Saveur-Henn. Berlin 1998. S. 140–154.
Paucker, Arnold: Jewish Defence against Nazism in the Weimar Republic. In: Wiener Library Bulletin, Nr. 1–2, Vol. 26 (1972). S. 21–31.
Peitsch, Helmut: Deutsche Misere. In: Historisch-kritisches Wörterbuch des Marxismus. Bd. 2. Bank bis Dummheit in der Musik. Hrsg. von Wolfgang Fritz Haug. Hamburg 1995. S. 641–651.
Peitsch, Helmut: Literaturverhältnisse. In: Historisch-kritisches Wörterbuch des Marxismus. Bd. 8/II. Links/Rechts bis Maschinenstürmer. Hrsg. von Wolfgang Fritz Haug, Frigga Haug, Peter Jehle u. Wolfgang Küttler. Hamburg 1995. S. 1251–1262.
Peitsch, Helmut: „In den Zeiten der Schwäche": Zu Spuren Brechts in der europäischen Debatte über engagierte Literatur. In: Monatshefte für deutschsprachige Literatur und Kultur 3 (1998). Special Issue: Bertolt Brecht. S. 358–372.
Peitsch, Helmut: Ernst Ottwalts *Deutschland erwache!* Eine Wiederlektüre der *Geschichte des Nationalsozialismus* (1932). In: „… und handle mit Vernunft!" Beiträge zur europäisch-jüdischen Beziehungsgeschichte. Hrsg. von Irene H. Diekmann [u. a.]. Hildesheim 2012. S. 352–378.
Peled, Yoav: Class and Ethnicity in the Pale. The Political Economy of Jewish Workers' Nationalism in late Imperial Russia. New York 1989.

Perels, Joachim: Wider die Herrschaft der Gesetzlosigkeit – Franz L. Neumann. In: Judentum und politische Existenz. Siebzehn Porträts deutsch-jüdischer Intellektueller. Hrsg. von Michael Buckmiller [u. a.]. Hannover 2000. S. 361–382.

Peretz, Merchav: Die Israelische Linke. Frankfurt am Main 1972.

Pickhan, Gertrud: The Bund in Poland and German Social Democracy in the 1930s. In: History of the Jewish People. Hrsg. von Mordekhai Altshuler. Jerusalem 2000. S. 257–263.

Pickhan, Gertrud: „Gegen den Strom". Der Allgemeine Jüdische Arbeiterbund „Bund" in Polen 1918–1939. Stuttgart/München 2001.

Pickhan, Gertrud: Kossovsky, Portnoy and Others: the Role of Members of the Bund's Founding Generation in the Interwar Polish Bund. In: Jewish Politics in Eastern Europe: The Bund at 100. Hrsg. von Jack Jacobs. Chippenham/Wiltshire 2001. S. 69–80.

Pickhan, Gertrud: „Wo sind die Frauen?" Zur Diskussion um Weiblichkeit, Männlichkeit und Jüdischkeit im Allgemeinen Jüdischen Arbeiterbund (,Bund') in Polen. In: Zwischen Kriegen. Nationen, Nationalismen und Geschlechterverhältnisse in Mittel- und Osteuropa 1918–1939. Hrsg. von Johanna Gehmacher [u. a.]. Osnabrück: 2004. S. 187–199.

Pickhan, Gertrud: Vom Ereignis zum Mythos. Die Revolution von 1905 und die jüdische Linke in Osteuropa. In: Revolution in Nordosteuropa. Hrsg. von Detlef Henning. Wiesbaden 2011. S. 126–139.

Pike, David: Deutsche Schriftsteller im sowjetischen Exil 1933–1945. Frankfurt/M. 1981.

Pohle, Fritz: Das mexikanische Exil. Ein Beitrag zur Geschichte der politisch-kulturellen Emigration aus Deutschland 1937–1946. Stuttgart 1986.

Prestel, Claudia: Feministische und Zionistische Konstruktionen in Geschlechterdifferenz im Deutsche Zionismus. In: Janusfiguren. „Jüdische Heimstätte", Exil und Nation im deutschen Zionismus. Hrsg. von Andrea Schatz u. Christian Wiese. Berlin 2006. S. 125–148.

Proces s vedením protistátního spikleneckého centra v čele s Rudolfem Slánským [Prozess gegen die Leitung des staatsfeindlichen Verschwörerzentrums mit Rudolf Slánský an der Spitze]. Hrsg. von Ministerstvo spravedlnosti [Justizministerium der Tschechoslowakei]. Prag 1953.

Pross, Helge: Zum Begriff der pluralistischen Gesellschaft. In: Zeugnisse. Theodor W. Adorno zum 60. Geburtstag. Hrsg. von Max Horkheimer. Frankfurt a. M. 1963. S. 439–450.

Pross, Helge: Einleitung. In: Neumann, Franz [Leopold]: Demokratischer und autoritärer Staat. Studien zur politischen Theorie. Hrsg. u. m. einem Vorw. v. Herbert Marcuse. Eingel. v. Helge Pross. Frankfurt a. M. 1986. S. 9–27.

Puschnerat, Tânia: Clara Zetkin. Bürgerlichkeit und Marxismus. Eine Biographie. Essen 2003.

Raddatz, Fritz J.: Georg Lukács in Selbstzeugnissen und Bilddokumenten. Reinbek bei Hamburg 1972.

Raßloff, Steffen: Antisemitismus in Thüringen. Hrsg. von der Landeszentrale für politische Bildung Thüringen. Erfurt 2008.

Ravitsh, Melekh: Mayn leksikon. Bd. IV. Buch I. Tel Aviv 1980.

Rawitsch, Melech: Das Geschichtenbuch meines Lebens. Hrsg. u. übers. von Armin Eidherr. 1996.

Reichenberger, Kurt: Geschichte und Klassenbewußtsein. In: Kindlers Literatur Lexikon. Bd. III. Hrsg. von Wolfgang Einsiedel [u. a.]. Zürich 1982. S. 3896–3897.

Reichmann, Eva G.: Diskussionen über die Judenfrage 1930–1932. In: Entscheidungsjahr 1932. Zur Judenfrage in der Endphase der Weimarer Republik. Hrsg. von Werner E. Mosse unt. Mitw. von Arnold Paucker. Zweite revidierte u. erw. Aufl. Tübingen 1966. S. 503–531.
Reiman, Pavel: Ve dvacátých letech. Vzpomínky [In den zwanziger Jahren. Erinnerungen]. Prag 1966.
Reinecke, Christiane: Grenzen der Freizügigkeit. Migrationskontrolle in Großbritannien und Deutschland, 1880–1930. München 2010.
Reyzen, Avrom: Epizodn fun mayn leben. Bd. II. Wilna 1929.
Richter, Trude: Lösung der Judenfrage. In: Die Linkskurve 4 (1932) 2. S. 32f.
Röhr, Werner: Hans Günther – ein marxistischer Theoretiker. In: Deutsche Zeitschrift für Philosophie 14 (1966) 6. S. 725–737.
Rolke, Birgit: Jüdische Abgeordnete im Preußischen Landtag 1919–1928. Magisterarbeit FU Berlin 1998.
Romerstein, Herbert/Breindel, Eric: The Venona Secrets. Exposing Soviet Espionage and America's Traitors. Washington D.C. 2000.
Rosenberg, Ludwig: Sinn und Aufgabe der Gewerkschaften, Tradition und Zukunft. Düsseldorf/Wien 1973.
Rosenthal-Shneiderman, Esther: Oyf vegn un umvegn. Bd. 1. Tel Aviv 1974.
Rürup, Reinhard: Emanzipation und Antisemitismus. Studien zur ‚Judenfrage' der bürgerlichen Gesellschaft. Göttingen 1975.
Rürup, Reinhard: Sozialismus und Antisemitismus in Deutschland vor 1914. In: Juden und jüdische Aspekte in der deutschen Arbeiterbewegung 1848–1918. Beiheft 2 des Jahrbuch des Instituts für Deutsche Geschichte. Tel Aviv 1977. S. 209–225.
Russel, Bertrand [u. a.]: A Fresh Look at Empiricism. London 1996.
Sanders, Ronald: The Downtown Jews: Portraits of an Immigrant Generation. New York 1987.
Saß, Anne-Christin: Berliner Luftmenschen. Osteuropäisch-jüdische Migranten in der Weimarer Republik. Göttingen 2012.
Schäfer, Gert/Nedelmann, Carl (Hrsg.): Der CDU-Staat. Studien zur Verfassungswirklichkeit der Bundesrepublik. München 1967.
Scherer, Emanuel: The Bund. In: Struggle for Tomorrow: Modern Political Ideologies of the Jewish People. Hrsg. von Basil J. Vlavianos u. Feliks Gross. New York 1954. S. 135–196.
Schiller, Dieter: Die antifaschistische Publizistik der dreißiger Jahre im Kampf gegen Antisemitismus und Rassenwahn. In: Weimarer Beiträge 34 (1988) 2. S. 1765–1792.
Schlenstedt, Dieter: Egon Erwin Kisch. Leben und Werk. Berlin 1985.
Schlenstedt, Silvia (Hrsg.): Wer schreibt, handelt. Strategien und Verfahren literarischer Arbeit vor und nach 1933. Berlin/Weimar 1983.
Schlögel, Karl (Hrsg.): Russische Emigration in Deutschland 1918 bis 1941. Leben im europäischen Bürgerkrieg. Berlin 1995.
Schlögel, Karl: Das Russische Berlin. Ostbahnhof Europas. 2. Aufl. Pößneck 2007.
Schmitt, Carl: Die Diktatur. Von den Anfängen des modernen Souveränitätsgedankens bis zum proletarischen Klassenkampf. Berlin 1994 [1921].
Schmitt-Egner, Peter: Kolonialismus und Faschismus. Eine Studie zur historischen und begrifflichen Genesis faschistischer Bewusstseinsformen am deutschen Beispiel. Gießen 1975.
Schoeps, Julius H.: Theodor Herzl. Wegbereiter des politischen Zionismus. Göttingen 1975.

Scholem, Gershom: Walter Benjamin und sein Engel. In: Zur Aktualität Walter Benjamins. Hrsg. von Siegfried Unseld. Frankfurt am Main 1972. S. 87–138.
Scholem, Gershom: Walter Benjamin – Die Geschichte einer Freundschaft. Frankfurt am Main 1990.
Scholem, Gershom: Von Berlin nach Jerusalem. Frankfurt 1997.
Schüler-Springorum, Stefanie: „Dazugehören". Junge Jüdische Kommunisten in der Weimarer Republik. In: Deutsch-Jüdische Jugendliche im „Zeitalter der Jugend". Hrsg. von Yotam Hotam. Göttingen 2009. S. 167–180.
Schumacher, Martin: M.d.R. Die Reichstagsabgeordneten der Weimarer Republik in der Zeit des Nationalsozialismus. 3. Auflage. Düsseldorf 1994.
Schwartz, Michael: „Proletarier" und „Lumpen". Sozialistische Ursprünge eugenischen Denkens. In: Vierteljahreshefte für Zeitgeschichte Nr. 2, 42 (1994). S. 537–570.
Seefeld, Horst (Hrsg.): Programme der deutschen Sozialdemokratie 1863–1963. Hannover 1963.
Shilo, Margalit: Zionist Women's Struggle for Suffrage in Mandatory Palestine. Jerusalem 2013.
Shmeruk, Chrone: Hebrew-Yiddish-Polish: A Trilingual Jewish Culture. In: The Jews of Poland between Two World Wars. Hrsg. von Yisrael Gutman, Ezra Mendelsohn, Jeshuda Reinharz und Chone Shmeruk. Hannover, New Hampshire/London 1989. S. 285–311.
Shrayer, Maxim D. (Hrsg.): An Anthology of Jewish-Russian Literature: Two Centuries of Dual Identity in Prose and Poetry. Abingdon und New York 2007.
Shtakser, Inna: The Making of Jewish Revolutionaries in the Pale of Settlement. Community and Identity during the Russian Revolution and its Immediate Aftermath, 1905–07. Basingstoke 2014.
Shub, David: Fun di amolike yorn. New York 1970.
Shulman, Elias/Weber, Simon: Leksikon fun „Forverts" shrayber. New York o. J.
Silberner, Edmund: Anti-Semitism and Philo-Semitism in the Socialist International. In: Judaism II (1953). S. 117–122.
Silberner, Edmund: Sozlialisten zur Judenfrage. Ein Beitrag zur Geschichte des Sozialismus vom Anfang des 19. Jahrhunderts bis 1914. Berlin 1962.
Silberner, Edmund: Kommunisten zur Judenfrage. Zur Geschichte von Theorie und Praxis des Kommunismus. Opladen 1983.
Simoncini, Gabriele: Ethnic and Social Diversity in the Membership of the Communist Party of Poland: 1918–1938. In: Nationalities Papers, Vol. XXII, Sonderausgabe Nr. 1 (1994). S. 55–91.
Skrzypczak, Henryk: Kanzlerwechsel und Einheitsfront. Abwehrreaktionen der Arbeiterbewegung auf die Machtübergabe an Franz von Papen. In: Internationale wissenschaftliche Korrespondenz zur Geschichte der deutschen Arbeiterbewegung (IWK), Nr. 4 (1982). S. 482–499.
Slezkine, Yuri: Das jüdische Jahrhundert (Schriften des Simon-Dubnow-Instituts). 2. Auflage. Göttingen 2007.
Slucki, David: The International Jewish Labor Bund after 1945: Toward a Global History. New Brumswick, New Jersey/London 2012.
Smolin, Anatolii V.: Torneo-doroga v Rossiiu. In: Noveishaia istoriia Rossii 2 (2015). S. 19–53.
Söllner, Alfons: Franz L. Neumann – Skizzen zu einer intellektuellen und politischen Biographie. In: Neumann, Franz L.: Wirtschaft, Staat, Demokratie. Aufsätze 1930–1954. Hrsg. von Alfons Söllner. Frankfurt a. M. 1978. S. 7–56.

Söllner, Alfons: Überleitung sowie drei Interviews zur theoretischen Praxis deutscher Emigranten im amerikanischen Staatsdienst. In: Zur Archäologie der Demokratie in Deutschland. Bd. 2: Analysen von politischen Emigranten im amerikanischen Geheimdienst 1946–1949. Aus dem Amerikanischen übersetzt von Sabine Gwinner, Manfred Paul Buddeberg und Niko Hansen. Hrsg. von Alfons Söllner. Frankfurt am Main 1986. S. 7–58.

Söllner, Alfons: Ernst Fraenkel und die Verwestlichung der politischen Kultur in der Bundesrepublik Deutschland. In: Leviathan (2002). S. 132–154.

Söllner, Alfons: „Emigrantenblicke" 1950–1965. Die westdeutsche Demokratie im Urteil von Franz L. Neumann und Otto Kirchheimer. In: Die Frankfurter Schule und Frankfurt. Eine Rückkehr nach Deutschland. Hrsg. von Monika Boll u. Raphael Gross. Göttingen 2009. S. 278–287.

Söllner, Alfons: Re-reading Rousseau in the 20th Century. The Reception by Franz L. Neumann, Jacob L. Talmon and Ernst Fraenkel. In: Der lange Schatten des Contrat social. Demokratie und Volkssouveränität bei Jean-Jacques Rousseau. Hrsg. von Oliver Hidalgo. Wiesbaden 2013. S. 211–227.

Sofsky, Wolfgang: Die Ordnung des Terrors. Das Konzentrationslager. Frankfurt/Main 1993.

Sorin, Gerald: The Prophetic Minority. American Jewish Immigrant Radicals, 1880–1920. The Modern Jewish Experience. Bloomington 1985.

Soxberger, Thomas: Revolution am Donaukanal. Jiddische Kultur und Politik in Wien 1904–1938. Wien 2013.

Später, Jörg: Siegfried Kracauer. Eine Biographie. Berlin 2016.

Speier, Hans: Zur Soziologie der bürgerlichen Intelligenz in Deutschland. In: Die Gesellschaft. Internationale Revue für Sozialismus und Politik 6, 7 (1929). S. 58–72.

Speier, Hans: Soziologie oder Ideologie? Bemerkungen zur Soziologie der Intelligenz. In: Die Gesellschaft. Internationale Revue für Sozialismus und Politik 7, 4 (1930). S. 357–372.

Staritz, Dietrich: Von der „Schande der Judenpogrome" zur „zionistischen Diversionsarbeit". Judenverfolgung und Antisemitismus in der Wahrnehmung der KPD. In: Schwieriges Erbe. Der Umgang mit Nationalsozialismus und Antisemitismus in Österreich, der DDR und der Bundesrepublik Deutschland. Hrsg. von Werner Bergmann, Rainer Erb u. Albert Lichtblau. Frankfurt/M./New York 1995. S. 212–235.

Steiner, Uwe: Walter Benjamin. Stuttgart [u. a.] 2004.

Stephan, Inge: Kunstepoche. In: Deutsche Literaturgeschichte. Von den Anfängen bis zur Gegenwart. Hrsg. von Wolfgang Beutin. Stuttgart [u. a.] 2013. S. 185–240.

Stiefel, Ernst C./Mecklenburg, Frank: Deutsche Juristen im amerikanischen Exil (1933–1950). Tübingen 1991.

Stiftung Jüdisches Museum Berlin (Hrsg.): Berlin Transit. Jüdische Migranten aus Osteuropa in den 1920er Jahren. Göttingen 2012.

Straßenberger, Grit: Über das Narrative in der politischen Theorie. Berlin 2005.

Strauss, Eli: Geht das Judentum unter? Eine Erwiderung auf Otto Hellers „Untergang des Judentums". Wien 1933.

Svobodová, Jana: Erscheinungsformen des Antisemitismus in den böhmischen Ländern 1948–1992. In: Hoensch, Jörg K./Biman, Stanislav/Lipták, Ľubomír (Hrsg.): Judenemanzipation – Antisemitismus – Verfolgung in Deutschland, Österreich-Ungarn, den Böhmischen Ländern und in der Slowakei. Essen 1999. S. 229–248.

Sweezy, Paul M.: Theorie der kapitalistischen Entwicklung. Eine analytische Studie über die Prinzipien der Marxschen Sozialökonomie. 4. Auflage. Frankfurt a. M. 1974.

Szajkowski, Zosa: Jews and the French Revolutions of 1789, 1830 and 1848. New York 1970.

Szajkowski, Zosa: A Reappraisal of Symon Petliura and Ukrainian-Jewish Relations 1917–1921. A Rebuttal. In: Jewish Socialist Studies 31/3 (1969). S. 184–213.

Tillich, Paul: Ideologie und Utopie. In: Die Gesellschaft. Internationale Revue für Sozialismus und Politik 6, 10 (1929). S. 348–355.

Thalheimer, August: 1923: Eine verpasste Revolution? Die deutsche Oktoberlegende und die wirkliche Geschichte von 1923 (1931). Hrsg. von der Gruppe Arbeiterpolitik. Bremen o. D.

Thalheimer, August: Die Potsdamer Beschlüsse (1945). Eine marxistische Untersuchung der Deutschlandpolitik der Großmächte nach dem 2. Weltkrieg. Hrsg. von der Gruppe Arbeiterpolitik. Bremen o. D.

Thalheimer, August: Grundlinien und Grundbegriffe der Weltpolitik nach dem 2. Weltkrieg (1946). Hrsg. von der Gruppe Arbeiterpolitik. Bremen o. D.

Thalheimer, August: Der sogenannte Sozialfaschismus und andere Purzelbäume der Anne-Liese. In: Der Faschismus in Deutschland. Bd. 1. Analysen und Berichte der KPD-Opposition 1928–1933. Hrsg. von der Gruppe Arbeiterpolitik, o. O. 1981 (2. erw. Auflage). S. 55–59.

Thalheimer, August: Über den Faschismus (1930). In: Der Faschismus in Deutschland. Bd. 1. Analysen und Berichte der KPD-Opposition 1928–1933. Hrsg. von der Gruppe Arbeiterpolitik. o. O. 1981 (2. erw. Auflage). S. 28–46.

Thalheimer, August: Westblock – Ostblock. Welt- und Deutschlandpolitik nach dem Zweiten Weltkrieg. Internationale monatliche Übersichten 1945–1948. Nürnberg 1992.

Thalheimer, August: Programmatische Fragen (1928). Kritik des Programmentwurfs der Komintern (VI. Weltkongreß). Hrsg. von Jens Becker u. Theodor Bergmann. Mainz 1993.

Thalheimer, August: Aufzeichnungen über einen Aufenthalt in Katalonien 1936. In: Der Spanische Bürgerkrieg. Hrsg. von der Gruppe Arbeiterstimme. München 2002. S. 83–104.

The American Jewish Year Book. Hrsg. von Harry Schneiderman. Philadelphia 1934.

Tjaden, Karl Heinz: Struktur und Funktion der „KPD-Opposition" (KPO). Eine organisationssoziologische Untersuchung im deutschen Kommunismus zur Zeit der Weimarer Republik. Meisenheim am Glan 1964.

Tobias, Henry J.: The Jewish Bund in Russia. From its Origins to 1905. Stanford 1972.

Trachtenberg, Barry: From Edification to Commemoration. Di Algemeyne Entsiklopedye, the Holocaust and the Changing Mission of Yiddish Scholarship. In: Journal of Modern Jewish Studies 5/3 (2006). S. 285–300.

Traverso, Enzo: Die Marxisten und die jüdische Frage. Geschichte einer Debatte (1843–1943). Mainz 1995.

Traverso, Enzo: Moderne und Gewalt – eine europäische Genealogie des Nazi-Terrors. Köln 2003.

Trostel, Willy: Folterhölle Sonnenburg. Tatsachen- und Augenzeugenbericht eines ehemaligen Schutzhäftlings. Zürich 1934.

Tuchel, Johannes: Konzentrationslager – Organisationsgeschichte und Funktion der „Inspektion der Konzentrationslager" 1934–1938. Boppard/Rhein 1991.

Ullmann, Hans: Das Konzentrationslager Sonnenburg. In: Dachauer Hefte 13 (1997). S. 76–91.

Ullrich, Horst: Die philosophische Arbeit der Marxistischen Arbeiterschule (50 Jahre MASCH). In: Deutsche Zeitschrift für Philosophie 25 (1977) 4. S. 414–425.

Vaiskopf, Mikhail: Pisatel' Stalin. Moskau 2001.
Van Ooyen, Robert Chr. /Möllers, Martin H. W. (Hrsg.): (Doppel-)Staat und Gruppeninteressen. Pluralismus – Parlamentarismus – Schmitt-Kritik bei Ernst Fraenkel. Baden-Baden 2009.
Verhandlungen des Reichstags. Stenographische Berichte I. Wahlperiode 1920. Berlin 1922 (Bd. 356).
Voegelin, Eric: Die Ursprünge des Totalitarismus. In: Arendt, Hannah/Voegelin, Eric: Disput über den Totalitarismus. Hrsg. vom Hannah-Arendt-Institut in Zusammenarbeit mit dem Voegelin-Zentrum. Göttingen 2015. S. 43–52.
Voigt, Frank: Walter Benjamins Lektüre der *Neuen Zeit*. Zu einem Konvolut unveröffentlicher Manuskripte aus dem Nachlass. In: Das Argument. Zeitschrift für Philosophie und Sozialwissenschaften 312 (2015). S. 185–201.
Vowinckel, Annette: Geschichtsbegriff und historisches Denken bei Hannah Arendt. Köln 2001.
Vetter, Matthias: Marx, Karl. In: Handbuch des Antisemitismus. Judenfeindschaft in Geschichte und Gegenwart. Bd. 2: Personen. Hrsg. von Wolfgang Benz. Berlin 2009.
Volkov, Shulamit: Antisemitismus als kultureller Code. München 2000.
Wallace-Faller, Marianne: Die Frau im Talit. Judentum Feministisch gelesen. Zürich 2000.
Walter, Hans-Albert: Deutsche Exilliteratur 1933–1950. Band 1–3. München 1973–1978.
Walter, Hans-Albert: „Der größte Phantast der Realität." Ein Vorschlag, wie Kisch zu lesen sei. In: Kisch, Egon Erwin: Der rasende Reporter. Gütersloh 1985.
Web, Marek: Between New York and Moscow: the Fate of the Bund Archives. In: Jewish Politics in Eastern Europe: The Bund at 100. Hrsg. von Jack Jacobs. Chippenham/Wiltshire 2001. S. 243–254.
Weber, Hermann (Hrsg.): Die Gründung der KPD. Protokoll und Materialien der K. P. D. 1918/19. Frankfurt a. M. 1969 (Neuaufl., Berlin 1993).
Weber, Hermann (Hrsg.): Unabhängige Kommunisten. Der Briefwechsel zwischen Heinrich Brandler und Isaac Deutscher 1949–1967. Berlin 1981.
Weber, Hermann: Die Wandlung des deutschen Kommunismus. Die Stalinisierung der KPD in der Weimarer Republik. 2 Bde. Frankfurt a. M. 1969.
Weber, Hermann/Herbst, Andreas: Deutsche Kommunisten. Biographisches Handbuch 1918 bis 1945. Berlin 2008.
Weber, Hermann/Herbst, Andreas: Deutsche Kommunisten. Supplement zum Biographischen Handbuch 1918 bis 1945. Berlin 2013.
Weill, Claudie: Russian Bundists Abroad and in Exile, 1898–1925. In: Jewish Politics in Eastern Europe: The Bund at 100. Hrsg. von Jack Jacobs. Chippenham/Wiltshire 2001. S. 46–55.
Weiskopf, Franz Carl: Unter fremden Himmeln. Ein Abriss der deutschen Literatur im Exil 1933–1947. Berlin 1981 [1948].
Wildt, Michael: Die Angst vor dem Volk. Ernst Fraenkel in der deutschen Nachkriegsgesellschaft. In: „Ich staune, dass Sie in dieser Luft atmen können". Jüdische Intellektuelle in Deutschland nach 1945. Hrsg. von Monika Boll u. Raphael Gross. Frankfurt/M. 2013. S. 317–344.
Winker, Gabriele/Degele, Nina: Intersektionalität. Zur Analyse sozialer Ungleichheiten. Bielefeld 2009.
Wistrich, Robert S.: Revolutionary Jews from Marx to Trotsky. London 1976.
Wizisla, Erdmut: Benjamin und Brecht. Die Geschichte einer Freundschaft. Frankfurt a. M. 2004.

Wolff, Frank: Revolutionary Identity and Migration: The Commemorative Transnationalism of Bundist Culture. In: East European Jewish Affairs 43 (2013). S. 314–331.

Wolff, Frank: Neue Welten in der Neuen Welt. Die transnationale Geschichte des Allgemeinen Jüdischen Arbeiterbundes 1897–1947. Köln/Weimar/Wien 2014.

Wünschmann, Kim: Before Auschwitz. Jewish Prisoners in the Prewar Concentration Camps. Cambridge/London 2015.

Wünschmann, Kim: Jüdische politische Häftlinge im frühen KZ Dachau. Widerstand, Verfolgung und antisemitisches Feindbild. In: Die Linke im Visier. Zur Errichtung der Konzentrationslager 1933. Hrsg. von Nikolaus Wachsmann u. Sybille Steinbacher. Göttingen 2014. S. 141–167.

Young-Bruehl, Elisabeth: Hannah Arendt. Leben, Werk und Zeit. Frankfurt a. M. 1986.

Zetkin, Clara: Zur Geschichte der proletarischen Frauenbewegung Deutschlands. Frankfurt am Main 1979.

Zimmermann, Moshe: Die deutschen Juden 1914–1945. München 1997.

Zogbaum, Heidi: Kisch in Australia. The Untold Story. Melbourne 2004.

Zuckermann, Moshe: Israels Schicksal – Wie der Zionismus seinen Untergang betreibt. Wien 2015.

Autorinnen und Autoren

Konstantin Baehrens ist Promovend im Ludwig Rosenberg Kolleg am Moses Mendelsohn Zentrum für europäisch-jüdische Studien, An-Institut der Universität Potsdam. Veröffentlichungen: *Intellektuelle Verantwortung. Über relative Autonomie künstlerischer wie theoretischer Literatur und soziale Relevanz geistiger Arbeit.* In: Jahrbuch der IGLG (2016). Einleitung zu Georg Lukács: *Warum sind Demokratien den Autokratien überlegen?* und *Das wirkliche Deutschland.* In: Deutsche Zeitschrift für Philosophie (2015/2).

Jens Becker ist Leiter des Referats Promotionsförderung der Hans-Böckler-Stiftung und Lehrbeauftragter an der Goethe-Universität Frankfurt im Fachbereich „Politische Ökonomie und Wirtschaftssoziologie". Er publizierte u. a. die Monographien *Heinrich Brandler. Eine politische Biographie* (Hamburg 2000) sowie zusammen mit Harald Jentsch *Otto Brenner. Eine Biografie* (Göttingen 2007) und den Artikel *August Thalheimer. Früher Kritiker der Stalinisierung.* In: Ketzer im Kommunismus. Hrsg. von Theodor Bergmann und Mario Keßler. Hamburg 2000 (2. erw. Auflage).

Markus Börner studierte Politikwissenschaft, Soziologie sowie Neuere und Neueste Geschichte in Chemnitz. Sein Studium schloss er ab mit einer Arbeit zu massenpsychologischen Entwürfen bei Le Bon, Geiger und Freud. Aktuell arbeitet er als Stipendiat der Hans-Böckler-Stiftung an einer Dissertation über den Einfluss marxistischen Denkens auf das Werk Hannah Arendts.

Claudia Boujeddayn hat Mittlere und Neuere Geschichte sowie Germanistik an der Universität Leipzig studiert. Sie ist wissenschaftliche Hilfskraft in der Deutsch-Israelischen Schulbuchkommission am Georg-Eckert-Institut für internationale Schulbuchforschung in Braunschweig und arbeitet an einer geschichtswissenschaftlichen Dissertation, die mit einem Promotionsstipendium vom Ernst Ludwig Ehrlich Studienwerk gefördert wurde. Sie ist assoziiertes Mitglied des Ludwig Rosenberg Kollegs.

Gideon Botsch, Privatdozent für Politikwissenschaft an der Universität Potsdam, Leiter der Emil Julius Gumbel Forschungsstelle Antisemitismus und Rechtsextremismus des Moses Mendelssohn Zentrums Potsdam. Vertrauensdozent der Hans-Böckler-Stiftung und von 2014 bis 2016 Koordinator des Ludwig Rosenberg Kollegs. Jüngste Veröffentlichungen: *Wahre Demokratie und Volksgemeinschaft. Ideologie und Programmatik der NPD und ihres rechtsextremen Umfelds.* Wiesbaden 2017; *Jüdischer Widerstand in Europa (1933 – 1945). Formen und Facetten.* Berlin/Boston 2016 (Hrsg. mit J. H. Schoeps und D. Bingen).

Stephan Braese, Ludwig Strauss-Professor für Europäisch-jüdische Literatur- und Kulturgeschichte an der RWTH Aachen University. Einschlägige Veröffentlichungen: *Auf der Spitze des Mastbaums. Walter Benjamin als Kritiker im Exil.* In: Jahrbuch Exilforschung. Bd. 16/1998: Exil und Avantgarden. S. 56 – 86; *Einbruch der Gegenwart in die Ordnung des Raums. Zum Topographischen in Benjamins Geschichtsdenken.* In: Daniel Weidner (Hrsg.): Profanes Leben – Walter Benjamins Dialektik der Säkularisierung, Berlin 2010. S. 152 – 162; *Georg Lukács' europäische Passagen.* In: Weimarer Beiträge. 4/2012. S. 558 – 576.

Gennady Estraikh ist Professor am Skirball Department of Hebrew and Judaic Studies der New York University. Sein Forschungsfeld umfasst u. a. Jewish Intellectual History, Jiddische Philologie und Sowjetisch-jüdische Geschichte. Zu seinen Veröffentlichungen zählen *Soviet Yiddish* (1999), *In Harness: Yiddish Writers' Romance with Communism* (2005), *Yiddish in the Cold War* (2008), *Yiddish Literary Life in Moscow, 1917–1991* (2015, russisch), *Yiddish Culture in Ukraine* (2016, ukrainisch) sowie über ein Dutzend Herausgeberschaften.

Jan Gerber ist leitender wissenschaftlicher Mitarbeiter am Simon-Dubnow-Institut für jüdische Geschichte und Kultur an der Universität Leipzig. Er steht dem Forschungsressort „Politik" und der Forschergruppe „Eine neue Geschichte der Arbeiter- und Gewerkschaftsbewegung" vor. Zuletzt hat er das Buch *Ein Prozess in Prag. Das Volk gegen Rudolf Slánský und Genossen* (Göttingen 2017) veröffentlicht. Derzeit arbeitet er an einer Studie über Karl Marx in Paris.

Christoph Gollasch studierte während seines Bachelors der Sozialwissenschaften und Philosophie in Leipzig, Edinburgh und Beer Sheva und absolvierte seinen Master Politikwissenschaft an der Freien Universität Berlin. Er ist Stipendiat im Ludwig Rosenberg Kolleg und verfasste seine Studienabschlussarbeit zum frühen KZ Sonnenburg. Aktuell promoviert er zur proletarischen Rezeption von Silvio Gesells „Freiwirtschaft", „Freiland" und „Freigeld". Zudem arbeitet er in der außerschulischen historisch-politischen Bildung, u. a. an der Mahn- und Gedenkstätte Ravensbrück. Er veröffentlichte u. a.: *„Menschen, laßt die Toten ruhn". Das KZ Sonnenburg als Prisma der Frühphase des Nationalsozialismus*. In: Sozial.Geschichte Online, Nr. 19 (2016). S. 11–60 und *Paul Albrecht*. In: Gewerkschafter in den Konzentrationslagern Oranienburg und Sachsenhausen. Hrsg. von Siegfried Mielke. Berlin 2013. S. 67–88.

Ralf Hoffrogge, Historiker mit dem Schwerpunkt Geschichte der Arbeit und Arbeiterbewegungen, erwarb seinen Magister 2008 an der Freien Universität Berlin (*Richard Müller – Der Mann hinter der Novemberrevolution, Berlin 2008*). Von 2009 bis 2013 promovierte er an der Universität Potsdam zur Biographie des deutsch-jüdischen Reichstagsabgeordneten Werner Scholem (*Werner Scholem – eine politische Biographie 1895–1940*. Konstanz 2014). Aktuell verfolgt er ein Habilitationsprojekt zur deutsch-britischen Gewerkschaftsgeschichte an der Ruhr-Universität Bochum. Er ist Redakteur der Fachzeitschrift *Arbeit –Bewegung – Geschichte* und koordinierte dort jüngst das Schwerpunktheft *Judentum und Revolution: Der Weltverband Poale Zion zwischen Zionismus und Kommunismus* (Mai 2017).

Jack Jacobs ist Professor der Politikwissenschaft am John Jay College und dem Graduate Center der City University of New York. Zu seinen zahlreichen Veröffentlichungen gehören *Jews and Leftist Politics. Judaism, Israel, Antisemitism, and Gender* (Hrsg.) (Cambridge 2017), *The Frankfurt School, Jewish Lives and Antisemitism* (Cambridge 2015), *Bundist Counterculture in Interwar Poland* (Syracuse/New York 2009) und *Sozialisten und die „jüdische Frage" nach Marx* (Mainz 1994).

Anja Jungfer studierte Literaturwissenschaft, Anglistik und Amerikanistik in Potsdam und Glasgow, Abschlussarbeit über Jüdische Lebenswelten im Werk Egon Erwin Kischs. Sie arbeitet an einer Dissertation über Berührungspunkte zwischen Arbeiterbewegung und Judentum bei Egon Erwin Kisch, Otto Katz, Lenka Reinerova und F.C. Weiskopf, gefördert durch die Hans-Böckler-Stiftung. Sie veröffentlichte u. a. *Das Streben nach Gemeinschaft und die Konstruktion von Zugehörigkeit(en) am Beispiel der ›Familie Seghers-Kisch‹*. In: Argonautenschiff. Jahrbuch der

Anna-Seghers-Gesellschaft Berlin und Mainz e.V. Band 23. Arbeits- und Freundschaftsbeziehungen in Leben und Werk von Anna Seghers. 2014/2015. S. 121–136.

Gabriele Kohlbauer-Fritz ist seit 2011 Sammlungsleiterin am Jüdischen Museum Wien, wo sie zuvor ab 1993 als Kuratorin tätig war. Sie studierte Slawistik und Judaistik in Wien und Moskau. Aktuelles Projekt: *Genosse. Jude. Wir wollten nur das Paradies auf Erden.* Auswahl weiterer von ihr kuratierten Ausstellungen: *Der Schejne Jid. Das Bild des jüdischen Körpers in Mythos und Ritual, Zwischen Ost und West. Galizische Juden und Wien, Die Liebens. 150 Jahre Geschichte einer Wiener Familie, Beste Aller Frauen. Weibliche Dimensionen im Judentum, Ringstraße. Ein jüdischer Boulevard.*

Doris Maja Krüger studierte Philosophie, Neuere und Neueste Geschichte sowie Politikwissenschaft in Berlin und Haifa. Sie schloss ihr Studium mit einer Magisterarbeit über die antisemitismustheoretischen Schriften Leo Löwenthals ab und arbeitet derzeit an einer Dissertation über das Leben und Werk dieses Kritischen Theoretikers. Studium wie auch Promotion wurden bzw. werden von der Hans-Böckler-Stiftung gefördert. Sie veröffentlichte u. a. *Leo Löwenthal und die Jüdische Renaissance in der Weimarer Republik.* In: Das Kulturerbe deutschsprachiger Juden. Hrsg. von Elke-Vera Kotowski (Berlin 2015).

Marcus G. Patka, Studium der Germanistik und Zeitgeschichte, Dissertation über E. E. Kisch, 2004 und 2006 Unterricht an der Portland State University, seit 1998 Kurator im Jüdischen Museum Wien, dort zahlreiche Austellungen und Publikationen zur Wiener jüdischen Kulturgeschichte, u. a. zu E. E. Kisch, Manès Sperber, Friedrich Torberg, Paul Celan, Karl Farkas, weitere Publikationen zum Exil in Mexiko und zur Freimaurerei in Österreich im 20. Jahrhundert.

Jakob Stürmann arbeitet an einer Promotion zu sozialistischer osteuropäisch-jüdischer Migration ins Berlin der Weimarer Republik. Er ist Promovend des Fachbereichs Geschichte der Freien Universität Berlin, Stipendiat der Hans-Böckler-Stiftung und Kollegiat am Moses Mendelssohn Zentrum in Potsdam situierten Ludwig Rosenberg Kolleg. Er studierte Geschichte und Gender Studies an der Humboldt Universität zu Berlin und Osteuropastudien an der Freien Universität und University of Birmingham (UK).

Ania Szyba studierte Kulturwissenschaften an der Universität Viadrina in Frankfurt/Oder und Jüdische Studien im Rahmen der Geschichtswissenschaften an der Universität Warschau. Im Rahmen des Ludwig Rosenberg Kollegs und gefördert durch die Hans-Böckler-Stiftung arbeitet sie an ihrer Dissertation über die Einflüsse der neuen Pädagogik auf die Erziehung der Kinder an jüdisch-sozialistischen Schulen in Polen 1916–1939. Veröffentlichung: *„Algemeyner shmues in klas"* – *Einige Aspekte der Rezeption des Gesamtunterrichts in jüdisch-weltlichen Schulen in Polen nach 1918.* In: Sozialistische Pädagogik. Eine kommentierte Anthologie. Hrsg. von Benjamin Paul-Siewert, Robert Pfützner und Michael Winkler. Baltmannsweiler 2016. S. 125–133.

Shmuel Vardi ist seit 2014 Kollegiat des Ludwig Rosenberg Graduiertenkollegs als Promotionsstipendiat der Hans-Böckler-Stiftung. Seine Dissertation, eine intellektuelle Biografie Ada Fischmann Maimons, Gründerin und erste Führerin des Arbeiterinnenrats in Palästina, erforscht Bezüge zwischen Judentum und der Gestaltung der Arbeiterbewegung und Sozialdemokratie in Maimons Werken und Handlungen. Er publizierte: *Ada Fischmann Maimon und der*

Kampf für Frauenwahlrecht in Jaffa 1918–1926 (zusammen mit Lena Dorn. In: Outside the Box Nr. 6. S. 91–96).

Frank Voigt ist Promotionsstipendiat der Rosa-Luxemburg-Stiftung und assoziierter Kollegiat im Ludwig Rosenberg Kolleg. Er veröffentlichte: *Walter Benjamins Lektüre der ‚Neuen Zeit'. Zu einem Konvolut unveröffentlichter Manuskripte aus dem Nachlass*. In: Das Argument, Nr. 312 (2015). S. 185–201; *Das „destruktive Moment" als „Sprungkraft der Dialektik". Zum gefundenen Typoskript von Walter Benjamins Aufsatz „Eduard Fuchs, der Sammler und der Historiker"*. In: Weimarer Beiträge. Nr. 62/2 (2016). S. 212–244.

Personeneregister

Abramovič, Rafail, *Siehe* Abramovitch, Raphael
Abramovitch, Raphael   4, 69, 71, 75–80, 115, 118–140
Abramovitsh, Rafail, *Siehe* Abramovitch, Raphael
Abusch, Alexander   338, 344
Adler, Friedrich   77, 136
Adler, Max   14 f.
Adler, Victor   14 f.
Adler, Viktor   244
Adorno, Theodor W.   154, 172 f., 212, 221, 227, 259, 264, 325, 333
Adrian, Heinz   149, 152 f.
Aharonovich, Josef   82
Alighieri, Dante   44
Altenberg, Peter   51
Altmann, Alfred   152
Altmann, Rüdiger   178 f.
Aman, Dudley (Baron Marley)   322, 355 f.
Arendt, Hannah   5, 144, 217, 222 f., 231, 273–292
Aronson, Grigori   69 f., 72 f., 75, 79, 119, 121
Asher, Jakob Ben   93
Ashtor, Eliyahu, *Siehe* Strauss, Eli
Averbukh, Zvi, *Siehe* Khashin, Alexander
Axelrod, Pawel   14

Backes, Uwe   167
Baeumler, Alfred   334
Bakunin, Michail   10
Bartels, Adolf   352
Bauer, Bruno   12
Bauer, Leo   183
Bauer, Otto   14 f., 53, 106, 244
Baum, Herbert   325
Bebel, August   15, 98, 116, 297, 327, 352
Becher, Johannes R.   329
Becker, Bernhard   13
Beer-Hofmann, Richard   51
Benjamin, Georg   151, 160
Benjamin, Hilde   151
Benjamin, Walter   4, 8, 151, 205–207, 209, 211–215, 217, 227–238, 277, 325
Bergelson, David   59, 132
Berija, Lawrenti   186
Berkman, Alexander   14
Bernstein, Eduard   14–16, 115, 117, 128
Bernstein, Leo   155
Bernstein, Rudolf   4, 15 f., 129, 143, 146, 151, 154–161
Bienstock, Gregor   73
Birnbaum, Natan   52
Blanqui, Auguste   15
Bloch, Ernst   8, 208, 227, 258
Blücher, Heinrich   273
Blum, Leon   14
Bolze, Waldemar   111
Bone, Edith   252
Borochow, Ber   53 f., 82
Borochowicz, Leo   110
Borokhov, Ber, *Siehe* Borochow, Ber
Brailsford, Henry N.   118
Brandler, Heinrich   98, 100–102, 104–106, 110 f.
Brandt, Willy   140
Brankow, Lázár   197
Braun, Sergey   70
Braunthal, Julius   144
Brecht, Bertolt   205 f., 213, 227, 230 f., 237, 328, 332
Bredt, Victor   308, 313
Brener, Sara, *Siehe* Weinreich, Max
Broder, Berl   52
Brüning, Heinrich   110, 228
Brunkhorst, Hauke   278 f., 283
Buber, Martin   59
Bucharin, Nikolai   105, 129
Buchstein, Hubertus   163–166, 168, 172, 174, 176
Bukharin, Nikolai, *Siehe* Bucharin, Nikolai
Bürger, Gottfried August   235
Butler, Judith   91 f.

Cahan, Abraham   25, 78 f., 115, 117–120, 124–132, 135, 137, 139, 141
Carbajal el Mozo, Luis   249
Cellini, Benvenuto   231
Cerata, Abraham Ber   60

Chagall, Marc 246
Chamberlain, Houston Stewart 334
Chanin, Nathan (Nokhem) 132
Chmelnizki, Melech 56–58
Chruschtschow, Nikita 186
Clinton, Hillary 29
Cohn, Helena Hanna 86
Cohn, Oskar 262, 298, 309, 314, 317
Cohn-Bendit, Daniel 262

Dan, Fedor 137
Danziger, Carl-Jacob 183 f.
Davis, Elmar 256
de Gobineau, Arthur 334
Debs, Eugene V. 15
Dergán, Béla, *Siehe* Korondy, Béla
Dessau, Paul 187
Deutsch, Leo 246
Deutscher, Isaac 8 f., 98, 158 f.
Diels, Rudolf 147, 149 f.
Dietrich, Christian 321
Dmowski, Roman 199
Döblin, Alfred 233, 242, 342
Dörre, Klaus 291
Drobisch, Klaus 159
Dubiel, Helmut 213, 256 f., 262 f.
Dubinsky, David 26
Dudow, Slatan 328
Dühring, Eugen 323, 330
Duncker, Hermann 99
Duncker, Käthe 99
Dworkin, I. 331

Ebert, Friedrich 115
Ehrenkranz, Welwel 52
Ehrenstein, Albert 51 f.
Ehrlich, Wolfgang 186
Eichmann, Adolf 250, 278
Eicke, Theodor 150
Einstein, Albert 246
Eisenbergers, Josef 104
Eisenhower, Dwight D. 269
Ende, Lex 345
Engels, Friedrich 12, 15, 115, 126, 168, 188, 191, 225, 297, 327, 352
Eörsi, István 208
Epshteyn, Shakhno 116

Epstein, Melech 25–27, 125, 128
Erdmann, Heinrich 166
Erhard, Ludwig 179 f.
Eschenburg, Theodor 178
Estraikh, Gennady 4 f., 16, 22, 26, 28, 67, 77, 115–117, 126, 129, 139, 141
Eynhorn, David 116

Feder, Gottfried 334
Feffer, Isaak 247
Feistmann, Rudolf 246
Fichte, Johann Gottlieb 169
Fischbeck, Otto 309, 312 f., 317
Fischer, Ruth 97, 101, 111
Fischman, Dennis 8
Fischmann Maimon, Ada 4, 84–94
Florin, Wilhelm 322
Fogarasi, Béla 225 f., 231
Forster, Georg 235
Förster, Jürgen 274
Forsthoff, Ernst 178
Fourier, Charles 15
Fraenkel, Ernst 4, 149 f., 163–180, 259, 263, 266
Frank, Karl Hermann 250
Frankel, Jonathan 20
Frei, Bruno 322, 325, 335, 337–340, 342, 344 f., 350, 357 f.
Freud, Sigmund 173, 222
Freyer, Hans 179
Friedländer, David 247
Friedrich, Carl J. 259, 266
Fröhlich, Paul 97
Fromm, Erich 8, 16, 324
Frumkin, Ester 54
Fuchs, Abraham Moses 56
Fürnberg, Lotte 185–187, 191, 198, 200 f.
Fürnberg, Louis 4, 183–187, 189, 191–194, 196, 198–201, 251

Gehlen, Arnold 179
George, Manfred 247
Ginsburg, Saul 119
Giordano, Ralph 183 f.
Glatshtejn, Jakov, *Siehe* Glatstein, Jacob
Glatstein, Jacob 61 f.
Goebbels, Josef 333 f., 338, 351, 357

Goethe, Johann Wolfang von 201, 212, 231, 234 f.
Goldhagen, Daniel 161
Goldman, Emma 14 f.
Goldmann, Nachum 246 f.
Göring, Hermann 150
Graf, Oskar Maria 247
Gramsci, Antonio 15
Grebing, Helga 5
Greenberg, Udi 259, 266
Greffrath, Mathias 259, 262 f.
Grigat, Stephan 321
Grinberg, Uri Zwi 60
Gross, Babette 338 f.
Gross, Nathan 53
Gross Zimmermann, Moses (Mosche) 56
Grünberg, Carl 221
Grünberg, Karl 144, 159
Guesde, Jules 11
Günther, Hans 319 f., 332–336
Gurian, Waldemar 259, 266
Guterman, Norbert 258
György Österreicher, *Siehe* Pálffy, György

Hahn, Hans-Joachim 320 f.
Hamburger, Ernest 319
Hartewig, Karin 160
Hartog, Gustav 151
Haug, Frigga 87, 89
Hegel, Georg Wilhelm Friedrich 85, 173, 220
Heidegger, Martin 274, 278
Heilmann, Ernst 309
Heine, Heinrich 209–211
Heine, Wolfgang 303
Held, Paul 324 f.
Heller, Hermann 163
Heller, Otto 319–321, 324–328, 330, 332, 335 f.
Herz, John 270
Herz, Markus 247
Herzfelde, Wieland 247, 252, 328, 338
Herzig, Arno 311 f., 314
Herzl, Theodor 81, 83
Hess, Moses 83, 90
Hilferding, Rudolf 223, 228, 282, 288–290
Hillman, Sidney 26
Hillquit, Morris 80

Himmler, Heinrich 150
Hitler, Adolf 109, 136 f., 150, 154, 205, 244 f., 253, 258, 261, 334, 336 f., 343, 347, 349–351, 357
Hitschmann, Otto 186, 192
Hobson, John A. 288
Hoffman, Ben-Tsien 117 f.
Hoffmann, Tibor, *Siehe* Szönyi, Tibor
Hofmansthal, Hugo von 51
Hofstein, David 59
Hokhgelerter, Henokh 73
Hölderlin, Friedrich 235
Holzer, Marcel 152
Horkheimer, Max 14, 16, 149, 154, 173, 217, 221–223, 231, 259, 261, 263, 321, 333
Horovits, Ber, *Siehe* Horowitz, Ber
Horowitz, Ber 56, 60
Horthy, Miklós 199
Hughes, Stuart 270

Imber, Samuel Jakob 56
Inschlicht, Samuel, *Siehe* Inslicht, Samuel
Inslicht, Samuel 53

Jabotinsky, Wladimir 59
Jacob, Berthold 339
Jacobs, Jack 1, 3, 7, 15–17, 22 f., 31, 54, 66, 68, 70, 73, 145, 321
Jaspers, Karl 273
Jaurès, Jean 15
Jesse, Eckhard 164, 166 f.
Jhering, Herbert 227, 230
Jochmann, Carl Gustav 235
Jogiches, Leo 97
Jünger, Ernst 233
Justus, Pál 197

Kaehler, Martin 301–303, 305 f., 309, 314
Kafka, Franz 191, 211, 239
Kahan, Abraham, *Siehe* Cahan, Abraham
Kamenew, Lew B. 102
Kant, Immanuel 219
Kantor, Salomon 152
Kantorowicz, Alfred 253, 322 f., 336
Kasper, Wilhelm 148 f., 156
Kästner, Erich 236
Katz, Iwan 309, 315

Katz, Leo 246
Katz, Otto 245f., 253, 322
Katznelson, Berl 29
Kautsky, Karl 15, 98, 115, 128, 288, 326, 328
Kautsky, Luise 128
Kazakevich, Emmanuil 122
Kazdan, Chaim Shlomo 39, 44–47
Kelsen, Hans 167
Khashin, Alexander 132
Khmyelnitsky, Meylekh, *Siehe* Chmelnizki, Melech
Kirchheimer, Otto 163, 172, 180, 256, 258, 270
Kisch, Alexander 239
Kisch, Arnold 240
Kisch, Egon Erwin 5, 239–253, 341–343, 350, 352
Kisch, Enoch Heinrich 239
Kisch, Ernestine 241
Kisch, Friedrich 240
Kisch, Guido 239
Kisch, Paul 240f.
Kisch, Wolfgang 239
Kissman, Josef 55
Kistenmacher, Olaf 315f., 320f.
Kleger, Heinz 163
Kleinwächter, Otto 153
Klingerová, Ruth 251, 253
Knütter, Hans-Helmuth 319
Kohl, Heribert 166f., 178f.
Kohn, Michael 55
Kohn Ebner, Michel 55
Königsberg, David 56
Korondy, Béla 197
Koslowski, Peter 269
Kosovski, Vladimir, *Siehe* Kossovskii, Vladimir
Kossovskii, Vladimir 68–70, 73
Kracauer, Siegfried 227, 233, 237, 263
Kramář, Karel 199
Kraus, Karl 235
Kremendahl, Hans 166, 176, 178f.
Kropotkin, Peter 15
Kuczynski, Jürgen 200
Kun, Béla 208
Kun, Eörsi 209
Kurella, Alfred 227, 333

Kursky, Frants, *Siehe* Kursky, Franz
Kursky, Franz 66, 70, 72f.
Kwitko, Leib 59

Lafargue, Paul 11
Landauer, Gustav 8
Ländler, Erwin, *Siehe* Szalai, András
Lang, Harry 135
Lask, Emil 225
Lasker-Schüler, Else 51f.
Lassalle, Ferdinand 11, 13f., 90, 115, 223
Laub, Elias 73
Laub, Lise 73
Lecache, Bernard 242
Lederer, Emil 223, 233
Lenin, Wladimir Iljitsch 76, 99, 104, 120–122, 124, 126f., 284, 288, 327, 347f., 351, 355
Lenz, Siegfried 235
Leonartz, Friedrich 310f.
Lessing, Gotthold Ephraim 302
Lestschinsky, Jacob 116f., 126, 131, 136f.
Leszczyński, Josef 43
Leuschen-Seppel, Rosemarie 319, 321
Levi, Paul 97, 101, 228
Levin, Shmaryahu 135
Liber, Mark 54
Liebknecht, Karl 98–100, 116
Liebknecht, Wilhelm 15, 116
Liebman, Arthur 28
Litten, Hans 148f., 154, 156, 159
Löbl, Evžen 185
Locke, John 289
Locker, Berl 55
Loewenstein, Karl 259, 266
Lord Marley, *Siehe* Aman, Dudley Baron Marley
Löwenstein, Kurt 311
Löwenthal, Daniel 259
Löwenthal, Leo 5, 8, 16, 213f., 255–266, 268–271
Löwenthal, Richard 167
Löwinger, Georg, *Siehe* Lukács, Georg
Löwy, Michael 8
Luca, Vasile 199
Lukács, Georg 4, 8, 205, 207–211, 213, 220, 225, 227, 332, 334

Luxemburg, Rosa   8, 14 f., 97 f., 100, 144, 288, 290 f., 298

Mahler, Gustav   244
Mahler, Raphael   22
Maier, Joseph B.   256
Maimon, Yehuda Leib   93
Mänchen-Helfen, Otto   324, 326
Mann, Heinrich   332
Mannheim, Karl   4, 217–227, 230–234, 237
Marcuse, Herbert   17, 164, 172, 177, 217, 222 f., 255, 257, 262 f., 270 f.
Markisch, Peretz   59 f.
Martov, Julius (Iulii), *Siehe* Martow, Julius
Martow, Julius   14, 65, 76, 121 f., 124
Marx, Heinrich   11
Marx, Karl   1, 8, 11–15, 72, 85 f., 90, 106, 108, 115, 126, 128, 130, 143–145, 159, 168 f., 173, 188, 191, 206, 214, 221 f., 225, 273 f., 276 f., 279, 281, 285–287, 290–292, 297, 328, 348
Masaryk, Jan   253
Masaryk, Tomaš   248
Maslow, Arkadij   101, 111
Mayer, Paul   246
Mayer Racker, Naphtaly   54
McCarthy, Joseph   263
Medem, Vladimir   54, 65, 73
Mehring, Franz   98–100, 225
Mehring, Reinhard   178
Mehring, Walter   236
Meir, Golda   197
Meisels, Abisch   56
Mendelsohn, Ezra   1, 19, 22
Mendelson, Shlomo   39, 42, 44 f.
Mendelssohn, Moses   247
Menes, Abraham   70
Merker, Paul   160, 200, 245 f.
Meyer, Klaas   148
Michalewicz, Beinish   46
Michels, Robert   7–9, 16, 24–26, 125
Michoëls, Solomon   247, 253
Mittelbach, Hans   148 f.
Mitterrand, François   30
Moeller van den Bruck, Arthur   334
Morgenthau, Hans J.   259, 266
Morgenthau, Henry   246

Moses, Stefan   212, 215
Moses, Stéphane   211
Mufti, Aamir   210
Mühsam, Erich   148 f., 154, 156, 159
Mühsam, Kreszentia   154
Müller, Hermann   107, 228
Müller, Theodor   301
Münzenberg, Willi   242, 322, 338–340, 345, 347, 351, 355
Musil, Robert   239
Mutnik, Abraham   70
Mytze, Andreas   328–330

Nagler, Hersch   55
Naygreshl, Mendel, *Siehe* Neugröschel, Max (Mendel)
Neugröschel, Max (Mendel)   56, 58, 60
Neumann, Franz Leopold   163–166, 168 f., 171–173, 180, 256–258, 270
Nicolai, Friedrich   235
Nietzsche, Friedrich   334
Nikolaevskij, Boris   72
Nín, Andres   111
Nister, Der   59
Nixon, Richard   263
Noske, Gustav   352
Nový, Vilém   185
Nuntius, *Siehe* Fürnberg, Louis

Ogjenowitsch, Milan   197
Olberg, Paul   70
Oppenheimer, Franz   217
Orzech, Maurycy   39 f., 42, 44–46
Ossietzky, Carl von   148, 159
Otto, Ernst   149, 153
Ottwalt, Ernst   319–321, 325, 328–332, 334–336
Owen, Robert   15

Pachter, Henry   12
Pálffy, György   197
Pat, Jakob   44
Pat, Yankev   73
Paucker, Arnold   18, 301, 320
Pauker, Ana   198
Paul, Jean   231

Personenregister

Peitsch, Helmut   225, 232, 237, 325, 328–331
Perutz, Leo   251
Péter, Gábor   199
Petliura, Symon   130
Petzold, Ernst   51
Pike, David   335
Pinsker, Leon   81
Plechanow, Georgi   15
Pollock, Friedrich   16, 259, 261
Ponger, Curt   252
Ponger, Vera   252
Pross, Helge   164f., 172f., 177–179
Proudhon, Pierre Joseph   15

Rabinovič, Genrikh   70
Rabinovich, Jakob   83
Raddatz, Fritz J.   208f.
Radek, Karl   104, 212
Rajk, László   197
Rathenau, Walther   300, 314
Ravitsh, Melekh, *Siehe* Rawitsch, Melech
Rawitsch, Melech   51, 54, 56f., 60
Regler, Gustav   247
Reichenberger, Kurt   209
Reichmann, Eva   320, 324–326
Reif, Adelbert   260
Reiman, Pavel, *Siehe* Reimann, Paul
Reimann, Paul   189, 198
Rein, Mark   140
Rein, Raphael, *Siehe* Abramovitch, Raphael
Reisen, Abraham   53
Renner, Karl   15
Rhodes, Cecil   284
Richter, Trude   324f., 332
Ringelblum, Emanuel   22
Robespierre, Maximilien   169
Rolland, Romain   344
Römer, Ernst   246
Roosevelt, Franklin D.   256
Rosenberg, Alfred   334
Rosenfeld, Kurt   228
Rosenthal-Shneiderman, Esther   37, 39, 42f., 47
Roth, Joseph   191, 242
Rother, Max   153
Rothziegel, Leo   239

Rousseau, Jean-Jacques   4, 169, 173, 180, 224
Royal, Ségolène   30
Rudenko, Roman   330
Rürup, Miriam   5
Rürup, Reinhard   314, 316, 320
Russell, Bertrand   117

Saint-Simon, Henri de   15
Šalda, František Xaver   343f.
Salomon, Albert   232
Sanders, Bernie   29
Sarkozy, Nicolas   30
Scheidemann, Philipp   115
Scheler, Max   222
Schelsky, Helmut   179
Schiller, Dieter   335
Schiller, Friedrich   201, 231, 235
Schmitt, Carl   4, 151, 167, 169, 177–180
Schnapper, Ber   56f.
Schneller, Ernst   148f., 156
Schnitzler, Arthur   51
Scholem, Gershom   205, 212f., 227, 277, 305, 325
Scholem, Werner   97, 101, 205, 213, 242, 277, 298, 301, 304–309, 314–316
Schorr, Malke   55f.
Schwartzbard, Sholom   130
Schwarz, Joachim Chaim, *Siehe* Danziger, Carl-Jacob
Seghers, Anna   209, 213f., 246, 332
Severing, Carl   298, 302f., 305, 309, 312, 315, 343
Shub, David   127, 131
Silberbusch, David J.   56
Silberner, Edmund   11f., 143, 315, 320, 324
Silburg, Moses (Mosche)   56, 59f.
Simmel, Georg   208
Simone, André, *Siehe* Katz, Otto
Singalowsky, Aron   73
Singer, Mendel   55
Sinowjew, Georgij   102
Sinzheimer, Hugo   163
Slánský, Rudolf   183f., 197f., 253
Slezkine, Yuri   14, 190f.
Sofsky, Wolfgang   151

Söllner, Alfons 164 f., 169, 173 f., 177, 258, 270
Sontheimer, Kurt 166, 177
Sontzeff, Sophie 13
Speier, Hans 223–225, 231, 234, 238
Spengler, Oswald 334
Staemmler, Martin 323
Stalin, Josef 102, 104, 113, 126, 129 f., 133–136, 186, 199, 242, 253, 261, 355
Staritz, Dietrich 319 f.
Stein, Alexander 65, 70
Stein, Wilhelm 325
Stephan, Inge 231
Stern, Günther 205
Sternberg, Fritz 106
Steudte, Willi 152
Stoecker, Adolf 329 f.
Strauss, Eli 325
Strauss, Ludwig 211 f., 325
Streicher, Julius 348 f.
Stresemann, Gustav 102
Syrkin, Nachman 29
Szalai, András 197
Szönyi, Tibor 197

Thalheimer, August 4, 97–114
Thalheimer, Bertha 98–100
Thalheimer, Clara 100, 103, 105
Thalheimer, Cläre 110 f.
Thalheimer, Moritz 98
Thälmann, Ernst 106, 356 f.
Tieck, Ludwig 231
Tillich, Paul 223, 225, 231
Toledano, Vicente Lombardo 246
Trostel, Willi 156
Trotzki, Leo 1, 8, 14 f., 102, 106, 121, 129, 279
Tsivion, *Siehe* Hoffman, Ben-Tsien
Tucholsky, Kurt 236
Turkanich, Aharon 82

Uhse, Bodo 242
Ulbricht, Walter 186, 242
Ullmann, Adolf 152 f.
Ullmann, Hans 152 f.
Ullmann, Walter 153
Ullmann, Werner 152

Ullrich, Horst 335
Umansky, Konstantin 247
Usishkin, Menachem 81

Valois, Georges 229
van de Perre, Selma 143, 161
van Ooyen, Robert Christian 167
Vladeck, Baruch Charney 132
Voegelin, Eric 275 f., 279
von Eynern, Hans 303 f.
von Humboldt, Alexander 247
von Leers, Johann 334
von Papen, Franz 109 f.
von Schleicher, Kurt 137
Voßke, Heinz 156

Waldinger, Ernst 51
Walter, Hans-Albert 240, 350
Weber, Alfred 217, 220
Weber, Hermann 100
Weber, Max 8, 208, 221
Weber, Werner 178
Weidauer, Walter 153
Weil, Felix 14
Weinfeld, Eduardo 251
Weinreich, Max 116, 123
Weiskopf, Franz Carl 196, 338 f., 342, 352 f.
Westmeyer, Friedrich 98
Windhorst, Ludwig 311
Wirth, Joseph 300
Wise, Stephen 246 f.
Wistrich, Robert 13–15
Wittfogel, Karl August 261
Wolf, Friedrich 322
Wulle, Reinhold 307

Young-Bruehl, Elisabeth 275–277, 279 f.
Yudin-Ayzenshtat, Isay 69 f., 72 f., 75, 79

Zakharyash, Khaim 67, 70
Zalai, Béla 225
Zetkin, Clara 90, 98 f., 105, 297
Zilburg, Moyshe, *Siehe* Silburg, Moses (Mosche)
Zuckermann, Leo 246
Zweig, Arnold 200, 251
Zweig, Stefan 51, 120

www.ingramcontent.com/pod-product-compliance
Lightning Source LLC
Chambersburg PA
CBHW051244300426
44114CB00011B/889